蒋新苗 著

Intercountry Adoption Law

跨国收养法律冲突的解决路径：
中国经验与方案

WUHAN UNIVERSITY PRESS
武汉大学出版社

图书在版编目(CIP)数据

跨国收养法律冲突的解决路径:中国经验与方案/蒋新苗著.—武汉:武汉大学出版社,2022.1

ISBN 978-7-307-22379-0

Ⅰ.跨…　Ⅱ.蒋…　Ⅲ.收养法—研究—世界　Ⅳ.D913.904

中国版本图书馆 CIP 数据核字(2021)第 100241 号

责任编辑:胡　荣　　　责任校对:李孟潇　　　版式设计:马　佳

出版发行:**武汉大学出版社**　(430072　武昌　珞珈山)

(电子邮箱:cbs22@whu.edu.cn　网址:www.wdp.whu.edu.cn)

印刷:湖北恒泰印务有限公司

开本:720×1000　1/16　　印张:24.75　　字数:499 千字　　插页:1

版次:2022 年 1 月第 1 版　　2022 年 1 月第 1 次印刷

ISBN 978-7-307-22379-0　　定价:88.00 元

前　　言

收养制度在人类社会源远流长、旷古悠久，而跨国收养则紧随其后、比肩联袂。特别是20世纪的社会和家庭环境变革使得时隐时现的跨国收养不仅粗具规模而且犹如雨后春笋般爆发。因自然灾害的破坏及各类战争的影响，家庭破碎，妻离子散，弃婴与孤儿人数不断增多；加之社会观念急速变革，婚姻和家庭关系不断面临新挑战，非婚生子女人数不断增加。① 正是由于高速城市化、工业化、市场化以及各种自然灾害和战争等多重因素的影响，不论是发展中国家还是发达国家都不得不直面成千上万无家可归的儿童。孤儿、弃婴、非婚生子女和流离失所的儿童一直是困扰各个国家的严重的社会问题。不少发展中国家的政府对此显得力不从心，社会福利机构或育儿机构的能力有限且难以实现最理想的救助。于是，受国际社会"让每个儿童有权利在稳定的家庭环境下成长"理念的影响，在联合国儿童权利委员会、联合国难民事务高级专员公署、海牙国际私法会议、国际社会服务组织、国际民事身份委员会、欧洲理事会和美洲国家组织等政府间或非政府间国际组织的大力推动下，跨国收养获得了空前的发展。不少国家积极参与并掀起了一波又一波收养的浪潮，其中两次世界大战当属造成儿童流离失所的始作俑者并对跨国收养起到了推波助澜的作用。② 尤其是第二次世界大战结束后由美国在欧洲率先掀起的大规模跨国收养活动，逐渐蔓延至全球。根据有关统计资料表明，自1945年至1990年，美国人在欧洲地区收养了数万名儿童；从1953年到1990年，由美国家庭收养的韩国儿童的数量累计达10万余人；③ 从1963年到1976年，美国

---

① Jaap Doek，Children on the Move：How to Implement Their Right to Family Life，Martinus Nijhoff Publishers 1996，pp. 6-18.

② Caroline Bridge and Heather Swindells QC，Adoption：The Modern Law，Jordan Publishing Limited，2003，pp. 7-8；Christine Adamec，William L. Pierce，The Encyclopedia of Adoption，New York Facts On File，3rd ed.，2007，pp. xxii-xxxi；Dalip Chand Manooja，Adoption Law and Practice，Deep &Deep Publications，1993，pp. 14-18；Kerry O' Halloran，The Politics of Adoption：International Perspective on Law，Policy & Practice，2nd ed.，Springer，2009，p. 159.

③ R. A. C. Hoksbergen，Adoption in Worldwide Perspective：A Review of Programs，Policies and Legislation in 14 Countries，Swets &Zeitlinger，1986，p. 2；Christine Adamec，William L. Pierce，The Encyclopedia of Adoption，New York Facts On File，3rd ed.，2007，pp. 180-181.

收养的越南儿童超过了 3000 名。① 目前，美国通过跨国收养儿童的总数已超过百万人。“虽然全球跨国收养的实际统计数据确实难以达到十分精准，但据大体估计每年约有 3 万名儿童纳入跨国收养，涉及 100 多个国家。”②著名的跨国收养法专家凯瑞·澳哈洛伦(Kerry O' Halloran)的调查统计显示：“20 世纪 80 年代每年的跨国收养数为 20000 件左右，20 世纪 90 年代每年的跨国收养数则上升至 32000 余件。”③联合国人口与发展委员会则对 21 世纪以来的跨国收养进行调查分析后指出：“近年跨国收养的数量每年在 40000 件左右。”④可见，跨国收养已在当今国际社会获得了广阔的天地，成为一种非常普遍的社会现象，而且在 20 世纪的发展速度十分惊人。⑤ 在跨国收养中曾位居全球前十位的收养国主要有美国、意大利、西班牙、法国、加拿大、瑞典、荷兰、德国、丹麦、瑞士、比利时、英国、挪威和澳大利亚等国；曾在全球跨国收养中占据过儿童送养国前十位的国家主要有中国、俄罗斯、埃塞俄比亚、危地马拉、哥伦比亚、乌克兰、韩国、越南、印度、菲律宾、海地、保加利亚、哈萨克斯坦、罗马尼亚、巴西、南非、刚果和泰国等国。不过，跨国收养的儿童送养国既不是固定不变的，也不是永远呈直线上升的，而是处于不断的波动状态。⑥ 某个国家可能关闭跨国收养的大门或严格限制跨国收养，但另一个

① Olga Verbovaya, Adoption Dissolution from the Perspective of Adoptive Parents from the USA Who Adoptied Children Internationally, The University of Texas at Arlington, 2017.

② Ireland Law Reform Commission, Consultation Paper: Aspects of Intercountry Adoption Law, Ireland Law Reform Commission, 2007, p. 5; Peter Selman, The Demographic History of Intercountry Adoption, in Peter Selman (ed.), Intercountry Adoption: Developments, Trends and Perspectives, BAAF, 2000, pp. 15-17; Peter Selman, Intercountry Adoption in the New Millennium: the "Quiet Migration" Revisited, in Population Research and Policy Review, Vol. 21, 2002; Peter Selman, Trends in Intercountry Adoption: Analysis of Data from 20 Receiving Countries, 1998-2004, in Journal of Population Research, Vol. 23, 2006.

③ Kerry O' Halloran, The Politics of Adoption: International Perspective on Law, Policy & Practice, 2nd ed., Springer, 2009, p. 158.

④ 参见：www. un. org/esa/population/meetings/Adoption_PAA_2008; http://www. hcch. net/index _ en. php? act = conventions. publications&dtid, 2009; S. Cretney, Judith Masson, Rebecca Bailey-Harris, Rebecca Probert, Cretney's Principles of Family Law, Sweet & Maxwell, 8th Edition, 2008, p. 832.

⑤ Ingeborg Schwenzer, Internationale Adoption, Stämpfli Verlag AG Bern, 2009, p. 171.

⑥ Kerry O' Halloran, The Politics of Adoption: International Perspective on Law, Policy & Practice, 2nd ed., Springer, 2009, p. 159.

国家则可能会打开了跨国收养的大门，采取放任政策，允许外国人在其国内收养;① 在21世纪最初十年中，全世界跨国收养一直沿着20世纪90年代轨道朝前发展。这期间的跨国收养总数大约为60万件，而2000年至2009年全球跨国收养儿童38万名左右。据海牙国际私法会议常设局的权威统计数据显示，2005年是全球跨国收养的分水岭。2004年以前，全球跨国收养的数量呈逐年上升趋势，不仅总量如此，各国的跨国收养数也一样处于上行通道中。而2005年的顶峰过后，全球跨国收养的总数步入了下行通道，绝大部分国家的跨国收养出现下降走势，只有个别收养国或儿童原住国的跨国收养数量略有波动。② 因儿童原住国和收养国的立法与政策的变化，加之规范跨国收养的呼声日益高涨，联合国、海牙国际私法会议和其他相关国际组织在打击滥用跨国收养权和跨国拐卖儿童方面的力度不断提升，2010年后跨国收养总量开始呈现大幅度下滑趋势，几乎锐减了75%。③ 大部分收养国因寻找不到收养的"货源"而急剧下滑,④ 一些儿童送养国也因收紧收养政策和规范跨国收养而限制外国人收养并逐渐压缩跨国送养的规模，有的儿童原住国甚至关闭了跨国收养的大门。⑤ 此外，海牙跨国收养公约"从属性原则"的严格实施、跨国收养程序的繁杂程度增加、跨国收养等待时间延长和收养服务费的增长，以及

① 例如，澳大利亚于21世纪初既开通了一些原来没有联系的跨国收养渠道，又关闭了与一些国家的跨国收养大门。截至2009年年底，与澳大利亚正常开展跨国收养的国家和地区有：玻利维亚、智利、中国(包括香港特区、台湾地区)、哥伦比亚、埃塞俄比亚、斐济、印度、立陶宛、菲律宾、南韩、斯里兰卡及泰国；而终止了与哥斯达黎加、危地马拉、墨西哥和罗马尼亚等国原有跨国收养联系。参见：http://www.ag.gov.au/www/agd/agd.nsf/Page/IntercountryAdoption_Curren-tintercountryadoptionprograms, accessed 30 December, 2009.

② Permanent Bureau, 20 Years of the Hague Convention Assessing: The Impact of Convention on Laws and Practices Relating to Intercountry Adoption and the Protection of Children, http://www.hrc.org/issues/parenting/adoptions/8464.htm, accessed 20 January ecember, 2020.

③ Mark Montgomery and Irene Powell, Saving International Adoption: An Argument from Economics and Personal Experience, Vanderbilt University Press, 2018, p.4.

④ 21世纪后十年的跨国收养的数量与规模比21世纪初减少了几乎一半：美国减了44%、加拿大减了37%、法国减了55%、意大利减了29%、西班牙减了60%、丹麦减了65%。危地马拉就从2007年开始关闭了一段时间的跨国收养大门，哥伦比亚和玻利维亚也自2010年起几乎关闭了跨国收养的大门。Permanent Bureau, 20 Years of the Hague Convention Assessing: The Impact of Convention on Laws and Practices Relating to Intercountry Adoption and the Protection of Children, 2015, p.18.

⑤ 21世纪后十年的跨国送养儿童的数量与规模也比21世纪初减少了一大半：中国减了66%、俄罗斯减了76%、危地马拉减了95%、埃塞俄比亚减了15%、韩国减了91%、越南减了68%，泰国、菲律宾、波兰和立陶宛等国几乎持平，个别如拉脱维亚、刚果、乌干达、加纳和南非等国还有所上升。Claude Diebolt, Auke Rijpma, etc., Cliometrics of the Family, Springer, 2019, pp.335-352.

人工生殖技术的影响和跨国代孕的冲击，都在不同程度限制和制约着跨国收养的规模、范围和数量。正是由于国际大环境的变化，特别是跨国收养理念的更新，以及各国的政治、经济、文化、宗教、法律等因素的影响，不仅导致收养国的跨国收养数量锐减，而且使得儿童原住国或送养国的跨国收养也在走下坡路。① 不过，毋庸置疑，跨国收养在当今世界是客观存在的，难以消除的，而且其发展趋势也是难以彻底遏制的，跨国收养的水平和质量也在不断提升。②

正是因为跨国收养在全球不同地区、不同国家的广泛存在与发展变化，加之其在经济发达地区与经济落后地区的规模、水平和程度各不相同，有的国家还在不断经历繁荣与萧条的循环交替，儿童送养国与收养国的跨国收养理念、态度、立场与具体做法并不一致，甚至还存在相当大的差距。③ 特别是世界各国的社会制度、经济发展水平、民族传统、文化、历史源流、伦理观念、风俗习惯和地理条件等方面的差别，不仅导致了各国实体法关于收养的规定千差万别，而且各国关于收养的程序性要求也不完全一致，加之各国法律对跨国收养还有一些特别的规定。正是由于各国收养实体法规定与程序性规则缺乏统一性，在跨国收养过程中不可避免地会产生法律冲突。在收养的实质要件、形式要件、涉外收养的管辖权问题、准据法选择以及外国收养的承认与执行等问题，均存在不同程度上的法律冲突。实际上，不仅各国法律对收养的规定并不一致，甚至差别较大，而且就是同一个国家的收养法，在不同时期、不同阶段和不同地区的规定也不一样，常随着社会政治经济文化因素的变化而不断修订和发展。收养领域不是永恒不变的，收养法也不是一成不变的。特别是近年来，随着家庭观念的革新与配偶概念的扩充，部分国家和地区的婚姻家庭法作了不同程度的修订。瑞典、丹麦、荷兰、法国、德国、瑞士、南非、巴西、哥伦比亚、新西兰和澳大利亚等 30 多个国家的立法与司法实践已开始承认同性配偶婚姻及共同组成的家庭。于是，一些国家的收养法律也作了相应的调整，承认并允许同性配偶收养子女。如此以来，原本世界各国的收养法律冲突尚未解决，现代时髦的收养法律理念和制度与传统收养法律的冲突又燃战火。许多关注收养法的理论研究者与实务工作人员，也常被这些层出不穷的收养新理念与制度弄得不知所措。

---

① 近年全球跨国收养规模不断缩小和数量日益减少的原因颇为复杂。也有缔约方和相关学者将责任归咎于海牙跨国收养公约的制定与实施：海牙跨国收养公约在保护儿童和提供永久的安置方法方面立下了汗马功劳，但它究竟在限制还是促进跨国收养？N. Cantwell，The Best Interests of the Child in Intercountry Adoption，UNICEF，2013，http：//www. unicef. org/media 55422. htm(accessed 20 January，2020).

② Karen Smith Rotabi，Nicole F. Bromfield，From International Adoption to Global Surrogacy：A Human Rights History and New Fertility Frontiers，Routledge Taylor& Francis Group，2017，p. 167.

③ Claudia Mortimore，Immigration and Adoption，Trentham Books Limited，1994，pp. 8-9.

究竟如何解决跨国收养中的种种法律冲突问题，成为各国法律与社会工作者不容忽视的问题。许多国家的法学家以及立法与司法工作者十分重视这一问题，加强了这方面的理论研究和立法与司法实践。

20 世纪 90 年代中期，海牙国际私法会议发现跨国收养的发展呈现许多新的变化。现代跨国收养无论在数量和范围上，还是在内容和形式上都变得越来越复杂，不仅涉及范围广、程序多，而且法律冲突日渐突出，甚至出现了滥用收养权以及借跨国收养拐卖儿童的现象。而海牙国际私法会议 1965 年的《收养管辖权、法律适用和判决承认公约》本身存在种种缺陷和不足，难以适应新的形势。① 因此，海牙国际私法会议常设局分析了 1965 年的海牙收养公约存在的问题与缺失，建议在条件成熟的时候制定一个新的公约，满足跨国收养发展的客观需要，弥补 1965 年的海牙收养公约存在的不足，解决这一公约未能解决的问题，特别是一些新出现的实践难题。于是，海牙国际私法会议召集成员国和有关国际组织经过多次反复酝酿，最后在 1993 年第十七届海牙国际私法会议上一致通过了《跨国收养方面保护儿童及合作公约》。这是全球范围解决跨国收养法律冲突问题与推进跨国收养法统一化运动的杰出成果，是构建跨国收养法律机制的一座崭新的里程碑。② 因此，海牙国际私法会议《跨国收养方面保护儿童及合作公约》在 1993 年 5 月 29 日向各国开放签署时，当即就有墨西哥、哥斯达黎加、巴西和罗马尼亚等国签署了公约，随后墨西哥、罗马尼亚、斯里兰卡和塞浦路斯等国政府迅速批准了该公约，并于 1995 年 5 月 1 日正式生效。正是由于该公约本身的灵活性和开放性，它一通过便受到国际社会的欢迎和推崇，目前该公约的缔约方已超过 100 个。海牙国际私法会议《跨国收

① 1965 年的海牙收养公约并未在跨国收养的实践中发挥重要作用，仅有奥地利、瑞士和英国三个国家批准了该公约，从 1965 年签署到 1978 年生效，经历了漫长的 13 余年之久，值得庆幸的是它最终还是生效了，如果抛开这一艰难历程不论，从海牙国际私法会议当时的 23 个成员国经过激烈讨论通过《收养管辖权、法律适用和判决承认公约》这一点来看，它是跨国收养法统一化运动从发端到形成与发展的标志，实质上标志着解决跨国收养法律冲突问题与跨国收养法的统一化运动已从初级阶段进入了正式形成时期。自此以后，在全球范围内统一跨国收养法引起了广泛的重视。1993 年的海牙跨国收养公约就是在这一基础上形成的成果。除奥地利、瑞士和英国三国以外，再没有国家参加 1965 年的《收养管辖权、法律适用和判决承认公约》。这样一来，最终导致了该公约不得不退出历史舞台。至 2003 年 4 月 13 日瑞士率先通知废止该公约。随后，2003 年 4 月 15 日英国也通知废止该公约，2004 年 4 月 20 日奥地利通知废止该公约。根据《收养管辖权、法律适用和判决承认公约》第 23 条的规定，该公约的效力将于 2008 年 10 月 23 日终止。

② J. H. A. Van Loon, “De Wisselwerking Tussen International Privaatrecht en Rechten van de Mens”, in Grensoverschrijdend Privaatrecht, Van Rijn van Alkemade Bundel, 1993, pp. 135-145.

养方面保护儿童及合作公约》不仅生效快而且适用地域宽泛，既有众多的海牙国际私法会议成员国接受它，又有无数海牙国际私法会议非成员国参加并批准实施了该公约。这一公约的迅速生效实施使儿童原住国与收养国之间的合作机制进一步加强，努力确保跨国收养在更加规范化、更加有序化、更加合理的环境下发展。海牙国际私法会议制定该公约的初衷就是使其能在具有不同国内收养法的体系里运行，如公约既可适用于完全收养又可适用于简单收养；公约允许以不同方式进行收养，既可依协议成立收养关系，也可通过司法或行政机关的决定来成立收养关系，既可在送养国批准成立收养关系又允许在收养国批准成立收养关系。公约除了对跨国收养规定了最低标准、基本程序和保障措施外，并没有要求各国收养法与其统一或完全保持一致。批准或加入《跨国收养方面保护儿童及合作公约》的缔约国并不意味着一定要参与跨国收养，也不存在任何被强迫承担送养或收养最低数量儿童的义务。① 它不仅要求直接参与跨国收养的儿童原住国与收养国之间在跨国收养的各环节密切合作，而且要求所有缔约国应为跨国收养的承认与执行创造条件和提供方便。这些年的实践表明海牙跨国收养公约实际上起到了促进各国收养法趋同或统一的作用。② 不过，这一公约的实施也不是解决跨国收养法律冲突问题与跨国收养法统一化进程的终极目标。一方面，公约本身在某些方面仍存在着或多或少的缺陷，另一方面，随着跨国收养实践的深入发展，公约还存在滞后实践的问题，甚至于有些问题诸如具有难民身份的儿童的收养问题则是公约未涵盖的，需要在以后的发展过程中逐步完善和充实相关制度。③ 因而，各国政府以及有关国际组织应以动态和发展的观点对待《跨国收养方面保护儿童及合作公约》，为扫除跨国收养法统一化运动的障碍特别是海牙跨国收养公约的实施障碍而进行持续不断的努力。④ 海牙国际私法会议近年来就一直沿着这一路径在不断丰富和完善 1993 年的《跨国收养方面

---

① Permanent Bureau, 20 Years of the Hague Convention Assessing: The Impact of Convention on Laws and Practices Relating to Intercountry Adoption and the Protection of Children, Jordan Publishing Limited, 2008, p. 99.

② Kerry O' Halloran, The Politics of Adoption: International Perspective on Law, Policy & Practice, Third Editon, Springer, 2015, p. 148.

③ Permanent Bureau, 20 Years of the Hague Convention Assessing: The Impact of Convention on Laws and Practices Relating to Intercountry Adoption and the Protection of Children, The Netherlands, 2015, pp. 10-13.

④ Patrick Senaeve, Christoph Castelein, De Hervorming van de Interne en de Internationale Adoptie: Commentaar op de Wetten van 13 Maart en 24 April 2003 en het Decreet van 15 juli 2005, Intersentia Antweerpen-Oxford, 2004, p. 298.

保护儿童及合作公约》，确保其在各缔约国顺利地贯彻实施。① 迄今为止，海牙国际私法会议已经召开了四次研究和审查 1993 年《跨国收养方面保护儿童及合作公约》实际运作情况的特别委员会，不断强化公约的实施和执行机制。实际上，海牙国际私法会议负责跨国收养公约实施工作的特别委员会于 2005 年 9 月 23 日通过的《关于规范执行 1993 年海牙国际私法会议〈跨国收养方面保护儿童及合作公约〉的指南（Ⅰ号指南）》和 2010 年 6 月 25 日通过的《关于规范执行 1993 年海牙国际私法会议〈跨国收养方面保护儿童及合作公约〉的指南（Ⅱ号指南）：委任与委任组织的一般原则及行动准则》等示范性法律文件以及一系列格式化标准文书，对指导和帮助各缔约方全面履约和促进公约良性运行发挥了十分重要的作用。另外，特别委员会还推出了有关跨国收养安置后的跟踪问题、非法收养问题、跨国收养内国的现代技术应用问题以及跨国收养的特别程序问题、收养信息国际保护与交换问题的法律文件以及相关行为准则的参考范本。② 但因跨国收养涉及面广以及公约条款的非强制性，公约的遵守和实施还有许多待改进之处，如跨国收养的从属性原则的恪守、难民儿童的跨国收养、非法收养和非法牟利、跨国收养的中央机关与委任机构及其他组织的协调、后跨国收养服务和公约长效审查机制构建等问题均没有得到彻底解决。③ 虽然海牙跨国收养公约特别委员会为评价公约的遵守和执行以及全面督促公约的实施作了许多努力，诸如定期召开会议、发放调查问卷和专项统计调查表、及时收集公约执行情况的信息资料和数据、监测和审查公约在缔约方的执行情况、加强国际合作和开展技术援助等，但依然不尽如人意，海牙跨国收养公约的遵守效果并不理想、公约中的条款运作情况和各项目标的实现依然还存在差距、审查和评价公约的监测方式较为单一、具体执行问题的解决不够及时、公约审查意见反馈大多停留在会议层面且缺乏有力的后续行动，等等。如此，公约的实施和执行客观上要求缔约方将加入公约的意图和承诺以及所承担的法律义务转化为实际行动，需要各缔约方、非缔约方以及有关国际组织共同维护公约并为其

① Dagmar Winkelsträter, Anerkennung und Durchführung Internationaler Adoptionen in Deutschland：unter Berücksichtigung des Haager Übereinkommens über den Schutz von Kindern und die Zusammenarbeit auf dem Gebiet der internationalen Adoption vom 29. Mai 1993, Jenaer Wissenschaftliche Verlagesellschaft, 2007, p. 187.

② Permanent Bureau, Conclusions and Recommendations Adopted by the Fourth Meeting of the Special Commission on the Practical Operation of the 1993 Hague Intercountry Adoption Convention（8-12 June 2015）, http：//hcch. e-vision. nl/, 12 November, 2015.

③ Permanent Bureau, 25 Years of Protecting Children in Intercountry Adoption, The Netherlands, 2018, pp. 14-17.

良性运作不断探寻良策。

为了全面规范在中国出现的大规模跨国收养，中国的立法与司法部门加快了涉外收养的立法与司法工作进度，2000 年 11 月 30 日签署了海牙《跨国收养方面保护儿童及合作公约》，2005 年 4 月 27 日又由第十届全国人民代表大会常务委员会第十五次会议正式批准了该公约。这不仅是中国在解决跨国收养法律冲突问题上的重大突破，而且也进一步扩大中国在公约基础上与世界其他各国在跨国收养方面的合作力度和范围。事实上，近年一直在全球居于跨国送养国前列的中国颇受世界关注。一方面，从 20 世纪 80 年代开始，中国涉外收养迅猛的发展趋势十分引人注目。我国在 1978 年改革开放前，涉外收养案件的数量一直不多，屈指可数。① 1978 年改革开放以后，随着对外开放和交流的发展，中国涉外收养的数量有所增加。这种状况在 1989 年以前还算平缓。自 1981 年至 1989 年，中国办理的涉外收养总数在 1 万件左右。② 1989 年以后，中国的涉外收养呈现出突飞猛进的势头，在世界"收养潮"的推动下，不只是在中国居住的外籍教师、留学生和外方工作人员要求收养中国儿童，其他一些未在中国居住的外国人也加入了这支收养大军，从而使得中国的涉外收养数量迅速增加。1990 年至 1999 年，中国办理的涉外收养总数已超过 3 万件。进入 21 世纪，不仅来中国收养儿童的人员呈现出多样化的特点，而且来中国收养儿童的外国人所属国家的范围也越来越广泛，已有美国、加拿大、瑞典、挪威、丹麦、芬兰、荷兰、英国、比利时、西班牙、澳大利亚和新加坡等 17 个国家参与中国的跨国收养。每年外国人在中国收养的儿童数量很快突破了 1 万人，最多的时候每年曾送养 2 万余名中国儿童给外国人收养。③ 自 2000 年至

① 有关中国涉外收养的统计数字，如果未特别说明，则仅指中国大陆的儿童被收养的情况，不包括中国港澳台地区的儿童被外国人收养的数据。

② 另据美国全国收养委员会的有关统计，1982 年至 1989 年，该组织经手收养的中国儿童就有 200 多人。参见 http：//www. fwcc. org/statistics. html/，2005 年 8 月 20 日最后访问。有关美国从中国收养儿童的统计数据还可参见：Toby Alice Volkman，Embodying Chinese Culture：Translational Adoption in North America，in Michèle Sharon-Glassford，Trasnational Adoption，Duke University Press 2003，pp. 30-33；Joan Heifetz Hollinger，Adoption Law and Practice，Matthew Bender & Company Inc.，2004，Chapter 11，pp. 1-11.

③ 2004 年中国公民收养登记 40084 件、外国公民收养登记 12519 件（国内收养公证 7040 件、涉外收养公证 22285 件）。参见中华人民共和国国家统计局编：《中国统计年鉴(2005)》，中国统计出版社 2005 年版，第 781 页；中华人民共和国民政部主编：《中国民政统计年鉴(2005)》，中国统计出版社 2005 年版，第 71 页。

2009 年，中国通过跨国送养的儿童 20 余万人。① 近年，随着海牙跨国收养公约的全面实施以及全球多种因素的影响，中国的涉外收养也像世界大多儿童送养国一样，涉外收养从 21 世纪第二个十年开始就呈现下降走势，目前几乎回归到 20 世纪 90 年代初的状态。另一方面，中国涉外收养立法已有一些与海牙跨国收养公约相吻合的规定，但仍然还有不少差距与诸多不够完善之处，背离公约的不规范的跨国收养和滥用跨国收养权非法买卖儿童等问题不断遭致诟病。虽然我国早在 2000 年就签署了海牙跨国收养公约，但一直到 2005 年才正式批准并于 2006 年 1 月 1 日实施该公约。而当时对于我国批准实施海牙跨国收养公约，法学理论界和社会各方面并没有引起太大的反响。② 我国理论界对跨国收养的法律问题特别是滥用跨国收养权贩卖儿童问题研究还有很大的空间，目前探讨跨国收养法律问题的学术著作和论文甚少。在立法与司法实践方面，具体制度与做法也很不完善。我国有关涉外收养的立法规定相当粗糙，如我国 1991 年制定的《收养法》第 20 条只有一条简单的规定，只规定了外国人收养中国儿童的单向收养问题，对中国人收养外国人为养子女的问题没有任何规定。1998 年修订后的《收养法》仍然沿用了这一单向收养模式，只用第 21 条一条对涉外收养问题做了简单规定。民政部于 1999 年颁发的《外国人在中华人民共和国收养子女登记办法》的部门规章同样是粗线条的，显得相当滞后，而司法实施经验也十分缺乏。实际上，2010 年前的中国涉外收养可作为明确

① 据美国官方数据显示，中国已经连续几年成为美国国际收养儿童数量最多的国家：1991 年还仅有 61 名中国大陆儿童被美国人收养并获得赴美签证，而 2002 年这个数字已经上升到 5053 名，2003 年则达到了 6859 名。根据美国移民局的数据统计，美国到 2002 年年底总共就已经收养了超过 35000 名中国儿童。根据美国官方的统计，现今美国共有 160 万名 18 岁以下的被收养儿童，占总共 6500 万名儿童的 2.5%。截至 2002 年 9 月 30 日统计数字显示，美国人在 1 年内共从其他国家领养了 21100 名孩子。他们从中国领养的孩子最多，一共有 6062 人，其他的儿童按照出生地分别是 4904 人(俄罗斯)人、2361 人(瓜地马拉)、1713 人(韩国)、1093 人(乌克兰)。除美国以外，中国收养中心还向丹麦、芬兰、西班牙、法国、瑞典、冰岛、爱尔兰、荷兰、挪威、新西兰、英国、加拿大、比利时和澳大利亚 14 个国家开放。据了解，美国、加拿大和法国是世界上收养外国儿童最多的三个国家。加拿大移民部门的数据显示，2001 年和 2002 年加拿大人收养的中国儿童人数分别为 618 名和 771 名，数量远远超过排在第二位的俄罗斯儿童的数量。法国外交部数据显示，2002 年法国人共收养了 210 名中国儿童。参见《新京报》2003 年 12 月 2 日的新闻调查《中国弃婴与异国父母》以及 America Member Service Center 的统计调查(htt：// www.americamember.org /，2005 年 8 月 17 日查阅)。

② 鉴于跨国收养在中国的这种发展势头，为了更好地维护涉外收养中儿童的权益，加强对跨国收养法律冲突问题的理论研究和健全我国的涉外收养法制，已迫在眉睫。在国内外这种大背景下研究我国涉外收养法律冲突的解决办法，可望填补我国国际法学和民法理论研究领域的空缺。

的法律依据的就只有《收养法》中的一条规定以及《外国人在中华人民共和国收养子女登记办法》的规定。一直到第十一届全国人民代表大会常务委员会第十七次会议2010年10月28日通过《中华人民共和国涉外民事关系法律适用法》(2011年4月1日生效)，我国才有专门规定涉外收养关系的法律适用问题的立法条款，但该法也只有第28条一个条款对涉外收养准据法的选择作了规定且留下了不少缺失。① 加之，作为跨国收养中央机关的"中国儿童福利与收养中心"并未严格履行其法定职能，局限于涉外收养立法既不健全又难以满足实践需要以及缺乏科学的法学理论指导，对跨国收养的许多问题不得不采取回避的态度。诸如在实践中采取一律不接受与我国收养法有冲突的国家的收养申请人来中国收养子女，同时一概不接受中国人要求收养外国人的申请。据报道，2004年中国上海一对夫妻要求收养美国籍的侄儿、四川一对夫妇要求收养印度海啸后的孤儿等都无法操作。正是我国有关涉外收养的法律体系还不够健全，长期受"宜粗不宜细"的立法指导思想影响，不仅相关条文显得十分简单、粗糙，而且缺乏有机统一性，散落在不同的法律法规中。尤其令人遗憾的是于2021年1月1日施行的《中华人民共和国民法典》(婚姻家庭编)(以下简称《民法典》)，继续沿袭了旧制，既未跳出涉外收养立法原有模式的窠臼，也未将《外国人在中华人民共和国收养子女登记办法》的法律阶位提升，更未将《中华人民共和国涉外民事关系法律适用法》有关涉外收养准据法选择条款吸纳融为一体。可见，进一步健全和完善我国涉外收养法律制度，实乃"路漫漫其修远兮"。因此，为了解决好我国的涉外收养法律冲突，使我国的跨国或跨区收养更加符合被收养儿童的最大利益，使我国的跨国收养沿着健康、有序、规范化的轨道发展，既要不断完善涉外收养的立法与司法实践，又要不断强化海牙跨国收养公约的实施力度。

为此，立足于中国的现实，参照全球解决跨国收养法律冲突问题的成功经验，汲取各国、各地区乃至全球在解决跨国收养法律冲突问题的教训，着重探讨解决跨

① 中华人民共和国民法典的起草最初拟将有关国内收养的规范和涉外收养的规范统一起来，但几经争论却难以形成一致意见，最后又回归到收养法原来的模式，只在《中华人民共和国民法典》婚姻家庭编设置了第1109条一个条款的规定，即"外国人依法可以在中华人民共和国收养子女。外国人在中华人民共和国收养子女，应当经其所在国主管机关依照该国法律审查同意。收养人应当提供由其所在国有权机构出具的有关收养人的年龄、婚姻、职业、财产、有无受过刑事处罚等状况的证明材料，并与送养人签订书面协议，亲自向省、自治区、直辖市人民政府民政部门登记。前款规定的证明材料应当经收养人所在国外交机关或者外交机关授权的机构认证，并经中华人民共和国驻该国使领馆认证，但是国家另有规定的除外"。从而将涉外收养的法律适用规则继续排除在外。

国收养法律冲突问题的理想路径，其理论价值与实践意义都是十分突出的。因而，利用长期研究收养法的些许积淀，进一步收集跨国收养方面的资料，认真翻译和梳理各主要国家最新的收养法，广泛地进行调查和走访收养组织、儿童福利机构与收养家庭，获取更直接的第一手资料。然后，采用学理比较和规范比较相结合的方式，运用实证分析法、科学归纳法与定量和定性分析法等多种研究方法，吸收国内外有关研究跨国收养法律冲突问题的前沿成果，采用理论阐述与实务分析相结合的模式探寻当代解决跨国收养法律冲突问题的最佳路径。希望该研究能为相关行政机关处理跨国收养问题提供有价值的理论参考依据，为我国立法部门健全和完善收养立法提供可比照的国际范例。

基于上述立足点和目的，这本书集中用六章专门讨论跨国收养法律冲突问题的解决对策。第一章运用历史分析法、综合比较法，首先分析了跨国收养的法律特性、内涵与外延以及调整对象和渊源，然后通过对跨国收养的历史与现状的梳理，揭示了当今世界跨国收养的规模与发展趋势，剖析了跨国收养法律冲突产生的内在根源与外部条件。第二章采用个案分析法与归纳类比法，着眼于欧洲理事会在解决欧洲区域性跨国收养法律冲突上的贡献，特别是对1967年制定的《关于儿童收养的欧洲公约》和2008年修订的该公约通过的历史原因与现实背景进行了比较细致的挖掘，对比分析了新旧公约的基本规范和实施状况，客观地揭示了欧洲解决区域性跨国收养法律冲突的成就与缺陷。第三章也采用与第二章类似的研究方法，将视角对准跨国收养相当普及的美洲大陆，从分析美洲国家组织及美洲国际私法特别会议的产生与发展历程入手，深入考察了1984年的《美洲国家间关于未成年人收养的法律冲突公约》的主要内容和基本准则，全方位审视了美洲国家组织在解决美洲地区跨国收养法律冲突方面的成功做法与不足之处。以第二章和第三章为铺垫，将全书的重点定位到对全球性解决跨国收养法律冲突路径的探析。因此，第四章采用整体与部分相结合的方法及理论联系实际的研究方法，全面探寻全球性解决跨国收养法律冲突的对策，透析了海牙国际私法会议致力于解决跨国收养法律冲突与统一跨国收养法的背景和成就，着重对海牙国际私法会议近年在清除《跨国收养方面保护儿童及合作公约》实施障碍上的各种努力进行了全方位的梳理。第五章着重探讨和剖析中国涉外收养法律机制的完善方略，依赖社会调查统计法收集和筛选第一手资料与数据，运用历史与逻辑方法专门考量了中国涉外收养的产生及发展历程，全面检讨了中国涉外收养立法与司法实践的成败得失，并根据中国的实际情况提出了具体的完善对策及建设性构想，力求为顺利解决中国的跨国收养法律冲突设计可行性路径。第六章立足于以点带面的视角与方法展开研究，选择了当前欧洲地区急于与中国开通跨国收养官方渠道的德国与瑞士为例进行对比分析，从理论层面探讨中德及中瑞跨国收养法律冲突的解决对策，深入探寻解决中国的跨国收养法律冲突以及中国的区际收养法律冲突的范式。

目　　录

第一章　跨国收养法律冲突的历史与现状

第一节　跨国收养法律的调整对象与渊源

一、跨国收养法律的调整对象

凡是调整跨国收养关系的各种法律规范的总和，就属于通常所称的跨国收养法律，简称为跨国收养法。由于跨国收养是一个非常复杂的过程，需要有一定的法律规则协调和规范跨国收养行为，调整跨国收养关系，防止跨国收养权的滥用以及跨国拐卖儿童。于是，随着跨国收养的产生和发展，调整含有国际因素的收养关系的跨国收养法律就应运而生。跨国收养法律所调整的对象为含有跨越国境因素的收养关系，从一个国家的角度来看，可以称之为涉外收养关系，"超越国籍或国境的收养关系"；① 从全球范围来看，通常称之为国际收养关系或跨国收养关系。这种含有涉外因素的收养关系指收养的当事人、收养的内容和诱发该法律关系的法律事实等因素中至少有一方面与外国有关系。我国大部分学者主张含有涉外因素的收养关系就是指："收养人与被收养人，以及有关收养的法律事实等诸因素中，至少有一个因素是与外国相联系的。"②具体说来，作为收养关系当事人一方或双方是外国人或无国籍人，或者其住所或惯常居所在外国。按照广义的解释，只要收养人或被收养人具有外国国籍、无国籍或者其住所、惯常居所在外国，都属于跨国收养关系的范畴。而依海牙国际私法会议 1993 年通过的《跨国收养方面保护儿童及合作公约》（以下简称海牙《跨国收养公约》）的狭义解释，只有收养人与被收养人的惯常居住地位于不同的缔约国才算跨国收养关系或涉外收养关系。③ 此外，收养关系的权利义务产生、变更或消灭的法律事实发生于国外，也属跨国收养法调整的对象，如收养行为在国外完成或收养关系在外国成立或收养关系在外国解除等都可看作跨国收

① 余先予主编：《国际法律大辞典》，湖南出版社 1995 年版，第 408 页。

② 孟宪伟、王玉洁著：《涉外婚姻家庭与法》，广东人民出版社 1995 年版，第 93 页。

③ J. Doek et al., Children on the Move, Martinus Nijhoff Publishers, 1996, pp. 82-84.

养法律调整的范围。① 可见，跨国收养法律所调整的收养关系所具有的国际因素或涉外因素不是单一的，即不仅仅只在某一个环节上含有外国成分，可以是多元的，也就是说，可以在收养的多个环节上都含有外国成分，而构成跨国收养关系或涉外收养关系只要在一个环节上具有涉外或国际因素就足够了。含有涉外或国际因素的收养关系仍属于广义的民事法律关系，因而，从一定程度上说，以这种关系为调整对象的跨国收养法律应是国际私法的重要板块。②

在大部分大陆法系国家，将包含规定收养关系的家庭法作为民法典的一部分，法国、德国、瑞士、日本等采用这种制度，在其国际私法中对涉外收养关系的法律适用问题作了具体规定；英美法系国家大多没有民法典，常以单行法的形式规定收养关系，但仍将其列入民事方面的法律规范之列，多以私法面貌出现；而社会主义国家大部分以苏联的模式为参照，把劳动关系、婚姻家庭关系从民法中分离出来，单独立法加以调整，在婚姻家庭法典中对收养关系加以规定，如苏俄的婚姻和家庭法典、罗马尼亚的家庭法典等。我国 1986 年的《民法通则》也是如此，将规范收养关系的法律单列于民法以外。③ 而 2020 年 5 月 28 日第十三届全国人大第 3 次会议通过的《中华人民共和国民法典》在第五编“婚姻家庭”第五章“收养”(第 1093 条至第 1118 条)以及第 52 条、第 464 条和第 1044 条的相关规定中对收养关系进行了规定，将 1991 年单行的《收养法》并入其中。不论对收养关系采取何种立法形式，大部分国家在其国际私法中对涉外收养关系或跨国收养关系作了规定。可见，跨国收养法律总体上属于国际私法范畴，但是，也不能忽视或否定其所表现出来的国际行政法、国际人权法、国际公法方面的某些特征。随着国际社会的收养立法强调以保护儿童最大利益为原则和强化公权力介入的机制，有学者也主张

① 2012 年 12 月 10 日最高人民法院审判委员会 1563 次会议通过的《关于适用〈中华人民共和国涉外民事关系法律适用法〉若干问题的解释(一)》第 1 条对何为涉外民事关系作了解释：“民事关系具有下列情形之一的，人民法院可以认定为涉外民事关系：(一)当事人一方或双方是外国公民、外国法人或者其他组织、无国籍人；(二)当事人一方或双方的经常居所地在中华人民共和国领域外；(三)标的物在中华人民共和国领域外；(四)产生、变更或者消灭民事关系的法律事实发生在中华人民共和国领域外；(五)可以认定为涉外民事关系的其他情形。”2014 年 12 月 18 日最高人民法院审判委员会 1636 次会议通过的《关于适用〈中华人民共和国民事诉讼法〉的解释》第 522 条也有类似规定。

② I. Delupis, International Adoptions and the Conflict of Laws, Stockholm, 1976, pp. 66-75; R. de Nova, Adoption in Comparative Private International Law, Receil, 1961, pp. 75-158.

③ 2010 年 10 月 28 日颁布的《中华人民共和国涉外民事关系法律适用法》在第 28 条中专门对涉外收养关系的法律适用作了规定。参见蒋新苗主编《国际私法》，北京大学出版社 2018 年版，第 79 页。

将跨国收养法律划入国际行政法、国际人权法乃至国际公法之列。① 这种观点在相当程度上忽视了跨国收养关系内在的属性即最终成立的私人之间的民事法律关系，而过于偏重跨国收养的过程的法律规制属性，只是从跨国收养法律规范中所体现的强调司法行政机关的介入和监督管理以及保护儿童人权的某一方面的特征来归类的。所有将跨国收养法纯粹定位于公法范畴的做法实际上是以偏概全，掩盖了跨国收养法律的固有属性和主导方面。

从跨国收养法律的调整对象、性质及其基本内容来看，它所表现出来的国际私法方面的特征最为突出，甚至可以说国际私法与跨国收养法是属种关系，国际私法涵盖跨国收养法律。跨国收养法律以含有国际因素的收养关系为调整对象，以规范跨国收养行为的实体法律法规和程序性法律法规乃至法律适用规则为内容，既不同于主要以国内收养关系为调整对象的国内收养法，也不同于调整以国家为主体的主权者之间的法律关系的国际公法，也不同于“限定内国行政机关的管辖权和内国行政法的适用范围的”国际行政法，② 也不同于被确定为是处理保护受国际保证的个人和团体的权利不受政府侵犯以及处理促进这些权利发展的“国际人权法”。③ 就整个法律体系而言，尽管跨国收养法律与国际公法、国际人权法、国际行政法乃至国际刑法在某些方面存在相互联系、相互交叉或重叠之处，但其本质特征与内容还是相差较大的，跨国收养法律归入国际私法范畴，作为国际私法的构成部分则更为恰当。跨国收养法律是融实体法规范、程序性规范乃至冲突规范于一体的有机整体，是国际私法不可分割的组成部分。

二、跨国收养法律的主要渊源

在西方法学中，法律的渊源(Sources of Law)是一个含义十分混乱的概念，④ 既可以指法律的历史渊源又可以指法律的理论或思想渊源，还可以指法律的本质渊源或法律的效力渊源(又称正式渊源)，有时也可以指法律的文献渊源或法律的学术渊源。不过，通常所讲的法律渊源主要是指法律的效力渊源，即指法律由不同机关

---

① E. M. Hohnerlein, Internationale Adoption und Kindeswohl, Munich, 1988, pp. 9-11; J. H. A. Van Loon, “The Increasing Significance of International Cooperation for the Clarification of Private, International Law”, in Forty years on: The Evolution of Postwar Private International Law in Europe, Amsterdam, 1990, pp. 101 et seq.

② 李浩培著:《国际法的概念和渊源》，贵州人民出版社 1994 年版，第 4 页。

③ [美]托马斯·伯根索尔著:《国际人权法概论》，潘维煌等译，中国社会科学出版社 1995 年版，第 1 页。

④ 德国一些学者认为“法律渊源(Rechtsquellen)”的用法是违反语言习惯的。Ulrich Meyer-Cording, Die Rechtsnormen, Mohr Siebeck Tübingen, 1971, S. 50.

创制或认可而具有不同效力，从而也就可以划分为各种类别，如制定法(宪法、法律、行政法规等)和判例等，有时也包括经认可的习惯、法理等。① "'法律渊源'一方面是指法律原则的产生原因，另一方面是指适用于全体人的法(在国家法律制度管辖范围内)本身的表现形式；法的表现形式是通过其产生原因体现出来的。"② 而作为调整跨国收养行为规范的跨国收养法律，必须以一定的形式表现出来，才能为人们所了解，也才具有法律上的效力。因此，一般认为，跨国收养的法律渊源也就是指跨国收养法规范的存在及其表现形式。换言之，各种用以表现跨国收养法规范的具体形式就是跨国收养的法律渊源。正因为如此，跨国收养的法律渊源也可以区分为实质渊源和形式渊源两类。跨国收养法律的实质渊源是指在跨国收养法规则产生过程中影响这种规则的内容的一些因素，如法律意识、正义观念、连带关系、社会舆论、阶级关系、风俗习惯、宗教信仰等。这些因素的共同点在于其都具有法律以外的性质，它们是一些政治上的、经济上的、社会学上的或者心理学上的事实，这方面的研究主要属于其他人文社会科学的任务。③ 从法学的角度分析和研究的主要是跨国收养法律的形式渊源，即跨国收养法律规则据以产生或出现的一些外部形式，也就是指跨国收养法律规范的表现形式。这也是跨国收养法律形成的依据或标志。由于跨国收养法律的调整对象是超出国家领域或国籍范围的含有外国因素的收养关系，在其发展的进程中，逐渐产生了国际统一规范。④ 这就决定跨国收养法律的渊源具有两重性，即主要包括国内法律渊源和国际法律渊源两个方面，⑤ 也有一些国家将国内法院的司法判例以及国际社会所通行的国际惯例视为跨国收养法律的重要渊源。

(一)跨国收养的国内法源

国内立法作为跨国收养的法律渊源，是指各国制定的关于调整涉外收养关系的

① 沈宗灵著:《比较法研究》，北京大学出版社 1998 年版，第 161 页。

② Enneccerus und Nipperdey, Allgemeiner Teil des Büergerlichen Rechts, 15. Aufl., 1960, S. 32.

③ Judith L. Gibbons, Karen Smith Rotabi, Intercountry Adoption: Policies, Practices and Outcomes, Routledge, 2016, p. 15.

④ Scott Christian, Intercountry Adoption, The University for Peace Law Review, Vol. 1, 2010, p. 54.

⑤ Adriana Sinclair, International Relations Theory and International Law, Cambridge University Press, 2010, pp. 33-34.

法律、法令、条例、规定等规范性文件。① 由于跨国收养活动与有关国家的利益密切相关，各国通过国内立法来协调跨国收养活动是一种比较普遍的做法。关于跨国收养的各国立法，有从简略趋于详备的倾向。这种国内立法常包含在民法典或单行的收养法中或并入国际私法典中，有的也在国籍法或移民法中加以规定。例如，《日本民法》第 801 条规定了在外国的日本人之间的收养方式，日本 1898 年的《法例》第 19 条和 1989 年修改的《法例》第 20 条，以及日本 2006 年 6 月 21 日颁布的《法律适用通则法》第 31 条均对涉外收养的要件及效力等作了规定，②《日本国籍法》第 19 条和第 23 条对因收养而入籍或出籍作了规定。《德国民法施行法》第 22 条对涉外收养的法律适用作了具体规定（2012 年 6 月 21 日根据《罗马公约Ⅲ》又进行了修改、2015 年 6 月 29 日修订了继承的有关条款）。③ 荷兰采取单行立法的形式，《荷兰关于收养外国子女的法规》共有 34 条，对涉外收养的条件、效力、程序和监管等问题作了非常详细的规定，而荷兰于 1998 年 5 月 14 日第 302 号令予以了修订。芬兰 2012 年修订的《收养法》在第五章第 31 条至第 38 条、第九章的第 65 条至第 84 条和第十章第 87 条至第 90 条对涉外收养的成立、批准、承认与撤销及法律适用等作了更为详尽的规定。新西兰 1997 年《跨国收养法》（共 30 条）和 2011 年修订的《收养法》第 27 条和第 31 条规定了涉外收养问题。捷克 2012 年通过的《国际私法》第五章第 60 条至第 63 条对涉外收养的管辖权和法律适用作了具体规定。斯洛伐克 2014 年修订的《国际私法与国际民事诉讼法》第 26 条至第 68 条规定了涉外收养问题；波兰 2016 年修订的《家庭与监护法典》第 114 条至第 127 条以及 2011 年修订的《国际私法》第 22 条和《民事诉讼法》第 110 条对涉外收养的法律适用作了规定。瑞典有关国际收养的立法相当完备，有 1979 年生效的《关于收养的国际法律关系条例》、1981 的《外国收养认可条例》、1979 年的《跨国收养协助法》、1981 年的《跨国收养瑞典国内委员会规则》、1985 年的《瑞典国际儿童福利协会收养中心章程》、1988 年《关于对瑞典国家跨国收养署的指示的法令》、1997 年《跨国收养中介法》以及 1998 年修订的《双亲与监护法典》、2001 年《瑞典公民法》（第 3 条关于跨

① 收养法的渊源离不开习惯法。收养习惯法是通过收养关系成员对在其共同体中占主导地位的法律信念的实际贯彻形成的，即通过蕴含于收养习惯法中的共同法律信念得以表现。跨国收养的法律渊源也渗入了少量的各国习惯法。

② Yasuhiro Okuda, Reform of Japan's Private International Law: Act on the General Rules of the Application of Laws, in Petar Šarčević, Paul Volken and Andrea Bonomi, Yearbook of Private International Law, Vol. Ⅷ, Sellier European Law Publishers, 2007, pp. 145-167.

③ Tobias Helms, Sind die Staatsangerhörigkeitsprinzip Orientierten Anknüpfungsregeln der Art. 22, 23 EGBGB Noch Zeitgemäss, im Dieter Schwab und Hans-Joachim Dose, Familienrecht in Praxis und Theorie, Gieseking Verlag, 2012, s. 69-73.

国收养的国籍问题的规定)和《收养社会服务法》等一系列法律法规。2003 年修订的《比利时民法典》第 344 条规定了“跨国收养的特殊条件和效力以及承认在外国取得的收养亲子关系”；2004 年 7 月 16 日通过的《比利时国际私法典》第 61 条至第 76 条以及第 140 条对涉外收养关系的法律适用问题专门作了规定。① 1811 年的《奥地利民法典》第 178 条至第 185 条专门规范收养事宜和 1979 年的《奥地利联邦国际私法》(2015 年修订)第 26 条对涉外收养作了具体规定。阿根廷 2014 年颁布的《民商法典》第 2635 条至第 2638 条以及 1971 年颁布的《收养法》在第五章中以专章共 5 条规定了“海外收养的效力”。泰国 2010 年修订的《儿童收养法》第 4 条和 1939 年制定的《冲突法》第 35 条对涉外收养及其法律适用问题作了明确的规定。意大利 1995 年的《国际私法制度改革法案》第五章第 38 条至第 41 条对涉外收养的条件、成立、撤销及收养管辖权与有关收养的外国裁决的承认等方面作了非常具体的规定，2001 年的第 149 号令又作了进一步规定。罗马尼亚 2009 年修订的《民法典》第 2607 条至第 2610 条对涉外收养的实质要件、形式要件和效力的法律适用作了明确的规定，2004 年的《儿童保护与收养法》进一步作了规定。保加利亚 1992 年的《家庭法典》第 136 条和 2003 年颁行的《关于跨国收养保加利亚儿童的条件与程序的法令》有关于跨国收养的规范，2005 年的《国际私法典》第 10 条和第 84 条专门规定了跨国收养的管辖权与法律适用问题。印度 1956 年的《印度人收养和抚养法》、1980 年的《监护法》、1986 年的《青少年保护法》、1995 年《跨国收养指南》、2015 年《青少年司法保护法》和 2017 年的《收养条例》都有关于跨国收养的条文。巴西 2009 年的《儿童和青少年保护法典》第 51 条和第 52 条以及 2014 年修订的《国际收养登记规则》也属于跨国收养法的规范。智利 2003 年颁行《收养法》就有关于跨国收养的条文，智利司法部的相关规则的修正法案又对跨国收养作了更具体的规定。加拿大大不列颠哥伦比亚省颁布实施的《收养法》第 48 条至第 57 条专门对跨省与跨国收养作出了规定。澳大利亚 1998 年 7 月 30 日第 248 号令对《家庭法》进行修改时颁布实施了《跨国收养双边安排条例》，共用 8 条对跨国收养作出了较具体的规定，同时还有各州颁行的收养法。② 菲律宾 1995 年 6 月 7

① Patrick Senaeve，Christoph Castelein，De Hervorming van de Interne en de Internationale Adoptie：Commentaar op de Wetten van 13 Maart en 24 April 2003 en het Decreet van 15 juli 2005，Intersentia Antweerpen-Oxford，2004，p. 316.

② 2018 年 4 月澳大利亚澳北区通过立法允许同性配偶收养子女，目前澳大利亚全国都不禁止同性配偶收养。Adoption in the Northern Territory Australia，Department for Education and Child Development-Families SA. Retrieved 29 April \ 2018.

日以第8043号令颁行了《跨国收养法令》，共22条，每年限制600名儿童由外国人收养。① 美国的跨国收养法律制度在各州的收养法中均有不同程度的反映，而联邦立法则主要有2000年颁行的《跨国收养法令》和《儿童的公民权法令》。② 美国1953年颁行的《联邦统一收养法》并经过1969年和2013年修正，只在费莱蒙等少数州适用。③ 此外，还有美国联邦最高法院及各州法院的有关跨国收养的判例也是其法律渊源。④ 英国颁布实施了一系列规范跨国收养的法律法规：1999年颁布了《跨国收养方面的法则》，2002年11月7日又根据新形势通过了《收养与儿童法》(*Adoption and Children Act*)，2003年还制定通过了一些规范跨国收养组织的条例,⑤ 2005年颁行了《涉外收养条例》和《收养信息公开条例》从而使英国的跨国收养法律制度日趋完备。⑥

---

① An Act Establishing The Rules to Govern Inter-Country Adoption of Filipino Chilldren, and for Other Purposes, Section 7.

② 参见：http://www.libraryindex.com/pages/1329/Children-America-ADOPTED-FOSTER-CHILDREN.html#ixzz0X7U5oyMV, accessed 31 January, 2020.

③ The 1993 Family and Medical Leave Act (PL 103-3) enabled parents to take time off work to adopt a child without losing their jobs or health insurance. The Interethnic Adoption Provisions of the Small Business Job Protection Act of 1996 amended the Multiethnic Placement Act of 1994 (PL 103-382) to ensure adoption processes were free from discrimination and delays based on the race, culture, and ethnicity of the child or the prospective parents. The Intercountry Adoption Act of 2000 (PL 106-279) facilitated immigration of foreign adopted children and placed requirements on states for supportive services. The Child Citizenship Act of 2000 (PL 106-395) provided automatic citizenship to both biological and adopted children of U. S. citizens who were born abroad and did not obtain citizenship at birth. The Economic Growth and Tax Relief Reconciliation Act of 2001 (PL 107-16) permanently extended the adoption credit implemented in 1996 and increased the maximum credit from $5,000 to $10,000 per eligible child. The Adoption Promotion Act of 2003 (PL 108-145) reauthorized an adoption incentive program and provided additional incentives for adoption of children with special needs, including older children (age nine and up), from foster care. 参见：http://www.adoptive-families.com(accessed 31 January, 2020).

④ Sanford N Katz and Daniel R Katz, Adoption Laws in a Nutshell, West Academic Publishing, 2012, pp. 275-280.

⑤ Voluntary Adoption Agencies and the Adoption Agencies (Miscellaneous Amendments) Regulations (come into force on 30th April 2003), Local Authority Adoption Service (England) Regulations (come into force on 30th April 2003), Adoption Support Service (Local Authority) (England) Regulations (come into force on 31st October 2003).

⑥ Heather Swindells, Adoption: the Modern Procedure, Family Law and Jordan Publishing Limited, 2006, p. 691.

我国的涉外收养法律规范则主要集中在1991年的《中华人民共和国收养法》第20条(1998年修订后改为第21条)、1998年的《外国人在中华人民共和国收养子女登记办法》和2010年的《中华人民共和国涉外民事关系法律适用法》第28条中。可见，各国有关国际收养的国内立法形式是多种多样的，有的存在于民法典中，有的规定在单行的家庭法典或收养法中，有的散见于国际私法规范中，还有在民事诉讼法中加以规定的。所有这些不同模式或不同类型的规范，构成了跨国收养法律丰富多彩的国内立法形式。

(二)跨国收养的国际法源

在国际立法方面，跨国收养的法律渊源主要体现在多边国际公约和部分国家的双边协定中。随着全球化的飞速发展、世界贸易组织对市场经济与国际贸易的全面推动和现代通信及交通运输事业的日益发达，世界各国人民之间的往来和交流日益频繁，使得跨国收养不仅在数量上与日俱增，而且在规模和范围上也在逐渐扩大。每一个国家的收养立法大多是由其各自的立法机关立足其本国的社会、政治、经济及文化背景来制定的，对跨国收养作了不尽相同的规定，从而给跨国收养造成了法律冲突和障碍。为了促进跨国收养的顺利、健康发展，消除跨国收养的法律冲突或障碍，平等地保护内外国收养当事人的合法权益特别是维护儿童的最大利益，世界各国在跨国收养领域进行了积极的合作，签订了一系列多边条约和双边条约，使国际条约成为跨国收养极为重要的法律渊源。

一方面，有关跨国收养的双边条约一直是跨国收养实践中不可或缺的法律渊源。因为两国之间为促进和保护两国公民之间互相进行收养而缔结的有关涉外收养的双边条约或司法协助协定在跨国收养法中占据重要的地位，构成了跨国收养的法律渊源的一种主要类型。例如，英国与罗马尼亚在1992年签订的跨国收养方面的合作协定,① 澳大利亚与菲律宾在1981年签订的《关于跨国收养的合作议定书》，瑞典与菲律宾在1975年签订跨国收养方面的条约，荷兰与菲律宾在1975年签订的有关收养的双边合作条约，厄瓜多尔与瑞典在1976年签订的收养协助条约，挪威与菲律宾在1982年签订的收养方面的双边条约，厄瓜多尔与加拿大在1984年签订的收养方面的合作条约，希腊与瑞典在1983年至1985年签订的一系列关于收养问题的双边条约，我国与西班牙、匈牙利、比利时等国家所签订的民商事方面的司法

① Jeremy Rosenblatt, International Adoption, Sweet & Maxwell Ltd., 1995, pp. 123-128.

协助协定,① 等等，都是跨国收养法的重要渊源。尽管这些关于跨国收养的双边条约只对双方缔约国有约束力，构成缔约国之间的“特殊跨国收养法”，不具有普遍的约束力。但是，若双边收养条约中的某些规则被为数众多的双边条约普遍接受，也可能构成国际通行的做法为许多国家所采用，构成具有一定广泛性或普遍性的跨国收养法则。另外，一些海牙《跨国收养公约》的缔约国为了强化和改进公约的实施机制，也在海牙《跨国收养公约》第 39 条的框架下签订了双边条约或协定。② 例如，西班牙与哥伦比亚、厄瓜多尔、玻利维亚、秘鲁等国分别签订的关于跨国收养的双边协定，希腊与罗马尼亚所签订的跨国收养双边条约，法国与越南所签订的跨国收养双边协定，加拿大(魁北克)与立陶宛签订的跨国收养中央机关合作的双边协定，还有澳大利亚、玻利维亚、拉脱维亚、波兰及南非与其他国家签订的跨国收养协定，等等，均属于跨国收养方面非常重要的一类法律渊源，也是解决跨国收养法律冲突问题的一种有效途径。③ 另一方面，除了这些双边条约或协定以外，在跨国收养法律渊源中占据关键地位的便要算规范跨国收养行为的多边条约。这其中又可以划分为跨国收养的区域性多边条约与世界性多边公约，它们都是跨国收养的重要法律渊源。区域性的跨国收养条约是指区域性国家组织在协调成员国之间的跨国收养而签订的多边条约，最早的为 1928 年美洲国家间的《布斯塔曼特法典》以及 1940 年蒙得维的亚《关于国际民法的公约》，都有关于跨国收养的法律规范。

此外，1939 年北欧国家在斯德哥尔摩签署的《关于婚姻、收养和监护的某些国际私法规定的公约》、欧洲理事会 1967 年的《关于儿童收养的欧洲公约》(2008 年修订)、欧洲联盟 2017 年的《收养令的跨国承认条例》、美洲国家组织 1984 年的《美

---

① 我国与美国、英国、法国、加拿大、西班牙、瑞典、挪威、冰岛、丹麦、爱尔兰、比利时、芬兰、荷兰、新西兰、新加坡、澳大利亚、意大利 17 个国家签订了专门的跨国收养合作双边协议，就属于规范中国与相关国家之间跨国收养的重要法律渊源。例如，中澳跨国收养双边协议由中国民政部和澳大利亚政府于 1999 年签订，截至 2009 年 3 月 31 日，已有 700 多名中国儿童被澳大利亚家庭收养(《中国社会报》2009 年 4 月 16 日)。根据中国和意大利两国协议，意大利公民在中华人民共和国收养子女工作自 2008 年开始。意大利政府委托了意大利儿童之友协会(AiBi. ASSOCIAZIONE AMICI DEI BAMBINI)和意大利儿童援助中心(CENTRO ITALIANO AIUTI ALL' INFANZIA(CIAI))开展跨国收养服务。意大利收养人在华收养子女，应通过上述两家收养组织向中国收养中心转交收养申请文件。

② Report and Conclusions of the Special Commission on the Practical Operation of the Hague Convention of 29 May 1993 on Protection of Children and Co-operation in Respect of Intercountry Adoption, 28 November—1 December 2000, http://hcch.e-vision.nl/, 1 August, 2005.

③ Permanent Bureau, The Implementation and Operation of 1993 Hague Intercountry Adoption Convention: Guide to Good Practice(Guide No. 1), Jordan Publishing Limited, 2008, p. 101.

洲国家间关于未成年人收养的法律冲突公约》和 1994 年的《美洲国家间关于国际拐卖儿童公约》等，都是跨国收养法的重要渊源。而在跨国收养法律方面的世界性多边公约，主要有海牙国际私法会议与联合国通过的一些公约，具体包括海牙国际私法会议 1956 年的《抚养儿童义务法律适用公约》、1958 年的《关于未成年人抚养义务判决的承认与执行公约》、1961 年的《关于保护未成年人主管机关和法律适用的公约》、1965 年的《收养管辖权、法律适用和判决承认公约》、1980 年的《民事方面防止国际拐卖儿童公约》、1993 年的《跨国收养方面保护儿童及合作公约》、2005 年 9 月 23 日海牙收养特委会通过的《关于规范执行 1993 年海牙国际私法会议〈跨国收养方面保护儿童及合作公约〉的指南(Ⅰ号指南)》、2010 年 6 月 25 日海牙收养特委会通过的《关于规范执行 1993 年海牙国际私法会议〈跨国收养方面保护儿童及合作公约〉的指南(Ⅱ号指南)：委任与委任组织的一般原则及行动准则》等①以及联合国 1989 年的《儿童权利公约》，是跨国收养方面具有普遍性的国际公约，是跨国收养法律渊源中具有普遍约束力的国际法律规范。联合国大会的一些规范性文件也是跨国收养的法律渊源之一，如联合国 1986 年的《关于儿童保护和儿童福利特别是国内和国际寄养与收养办法的社会和法律原则宣言》(以下简称联合国《儿童收养宣言》)以及 2009 年 12 月 18 日第 65 次全体会议通过的《关于替代性儿童照料的导则》(A/RES/64/142)，等等。还有国际社会福利理事会(International Council on Social Welfare)于 1996 年 7 月至 8 月在香港第二十七届世界代表大会通过《国内与跨国收养及寄养家庭照管实施准则》与国际社会服务组织(International Social Service)于 2015 年颁布的《跨国收养行为伦理准则宣言》也可视为跨国收养的法律渊源。不仅如此，跨国收养的法律渊源还包括国际惯例和一些国家的判例等，② 印度最高法院于 1984 年 2 月关于 Lakshmi Kant Pandey 一案的判决就确立了印度跨国收养法的基本准则。③ 不同国家对判例是否作为跨国收养的法律渊源的态度不同，英美法系国家的判例如同国内立法一样，是跨国收养法律的国内渊源；大陆法系国家因判例不能作为“先例”被广泛认可和普遍采用，④ 因而很少有国家将判例作为跨国收养法律渊源，我国就不将判例作为法律渊源。但是，从整个国际社会来

① 参见：http：//www. hrc. org/issues/parenting/adoptions/8464. htm (accessed 20 January ecember, 2020).

② Samantha Besson and John Tasioulas, The Philosophy of International Law, Oxford University Press, 2010, pp. 67-69.

③ Eliezer D. Jaffe, Intercountry Adoptions, The Netherlands, 1995, p. 31.

④ Armin von Bogdandy, Ingo Venzke, et. al., International Judicial Lawmaking: On Public Authority and Democratic Legitimation in Global Governance, Springer, 2012, pp. 10-11.

看，不应忽视判例对跨国收养的法律渊源的影响和作用。

由上文分析可知，随着跨国收养的产生与发展，以含有国际因素或涉外因素的收养关系为调整对象的跨国收养法律也应运而生，并在国际社会法律统一化运动中不断发展和完善。① 虽然国际社会至今尚无统一的跨国收养法典，以后是否会出现也很难预测，但不可因此而否认跨国收养法律的存在，正如不能因为国际社会至今没有统一的国际私法典而否认国际私法的存在一样。跨国收养法律是由调整跨国收养关系或涉外收养关系的有关国内法规范和国际法规范综合形成的有机法律体系，就其内容和范围来看，在其基本框架中，大体应包括国际收养关系成立的实质要件规范、跨国收养关系成立的形式要件规范、跨国收养的管辖权规范、跨国收养的承认与执行方面的规范、跨国收养效力的规范、跨国收养的法律适用规范或冲突规范等一系列相辅相成的各种规范。随着跨国收养在当今世界的全方位发展和纵深推进，不仅跨国收养法律的统一化已成为跨国收养法律发展过程中日益明显的趋势，而且有关调整跨国收养关系的新的国际规范还会不断涌现。②

第二节　跨国收养法律冲突产生的客观基础

一、跨国收养法律冲突产生的前奏

收养作为一类非常复杂的社会现象，与家庭观念、家庭结构与家庭制度直接相关。③ 它与人类社会同时产生，并在世界大部分国家出现并沿袭至今。收养行为远在原始社会就为父系氏族社会的习惯所确认。收养制度的存在与发展也有着悠久的历史，早在四千多年前的《汉谟拉比法典》就设有条款予以规范。④ 而涉外收养或跨国收养现象在收养制度产生之时便伴随出现了萌芽形态。例如，《圣经》中所记

---

① Mary Eschelbach Hansen, Daniel Pollack, The Regulation of Intercoutry Adotion, Brandeis Law Journal, Vol. 45, 2006-2007, pp. 105-106.

② Sara Dillon, Make Legal Regimes for Intercountry Adoption Reflect Human Rights Principles: Transforming the United Nations Convention on the Rights of the Child with the Hague Convention on Intercountry Adoption, Boston University International Law Journal, Vol. 21, 2003, p. 200.

③ Kerry O' Halloran, The Politics of Adoption: International Perspective on Law, Policy & Practice, 2ed., Springer, 2009, p. 7.

④ 也许有史记载的更早，只因检索的资料限制而未查到。公元前2285年的《汉谟拉比法典》就规定："If a man has take a young child from his water to sonship and has reared him up no one has any claim against the nursling." Christine Adamec, William L. Pierce, The Encyclopedia of Adoption, New York Facts On File, 3rd ed., 2007, pp. XVII-XVIII.

载的摩西(Moses)就可算作西方国家关于收养乃至涉外收养的典范。① 希伯来人将刚出生不久的摩西装在婴儿箱子置于河边，埃及法老的女儿在河边发现后便决定将其作为义子收养，但摩西未能完全融入养家，总是与异域文化格格不入，最后逃离家园，带领希伯来人离开埃及奔向“乐土”迦南。② 古希腊的神话故事也有不少关于收养子女的传说，奥狄浦斯(Oedipus)就是一例。底比斯国王拉伊俄斯(Laius)曾得到特尔斐的神谕：其子奥狄浦斯会谋杀他。于是，拉伊俄斯便将其子奥狄浦斯锁在箱子中沉入海底，而箱子竟被海流冲到了波利巴斯(Polybus)国王辖域内的海岸上，恰好波利巴斯无儿无女，十分乐意将奥狄浦斯作为自己的儿子收养。③ 在希伯来人、希腊人和罗马人的国家中，自古以来就存在收养。④ 同样，在古印度、古埃及、⑤ 古代中国和日本，收养也早就存在并不断发展着。⑥

事实上，传宗接代、财产、皇位继承、养儿防老等种种动机不断推动着收养制度的演进。进入近现代社会，因自然灾害的破坏及各类战争的影响，家庭破碎，妻离子散，弃婴与孤儿人数增多；加之工商业的发展，社会观念急速变革，婚姻和家庭不断面临新挑战，非婚生子女人数不断增加。⑦ 因此，流离失所的儿童、孤儿与非婚生子女的安置和教养问题引起了许多国家的重视。⑧ 其中完善收养制度就作为解决问题的途径之一被提到首要位置，不少国家因而掀起了一波又一波收养的浪

① Christine Adamec, William L. Pierce, The Encyclopedia of Adoption, New York Facts On File, 3rd ed., 2007, p. XⅦ.

② 参见《圣经·出埃及》；曾传辉等编写：《圣经故事》，中国社会科学出版社 1994 年版，第 115~120 页。

③ R. Graves, The Greek Myths, Vol. 2, London, 1960, p. 9; Papadelli, Antonia R, Adoption According to Greek Law, Revue Hellenique de Droit International, Vol. 64, Issue 1, 2011, pp. 127-142.

④ Caroline Bridge and Heather Swindells QC, Adoption: The Modern Law, Jordan Publishing Limited, 2003, pp. 1-2.

⑤ 穆斯林国家大多不承认收养制度，参见 Dalip Chand Manooja, Adoption Law and Practice, Deep &Deep Publications, 1993, p. 7. 然而，在突尼斯和印度尼西亚等国，穆斯林人是可以收养的；在埃及和叙利亚则允许基督教信徒收养子女。Christine Adamec, William L. Pierce, The Encyclopedia of Adoption, New York Facts On File, 3rd ed., 2007, p. xvii.

⑥ Christine Adamec, William L. Pierce, The Encyclopedia of Adoption, New York Facts on File, 3rd ed., 2007, p. xvii.

⑦ Jaap Doek, Children on the Move: How to Implement Their Right to Family Life, Martinus Nijhoff Publishers 1996, pp. 6-18.

⑧ Elizabeth Bartholet, International Adoption: The Child's Story, Georgia State University Law Review, Vol. 24, 2008, p. 369.

潮。两次世界大战又起到了推波助澜的作用，促进了收养制度的改革和发展。①

在收养制度的产生与发展过程中，跨国收养时隐时现。但跨国收养形成一定的规模并获得广泛的发展，则始于第二次世界大战期间。② 现代社会最先开展大范围的跨国收养的可能要算美国。③ 第二次世界大战结束以后，美国许多家庭收养了不少欧洲儿童，特别是收养了不少德国、意大利和希腊等国的儿童。美国也有一些家庭从亚洲的日本和中国收养儿童。在战争期间，美国军队在欧洲战场横冲直撞，不只是摧毁城池和侵占领土，同时也在欧洲播种并留下了无数非婚生子女。另外，美国军人还在战争中与一些孤儿和一些无力抚养自己子女而愿意出养子女的家庭建立了联系。这就为第二次世界大战争结束后的跨国收养埋下了伏笔。因而，在第二次世界大战结束后不久，跨国收养便获得了非常迅速的发展。④

二、跨国收养法律冲突产生的现实基础与流变

随着欧洲逐渐从第二次世界大战的创伤中恢复过来，重振家园和复兴经济，再加上美国人在这些国家的数量逐渐减少，美国从欧洲收养儿童的数量也呈下降趋势。⑤ 而与之相反，美国人在亚洲收养儿童的数量却在不断上升。随着朝鲜战争的发生，韩国出现了许多无家可归的儿童，美国跨国收养的重心又转移到了韩国。这时，在跨国收养中又出现了一种新现象，即出现了私人设立的负责在不同国家和地区进行中介活动的跨国收养机构。其中美国人 Harry Holt 建立的私人跨国收养机构就是典型的一例，并在促进跨国收养的发展中发挥了重要作用。其最初的宗旨就是为韩国的无数孤儿在美国寻找收养家庭。根据有关统计资料表明，从 1953 年到

---

① Caroline Bridge and Heather Swindells QC, Adoption: The Modern Law, Jordan Publishing Limited, 2003, pp. 7-8; Christine Adamec, William L. Pierce, The Encyclopedia of Adoption, New York Facts on File, 3rd ed., 2007, pp. xxii-xxxi; Dalip Chand Manooja, Adoption Law and Practice, Deep &Deep Publications, 1993, pp. 14-18; Kerry O' Halloran, The Politics of Adoption: International Perspective on Law, Policy & Practice, 2nd ed., Springer, 2009, p. 159.

② Joan Heifetz Hollinger, Adoption Law and Practice, Matthew Bender & Company Inc., 2006, Chapter 10, pp. 5-6.

③ Shawn C. Stevens, International Adoption: A Legal Research Guide, William S. Hein &Co., Inc. 2004, p. 1.

④ Kerry O' Halloran, The Politics of Adoption: International Perspective on Law, Policy &Practice, 2nd ed., Springer, 2009, p. 132.

⑤ Gretchen Miller Wrobel and Elsbeth Neil, International Advances in Adoption Research for Practice, John Wiley-Blackwell & Sons Ltd. Publication, 2009, p. 97.

1990 年，由美国家庭收养的韩国儿童的数量累计达 10 万余人。①

20 世纪 60 年代，除了大量韩国儿童因收养而移民到美国外，世界其他地区也出现了儿童因收养而移居他国的问题。当时，欧洲范围内的这种趋势也表现得比较突出。因此，1960 年 10 月在海牙召开的第九届海牙国际私法会议，决定起草有关收养的国际私法方面的公约，主要解决在欧洲范围内的儿童移民问题。也正好是在这一年的 5 月，联合国在瑞士莱森(Leysin)召开了一次讨论跨国收养问题的国际专家会议。这次会议实际上只是一个地区性的高级研讨会，参加会议的只有欧洲国家的代表，而讨论的议题也仅限于欧洲范围的跨国收养问题，但是，它在促进世界范围的跨国收养发展方面起到了极大的推动作用。尽管，到 20 世纪 60 年代末，社会形势急转直下，欧洲内部的收养数量大幅度减少，不过，与欧洲的情况相反，其他洲的世界范围内的跨国收养却正在蓬勃兴起。② 按照制度学派的理论，当某些国家或社会出现大量可以为外国收养的儿童时，即存在“制度上的供给”(Structural Supply)，而另外一些国家或社会有要求收养外国儿童的需要时，即存在“制度上的需求”(Structural Demand)，那么，两者结合到一起，势必产生跨国收养。③ 依制度学派的经济观来分析跨国收养问题，不仅可以从理论上证明其存在的合理性，而且在实践中也是可行的。只是跨国收养并非仅仅涉及养父母与养子女之间的简单家庭关系，而是一个相当复杂的、容易引起争议的社会现象。④ 20 世纪中期，美越战争的爆发，造成了无数的儿童无家可归，引起了世界的普遍关注。这一情况最先是通过电视传播到欧洲和美国的许多家庭。在美国，又掀起了一场收养外国儿童的热潮。从 1963 年到 1976 年，美国收养的越南儿童超过了 3000 名。⑤ “与收养韩国儿童不同的是，收养越南儿童在美国引起了激烈的争论。许多人反对收养越南儿童，他们认为不应该使越南儿童背井离乡，因为许多越南儿童只是暂时失去了同亲生父母的联系或暂时脱离了家庭。当时这些反对意见对收养越南儿童产生了相当大的阻

① R. A. C. Hoksbergen, Adoption in Worldwide Perspective: A Review of Programs, Policies and Legislation in 14 Countries, Swets &Zeitlinger, 1986, p. 2; Christine Adamec, William L. Pierce, The Encyclopedia of Adoption, New York Facts on File, 3rd ed., 2007, pp. 180-181.

② Peter Selman, Intercountry Adoption: Developments, Trends and Perspective, British Agencies for Adoption &Fosterin, 2000, p. 22.

③ Scott Christian, Intercountry Adoption, The University for Peace Law Review, Vol. 1, 2010, p. 55.

④ 蒋新苗著:《国际收养法律制度研究》，法律出版社 1999 年版，第 45 页。

⑤ Olga Verbovaya, Adoption Dissolution from the Perspective of Adoptive Parents from the USA Who Adoptied Children Internationally, The University of Texas at Arlington, 2017.

力，影响了美国收养越南儿童的速度和数量。”①事实上，美国收养的越南儿童还不到其收养的韩国儿童的十分之一。②

越南战争期间，不只是美国许多家庭收养了越南儿童，欧洲一些家庭也在越南收养了不少儿童。当时越南的情况，也引起了欧洲许多工业化国家的关注和兴趣。欧洲也开始介入东南亚的发展中国家的跨国收养，与美国争夺地盘。德国、法国、荷兰、比利时、瑞士、英国及其他一些欧洲国家，先后从越南、印度尼西亚、泰国和韩国等国收养了不少儿童。在 20 世纪 70 年代初期，澳大利亚也加入从东南亚收养儿童的行列。③

虽然各国当初对从国外收养的儿童数量缺乏精确的统计数据，但毫无疑问，美国、加拿大、澳大利亚以及欧洲许多国家从东南亚收养了大量儿童是客观存在的事实。④ 在相当长的一段时间内，韩国是提供可收养儿童的一个主要国家，“1980 年以来，美国家庭收养的韩国儿童的数量在四万人以上”。⑤ 然而，后来因韩国政府改变了态度和政策，限制外国人在韩国收养子女，从而使韩国因收养而移民国外的儿童数量大幅度下降。而越南西贡政府也在 1975 年改变了政策，使得在越南的跨

---

① A. R. Silverman and D. E. Weitzman，“Nonrelative Adoption in the United States：A Brief Survey”，in Adoption in Worldwide Perspective，Lisse，1986，p. 4.

② 美国在 20 世纪 80 年代每年从境外收养的儿童超过 1 万名，尽管因韩国在 20 世纪 90 年代减少跨国送养计划而导致美国的国际收养人数骤减，1992 年美国的跨国收养仅 6500 件。而到 1996 年，因美国人大规模地从中国和东欧一些国家收养子女，美国的跨国收养又达到了 11000 件。进入 21 世纪，美国的跨国收养每年在两万件左右。参见 Joan Heifetz Hollinger，Adoption Law and Practice，Matthew Bender & Company Inc.，2006，Chapter 10，pp. 6-7。美国跨国收养在 2004 年达到最高峰 22884 件，此后有所下降，2007 年降到 19613 件，2010 年则更低仅 12149 件，随后跌破万件，2011 年美国跨国收养总数 9320 件，2012 年只有 8667 件，2013 年 7094 件、2014 年 6441 件、2015 年 5648 件、2016 年 5372 件、2017 年 4714 件、2018 年 4059 件。需要了解美国在海外收养儿童的最新统计数据可查阅美国官方网站：http：//adoption. state. gov/news/total_chart. html（accessed 31 January，2020）。

③ Kerry O' Halloran，The Politics of Adoption：International Perspective on Law，Policy & Practice，2nd ed.，Springer，2009，p. 297.

④ 从 1979 年到 1999 年期间，澳大利亚从亚洲的韩国、越南、菲律宾和中国大陆等地跨国收养了 5000 名多儿童。进入 21 世纪，澳大利亚的跨国收养数量和规模都不大，2001 年 245 件、2002 年 294 件、2003 年 278 件、2004 年 370 件、2005 年 434 件、2006 年 421 件、2007 年 405 件、2008 年 270 件、2009 年 269 件、2010 年 222 件、2011 年 215 件、2012 年 149 件、2013 年 129 件、2014 年 114 件、2015 年 83 件。参见 Kerry O' Halloran，The Politics of Adoption：International Perspective on Law，Policy & Practice，Third Editon，Springer，2015，pp. 416-417.

⑤ New York Times，12 February，1990，p. A15.

国收养戛然而止。① 西贡政府于 1975 年出台的措施"限制了美国军人和越南妇女生育的非婚生子女向美国移民。因为大部分这类儿童在美国是被其他人家庭领养或收养，而不是与其美国的亲生父亲生活在一起"②。但是，随后越南政局的大变动，又使跨国收养在越南重新恢复。随着越南参加海牙国际私法会议的专门委员会，讨论了设立跨国收养的"中央机关"(Central Authority)问题，于是，越南政府便根据海牙国际私法会议的精神在 1993 年建立了"跨国收养事务所"，同时还专门颁布了一些关于跨国收养的国际私法方面的法规。③

孟加拉国在 1972 年曾颁布了一部有碍于收养的《遗弃儿童特别条例》，但随着公众的抗议和反对，孟加拉国政府又在 1982 年废除了这一条例。而印度尼西亚法律早在 1979 年就规定了涉外收养制度，跨国收养在印度尼西亚得到了承认和发展。但是，到 1983 年，印度尼西亚政府又采取政策严格限制跨国收养。当时，除了印度尼西亚政府严格限制跨国收养外，斯里兰卡实际上也停止了所有的跨国收养活动，只是后来在斯里兰卡内战的影响下，其政策才有所改变。此外，东南亚还有一些国家，如印度④、泰国、菲律宾也允许跨国收养，但要求非常严格，只有在达到某些特定条件时，这些国家才允许外国人在其国内收养无家可归的儿童。⑤

中国为了方便外国人在华的收养，制定了一系列政策法规，对涉外收养规定了特别的程序，以保证涉外收养在中国的顺利进行和健康发展。1978 年改革开放以后，随着对外开放和交流的发展，中国涉外收养的数量有所增加。一方面，长期居

---

① Joan Heifetz Hollinger, Adoption Law and Practice, Matthew Bender & Company Inc., 2006, Chapter 11, p. 6.

② R. A. C. Hoksbergen, Adoption in Worldwide Perspective: A Review of Programs, Policies and Legislation in 14 Countries, Swets & Zeitlinger, 1986, p. 4.

③ David K. Yoo, Eiichiro Azuma, The Oxford Handbook of Asian American History, Oxford University Press, 2016, p. 214.

④ 因印度的跨国收养政策限制和多种族及宗教的关系，印度的跨国收养规模一直不大，每年送养到国外的儿童数量一般控制在两千人以下。1998—2013 年印度跨国送养儿童件数大体为：1998 年 1618 件、2002 年 1247 件、2003 年 1384 件、2004 年 1310 件、2005 年 1266 件、2006 年 846 件、2007 年 770 件、2008 年 821 件、2009 年 666 件、2010 年 593 件、2011 年 627 件、2013 年 351 件。参见 Karen Smith Rotabi, Nicole F. Bromfield, From International Adoption to Global Surrogacy: A Human Rights History and New Fertility Frontiers, Routledge Taylor& Francis Group, 2017, p. 91.

⑤ Maev O' Collins, The Influence of Western Adoption Laws on Customary Adoption in the Third World, in Philip Bean, Adoption: Essays in Social Policy, Law and Sociology, Tavistock Publications, 1984, pp. 288-302.

住国外的华侨和外籍华人，为了“养儿防老”、慰娱晚年或寻找遗产继承人，要求收养在国内的亲友的子女或其他儿童、少年甚至青年，从而使得我国的涉外收养呈现上升趋势；另一方面，一些在华工作的外国人（包括外国的政府官员、企业和商界人士、教师等）因婚后无子女，希望收养中国儿童，加上一些外国留学生也加入了收养中国儿童的队伍，使得中国的涉外收养数量不断增长。这种状况在 1989 年以前还算平缓。据司法部有关统计资料表明，自 1981 年至 1989 年，外国人、外籍华人、华侨、港澳同胞在中国办理的涉外收养（含涉港澳台收养）的公证约 10000 件。另据美国全国收养委员会的有关统计，1982 年至 1989 年，该组织经手收养的中国儿童就有 200 多人。① 1989 年以后，中国的涉外收养呈现出突飞猛进的势头，在世界“收养潮”的推动下，不只是在中国居住的外籍教师、留学生和工作人员要求收养中国儿童，其他一些未在中国居住的外国人也加入了这支收养大军，从而使得中国的涉外收养数量迅速增加。进入 21 世纪，不仅来中国收养儿童的人员也呈现多样化，而且来中国收养儿童的外国人所属国家的范围也越来越广泛，已有美国、加拿大、瑞典、挪威、丹麦、芬兰、荷兰、英国、比利时、西班牙、澳大利亚、新加坡和意大利等近二十个国家的人员在中国进行过收养。总的来说，中国的涉外收养从无到有，从小到大，已粗具规模并继续朝前发展。②

在拉丁美洲，20 世纪 70 年代初期，世界其他地区通过跨国收养在这里收养儿童的数量相当少。“从 1948 年到 1962 年，美国人在南美洲收养儿童仅 15 例；只有到 1963 年以后才略有增长，不过也不多。1963 年至 1975 年，美国人在南美洲收养的儿童也只有 1205 例。” ③在拉丁美洲，跨国收养大幅度增长是在 1975 年左右。从 1976 年到 1981 年，美国人在南美洲收养的儿童数量高达 5000 名，而且几乎

① 胡杏兰著：《海牙国际私法会议通过〈跨国收养方面保护儿童及合作公约〉》，载《中国国际法年刊》（1993 年），第 359 页。

② 中国涉外收养统计数据：1988 年 3 件、1989 年 1 件、1990 年 29 件、1991 年 21 件、1999 年 249 件、2000 年 5095 件、2001 年 7725 件、2002 年 9135 件、2003 年 11229 件、2004 年 13407 件、2005 年 14496 件、2006 年 10745 件、2007 年 8753 件、2008 年 5972 件、2009 年 5085 件、2010 年 5471 件、2011 年 4373 件、2012 年 4136 件、2013 年 3406 件、2014 年 2948 件、2015 年 3055 件、2016 年 2231 件。（美国数据与 Peter Selman 在 iss 工作报告的有差距）Peter Selman, Intercountry Adoption：Developments, Trends and Perspective, British Agencies for Adoption &Fosterin 2000, p. 29；Karen Smith Rotabi, Nicole F. Bromfield, From International Adoption to Global Surrogacy：A Human Rights History and New Fertility Frontiers, Routledge Taylor& Francis Group, 2017, p. 16.

③ R. A. C. Hoksbergen, Adoption in Worldwide Perspective：A Review of Programs, Policies and Legislation in 14 Countries, Swets & Zeitlinger, 1986, p. 5.

80%集中在哥伦比亚。① 随后，加拿大、② 以色列、澳大利亚以及欧洲一些国家也接踵而至，加入南美洲的跨国收养大军之列。根据对现有的一些资料的研究，可以发现当时的收养潮流具有这么一种特点：墨西哥和萨尔瓦多是美国跨国收养儿童的主要来源地，它们很少为欧洲国家提供可收养的儿童；而哥伦比亚和韩国一样，不仅是美国而且也是欧洲国家的跨国收养儿童的主要供应地；在20世纪70年代末期，智利的大量儿童主要为欧洲国家所收养，只是到1980年以后，智利儿童才成为美国跨国收养的主要对象。实际上，这一时期还有厄瓜多尔、秘鲁和巴西等国的大量儿童被美国和欧洲一些国家所收养。但是，当时在拉丁美洲的古巴、阿根廷、委内瑞拉、乌拉圭和巴拉圭等国，很少出现跨国收养现象，美国和欧洲一些国家的人也很少到这些国家收养儿童。③ 进入21世纪，危地马拉、哥伦比亚、海地、巴西、秘鲁、玻利维亚和墨西哥成为拉美地区跨国收养的主要送养国。④ 20世纪80年代拉丁美洲有六个国家在跨国收养中位居全球十大送养国之列，到2008年就只有危地马拉、哥伦比亚和海地三国，而2013年则仅仅剩下哥伦比亚作为全球十大送养国之一。⑤

跨国收养曾经在非洲和大洋洲几乎很少出现。与亚洲和拉丁美洲相比，西方国家的人在非洲和大洋洲收养儿童的事件十分罕见。只有欧洲一些国家以前的殖民

① Christine Adamec, William L. Pierce, The Encyclopedia of Adoption, New York Facts on File, 3rd ed., 2007, p. 182.

② 1993—2015年加拿大从国外收养的儿童为：1993年1740件、1994年2045件、1995年2022名、1996年2064名、1997年1800名、1998年2222名、1999年2019名、2000年1866名、2001年1874名、2002年1926名 、2003年2180名、2004年1955名、2005年1871名 、2006年1535名、2007年1713名、2008年1908名、2009年1695名、2010年1660名、2011年1513名、2013年1243名、2014年905件、2015年895件。儿童主要来源于中国、美国、埃塞俄比亚、海地、菲律宾、韩国、越南、俄罗斯、乌克兰、印度、哥伦比亚、哈萨克斯坦、牙买加、泰国、白俄罗斯等国家。参见：http://www.adoption.ca/2008%20International%20Adoption%20Stats.htm (accessed 31 January, 2020).

③ F. J. Pilotti, "Inter-Country Adoption: A View from Latin America", in R. A. C. Hoksbergen, Adoption in Worldwide Perspective: A Review of Programs, Policies and Legislation in 14 Countries, Swets & Zeitlinger, 1986, pp. 143-149.

④ 拉美洲跨国收养主要送养国在21世纪初十年中送养儿童的件数大致为：危地马拉24000件、哥伦比亚16000件、海地11000件、巴西4400件、秘鲁1500件、玻利维亚1500件、墨西哥1300件。参见：http://en.wikipedia.org/wiki/International_adoption(accessed 31 January, 2020).

⑤ Peter Selman, Intercountry Adoption Agecies and the HCIA, in International Forum on Intercountry Adoption and Global Surrogacy, 11-13 Agugust, 2014.

地，如马达加斯加和塞内加尔等国，有少量的儿童被欧洲人收养，成为这些地区跨国收养的点缀。因受20世纪80年代末埃塞俄比亚大规模内战的影响，埃塞俄比亚也采取政策向外国开放收养，允许外国人收养埃塞俄比亚的儿童，使得非洲地区的跨国收养又有所增加。① 进入21世纪，在非洲地区进行跨国收养的主要是美国、法国和西班牙等国，而送养国则主要有埃塞俄比亚、刚果、乌干达、尼日利亚、南非、加纳和马里等国。②

欧洲大陆内部的跨国收养也不多见，尤其是欧洲北部地区的国家(如瑞典)收养欧洲南部地区的国家(如希腊和葡萄牙)的儿童更为罕见。不过，到20世纪90年代初期，在欧洲东西部之间开始出现了少量跨国收养，主要是西欧国家收养东欧国家(如波兰、匈牙利和罗马尼亚)的儿童。然而，随着冷战的结束，欧洲大陆内

① 1988年3月埃塞俄比亚反政府武装“厄立特里亚人民解放阵线”和“提格雷人民解放阵线”向政府军发动猛烈进攻，诱发该国大规模内战，大批百姓流离失所，孤儿和弃婴时有所见。直到1991年5月“提格雷人民解放阵线”的军队占领亚的斯亚贝巴，彻底推翻门格斯图政权才结束内战。Peter Selman, Intercountry Adoption: Developments, Trends and Perspective, British Agencies for Adoption & Fosterin, 2000, pp. 15-20.

② 非洲跨国收养主要送养国在21世纪初送养儿童的件数大致为：埃塞俄比亚2000年95件、2001年728件、2002年695件、2003年855件、2004年1524件、2005年1789件、2006年2186件、2007年3036件、2008年3888件、2009年4575件、2010年4385件、2011年3452件、2012年2800件、2013年2025件、2014年1086件、2015年684件、2016年183件；刚果2000年95件、2001年728件、2002年695件、2003年26件、2004年15件、2005年45件、2006年62件、2007年69件、2008年62件、2009年156件、2010年183件、2011年354件、2012年518件、2013年587件、2014年230件、2015年168件、2016年359件；乌干达2003年12件、2004年18件、2005年22件、2006年15件、2007年57件、2008年49件、2009年74件、2010年82件、2011年225件、2012年249件、2013年292件、2014年201件、2015年202件、2016年187件；尼日利亚2003年64件、2004年94件、2005年99件、2006年104件、2007年83件、2008年223件、2009年185件、2010年267件、2011年246件、2012年266件、2013年242件、2014年130件、2015年154件、2016年121件；南非2003年188件、2004年242件、2005年226件、2006年206件、2007年212件、2008年235件、2009年292件、2010年197件、2011年189件、2012年173件、2013年213件、2014年24件、2015年33件、2016年25件；加纳2003年21件、2004年32件、2005年39件、2006年34件、2007年58件、2008年117件、2009年121件、2010年129件、2011年114件、2012年186件、2013年190件、2014年124件、2015年85件、2016年29件；马里2003年136件、2004年82件、2005年93件、2006年126件、2007年181件、2008年108件、2009年196件、2010年132件、2011年163件、2012年154件、2013年13件、2015年14件。Wm. Robert Johnston, Historical International Adoption Statistics, United States and World, http: //www. johnstonsarchive. net. htm (accessed 30 January, 2020).

部之间的跨国收养出现了出人意料的变化，数量剧增。1989 年罗马尼亚事件发生以后，跨国收养问题立即成为罗马尼亚国内的一个焦点。政局的变动和经济状况的恶化，使得无数儿童的生活条件越来越差，特别是一些残疾儿童的处境日益恶劣。这些儿童过去通常安置在国家的养育机构中，其生活环境和条件一直不够理想，而政局的动荡使之变得更加不尽如人意。因此，贫困的罗马尼亚人面临着抚育子女的困难，许多无法抚养子女的罗马尼亚人想将子女送给生活条件好一点的外国人收养。① 正如 1991 年的一份报道所指出的："罗马尼亚又需要大量的养父母……不过，需要收养的未成年儿童和刚出生的婴儿，大约一半不是来自国家的育儿机构，而是来自罗马尼亚人的家庭。"②这种状况通过新闻媒体的传播，引起了无数收养组织和个人的兴趣，它们迅速将跨国收养的重心转移到罗马尼亚，在罗马尼亚物色可收养的对象。一些组织或个人为了尽快达到收养目的或收养健康、漂亮的儿童，甚至不惜提供金钱或物质补偿。③ 罗马尼亚的跨国收养获得了空前绝后的发展，仅 1992 年一年就有 2552 名罗马尼亚儿童被其他国家的人收养。④ 罗马尼亚出现的这种大规模的跨国收养，联合国儿童基金会称之为"收养潮"(Adoption Rush)，并及时提议加强政府干预和管理。⑤ 根据海牙国际私法会议特别委员会第一次会议的精神，当时罗马尼亚也派代表参加了这次会议，罗马尼亚政府在会后采取了一系列行动：设立了管理跨国收养的中央机构，制定了许多规范跨国收养的法律法规以及其他行政措施。尽管罗马尼亚为改善跨国收养环境做了不少工作，实际情况也有所改变，但是，在实际生活中，涉及跨国收养的具体实践，仍然存在一些严重问题，甚至还出现了一些非法的收养行为。⑥ 这不只是罗马尼亚的个别情况，在阿尔巴尼

---

① Karen Smith Rotabi, Nicole F. Bromfield, From International Adoption to Global Surrogacy: A Human Rights History and New Fertility Frontiers, Routledge Taylor& Francis Group, 2017, p. 37.

② The New York Times Magazine, 24 March, 1991.

③ Peter Selman, Intercountry Adoption: Developments, Trends and Perspective, British Agencies for Adoption & Fosterin, 2000, pp. 107-109.

④ Karen Smith Rotabi, Nicole F. Bromfield, From International Adoption to Global Surrogacy: A Human Rights History and New Fertility Frontiers, Routledge Taylor& Francis Group, 2017, pp. 38-39.

⑤ Defence for Children International and International Solial Service, Romanian, The Adoption of Romanian Children by Foreigners, Report of a Group of Experts, Geneva, April, 1991.

⑥ 罗马尼亚后来甚至关闭了国际收养的大门，除了近亲属外，不允许外国人在罗马尼亚收养儿童。罗马尼亚 2000 年的跨国收养件数为 1119 件，2001 年 782 件、2003 年 456 件、2004 年 287 件、2005 年 2 件、2006 年至 2012 年均为 0 件、2013 年 7 件、2014 年 16 件、2015 年 31 件、2016 年 19 件。有些国家近年也效仿罗马尼亚的做法，严格限制涉外收养。一些国家为避免背上"出口儿童""向外国人出卖自己子女""借跨国收养贩卖儿童"的骂名，完全关闭了国际收养的大门。这种现象在 2009 年前后时有所见。Claire Fenton-Glynn, Children's Rights in Intecountry Adoption, Intersentia Ltd., 2014, pp. 37-38.

亚、摩尔多瓦、波兰和俄罗斯以及其他一些国家的跨国收养中同样存在。① 这些国家以及东欧其他一些国家，都在研究如何规范跨国收养行为的问题，希望跨国收养能够得到顺利、健康的发展。② 进入 21 世纪，在东欧地区进行跨国收养的收养国主要是美国、法国、西班牙、意大利、德国和以色列等国，而东欧地区跨国收养的主要送养国主要有俄罗斯、乌克兰、保加利亚、白俄罗斯、罗马尼亚、波兰、拉脱维亚和立陶宛等国。这些国家的跨国收养的数量和规模都在缩减，尤其是一些送养国的缩水现象更为严重。③

对于跨国收养产生与发展的情况，不少学者和社会工作者进行了深入、广泛的调查研究。④ 萨拉丽·凯恩（Saralee Kane）通过对收养国的跨国收养的调查后，在 1993 年发表的一份调查统计报告中揭示："最近十年，通过跨国收养至少收养了 17 万至 18 万名儿童。跨国收养在这段时期增长了 62%，而收养的儿童 90%集中在 10 个送养国。在这段时期内，有 6~8 个送养国是确定的，到 1980 年，送养国的数量大增，固定的送养国高达 22 个。尽管这些有效的统计数据只是根据 14 个收养国的

---

① Scott Christian, Intercountry Adoption, The University for Peace Law Review, Vol. 1, 2010, p. 56.

② J. Harwin, "Adoption Policy and Practice in Russia", in 16 Adoption and Fostering, No. 1, 1992, pp. 16-22.

③ 东欧地区跨国收养主要送养国在 21 世纪初送养儿童的件数大致为：俄罗斯 2003 年 7737 件、2004 年 9384 件、2005 年 7492 件、2006 年 6770 件、2007 年 4881 件、2008 年 4132 件、2009 年 4003 件、2010 年 3292 件、2012 年 2586 件、2013 年 1793 件；乌克兰 2003 年 2052 件、2004 年 2021 件、2005 年 1989 件、2006 年 1047 件、2007 年 1614 件、2008 年 1557 件、2009 年 1505 件、2010 年 1096 件、2011 年 1065 件、2012 年 715 件、2013 年 645 件；保加利亚 2000 年 214 件、2001 年 297 件、2003 年 965 件、2004 年 387 件、2005 年 125 件、2006 年 96 件、2007 年 95 件、2008 年 140 件、2009 年 129 件、2010 年 248 件、2011 年 75 件、2012 年 125 件、2013 年 159 件、2014 年 183 件、2015 年 185 件、2016 年 2 件；白俄罗斯 2003 年 656 件、2004 年 616 件、2005 年 23 件、2006 年 34 件、2007 年 14 件、2008 年 7 件、2009 年 26 件、2010 年 99 件、2011 年 1 件、2013 年 6 件、2014 年 104 件、2015 年 40 件；立陶宛 2003 年 85 件、2004 年 103 件、2005 年 108 件、2006 年 125 件、2007 年 148 件、2008 年 121 件、2009 年 146 件、2010 年 115 件、2011 年 144 件、2012 年 98 件、2013 年 12 件、2014 年 16 件、2015 年 11 件、2016 年 7 件；波兰 2003 年 345 件、2004 年 406 件、2005 年 409 件、2006 年 395 件、2007 年 383 件、2008 年 407 件、2009 年 403 件、2010 年 325 件、2011 年 299 件、2012 年 249 件、2013 年 304 件、2014 年 297 件、2015 年 297 件、2016 年 98 件；拉脱维亚 2003 年 67 件、2004 年 127 件、2008 年 90 件、2013 年 131 件。Judith L. Gibbons, Karen Smith Rotabi, Intercountry Adoption: Policies, Practices and Outcomes, Routledge, 2016, pp. 169-175; Claude Diebolt, Auke Rijpma, etc., Cliometrics of the Family, Springer, 2019, p. 343.

④ Harald Paulitz, Adoption: Positionen, Impulse, Perspektiven, Verlag C. H. Beck München, 2. Auflage, 2006, S. 271.

情况统计的，但根据有关研究资料表明，至少有 20 个收养国是固定的。从研究中可以发现，亚洲是跨国收养的主要送养儿童的地区，但是，如果按现有模式继续下去，南美洲很快就会取代亚洲而成为世界的主要送养儿童的地区。除了亚洲以外，世界其他地区不仅在跨国收养的数量上增长较快，而且在范围上也有所扩大，承担的工作量和责任也会不断增加。"①而专门研究收养问题的著名专家霍斯伯根(R. A. C. Hoksbergen)则通过对当今世界范围的跨国收养调查研究后指出："据不完全统计，跨国收养的儿童每年至少在 15000 名至 20000 名左右。"②海牙国际私法会议秘书长范·隆(H. Van Loon)则认为："自 20 世纪 80 年代初期开始，每年将近 2 万名儿童因跨国收养而移民到西欧、北美、以色列以及澳大利亚，这些儿童大多来自发展中国家。跨国收养逐渐成为一种带有普遍性的世界现象。"③联合国经社理事会的一项统计进一步印证了跨国收养处于不断发展中的结论："1986 年以来，法国每年有 6500 件收养，其中 2500 件属于跨国收养；美国每年有 51157 件，其中 10019 件属于跨国收养。"④《时代》杂志 1990 年公布的一份统计资料表明："在 1989 年的跨国收养中，部分儿童原住国送养的儿童数为：哥伦比亚 5000 名、韩国 3000 名、罗马尼亚 3000 名、巴西 2000 名、印度 1500 名、秘鲁 1500 名、危地马拉 1000 名；部分收养国收养的外国儿童数为：美国 8000 名、法国 3000 名、意大利 2100 名、德国 1000 名、瑞典 1000 名、英国 800 名、丹麦 700 名。"⑤爱尔兰法律改革委员会在 2007 年出版的《有关跨国收养法的咨询报告》中指出："虽然全球跨国收养的实际数据确实难以确定，但据大体估计每年有 3 万名儿童纳入跨国收养，涉及 100 多个国家。"⑥澳大利亚从事收养法研究的专家凯瑞·澳哈洛伦(Kerry O'

① Saralee Kane, "The Movement of Children for International Adoption: An Epidemiologic Perspective", in The Social Science Journal, Vol. 30, No. 4, pp. 323-339.

② R. A. C. Hoksbergen et. al., Adopted Children at Home and at School, Lisse, 1987, p. 3.

③ Hans Van Loon, "Hague Convention of 29 may 1993 on Protection of Children and Cooperation in Respect of Intercountry Adoption", in The International Jouranal of Children's Rights 3, 1995, p. 463.

④ Laura J. Schwertz, "Models for Parenthood in Adoption Laws: The French Conception", in Vanderbilt Journal of Transnational Law, Vol. 28, 1995, p. 1082.

⑤ Expreso Newspaper, Guayaquil, Ecuador, February 16. 1992.

⑥ Ireland Law Reform Commission, Consultation Paper: Aspects of Intercountry Adoption Law, Ireland Law Reform Commission, 2007, p. 5; Peter Selman, The Demographic History of Intercountry Adoption, in Peter Selman (ed.), Intercountry Adoption: Developments, Trends and Perspectives, BAAF, 2000, pp. 15-17; Peter Selman, Intercountry Adoption in the New Millennium: the "Quiet Migration" Revisited, in Population Research and Policy Review, Vol. 21, 2002; Peter Selman, Trends in Intercountry Adoption: Analysis of Data from 20 Receiving Countries, 1998-2004, in Journal of Population Research, Vol. 23, 2006.

Halloran)指出："20世纪80年代每年的跨国收养数为20000件左右，20世纪90年代每年的跨国收养数则上升至32000余件。"①而联合国人口与发展委员会则对21世纪以来的跨国收养进行调查分析后指出："近年跨国收养的数量每年在40000件左右。"②可见，跨国收养已在当今国际社会获得了广阔的天地，成为一种非常普遍的社会现象，而且发展速度也是相当惊人的。③

不过，跨国收养的儿童"来源国"(Source Countries)的数量，即送养国(Sending Countries)的数量并非固定的，也并不是总是呈直线上升趋势，而是处于不断的波动状态。④ 某个国家可能关闭跨国收养的大门或严格限制跨国收养，但另一个国家则可能会在此时打开了大门，采取了放任政策，允许外国人在其国内收养；⑤ 有些国家可能只允许外国人收养年龄非常小的儿童或婴儿，而另一些国家则可能只允许收养年龄较大的儿童或残疾儿童。从总体上看，跨国收养在整个世界的发展趋势表现为：如果可收养儿童，特别是一些健康的未成年人，能在国内被收养，那么，一般会限制外国人收养或缩小跨国收养的范围。⑥ 在21世纪最初的十年中，全世界跨国收养一直沿着20世纪90年代的趋势发展。这期间的跨国收养总数大约在60万件，而2000年至2009年全球跨国收养儿童为38万名左右。据海牙国际私法会议常设局的权威统计数据显示，2005年是全球跨国收养的分水岭。2004年以前，全球跨国收养的数量呈逐年上升趋势，不仅总量如此，各国的跨国收养数也一样处于上行通道中。而2005年的顶峰过后，全球跨国收养的总数步入了下行通道，绝大部分国家的跨国收养出现下降走势，只有个别收养国或儿童原住国的跨国收养数

① Kerry O' Halloran, The Politics of Adoption: International Perspective on Law, Policy & Practice, 2nd ed., Springer, 2009, p. 158.

② 参见：www.un.org/esa/population/meetings/Adoption_PAA_2008；http://www.hcch.net/index_en.php?act = conventions.publications&dtid, 2009；S. Cretney, Judith Masson, Rebecca Bailey-Harris, Rebecca Probert, Cretney's Principles of Family Law, Sweet & Maxwell, 8th Edition, 2008, p. 832.

③ Ingeborg Schwenzer, Internationale Adoption, Stämpfli Verlag AG Bern, 2009, p. 171.

④ Kerry O' Halloran, The Politics of Adoption: International Perspective on Law, Policy & Practice, 2nd ed., Springer, 2009, p. 159.

⑤ 例如，澳大利亚在21世纪初既开通了一些原来没有联系的跨国收养渠道，又关闭了与一些国家的跨国收养大门。截至2009年年底，与澳大利亚正常开展跨国收养的国家和地区有：玻利维亚、智利、中国(包括大陆、香港特区、台湾地区)、哥伦比亚、埃塞俄比亚、斐济、印度、立陶宛、菲律宾、南韩、斯里兰卡及泰国；而终止了与哥斯达黎加、危地马拉、墨西哥和罗马尼亚等国原有跨国收养联系。参见：http://www.ag.gov.au/www/agd/agd.nsf/Page/Intercountry Adoption_Currentintercountryadoptionprograms,（accessed 30 December, 2009）.

⑥ Elizabeth Bartholet, International Adoption: A Way Forward, New York Law School Law Review, Vol. 55, 2010, p. 688.

量略有波动。① 因儿童原住国和收养国的立法与政策的变化，加之规范跨国收养的呼声日益高涨，联合国、海牙国际私法会议和其他相关国际组织在打击滥用跨国收养权和跨国拐卖儿童方面的力度不断提升，2010 年后开始跨国收养总量呈现大幅度下滑趋势，几乎锐减了 75%。② 大部分收养国因寻找不到收养的“货源”而急剧下滑，③ 一些儿童送养国也因收紧收养政策和规范跨国收养而限制外国人收养并逐渐压缩跨国送养的规模，有的儿童原住国甚至关闭了跨国收养的大门。④ 此外，海牙跨国收养公约“从属性原则”的严格实施、跨国收养程序的繁杂程度增加、跨国收养等待时间延长和收养服务费的增长，以及人工生殖技术的影响和跨国代孕的冲击，都在不同程度限制和制约着跨国收养的规模、范围和数量。正是由于国际大环境的变化，特别是跨国收养理念的更新，以及各国的政治、经济、文化、宗教、法律等因素的影响，不仅导致收养国的跨国收养数量锐减，而且使得儿童原住国或送养国的跨国收养指数也在走下坡路。⑤ 不过，毋庸置疑，跨国收养在当今世界是客观存在的，难以消除，而且其发展趋势也是难以彻底遏制的，跨国收养的水平和质量也在不断提升。⑥

---

① Permanent Bureau，20 Years of the Hague Convention Assessing：The Impact of Convention on Laws and Practices Relating to Intercountry Adoption and the Protection of Children，http：//www. hrc. org/issues/parenting/adoptions/8464. htm（accessed 20 January ecember，2020）.

② Mark Montgomery and Irene Powell，Saving International Adoption：An Argument from Economics and Personal Experience，Vanderbilt University Press，2018，p. 4.

③ 21 世纪第一个十年的跨国收养的数量与规模比 21 世纪初减少了几乎一半：美国减了 44%、加拿大减了 37%、法国减了 55%、意大利减了 29%、西班牙减了 60%、丹麦减了 65%。危地马拉就从 2007 年开始关闭了一段时间的跨国收养大门，哥伦比亚和玻利维亚也自 2010 年起几乎关闭了跨国收养的大门。Permanent Bureau，20 Years of the Hague Convention Assessing：The Impact of Convention on Laws and Practices Relating to Intercountry Adoption and the Protection of Children，2015，p. 18.

④ 2010 年后的跨国送养儿童的数量与规模也比 21 世纪初减少了一大半：中国减了 66%、俄罗斯减了 76%、危地马拉减了 95%、埃塞俄比亚减了 15%、韩国减了 91%、越南减了 68%，泰国、菲律宾、波兰和立陶宛等国几乎持平，个别如拉脱维亚、刚果、乌干达、加纳和南非等国还有所上升。Claude Diebolt，Auke Rijpma，etc.，Cliometrics of the Family，Springer，2019，pp. 335-352.

⑤ 近年全球跨国收养规模不断缩小和数量日益减少的原因颇为复杂。也有缔约方和相关学者将责任归咎于《海牙跨国收养公约》的制定与实施：《海牙跨国收养公约》在保护儿童和提供永久的安置方法方面立下了汗马功劳，但它究竟在限制还是促进跨国收养？N. Cantwell，The Best Interests of the Child in Intercountry Adoption，UNICEF 2013，http：//www. unicef. org/media 55422. htm（accessed 20 January，2020）.

⑥ Karen Smith Rotabi，Nicole F. Bromfield，From International Adoption to Global Surrogacy：A Human Rights History and New Fertility Frontiers，Routledge Taylor& Francis Group，2017，p. 167.

正是因为跨国收养在全球不同地区、不同国家的广泛存在与发展变化，加之其在经济发达地区与经济落后地区的规模、水平和程度各不相同，有的国家还在不断经历繁荣与萧条的循环交替，儿童送养国与收养国的跨国收养理念、态度、立场与具体做法并不一致，甚至还存在相当大的差距。① 例如，究竟应在收养国成立收养关系还是应首先在儿童原住国成立收养关系的对立一直相持不下。根植于世界各国的固有社会制度、民族传统、历史文化、伦理观念、社会习俗和地理环境等方面的差异，不可避免地导致了各国对待收养的态度、原则、运作模式和机制的区别。②各国立法与司法对跨国收养采取各不相同的特别规定和个性化措施，从而使得跨国收养过程中的法律冲突成为无法忽视的客观现象。可以说，正是由于跨国收养规模、数量、范围与程度的事实存在与不断演化，为跨国收养法律冲突的产生奠定了客观基础，成为跨国收养法律冲突产生的前提条件。换言之，假如没有跨国收养的存在，也就不会出现跨国收养的法律冲突。

第三节　跨国收养法律冲突的内在根源与外化

一、跨国收养法律冲突内在根源的法理探析

对于涉外民商事关系的法律冲突产生的原因和条件，各国学者的归纳和概括的并不一致。有学者认为，法律冲突的产生源于五个基本条件或原因，即内外国人的频繁交往、外国人民事权利地位得到承认、内外国法律存在差异、国家司法权的独立自主、允许内外国法律的并用。③ 而另外一些学者认为法律冲突产生的最基本的条件或原因只有两个：一是世界上并存着许多具有平等主权的国家，它们各自有着自己独特的法律制度；二是这些国家的自然人和法人，需要在民法、家庭法及劳动法等关系中建立接触与联系，并希望得到外国的保护。④ 此外，还有学者从内外国两方面的立场来分析这个问题，就内国来说，它应该承认外国人在自己境内的平等的法律地位，在一定的民商事关系中，承认外国法律与自己的法律具有同等的价值；而就外国来说，它也要承认自己在他国的公民必须服从他国的管辖，同时也希望他国在一定范围内承认自己的公民依自己的法律在本国已取得的权利。还有学者认为法律冲突的产生主要有三方面的条件或原因：各国人民往来频繁，有些民事法

① Claudia Mortimore, Immigration and Adoption, Trentham Books Limited, 1994, pp. 8-9.

② Michèle Sharon-Glassford, Trasnational Adoption, Duke University Press, 2003, pp. 1-5.

③ 翟楚著：《国际私法纲要》，台湾正中书局 1946 年版，第 1 章第 1 节。

④ Pavel Kalensky, Trends of Private International Law, Martinus Nijhoff Publishers, 1971, pp. 169-170.

律关系含有涉外因素；各国民法互相歧异；对含有涉外因素的民事法律关系，在一定范围内有适用外国法的必要和可能。① 虽然，对于涉外民商事关系的法律冲突产生的原因或条件有不同的看法，但实际上大同小异。通说认为，在处理涉外民商事关系时之所以会产生法律适用上的冲突，主要存在以下四个方面的条件或原因：一是在现实生活中大量出现含有涉外因素的民商事关系；二是所涉各国民商法上的规定并不完全相同；三是各主权国家的司法权独立；四是各主权国家为了发展对外经济贸易关系，需要赋予外国人在内国的平等的民商事权利地位，并且在一定范围内承认所涉外国法的域外效力(Extraterritorial Effect)。② 就这四个条件来看，在现实生活中大量出现含有涉外因素的民商事关系，可以说是发生法律冲突的客观基础或前提条件，但主权国家在这样的现实生活面前，不采取后面三项措施，则法律冲突仍然是不会产生的。因此，就上述产生法律冲突的几个条件来看，后面三个条件是涉外民商事关系法律冲突产生的内在根源。

跨国收养关系作为一项含有涉外因素的民商事关系，其法律冲突产生的原因也不外乎上述四个基本方面。前面已经分析了跨国收养法律冲突产生的客观基础与前提条件，即现实中存在大量的跨国收养现象。而各国收养法的不同规定尤其是对涉外收养的特别法律规定，这种差异正是跨国收养法律冲突产生的内在根源之一。不过，跨国收养现象的大量发生和所涉各国法律规定的不同，只是提供了产生法律冲突的客观可能性，而要使这种可能性成为现实，还必须有各主权国家的司法权独立与外国人在内国享有平等的民商事权利和地位两个必备的条件。否则，即使在当今世界上跨国收养如何发达，在各国不赋予外国人平等的民商事权利和地位或在主权国家出于重大利益与安全上的考虑而不允许承认有关外国收养法的域外效力，这样一来，仍然不会因跨国收养而产生法律适用上的冲突与选择准据法问题。可见，各国收养法的不同规定尤其是对涉外收养的特别法律规定、各主权国家的司法权独立、各国赋予外国人在内国收养子女时享有平等的民商事权利和地位，构成了跨国收养法律冲突产生的内在根源。众所周知，对各主权国家的司法权独立性、各国赋予外国人在内国收养子女时享有平等的民商事权利和地位等问题，已是客观存在的现实，且有专门的论著涉及，在此不再赘述。这里着重对因各国收养法的不同规定尤其是对涉外收养的特别法律规定而引发的跨国收养法律冲突进行简单梳理和勾画。

---

① 《中国大百科全书·法学》，中国大百科全书出版社 1984 年版，第 228 页。

② 李双元主编：《国际私法》，北京大学出版社 2007 年版，第 88 页。

二、跨国收养法律冲突外化类型的主要特征

(一)跨国收养关系成立地确定的法律冲突

跨国收养一般采取两种方式收养儿童，即在收养国成立收养关系或在儿童原住国成立收养关系。在收养国成立收养关系的方法一般是经儿童原住国特许后将儿童带出该国，然后再在收养国进行收养；在儿童原住国成立收养关系的方法正好与上述方法相反，收养儿童必须在儿童原住国进行，收养关系成立后才允许将儿童带出国，有效的收养关系是允许被收养儿童离开其原住国的前提条件。对这两种情况，儿童原住国的法律都有自己的特殊规定和要求。①

对于跨国收养，收养国大多倾向在收养国成立收养关系并普遍主张加强政府的监督和管理或要求国家公权力介入整个收养过程。在大部分收养国，法律规定，任何个人和机构要从事安置儿童的收养工作，必须经政府主管部门批准并颁发执照。无论收养机构是申请从事国内收养工作还是从事跨国收养工作，一般都要求取得许可证。这种强制性要求，是少数国家专门针对跨国收养或跨区收养而设置的管理措施。“美国每个州的法律都规定了为收养机构颁发许可证的一些特别程序。”②然而，“各种收养机构在申请营业执照时须具备的要件一般是最低条件，即使是这种最低要求和标准也因各州而异，不同的州的规定各不相同，而且各州强制实施的程度和水平也不一致”。例如，得克萨斯州的法律规定，个人只要符合法律的最低标准便可领取营业执照从事儿童收养工作；而马萨诸塞州法则规定不给个人颁发从事收养工作的营业执照；加利福尼亚州法则要求收养机构以非营利为根本目的；北卡罗纳州法则允许收养机构营利。可见美国对收养机构的规定和要求千差万别，并不存在全国统一的做法。德国也只允许政府授权的收养机构可以从事跨国收养的安置儿童的工作，儿童进入养家必须经过收养机构这一环节。如果在德国成立跨国收养关系，那么，法院颁发收养令时必须征求青少年事务局的意见。③ 在瑞士，法律明确规定，从事跨国收养工作的收养机构，不仅要依法成立，而且必须经过特别授权。瑞士法对收养机构的职能和原则作了具体规定，收养机构不只是应在颁发收养

① Peter Selman, Intercountry Adoption: Developments, Trends and Perspective, British Agencies for Adoption & Fosterin, 2000, pp. 107-109.

② James B. Bosrey, " Placing Children for Adoption ", in Joan Heifetz Hollinger (ed.), Adoption Law and Practice, Mattew Bender & Company, 2003, Chap. 3, pp. 18-26.

③ Dagmar Winkelsträter, Anerkennung und Durchführung Internationaler Adoptionen in Deutschland: unter Berücksichtigung des Haager Übereinkommens über den Schutz von Kindern und die Zusammenarbeit auf dem Gebiet der internationalen Adoption vom 29. Mai 1993, Jenaer Wissenschaftliche Verlagesellschaft, 2007, SS. 26-28.

令以前开展家庭调查研究工作，详细了解和弄清收养所涉及的法律、文化背景和社会条件，还应为预期养父母提供咨询服务。瑞士法要求收养机构的工作范围不得超越授权范围。最特别的是，瑞士还限定收养机构只能在指定的一些儿童原住国从事跨国收养业务。①

收养国一方面明确规定了设立收养机构一定要符合最低标准或条件，另一方面又要求跨国收养必须经过收养机构这一中介环节，将其规定为强制性程序。虽然，通过机构进行收养，已成为当代跨国收养实践中的发展趋势，但在实践中实施得很好的国家还不多。除了少数几个收养国已严格实行了以外，大部分收养国允许预期养父母可以在独立收养与通过收养机构进行收养的方式之间自由选择，只是这种选择必须依法进行。例如，一些国家法律规定，是采取独立收养还是通过收养机构进行收养，必须取得政府有关部门或法院的特别许可。但是，也有一些收养国的法律未将政府或法院的特许规定为跨国收养的基本要件，美国和瑞士在批准实施海牙收养公约前就是如此。美国法和修改前的瑞士法对预期收养人未作约束和限制，只要不违反移民法的规定，他们可以自由地进行跨国收养。② 目前丹麦、芬兰不仅像瑞士一样继续允许独立收养，而且许可私自收养。最为特别的是德国、法国和奥地利完全禁止在海牙跨国收养公约缔约国之间的独立收养或私自收养，但对该公约的非缔约国之间的跨国收养则另眼相看，允许通过独立收养或私自收养进行跨国收养。③

有些收养国的法律规定，预期收养人必须首先取得收养的授权，要么是有关普通收养(既包括国内收养又包括跨国收养)的授权，要么是特许的跨国收养方面的授权。法国法在这方面树立了一个典范，它明确规定，无论被收养儿童居住在法国还是法国以外，在进行跨国收养时都必须征得法国监护委员会主席的初步同意。此外，法国的儿童社会援助部的负责人还应对跨国收养进行监督管理。法院在颁发收养令时务必审查是否已经过法国监护委员会的批准或同意，不过，未经批准或未取得许可并不是拒绝对跨国收养颁发收养令的充分依据。法国虽然要求跨国收养须经过有关部门的初步同意或准许，但是在具体执行过程中并不严格。然而，瑞典法在这方面的规定要严厉得多，所有的收养都必须经过预期养父母居住地的社会福利委

---

① 瑞士于2001年6月22日通过的《实施海牙〈跨国收养方面保护儿童及合作公约〉的联邦法令》以及2011年6月29日通过的《收养条例》就进行了较具体的规定。

② 美国于2008年4月1日正式实施海牙国际私法会议《跨国收养方面保护儿童及合作公约》，瑞士则早在2003年1月1日就正式实施海牙《跨国收养方面保护儿童及合作公约》。这两国都在不断根据该公约的要求调整相关做法。Kerry O' Halloran, The Politics of Adoption: International Perspective on Law, Policy & Practice, 2nd ed., Springer, 2009, pp. 256-257.

③ Claire Fenton-Glynn, Children's Rights in Intecountry Adoption, Intersentia Ltd., 2014, p. 101.

员会的初步同意或许可。“在收养外国儿童时，应在被收养儿童离开其本国以前先征得养父母居住地的社会福利委员会的同意或许可。这种同意或许可的有效期为一年，若儿童在一年内未进入瑞典养家则自动失效。”不仅如此，瑞典法还进一步规定，社会福利委员会在同意或许可以前应进行详细的家庭调查。另外，瑞典法还要求收养申请人所依赖和使用的跨国收养形式必须是确实可靠的，否则，社会福利委员会不得同意或许可进行跨国收养。M. Jantera Jarcborg 在《外国收养在瑞典的法律效力和被承认的情况》一文中指出：“瑞典制定 1971 年《关于收养的国际法律关系法》的根本目的在于加强政府对国际收养的控制和管理。在该法实施以前，通过跨国收养进入瑞典的儿童几乎有一半是以个人私自订立收养契约而收养的。因此，在 1984 年以补充条款的形式进一步规定，对于个人以收养契约形式成立的跨国收养，社会福利委员会要求通过国家情报机关（NIA）弄清其真实性和可靠性并取得相应的证据。这一改革使得独立收养数量从 1984 年的 70%下降到 1986 年的 10%……然而，近年独立收养数量又有所上升。主要原因是通过正式成立的收养组织进行跨国收养需要等待的时间太长。”①加之瑞典 1997 年实施《跨国收养中介（Intermediation）法令》和 2005 年颁行《跨国收养事务法》，进一步完善了跨国收养组织的责任机制，特别强调在送养国成立的收养关系可依据海牙国际私法会议《跨国收养方面保护儿童及合作公约》在瑞典自动生效。②

荷兰为解决跨国收养问题曾在 1988 年通过一部关于收养外国儿童的特别法，即《安置外国养子女法》。该法于 1989 年正式生效实施。荷兰颁布实施的这一特别法规定，在荷兰安置外国养子女，只有经司法部长书面许可才是有效的、合法的，而且取得书面许可后，三年内一直有效。另外，荷兰《安置外国养子女法》还规定了从事收养外国儿童的收养机构必须取得营业执照。该法不仅规定了“许可证制度”（Licensing System），而且以强制性条款规定预期养父母收养外国儿童必须经过收养机构这一特别环节。不仅如此，该法对收养人和被收养人的年龄条件的规定也比较特别，即收养人的最大年龄为 41 岁，如果夫妇双方共同收养，一方的年龄可以达到 43 岁，但这是最高的年龄界限，决不可再超过 43 岁了。只有经司法部长的书面特许才允许例外，收养人与被收养人的最大年龄差距才允许达到 40 岁，而且被收养儿童的最大年龄可达到 5 岁。对于荷兰的这部法律，其中的不完善之处以及与当今国际社会的要求不相适应的地方，荷兰有关方面正在进行全面审查和修改。在跨国收养方面，要求经过特别许可的国家还有意大利。意大利法明文规定，所有

① M. Jantera Jareborg, “The Recognition and Legal Effects of Foreign Adoptions in Sweden”, in Scandinavia Studies in Law, 1992, pp. 3-4.

② Kerry O' Halloran, The Politics of Adoption: International Perspective on Law, Policy & Practice, 2nd ed., Springer, 2009, pp. 335-336.

的跨国收养必须先经过意大利法院初步同意或许可，否则，意大利将不予承认和执行。

儿童原住国对跨国收养允许在收养国成立收养关系也不乏其例，不过大部分为亚洲国家，如印度、韩国、尼泊尔、泰国。另外，自1988年起，拉丁美洲的智利也采取了在收养国成立跨国收养关系的方式。不过，从20世纪90年代开始，智利一直在讨论起草、制定新的法律法规，试图在跨国收养中实行强制性收养（Mandatory Adoption），以改革过去的那种传统的收养制度。不论是智利，还是采取在收养国成立跨国收养关系的亚洲国家，这些国家的法律的一个共同特点便是规定跨国收养并不需颁发收养令，而是由政府部门或主管当局特许批准儿童离境或者由未成年人法院许可儿童离境后在国外成立收养关系。韩国、尼泊尔、菲律宾和泰国就是由政府部门或主管当局采取特许方式允许儿童被带出国后在收养国成立收养关系；印度和智利则采取由未成年人法院批准的方式许可将儿童带到收养国去成立收养关系。虽然在这些国家发生的跨国收养不需在儿童原住国颁发收养令，但是，这些国家在同意儿童出境的批准程序上几乎与成立收养关系的程序一致，不仅要审查被收养儿童是否符合条件，而且要对预期养父母的资格进行严格审查。例如，泰国只接受已婚夫妇的收养申请，而且申请收养的夫妇已有子女不能超过两个，否则，不允许收养。许多国家都以强制性条款对跨国收养的条件和程序作了规定；韩国在1976年收养法的实施条例中对批准跨国收养的程序作了特别规定，尼泊尔则以概括性条款在收养法中作了规定，泰国在1980年颁布的《关于〈儿童收养法〉第18条的实施细则》中作了特别规定，智利则在1988年的收养法中对跨国收养的程序以强制性条款作了具体规定。① 一般情况下，准许将儿童带到国外去安置（特别是收养）原则上不附加任何条件，如韩国和智利在这方面就未作特别限制。只是智利法要求智利在收养国的领事应负责监督儿童是否依当地法进行收养。而泰国和菲律宾对批准儿童因跨国收养而离境所设置的唯一限制性条件是必须经过完整的试养期。② 印度在跨国收养方面的做法与众不同，对国内和涉外收养采取了不同的措施。依印度1980年的《监护人和被监护人法》的规定，预期养父母可以被指定为儿童的监护人。但该法对涉外收养的程序未作具体规定，只是印度最高法院在1985年关于Laxmi Kant Pandey诉Union of India一案的判决中确立了印度跨国收养的基本原则。③ 印度同菲律宾和泰国一样，要求在收养国颁发收养令以前，收养国应负

① Eliezer D. Jaffe，Intercountry Adoptions，The Netherlands，1995，pp. 173-185.

② Permanent Bureau，The Implementation and Operation of 1993 Hague Intercountry Adoption Convention：Guide to Good Practice（Guide No. 1），Jordan Publishing Limited，2008，p. 118.

③ Laxmi Kant Pandey，Inter-Country Adoption of Indian Children：Law and Practices，Allied Book Company，1987，pp. 47-61.

责向送养国的主管机关报告有关儿童的成长状况，特别是试养期中的有关情况。而收养国若在经过试养期后认为符合收养条件且颁发收养令，通常应通知儿童原住国的主管机关并进行登记。①

虽然一部分儿童原住国允许在收养国成立收养关系，但是现代国际社会坚持在儿童原住国成立跨国收养关系的国家也不少。在儿童原住国成立跨国收养关系的做法在拉丁美洲、非洲较为盛行，亚洲的斯里兰卡和越南等国也采取了同样的制度，东欧也有少数国家，如波兰和罗马尼亚也坚持在儿童原住国成立收养关系。另外，葡萄牙法也规定，跨国收养应在儿童原住国成立收养关系。在儿童原住国成立跨国收养关系，理所当然须遵循儿童原住国的法律和收养程序。除此以外，越来越多的儿童原住国为外国收养人设定了特殊要件，这些特殊规定也是在儿童原住国成立收养关系时不可忽视的，必须遵守。然而，有些国家对外国收养人规定了种种严格的限制条件，几乎使得跨国收养不可能产生。例如，尼加拉瓜收养法规定，预期收养人必须取得尼加拉瓜的永久居住证并且在该国可居住到被收养儿童成年。尼加拉瓜对外国收养人所规定的这种苛刻条件，实质上等于禁止外国人在尼加拉瓜收养，即使有外国人在尼加拉瓜收养儿童，也与尼加拉瓜的国内收养没有太大的区别。因此，尼加拉瓜正在研究如何修改 1981 年的《收养法》，“简化收养的程序和条件，以便更好地保护儿童的最大利益，适应安置儿童的新的社会方式”。② 而印度尼西亚对外国收养人也规定了一些特殊条件，如要求外国的预期养父母应在印度尼西亚有住所并且至少在该国居住或工作 2 年。此外，海地和布基纳法索则要求预期收养人至少在其境内居住 5 年才有资格进行跨国收养。其他国家也有对跨国收养的预期收养人居住时间有明确要求的，例如，摩尔多瓦规定为 3 年、秘鲁和塞浦路斯规定为 2 年，印度规定为 1 年、墨西哥规定为 6 个月，土耳其和摩纳哥规定至少每年居住 6 个月。③

毛里求斯、前南斯拉夫的一些州以及其他国家的法律规定，外国人所进行的收养必须经收养地所在国的政府特别批准。还有一些国家，如哥斯达黎加④、洪都拉斯和秘鲁等国的法律规定，预期收养人须亲自到法院进行收养，如果收养人为已婚

---

① Heather Swindells, Adoption: the Modern Procedure, Family Law and Jordan Publishing Limited, 2006, pp. 50-52.

② CRC/C/3/Add. 25. 9 March 1994.

③ Permanent Bureau, Note on Habitual Residence and the Scope of the 1993 Hague Convention on Protection of Children and Co-operation in Respect of Intercountry Adoption, The Hague, 2018, p. 53.

④ 哥斯达黎加将关闭的跨国收养的大门直到 2009 年加入海牙收养公约后才打开，但其法律有特别要求，明令禁止在跨国收养中送养 4 岁以下的儿童。参见：http://www. buildingyour-family. com/an overviewcostaricaadoption/. html(accessed 31 January, 2020).

夫妇则至少有一方必须亲自到庭，还有一些国家的法律规定，被收养儿童到达收养国以后须向儿童原住国的主管机关报告有关儿童的成长情况。① 例如，玻利维亚、立陶宛和塞浦路斯等国法律规定跨国收养安置后两年之内每隔 6 个月提交一次收养安置后报告，只是立陶宛还要求在后续的两年内每年提交一次安置后报告。厄瓜多尔法要求报告收养后 5 年的儿童成长情况，若收养人在这一期间变更居所，则应及时通知厄瓜多尔主管当局，埃塞俄比亚法则明文规定，收养国向儿童原住国主管机关报告被收养儿童成长情况的期限一直到被收养人年满 18 岁为止。哈萨克斯坦也有类似要求。② 柬埔寨国会于 2009 年 10 月 23 日通过的《跨国收养法》规定：跨国收养的儿童不能超过 8 岁(该法第 10 条第 2 款规定)，收养人不仅需要具备保护和养育儿童的能力，而且还必须在收养柬埔寨儿童后的 3 年内，每 6 个月向柬埔寨有关部门书面报告一次被领养儿童状况。③

那些坚持在儿童原住国成立跨国收养关系的国家，也有一部分允许在正式收养关系成立或批准以前将被收养儿童带出国。适用先行出境的儿童，一般为那些经儿童原住国法院宣告为孤儿、弃儿或者因正当理由被亲生父母所“抛弃”的儿童。只有这类儿童才可适用在收养关系正式成立以前出境的程序。儿童原住国的主管机关批准儿童在正式成立收养关系以前离开原住国，收养国与儿童原住国往往要经协商或依合作机制行事，保证被收养儿童与预期养父母必须首先经过一段试养期，然后再依照儿童原住国的法律和收养程序正式成立收养关系。泰国法律就有这方面的明确规定，在最终批准跨国收养以前，被收养儿童在收养国应经过 6 个月的试养期。如果试养安置是成功的，泰国收养委员按照泰国法规定对跨国收养最终批准颁发收养令。预期养父母再到泰国驻该收养国的大使馆进行收养登记，然后泰国负责跨国收养工作的收养中心再依据收到的收养国中央机关或预期养父母或泰国大使馆提供的收养登记文件颁发正式准许收养的证明。④ 然而，这种做法虽然在实践中有不少好处，但仍然存在许多实际问题和困难，一方面儿童原住国法院无法实际控制试养期，也难以观察、监督试养过程，无法确保收养条件一定具备并且合法；另一方面儿童原住国法院等于放弃了决定跨国收养成立的管辖权，完全交由收养国处理。这样，在某些情况下，儿童原住国法院对跨国收养常常显得力不从心或者鞭长莫及。

---

① Claire Fenton-Glynn, Children's Rights in Intecountry Adoption, Intersentia Ltd., 2014, p. 152.

② Permanent Bureau, The Implementation and Operation of 1993 Hague Intercountry Adoption Convention: Guide to Good Practice(Guide No. 1), Jordan Publishing Limited, 2008, p. 127.

③ 参见：http://fashion.people.com.cn/GB/131937/10308119.html(accessed 30 December, 2009).

④ 海牙国际私法会议常设局主编：《关于规范执行 1993 年跨国收养〈海牙公约〉的指南》，伦敦约旦家庭法出版有限公司 2008 年版，第 136 页。

例如，当儿童原住国法院允许在正式成立收养关系以前将儿童带到收养国去，如果收养国不是依儿童原住国的法律所要求的试养期限而是依收养国法规定的试养期批准成立收养关系，那么，儿童原住国法院常常只好听之任之。不仅如此，允许被收养儿童在正式成立收养关系以前先行离开原住国，还有可能使得在儿童原住国成立收养关系的制度流于形式，没有什么实际效果。要想在跨国收养中很好地解决这类问题，需要进行更深入、更广泛的国际协调和合作。1993 年的《海牙跨国收养公约》可以算作比较成功的范例，它在协调儿童原住国成立收养关系与收养国成立收养关系之间的冲突方面取得了长足的进展，而且在加强儿童原住国与收养国的合作方面也取得了不少成绩。

根据菲律宾《外国人收养条例》的规定，在跨国收养过程中，“预期被收养儿童的监护权和其他责任应转移至收养国的国家福利机构(The State Welfare Agency)”，如果预期被收养儿童在试养期中因故终止收养进程，那么，收养国的国家福利机构有义务在 3 个月内为儿童寻找新的安置办法(包括收养)，若找不到新的养家，它应负责将儿童送回菲律宾。但菲律宾于 1995 年 6 月 7 日颁布实施的《跨国收养法令》已有所改变，而 2009 年 11 月 1 日实施的菲律宾第 9523 号法令在简化收养程序和加速收养办理手续方面有了改进，但对收养人的健康条件提出了更高要求。①

可见，究竟应在何地首先成立跨国收养关系，始终是儿童原住国与收养国无法调和的矛盾。这种冲突不仅目前存在，而且今后依然不可能彻底消除。

(二)跨国收养当事人应具备的基本要件的法律冲突

1. 被收养人要件的法律冲突

关于被收养人条件的法律冲突首先表现在年龄要件方面。对于被收养人的条件的限制，大多数在年龄方面有较大差别。一些国家和地区的法律对被收养儿童的年龄作了严格规定，不少国家和地区的法律将被收养儿童的年龄限制在 10 周岁以下，例如，多米尼加共和国 1884 年 4 月 16 日颁布的《民法典》规定被收养儿童年龄不得超过 5 岁，② 日本和玻利维亚的法律则规定被收养儿童的最高年龄为 6 岁，爱尔兰

① March 12, 2009, Republic Act No. 9523 entitled “An Act Requiring the Certification of the Department of Social Welfare and Development (DSWD)” to declare a “Child Legally Available for Adoption” as a prerequisite for adoption proceedings was granted, http://www.vidaadoptions.org/Philippines.html(accessed 30 December, 2009).

② 多米尼加 2003 年 8 月 7 日颁行的《儿童和青少年基本权利保护法典》(No. 136-03)第 121 条规定被收养人年龄不得超过 18 岁。参见：http://www.drlawyer.com/publicantion/family-law-and-individual(accessed 2 December, 2019).

1952 年的法律规定被收养儿童不得大于 7 岁，等等；也有少数国家的法律规定被收养儿童的年龄可以大于 10 岁，如海地法律规定可以收养 16 岁以下的儿童。个别国家的法律甚至将被收养人的最高年龄限制放宽到 21 岁，《法国民法典》(1976 年修订)第 345 条和第 360 条就有此规定。除了对被收养人的最高年龄有限制以外，还有个别国家的法律对被收养儿童的最低年龄作了规定。例如，《德国民法典》第 1747 条规定不得收养出生未超过 8 个星期的婴儿,①《瑞士民法典》第 265b 条规定不得在子女出生后的 6 周内作出同意收养的意思表示，卢森堡法律明文规定不得收养小于 3 个月的婴儿，哥斯达黎加的法律严格禁止跨国收养小于 4 岁的儿童，1952 年《爱尔兰收养法》第 10 条规定被收养儿童至少得出生后满 6 个月且不得超过 7 岁。②《葡萄牙民法典》第 1982 条第 3 款专门规定："母亲于分娩后 6 个星期内，不得作有关同意收养的表意。"只有埃塞俄比亚法律允许收养未出生的胎儿，但它允许胎儿的生母有权利在胎儿出生后 3 个月内解除收养协议。③ 美国各州的做法不一致,④ 阿拉巴马州和夏威夷州允许生母在婴儿出生前就可出具同意送养的意见，马里兰州、明尼苏达州、北卡罗来纳州、南卡罗来纳州、俄亥俄州等州的收养法规定生母只能在婴儿出生后 3 周或 6 周才能送养，路易斯安拉州和南达科他州法律规定婴儿出生 5 天后才可送养，马萨诸塞州规定婴儿出生第 4 天即可送养，而宾夕法尼亚州和新泽西州法则允许生母在婴儿出生 72 小时后可签署送养子女的同意意见书，康涅狄格州、佛罗里达州、密苏里州、内布拉斯州、新墨西哥州、德克萨斯州及华盛顿特区规定生母在婴儿出生 48 小时后可同意送养子女，佛蒙特州法律规定可送养的时间更早即婴儿出生 36 小时后就允许送养。⑤ 当今世界在被收养儿童年龄要件方面没有一致的标准，有的国家只规定被收养儿童最高

---

① Bassenge und Brudermüller, et al., Palandt Büegerliches Gesetzbuch, 72 Auflage, Verlag C. H. Beck München, 2013, S. 1747(2).

② 《爱尔兰收养法》经 1985 年、1988 年、1991 年、1998 年、2010 年和 2017 年多次修改后，已经将被收养人的年龄从最大不得超过 7 岁提高到限定在 18 岁以下(直到爱尔兰 2017 年 10 月 19 日生效的《收养法》第 23 条第 1 款才变更被收养人的年龄)。Ireland Law Reform Commission, Consultation Paper: Aspects of Intercountry Adoption Law, Ireland Law Reform Commission, 2018, p. 23.

③ 《埃塞俄比亚民法典》第 799 条。埃塞俄比亚于 2018 年 1 月 9 日修订的《家庭法典》(2018 年 2 月 14 日生效实施)第 185 条对被收养儿童的年龄也只强调不得超过 18 周岁。

④ 参见：http://laws. adoption. com/statutes/parties-to-an-adoption. html (accessed 31 January, 2020).

⑤ Joan Heifetz Hollinger, Adoption Law and Practice, Matthew Bender & Company Inc., 2006, Chapter 1, p. 42.

年龄界限(一般不得超过18周岁),有的国家不仅规定了被收养儿童年龄的上限而且规定了下限(必须在婴儿出生后多少小时才能送养)。不仅如此,一些国家法律也有规定收养(包括完全收养)的对象不仅仅是儿童而且也包括成年人,如德国、[①]日本和法国等。不过,个别国家禁止收养成年人,如美国少数几个州以及英国、[②]俄罗斯等法律均有明文规定。[③] 在其他一些国家,只有仅仅当符合一些特殊要件时,才允许收养成年人。例如,当有证据证明申请收养的人与被收养人之间存在某种特殊的关系时,可以作为收养的一种例外允许收养成年人,否则,只能收养未成年人。例如,《瑞士民法典》第264条和第266条第1款、《法国民法典》第343-2条、《阿根廷收养法》第1条和第4条均规定,只有收养自己或其配偶的非婚生子女才可准许收养成年人。还有些国家的法律将收养分成不同种类,而对于典型的收养,为了被收养儿童的利益,只允许收养一定年龄的儿童。例如,《法国民法典》第345条规定完全收养的被收养儿童的最高年龄不得超过15岁;1967年《意大利民法典》第314-4条规定特别收养的被收养儿童的最高年龄为8岁;[④]《玻利维亚家庭法》第217条规定一般收养的被收养儿童的最高年龄为18岁,而特殊收养的被收养儿童的最高年龄不得超过6岁。

一些国家的法律允许收养人收养自己的非婚生子女,如菲律宾、英国、德国、美国一些州以及瑞典,而一些国家则禁止收养自己的非婚生子女,还有一些国家则只允许收养者收养从未被认领过的非婚生儿童,如《哥伦比亚民法典》第272条即有此规定。[⑤]

对于配偶一方的子女,一般允许收养,但有的国家的法律也禁止另一方收养,例如,丹麦法明文禁止收养自己的亲生子女,[⑥] 荷兰法律也有明确禁止夫妻一方收

① Bassenge und Brudermüller, et al., Palandt Büegerliches Gesetzbuch, 72 Auflage, Verlag C. H. Beck München, 2013, SS. 1767-1772.

② Heather Swindells, Adoption: the Modern Procedure, Family Law and Jordan Publishing Limited, 2006, p. 50.

③ 欧洲理事会2008年修订后的儿童收养公约特别强调了被收养人为未成年人这一要件,要求各缔约国应尽可能确保被收养人为18岁以下的未成年人。Council of Europe, Council of Europe Treaty Series 202: European Convention on the Adoption of Children, Council of Europe, 2008, p. 3.

④ 意大利1983年5月4日颁行《未成年人收养法》(184号法令并在2001年3月28日修订为149号法令)第7条第2款将被收养儿童的年龄提高到14岁,http: /adozioneminori. it(accessed 30 November, 2019).

⑤ Art. 272 of Colombia Civil Code, Julilo Romanach, Civil Code of Colombia, Lawrence Publishing Compamy, 2016.

⑥ Article 3 of Executive Order on Danish Adoption(Consolidation) Act(12 June 2009).

养另一方的子女或孙子女的规定①。而在收养的其他实质要件的特殊要求方面，既有法律规定收养者与被收养者必须宗教信仰相同的，诸如以色列、美国部分州以及其他一些地区的法律就有此要求，② 也有法律规定只允许收养非婚生子女和孤儿的，如爱尔兰法。还有只允许收养者收养同性，禁止收养异性儿童，如哥伦比亚法律和中国香港地区的领养条例就有相关规定。

此外，一些国家的法律还对被收养儿童作了特别规定，例如，1952 年《爱尔兰收养法》第 10 条规定只允许收养孤儿或非婚生子女，而西班牙直到 1970 年才允许对 14 岁以下且被遗弃 3 年以上的孤儿进行收养。在拉丁美洲的一些国家，如玻利维亚和秘鲁法律规定只能收养一些符合特定条件的儿童，即弃儿、孤儿、父母被剥夺了亲权的儿童、已安置在机构中抚育的儿童，等等。还有一些国家的法律对收养土著儿童作了特别规定。1989 年的《哥伦比亚收养法》第 93 条规定："只有当土著居民的弃儿在其生活的社区以外被发现时，才可以收养。"此外，澳大利亚、非洲、亚洲一些国家以及美国个别州在种族、宗教信仰和文化一致性等方面也对跨国收养设置了一些特殊条件。③

2. 收养人要件的法律冲突

对于收养人的年龄要件，世界各国法律的规定也不一致，存在明显的法律冲突。收养申请人是否符合养父母的条件，世界各国法律通常从收养人的年龄、身体条件及其他方面作了种种限制。具体规定有从宗教信仰方面的要求直到强调收养者必须已婚甚至结婚达到一定年限。法国现行法规定，收养者结婚达到 2 年且配偶一方年满 28 岁才便有资格申请收养；④ 丹麦法律规定，如果配偶双方共同收养子女，必须夫妻结婚 2 年半以上；瑞士法律规定，如果配偶一方要收养另一方的子女，必须夫妻结婚达到 2 年。⑤ 一些国家的法律具体规定了收养者的最低年龄，如英国、

① Anca Gheaus, The Right to Parent One's Biological Baby, The Journal of Political Philosophy, Vol. 20, Number4, 2012, p. 453.

② Joan Heifetz Hollinger, Adoption Law and Practice, Matthew Bender & Company Inc., 2006, Chapter 3, pp. 42-44.

③ A. L. Burrow, G. E. Finley, Transracial, Same-Race Adoption, and the Need for Multiple Measures of Adolescent Adjustment, American Journal of Orthopsychiatry, 2004, Vol. 74, pp. 579-581.

④ 法国 1976 年的法律规定：收养者结婚达到 5 年且配偶一方年满 30 岁才有资格申请收养；法国 1996 年修改后的法律规定：夫妻结婚达到 2 年或收养人必须年满 28 岁才可共同收养子女，若已婚者收养子女，必须征得配偶的同意。此外，收养人与被收养人的年龄差距在 15 年以上。参见《法国民法典》第 343~344 条。

⑤ 《瑞士民法典》第 264 条。

德国、墨西哥、丹麦、瑞典、菲律宾法均有具体规定，[①] 英国要求收养者至少年满21岁，[②] 德国、丹麦、卢森堡、葡萄牙、玻利维亚、哥斯达黎加、哥伦比亚、埃塞俄比亚、墨西哥等国则要求收养者必须年满25岁，[③] 不过，这些国家在坚持一般原则性规定的同时还允许存在一些例外，比如生父母收养其非婚生子女时，年龄可适当放宽。[④] 收养非婚生子女或收养配偶一方的子女也可适当降低收养人的年龄，例如，瑞典《双亲与监护法典》第4章第1条规定："年龄达25岁的任何男人或妇女都可经法院允许收养子女。如果收养关系到他或她自己的孩子，或其配偶的孩子或养子，或存在其他特殊情况，年龄达18岁不足25岁的人也有收养孩子的权利。"最为特别的是《希腊民法典》第1568条和《秘鲁民法典》第326条均规定收养人的最低年龄必须达到50岁；[⑤] 而《智利收养法》第2条则规定收养人的最低年龄必须达到40岁，最高年龄不得超过70岁。同样，《葡萄牙民法典》不仅对收养人的最低年龄作了规定，而且也限制了收养人的最高年龄。葡萄牙法规定，在完全收养时，夫妻双方共同收养的，收养人应已结婚4年或5年以上，双方年龄在25岁以上60岁以下，如果是单独收养，收养人的年龄须在30岁以上50岁以下。此外，希腊、智利、哥斯达黎加和多米尼加等国都规定收养人最大年龄不得超过60岁；玻利维亚和海地等国则将收养人的年龄上限为50岁，只有秘鲁较为特别地将收养人的最高年龄限定为不得超过52岁。瑞士、意大利和哥伦比亚等国虽然对收养人的最大年龄未作明确规定，但通过对收养人与被收养人年龄差距的规定加以限制。由于简单收养(Simple Adoption)过去常常是作为传宗接代或为收养人提供继承人的一种手段，因而，一些国家的法律对简单收养中的收养人最低年龄规定得比较高，如拉丁美洲国家一律规定收养人不得小于30岁。而对于完全收养，大部分国家的法律一般都将收养人的最低年龄规定得较低，主要是便于为儿童寻找养家。个别国家的法律甚至允许根据具体情况来灵活决定收养人的最低年龄。

对于收养人与被收养人之间的年龄差距，一些国家的法律有明文规定，如《荷兰民法典》第228条就明确规定收养人与被收养人之间的年龄差距至少为18岁，最大不得相差40岁；瑞士、意大利、哥伦比亚等国明文规定收养人与被收养人的年

① DENMARK：Adoptionslov §4；SWEDEN：Föräldrabalk Ch. 4 § I Sent. I.

② Heather Swindells，Adoption：the Modern Procedure，Family Law and Jordan Publishing Limited，2006，p. 47.

③ J. P. O' Connor，The International Adoption Guide，A Chancellor Publication，1994，p. 25.

④ Peter Gottwald，Dieter Schwab and Eva Bütter，Family and Succession Law in Germany，Kluwer Law International，2001，pp. 76-77.

⑤ 在融入海牙跨国收养公约框架中时对法律有所修改，如希腊现对收养人年龄要求是至少年满18岁且比被收养人的年龄差距小于50岁(《海牙跨国收养公约》于2010年1月1日在希腊生效实施)。

龄差距不得超过 45 岁①(哥伦比亚还对年龄差距设了下限：不得低于 15 岁的差距)。菲律宾的法律则规定收养人与被收养人之间的年龄差距应达到 45 岁。② 美国加利福尼亚州家庭法就明文规定收养人至少比被收养人大 10 岁。③ 加利福尼亚州健康保健部就曾对一位年满 70 岁的收养人的收养申请予以否决，但最后法院裁定不能以年龄作为否定收养人资格的唯一因素。④ 也有一些国家的法律对于收养人与被收养人之间的年龄差距未作任何规定。世界各国在规定养父母与养子女之间的年龄差距时，一般都力求使其接近于亲生父母子女之间的年龄差距模式，并且便于进行完全收养。国际社会服务组织在 2005 年完成的一份研究报告中指出：无论是收养国还是儿童原住国的法律，一般对收养人的年龄规定在 18 岁至 35 岁，而对养父母与养子女之间的年龄差距既有一些国家规定应相差 14 岁至 21 岁的，也有国家要求相差 40 岁至 60 岁的。⑤ 在具体实践中，也有不少国家允许根据实际情况而定。如果收养配偶一方的子女，收养者与被收养者之间的年龄差距可适当降低，如法国就从 15 年降低为 10 年。究竟应如何定位收养人与被收养人之间的年龄差距，国际社会一直无法统一标准。进入 21 世纪，现代国际社会的收养法在规定收养人与被收养人之间的年龄差距时日趋灵活，一些国家的法律甚至还允许在不违反法定年龄要件的同时由法院行使自由裁量权。

在是否允许独身者进行完全收养的问题上，大部分欧洲国家的法律持肯定态度，只有个别国家依然不允许独身者采用完全收养模式收养子女。荷兰法律规定独身者申请收养的儿童必须已经其照料、教育 3 年以上。而拉丁美洲除尼加拉瓜法律明确允许独身者收养子女外，大部分国家一般不赞成独身者收养，即使允许也仅限于收养同性。⑥ 对于独身者申请收养的年龄限制，一些国家(如法国、瑞士)的法律规定应年满 35 岁以上，而另一些国家(如希腊、秘鲁)的法律规定收养者的最低

① 瑞士 2016 年 6 月 17 日修订民法典中的收养条款(2018 年 1 月 1 日生效实施)第 264(d)条第 1 款规定收养人与被收养儿童之间的年龄差距不得超过 45 岁。瑞士原来的规定是："收养人与被收养人之间年龄差距最低不得小于 16 岁"，现出于保护儿童最大利益的考虑将两者之间最大年龄差距作了限制。Jenny Gesley，Switzerland：Revision of Adoption Law Enters into Force，Adoption and Foster Care，January 4，2018.

② 参见：http：//www. vidaadoptions. org/Philippines. html(accessed 30 December，2009).

③ CALIFORNIA Fam. Code §8601.

④ In re Adoption of Michelle Lee T. Joan Heifetz Hollinger，Adoption Law and Practice，Matthew Bender & Company Inc.，2006，Chapter 3，p. 42.

⑤ International Reference Centre for the Rights of Children Deprived of Their Family in ISS.，In Children's Best Interests，What Is the Maximum Age Difference to Adopt?，Monthly Review n° 4/2005，April，2005.

⑥ Article 20 of Colombia Law(Infancy and Adolescence) of 2006，Artle 273 of Colombia Civil Code.

年龄为50岁，也有一些国家(如智利)的法律规定收养者的最低年龄为40岁。除了最低年龄要求外，关于独身收养者资格的条件限制还有一个共同要件就是收养者与被收养者之间的年龄差距。在具体立法中，也采取概括式规定的，如德国法规定为“适当差距”；也有规定了具体时间的，如法国规定相差15年、瑞士规定相差16年、墨西哥规定相差17年、菲律宾规定相差45年；也有规定弹性时间的，如中国澳门地区的民法典第1828条第5款则规定收养者与被收养者之间的年龄差距应在18岁以上50岁以下。对于收养者与被收养者之间的年龄差距，诸如中国澳门地区民法典与荷兰法律规定最大年龄差距为50年的，还是比较少见的。①

有一些国家的法律要求收养者无子女才有资格申请收养，如希腊、中国和德国等国就有类似规定。而另一些国家则只要求无婚生子女，比如法国法也曾有具体规定。但是，也有一部分国家的法律采取越来越灵活的态度，放宽了对收养人家庭状况的条件限制。这在欧洲表现得较为明显，除欧洲的希腊和土耳其法律仍规定收养人必须无子女以外，其他欧洲国家大多取消了这一要件。不过希腊法律并不限制收养人收养子女的人数，允许一次同时收养数名儿童。② 在拉丁美洲大部分国家中，即使收养人已有亲生子女，也不妨碍再进行完全收养。尼加拉瓜、哥伦比亚、玻利维亚和巴西等国的法律不仅允许已有子女的已婚夫妻双方共同收养而且允许已婚夫妻一方单独收养。然而，在非洲的一些前法属殖民地国家，如塞内加尔和马达加斯加，预期收养人已有亲生子女仍是收养的障碍。这些国家的法律明文规定，已有亲生子女的人不得再收养子女，不论其子女是婚生的还是非婚生的，都不允许再收养子女。

还有一些国家关于收养人与被收养人条件的法律规定是与宗教因素联系在一起的。美国伊利诺伊州要求法院：“无论什么时候，通过收养给予儿童的监护不可忽视他们之间的宗教信仰。”③而《以色列收养法》第5条则明令禁止不同宗教信仰者之间的收养，《奥地利民法典》第179条第1款的规定则更特殊，根本不允许立誓过独身生活的人进行收养。

3. 已婚配偶共同收养子女要件的法律冲突

世界大部分国家的法律规定，如果是已婚者进行收养，一般要求已婚夫妻双方同意，或双方共同收养，有些国家的法律甚至还要求申请收养的夫妻必须结婚达到一定年限，但时间长短的要求各不相同。较常见的规定为已婚夫妻共同收养至少结

① Walter J. Wadlington, Minimum Age Difference As a Requisite for Adoption, Duke Law Journal, No. 2, Spring, 1966.

② 《希腊民法典》第1570条。

③ ILLINOIS Rev. Stat. Ch. 4 § 9. I-15(1971).

婚满5年，如多米尼加共和国、哥斯达黎加、海地和修改前的瑞士法律；① 一般的规定为2年至3年，如意大利和荷兰为3年、② 法国为2年、③ 丹麦为2年半；④ 最为特别的规定可能要算越南，越南南部许多地区原来要求夫妻结婚必须经过18年以后才可收养子女。⑤ 大部分国家的法律对已婚夫妻双方共同收养子女只作了原则性规定。⑥《丹麦收养法》第5条、《瑞典双亲与监护法典》第4章第3条、《瑞士民法典》第264条、《奥地利民法典》第179条都有明确规定，德国和墨西哥法律也有类似规定，而美国绝大多数州法律在这一点上体现的一致性更为明显。⑦ 夫妻双方共同收养作为一项基本原则也有例外，即如果配偶一方下落不明或缺乏行为能力，另一方可以单独收养。同样，如果收养非婚生子女或者收养配偶一方的子女，也可以单独收养，但是，理所当然需征得另一方的同意。也有一些国家的法律没有要求已婚夫妻共同收养，但规定一方配偶单独收养子女时，必须征得另一方的同意，例如，英国、法国、菲律宾、德国等国的法律都有具体规定。还有一种特殊情况可以允许配偶一方单独收养子女且无须征得另一方的同意，即当一方配偶为无行为能力人时，另一方可单独进行收养。

此外，随着一些国家的婚姻法对"配偶"概念的扩展，⑧ 部分国家进入21世纪后还通过立法允许同性配偶共同收养子女或单独收养子女，但大部分国家的法律还是对同性配偶共同收养子女持否定态度。对于同性配偶收养子女问题，有的国家立法允许，也有的国家立法明确禁止，还有的国家处于无法律明确规定的状态。这是当今国际社会在跨国收养法律冲突中最显著、最难调和的领域。目前，国内立法明确允

---

① 《多米尼加共和国儿童和青少年基本权利保护法典》第118条、2016年修订前的《瑞士民法典》第264(a)条。

② 《意大利民法典》第6条、《荷兰民法典》第228条。

③ 《法国民法典》第343条。

④ International Social Service, Internal and Intercountry Adoption Laws, Kluwer Law International 2003, Denmark-Ⅱ-6.

⑤ 《越南民法典》第136条第2款。

⑥ 过去只允许已婚夫妻共同收养子女，如今，随着欧洲一些国家将未婚同居关系的适用效力范围扩大，有的甚至视为婚姻关系，从而也许可未婚同居的异性或同性伙伴共同收养子女或单独收养子女。这在2008年修订的《关于儿童收养的欧洲公约》第7条第2款就有具体规定："关系固定并共同生活在一起的异性配偶或同性配偶都可共同收养子女。"

⑦ Joan Heifetz Hollinger, Adoption Law and Practice, Matthew Bender & Company Inc., 2006, Chapter 1, appendix 1-A.

⑧ Katharina Boele-Woelki, Legal Recognition of Same-sex Couples in Europe, Intersentia Ltd., 2003, p. 8.

许同性配偶收养子女的国家有：安道尔、阿根廷、奥地利、比利时①、丹麦②、冰岛、荷兰③、法国④、卢森堡、马耳他、爱尔兰、挪威、芬兰⑤、瑞典⑥、南非、西班牙⑦、葡萄牙⑧、英国⑨、乌拉圭、巴西、哥伦比亚⑩、美国⑪、加拿大⑫、

---

① Patrick Senaeve, Christoph Castelein, De Hervorming van de Interne en de Internationale Adoptie: Commentaar op de Wetten van 13 maart en 24 april 2003 en het Decreet van 15 juli 2005, Intersentia Antweerpen-Oxford, 2004, p. 47.

② Thomas Alexander Brandt, Die Adoption Durch Eingetragene Lebenspartner im Internationaler Privat-und Verfahrensrecht, Peter Lang, 2004, p. 30.

③ 北欧的丹麦、挪威、瑞典等国首开先河，丹麦于1999年3月9日立法许可同性配偶收养子女，挪威于2001年6月15日立法许可同性配偶收养子女，瑞典于2002年6月5日立法许可同性配偶收养子女。此后，荷兰2001年3月8日《同性婚姻与收养子女登记法》就认可同性配偶共同收养子女或单独收养子女。英国2002年新颁布的《收养与儿童法》也有类似规定。Caroline Bridge and Heather Swindells QC, Adoption: The Modern Law, Jordan Publishing Limited, 2003, p. 195.

④ 法国于2013年5月17日修订法律允许同性配偶收养子女。

⑤ Katharina Boele-Woelki and Angelika Fuchs, Legal Recognition of Same-sex Couples in Europe, 2nd Edition, Intersentia Ltd. , 2012, p. 102.

⑥ Kerry O' Halloran, The Politics of Adoption: International Perspective on Law, Policy & Practice, 2nd ed. , Springer, 2009, p. 332.

⑦ 西班牙2005年6月18日天主教会发动了数十万人涌上马德里街头举行反对同性婚姻立法与同性配偶收养子女的大规模游行示威活动。2014年2月欧洲大陆法国、比利时、意大利、波兰、匈牙利和罗马尼亚等发起捍卫传统婚姻和抗议同性婚姻的游行活动。参见：http://en. wikipedia. org/wiki/Opposite LGBT events(accessed 31 January, 2020).

⑧ Thomas Alexander Brandt, Die Adoption Durch Eingetragene Lebenspartner im Internationaler Privat-und Verfahrensrecht, Peter Lang, 2004, pp. 45-50.

⑨ Brian Tobin, Same-sex Couples and the Law: Recent Devlopments in the British Isles, in Iinternatonal Journal of Law, Policy and the Family, Vol. 23, No. 3, 2009.

⑩ 哥伦比亚于2015年11月1日通过的法律允许同性配偶跨国收养子女，该法2016年1月1日生效实施。

⑪ 美国加利福尼亚州、康涅狄格州、纽约州等立法明确允许同性配偶收养任何类型的子女，而马萨诸塞州、宾夕法尼亚州、佛蒙特州和哥伦比亚特区的法院已经有判决承认同性配偶收养子女。据有关机构调查统计，美国将近27000名儿童生活在同性配偶群中，其中65000名儿童是被同性配偶收养的。Kerry O' Halloran, The Politics of Adoption: International Perspective on Law, Policy & Practice, 2nd ed. , Springer, 2009, p. 256, Romero, Adam, Census Snapshot, Williams Institute, 2007, in http://www. law. ucla. edu/ williamsinstitute/publications/USCensus Snapshot. pdf(accessed 30 December, 2009).

⑫ 加拿大新斯科舍省2001年也开始认可同性配偶共同收养子女。N. S. S. C. Fam. Div. [2001] N. S. J. No. 261; International Social Service, Internal and Intercountry Adoption Laws, Kluwer Law International 2003, NOVA SCOTIA-Ⅱ-1; Fiona Kelly, Reforming Parenthood: the Assignment of Legal Parentage with Planned Lesbian Families, in Ottawa Law Review, Vol. 40, No. 2, 2009.

新西兰、澳大利亚、南非①、德国②、格陵兰岛、以色列、波兰、瑞士③。其中，有的国家立法不区分收养类型，允许同性配偶共同收养任何人的子女，④ 即不仅允许同性配偶收养自己的子女，而且允许同性配偶收养他人的子女，如瑞典、卢森堡、法国、爱尔兰、德国等；⑤ 有的国家立法不允许同性配偶共同收养子女，只允许同性配偶单独收养子女，如波兰；还有的国家立法只允许同性配偶收养自己的子女或继子女，⑥ 如格陵兰岛、以色列、瑞士、意大利、圣马力诺、斯洛文尼亚、爱沙尼亚等。还有许多国家或地区的法律对同性配偶收养子女问题没有作任何规定，⑦ 如欧洲的保加利亚、希腊、捷克、匈牙利、立陶宛、拉脱维亚和罗马尼亚等，美洲的伯利兹、玻利维亚、哥斯达黎加、古巴、多米尼加共和国、厄瓜多尔、危地马拉、圭亚那、尼加拉瓜、秘鲁、苏里南和委内瑞拉等以及亚洲和非洲的大部分国家。这与它们没有对同性婚姻问题进行立法规制是一样的。到目前为止，只有少数国家或地区的立法明文禁止同性配偶收养子女，⑧ 如智利、匈牙利、乌干达⑨和修改前的美国佛罗里达州、密西西比州威斯康星州及犹他州法

① Kerry O' Halloran, The Politics of Adoption: International Perspective on Law, Policy & Practice, 2nd ed. , Springer, 2009, p. 299.

② Heinz Georg Bamberger and Herbert Roth, Kommentar zum Bürgerlichen Gesetzbuch, Band 3, Verlag C. H. Beck München, 2003, pp. 1057-1060.

③ 瑞士于 2016 年 6 月 17 日修订民法典中的收养条款(2018 年 1 月 1 日生效实施)允许同性配偶收养另一方的子女。

④ Katharina Boele-Woelki and Angelika Fuchs, Same-Sex Relationships and Beyond: Gender Matters in the EU, 3rd. edition, Intersentia Ltd. , 2017, p. 88.

⑤ 德国于 2017 年 6 月 30 日颁行了同性婚姻法(2017 年 10 月 1 日生效实施)赋予同性配偶全开放的收养权。Germany's Bundestag Passes Bill on Same-sex Marriage, Deutche Welle, 30 June, 2017.

⑥ Katharina Boele-Woelki and Angelika Fuchs, Legal Recognition of Same-sex Couples in Europe, Intersentia, 2nd. Edition, 2012, pp. 103-104.

⑦ 美国 45 个州(含哥伦比亚特区)的立法既无明确允许同性配偶收养子女的规定，也无明确禁止同性配偶收养子女的规定。Kerry O' Halloran, The Politics of Adoption: International Perspective on Law, Policy & Practice, 2nd ed. , Springer, 2009, p. 256.

⑧ 中国立法对同性配偶跨国收养子女问题与同性配偶在国内收养子女问题都未作任何规定。但中国收养中心走得更远，采取的措施是对有同性恋倾向的收养人一律不允许到中国大陆跨国收养中国儿童。

⑨ 2005 年修订后的《乌干达宪法》第 31 条第 2 款明文规定绝对禁止同性婚姻，如此对同性配偶收养子女就更是严加禁止。Jamil Ddamulira Mujuzi, The Absolute Prohibition of Same Sex Marriages in Uganda, in Iinternatonal Journal of Law, Policy and the Family, Vol. 23, No. 3, 2009.

律①等。

总之，不论是传统收养法还是现代各国收养法，要想在全球范围乃至区域内实现收养人条件与被收养人条件的统一，短期内还是相当困难的。在处理跨国收养问题时必须客观地对待其法律冲突，科学地寻求最佳解决办法。

（三）跨国收养同意权行使的法律冲突

1. 关于收养同意行使程式的法律冲突

当今世界各国对收养同意权行使的方式与程序规定并不完全一致。有的国家的法律明确规定收养同意的意思表示必须采用书面形式，美国、俄罗斯、法国、德国、菲律宾等国法律就有此要求；也有少数国家的法律允许以口头方式行使收养同意权，如墨西哥。有的国家不仅要求收养同意的意思表示必须采用书面形式，而且要求必须经过认证或公证程序，美国部分州的法律、俄罗斯法、德国法便有这方面的规定。还有一些国家要求收养同意权的行使必须向法院表示才有效，美国有的州要求收养的同意必须在法官面前作出，② 德国则要求向有管辖权的监护法院表示且在收养同意送达法院时生效，③ 墨西哥法规定无论采用书面还是口头方式表示的收养同意都须向家庭法院的法官表示才有效。现代各国收养法像中国一样要求行使收养同意权按行政程序进行的相当罕见。英国新修订的收养法不仅特别强调同意收养不得附条件和提出任何经济利益的要求，而且明确规定收养的同意必须采取法定的书面方式且经过儿童与家庭法院认可的咨询服务机构工作人员见证。④

一些国家的法律还允许“匿名收养”（Incognito Adoptions），即收养时不得向被收养儿童的亲生父母公开收养人的身份。这种“匿名收养”一般分为两个阶段，首先是终止被收养儿童与亲生父母之间的亲子关系，然后再以法定的秘密收养方式和程序收养该儿童。如此，一些允许匿名同意收养的国家立法规定，行使收养同意权时至少不得向被收养儿童的亲生父母暴露收养人的身份，如英国、德国、匈牙利和

---

① 美国 NEBRASKA 和威斯康辛州的高等法院均有判例禁止同性配偶收养继子女。参见：http：//www. hrc. org/issues/parenting/adoptions/8464. htm（accessed 30 December，2009）.

② 美国的纽约州、阿拉巴马州、阿拉斯加州、阿肯色州和怀俄明州等 27 个州要求在法官面前作出同意送养的意思表示。美国 1994 年的《统一收养法》第 2-405（a）条也有这方面的明确规定。

③ Harald Paulitz，Adoption：Positionen，Impulse，Perspektiven，Verlag C. H. Beck München，2006，p. 228.

④ 《英国收养与儿童法》第 19 条、第 93 条和第 102 条。

法国法以往均设置了相关规定。① 而其他一些国家的法律规定，只有当官方权威的收养机构介入时，才允许匿名收养。这是奥地利、俄罗斯和美国一些州法律中最特别的规定。② 匿名收养最典型的要算美国司法实践中采取的“双重”匿名收养制度，不仅不得暴露收养当事人的身份，而且也不允许暴露被收养儿童亲生父母的身份，即对收养当事人彼此之间都应严格保密。③ 2017 年修订的《挪威收养法》第 37 条也有类似规定。

2. 关于收养同意行使的主体范围的法律冲突

对于跨国收养，世界各国立法均有关于同意权行使的规定，但在具体行使收养同意权的主体的范围方面却存在较大差异。仅仅征得被收养儿童亲生父母和养父母同意即可，还是需要征得其他法定代理人的同意；只需征求被收养儿童监护人的同意，还是必须征得其他近亲属或儿童的亲密伙伴的同意，抑或如何让以父母的身份对儿童承担照料和抚养责任的个人或机构行使同意权，古今中外并无完全一致的做法。一些国家的法律还特别强调收养应征得被收养儿童的生父的同意，如美国联邦最高法院就承认未婚父亲有拒绝同意收养其非婚生子女的权利。④ 同意收养就意味着放弃或交出对子女的各种权利义务，创设新的亲子关系。因此，有的国家的法律还规定，收养除需要征得被收养儿童的生父或生母的同意以外，还应征得其他家庭成员或大家族的有关成员的同意。还有一些国家的法律规定，如果被收养儿童达到一定年龄，需要征得被收养儿童本人的同意。⑤ 法院或行政机关介入收养的一个主要目的也在于：监督或审查收养是否经过同意以及是否需要征得特定人的同意。例如，拉丁美洲一些国家的法律规定，收养社会育儿机构中的儿童，应听取该机构负责人的意见，有时还得与检察官协商或经其批准。⑥

---

① Johannes Drerup, Gottffried Schweiger, Handbuch Philosophie der Kindheit, J. B. Metzler Verlag, 2019, s448.

② Sec. 259, Gesetz über das gerichtliche Verfahren in Rechtsangelegenheiten auβer Streitsachen (AuβStrG).

③ Kerry O' Halloran, The Politics of Adoption: International Perspective on Law, Policy & Practice, 2nd ed., Springer, 2009, pp. 252-255.

④ Joan Heifetz Hollinger, Adoption Law and Practice, Matthew Bender & Company Inc., 2006, Chapter 2, pp. 18-22.

⑤ Aleck Chloros, International Encyclopedia of Comparative Law, Vol. 4: Persons and Family, Martinus Nijhoff Publishers, 2007, Chapter 6, pp. 169-170.

⑥ J. P. O' Connor, The International Adoption Guide, A Chancellor Publication, 1994, p. 14.

3. 有关儿童亲生父母行使送养同意权的法律冲突

就儿童的亲生父母行使收养的同意权而言，被收养儿童的亲生父母应明确收养的所有后果，自愿作出同意收养的意思表示。收养婚生子女时，一般都要求征得被收养儿童亲生父母双方的同意，《丹麦收养法》第 7 条、《危地马拉民法典》第 243 条、《瑞典双亲与监护法典》第 4 章第 5 条、《瑞士民法典》第 265 条和《西班牙民法典》第 173 条等法律都有较详细、具体的规定。但是，也有一些国家的司法实践特别强调收养的契约性，它们的法律允许亲生父母代表子女签订收养契约，例如，奥地利的法律就有此规定。① 然而，依适用的法律，如果亲生父母对子女的亲权已终止，如因遗弃、漠不关心子女而终止亲权，收养该儿童不再需要征得其亲生父母的同意。这在美国、俄罗斯、丹麦、瑞典等国的法律中都有规定。② 不过，仍有少数国家的法律规定在上述情形下仍要求取得被收养儿童亲生父母的同意，如《瑞士民法典》第 265 条就有相关规定。③

在收养非婚生子女时，确定了其生父的身份以后，有关是否需要征得其生父的同意的问题，各国的学说和立法的解决方式并不一致。大部分国家的法律规定，即使非婚生子女生父的身份已确定了，仍然可免除其生父的同意，也有一些国家的法律规定应将收养情况通知非婚生子女的生父，有时为了保护儿童利益，应允许非婚生子女的生父在法院有充分陈述自己意见的机会。不过，一部分国家的法律却要求收养时需征得非婚生子女生父的同意。根据美国联邦宪法的规定和有关司法解释以及几个州的法律规定，收养非婚生子女需要征得生父的同意。④ 英国、法国的法律也有类似规定。然而，这种规定在美国的实践中产生了非常严重的问题，一个有效的收养如果没有征得被收养儿童生父的同意则无法成立，只有尽力查明非婚生子女的生父身份以后，才有可能成立收养关系。不过，也有一些国家对此采取了折中态度，如德国和奥地利法律规定，收养非婚生子女时，至少应给已确定了生父身份的非婚生子女的父亲一个听证机会。⑤ 还有一些国家的法律规定，只有非婚生子女的生父已行使监护权时才需征得其同意。德国和美国少数几个州的法律有此规定。

为保证收养的同意是自愿和经过慎重考虑而作出的，一些国家的法律规定了被收养儿童生母在子女刚出生的一段时间内不得作出同意收养的意思表示，即规定了

---

① Austria：CC §181 par. 2.

② Denmark：Adoptionslov §7 par. 2；Sweden：Foraldrabalk Ch. 4 §5 par. 3.

③ Claire Fenton-Glynn，Children's Rights in Intecountry Adoption，Intersentia Ltd. 2014，p. 68.

④ Joan Heifetz Hollinger，Adoption Law and Practice，Matthew Bender & Company Inc.，2006，Chapter 2，pp. 18-22.

⑤ Austria：CC §181a par. 1no. 4.

最低期限。为了避免儿童的生母仓促作出同意收养的决定，一些国家的法律规定，应给儿童的生母充分考虑的机会，如果在子女出生以前作出同意收养的决定便属于无效的意思表示。德国和美国一些州的法律都有明文规定。还有一些国家的法律规定，必须在子女出生后一定期限届满以后才能作出同意收养的决定，西班牙和保加利亚国法律规定为30天，英国、捷克、马耳他、葡萄牙、拉脱维亚和瑞士法规定为6周，德国和爱沙尼亚法规定不得少于8周，罗马尼亚、比利时、挪威和乌克兰等国法律规定为2个月，丹麦、希腊、冰岛、立陶宛等国法律规定为3个月，美国马里兰州等五个州规定为3~6周、路易斯安拉州和南达科他州规定为5天、宾夕法尼亚州和新泽西州规定为72小时、康涅狄格州等7个州规定为48小时，佛蒙特州规定为36小时。而《瑞典双亲与监护法典》第4章第5条规定“在子女出生以后并且母亲从产褥期中已完全恢复以后”才能作出同意收养的决定。① 只有少数国家或地区的立法允许生母在子女出生前作出同意送养子女的意思表示，如斯洛伐克、埃塞俄比亚和美国阿拉巴马州、夏威夷州的法律就允许生母在子女出生前同意送养子女，但同意收养的决定必须在婴儿出生后生效。② 而美国特拉华、内华达、新泽西和弗吉尼亚等14个州允许被收养儿童的亲生父亲在子女出生前后的任何时候作出同意送养的表意。

4. 关于免除收养同意权的法律冲突

大部分国家的法律规定了在某些特定条件下可以免除被收养儿童亲生父母的同意或者允许由有管辖权的法院或机构行使同意权。③ 一种情况是不合理的拒绝行使收养同意权，这是一些国家在具体司法实践中允许免除亲生父母的同意或由其他机构代为行使同意权的条件。例如，英国、德国甚至奥地利都是这样做的。而另一些免除被收养人亲生父母同意的条件则各种各样，世界大部分国家和地区的法律规定，如果被收养儿童的亲生父母属于无行为能力的人④或下落不明，⑤ 或者存在有

① Claire Fenton-Glynn, Children's Rights in Intecountry Adoption, Intersentia Ltd., 2014, pp. 56-57.

② 参见：http://laws.adoption.com/statutes/consent-to-adoption.html (accessed 31 January, 2020).

③ Claire Fenton-Glynn, Adoption without Consent: Update 2016, European Parliament's Policy Department for Citizens' Rights and Constitutional Affairs, 2016, pp. 67-69.

④ 《德国民法典》第105条规定，无行为能力人的意思表示无效。参见[德]卡尔·拉伦茨著：《德国民法通论》，王晓晔等译，法律出版社2004年版，第141页。

⑤ Art 181(2) of Austria Civil Code, S152(5) of 2009 Estonia Family Law, Section 48A of 1952 Hungary Family Law, Art 141(1) of Slovenia Marriage and Family Law.

抛弃、① 不照管、不联系、② 不抚养子女的行为，或者存在明显损害子女利益的行为,③ 或者已被剥夺了亲权(只有罗马尼亚于 2004 年颁布的有关收养的法规第 12 条和第 13 条要求对被剥夺了亲权的亲生父母仍需征得其有关送养子女的同意。若被剥夺了亲权的亲生父母滥用权利拒绝予以同意，罗马尼亚法院可以判定免除其所应行使的同意权),④ 或者法院认定亲生父母拒绝同意送养是不合理的,⑤ 那么，可以取消亲生父母的同意权。而英国、法国、美国一些州、德国以及瑞士等国家和地区的法律都有明文规定，亲生父母遗弃或漠不关心子女，或者要求同意的人缺乏独立表达思想的能力等，可以免除同意。⑥ 另外，也有少数国家或地区的法律规定，被收养儿童的亲生父母因严重犯罪被判刑、酗酒成性、卖淫都是免除其行使同意权的条件，美国有几个州的法律就是如此规定的。⑦

5. 关于被收养人本人行使收养同意权的法律冲突

无论是国内收养还是跨国收养，即使被收养儿童未达到成年年龄，但只要该儿童达到一定年龄，收养时必须征得本人的同意。世界各国法律一般规定，收养年满 10 岁至 16 岁的儿童，应征得本人的同意；收养 7 岁左右的儿童，应与本人协商并考虑本人的意见，但是各国所规定的具体年龄并不一致。美国各州的规定也相差较大，大致在 10 岁至 14 岁，如纽约、田纳西和密西根等 25 个州的法律规定收养应征得年满 14 岁的被收养人本人的同意，加利福尼亚、宾夕法尼亚和肯塔基等 19 个州的法律规定收养应征得年满 12 岁的被收养人本人的同意，新泽西、阿拉斯加和夏威夷等 5 个州的法律规定收养应征得年满 10 岁的被收养人本人的同意，爱达荷、堪萨斯和密苏里等 11 个州的法律规定可免除心智不健全的被收养儿童的同意;⑧ 俄罗斯、阿尔巴尼亚和罗马尼亚等国法明文规定收养应征得年满 10 岁的被收养人本人的同意；丹麦、瑞典、芬兰、墨西哥、挪威、西班牙和海地的法律规定收养应

---

① Section 5(1) of 1995 Cyprus Adoption Law, Art 8 of 1983 Slovenia Law 184.

② Section 48A of 1952 Hungary Family Law, Art 117(1) a of Civil Code.

③ Art 350 of France Civil Code, Art 352 of Luxembourg Civil Code.

④ Art 130 of 2003 Croatia Family Law, S152(5) of 2009 Estonia Family Law, Art 181(2) of Slovakia 2005 Family Law, Art 177(2) of Spain Civil Code.

⑤ Section 5(1)(c) of 1995 Cyprus Adoption Law, Art 117(1) of Malta Civil Code.

⑥ Caroline Bridge and Heather Swindells QC, Adoption: The Modern Law, Jordan Publishing Limited, 2003, pp. 149-155.

⑦ Kerry O' Halloran, The Politics of Adoption: International Perspective on Law, Policy & Practice, 2nd ed., Springer, 2009, p. 277.

⑧ Joan Heifetz Hollinger, Adoption Law and Practice, Matthew Bender & Company Inc., 2006, Chapter 1, appendix 1-A.

征得年满 12 岁的被收养人本人的同意；意大利、德国、菲律宾和保加利亚的法律规定收养应征得年满 14 岁的被收养人本人的同意；① 而法国和比利时的法律规定收养应征得年满 15 岁的被收养人本人的同意。如果达到这类年龄阶段的儿童已在申请收养的人的家庭共同生活并且已将收养申请人当作父母，那么，收养该类儿童时可以免除其本人的同意。俄罗斯和丹麦等国的法律就有相关规定。

6. 有关撤销收养同意权的法律冲突

关于同意收养的意思表示一经作出后，是否可以撤销的问题，一直存在不同的看法，各国和地区法律的规定也差别甚大，并存在明显的法律冲突。② 一些国家允许在收养生效以前可以自由撤销已作出的同意，英国、美国一些州和俄罗斯的法律就是如此规定的。③ 还有一些国家的法律规定，在一定期限内撤销同意可以不需要任何理由，如《瑞士民法典》第 265 条规定在收养的同意作出后的 6 周内可以自由撤销，而法国法则规定为 3 个月④；匈牙利允许儿童的亲生母亲在同意送养后 6 周内改变自己的决定，荷兰则赋予儿童亲生父母 60 天的时间重新考虑送养的决定。美国部分州和少数国家的法律规定收养的同意一经作出是不可撤销的，只有因欺诈和胁迫而作出送养的同意才是可撤销的，美国亚利桑那和威斯康星等州以及德国的法律就有明确的规定。⑤ 而哥伦比亚 2006 年《儿童与青少年法》第 66 条的规定独具特色：被收养儿童的亲生父母有 1 个月的考虑时间，经过 1 个月以后，收养的同意便成终局。美国大部分州规定在收养同意的意见表明以后至收养令颁发前只有遇到特殊情形才可申请撤销，而犹他州和马萨诸塞州规定任何时候都不得撤销已作出的同意送养的决定。

可见，在跨国收养过程中，因各国收养法对收养同意权行使的主体、方式、时间、程序及免除或撤销的理由等规定并不统一，难免出现法律冲突，甚至这类法律冲突还会持续存在相当长一段时期。

---

① Farid R. Zakirov, Die Adoption Minderjähriger im Internationalen Kindschaftsrecht Usbekistans und Deutschlands: Eine vergleichende Analyse unter Berücksichtigung Völkerrechtlicher Quellen, Peter Lang, 2007, pp. 119-121.

② H. D. Krause, "Creation of Relations of Kinship", in International Encyclopedia of Comparative Law, Vol. Ⅳ, Chap. 6, The Hague, etc., 1976, pp. 81-86.

③ Joan Heifetz Hollinger, Adoption Law and Practice, Matthew Bender & Company Inc., 2006, Chapter8, pp. 11-14.

④ 《法国民法典》第 348-3 条。

⑤ Christine Adamec, William L. Pierce, The Encyclopedia of Adoption, New York Facts on File, 3rd ed., 2007, p. 251.

(四)跨国收养效力的法律冲突

在各国收养法中，收养目的不同，收养的效力也不同。收养效力实际上是收养目的的直接反映。基于不同的收养目的，各国法律对收养效力的规定千差万别。诸如完全收养的目的在于使被收养儿童完全融入养家，因而一些坚持完全收养的国家的法律都规定被收养儿童取得收养人婚生子女的身份。过去，许多国家坚持养子女与婚生子女的差别待遇，将两者的权利义务区分开来。后来，随着社会的进步和发展以及收养目的的演变，这些国家逐渐改变原来的态度，努力消除养子女与婚生子女之间的差别，在法律中明文规定养子女的权利义务的范围。欧洲人权法院在1979年6月13日对Marckx诉Belgium一案的判决也确立了类似的原则。① 而不完全收养或简单收养的目的主要在于为儿童提供某种形式的社会帮助,② 因而被收养人不必完全融入养家，也不要求与原出生家庭断绝关系。因此，各国法律对这类收养的效力规定也各种各样。事实上，各国关于收养效力的立法趋势存在多种倾向。有些国家将血缘关系看得相当重，在立法时认为血缘关系不可完全割断。他们不仅规定被收养儿童与原出生家庭可保持关系，而且规定被收养儿童与收养人之间的亲子关系及与其家庭成员之间的亲属关系同样存在。换句话说，这些国家认为收养是寄养的一种高级形式。但也有些国家不这么看，它们主张收养应是一种拟制亲子关系，使收养者与被收养者之间尽可能形成一种类似于自然亲子关系的拟制血亲关系。这便要求被收养者完全融入收养者的家庭中。也就是说，被收养儿童与原出生家庭的关系应完全断绝。不过，也有少数国家的法律回避了这一问题。它们采取折中态度，在法律中规定了两种收养形式：一种是完全割断被收养者与原出生家庭关系的完全收养，另一种是被收养者不脱离与原出生家庭关系的简单收养。这实际上是承袭了古罗马法的传统。③ 虽然古罗马法的传统收养制度中断了漫长的时期，但是，后来在法国收养法中又得到了重视并被《拿破仑法典》典型化。④

现代收养立法的趋势正日渐远离传统的收养理念。被收养人应完全融入收养家庭的观点逐渐占据了主导地位。不过，仍有一些国家的立法尚未完全转变过来。即使其法律规定被收养儿童与收养者的婚生子女具有完全一样的法律地位，但它还可能允许该儿童享有对亲生父母的继承权。这在普通法系和大陆法系的某些国家的司

---

① Eur. Crt. HR, Series A, No. 30.

② P. Shifman, Kinship by Adoption: Where Adoption Differs from Natural Affinity, 23 Israel Law Review, 1989, pp. 34-76.

③ Hugh Lindsay, Adoption in the Roman World, Cambridge University Press, 2016, p. 217.

④ Jean-Francois Mignot, Adoption in France and Italy: A Comparative History of Law and Practice, Population, Vol. 70, 2015.

法实践中都不乏实例。① 典型的大陆法国家专为儿童规定了继承的特留权，即为被收养儿童保留两方面的强制性继承权，一方面是享有对亲生父母的继承权，另一方面是对养父母的继承权。同样，法律也为原出生家庭享有对被收养儿童的继承权开了方便之门。之所以如此规定，其认识基础是源于"收养者并不因收养而享有对被收养者的绝对继承权"的传统观念。②

各国法律对收养的效力存在不同的规定，不仅对被收养儿童与其原出生家庭的法律联系有不同规定，而且对收养者的权利特别是对被收养儿童的继承权也有不同规定，甚至对收养的效力是否延伸至收养者的整个家族也存在各不相同的法律规定。③ 这些不同规定产生的根源在于将收养者看作被收养儿童的陌生人还是将收养者看作被收养儿童的亲属。尽管在收养效力问题上存在各种各样的规定，但是可以大胆地断言，主张被收养儿童应取得与收养者的婚生子女相同的地位，是当今国际社会收养法的发展趋势。被收养人享有使用收养人姓氏的权利、享有被抚养的权利、享有继承权。禁止近亲结婚的条款依然适用于被收养儿童与原出生的家庭成员，也有的国家的法律规定可适用于被收养儿童与收养人的家庭成员。由于对收养关系可否撤销存在不同的主张和态度，各国法律因此对收养效力的规定也相差较大，可撤销的收养关系的效力与不可撤销的收养关系的效力并不一致。如果深入研究，主张收养关系可以撤销，实际上等于否定了养子女与婚生子女享受相同地位。因为，世界各国法普遍坚持自然血亲的父母子女关系是不可解除的，而法律若规定养子女与养父母的关系可撤销，那么，养子女首先就失去了享受收养人婚生子女相同地位的前提。

1. 收养类型方面的法律冲突

由于各国收养立法的精神不同，收养的效力也千差万别。不仅不同收养类型的效力相左，而且即使是同一种类型的收养效力也存在差异。既有只主张单一的完全收养的，也有只认可单一的不完全收养的，还有两者兼顾的。目前英国、阿尔巴尼亚和多哥等国法定收养类型只有完全收养一种形式；而阿根廷、乌拉圭、日本、贝宁和马达加斯加等国法律承认多种类型的收养。在完全收养中，被收养儿童完全融入养家，终止与原出生家庭的关系，已成为各国普遍接受的原则。英国法、美国大

① Kerry O' Halloran, The Politics of Adoption: International Perspective on Law, Policy & Practice, 2nd ed., Springer, 2009, p. 91.

② Hugh Lindsay, Adoption and Succession in Roman Law, The Newcastle Law Review, Vol. 3 (No. 1), 1998.

③ 蒋新苗：《中国涉外收养法律适用问题探析》，载《环球法律评论》2005 年第 6 期。

部分州的法律、法国法、德国法、俄罗斯法以及丹麦法、瑞士法、荷兰法和意大利法都有大体一致的规定。但是，这一原则在适用时仍不得违反被收养人与原出生家庭的禁婚规定。除此以外，一些国家的法律还对被收养儿童的继承权作了特别规定。这类例外，常见于一些普通法的判例和有关法律规定，如美国少数州和澳大利亚的收养法并没有取消被收养儿童对原出生家庭的法定继承权。正如普通法并不承认被收养儿童与除养父母以外的养家其他成员之间的相互继承权一样，美国少数州和澳大利亚不反对被收养儿童继续保留对原出生家庭的法定继承权。① 这种例外规定，尤其是规定被收养人与养家其他成员之间不存在相互继承权，使人们对将这种收养归入"完全收养"产生了众多疑问，引起了广泛的争议。显而易见，关于被收养人与养家的例外规定越多，人们就越倾向于将其看作"简单收养"，而不是归入"完全收养"的范畴。不仅如此，对收养关系完整性的限制，势必使撤销收养关系成为可能，从而使养子女等同于婚生子女的要求难以达到。

在不完全收养中，被收养儿童与原出生家庭继续维持一定关系。尽管收养关系具有优先地位，但是收养人对儿童行使亲权通常是与承担抚养义务一致。这是法国、墨西哥、② 菲律宾、德国、奥地利和意大利等国家的法律所规定的。在不完全收养情形下，被收养儿童亲生父母对该儿童的抚养义务次于养父母，而且，养父母对养子女的继承权存在许多例外的规定，诸如"被收养人从原出生家庭获得的财产不可作为遗产由养父母继承，应返还原出生家庭……"③可见，在不完全收养中，养父母与被收养人之间的收养关系受到许多限制，不仅限制了它们相互间的权利，而且限制了它们相互间的义务。另外，在简单收养中，养父母的亲属不与被收养人产生任何法律关系，同样，被收养人原出生家庭的亲属也不与儿童的养父母产生任何亲属关系。④

尽管大部分国家的司法实践只承认一种收养形式，但并非所有的国家只允许选择一种收养形式而排除其他形式。法国以及其他许多深受法国法影响的国家(如卢

---

① L. P. Hampton, The Aftermath of Adoption: The Economic Consequence-Support, Inheritance and Taxes, J. H. Hollinger(ed.), Adoption Law and Practice, 1994, Chap. 12.

② 墨西哥于 2000 年修订民法典时已有所改变，新法正式对完全收养作了规定，允许将简单收养转化为完全收养。

③ H. Krause, "Creation of Relations of Kinship", in International Encyclopedia of Comparative Law, Vol. Ⅳ, Chap. 6, The Hague, etc., 1976, p. 90.

④ Permanent Bureau, The Implementation and Operation of 1993 Hague Intercountry Adoption Convention: Guide to Good Practice(Guide No. 1), Jordan Publishing Limited, 2008, p. 16.

森堡、意大利、西班牙、几内亚、海地、① 阿根廷以及玻利维亚等国）的司法实践，一般允许收养者根据具体情况的需要选择收养形式。②

此外，还有一些伊斯兰教国家不承认收养，在许多阿拉伯国家只允许一种类似简单收养的 KAFALA，但两者在效力上相差甚远。伊斯兰教国家的 KAFALA 几乎类似于寄养制度，儿童继续保留原姓氏且并不脱离于亲生父母及大家族的关系，等等。③

2. 被收养人的姓名权的法律冲突

对于被收养人的姓名权问题，当今各国的立法与司法实践的差别较大，冲突也非常明显。被收养儿童是继续保留原姓还是取得收养人的姓，是继续保留原名还是要根据收养人的要求改名，甚至是重叠使用原出生家庭的姓氏与收养家庭的姓氏还是单独适用哪一家的姓，各国法律的规定截然不同。

大多数国家的法律规定，被收养人从收养人之姓。美国各州的法律、奥地利法、德国法、丹麦法、日本法、土耳其法、荷兰法和瑞典法都有明确的规定。④ 在那些允许在两种收养形式中选择的国家，如法国、阿根廷、西班牙等国，其法律也同样规定，“完全收养”中的被收养人从收养人之姓。⑤ 也有少数国家的法律允许被收养儿童在收养后继续保留原姓名，如法国法就是如此规定的；还有个别国家的法律允许将原姓与收养人的姓结合在一起使用，法国现行收养法就有这种规定。⑥ 另外，还有一些国家，如丹麦和瑞典，它们允许双方自由选择。⑦

在不完全收养中，一般允许被收养人自由选择其姓，如《法国民法典》第 363 条的规定，而卢旺达等国家的法律则允许被收养人保留原姓或使用收养人的姓氏，

---

① 海地于 2013 年 10 月 28 日修订的《收养法》第 22 条允许国内实行简单收养和完全收养两种收养类型，但跨国收养只允许完全收养一种形式。该法第 23 条至第 32 条对简单收养的成立、效力与撤销等问题作了较详细的规定，http：//www. heathpolicyproject. com/pubs/786 _ Haiti (accessed 30 March，2020).

② French：CC Articles 360 to 369.

③ Tobias Helms，Sind Die Am Staatsangehörigkeitsprinzip Orientierten Anknüpfungsregeln Der Art. 22，23 EGBGB Noch Zeitgemäss?，in Dieter Schwab und Hans-Joachim Dose，Familienrecht in Praxis Und Theorie，Gieseking Verlag，2012，S. 80.

④ Austria：CC §183 par. 1；Germany：CC art. 1757；Denmark：Lov om Persovnavne §3 sent. 1；Japan：CC art. 810；Netherlands：New CC art. 5 par. 1；Sweden：Namnlag §3 par. 1.

⑤ Argentina：Ley de adopción art. 17；Spain：CC art. 178 par. 4.

⑥ Kerry O' Halloran，The Politics of Adoption：International Perspective on Law，Policy & Practice，2nd ed.，Springer，2009，p. 375.

⑦ Denmark：Lov om Personnavne §3 sent. 3；Sweden：Namnlag §3 par. 1 and 5.

也可同时使用原姓和收养人的姓。但也有个别国家，如《阿根廷收养法》第 23 条则只允许在保留原姓和使用收养人的姓氏之间选择其一。

3. 被收养人继承权方面的法律冲突

被收养人不仅取得对养父母的继承权，而且经常超出这一范围，对养父母的亲属的财产拥有继承权，如英国法、美国一些州的法律、德国法以及丹麦法、挪威法、俄罗斯法都有具体规定。但德国旧法允许以收养契约排除被收养人的继承权，如今已更改。① 然而，由于典型的大陆法系国家需要对继承权的合法性加以审查，而普通法系国家的法律则无此传统，因此，便使得各国有关养子女的继承权的规定变得相当复杂。被收养人因收养而丧失对原出生家庭的继承权，这是英国、阿尔巴尼亚、多哥和美国大多数州的法律最典型的规定。② 而在那些主张被收养人与原出生家庭存在或多或少联系的国家，其法律并不否认被收养人对原出生家庭的继承权，如奥地利、危地马拉等国法律就有明确规定，③ 而法国法、德国法、阿根廷法、玻利维亚法则只规定“不完全收养”中的被收养人享有此权利。④ 美国德克萨斯州、怀俄明州和路易斯安那州等少数州的法律却采取了一种与完全收养不同的方式，承认被收养人对原出生家庭的法定继承权。宾夕法尼亚州法则认可那些与原出生家庭保持联系的被收养人不仅享有对亲生父母的继承权，而且享有对原出生家庭亲属的继承权。⑤

关于养父母对养子女的继承权问题，大多数国家的法律是承认的。⑥ 美国大部分州的法律、英国法、澳大利亚法、墨西哥法、丹麦法、日本法以及法国法对完全收养的养父母对养子女享有的继承权的规定都持相同的态度。⑦ 不过，也有少数国家的法律限制甚至否认养父母对养子女的继承权，例如，菲律宾法、危地马拉法、意大利法就曾有如此规定。⑧ 美国的伊利诺伊州法律允许被收养儿童的亲生父母依

---

① 1976 年德国在修改收养法时就取消了契约收养，推行所有收养必须经法院颁发收养令。

② 2018 年 7 月 18 日实施的《挪威收养法》第 24 条第 2 款。

③ 《奥地利民法典》第 1826 条、《危地马拉民法典》第 237 条。

④ 《德国民法典》第 1756 条规定在亲属收养中允许被收养人保持与原出生家庭的联系，包括继承关系。

⑤ Danaya C. Wright, Inheritance Equity: Reforming the Inheritance Penalties Facing Children Nontraditional Families, Cornell Journal of Law Public Policy, Vol. 25, 2015.

⑥ Kerry O' Halloran, The Politics of Adoption: International Perspective on Law, Policy & Practice, 2nd ed., Springer, 2009, p. 10.

⑦ Joan Heifetz Hollinger, Adoption Law and Practice, Matthew Bender & Company Inc., 2006, Chapter 12, pp. 26-27.

⑧ 《危地马拉民法典》第 236 条第 1 款、《意大利民法典》第 304 条第 1 款。

然享有对已被他人收养的子女的财产继承权。

4. 收养保密问题的法律冲突

由于简单收养使被收养儿童继续与原出生家庭保持一定的法律关系，因此，被收养儿童的出生情况一般不要求保密，而且儿童的收养也不可能秘密地进行，势必公开化。但是，完全收养正好与简单收养相反，它要求尽最大可能对被收养儿童的出生线索加以掩盖，不公开其出生的各种情况。在完全收养中，法院的审理过程是不公开的，收养的各种记录是保密的，儿童因收养而获得一种新的身份，原出生证被封存起来，另外专门为被收养儿童颁发新的出生证，这是传统的收养模式中最典型的做法。① 在第二次世界大战结束后的数十年里对秘密收养模式推崇备至，此后逐渐降温。随着社会的发展和维护儿童最大利益原则的推行，现代国际社会越来越倾向于收养的公开性，许多国家的法律都主张公开被收养儿童的身份，不要隐瞒其作为养子女的身份。这种发展趋势在欧洲表现得最明显。1975 年的《英国儿童法》第 26 条(2002 年修订后更名为《英国收养和儿童法》第 51 条)明确规定："英格兰和威尔士的被收养儿童只要年满 18 岁，就有权复印或获得自己的原出生证。"②有趣的是，英国收养法规定，被收养儿童原出生情况以其咨询所得到的情况为准，以原出生证上登记的情况为辅。③ 英国 1976 年颁行的收养法对许多英语国家的立法产生了巨大的影响，④ 如在 1986 年通过的《新西兰成年人收养信息法》就是典型的一例。该法规定，被收养儿童在成年后可以获得或查阅自己的原出生证，除非其亲生父母已向出生登记部门明确表示禁止被收养儿童获知真情。另外，《新西兰成年人收养信息法》规定被收养儿童的亲生父母有权要求社会福利局帮助查找其子女的下落，并征求被收养儿童是否愿意继续使用原姓的意见以及是否愿意与亲生父母通信联系。⑤ 此外，欧洲的大部分国家按照 1993 年《海牙跨国收养公约》的要求修改法律并允许被收养人在成年后无条件地查询收养登记信息，如《荷兰民法典》第 22

① Arthur D. Sonosky, Annette Baran, etc., Adoption Triangle: Sealed or Opened Records: How They Affect Adoptees, Birth Parents and Adoptive Parents, Doubleday Publications 1984, p. 135.

② Bevan & Parry, CHILDREN ACT 1975, London, etc., 1979, pp. 231-222.

③ J. Triseliotis, "Obtaining Birth Certificates", in Ph. Bean(ed.), Adoption, Essays in Social Policy, Law, and Sociology, London etc., 1984, pp. 38-53.

④ 英国 2002 年的《收养与儿童法》及 2005 年的《收养信息公开条例》则对收养信息的揭示作了更具体的规定。Caroline Bridge and Heather Swindells QC, Adoption: The Modern Law, Jordan Publishing Limited, 2003, pp. 246-256; Heather Swindells, Adoption: the Modern Procedure, Family Law and Jordan Publishing Limited, 2006, pp. 76-77.

⑤ C. Bridge, Changing the Nature of Adoption: Law Reform in England and New Zealand, 13 Legal Studies, No. 1, 1993, pp. 81-102.

条、《比利时民法典》第45条、《德国联邦人身保护法》第61条、《西班牙公民身份法》第34条至第37条均有相关规定。

在北美洲，明尼苏达州1917年通过美国第一部确认秘密收养模式的立法，随后美国大部分州和加拿大出台了类似的立法。① 一直到1998年俄勒冈州允许被收养人查询原出生记录才开始逐渐改变原来那种对收养记录绝对保密的态度。② 美国大部分州的法律要求收养机构负责弄清楚与收养有关的一些背景情况，如儿童的出生日期和出生地、亲生父母的健康状况和病史以及收养安置措施与其他情况。③ 然而，"美国各州对公开能证明被收养人与养父母之间真实关系的信息仍被控制得很严，虽然最近颁布了有关法规允许在双方同意的情况下公开收养关系，但与其他一些公开收养的国家相比，仍有一段距离……"④在英国公开收养制度的影响下，美国俄勒冈州(Oregon)、堪萨斯州(Kansas)、阿拉斯加州(Alaska)自1998年开始推行公开收养模式。⑤ 随后又有特拉华州(Delaware)、阿拉巴马州(Alabama)、新罕布什尔州(New Hampshire)、缅因州(Maine)、新泽西州(New Jersey)、康涅狄格州(Connecticut)、北卡罗来纳州(North Carolina)相继通过立法实行公开收养制度。⑥ 只是新罕布什尔、新泽西和北卡罗来纳等25个州仍坚持必须经法院决定才能查询被收养儿童的原出生证等有关信息，而且不同州还有各自的一些特殊要求。⑦

在拉丁美洲，秘密收养仍是各国法律规定为完全收养最基本的一项原则。《美洲国家间关于未成年人收养的法律冲突公约》第7条明确规定："在需要对收养进行保密的地方，应保证收养的秘密不被泄露。如果需要查阅被收养的未成年人及其亲生父母的健康状况的医院证明，也只能告知符合法定条件的适当人员，并不得公开被收养人及其亲生父母的姓名以及其他能证明其身份的资料。".⑧ 在收养的具体

① Jason Kuhns, The Sealed Adoption Records Controversy: Breaking Down the Walls of Secrecy, Golden Gate University Law Review, Vol. 24, 1994.

② Naomi Cahn, Jana Singer, Adoption, Identity, and the Constitution: the Case for Opening Closed Records, Journal of Constitutional Law, Vol. 2, 1999.

③ Joan Heifetz Hollinger, Adoption Law and Practice, Matthew Bender & Company Inc., 2006, Chapter 13, pp. 26-28.

④ J. H. Hollinger(ed.), Adoption Law and Practice, New York etc., 1994, pp. 13-20.

⑤ 参见：http://www.post-gazette.com/pg/07316/833100-84.stm (accessed 31 January, 2020).

⑥ 参见：http://adoption.about.com/od/adoptionrights/a/openingrecords.htm (accessed 31 January, 2020).

⑦ 参见：http://www.childwelfare.gov/systemwide/laws_policies/statutes/cooperative.cfm (accessed 31 January, 2020).

⑧ D. Opertti Badán, Comentarios a la Convención Interamericana Sober Conflictos de Leyes en Materia de Adopción de menores, Montevideo, 1986, pp. 47-48.

实践中，拉丁美洲各国一直坚持将法律拟制的血亲关系与自然的血亲关系同等对待，不泄露收养的秘密，并将所有关于收养的记录封存甚至销毁。① 只有少数几个国家的法律允许法院根据一些特殊情况同意当事人查阅收养记录。哥伦比亚新收养法规定，有关收养的各种记录材料应保存 30 年。如果养父母或被收养人有充分的理由，可以公开他们的身份。哥伦比亚 1989 年的《未成年人保护法》第 114 条和第 115 条都有具体规定，任何被收养人都有权获悉其原来的身份和被收养的事实，而公开的时间和条件一般由养父母决定，被收养人也可请求法院公开收养的秘密和决定通知有关情况或查阅收养记录的方式。哥伦比亚在公开收养情况方面迈出了一大步，堪称南美的先驱。在拉丁美洲还有许多国家依然没有改变秘密收养的态度，如巴西以保护儿童利益为导向在 2009 年修订的收养法仍坚持贯彻秘密收养原则。

亚洲一部分国家也坚持秘密收养的原则，特别是对收养非婚生子女的更要求保密，不得公开被收养人及其未婚的生母的身份。因为，亚洲许多国家的社会传统对未婚生育的母亲谴责较多，如果暴露其未婚生育的子女被收养的真实情况，会严重影响其社会地位。因此，一些亚洲国家为了保护未婚生育的母亲，特别强调收养秘密性，其中尤以斯里兰卡法的规定最为突出。

在当今世界，各国法律对收养的公开性与秘密性的规定并不一致，② 存在着不小的差异，不可避免地导致跨国收养的法律冲突。不仅如此，不同国家的收养立法与司法实践还在处理收养类型、被收养人的姓名权和居住权或国籍、被收养人继承权等方面存在并不完全一致的做法，而且短期内也还难以形成全球统一的准则，③ 因此，跨国收养效力的法律冲突既是客观存在的现实，也是国际社会不得不面对的难题，亟待立法者与理论探索者尽快奉献或寻找最佳解决方案。

(五)收养关系的解除或撤销的法律冲突

1. 收养的无效与撤销的溯及力方面的法律冲突

由于收养是人为地拟制父母子女关系，解除因收养而建立的“亲子关系”比解除在自然血亲基础上形成的“亲子关系”更容易为人们所接受。大多数实行简单收养或单纯收养的国家一般允许撤销已成立的收养关系，而采取完全收养制的国家则

---

① G. Heinrich, Adoption in Lateinamerika, 85 Zeitschrift für Vergleichende Rechtswissenschaft, 1986, pp. 127-129.

② Kerry O' Halloran, The Politics of Adoption: International Perspective on Law, Policy & Practice, 2nd ed., Springer, 2009, p. 43.

③ 蒋新苗：《中国涉外收养效力准据法的选择取向》，载《和谐世界与国际法》，中国法制出版社 2009 年版。

正好相反。不过，许多国家的立法和司法实践并未将解除拟制的父母子女关系同解除自然的父母子女关系区分开来。因此，有的国家的法律便采“禁止主义”的态度，主张不得撤销收养关系。如法国和塞内加尔对“完全收养”的规定就是如此，而其他一些国家，像新加坡、玻利维亚、葡萄牙则采取“全盘禁止主义”，其法律规定收养关系具有“不可撤销性”。① 还有的国家的法律只允许在非常狭小的范围内撤销收养关系，比利时、英国以及美国许多州就采用这种做法。例如，英国收养法规定，当非婚生子女由其生父或生母单方收养以后，如果其生父与生母事后正式结婚的，则先前的收养关系可以撤销，而且该子女获得婚生子女的身份。英国法仅承认因准正而撤销收养。② 可见，正是因为各国收养立法的精神不同，反映在收养的无效与撤销问题的法律规定上，有的国家允许终止收养关系，有的国家则严格禁止终止收养关系。不过，大部分国家的法律都规定了“收养的无效”或“收养的撤销”，只是在具体的规定方式上又有差别。有的只规定了一种形式，有的同时规定了“收养的无效与撤销”。不论是“撤销收养”还是“宣告收养无效”，都会导致养子女与养父母及其亲属之间的权利义务关系的终止。虽然两者在终止被收养人与养父母及其亲属的关系的效力上相同，但是，在各国法律规定中，收养的撤销与收养的无效的法律后果不同，甚至撤销收养与宣告收养无效所依据的理由也有差别。如此，有关收养关系解除方面的法律冲突便显得日益突出。③

对于解除收养关系的问题，还有一些国家的法律将收养的撤销与无效区分开来，主张其效力与婚姻的撤销与无效大体类似。收养的撤销一般自撤销时起收养关系终止，而收养的无效通常是从收养一开始便无效，正如婚姻的无效一样。这是大多数国家的法律所规定的。而宣告收养无效的理由和条件一般要求较严格，即自收养开始时就存在严重的缺失，如存在欺诈、收养人与被收养人条件不符合要求、未取得当事人的同意，等等。宣告收养无效要由法院裁定。不论是主张依司法程序处理收养问题的国家，还是主张依行政程序成立收养关系的国家，在宣告收养无效时一般都须经过法院裁定。许多国家的法律将宣告收养无效分为两个阶段：一是宣告原收养令无效，废除原来终止被收养儿童与亲生父母的父母子女关系的裁定；二是作出收养无效的裁定，宣告被收养儿童与养父母的父母子女关系终止或无效。因此，如果收养一开始便存在严重的瑕疵，或者存在严重欺诈、未取得法定同意人的

① Argentina：Ley de adopción art. 18，28；Bolivia：FC art. 228，240；Portugal：CC art. 1986 par. 1 and art. 2002 par. 1.

② Kerry O' Halloran，The Politics of Adoption：International Perspective on Law，Policy & Practice，2nd ed.，Springer，2009，p. 202.

③ Jiang XinMiao，The Revocation and Nullification of Adoptive Relation，No. 3，China Legal Science，2011.

同意，或属于不合格收养，那么，宣告该收养关系无效或判决撤销该收养的效力具有溯及力。与此同时，也有一些国家的法律规定：如果收养时属合法成立的收养关系，随着客观情况的发展变化而属于应终止的收养关系，那么，解除该收养关系的效力也不溯及既往，只是必须通过司法程序或行政程序来完成。这是俄罗斯法、阿根廷法、奥地利法及其他一些国家的法律所规定的。① 不过，也有少数国家的法律不承认宣告收养无效的溯及力，如法国法关于"不完全收养"的规定，以及意大利法、荷兰法，都主张解除收养关系(Dissolution of Adoption)并非使收养自始无效。② 而收养的撤销一般不具有溯及力，通常在收养依法成立以后，由于各种情况的发展变化而撤销收养关系，其效力自撤销时开始，不溯及既往。但是，也有少数国家的法律规定收养的撤销具有溯及力，不过，一般要求由法院裁定。而是否允许撤销收养关系，依据何种理由撤销，是须经法院裁定还是由当事人协商撤销收养关系，依各国立法者对收养功能和作用的态度不同而有不同的规定。对于完全收养，大多数国家的法律倾向于"不可撤销"。《美洲国家间关于未成年人收养的法律冲突公约》第12条明确规定了收养的不可撤销性。这代表着大部分美洲国家的观点和意见。而要终止养父母对养子女的亲权，只能依与亲生父母终止对亲生子女的亲权同样的程序，而且要求依据的理由和条件也一样。实际上，收养的撤销问题很棘手，不好解决，常常面临重重障碍。③

一般而言，各国对待收养的撤销与无效的态度直接与其立法者赋予收养的目的与功能密切相关。如果主张收养产生的是与自然血亲关系一样的亲子关系，那么，撤销或解除收养关系则是不可能的或非常困难的；如果认为收养产生的亲子关系与自然血亲关系存在较大的差别，并对收养的作用与地位加以种种限制，那么，在这些国家的法律中，撤销或解除收养关系则是允许的，而且相对较为容易。

2. 撤销收养关系的理由方面的法律冲突

各国法律所规定的撤销收养关系的理由非常多、范围相当广泛。为此，一些国家的法律采取"概括主义"，概括性地规定为："基于重大理由"或"为儿童的最大利益"而允许撤销收养。德国法、法国法及荷兰法对撤销收养所依据的理由就采取概括式规定。④ 不过，一般国家的法律都对撤销收养所依据的理由作了明确、具体的

---

① Argentina：Ley de adopción art. 28 par. 2. 30；Austria：CC § 184-185.

② Italy：CC art. 309；Netherlands：New CC art. 232 par. 3.

③ J. Rubellin，Devichi，Réflexions pour d'indispensables réformes en matière d'adoption，in Recueil Dalloz，Sirey，1991，pp. 212-213.

④ Peter Gottwald，Dieter Schwab and Eva Bütter，Family and Succession Law in Germany，Kluwer Law International，2001，p. 78.

规定。

撤销或解除收养所依据的理由，既可因养父母而发生，也可因被收养儿童而发生。法国法、德国法、俄罗斯法都有类似的规定。而关于收养撤销权或解除权问题，各国法的规定不尽一致。有的规定属于养父母，如美国一些州的法律规定由养父母行使；也有的规定为被收养儿童的权利，如荷兰的法律就规定由被收养儿童行使收养的撤销权或解除收养的请求权。①

涉及养子女的原因需撤销收养的，其理由一般包括被收养儿童患有精神病、痴呆症等不治之症以及被收养儿童存在重大过错等。美国少数州的法律有此规定。但也有一些国家的立法与美国的这种规定截然相反，即在收养关系正式成立以后，养父母一方不得以事后发现养子女患有精神病、痴呆症等为由，单方请求法院撤销该收养关系。这是丹麦法独树一帜的规定。② 还有一些国家虽然允许因养子女的原因而撤销收养，但作了比较严格的限制，如一些国家从诉讼时效上加以限制。原德意志民主共和国法就规定：如果收养后 5 年内发现养子女患有不治之症，则可撤销该收养关系。而玻利维亚法则从其他方面设置了非常严格的限制条件。大部分国家的法律采取了将因收养形成的亲子关系与自然的亲子关系一样对待的态度，并明确规定，即使被收养儿童出现了与收养时不一致的情况，甚至与养父母当时的预期相差较大，养父母也必须尽力使自己适应这一变化了的情况，不可随意撤销或解除收养关系。因此，在这些国家中，收养的撤销或解除是相当困难的甚至不可能发生。这种立法理论与司法实践是同一些拉美国家的立法和司法理论与实践完全相反的，如墨西哥等国法律就规定，养子女的“严重忘恩负义”(Ingratitude)之举是养父母请求撤销收养的理由之一。还有一些国家的法律规定，养子女被剥夺继承权也是允许撤销收养的理由。这在玻利维亚、葡萄牙和西班牙等国的法律中都有较为具体的规定。③ 不过，只有荷兰法采取了一种奇特的折中态度，其法律仅允许在被收养儿童成年后的第 2 年到第 3 年可撤销收养关系。④

当涉及养父母的原因而需撤销收养关系时，各国和地区法律也规定了各种各样的理由。归纳起来，大体包括：养父母直接对养子女犯下了严重罪行，这是《丹麦收养法》第 19 条第 1 款、《意大利民法典》第 307 条和《海地收养法》第 29 条第 2 款一致的规定；养父母严重违背父母应尽的义务，德国法、法国法、葡萄牙法等有此规定；养父母被判处剥夺亲权，菲律宾法作了明确规定；养父母对养子女不能履行或故意不尽抚养义务，美国一些州的法律以及阿根廷法和俄罗斯法将此规定为撤销

---

① 《荷兰民法典》第 231 条第 1 款。

② Denmark Adoptionslov §18. 19.

③ Bolivia：FC art. 227 par. 1；Portugal：CC art. 2000，2166；Spain：CC art. 177 par. 3 no. 1.

④ 《荷兰民法典》第 233 条第 2 款。

收养的理由，等等。① 但是，还有一些国家的法律规定，养父母死亡也是解除收养关系的理由，至少这种解除是有利于保护儿童利益的。《丹麦收养法》第 18 条第 3 款和《挪威儿童和社会福利法》第 21 条第 2 款对此有专门规定。不过，从总体上说来，只有英国的规定比较特别。英国法主张收养关系不可撤销，唯一采取的例外就是在准正之时。如果被收养儿童是由其生父或生母单方收养的，事后又因其生父与生母正式结婚而准正，那么，英国法则允许撤销先前的收养关系。② 牙买加和新加坡也采取了与英国类似的制度。部分国家的法律规定了剥夺父母亲权的制度，这不仅仅只适用于亲生父母，也同样适用于养父母。如此，剥夺养父母对养子女的亲权势必终止因收养而产生的父母子女关系。可见，各国关于撤销收养的理由的法律规定并不一致，存在着明显的差异和冲突。

3. 收养关系撤销方式的法律冲突

各国撤销收养的方式也存在着或大或小的差别，不仅有主张以司法或行政程序终止收养关系的，而且有的国家也允许以协议方式终止收养关系。墨西哥法规定，只要养父母与被收养人一致同意，便可协议撤销收养关系。土耳其法规定，一旦收养严重违法或违背儿童最大利益原则，只能由法院宣告收养无效；《埃塞俄比亚家庭法典》第 195 条规定，在出现虐待被收养人的情况下可由法院撤销收养令。但是，也有一些国家的法律只允许在被收养人成年以后才可采取协议的方式撤销收养关系。这是《阿根廷收养法》第 28 条第 1 款、《危地马拉民法典》第 246 条和《奥地利民法典》第 184 条第 1 款明文规定的。而在被收养儿童未成年时协议终止收养关系，只有《丹麦收养法》第 18 条允许在一些特殊情况下可行。我国也采取了类似于丹麦的做法。我国《民法典》第 1114 条明文规定："收养人在被收养人成年以前，不得解除收养关系，但收养人、送养人双方协议解除的除外。"总的来看，采取司法或行政程序撤销收养关系已成为当今国际社会占主导地位的一种终止收养关系的方式，只是究竟仅仅采取司法程序还是采取行政程序抑或两者并用问题上，各国法律规定还存在相当大的差异。

此外，究竟是由被收养人还是收养人启动撤销收养的程序，抑或只能由法院或有关儿童机构启动撤销收养的程序，不同法系与不同国家的法律规定各不相同。收养是否允许撤销主要出于两方面的考虑："一是为保护被收养儿童利益而允许撤销

---

① Mindy Schulman Roman, Rethinking Revocation: Adoption from a New Perspective, Hofstra Law Review, Vol. 23, Issue 3, 1995.

② Heather Swindells, Adoption: the Modern Procedure, Family Law and Jordan Publishing Limited, 2006, pp. 30-31; Hugh Bevan, Martin Parry, Louise Potter, David Ryden, The Adoption and Children Act, 2002, LexisNexis Butterworths, 2007, p. 127.

收养；二是为养父母的利益而允许撤销收养，或由亲生父母或第三方(如收养机构依职权处理)建议撤销收养关系。”①《秘鲁民法典》第385条、《荷兰民法典》第231条、《韩国民法典》第905条以及《俄罗斯联邦家庭法典》第140条和第142条都有关于由被收养人请求撤销收养的规定，即被收养儿童成年以后，可向法院申请终止收养关系，由法院审查后裁定撤销收养。欧洲还有几个国家的法律只允许为了保护儿童利益而撤销完全收养。与此相反，“美国许多州的法律规定，只有养父母有权请求撤销收养关系”。实际上，这一规定将收养的主动权交由收养人处置，完全忽视被收养人利益，甚至在一定程度上置儿童利益于不顾。正如美国有关人士所指出的：“尽管收养人普遍承诺保持收养的永久性，但是，事实上，想方设法撤销收养关系或已解除了收养关系的养父母的数量在不断增加。”特别是在被收养儿童被发现患有严重的或慢性的生理、心理上的疾病以及在行为上存在不良习惯时，撤销收养关系的养父母的数量越来越多。全美儿童社会福利联盟华盛顿的执行主席戴维·S.利德曼(David S. Liederman)在一份报告中指出：“1989年，大约13%的被收养儿童因收养关系的撤销而返回育儿机构。”②除了美国允许撤销收养关系以外，在拉丁美洲还有秘鲁也允许撤销完全收养关系，但是拉丁美洲的其他国家普遍禁止撤销完全收养关系。对于不完全收养关系，各国法律原则上规定可以撤销，只是许多国家倾向于提交法院审查，而且要求对撤销的条件或理由进行严格限制和正确把握。③

4. 收养关系撤销的后果的法律冲突

对于撤销收养的后果，大部分国家的法律规定，收养关系解除或撤销后，被收养人与收养人之间因收养而产生的权利义务关系即告终止。④ 德国法、法国法、墨西哥法、俄罗斯法等都有明文规定。不过，也有少数国家的法律允许在解除收养关系时保留某些因收养所形成的权利义务关系，诸如保留养家之姓或享有抚养权或对收养人财产享有一定的继承权，这在《丹麦收养法》第23条第1款和《德国民法典》第1765条中有具体规定。而《阿根廷收养法》第28条第2款则规定禁止结婚的限制在收养关系解除后仍在原来的收养人与被收养人之间适用，《意大利民法典》也有类似规定。

---

① H. D. Krause, Creation of Relations of Kinship, International Encyclopedia of Comparative Law, Vol. Ⅳ, Chap. 6. The Hague, etc., 1976, p. 91.

② David S. Liederman, When Adoption Is Take-and-Give-Back, Herald Tribune, 23 April 1990, pp. 1-6.

③ Nasreen Pearce, Adoption: The Law and Practice, Fourmat Publishing, 1991, pp. 168-169.

④ Aleck Chloros, International Encyclopedia of Comparative Law, Vol. 4: Persons and Family, Martinus Nijhoff Publishers, 2007. Chapter 6, p. 91.

大多数国家的法律普遍规定，收养关系解除或撤销以后，被收养的儿童即刻恢复原出生家庭的关系，德国法、俄罗斯法以及奥地利法、荷兰法都有大致相同的规定。① 而《丹麦收养法》第23条第3款则规定，如果收养关系解除或撤销以后，恢复与原出生家庭的关系是有利的，那么，法院可用特别令恢复养子女与原出生家庭的权利义务关系。但是，也有少数国家的法律规定撤销收养关系并不自然地恢复被收养人与原出生家庭的关系，需要视具体情况而定。② 至于被收养人恢复了与亲生父母的亲子关系后，是否有权主张继承其亲生父母已被他人继承的遗产，各国法律的规定也不一致。一般而论，终止收养关系的效力不能溯及既往，不应再支持要求重新分割遗产的主张。③

总之，在收养无效与撤销的理由、方式和后果方面，各国法律的规定并不一致，存在着种种差别，难免引发跨国收养的法律冲突。④

正是基于世界各国在收养方面存在如此众多的差异与难以调和的法律冲突，随着跨国收养的不断发展，许多区域性国际组织乃至全球性国际组织，便想方设法寻找解决收养法律冲突的有效途径和方法。⑤ 其中，在区域性解决跨国收养法律冲突方面卓有成效的当推欧洲理事会与美洲国家组织的美洲国际私法会议，而在世界范围内解决跨国收养法律冲突方面贡献最大的要算海牙国际私法会议。下面将着重探讨和分析区域性与全球性统一跨国收养法的相关问题及其解决对策。

① Austria：CC §185 par. 2；Netherlands：New CC art. 232. par. 2.

② 《德国民法典》第1764条有较详细的规定。Peter Gottwald，Dieter Schwab and Eva Bütter，Family and Succession Law in Germany，Kluwer Law International，2001，p. 78.

③ 李志敏主编：《比较家庭法》，北京大学出版社1988年版，第282页。

④ Jiang XinMiao，The Revocation and Nullification of Adoptive Relation，No. 3，China Legal Science，2011.

⑤ Judith L. Gibbons，Karen Smith Rotabi，Intercountry Adoption：Policies，Practices and Outcomes，Routledge，2016，p. 7.

第二章　欧洲解决区域性跨国收养法律冲突的途径与方法

第一节　欧洲收养公约产生的背景

一、欧洲理事会从事统一收养法与跨国收养法的内在动力

早在20世纪初就掀起了联合欧洲的动议，1930年法国总理阿里斯蒂德·白里安(A. Briand)就提出了“关于建立欧洲联邦的计划”(通称“白里安计划”)。①

1946年9月19日丘吉尔(Winston Churchill)在瑞士苏黎世的演讲中呼吁德法和解并友好地携手共建欧洲国家的联合体，提出构建“欧洲理事会”(Council of Europe)。在这些思想和观念的影响下，欧洲文化名流、政府官员和广大群众集体响应，“欧洲一体化运动”自1947年开始在欧洲大地如火如荼地进行。1948年在海牙举行了欧洲各国代表近800人的大会，商讨共建欧洲联合体的对策。② 于是，由《布鲁塞尔条约》的五个成员国英国、法国、卢森堡、比利时和荷兰发起，意大利、丹麦、挪威、爱尔兰与瑞典等参与，1949年5月5日欧洲十国在伦敦签署《欧洲理事会章程》，正式成立了欧洲理事会(Council of Europe)，总部设在法国的斯特拉斯堡。③ 这是第二次世界大战以后最早尝试在欧洲地区建立国家联合的行动。④ 欧洲理事会是一个典型的区域性合作组织，可以说是一个“一般政治性组织”。⑤ 欧洲

---

① Jan Wouters, Cedric Ryngaert, Tom Ruys and Geert De Baere, International Law: A European Perspective, Hart Publishing, 2019, p. 219.

② Carlos Closa, Lorenzo Casini, Comparative Regional Intergration: Governance and Legal Models, Cambridge University Press, 2016, p. 151.

③ 也有资料将其译成“欧洲委员会”的。

④ Jan Klabbers, An Introduction to International Institutional Law, Cambridge University Press, 2nd ed., 2009, p. 22; G. G. Weeramantry, Universalising Institutional Law, Martinus Nijhoff Publishers, 2004, p. 111.

⑤ Finn Seyersted, Common Law of International Organizations, Martinus Nijhoff Publishers, 2008, pp. 43-45; 梁西著:《国际组织法(第六版)》，武汉大学出版社2011年版，第302页。

理事会的主要机构设置为：作为最高决策与执行机构的部长委员会(Committee of Ministers)、作为议事机构且无立法权的议会(Parliamentary Assembly)、处理日常事务的秘书处(Deputy Secretary General)和秘书长(Secretary General)、人权事务委员会(Committee of Human Rights)保证地方与地区团体参与欧洲联合进程及欧洲理事会工作的欧洲地方和地区政权代表大会(Congress of Local and Regional Authorities)以及非政府组织会议(Conference of INGOS)。另外，欧洲理事会还设有专门部长会议、人权委员会、欧洲人权法院、欧洲青年中心、欧洲青年基金组织以及社会与法律专家小组委员会、社会委员会、法律合作欧洲委员会等机构。① 截至 2021 年年底，欧洲理事会已有 47 个成员国,② 并吸收了美国、加拿大、日本、以色列、墨西哥和梵蒂冈作为观察员。除梵蒂冈、白俄罗斯和科索沃以外，几乎所有欧洲国家都加入了欧洲理事会。③ 近年，白俄罗斯一直在积极申请加入该组织。欧洲理事会与现有 27 个成员国的欧洲联盟并非同一组织，而是存在根本性的区别的。④ 不过，

---

① Paul Evans, Paul Silk, The Parliamentary Assembly: Practice and Procedure, Council of Europe Publishing, 10th ed., 2008, p. 23.

② 欧洲理事会现有 47 个成员国为：阿尔巴尼亚(Albania)、安道尔(Andorra)、亚美尼亚(Armenia)、奥地利(Austria)、阿塞拜疆(Azerbaijan)、比利时(Belgium)、波斯尼亚和黑塞哥维那(Bosnia and Herzegovina)、保加利亚(Bulgaria)、克罗地亚(Croatia)、塞浦路斯(Cyprus)、捷克(Czech Republic)、丹麦(Denmark)、爱沙尼亚(Estonia)、芬兰(Finland)、法国(France)、格鲁吉亚(Georgia)、德国(Germany)、希腊(Greece)、匈牙利(Hungary)、冰岛(Iceland)、爱尔兰(Ireland)、意大利(Italy)、拉脱维亚(Latvia)、列支敦士登(Liechtenstein)、立陶宛(Lithuania)、卢森堡(Luxembourg)、马耳他(Malta)、摩尔多瓦(Moldova)、摩纳哥(Monaco)、黑山(Montenegro)、荷兰(Netherlands)、挪威(Norway)、波兰(Poland)、葡萄牙(Portugal)、罗马尼亚(Romania)、俄罗斯(Russian)、圣马力诺(San Marino)、塞尔维亚(Serbia)、斯洛伐克(Slovakia)、斯洛文尼亚(Slovenia)、西班牙(Spain)、瑞典(Sweden)、瑞士(Switzerland)、马其顿共和国(North Macedonia)、土耳其(Turkey)、乌克兰(Ukraine)、英国(United Kingdom)。参见：http://www.coe.int/web/about-us/our-member-states(accessed 30 January, 2021).

③ 欧洲理事会几乎成了欧洲大陆的小联合国，俄罗斯也在 1996 年加入了欧洲理事会。除了在政治上被孤立的白俄罗斯外，地理上的所有欧洲国家都已经成了欧洲理事会成员国。欧洲理事会最主要的任务表现在充分发挥欧洲人权法院的作用，在全欧洲范围内促进人权、实现与巩固民主和国家法治化。无论是欧洲理事会的基础性工作还是其他原则性工作，欧洲理事会似乎处在欧盟的巨大身影笼罩下。仅就开支一项来看就非常明显，欧洲理事会一年的经费开支仅相当于欧盟组织一天的开销。Philippe Sands and Pierre Klein Bowett's Law of International Institutions, 6th ed., Sweet & Maxwell Limited, 2009, pp. 162-168; Schumann, Multilateral Action Through the Council of Europe as A Basis for Rule-based and Reliable European Order, in Romanian Journal of International Affairs, Vol. 9, 2003.

④ 参见：http://www.coe.int/aboutCoe/index.asp? page=nepasconfondre&l=en(accessed 31 January, 2021).

没有一个欧洲联盟成员国不是先加入了欧洲理事会的。① 欧洲理事会的成员国不仅必须是实行多元民主、法治和尊重人权的欧洲国家，而且必须为《欧洲人权公约》的缔约方。

欧洲理事会与其他国际组织建立了密切的合作关系。② 在多年的发展中，欧洲理事会已经与联合国(United Nations, UN)，国际劳工组织(International Labour Organization, ILO)，世界卫生组织(World Health Organization, WHO)，联合国教育、科学及文化组织(United Nations Educational Scientific and Cultural Organization, UNESCO)，联合国粮食及农业组织(Food and Agriculture Organization, FAO)，经济合作与发展组织(Organization for Economic Co-operation and Development, OECD)，欧洲联盟(European Union, EU)，欧洲安全和合作组织(Organization for Security and Co-operation in Europe, OSCE)，海牙国际私法会议(Hague Conference on Private International Law, HCCH)，国际度量衡局(International Bureau of Weights and Measures)，国际民事身份委员会(International Commission on Civil Status, ICCS)，红十字国际委员会(International Committee of the Red Cross, ICRC)，国际刑警组织(International Criminal Police Organisation, INTERPO)，国际打击恐怖主义网络多边合作组织(International Multi-lateral Partnership against Cyber-Terrorism, IMPACT)，国际移民组织(International Organisation for Migration, IOM)，经济合作与发展组织(Organisation for Economic Co-operation and Development, OECD)，美洲国家组织(Organization of American States, OAS)等建立了信息资料交换、咨询、互派观察员参加会议与合作机制。③

欧洲理事会诞生以后，一直致力于欧洲的合作与联合这一目标，审议各成员国共同关心的政治、人权、经济、社会、教育、文化与科技等问题，谋求各成员国签订、批准或加入相关协议与公约而采取统一行动。④ 根据欧洲理事会的组织章程第

---

① Jan Wouters, Cedric Ryngaert, Tom Ruys and Geert De Baere, International Law: A European Perspective, Hart Publishing, 2019, pp. 219-221.

② Philippe Sands, Pierre Klein, Bowett's Law of International Institutions, Sweet & Maxwell, 6th ed., 2009, p. 167; Anna-Karin Lindblom, Non-Governmental Organisations in International Law, Cambridge University Press, 2005, p. 40.

③ Philippe Sands, Pierre Klein, Bowett's Law of International Institutions, Sweet & Maxwell, 6th ed., 2009, p. 168; the Committee of Ministers on external relations of the Council of Europe, An Overview of External Relations of the Council of Europe in 2008, Pulishing on 5 May 2009 (www.coe.int/DER, accessed 31 January, 2021).

④ William J. Aceves, Charles A. Hunnicutt, and Chantal Thomas, An Introduction: The Future of International Law, in Proceedings of the one hundred first annual meeting of the American Society of International Law, American Society of International Law, March, 2007.

1 条的规定，它的目标是“为达到保卫和实现作为成员国共同遗产的理想和原则，并促进它们的经济和社会的发展的目的，实现其成员国间更大的联系”。该章程还规定了实现这一目标的途径，即“通过在经济、社会、文化、科学、法律和行政事务方面缔结协定和采取共同行动，以及维护和进一步实现人权和基本自由”。尽管进行私法的统一不是欧洲理事会的根本任务，但通过私法的统一可以有助于实现该组织的目标，进行私法的统一也是实现欧洲理事会的组织目标的手段之一。① 1989 年开始，欧洲理事会的目标更集中于对东欧国家的政治、法律与民主改革及人权问题。1997 年进而将民主、人权、安全、社会凝聚力、民主价值与文化差异问题的解决列入重点工作范围。② 进入 21 世纪，该组织继续监督与促进各成员国实施各自的义务与承诺。③

欧洲理事会于 1949 年成立后，在专利法、仲裁、民事义务、家庭法、公司法、破产法、司法协助方面也都先后签署了有关的统一实体私法和统一国际私法的若干公约。④ 到目前为止，通过欧洲理事会缔结的公约、协定和议定书等已经达到 229 项。⑤ 从欧洲理事会成立至今 70 多年的发展情况来看，尽管它的主要精力仍集中在国际公法的统一化运动方面，但是它在国际私法统一化进程方面依然取得了一些成就，如在跨国收养方面签署的《关于儿童收养的欧洲公约》就是比较典型的一例。⑥ 可以说，欧洲理事会作为欧洲地区性的政府间国际组织，在解决区域性的跨国收养法律冲突方面也取得了非常显著的成就。它对解决世界规模的跨国收养法律冲突问题及跨国收养法统一化运动产生了深刻影响。⑦

二、欧洲理事会致力于解决区域性跨国收养法律冲突动议的产生背景

实际上，早在欧洲理事会考虑制定规制跨国收养的公约以前，斯堪的纳维亚国

① 李双元主编：《市场经济与当代国际私法趋同化问题研究》，武汉大学出版社 1994 年版，第 134 页。

② Matthias Ruffert，Christian Walter，Institionalised International Law，Nomos Verlagsgesellschaft，2015，p. 243.

③ Henry G. Schermers & Niels M. Blokker，International Institutional Law，4th ed.，Martinus Nijhoff Publishers，2003，§ 1267，1268.

④ 李双元主编：《中国与国际私法统一化进程》，武汉大学出版社 1998 年修订版，第 296~297 页。

⑤ 参见：http：//www. conventions. coe. int/Treaty/Commun/ListeTraites（accessed 30 Juanary，2021）.

⑥ Jan Klabbers，An Introduction to International Institutional Law，Cambridge University Press，2002，pp. 218-220.

⑦ Jan Wouters，Cedric Ryngaert，Tom Ruys and Geert De Baere，International Law：A European Perspective，Hart Publishing，2019，p. 312.

家统一国际私法组织在进行统一国际私法工作方面就已经涉及收养问题了。① 斯堪的那维亚三国与芬兰、冰岛五国曾在1931年就缔结了涉及婚姻、收养和监护的公约。这对欧洲理事会制定《关于儿童收养的欧洲公约》也产生了一定程度的影响。②

北欧有关收养的公约将儿童利益的保护提上了议事日程。1931年2月6日，丹麦、芬兰、冰岛、挪威、瑞典等缔约国在瑞典首都斯德哥尔摩第一次签署了《关于婚姻、收养和监护的某些国际私法规定的公约》（以下简称"北欧有关收养的公约"），1953年3月26日又作了修订。该公约明确主张应在收养中注意保护儿童利益。《关于婚姻、收养和监护的某些国际私法规定的公约》在第11条中规定跨国收养的管辖权由收养人住所地国家的主管机关行使，"居住在缔约国之一国境内的缔约国之一的国民欲收养缔约国之一的国民时，应向收养人住所地国家请求准许"。该公约还进一步规定各国主管机关应适用自己的法律。然而，北欧有关收养的公约并未停留在这一水平上，它还规定，在收养儿童时，如果被收养儿童居住在北欧其他缔约国境内并具有该国的国籍，那么，收养该儿童必须与儿童所属国的主管机关协商或经其裁定后才能有效成立。③ 这是北欧有关收养的公约第12条所明确规定的，体现了保护儿童利益的倾向。"对收养申请，各国应按其有效的法律加以审查。但是，被收养人年龄不满18岁而又居住在其所属国境内时，仅在该儿童所属国家内负责监护他的主管机关有机会作出决定后，才可对在别的国家提出的收养申请作出答复。"对外国收养判决的承认，《关于婚姻、收养和监护的某些国际私法规定的公约》第12条规定得相当富有弹性，坚持非常自由的原则，即"在某一缔约国内依本公约的规定作出的收养判决，应为其他所有缔约国承认，而且不必进行实质性审查"。尽管北欧有关收养的公约在收养方面的规定较为先进和接近当今国际社会的发展潮流，但是，它同样不够完善，还存在不少缺陷，不仅对收养效力的法律适用问题没有解决好，而且在外国收养效力的承认问题上也缺乏明确规定。不过，该公约在欧洲地区解决跨国收养法律冲突问题方面所具有的开创性意义是不容小觑的。

20世纪60年代，除了大量韩国儿童因收养而移民到美国外，世界其他地区也

① Edoardo Vitta, Impact in Europe of the American Conflicts Revolution, The Influence of Modern American Conflicts Theories on European Law, in American Journal of Comparative Law, Vol. 30, 1982, pp. 1-18.

② Graziella Caiani-Praturlon, Inter-Country Adoption in European Legislation, in Euthymia D. Hibbs, Adoption International Perspective, International Universities Press, 1991, p. 208.

③ Claudia Mortimore, Immigration and Adoption, Trentham Books Limited, 1994, p. 35.

出现了儿童因收养而移居他国的问题。当时，欧洲范围内的这种趋势也表现得比较突出。① 东欧各国为了在跨国收养中求得统一行动，签订了一系列关于统一收养法的双边协定或条约。这些带有国际私法性质的双边协定或条约为国际统一收养法提供了最基本的国际性规范。② 例如，跨国收养的管辖权应由收养人的本国法院行使，适用其国内法；关于儿童以及其亲属对收养的同意问题，应重叠适用儿童的本国法和法院地法。虽然东欧地区一些国家所签订的双边协定或条约并没有专门对收养的效力问题作出规定，但是，比较流行的观点主张收养的效力应由收养人的本国法支配。不过，东欧所有的双边协定或条约都普遍规定，跨国收养必须经过儿童原住国的儿童福利机构同意。有的甚至明文规定，跨国收养应取得儿童原住国的收养主管当局的批准或同意。

不仅东欧许多国家之间签订了一系列关于收养的国际私法的双边协定或条约，而且东欧一些国家与西欧一些国家也签署了类似的双边协定或条约。③ 如法国同波兰所签署的国际私法方面的双边协定或条约，法国同前南斯拉夫签订的国际私法方面的双边协定或条约，都涉及了有关跨国收养的管辖权和法律适用问题。与东欧各国所签署的双边协定或条约不同，波兰与法国签订的有关收养的条约第 13 条明文规定，跨国收养的管辖权由被收养儿童的住所地法院行使。波兰与法国的双边条约还规定，跨国收养应适用儿童本国法。这样，如果另一缔约国的法律规定养父母应具备的条件与法院地法所规定的标准不一致，那么，不可避免会在实践中导致难以克服的困难和法律冲突问题。因而，法国与前南斯拉夫所签订的双边协定则倾向于选择管辖权的方式，该协定第 15 条明确规定，对跨国收养的管辖，可以在两国的法院中选择一法院行使管辖权。该协定第 13 条则规定，法院应分别适用收养法。然而，法国与前南斯拉夫所签订的双边协定，同法国与波兰签署的有关收养的双边条约一样，都未涉及两国之间的社会福利机构在收养方面的合作机制问题，不仅没有规定各国社会福利机构在跨国收养方面的相互合作的内容，而且也没有规定具体的合作程序。这也正是东欧各国乃至于西欧一些国家在跨国收养方面所签署的一些国际私法条约或协定所存在的不足之处。尽管如此，但是其历史价值还是不可忽视的。这些双边协定或条约为国际社会在国际私法领域统一跨国收养法乃至整个跨国

---

① Joan Heifetz Hollinger, Adoption Law and Practice, Matthew Bender & Company Inc., 2006, Chapter 10, p. 7.

② C. Von Bar (ed.), Perspecktiven des Internationalen Privatrechts nach dem Ende der Spaltung Europas, Cologne etc. 1993, pp. 3-76.

③ Jeremy Rosenblatt, International Adoption, Sweet & Maxwell Ltd., 1995, p. 123.

收养法统一化运动作了良好的准备工作。

可见，跨国收养法的统一化运动自 20 世纪初期开始，以区域性统一跨国收养法为发端，在一些国家就跨国收养问题签订的一些国际私法方面的双边协定或条约的基础上，逐渐形成具有普遍性的跨国收养法统一化运动。这种做法对欧洲理事会制定和通过《关于儿童收养的欧洲公约》起到了直接的推动作用。

三、欧洲理事会起草与通过 1967 年《关于儿童收养的欧洲公约》的过程

1960 年 10 月在海牙召开的第九届海牙国际私法会议，决定起草有关收养的国际私法方面的公约，主要解决在欧洲范围内的儿童移民问题。也正好是在这一年的 5 月，联合国在瑞士莱森召开了一次讨论跨国收养问题的国际专家会议。这次会议实际上只是一个地区性的高级研讨会，参加会议的只有欧洲国家的代表，而讨论的议题也仅限于欧洲范围的跨国收养问题。以欧洲社会这种基本背景为基础，海牙国际私法会议在 1964 年 10 月召开的第十届会议上制定了《收养的管辖权、法律适用和判决承认的公约》。随后，欧洲理事会又在 1967 年起草了《关于儿童收养的欧洲公约》(也称为《欧洲收养公约》)。

早在 1961 年，根据欧洲理事会社会委员会的倡议，欧洲理事会部长委员会在该年 4 月召开了社会与法律专家小组会议，专门研究儿童的国际收养问题。此后，欧洲理事会的社会与法律专家小组委员会在深入研究和广泛调查的基础上，参考了海牙国际私法会议关于收养不同国籍或住所在不同国家的儿童的规则，着手起草《关于儿童收养的欧洲公约》。实际上，《关于儿童收养的欧洲公约》草案是由欧洲理事会的社会与法律专家小组委员会、社会委员会、法律合作欧洲委员会共同完成的，后经部长理事会审议通过。最后提交部长理事会审议的《关于儿童收养的欧洲公约》是欧洲理事会根据特别委员会向大会提交的第 292 号提案修改而成的。欧洲理事会制定的《关于儿童收养的欧洲公约》于 1967 年 4 月 24 日在斯特拉斯堡向成员国开放签字，这是欧洲理事会在统一各国国内家庭法方面所取得的一项巨大成就。

该公约虽然主要是针对各国国内收养法的，对国际统一收养法涉及不多，但欧洲理事会并未放弃进一步的努力。随着越来越多的第三世界国家的儿童进入欧洲，特别是东南亚一些国家的儿童进入西欧家庭生活，欧洲理事会在 1977 年开展的一项研究工作中，对这一现象的背景和原因进行了深入的探讨，指出应加强对跨国收养的监督和管理，充分发挥政府间组织或非政府间组织在欧洲安置第三世界国家的

儿童的作用。①

欧洲理事会在制定了1967年的《关于儿童收养的欧洲公约》以后，并未就此罢手，而是继续从事这方面的工作，力求在跨国收养法的统一化方面有所建树。早在1963年，为了加强各国的法律协调和私法统一工作，欧洲理事会部长会议设立了一个“法律协作委员会”(European Committee on Legal Co-operation)。欧洲理事会“法律协作委员会”长期以来，一直对1967年的《关于儿童收养的欧洲公约》的实施与运作情况进行跟踪调查。欧洲理事会部长会议通过了一项关于儿童安置问题的(77)33号决议以及一个关于寄养家庭问题的R(87)6号议案，这两者都涉及儿童的跨国收养问题。② 此外，1988年6月21日至22日在葡萄牙首都里斯本召开的第十六届欧洲司法部长会议也非常重视收养第三世界国家的儿童问题以及防止拐卖儿童问题，提出了有价值的解决办法。这一切都是欧洲理事会对跨国收养的发展及其法律统一化所作的贡献。为促进跨国收养法在更广泛的范围内的协调与统一，欧洲理事会的代表在第16届海牙国际私法会议上明确表示大力支持海牙国际私法会议统一跨国收养法的工作。由此可见，欧洲理事会在解决区域性跨国收养法律冲突问题及跨国收养法的统一化进程中发挥了重要作用。

第二节　欧洲理事会解决区域性跨国收养法律冲突的主要成就与局限性

一、1967年《关于儿童收养的欧洲公约》的签署与批准历程

《关于儿童收养的欧洲公约》是欧洲理事会根据特别委员会向大会提交的第292号提案修改而成的，于1967年4月24日开放签字，1968年4月26日正式生效。

欧洲理事会1967年的《关于儿童收养的欧洲公约》在开放签字的当天就有丹麦、法国、德国、意大利、卢森堡、马耳他、挪威、瑞典和英国9个国家签署了公约。马耳他在1967年9月22日最先批准公约，紧接着又有英国在1967年12月21日批准公约，而随着爱尔兰1968年1月25日签署并批准该公约，欧洲理事会1967年的《关于儿童收养的欧洲公约》以最快的速度在1968年4月26日生效。不过，到目前为止，在欧洲理事会现有的47个成员国中，只有奥地利、丹麦、德国、捷克、希腊、爱尔兰、意大利、拉脱维亚、列支敦士敦、马耳他、挪威、波兰、葡萄牙、

① Council of Europe, The Role of Governmental and Non-Governmental Organizations in Supervising the Placement in Europe of Children from the Third World, Strasbourg, 1980.

② Joan Fitzpatrick, Human Rights Protection Refugee, Asylum-Seekers, and Internally Displaced Persons, Transnational Publishers Inc., 2002, p. 423.

罗马尼亚、北马其顿、瑞典、瑞士和英国 18 个国家批准了该公约。① 尽管法国、卢森堡是最早在 1967 年 4 月 24 日签署《关于儿童收养的欧洲公约》的国家，但这两国一直未批准该公约。冰岛也早在 1982 年 9 月 27 日就签署了《关于儿童收养的欧洲公约》，同样未批准该公约在冰岛境内生效实施。在签署了《关于儿童收养的欧洲公约》的国家中只有法国、卢森堡和冰岛未批准公约。而阿尔巴尼亚、安道尔、亚美尼亚、阿塞拜疆、比利时、波斯尼亚和黑塞哥维那、保加利亚、克罗地亚、塞浦路斯、爱沙尼亚、芬兰、格鲁吉亚、匈牙利、立陶宛、摩尔多瓦、摩纳哥、黑山、荷兰、俄罗斯、圣马力诺、塞尔维亚、斯洛伐克、斯洛文尼亚、西班牙、土耳其、乌克兰 26 国既未签署又未批准欧洲理事会 1967 年的《关于儿童收养的欧洲公约》。②

二、1967 年《关于儿童收养的欧洲公约》的基本宗旨

欧洲理事会 1967 年通过的《关于儿童收养的欧洲公约》与 1964 年海牙国际私法会议通过的《收养的管辖权、法律适用和判决承认的公约》(简称《海牙收养公约》)在许多方面体现了各自的特色。其中最突出的地方就体现在宗旨上，《关于儿童收

① 欧洲理事会 1967 年《关于儿童收养的欧洲公约》的各缔约方签署、批准与生效的时间：奥地利 1979 年 7 月 5 日签署、1980 年 5 月 28 日批准、1980 年 8 月 29 日生效，捷克 1999 年 12 月 15 日签署、2000 年 9 月 8 日批准、2000 年 12 月 9 日生效，丹麦 1967 年 4 月 24 日签署、1978 年 10 月 12 日批准、1979 年 1 月 13 日生效，德国 1967 年 4 月 24 日签署、1980 年 11 月 10 日批准、1981 年 2 月 11 日生效，希腊 1967 年 5 月 19 日签署、1980 年 7 月 23 日批准、1980 年 10 月 24 日生效，爱尔兰 1968 年 1 月 25 日签署、1968 年 1 月 25 日批准、1968 年 4 月 26 日生效，意大利 1967 年 4 月 24 日签署、1976 年 5 月 25 日批准、1976 年 5 月 26 日生效，拉脱维亚 1999 年 9 月 17 日签署、2000 年 7 月 13 日批准、2000 年 10 月 14 日生效，列支敦士敦 1981 年 7 月 2 日签署、1981 年 9 月 25 日批准、1981 年 12 月 26 日生效，马耳他 1967 年 4 月 24 日签署、1967 年 9 月 22 日批准、1968 年 4 月 26 日生效，挪威 1967 年 4 月 24 日签署、1972 年 1 月 13 日批准、1972 年 4 月 14 日生效(2009 年 5 月 18 日退约)，波兰 1996 年 3 月 11 日签署、1996 年 6 月 21 日批准、1996 年 9 月 22 日生效，葡萄牙 1978 年 7 月 4 日签署、1990 年 4 月 23 日批准、1990 年 7 月 24 日生效，罗马尼亚 1993 年 5 月 18 日批准、1993 年 8 月 19 日生效，黑山 2001 年 4 月 3 日签署、2003 年 1 月 15 日批准、2003 年 4 月 16 日生效，瑞典 1967 年 4 月 24 日签署、1968 年 6 月 26 日批准、1968 年 10 月 2 日生效(2003 年 1 月 4 日退约)，瑞士 1971 年 6 月 3 日签署、1972 年 12 月 29 日批准、1973 年 4 月 1 日生效，北马其顿共和国 2001 年 4 月 3 日签署、2003 年 1 月 15 日批准、2003 年 4 月 16 日生效，英国 1967 年 4 月 24 日签署、1967 年 12 月 21 日批准、1968 年 4 月 26 日生效。参见：http：//conventions. coe. int/Treaty/Commun/ChercheSig. asp？ NT = 058&CM = 8&DF = 24/11/2009&CL = ENG（accessed 20 June，2021）.

② 参见：http：//conventions. coe. int/Treaty/Commun/ChercheSig. asp？ NT = 001&CM = 10&DF = 24/11/2009&CL = ENG（accessed 31 January，2021）.

养的欧洲公约》将宗旨定位于尽可能协调或统一各缔约国有关收养的国内立法，努力确保被收养儿童的姓名权、入籍权、继承权等与婚生子女相同的基本权利，设法消除跨国收养中的法律冲突。①《关于儿童收养的欧洲公约》在起草时有意将条款分成两大类，一类是基本条款，必须遵守；另一类则是附加条款，可以自由选择。公约随时随地强调各缔约国应努力遵守基本条款。其中最为特别的是，1967 年《关于儿童收养的欧洲公约》第 25 条明确限制缔约国就“基本条款”（Essential Provisions）作出保留的数量。不仅如此，该条还对保留的时间作了限制，即不得超过 5 年。该公约实际上不主张缔约国作出保留，如果必须作保留，一般也只是就附则而言的，即使缔约国已通知秘书长愿遵守附则，也可以对附则中的有关条文作出保留。一般情况下，缔约国应尽可能保证附则中的有关规定在其国内得以实施，而且应设法将其中的实体性规范纳入国内立法。依照国际法，已批准公约的缔约国必须遵守那些已包含在公约中的国内法规定。

《关于儿童收养的欧洲公约》在有关被收养人条件的规定上，大体与 1965 年的《海牙收养公约》一致，被收养的儿童年龄应在 18 岁以下。1967 年《关于儿童收养的欧洲公约》第 3 条明文规定，被收养人必须未婚而且依法为未成年人。1965 年的《海牙收养公约》的起草者将公约适用范围限于未成年人时显得较为勉强，② 而《关于儿童收养的欧洲公约》的起草者不同，是从根本上针对未成年人来制定该公约的。

同 1965 年的《海牙收养公约》一样，1967 年《关于儿童收养的欧洲公约》也规定，只有那些经“主管当局”批准成立的收养才可得到承认，而且在收养类别上，公约也只适用于那些经官方批准的收养形式，而不包括那些仅由当事人以契约形式成立的收养。这一点在《关于儿童收养的欧洲公约》第 4 条中有较为明确的规定，旨在倡导法定收养，禁止私自收养。

尽管《关于儿童收养的欧洲公约》规定，各缔约国必须遵守“基本条款”，但是，由于其中的一些条文规定得较含糊，在确定当事人的权利义务时很难做到明白无误，常使缔约国在执行时无所适从。这也就是说，《关于儿童收养的欧洲公约》的“基本条款”部分缺少那类强有力的、刚性的实体性规范。

1967 年《关于儿童收养的欧洲公约》第 8 条规定，只有那些以儿童最大利益为原则的收养才可获得批准。实际上，应该特别考虑的一个方面便是当事人之间的年龄差距。如果收养人与被收养人之间的年龄差距不大，且符合一般的父母与亲生子

---

① Rosemary Horgan, Frank Martin, The European Convention on Adoption of Children: Progressing the Children's Rights Polemic, in International Family Law, September, 2008.

② Ingrid Delupis née Detter, International Adoptions and the Conflict of Laws, Stochholm, 1975, p. 23.

女之间的年龄差距，那么，当收养是为了儿童的利益，并为儿童提供“稳定的、和谐的家庭”时，才允许例外的特殊情形。该公约第 7 条可以看作这一条的前置性规定，它要求收养人的最低年龄应在 18 岁至 35 岁。不过，当收养人收养自己的非婚生子女或在其他特殊情形下，收养主管当局可以放宽条件，不一定非要依这一要件行事。实际上，该公约第 7 条不仅规定了收养人的最低年龄条件，而且规定了收养人最低年龄的上限。尽管公约允许为儿童利益而采取特殊措施，但其中有关收养人最低年龄不得超过 35 岁的限制，给欧洲理事会的部分成员国的跨国收养实践造成了严重困难。欧洲理事会的一些成员国的法律，像法国一样，禁止 35 岁以下的独身者收养子女。这种规定主要源自那种对收养人规定比较高的最低年龄条件的法规，因为规定比较高的最低年龄的主要目的在于保证收养人不能再生育子女，以免影响对被收养人的抚养。法国法关于收养人的年龄不得低于 35 岁的规定只适用于单身收养人，对于夫妻双方共同收养，只要年满 30 岁即可。不仅法国法有此类规定，比利时法也有类似的规定。除此以外，意大利法也规定养父母必须年满 35 岁，只有在特殊条件下才可以例外。而葡萄牙法也有大体相似的规定。

此外，1967 年《关于儿童收养的欧洲公约》为了保护儿童利益，① 在第 9 条中规定应对收养进行深入调查，不仅要对收养人的资格进行全面调查，而且应对收养是否必要进行调查。而该公约第 14 条又进一步规定，收养调查可应缔约国的社会福利当局的请求而进行，负责从事调查的机关应尽力提供要求调查的各种情况的资料。按常规，各缔约国从事收养调查的机关应有权建立直接联系，而不必通过彼此的外交部门。

对于 1967 年《关于儿童收养的欧洲公约》中有普遍约束力的条文，不可忽视第 12 条的规定。该条第 1 款明确禁止各缔约国的国内法对同一收养人所收养的儿童数量进行限制；第 2 款则禁止对已有子女或有可能自己生育子女的预期养父母的收养权加以限制。各缔约国的法律对收养人收养自己的非婚生子女也不应有禁止性规定，依公约第 12 条第 3 款规定，只要收养会提高儿童的法律地位，法律便不应禁止收养人收养自己的非婚生子女。该条规定的目的在于扫清各缔约国在收养立法上所设置的这三类障碍。

1967 年《关于儿童收养的欧洲公约》还倡导已婚夫妻共同收养子女的原则。该公约第 6 条明确规定，除已婚夫妇可两人共同收养一个儿童外，不允许其他不是夫妻的两人共同收养一个儿童，夫妻共同收养既可同时进行也可相继成立收养关系。

1967 年《关于儿童收养的欧洲公约》不仅在收养的基本宗旨方面独具特色，而且在许多方面别具一格，是跨国收养法统一化运动在区域性统一收养实体法和程序

---

① Matthias Ruffert, Christian Walter, Institionalised International Law, Nomos Verlagsgesellschaft, 2015, p. 246.

法的典范之一。

三、1967 年《关于儿童收养的欧洲公约》的主要内容与贡献

欧洲理事会于 1967 年通过的《关于儿童收养的欧洲公约》由序言、第一部分适用范围(第 1～3 条)、第二部分基本条款(第 4～16 条)、第三部分附则(第 17～20 条)和第四部分最后条款(第 21～28 条)构成。整个公约共 28 条，对收养人和被收养人的条件、同意权行使、收养效力、收养保密及相关程序进行了规定。具体而言，欧洲理事会 1967 年《关于儿童收养的欧洲公约》的主要内容可以概括为以下五个方面：

1. 同意权的行使问题

对于收养同意权行使问题的规定，1967 年《关于儿童收养的欧洲公约》要比 1965 年的《海牙收养公约》详细得多。《关于儿童收养欧洲公约》第 5 条第 1 款 a 项规定，如果被收养儿童属于婚生子女，那么，必须经该儿童父母双方同意;① 如果被收养儿童为非婚生子女，那么，只要经其生母同意即可。不过，《关于儿童收养的欧洲公约》第 5 条第 4 款又规定了禁止同意收养的期限，即在儿童出生 6 周内不得作出同意收养的意思表示。即使各缔约国的国内法有更短的时间或更长的时间限制，各国在处理跨国收养问题时也应遵守公约的规定。如果某缔约国的国内法没有禁止作出同意收养的最低期限，那么，收养主管机关也应规定一段保证儿童的生母从生育子女的痛苦中恢复过来的时间，以保证生母对其子女出养的同意是自愿的，而不是仓促作出的意思表示。②

在《关于儿童收养的欧洲公约》第 5 条第 1 款 a 项中，实际上还规定了儿童监护人行使收养同意权的情形。如果缺少被收养儿童亲生父母的同意，那么，收养该儿童必须征得对其享有亲权的人的同意。对此，该公约第 5 条第 3 款进一步规定，如果儿童的亲生父母根据有关法律“被剥夺”了同意权，那么，依法可以不必征得他们对收养该儿童的同意。然而，在第 5 条第 2 款 a 项和 b 项中却出现了自相矛盾的规定，a 项规定收养主管当局不可免除对儿童行使亲权的人有关收养该儿童的同意权，而 b 项却规定不得压制当事人“除依据法定的特殊理由”拒绝同意的权利。③

---

① 这实际意味着，即使已婚夫妻中的丈夫不是被收养儿童的生父，在该儿童被收养时，也应得到夫妻双方的共同的同意。只有在法院明确判决该夫妻作为被收养儿童的婚生父母的推定不成立时，收养该儿童时，才可不必经过已婚夫妻的丈夫对出养该儿童的同意。

② Kerry O' Halloran, The Politics of Adoption: International Perspective on Law, Policy & Practice, 3rd Editon, Springer, 2015, p. 150.

③ Article 5 of European Convention on the Adoption of Children(1967).

2. 被收养儿童的姓名问题

1967年《关于儿童收养的欧洲公约》的一个非常重要的目标在于使被收养儿童与养家的亲生子女同一化。要实现养子女与亲生子女完全一样的目标，最关键的一点就是要解决好养子女的国籍和姓名问题。如果养子女的国籍与姓氏同养家的亲生子女不同，怎么可能保证养子女同亲生子女一样在养家具有同样的地位呢？因此，1967年《关于儿童收养的欧洲公约》第10条第3款规定，各缔约国应尽量采取措施使被收养儿童取得收养人的姓，不论是完全取代被收养儿童的原姓还是附加在其原姓前都可以。① 然而，这一规定实际上较为含糊，没有明确保证被收养儿童自动取得收养人姓氏的权利。

3. 被收养儿童国籍问题

由于国籍问题涉及被收养儿童在收养国的生活地位问题，1967年《关于儿童收养的欧洲公约》对此也作了具体规定。因为，被收养儿童国籍问题属于收养效力的重要方面，许多国家的国内法对此规定得较详细，但内容与方式各异。

与被收养儿童国籍的丧失问题不同，世界各国法律对因收养而取得国籍的问题大多作了明确规定。只有少数国家的法律，如以色列法和奥地利法在这方面缺乏明文规定。对于以色列和奥地利，跨国收养并不具有赋予被收养儿童取得收养国国籍的效力。然而，世界大多数国家的法律明确规定或在具体实践中允许承认跨国收养具有赋予被收养儿童取得收养国的国籍的效力。不过，各国法律关于被收养的外国儿童的入籍方式和程序又不尽相同，有的国家采取鼓励或方便入籍的程序（Facilitated Naturalization Procedure），如美国；有的国家采取选择入籍的方式（Optional Acquisition of Nationality），法国对简单收养就是采用这种选择或任意入籍的方式；有的国家则采取自动入籍方式（Automatic Acquisition of Nationality），欧洲和非洲大部分国家的法律对跨国收养规定了这种入籍方式。自动入籍的方式可以说是跨国收养中强化收养效力的一种最典型的制度，它在欧洲和非洲比较盛行，但在亚洲和美洲并不常见，总的来看，自动入籍的制度在跨国收养中占据着较为重要的地位，有的国家在承认外国收养时也适用自动入籍的方式。例如，法国对法国人在国外成立的收养外国儿童的跨国收养关系，只要得到法国的承认，该外国儿童就可自动取得法国的国籍。② 尽管许多国家实行了因收养而自动取得收养国的国籍的制度，但是，将自动取得国籍作为收养的一个结果的做法，仍然引起了不少专家学者

---

① Paragraph 3 of Article 10 of European Convention on the Adoption of Children (1967).

② E. Poisson-Drocourt, "L'adoption Internationale", Revue Critique de droit International Privé, 1987, pp. 701-703.

和实务部门工作者的批评和指责。因为，自动取得国籍的制度实际上把被收养儿童能否取得收养国的国籍的权力全部交给了宣告收养成立的法院或行政主管机关，由主管收养的行政机关或法院决定被收养儿童的国籍，从而使得专门负责国籍方面工作的主管当局被架空了。然而，就国籍根据法律所赋予人们的利益方面考虑，国籍对世界大多数国家而言是如此重要，以致如果不让被收养儿童享有取得收养国的国籍的权利，那么必定违背收养的目的，或者至少是违背完全收养的意图的。

1967 年《关于儿童收养的欧洲公约》没有明文规定自动入籍的制度，而只是简单地规定了方便或鼓励入籍的制度。该公约第 11 条明确规定："1. 如果被收养儿童与收养人的国籍不同，或者在已婚夫妇双方共同收养的情形下，被收养儿童与养父母不具有共同的国籍，那么，对缔约国的国民为收养人的，各缔约国应为被收养儿童取得养父母的国籍提供一切方便。2. 因收养而导致被收养儿童丧失原有国籍的前提条件是该儿童拥有或已取得另一国家的国籍。"

可见，1967 年《关于儿童收养的欧洲公约》明确采取方便入籍原则，要求各缔约国应尽量采取方便易行的措施使被收养儿童取得收养人同样的国籍或与收养人具有共同国籍。然而，《关于儿童收养的欧洲公约》并没有条文明确要求各缔约国通过国内立法保证被收养儿童与收养人保持同一国籍。不仅如此，该公约第 11 条第 2 款还规定，只有在被收养儿童获得新的国籍以后才可因收养而丧失原国籍，而且这通常也是取消被收养儿童原公民资格的条件。这与欧洲大部分国家的实际做法存在较大的差距，而且也不完全符合以保护儿童利益为最高宗旨的跨国收养的目的。正是这种折中主义态度导致了该公约第 11 条并未完全得到各缔约国严格遵守和执行的原因。另外，对于养父母分别属于不同国籍的收养人收养儿童的国籍问题如何处理，公约未能涵盖，留下了空缺。

虽然 1967 年《关于儿童收养的欧洲公约》只规定了方便入籍的程序（Facilitated Naturalization Process），并未规定被收养人自动取得养父母国籍的制度，还算不上十分完善、先进的国际立法，但是，《关于儿童收养的欧洲公约》关于因跨国收养而丧失或取得国籍的规定，在当时已经可以算得上最明确、最具体的国际规范了。由于国籍在跨国收养中所处的地位非常重要，引起了许多国际组织的关注和重视。国际法学会在 1973 年 9 月 14 日向联合国提交的一份报告中指出："各成员国的主管当局应采取一切措施促使被收养的未成年人取得收养人的国籍，完善和健全这方面的法规、程序和方法。"因为"收养人与被收养人的国籍不一致是收养家庭协调和统一的最大障碍"。① 国际法学会的这一观点对联合国 1986 年通过的《关于儿童保护和儿童福利特别是国内和国际寄养与收养办法的社会和法律原则宣言》产生了相当深远的影响。该宣言对收养中的国籍问题作了进一步的规定，该宣言第 8 条明确

① Session du Centenaire, Rome, 1973, p. 800.

规定："无论何时，儿童都必须拥有姓名、国籍和法定代理人，即使是在寄养、收养或采取其他措施安置儿童时，也不得随意剥夺儿童的原有姓名、国籍或法定代理人，除非该儿童已获得了新的姓名、国籍或法定代理人。"这实际上指出，在跨国收养中，各国不得造成被收养儿童的无国籍状态。①

4. 从收养中获利的问题

1967 年《关于儿童收养的欧洲公约》第 15 条规定，不允许从儿童收养中获得非正当的盈利。显而易见，这一规定不仅是针对送养人和儿童亲生父母的，而且也是针对养父母从收养中获利的情况的，这种禁止养父母从收养中获利的规定一般是比较罕见的，② 大多数跨国收养的法律法规主要是针对被收养儿童的亲生父亲或母亲从收养中获得非正当利益的情况的。此外，它还可能包括那些中介人获得非正当利益的情况，因为，在收养中，收养中介人、医生、牧师有可能利用其提供的服务活动进行营利，甚至说不定还会使收养商业化。

尽管《关于儿童收养的欧洲公约》规定了不得通过收养获得不正当利益，但是它并未对"非正当收益"(Improper Financial Advantages)进行明确界定。该公约使用"非正当收益"这一概念，似乎表明各缔约国在其国内立法中并不要求禁止所有的收养费用，而可在一定程度上允许通过收养获得正当收益。1967 年《关于儿童收养的欧洲公约》没有关于禁止或切断获得非正当收益的途径或方式的规定，而且也没有强迫缔约国一定要保证不存在这种非正当营利的情形。这种不产生直接效力的规定，既有其可取之处，但也是影响公约威信的根源所在。

在收养过程中，如果为了以后更好地抚养儿童而交付金钱，许多缔约国是允许的，但只能将钱交给收养人。例如，在瑞士，允许依法一次性支付抚养费或者按合同支付对儿童的监护、照料费用。

5. 附则中的有关问题

1967 年《关于儿童收养的欧洲公约》第三部分包括一系列涉及收养各方面问题的附则，根据该公约第 2 条的规定，各缔约国可以视具体情况考虑执行。如果缔约国政府决定实施附则的规定，应及时通知欧洲理事会秘书长。不过，该公约并不要求将此决定通知其他缔约国，欧洲理事会的秘书长也不担保其他缔约国会接受和实施附则中的有关规定。

1967 年《关于儿童收养的欧洲公约》的附则大部分为任意性规范，特别是有关

① Claudia Mortimore, Immigration and Adoption, Trentham Books Limited, 1994, p. 36.

② Ingrid Delupis née Detter, International Adoptions and the Conflict of Laws, Stockholm, 1975, pp. 79-85.

收养条件的规定，如关于在收养令作出以前被收养儿童与预期养父母应相处多长时间的规定，以及有关确保收养机构正常运转及发挥有效功能的规定，都不是强制性的，而是授权性的。对于被收养儿童与预期养父母究竟应相处多长时间才能颁发收养令，公约并没有规定具体时间，仅仅规定为“足以保证主管机关对收养人情况进行合理的评估”；而对于收养机构究竟应具备哪些条件，公约也没有明确规定，而只是笼统地规定“政府主管当局应支持公共的或私立的收养机构的发展并保证其发挥正常功用”。这实在令人琢磨不透，1967年《关于儿童收养的欧洲公约》为什么只在附则中对这类问题加以规定，各缔约国将其接受和实施这类任意性条款的决定通知欧洲理事会的秘书长又意味着什么呢？正如前面所分析的，1967年《关于儿童收养的欧洲公约》的附则除了表明其允许试养期以及不禁止公的或私的收养机构从事跨国收养工作以外，似乎并没有要求缔约国承担任何法律义务。

不过，1967年《关于儿童收养的欧洲公约》的附则也并非全是任意性规范，其中仍有少量的强制性规范。例如，该公约第20条第1款明确规定：“应采取有效措施保证在成立收养关系时不向被收养儿童的原出生家庭暴露收养人的身份。”如果严格照此行事，那么，又如何依《关于儿童收养的欧洲公约》第10条第3款的规定确保被收养儿童取得收养人的姓氏呢？不仅如此，《关于儿童收养的欧洲公约》第20条第1款在实施时还面临另外一个难题：遵守该条款的缔约国在处理关于收养同意权问题时是否只能采取所谓的“白纸同意方式”（In Blanco Consent）？所谓“白纸同意方式”，是指被收养儿童的亲生父母作出同意收养的意思表示并不是针对具体的收养人或收养家庭的，而是在儿童的亲生父母表明同意出养该儿童以后，再由儿童监护机关指定收养人或收养家庭。在这种情况下，被收养儿童的亲生父母实际上在给出同意收养的意思表示时并不知道谁是收养人，甚至有可能以后也不清楚。这是瑞典法所允许的一种方式，《瑞典民法典》第4章第5条在规定儿童亲生母亲或父母对收养该儿童行使同意权时并没有要求必须针对特定的收养人或特定的收养作出意思表示。在瑞典的收养实践中，儿童的亲生母亲或父母采取“白纸同意方式”行使收养的同意权是可行的，不仅可以在作出同意收养的意思表示时不清楚谁是收养人，而且以后也可不必了解。① 然而，“白纸同意方式”并不为所有的国家所采纳，不少欧洲国家的法律明确禁止，其中英国法就比较典型。1958年《英国收养法》第4条第2款规定，儿童的生母同意由收养机构指定的人进行收养，并不是法院颁发收养令的充分条件。如果依英国法，在给出同意收养的意思表示时，不应

① Ingrid Delupis née Detter, International Adoptions and the Conflict of Laws, Stockholm, 1975, pp. 45-46.

暴露预期收养人的姓名，那么，这一不暴露身份的收养人也必须在儿童的亲生父母行使收养同意权时已提出了收养申请。① 另外，德国法也同英国法一样，“承认匿名收养，但禁止白纸收养(Blank Adoption)”。② 尽管欧洲有不少缔约国反对“白纸同意方式”的收养，但是，《关于儿童收养的欧洲公约》显然是在倡导“白纸同意方式”，而不是要求按照英国法所规定的那样必须对特定的收养人作出同意收养的意思表示。要不然，为什么1967年《关于儿童收养的欧洲公约》第20条第1款要规定“不得将收养人的身份暴露给被收养儿童的原出生家庭”呢？即使不把它作为强制性规范看待，就是作为一条任意性规定，它也带有提倡“白纸同意方式”的倾向。在1967年《关于儿童收养的欧洲公约》附则中，第20条第3款也是一条任意性规范，它明确主张，应允许收养人和被收养人查看收养记录。英国在制定1976年收养法以前展开的一场关于被收养人接触收养记录问题的激烈争论，最后实际上接受了《关于儿童收养的欧洲公约》的观点，在1976年《英国收养法》中作了相应的规定。实际上，早在1930年的《苏格兰收养法》中就规定了被收养人有查看其出生证的权利，1958年的苏格兰《收养法》第20条第a项明文规定“应向养子女公开出生证”。仿照苏格兰的做法，普里茅斯的议员大卫·欧文(David Owen)在20世纪70年代初向英国国会提交的一份议案中指出：被收养儿童年满18岁以后应有权弄清其亲生父母的身份。这一提议经过多次讨论、修改后写入了1976年《英国收养法》第51条中。尽管1967年《关于儿童收养的欧洲公约》第20条第3款在英国收养法中得到了再现，但在实践中，实施该条款的缔约国常陷入困境。因为，根据1967年《关于儿童收养的欧洲公约》第20条第3款的规定，被收养儿童有权了解收养记录，而该公约第20条第1款曾要求不得向被收养儿童原出生家庭公开收养人的身份，从而使得问题复杂化，很难在实践中协调好。它实际上同收养关系成立以前的同意权行使问题一样，是一道难解的难题。

1967年的《关于儿童收养的欧洲公约》除了对收养的实体性规定外，在有关收养的程序甚至跨国收养程序方面也有独具特色的规定。③ 1967年《关于儿童收养的欧洲公约》第9条规定了对收养人、被收养儿童及其家庭进行调查的程序，第14条规定了各缔约国主管机关提供有关跨国收养情况的资料和信息的义务，第17条规定了试养期问题，第18条对公共机关在国内收养和国际收养过程中的职责作了具

① Re Carroll，[1993]1 K. B. 317；95 J. p. 25.

② 黄宗乐著：《亲子法之研究》，台湾三民书局1980年版，第158页。

③ Kerry O' Halloran，The Politics of Adoption：International Perspective on Law，Policy & Practice，Third Editon，Springer，2015，p. 150.

体规定。

四、1967年《关于儿童收养的欧洲公约》的缺失与局限性

尽管1967年《关于儿童收养的欧洲公约》在统一欧洲各国收养法律制度以及解决区域性收养法律冲突方面发挥了非常重要的作用，其杰出的历史贡献不可磨灭，但随着时代的进步和社会历史经济文化因素的变化，该公约的缺陷和历史局限性也逐渐显露。具体而言，1967年《关于儿童收养的欧洲公约》的不足和局限性主要表现在如下六个方面：

1. 难以满足社会历史发展变化的现实需求

1967年通过的《关于儿童收养的欧洲公约》是欧洲理事会在统一家庭法领域迈出的第一步。该公约于1967年4月24日在斯特拉斯堡向成员国开放签字，1968年4月26日生效。这是欧洲理事会在统一各国国内家庭法方面所取得的一项巨大成就，① 是欧洲理事会在统一家庭法领域迈出的第一步，它为各缔约国在收养方面设定最低标准，倡导完全收养制度，清除收养障碍，努力协调和统一各缔约国的国内收养法，尽可能消除跨国收养中的法律冲突。所有这些均对欧洲理事会的各缔约国在收养立法与司法实践方面产生了重要影响，成为欧洲地区统一收养法的示范。②尽管在当时的历史条件下，1967年《关于儿童收养的欧洲公约》做出了不可磨灭的贡献，但进入21世纪以后，时过境迁，1967年《关于儿童收养的欧洲公约》的一些规定已明显过时甚至与现实存在尖锐的冲突。不仅如此，欧洲理事会现有的47个成员国，只有奥地利、德国和罗马尼亚等18个国家批准了该公约，法国、卢森堡、冰岛三国签署后一直未批准实施该公约，③ 还有阿尔巴尼亚、土耳其、乌克兰等27国既未签署又未批准该公约。不仅如此，瑞典在2002年7月3日申请退出并于2003年1月4日正式退出《关于儿童收养的欧洲公约》；挪威在2008年11月17日申请退出并于2009年5月18日正式退出《关于儿童收养的欧洲公约》。

---

① Jean-Francois Mignot, Why is Intercountry Adoption Declining Worldwide?, Population & Societies, No. 519, February, 2015.

② Philippe J Sands, Pierre Klein, Bowett's Law of International Institutions, Sweet & Maxwell, 6th ed., 2009, pp. 166-167.

③ 欧洲理事会1967年《关于儿童收养的欧洲公约》的各缔约方签署、批准与生效的时间参见：http://conventions.coe.int/ (accessed 30 May, 2021)，法国和卢森堡1967年4月24日签署、冰岛1982年9月27日签署，至今尚未批准该公约。

实际上，1967 年《关于儿童收养的欧洲公约》诞生至今已有半个世纪。经过 50 余年的演变，尤其是进入 21 世纪以后，社会生活条件与 20 世纪中期相比已发生了天翻地覆的变化。① 随之而来的是人们的家庭观、婚姻观和生育观的剧变。② 欧洲地区表现得尤为明显：离婚率高涨、出生率骤减、非婚生子女增多③、异性未婚同居现象普遍化、同性结合公开化，等等。所有这一切直接冲击传统的家庭体制，影响欧洲地区国内收养和跨国收养的发展。④ 可见，根据 20 世纪社会历史背景制定的《关于儿童收养的欧洲公约》已经表现出与 21 世纪社会现实生活不相适应乃至存在冲突之处。社会生活条件和环境的变化客观上要求修订 1967 年《关于儿童收养的欧洲公约》。在这种背景下，欧洲理事会不得不将修订 1967 年的《关于儿童收养的欧洲公约》提上议事日程。

2. 有关同性配偶收养子女规则的缺失

20 世纪末至 21 世纪初，欧洲地区婚姻家庭观念的变化，一方面表现在一些国家立法承认异性同居的伙伴关系，⑤ 另一方面还表现在部分国家立法肯定同性婚姻。⑥ 在欧洲地区最先将异性登记伙伴关系(Registered Partnership)合法化的是丹麦，该国在 1989 年 5 月就通过立法承认异性登记伙伴关系的法律效力。⑦ 随后有挪威 1993 年立法、瑞典 1995 年立法、格陵兰岛 1996 年立法、匈牙利 1996 年立法、冰岛 1996 年立法、荷兰 1998 年立法、法国 1999 年立法、葡萄牙 2001 年立

① Masha Antokolskaia, Harmonisation of Family Law in Europe: A Historical Perspective, Intersentia, 2006, pp. 3-5.

② Susan B. Boyd, Helen Rhoades, Law and Families, Ashgate Publishing Company, 2006, p. 132.

③ 例如，英国非婚生子女在 2000 年只占所有儿童中的 40%，到 2005 年则增加到 42%(www. statistics. gov. uk, accessed 30 May, 2018)；荷兰非婚生子女在 2001 年只占所有儿童中的 27%，到 2006 年则增加到 37%(www. cbs. nl, accessed 30 May, 2018)。

④ Katherine Magnuson, Lawrence M. Berger, Family Structure States and Transitions: Asoociations With Children's Well-Being During Middle Childhood, in Journal of Marriage and Family, Volume 71, Number 3, August, 2009.

⑤ Katharina Boele-Woelki and Angelika Fuchs, Same-Sex Relationships and Beyond: Gender Matters in the EU, 3rd edition, Intersentia Ltd., 2017, p. 27.

⑥ 在 20 世纪末以后，不仅同性婚姻受到欧洲一些国家立法保护，而且异性登记伴侣关系也被欧洲一些国家立法认可。如此一来，这类人士共同收养子女问题就被提上了议事日程。Katharina Boele-Woelki, Legal Recognition of Same-sex Couples in Europe, Intersentia, 2003, p. 6.

⑦ Masha Antokolskaia, Convergence and Divergence of Family Law in Europe, Intersentia, 2007, pp. 150-152.

法、德国 2001 年立法①、芬兰 2002 年立法、卢森堡 2004 年立法、安道尔 2005 年立法、英国 2005 年立法、捷克 2005 年立法、斯洛维尼亚 2006 年立法、瑞士 2007 年立法分别将异性登记伙伴关系合法化。② 不仅如此，荷兰走得更远，2001 年立法允许同性结合，承认了同性婚姻。比利时紧随其后，2003 年也通过立法将同性登记伙伴关系合法化。西班牙在 2005 年也通过立法将同性登记伙伴关系合法化。③

对收养影响最大的还要算瑞典、丹麦、冰岛在 2002 年 6 月分别通过立法允许同性配偶收养子女。荷兰在 2002 年 11 月也通过立法允许同性配偶收养子女。④ 紧接着又有安道尔、比利时、挪威、西班牙、英国⑤、德国⑥、格陵兰岛、波兰等通过立法允许同性配偶收养子女。⑦

然而，1967 年《关于儿童收养的欧洲公约》却只规定了异性配偶共同收养子女问题，没能涵盖同性配偶收养子女问题。⑧ 正因为如此，瑞典在 2003 年元月正式退出了《关于儿童收养的欧洲公约》，英国也在 2005 年 6 月宣布部分退出《关于儿童收养的欧洲公约》。正是在欧洲一些国家立法允许同性配偶收养子女的强烈冲击下，欧洲理事会不得不考虑 1967 年《关于儿童收养的欧洲公约》的修订问题。

3. 欧洲人权法院有关收养判例对公约提出了严峻的挑战

1967 年《关于儿童收养的欧洲公约》在制定时主要以 1950 年《欧洲保障人权和基本自由公约》为基础。然而，自 1952 年至 21 世纪初，欧洲理事会部长委员会又先后拟定了十余项议定书，在保护儿童权益方面有了许多新举措，使得 20 世纪出台的《关于儿童收养的欧洲公约》显得非常落伍。加之 1959 年成立的欧洲人权法院在审理一些涉及儿童收养案件所确立的原则已经与 1967 年《关于儿童收养的欧洲公约》的导向背道而驰。例如，欧洲人权法院 2002 年 7 月 16 日对 P.，C. and S. v. the

---

① 德国 2017 年 6 月 30 日的《同性婚姻缔结法》不仅已认可同性婚姻，而且不再进行同性伙伴登记，以前登记的同性伙伴可转化为同性婚姻。此外，德国还赋予同性配偶完全的收养权。2016 年 6 月 17 日修订的瑞士民法典也允许同性登记伙伴、非婚同居的伴侣可收养该继子女。

② Ingeborg Schwenzer，Internationale Adoption，Stämpfli Verlag AG Bern，2009，p. 152.

③ Ian Curry-Sumner，All's Well That Ends Registered?，Intersentia，2005，p. 3.

④ Machteld Vonk，Children and Their Parents，Intersentia，2007，pp. 260-265.

⑤ Brian Tobin，Same-sex Couples and the Law：Recent Devlopments in the British Isles，in International Journal of Law，Policy and the Family，Vol. 23，No. 3，2009.

⑥ Heinz Georg Bamberger and Herbert Roth，Kommentar zum Bürgerlichen Gesetzbuch，Band 3，Verlag C. H. Beck München，2003，pp. 1057-1060.

⑦ Katharina Boele-Woelki，Debates in Family Law around the Globe at the Dawn of the 21st Century，Intersentia，2009，p. 331.

⑧ Kerry O' Halloran，The Politics of Adoption：International Perspective on Law，Policy & Practice，3rd Editon，Springer，2015，p. 150.

United Kingdom 一案所作的判决就要求必须征得未婚的生父有关收养的同意,① 2000 年 2 月 1 日对 In Mazurek v. France 一案的处理则提出既不应歧视非婚生子女又不应漠视非婚生子女生父的权利,② 2004 年 7 月 13 日对 Pla and Pun Cernau v. Andorra 一案所作的判决就要求平等对待养子女的继承权且不得有任何歧视,③ 2007 年 6 月 28 日对 Wagner and Jmwl v. Luxembourg 一案所作的判决就否定了卢森堡法院拒绝被收养的秘鲁儿童入籍的裁定并强调不得区分子女的婚生与非婚生身份,④ 2008 年 1 月 28 日对 E. B. v. France 一案所作的判决就要求各成员国正确对待同性配偶收养子女问题。⑤ 欧洲人权法院涉及儿童收养的一些判例所确立的新原则以及欧洲人权公约的新变化和新走势，对 1967 年《关于儿童收养的欧洲公约》提出了严峻的挑战，迫使欧洲理事会必须考虑欧洲收养公约的修订事宜。⑥

4. 公约滞后于各缔约国收养立法与司法实践革新的步伐

1967 年《关于儿童收养的欧洲公约》问世的主要目的在于为各缔约国设立收养的最低标准，协调各缔约国的收养法，减少跨国收养的法律冲突。然而，自 20 世纪 60 年代以来，欧洲地区各国几乎都对国内收养法进行了不同程度的修订，有的国家甚至修改了多次。⑦ 特别是 1993 年海牙国际私法会议《跨国收养方面保护儿童及合作公约》生效以后，许多欧洲国家又成了海牙收养公约的成员国，并在司法实践中不断更新国内收养和跨国收养制度。因而，若欧洲理事会再因循守旧，抱守残缺，不仅使 1967 年《关于儿童收养的欧洲公约》落后于时代，而且也背离了公约最初的宗旨和目的。⑧ 所以，各缔约国收养立法与司法实践的不断更新是修订 1967 年《关于儿童收养的欧洲公约》的内在要求。另外，为了更好地协调和处理跨国收养事宜，北欧的瑞典、丹麦、挪威和芬兰等国早在 1977 年就固定每两年召开一次

---

① No. 56547/00, P. , C. and S. v. the United Kingdom, 16 July 2002, 2FLR 631.

② No. 33406/97, In Mazurek v. France, 1 February 2000.

③ No. 69498/01, Pla and Pun Cernau v. Andorra, 13 July 2004, 2FCR 630.

④ No. 76240/01, Wagner and Jmwl v. Luxembourg, 28 June 2007.

⑤ No. 43546/02, E. B. v. France, 22 January 2008, 1FLR 850.

⑥ Lydia F. Müller, The Most Recent Development in the Reform Process of the Control System of the European Convention on Human Rights: the Additional Protocol No. 14bis, in Zeitschrift für ausländisches öfentliches Recht und Völkerrecht, Vol. 69, 2009.

⑦ The Secretariat of the Directorate General of Human Rights and Legal Affairs (DG-HL), Council of Europe Achievements in the Field of Law: Family Law and the Protection of Children, Strasbourg, August, 2008, pp. 28-29.

⑧ Rosemary Horgan, Frank Martin, The European Convention on Adoption of Children: Progressing the Children's Rights Polemic, in International Family Law, September, 2008.

有关跨国收养的会议(Nordic Committee)，直至1993年正式成立北欧收养组织(Nordic Organization of Adoption，Eur Adoption)。北欧收养组织还专门派代表参加了海牙跨国收养公约的创制全过程。1995年，瑞典、丹麦、挪威和芬兰在第十次北欧收养会议上正式成立了负责处理北欧跨国收养问题的组织即北欧收养理事会(Nordic Adoption Council)。该组织在促进北欧各国修订各自的收养法、协调北欧各国收养法律冲突和统一跨国收养规则及关注被收养的儿童权益保护方面发挥了重要作用。①

5. 国际社会保护被收养儿童权利规则更新的冲击

20世纪末至21世纪初，为了进一步加强对被收养儿童权益的保护，国际社会推出了一系列规则。例如，联合国1986年通过了《关于儿童保护和儿童福利特别是国内和国际寄养与收养办法的社会和法律原则宣言》，1989年通过了《儿童权利公约》(第21条专门针对被收养儿童的保护问题)。为了促进联合国《儿童权利公约》的有效实施，欧洲理事会在1996年1月25日通过了《实施儿童权利的欧洲公约》，1997年11月6日通过了《欧洲国籍公约》以及较早通过的《关于非婚生儿童法律地位的欧洲公约》都对儿童收养提出了新要求。② 此外还有欧洲理事会出台的其他保护儿童公约，如2003年5月15日通过的《联系儿童的欧洲公约》和2007年10月25日通过的《保护儿童免遭性侵犯的欧洲公约》，等等。另外，海牙国际私法会议在1993年通过了专门规范国际收养的《跨国收养方面保护儿童及合作公约》。这些公约的出台使得1967年《关于儿童收养的欧洲公约》的滞后性日益明显，面临多方面的挑战和冲击，更新的呼声不断高涨。③

6. 1967年《关于儿童收养的欧洲公约》本身的缺陷

1967年《关于儿童收养的欧洲公约》因当时的历史局限性而使公约存在一些先天痼疾，例如，涵盖面窄、任意性规范与强制性条款的混杂不清、强调儿童的婚生与非婚生的区别、在收养效力上偏重于收养人、条款中的折中性与妥协性过强等。正因为1967年《关于儿童收养的欧洲公约》本身的缺陷无法克服，加之瑞典完全退出公约以及英国宣布部分退出《关于儿童收养的欧洲公约》，所以，修订《关于儿童

---

① Peter Selman, Intercountry Adoption Agecies and the HCIA, in International Forum on Intercountry Adoption and Global Surrogacy, 11-13 Agugust, 2014.

② Linda Hart, Individual Adoption by Non-Heterosexuals and Order Family Life in the European Court of Human Rights, in Journal of Law and Society, Vol. 36, No. 4, 2009.

③ Council of Europe 's Documents of 118th Session of The Committee of Ministers, Strasbourg, 7 May, 2008.

收养的欧洲公约》就成了势在必行的事。①

正是由于上述因素的影响，无法通过其他途径消除1967年《关于儿童收养的欧洲公约》的内在弊端和外在实施障碍，欧洲理事会最终不得不修订公约。

第三节　欧洲理事会解决区域性跨国收养法律冲突的新方略

一、欧洲理事会修订1967年《关于儿童收养的欧洲公约》的历程

1.《关于儿童收养的欧洲公约》修订的动因

欧洲理事会在制定了1967年的《关于儿童收养的欧洲公约》以后，并未就此罢手，而是继续从事这方面的工作，力求在跨国收养法的统一化方面有所建树。早在1963年，为了加强各国的法律协调和私法统一工作，欧洲理事会部长会议设立了一个“法律协作委员会”(European Committee on Legal Co-operation)。欧洲理事会“法律协作委员会”下设的家庭法专家组，一直坚持对1967年的《关于儿童收养的欧洲公约》的实施与运作情况进行跟踪。

1977年在奥地利维也纳召开的第一次欧洲家庭法大会上就有代表提议应修订1967年《关于儿童收养的欧洲公约》。其理由是：自20世纪60年代后，欧洲许多国家根据发展变化的社会状况不断修订国内收养法，加之欧洲理事会1975年通过了《关于非婚生儿童法律地位的欧洲公约》，如此一来，1967年《关于儿童收养的欧洲公约》的一些条款已经不适应时代的要求。因此，欧洲理事会“法律协作委员会”下设的家庭法专家组就在1988年着手调查修订1967年《关于儿童收养的欧洲公约》的事宜，② 但考虑到海牙国际私法会议准备制定全球性收养公约，最后决定先全力支持海牙国际私法会议的工作。尽管1993年通过的《跨国收养方面保护儿童及合作公约》很快在1995年5月1日生效实施，但是，在欧洲地区依然存在非法收养问题。欧洲理事会议会所辖的社会、健康和家庭事务委员会(Social, Health and Family Affairs Committee)通过广泛调查，揭示了欧洲地区跨国收养所存在的滥用收养权买卖儿童、东欧国家的代孕母亲专职为跨国收养生育子女、侵犯被收养儿童权

---

① Committee of Experts on Family Law (CJ-FA), Working Party on Adoption (CJ-FA-GT1), Report of the First Meeting, Strasbourg, 12-14 March, 2003.

② 在这一期间，欧洲理事会部长会议通过了一项关于儿童安置问题的(77)33号决议以及一个关于寄养家庭问题的R(87)6号议案，这两者都涉及儿童的跨国收养问题。此外，1988年6月21日至22日在葡萄牙首都里斯本召开的第十六届欧洲司法部长会议也非常重视收养第三世界国家的儿童问题以及防止拐卖儿童问题，提出了有价值的解决办法。

益等问题。① 在此基础上，欧洲理事会议会在 2000 年通过了《关于国际收养的 1443 号建议》，要求各成员国注意国际收养的规范问题，设法加强对被收养儿童权益的保护。② 该建议成了推动修订 1967 年《关于儿童收养的欧洲公约》的直接诱因。同时，还有上述有关 1967 年《关于儿童收养的欧洲公约》的内在缺陷和外在因素的影响，欧洲理事会着手全面修订 1967 年《关于儿童收养的欧洲公约》迫在眉睫。

2.《欧洲收养公约》修订草案出台的历程

2002 年 5 月在欧洲理事会“法律协作委员会”召开的第 77 次会议上正式授权其家庭法专家组着手修订 1967 年《关于儿童收养的欧洲公约》的工作。欧洲理事会家庭法专家组为尽快完成任务，在 2003 年年初专门成立了致力于修订公约的收养问题工作小组。收养问题工作小组由奥地利司法部的 Werner Schütz 担任主席，专家组成员包括：法国的 Fabienne Goget③、希腊的 Aikaterini Foudedakis④、冰岛的 Kristrún Kristinsdottir、爱尔兰的 Rosemary Horgan、罗马尼亚的 Andreea Ciuca⑤、欧盟的代表 Marie-Odile Baur。负责修订 1967 年《关于儿童收养的欧洲公约》的工作小组于 2003 年 3 月 12 日至 14 日在法国的斯特拉斯堡召开了第一次会议。这次会议开始认真审查 1967 年《关于儿童收养的欧洲公约》的得失，同时完成了一份关于公约的调查问卷并发放给欧洲理事会的成员国，要求各成员国在 2003 年 7 月 15 日前反馈答卷。⑥ 根据收回的有关收养的调查问卷，收养问题工作小组于 2003 年 10 月 15 日至 17 日在法国的斯特拉斯堡召开了第二次会议。这次会议集中分析调查问卷所反映的各种情况，提出了修改 1967 年《关于儿童收养的欧洲公约》的具体建议。⑦ 随后，2004 年 3 月 16 日至 18 日在法国的斯特拉斯堡召开了收养问题工作小组第三次会议，大会在对各成员国的调查问卷进行归类整理的基础上提出了修改《关于儿

---

① N. Cantwell, The Best Interests of the Child in Intercountry Adoption, UNICEF 2013, http: //www. unicef. org/media 55422. htm(accessed 20 June, 2021).

② International Adoption: Respecting Children’s Rights, Recommendation 1443 (2000) of Council of Europe, 26 January 2000 (5th Sitting).

③ Fabienne Goget 在第四次会议时被 Christelle Hilpert-Kergall 取代。

④ Aikaterini Foudedakis 未参加第五次会议。

⑤ Andreea Ciuca 在第二次会议时缺席后，第三次会议由罗马尼亚的 Liliana Ciobanud 参加，在第二次会议时由捷克专家 Peter Sedlák 取而代之。

⑥ Committee of Experts on Family Law (CJ-FA), Working Party on Adoption (CJ-FA-GT1), Report of the First Meeting, Strasbourg, 12-14 March, 2003.

⑦ European Committee on Legal Co-operation (CDCJ), Committee of Experts on Family Law (CJ-FA), Working Party on Adoption (CJ-FA-GT1), Report of the Second Meeting, Strasbourg, 15-17 October, 2003.

童收养的欧洲公约》的具体理由和依据。收养问题工作小组将这次会议的报告提交欧洲理事会"法律协作委员会"第 79 次会议审查并获得通过。①

不仅如此，2004 年 6 月 30 日的欧洲理事会第 890 次部长会议也同意并批准了欧洲理事会家庭法专家组关于修改 1967 年《关于儿童收养的欧洲公约》的议案，要求收养问题工作小组尽快完成具体草案。② 于是，收养问题工作小组全力投入拟定草案的工作。经过将近两年的努力，收养问题工作小组将其草拟的公约修订稿的第一部分和第二部分草案及解释说明报告提交 2006 年 4 月 5 日至 7 日在法国的斯特拉斯堡举行的第四次收养问题工作小组会议审定。③ 经过收养专家工作组的各位专家及与会的国际民事身份委员会的代表 Jonathan Sharpe 反复讨论、斟酌，提出了许多修改意见。这些建议与意见被筛选吸收后，迅速融入了 2006 年 7 月 11 日至 13 日在法国的斯特拉斯堡举行的第五次收养问题工作小组会议审议的新的草案文本中。这次会议也是收养工作小组最后定稿的一次会议，不仅重新审查了公约第一部分和第二部分草案及解释说明报告，而且审查了公约第三部分草案及解释说明报告。经过各位专家及与会的国际社会服务组织的代表 Ulrike Schwarz 和国际民事身份委员会的代表 Jonathan Sharpe 的共同推敲，形成了《关于儿童收养的欧洲公约》修订草案的最终文本，会议一致同意尽快提交欧洲理事会"法律协作委员会" 家庭法专家组与"法律协作委员会" 审查。④《关于儿童收养的欧洲公约》修订草案及解释说明报告，在 2006 年 11 月 17 日的"法律协作委员会" 家庭法专家组第 36 次会议上获得通过，在 2007 年 3 月 1 日的 "法律协作委员会" 第 82 次会议上获得通过。欧洲理事会"法律协作委员会"在进行了一些细微的修改处理后，提交给 2008 年 5 月 7 日召开的第 118 次欧洲理事会部长会议审议并最后获得通过。⑤ 经过近 10 年的酝酿、斟酌、讨论和修改，欧洲理事会新修订的《关于儿童收养的欧洲公约》在

---

① Final Activity Report: Adoption, 3rd Meeting of Working Party on Adoption(CJ-FA-GT1), Strasbourg, 16-18 March 2004; 79th Meeting of European Committee on Legal Co-operation(CDCJ), Strasbourg, 11-14 May 2004.

② Rosemary Horgan, Frank Martin, The European Convention on Adoption of Children: Progressing the Children's Rights Polemic, in International Family Law, September, 2008.

③ European Committee on Legal Co-operation(CDCJ), Committee of Experts on Family Law(CJ-FA), Working Party on Adoption(CJ-FA-GT1), Report of the Fourth Meeting, Strasbourg, 5-7 April 2006.

④ European Committee on Legal Co-operation(CDCJ), Committee of Experts on Family Law(CJ-FA), Working Party on Adoption(CJ-FA-GT1), Report of the Fifth Meeting, 11-13 July 2006.

⑤ Council of Europe 's Documents of 118th Session of the Committee of Ministers, Strasbourg, 7 May 2008.

2008年11月27日向成员国和非成员国开放签署，并于2011年9月1日生效实施。①

二、欧洲理事会2008年修订的《关于儿童收养的欧洲公约》的重大突破

1. 2008年修订的《关于儿童收养的欧洲公约》的新变化

欧洲理事会2008年通过的《关于儿童收养的欧洲公约》文本，无论在形式还是内容上都令人耳目一新。在形式方面的变化：首先，表现在条款数目上，2008年新公约比1967年的公约增加两条，由原来的28条增加到30条；其次，新旧公约中只有极少数条款内容是原封未动的，如2008年公约的第2条、第3条、第4条、第13条、第17条、第18条和第28条就是从1967年《关于儿童收养的欧洲公约》中照搬过来的，只是序码位置变换了；再次，2008年新公约还有一些条款承袭了旧公约的，但都做过不同程度的修改，特别是增加了内容，如新公约第5条、第7条、第10条和第22条等。具体而言，欧洲理事会2008年新修订的《关于儿童收养的欧洲公约》在内容上的变化主要表现在以下六个方面：

第一，在公约适用范围上有所扩展。

2008年新公约比1967年公约的适用范围更加广泛：既适用于完全收养也适用于简单收养，既适用于跨国收养也适用于国内收养，既适用于共同收养也适用于个人独自收养，既适用于异性配偶收养子女也不限制同性配偶收养子女。② 在20世

① 欧洲理事会2008年修订的《关于儿童收养的欧洲公约》的各缔约方签署、批准与生效的时间：亚美尼亚2008年11月27日签署，比利时2008年12月1日签署、2015年5月7日批准、2015年9月1日生效，丹麦2008年11月27日签署、2012年2月3日批准、2012年6月1日生效，芬兰2008年11月27日签署、2012年3月19日批准、2012年7月1日生效，德国2014年5月23日签署、2015年3月2日批准、2015年7月1日生效，匈牙利2010年11月29日签署，冰岛2008年11月27日签署，马耳他2015年4月27日签署、2015年4月27日批准、2015年8月1日生效，黑山2009年6月18日签署，荷兰2009年11月30日签署、2012年6月29日批准、2012年10月1日生效，马其顿2013年4月30日签署，挪威2008年11月27日签署、2011年1月14日批准、2011年9月1日生效，葡萄牙2009年12月14日签署，罗马尼亚2009年3月4日签署、2012年1月2日批准、2012年5月1日生效，塞尔维亚2009年6月18日签署，西班牙2009年11月30日签署、2010年8月5日批准、2011年9月1日生效，乌克兰2009年4月28日签署、2011年5月4日批准、2011年9月1日生效，英国2008年11月27日签署。参见：http：//conventions. coe. int/Treaty/Commun/ChercheSig. asp？NT = 058&CM = 8&DF = 24/11/2009&CL=ENG（accessed 30 March，2021）.

② European Committee on Legal Co-operation（CDCJ），Committee of Experts on Family Law（CJ-FA），Working Party on Adoption（CJ-FA-GT1），Report of the Fourth Meeting，Strasbourg，5-7 April 2006.

纪 60 年代尚无缔约国承认同性婚姻制度，更不用说同性配偶收养子女问题了。1967 年《关于儿童收养的欧洲公约》第 6 条第 1 款明确限定“只有已婚配偶才能共同收养子女”，而 2008 年新修订的公约第 7 条则不仅不限制同性配偶共同收养子女并且允许未结婚的异性登记伙伴也可共同收养子女。在公约第二稿的修订草案中曾提到，同性或异性即使没有结婚也不打算结婚，只要两人同居 5 年并有长期共同生活的意向，也允许他们共同收养子女。① 但最后定稿时将“至少共同生活 5 年”这一要求删除了，② 只规定“关系固定并共同生活在一起的异性配偶或同性配偶都可共同收养子女”。③

可见，无论是在收养类型还是在收养效力方面，2008 年新修订的公约不断扩张其适用范围，增强其适用的灵活性。④

第二，收养人要件方面的变化。

对于具备何种条件的人可以收养子女，各缔约国立法都有具体规定，1967 年旧公约只设定最低标准。2008 年新修订的公约继续承袭了 1967 年旧公约这一基本导向。沿着这一定势，新公约首先在收养人最低年龄要件上作了调整，1967 年《关于儿童收养的欧洲公约》第 7 条第 1 款规定“收养人最低年龄应不低于 21 岁并不高于 35 岁”，而 2008 年新修订的公约降低了收养人最低年龄要求，在第 9 条中将收养人最低年龄降低为“18 岁至 30 岁”。这主要是基于欧洲地区未婚生育子女的父母年龄不断降低所作的修改。不仅如此，2008 年新公约第 9 条第 1 款还规定“收养人与被收养人的年龄差距应不低于 16 岁”。对于共同收养人是否必须结婚的问题，2008 年新公约也放宽了条件。1967 年《关于儿童收养的欧洲公约》第 6 条只允许已婚配偶共同收养子女，但 2008 年修订后的公约则未作这方面的限制。2008 年新修订的公约第 7 条既允许个人独立收养子女也允许两人共同收养子女，而共同收养子女的收养人既可是已婚异性夫妻，也可为未结婚的异性登记伙伴，⑤ 还有可能是同

---

① European Committee on Legal Co-operation (CDCJ), Committee of Experts on Family Law (CJ-FA), Working Party on Adoption (CJ-FA-GT1), Report of the Third Meeting, Strasbourg, 16-18 March, 2004, p. 14.

② European Committee on Legal Co-operation (CDCJ), Committee of Experts on Family Law (CJ-FA), Working Party on Adoption (CJ-FA-GT1), Report of the Fifth Meeting, 11-13 July 2006.

③ Paragraph 2 of Article 7 of the European Convention on Adoption of Children 2008.

④ Kerry O' Halloran, The Politics of Adoption: International Perspective on Law, Policy & Practice, 3rd Editon, Springer, 2015, pp. 171-172.

⑤ 在 20 世纪末以后不仅同性婚姻受到欧洲一些国家立法保护，而且异性登记伴侣关系也被欧洲一些国家立法认可。如此一来，这类人士共同收养子女问题就被提上了议事日程。Katharina Boele-Woelki, Legal Recognition of Same-sex Couples in Europe, Intersentia, 2003, p. 6; Ian Curry-Sumner, All's Well That Ends Registered?, Intersentia, 2005, pp. 3-4.

性配偶。

第三，同意权行使方面的变化。

对于收养同意权行使问题，2008 年修订后的《关于儿童收养的欧洲公约》在两方面做了修改：一是明确要求征得被收养儿童生父的同意，二是特别要求征得被收养儿童本人的同意，必须全面咨询并着重考虑 14 周岁以下儿童的意见。

首先，关于收养应征得被收养儿童生父同意这一要求纳入新公约中，不仅经过反复讨论斟酌，而且有着深远的历史原因。

在 1967 年《关于儿童收养的欧洲公约》第 5 条中，要求非婚生子女的收养只要经其生母同意即可，未规定必须征得被收养儿童生父的同意。而 2008 年修订后的公约则明确规定：无论何种类型的子女在被收养时必须征得其生父的同意。这是新公约修订时最引人注目的地方。因为 1967 年《关于儿童收养的欧洲公约》在定位时基于当时的社会现实而坚持区分婚生子女和非婚生子女，并将其贯穿于公约始终。然而，欧洲理事会 1975 年通过的《关于非婚生儿童法律地位的欧洲公约》以及欧洲人权法院的一系列判例一致推行禁止歧视非婚生子女的理念，而且倡导不再区分婚生子女和非婚生子女。① 如此一来，1967 年《关于儿童收养的欧洲公约》的许多规定就明显过时了，特别是与欧洲人权法院有关收养的一系列判例发生严重冲突。在 Keegan v. Ireland 一案中，未婚母亲在秘密送养子女时没有告知其生父，后来被收养儿童的生父出面反对，最后交由欧洲人权法院裁定。欧洲人权法院于 1994 年 5 月 26 日的裁决特别强调，即使子女的生父与生母没有结婚，无论谁收养该子女都应征得未婚的生父的同意。② 类似的案例还有欧洲人权法院于 1995 年 10 月 27 日关于 Kroon and Others v. the Netherlands 一案的裁决③和 2004 年 2 月 26 日关于 Görgülü v. Germany 一案的裁决，④ 都主张不可忽视被收养子女的未婚生父的同意权，否则，就会违反《欧洲保障人权和基本自由公约》第 8 条的规定。⑤ 因此，在欧洲人权法院这一系列判例的影响下，欧洲理事会在修订《关于儿童收养的欧洲公约》时就专门规定应征得被收养儿童生父的同意，除非证明生父没有行使父亲照顾

① Ingeborg Schwenzer, Tensions Between Legal, Biological and Social Conceptions of Parentage, Intersentia, 2007, p. 4; Machteld Vonk, Children and Their Parents, Intersentia, 2007, p. 4.

② No. 16969/90, Keegan v. Ireland, 26 May 1994, 18 EHRR 342.

③ No. 18535 /91, Kroon and Others v. the Netherlands, 27 October 1995, 19 EHRR 263.

④ No. 74969 /01, Görgülü v. Germany, 2004, 1 FLR 894.

⑤ Katharina Boele-Woelki, European Family Law in Action: Parental Responsibilities, Volume Ⅲ, Intersentia, 2005, pp. 355-361.

子女的责任。①

其次，关于被收养儿童同意权的行使问题，欧洲理事会家庭法专家组经过反复讨论才最终确定。

1967年《关于儿童收养的欧洲公约》在第5条和第9条规定收养当事人同意收养的意思表示要件时并未考虑被收养儿童的同意权问题。而2008年修订后的公约在第5条和第6条中对被收养儿童同意权行使问题作了非常具体的规定。

2008年新修订的《关于儿童收养的欧洲公约》之所以对被收养儿童的同意权问题作如此详细的规定，主要原因在于：一是考虑与各种保护儿童权利的国际性规则接轨；二是受欧洲人权法院相关判例的影响。② 具体而言，2008年新修订的《关于儿童收养的欧洲公约》之所以将被收养儿童的同意权置于重要地位，主要源于以下国际公约及相关规则的影响：联合国1989年《儿童权利公约》第12条、第13条和第23条，欧洲理事会1996年《实施儿童权利的欧洲公约》第3条，欧洲理事会家庭法专家组2001年《关于确定父母责任基本原则的白皮书》第15条③，海牙国际私法会议1980年《关于国际非法诱拐儿童民事方面的公约》，1993年《跨国收养方面保护儿童及合作公约》和1996年《关于父母责任和保护儿童措施的管辖权、法律适用及判决的承认执行与合作公约》，等等。正是为了与这些公约的规定保持一致，欧

---

① European Committee on Legal Co-operation (CDCJ), Committee of Experts on Family Law (CJ-FA), Working Party on Adoption (CJ-FA-GT1), Report of the Second Meeting, Strasbourg, 15-17 October 2003.

② Lydia F. Müller, The Most Recent Development in the Reform Process of the Control System of the European Convention on Human Rights: the Additional Protocol No. 14bis, in Zeitschrift für ausländisches öfentliches Recht und Völkerrecht, Vol. 69, 2009.

③ "White Paper" on Principles concerning the Establishment and Legal Consequences of Parentage [doc. CJ-FA (2001) 16 rev]:

Principle 15:

1. An adoption shall not be granted unless at least the following consents to the adoption has been given and not withdrawn:

-the consent of the mother

-the consent of the father

States may also require the consent of the child considered by the internal law as having sufficient understanding.

2. The law may dispense with the consent of the father or of the mother or of both if they are not holders of parental responsibilities or if this consent cannot be obtained, in particular if the whereabouts of the mother or of the father or of both is unknown and they cannot be found or are dead.

3. The competent authority may overrule the refusal to consent of any person mentioned in paragraph 1 only on exceptional grounds determined by law.

洲理事会新修订的《关于儿童收养的欧洲公约》特别重视被收养儿童的同意权并作了非常详细的规定。

不仅如此，新修订的《关于儿童收养的欧洲公约》对于被收养儿童行使同意权的年龄如何确定也是几经反复才定下来。早在2003年欧洲理事会负责修订《关于儿童收养的欧洲公约》的专家组第二次会议上就有代表提出应确定被收养儿童行使同意权的最低年龄为13岁。① 但另外的专家指出，这种做法虽然将“被收养儿童是否有权同意被收养”置于首要地位，但是对于“被收养儿童拒绝给予同意”如何处理会成为公约的难题。而且不少成员国的国内收养立法规定的被收养儿童行使同意权的最低年龄小于13岁。② 特别是欧洲人权法院在2004年对Pini and others v. Romania一案的判决，③ 更是令修订《关于儿童收养的欧洲公约》的专家左右为难。该案涉及一名9岁的罗马尼亚儿童被收养后准备带到意大利去，因罗马尼亚法律规定只需征得年满14岁的儿童的同意，所以罗马尼亚法院在未征求被收养儿童本人意见的情况下颁发了收养令，但该9岁儿童却拒绝被收养到意大利去。最后，该收养被欧洲人权法院否决了。④ 鉴于此，负责修订公约的专家又提出可以采取弹性规则，要求各缔约国在批准收养时必须将收养信息告知被收养儿童，且不论儿童年龄多大。⑤ 最后，新修订的《关于儿童收养的欧洲公约》就在第5条第1款b项中接受了这一方案，即收养应征得“具有足够理解能力的被收养儿童的同意”，对于14周岁以下的被收养儿童是否具备足够理解能力应依各缔约国法规定。此外，新公约第6条还补充规定：对于那些在收养时没有达到“具有足够理解能力”的儿童，各国在批准收养时应对被收养儿童进行全面咨询并明确告知收养后果。

第四，收养效力方面的变化。

2008年修订的《关于儿童收养的欧洲公约》对于收养效力的规定集中在第11条和第12条。这两条规定与1967年公约的相关条款比较，可以发现其修改幅度较大。

---

① European Committee on Legal Co-operation (CDCJ), Committee of Experts on Family Law (CJ-FA), Working Party on Adoption (CJ-FA-GT1), Report of the Second Meeting, Strasbourg, 15-17 October 2003.

② Katharina Boele-Woelki, Frédérique Ferran, etc., Principles of European Family Law Regarding Parental Responsibilities, Intersentia, 2009, pp. 52-53.

③ No. 78028/01, No. 78030/01, Pini and others v. Romania, 22 June 2004, [2005] 21 FLR 596.

④ No. 78028/01, No. 78030/01, Pini and others v. Romania, 22 June 2004, [2005] 21 FLR 596.

⑤ Rosemary Horgan, Frank Martin, The European Convention on Adoption of Children: Progressing the Children's Rights Polemic, in International Family Law, September 2008.

新公约第11条是专门关于收养效力的规定，是在1967年《关于儿童收养的欧洲公约》第10条基础上修改而成的。但新公约将旧公约中有关“非婚生子女”的提法统统删除了。不仅如此，1967年的公约第10条第3款将“被收养子女获得养父母的姓氏”作为一条硬性规则，而2008年的新公约第11条第1款则并没有将其作为绝对性规则对待，允许养子女与养父母都有选择权。这主要因为欧洲各国法律对于养子女姓名权的规定差别较大。有的国家立法要求被收养人必须获得养父母的姓氏，有的国家立法允许被收养人可不用养父母的姓氏，还有的国家立法允许被收养人自由选择姓氏，个别国家立法甚至规定妇女收养子女可不必要求子女随其姓。①另外，2008年的新公约在对待被收养儿童国籍问题上也改变了1967年公约的做法，没有强行要求各缔约国立法规定被收养儿童自动取得国籍，而是与1997年《欧洲国籍公约》第6条第4款保持一致，建议各缔约国为被收养儿童取得国籍提供方便。可见，2008年新公约第12条采取的是方便入籍原则，只是它强调为了儿童最大利益应尽可能避免出现无国籍状态。

在收养效力上，2008年修订的《关于儿童收养的欧洲公约》以建立永久性父母子女关系为指导原则，倡导完全收养制度，但也未禁止简单收养。这在新公约第11条第4款中有明确规定，而第10条和第12条也有相应规定。②

第五，收养信息公开方面的变化。

2008年修订的《关于儿童收养的欧洲公约》第22条对收养信息公开问题作了非常具体的规定。与1967年公约第20条相比，变化最大的在条款数量上增加了两款，内容上也有所修改。新公约修订最重要之处在于，1967年公约第20条是放在附加规则之中，而2008年新公约将其作为基本条款对待并移置一般规则中，提升了地位。

自从欧洲理事会启动1967年《关于儿童收养的欧洲公约》的修订程序开始，家庭法专家组就对如何平衡被收养儿童的知情权与亲生父母或养父母的保密权问题争论不休。③ 有代表提出：让被收养儿童获得其出生和身份的基本信息，是联合国

---

① European Committee on Legal Co-operation (CDCJ), Committee of Experts on Family Law (CJ-FA), Working Party on Adoption (CJ-FA-GT1), Report of the Fifth Meeting, 11-13 July 2006.

② Rosemary Horgan, Frank Martin, The European Convention on Adoption of Children: Progressing the Children's Rights Polemic, in International Family Law, September 2008.

③ Katharina Boele-Woelki, Frédérique Ferran, etc., Principles of European Family Law Regarding Parental Responsibilities, Intersentia, 2009, pp. 243-245.

《儿童权利公约》第7条赋予儿童的基本权利。① 此外，欧洲理事会家庭法专家组2001年《关于确定父母责任基本原则的白皮书》第28条原则也有类似要求。② 但是，也有代表提出应设法维护好被收养儿童亲生父母或养父母的保密权。因为，有的欧洲国家一直坚持秘密收养，如法国还允许"白纸同意收养"。③ 在各派意见相持不下的时候，欧洲人权法院在2003年2月13日关于 Odièvre v. France 一案的判决起了推波助澜的作用。④ 最后，欧洲理事会于2008年在通过新修订的《关于儿童收养的欧洲公约》时也采取了折中主义的办法。新修订的公约第22条第3款既规定了养子女获取出生信息的知情权又肯定了被收养儿童亲生父母或养父母的保密权，至于在何时且以何种程度向被收养儿童公开相关信息则由各国的收养主管机关把握。⑤ 此外，2008年新修订的《关于儿童收养的欧洲公约》第22条第5款还专门规定被收养儿童出生情况及与其身份相关的信息应至少保存50年。这一规定是1967年《关于儿童收养的欧洲公约》所没有的。⑥

第六，收养关系解除方面的变化。

由于海牙国际私法会议1993年通过的《跨国收养方面保护儿童及合作公约》没有对跨国收养的无效和撤销作出规定，欧洲各国立法对收养无效与撤销的规定又千差万别，⑦ 但目前在收养领域占主导地位的理念却是为被收养儿童构建永久性父母子女关系，所以，在欧洲理事会家庭法专家组关于修订欧洲收养公约的第一次会议

① Article 7 of UN Convention on the Rights of the Child: 1. The child shall be registered immediately after birth and shall have the right from birth to a name, the right to acquire a nationality and, as far as possible, the right to know and be cared for by his or her parents. 2. States Parties shall ensure the implementation of these rights in accordance with their national law and their obligations under the relevant international instruments in this field, in particular where the child would otherwise be stateless.

② Principle 28 of the White Paper on Principles Concerning the Establishment and Legal Consequences of Parentage [doc. CJ-FA (2001) 16 rev]: The interest of a child as regards information on his or her biological origin should be duly taken into account in law.

③ European Committee on Legal Co-operation (CDCJ), Committee of Experts on Family Law (CJ-FA), Working Party on Adoption (CJ-FA-GT1), Report of the Second Meeting, Strasbourg, 15-17 October 2003.

④ No. 42326/98, Odièvre v. France, 13 February 2003, 14 BHRC 526.

⑤ Rosemary Horgan, Frank Martin, The European Convention on Adoption of Children: Progressing the Children's Rights Polemic, in International Family Law, September 2008.

⑥ Council of Europe's Documents of 118th Session of the Committee of Ministers, Strasbourg, 7 May 2008.

⑦ 欧洲各国收养立法的精神不同，对待收养的无效与撤销的态度与立场迥异。有的国家允许终止收养关系，有的国家则严格禁止终止收养关系，有的国家则不置可否。

上就对是否具体规定收养关系解除问题产生了激烈的争论。有的代表认为，收养是为了建立永久性父母子女关系，应与自然血亲关系一样是不可解除的，否则就违背了收养的宗旨。加之，欧洲收养公约倡导完全收养，若在公约中再规定收养的无效和撤销问题，则会自相矛盾。而另一些专家指出，欧洲国家中有一些国家立法允许撤销收养关系或允许宣告收养无效，若公约对此不做任何规定，则有可能使存在收养无效和可撤销制度的国家立法与公约相抵触，导致其像瑞典一样脱离公约。最后，欧洲理事会2008年在通过新修订的《关于儿童收养的欧洲公约》时又作了妥协，在第14条中规定了收养的无效和撤销问题。在被收养儿童成年以前，只要缔约国的立法认为宣告收养无效或撤销收养关系是符合儿童最大利益的，就可解除收养关系。因1967年《关于儿童收养的欧洲公约》第13条在这方面的规定非常含糊，有专家提出应对收养无效和撤销的条件作明确规定，并应规定提出申请的具体期限，即必须在收养关系成立后的3年内提出。① 但这一建议并未完全被采纳，最后通过的公约只规定了"收养无效和撤销的请求必须在法律规定的期限内提出"，而将具体时间和条件交给各缔约国根据各自的情况决定。②

可见，欧洲理事会2008年新修订的《关于儿童收养的欧洲公约》在收养撤销与无效的革新上并未走得太远，大体还是承袭了1967年《关于儿童收养的欧洲公约》的衣钵，将原条文中的两款扩展为三款，在内容上作了一定的调整和修改。

除了上述新变化外，欧洲理事会2008年新修订的《关于儿童收养的欧洲公约》还增加了关于亲权确定程序与中止收养程序(第16条)、从事收养事务的社会工作者必须接受收养法等专业知识培训(第10条第3款和第21条)、试养期必须将儿童最大利益原则作为首要考虑因素(第19条)、收养信息资料保存50年(第22条第5款)等规定。

2. 2008年修订的《关于儿童收养的欧洲公约》的价值与意义

欧洲理事会2008年修订的《关于儿童收养的欧洲公约》既是为了适应时代需要所做的修改，又是为进一步促进欧洲一体化的共同努力。新公约不仅为欧洲地区国内收养法重新设定了一些基本准则，而且为解决欧洲地区的跨国收养法律冲突提供了范式。具体而言，欧洲理事会2008年《关于儿童收养的欧洲公约》的价值、特点和作用可概括如下：

第一，新公约将儿童最大利益原则贯穿始终。

无论在新公约的引言部分还是具体条文，自始至终强调必须坚持儿童最大利益

① European Committee on Legal Co-operation(CDCJ), Committee of Experts on Family Law(CJ-FA), Working Party on Adoption(CJ-FA-GT1), Report of the Fifth Meeting, 11-13 July 2006.

② Article 14 of the European Convention on Adoption of Children 2008.

原则。可以说，这是联合国 1989 年《儿童权利公约》、欧洲理事会 1996 年《实施儿童权利的欧洲公约》与海牙国际私法会议 1993 年《跨国收养方面保护儿童及合作公约》所倡导的儿童最大利益原则的具体再现。不过，欧洲理事会 2008 年《关于儿童收养的欧洲公约》更前进了一步，将"儿童最大利益原则"放在第一位，置于顶层设计的位置。在新公约的序言、第 4 条第 1 款、第 9 条第 1 款和第 2 款、第 14 条第 1 款以及第 19 条中都反复提到应坚持儿童最大利益原则。

第二，新公约的开放性和灵活度更高。

欧洲理事会之所以要修订 1967 年的《关于儿童收养的欧洲公约》，主要是与时俱进，适应和紧跟变化多端的欧洲社会现实情况。所以，2008 年修订的《关于儿童收养的欧洲公约》不仅删除了原来过时的条款，而且在设计新条款时也增加了其灵活性。例如，对同性配偶收养子女问题，欧洲各国的争议较大，一部分国家反对在公约中加以规定，但瑞典、丹麦和英国等少数国家坚持。最后，新公约非常巧妙地设计了条款：只要缔约国国内法有这类制度，那么就不禁止同性配偶收养子女。新公约将同性配偶收养子女、异性未婚同居者共同收养子女、登记伙伴收养子女等问题都交给各缔约国依据各自国内法自己处理。这样既增加了新公约适用的包容性，又考虑了未来社会现实的多元性，具有一定前瞻性。另外，新公约将原来一些硬性规则调整为弹性规则，提高了公约的整合力。例如，在收养效力方面将原来要求缔约国绝对遵守的规则作了适度调整，一是将被收养儿童自动获得养父母姓氏修改为可选择姓氏，二是将自动取得国籍原则调整为方便入籍原则；再如新公约在试养期问题上也允许缔约国自由选择，等等。这样就进一步增加了新公约适用的灵活性。

此外，欧洲理事会 2008 年修订的《关于儿童收养的欧洲公约》最为引人注目的还在于同时向非成员国开放签字，比旧公约的开放程度更大。

第三，新公约有助于推动各缔约国收养法的趋同化走势。

目前欧洲理事会共有 47 个成员，既有普通法系国家又有大陆法系国家，① 既有收养国又有送养国，既有只推行单一的完全收养的国家又有允许多种收养类型并存的国家。因此，制定一个统一适用的收养公约，必须科学地设计条款，巧妙地做到兼容并蓄、求同存异。新公约不仅很好地将普通法系的收养制度与大陆法系的收养制度有机结合在一起，而且将收养国的立场与送养国的立场调和得较为一致。欧洲理事会于 2008 年修订的《关于儿童收养的欧洲公约》所设立的标准和规则比 1967 年的公约前进了一大步，不仅顺应了时代的潮流，而且更符合国内收养和国际收养的客观规律。新公约在设计各种条款时严格遵守旨在努力协调和统一各缔约国收养法这一基本指导思想，既未将标准定得太高，又没有完全降低要求。例如，新公约第 9 条关于收养人最低年龄要求就建议各缔约国控制在 18 岁至 30 岁，第 22 条则

① 参见：http：//www. coe. int/(accessed 31 Junuary，2020).

在被收养儿童获得出生情况的知情权与亲生父母的保密权之间进行博弈。① 正因为如此，新欧洲收养公约能更好地协调欧洲地区各国的国内收养法，增强趋同化走势，有效地实现消除欧洲地区跨国收养法律冲突的美好理想。

第四，新公约是海牙收养公约的有力补充。

21 世纪初，欧洲理事会对于是否需要修订 1967 年的《关于儿童收养的欧洲公约》分歧较大。有的国家主张既然欧洲地区大部分国家都是海牙国际私法会议 1993 年《跨国收养方面保护儿童及合作公约》的成员，那就都统一适用海牙跨国收养公约，没有必要再单独弄一个收养方面的公约。但经过反复讨论，欧洲理事会法律协作委员会还是决定修订 1967 年的《关于儿童收养的欧洲公约》。② 因为 1993 年《跨国收养方面保护儿童及合作公约》还存在一些弊端，诸如涵盖范围有限(排除了伊斯兰教国家的制度)、亲生父母行使同意权的规定与严禁送养人同收养人联系相冲突、收养主管机关权责未作明确规定、欠缺刑事责任方面的规定。③ 不过，欧洲理事会反复强调：修订 1967 年《关于儿童收养的欧洲公约》，既不是标新立异，也并非要取代海牙国际私法会议的《跨国收养方面保护儿童及合作公约》。欧洲理事会对新修订的欧洲收养公约定位非常低调，多次申明只是作为《跨国收养方面保护儿童及合作公约》的补充。④ 这在欧洲理事会 2008 年修订的《关于儿童收养的欧洲公约》的序言中就明确提到了这一点。目前欧洲理事会依然在不断敦促其成员加入《跨国收养方面保护儿童及合作公约》，主张将国际收养问题交由《跨国收养方面保护儿童及合作公约》管辖，《关于儿童收养的欧洲公约》只负责规范国内收养，着重解决海牙公约未涵盖的问题。从理论上说，对《关于儿童收养的欧洲公约》的定位和分工非常明确，但是，一旦新修订的《关于儿童收养的欧洲公约》生效实施，如何协调好两大公约的关系必将成为实践中的难题。诸如既做到分工明确，又不做相互重叠或重复的无用功，还能不留互相推卸的空当，必然成为《关于儿童收养的欧洲公约》追求的理想图景。

第五，新公约的实施机制将不断面临挑战。

欧洲理事会第 118 次部长会议在 2008 年 5 月 7 日审议通过新修订的《关于儿童

---

① Katharina Boele-Woelki, Debates in Family Law around the Globe at the Dawn of the 21st Century, Intersentia, 2009, p. 168.

② Committee of Experts on Family Law (CJ-FA), Working Party on Adoption (CJ-FA-GT1), Report of the First Meeting, Strasbourg, 12-14 March 2003.

③ European Committee on Legal Co-operation (CDCJ), Committee of Experts on Family Law (CJ-FA), Working Party on Adoption (CJ-FA-GT1), Report of the Third Meeting, Strasbourg, 16-18 March, 2004, p. 19.

④ European Committee on Legal Co-operation (CDCJ), Committee of Experts on Family Law (CJ-FA), Working Party on Adoption (CJ-FA-GT1), Report of the Fifth Meeting, 11-13 July 2006.

收养的欧洲公约》，并于2008年11月27日向成员国和非成员国开放签字，当天就有亚美尼亚、丹麦、芬兰、冰岛、挪威和英国签署了公约。①

随后又有比利时、罗马尼亚、黑山、塞尔维亚、乌克兰、荷兰、西班牙、葡萄牙、匈牙利、马其顿、德国和马耳他签署了公约。② 目前已有18国签署了公约，批准实施该公约的共有西班牙、挪威、乌克兰、比利时、罗马尼亚、丹麦、芬兰、荷兰、德国和马耳他等10个国家。③ 根据新公约第24条的规定，一旦有三个国家批准，公约将在交存批准书3个月后生效实施。因此，《关于儿童收养的欧洲公约》在西班牙、挪威、乌克兰三国提交批准书后于2011年9月1日正式生效。④

在欧洲理事会修订公约的专家组第四次会议上就有代表提出：应在公约中明确规定，一旦新公约生效，旧公约自动废除。⑤ 但公约最后文本并未采纳这一建议，而是再次采取了折中主义的办法，在公约第23条中规定新旧公约并行的双轨制。按照新公约第23条的规定，签署和批准了2008年《关于儿童收养的欧洲公约》的缔约国实施新公约，原1967年收养公约的缔约国且尚未批准新公约的则可继续适用旧公约，对于已批准新公约的国家包括那些原就是1967年收养公约的缔约国与原1967年收养公约的缔约国且尚未批准新公约的国家之间则共同适用欧洲理事会

① Council of Europe 's Documents of 118th Session of the Committee of Ministers, Strasbourg, 7 May 2008.

② 比利时2008年12月1日签署、罗马尼亚2009年3月4日签署、黑山2009年6月18日签署、塞尔维亚2009年6月18日签署、乌克兰2009年4月28日签署、荷兰2009年11月30日签署、西班牙2009年11月30日签署、葡萄牙2009年12月12日签署、匈牙利2010年11月29日签署、马其顿2013年4月30日签署、德国2014年5月23日签署、马耳他2015年4月27日签署。参见：http：//conventions. coe. int/Treaty/Commun/ChercheSig. asp？ NT = 058&CM = 8&DF = 24/11/2009&CL = ENG（accessed 1 June，2021）.

③ 西班牙2010年8月5日批准、2011年9月1日生效，挪威2011年1月14日批准、2011年9月1日生效，乌克兰2011年5月4日批准、2011年9月1日生效，罗马尼亚2012年1月2日批准、2012年5月1日生效，丹麦2012年3月2日批准、2012年6月1日生效，芬兰2012年3月19日批准、2012年7月1日生效，荷兰2012年6月29日批准、2012年10月1日生效，德国2015年3月2日批准、2015年7月1日生效，马耳他2015年4月27日批准、2015年8月1日生效，比利时2015年5月7日批准、2015年9月1日生效。参见：http：//conventions. coe. int/Treaty/Commun/ChercheSig. asp？ NT = 058&CM = 8&DF = 24/11/2009&CL = ENG（accessed 30 December，2021）.

④ 参见：http：//conventions. coe. int/Treaty/Commun/ChercheSig. asp？ NT = 058&CM = 8&DF = 24/11/2009&CL = ENG（accessed 30 December，2009）.

⑤ European Committee on Legal Co-operation（CDCJ），Committee of Experts on Family Law（CJ-FA），Working Party on Adoption（CJ-FA-GT1），Report of the Fourth Meeting，Strasbourg，5-7 April 2006.

1967 年《关于儿童收养的欧洲公约》第 14 条。① 如此，在欧洲理事会所有原 1967 年收养公约的缔约国未加入新公约以前，必然存在新旧公约并行的双轨制。这样一来，欧洲理事会将会在相当一段时间内需考虑协调新旧公约的问题，不断面临新旧公约实践中各种冲突的挑战。

此外，对于 2008 年《关于儿童收养的欧洲公约》的保留问题，也将是新公约的实施机制难以回避的挑战。因 1967 年收养公约将条款分成基本条款和附加条款，对基本条款不允许保留。这已在实践中受到众多非议。所以，为了彻底解决公约保留的难题，在欧洲理事会修订公约的专家组第三次会议和第四次会议上就有代表多次提出，新公约应一律不许保留。② 但新公约的最后文本也没有接受这一提议，同样采取妥协立场，既允许保留部分条款又提出禁止保留。欧洲理事会 2008 年修订的《关于儿童收养的欧洲公约》第 27 条规定，除公约第 5 条第 1 款、第 7 条第 1 款和第 22 条第 3 款外，禁止对公约提出保留。③ 因此，在新公约的实施过程中，有可能不断遭遇有关公约保留与废约的难题。

总之，欧洲理事会 2008 年修订的《关于儿童收养的欧洲公约》的出台，对于欧洲地区的国内收养和国际收养可谓喜忧参半。一方面，新公约适应时代潮流确立了儿童最大利益至上原则、注重被收养儿童的参与权和知情权、强化被收养儿童生父的同意权、增强收养的法律效力、扩大公约的适用范围、提升公约的包容性和开放度、尽力与欧洲人权法院的理念接轨，等等。概而言之，欧洲理事会 2008 年《关于儿童收养的欧洲公约》的创新之处众多，对加强被收养儿童权益的保护有重大进步，对推动欧洲地区收养法的统一有着重要影响。另一方面，新公约一直是多元化思想和观念调和的产物，是不同立场和观点妥协的结果，其缺陷和弊端也是有目共睹的。

三、中国有关《关于儿童收养的欧洲公约》革新的因应对策

欧洲理事会新修订的《关于儿童收养的欧洲公约》在加强被收养儿童权益保护方面有重大进步且对推动欧洲地区收养法的统一有着重要影响，只是其中的许多条款和规则又是折中的产物，难免制约公约的有效实施。因此，我国法学理论界与相

① European Committee on Legal Co-operation(CDCJ), Committee of Experts on Family Law(CJ-FA), Working Party on Adoption(CJ-FA-GT1), Report of the Fifth Meeting, 11-13 July 2006.

② European Committee on Legal Co-operation(CDCJ), Committee of Experts on Family Law(CJ-FA), Working Party on Adoption(CJ-FA-GT1), Report of the Third Meeting, Strasbourg, 16-18 March 2004; European Committee on Legal Co-operation(CDCJ), Committee of Experts on Family Law(CJ-FA), Working Party on Adoption(CJ-FA-GT1), Report of the Fourth Meeting, Strasbourg, 5-7 April 2006.

③ Article 27 of the European Convention on Adoption of Children 2008.

关部门必须辩证地对待欧洲理事会 2008 年新修订的《关于儿童收养的欧洲公约》，既要看到其创新和影响力，又不可忽视其局限性，同时采取科学的应对策略。

首先，全面加强对欧洲收养公约本身及其实施状况的研究。

《关于儿童收养的欧洲公约》是顺应社会历史发展变化而加以修订的。近年社会生活条件和家庭观的变化几乎让人目不暇接。欧美等国离婚率高涨、出生率骤降、非婚生子女增多、人工生殖技术突飞猛进、异性未婚同居或同性结合公开化，老龄化普遍化，等等。正是在这种背景下，多元化的因素促使欧洲理事会出台了新修订的欧洲收养公约。尽管有些现象在我国目前还不常见，但并非日后也不会出现，因此，我们不可忽视欧洲收养公约的革新动向，必须未雨绸缪。我国法学理论界和实务部门及与收养相关的机构应尽快加强对欧洲收养公约本身及其未来实施问题的研究，及早提出应对方案。

其次，我国有关儿童收养立法与司法实践应及时关注国际最新走势。

一是在立法方面，特别是在我国相关立法中，对欧洲理事会有关收养和家庭关系上的新取向不可视而不见，不仅要考虑与我国已加入的海牙国际私法会议《跨国收养方面保护儿童及合作公约》的接轨，而且不可漠视欧洲理事会 2008 年《关于儿童收养的欧洲公约》的新动向。

二是注意将儿童最大利益原则融入儿童收养安置的顶层设计。这就是要求将"儿童最大利益"原则贯穿于儿童收养法律制度完善的全过程。在儿童的收养安置过程中，必须始终把维护被收养儿童的权益放在首位。由于儿童缺乏自我保护能力，因此，在国内收养儿童或跨国送养儿童时，一定要把维护被收养儿童的利益放在首位，即坚持"儿童最大利益"原则。① 这在我国《收养法》及我国实施的《儿童权利公约》和《跨国收养方面保护儿童及合作公约》中都有明文规定。《中华人民共和国收养法》第 2 条规定"收养应当有利于被收养的未成年人的抚养、成长"，联合国《儿童权利公约》也规定"在所有的寄养和跨国收养过程中，应首先考虑儿童的最大利益"。1993 年的海牙《跨国收养方面保护儿童及合作公约》自始至终贯穿着"保护儿童最大利益"的原则，该公约第 1 条在阐明公约宗旨时着重强调"保证跨国收养的实施符合儿童最大利益"。此外，该公约第 4 条、第 16 条、第 21 条、第 24 条以及第 30 条又反复强化了该原则和立场。所有这一切都充分反映了现代国际收养立法以保护儿童最大利益为目的和宗旨的基本导向。② 因此，无论是在立法与司法中

① 张雅维：《婚姻家庭法中的儿童最大利益原则》，载《中华女子学院山东分院学报》2007 年第 3 期；刘宇梁：《澳大利亚"子女最大利益原则"对我国的启示》，载《山西省政法管理干部学院学报》2007 年第 2 期；齐延平主编：《社会弱势群体的权利保护》，山东人民出版社 2006 年版，第 298 页。

② 蒋新苗著：《收养法比较研究》，北京大学出版社 2005 年版，第 65~66 页。

规范国内收养还是跨国收养，都必须充分考虑儿童的利益，把一切为了儿童作为收养工作的根本宗旨。

不管怎样，欧洲理事会2008年修订的《关于儿童收养的欧洲公约》不仅为欧洲地区国内收养法更新设定了一些基本准则，而且同时也偶尔涉及一些跨国收养方面的法律规制问题。新公约在统一欧洲地区国内收养法方面所作的努力，实际上会间接地促进国际收养的发展并不同程度地推动跨国收养法的统一化进程。换言之，2008年新修订的《关于儿童收养的欧洲公约》在解决区域性的跨国收养法律冲突以及国际统一收养法方面必将发挥其独特的作用，显示其实践意义和价值。① 这从目前签署公约的18个成员国和批准实施的10个成员国的情况来看，已展现了欧洲理事会2008年新修订的《关于儿童收养的欧洲公约》的影响力和参与度。该公约贡献的新方略，势必将成为解决欧洲区域性收养法律冲突的新指南、新范式。

因此，务必客观科学地分析欧洲理事会2008年新修订的《关于儿童收养的欧洲公约》的利弊，既要理性地了解其优越性，又不可忽视其局限性和片面性。我国的相关立法与司法，应对欧洲理事会有关收养和家庭关系上的新取向及时予以关注。在具体实践中，欧洲理事会2008年《关于儿童收养的欧洲公约》生效实施后，欧洲地区同性配偶收养子女等现象有可能更常见，但与我国法律和公序良俗的冲突也会日益突出，如何处理与欧洲收养公约缔约国之间的跨国收养问题，也是我国相关部门需要深入探讨和着重研究的。

总而言之，欧洲理事会2008年修订的《关于儿童收养的欧洲公约》为欧洲地区国内收养设定了基本准则，成为欧洲各国处理区域收养实践的指南，直接推动着欧洲地区收养法的统一化或趋同化。同时，该公约也在不同程度上影响和推动跨国收养法的统一化工作，成为国际组织和相关国家解决跨国收养法律冲突的参考范本。毋庸置疑，2008年新修订的《关于儿童收养的欧洲公约》在解决区域性的跨国收养法律冲突以及国际统一收养法方面必将发挥其独特的作用，展现其独特的历史性价值和贡献。②

① Karen Smith Rotabi, Nicole F. Bromfield, From International Adoption to Global Surrogacy: A Human Rights History and New Fertility Frontiers, Routledge Taylor & Francis Group, 2017, pp. 12-17.

② Philippe J Sands, Pierre Klein, Bowett's Law of International Institutions, Sweet & Maxwell, 6th ed., 2009, pp. 166-167; Kerry O' Halloran, The Politics of Adoption: International Perspective on Law, Policy & Practice, Third Editon, Springer, 2015, p. 173.

第三章　美洲解决区域性跨国收养法律冲突的途径与方法

第一节　美洲国家组织的历史沿革

一、美洲国家组织的产生与发展历程

在当今世界现存的区域性组织中，美洲国家组织可以算得上是产生历史最为久远的。① 不过，最初其名称并非如此，而是后来逐渐发展演变而成的。②

早在19世纪初，在美国门罗主义的影响下，随着中南美洲独立战争的推动，从1826年到1889年，美洲国家沿着西蒙·玻利瓦尔(Simõn Josè Bolivar)倡导的美洲一体化理论和构建美洲大联盟的设想曾先后举行过十余次国际性会议，尝试寻求协调与统一行动的途径。③ 到19世纪末，这种要求与愿望不断得到认同，美国因势利导，抓住时机召集十八个美洲国家在美国华盛顿召开会议。这便是1889年10月至1890年4月的美洲国家之间的第一次国际性大会，通称“泛美会议”(Pan-American Conference)。在1890年4月14日的美洲国际会议上，与会的美洲国家一致决定建立美洲共和国国际联盟及其常设机构——美洲共和国商务局。④ 此后，美洲国家便将4月14日定为“泛美日”。

1901年在墨西哥召开的第二次美洲国际会议上，进一步将常设机构的职能予以扩大，并更名为“美洲共和国国际事务局”。到1910年在布宜诺斯艾利斯举行的第四次美洲国际会议上，又将“美洲共和国国际事务局” 更名为“美洲共和国联盟”。1923年在智利圣地亚哥举行的第五次大会上再次改名为“美洲大陆共和国联

① Jan Klabbers, An Introduction to International Institutional Law, Cambridge University Press, 2nd ed., 2009, p. 23.

② 梁西著:《国际组织法》, 武汉大学出版社1998年版, 第285页。

③ C. F. Amerasinghe, Principles of the Institutional Law of International Organizations, 2nd edition, Cambridge University Press, 2005, p. 3.

④ 世界知识年鉴编辑委员会:《世界知识年鉴(2003/2004)》, 世界知识出版社2003年版, 第1141页。

盟”，习惯上称之为“泛美联盟”（Pan-American Union）。① 这时的“泛美联盟”还未成为现代意义的国际组织，而只是和平解决争端与促进商务发展的地区性会议。②直到 1948 年 3 月 20 日至 5 月 2 日在哥伦比亚首都波哥大召开的第九次美洲国际会议，通过了《波哥大公约》，即《美洲国家组织宪章》，正式定名为“美洲国家组织”（Organization of American States，OAS/Organizacion de los Estados Americanos，OEA），总部设在美国华盛顿。③

1948 年 4 月 30 日，由 21 个成员国在波哥大签署的《美洲国家组织宪章》正式确定了美洲国家组织的法律地位。④ 该宪章于 1951 年 12 月 13 日正式生效实施。《美洲国家组织宪章》第 4 条对美洲国家组织的宗旨作了明确规定：“美洲国家组织，为了实践建立本组织的原则及履行其在联合国宪章下的区域义务，特宣告下列各主要宗旨：（甲）加强美洲大陆的和平与安全；（乙）防止会员国间所能引起困难的可能原因并保证会员国间可能发生的争端的和平解决；（丙）为遭到侵略的那些国家规定共同行动；（丁）寻求会员国间所引起的政治、法律及经济问题的解决；并（戊）以合作行动来促进它们经济、社会及文化的发展。”⑤这就是说，美洲国家组织将加强美洲大陆的和平与安全、确保成员国之间和平解决争端、成员国遭侵略时组织声援行动、谋求解决成员国之间的政治经济法律问题、促进各国间经济与社会文化的合作、加速美洲国家一体化进程作为基本目标。⑥

美洲国家组织不仅是较早成立的区域性国际组织，而且属于典型的政府间国际组织。⑦ 1954 年 3 月 1 日至 30 日，在委内瑞拉首都加拉斯加（Caracas）召开的第十

---

① Karsten Seifert, Das Interamerikanische System zum Schutz der Menschenrechte und seine Reformierung, Peter Lang GmbH, 2008, ss. 32-33.

② Philippe Sands, Pierre Klein, Bowett's Law of International Institutions, Sweet & Maxwell, 6th ed., 2009, p. 210.

③ Bardo Fassbender, Anne Peters, The History of International Law, Oxford University Press, 2012, p. 560.

④ 1948 年签署《美洲国家组织宪章》的 21 个成员国分别为：阿根廷（Argentina）、玻利维亚（Bolivia）、巴西（Brazil）、智利（Chile）、哥伦比亚（Colombia）、哥斯达黎加（Costa Rica）、古巴（Cuba）、多米尼加共和国（Dominican Republic）、厄瓜多尔（Ecuador）、萨尔瓦多（El Salvador）、危地马拉（Guatemala）、海地（Haiti）、洪都拉斯（Honduras）、墨西哥（Mexico）、尼加拉瓜（Nicaragua）、巴拿马（Panama）、巴拉圭（Paraguay）、秘鲁（Peru）、美国（United States of America）、乌拉圭（Uruguay）和委内瑞拉（Venezuela）。

⑤ Carlos Closa, Lorenzo Casini, Comparative Regional Intergration: Governance and Legal Models, Cambridge University Press, 2016, pp. 311-312.

⑥ Philippe Sands, Pierre Klein, Bowett's Law of International Institutions, Sweet & Maxwell, 6th ed., 2009, pp. 212-213.

⑦ Jan Wouters, Cedric Ryngaert, Tom Ruys and Geert De Baere, International Law: A European Perspective, Hart Publishing, 2019, p. 335.

次美洲国际会议上，决定将“美洲国际会议”更名为“美洲国家间会议”，即“泛美会议”。1967 年 2 月 27 日在阿根廷的布宜诺斯艾利斯召开的第三次泛美特别会议上通过了《美洲国家组织宪章修订议定书》(*Protocol of Amendment to the Charter of the Organization of American States*)，决定以“美洲国家组织大会”取代“美洲国家间会议”，常设机构被改称“美洲国家大会秘书处”。该议定书(又称为《布宜诺斯艾利斯议定书》)于 1970 年 2 月 27 日生效。① 美洲国家组织的主要机构设置为四大类：一是作为最高权力机构的大会(General Assembly)，每年召开一次年会，由各成员国参加。截至 2021 年 11 月 12 日，共召开了 51 届美洲国家组织大会。② 经三分之二成员国同意，可召开特别大会。二是外长协调会议(Meetings of Consultation of Ministers of Foreign Affairs)，根据《泛美互助条约》规定，经常设理事会绝对多数赞成即可召集会议，就共同关心的紧急问题进行协商。如涉及军事合作问题，则同时召集有各成员国最高军事当局代表参加的防务咨询委员会会议。③ 三是大会的直属机构，具体包括常设理事会(Permanent Council)，由成员国各派一名大使级代表组成，正、副主席由各国代表轮流担任，任期半年；泛美一体化发展理事会(Inter-American Council for Integral Development，CIDI)，由成员国各派一名部级代表组成；由泛美法律委员会(Inter-American Juridical Committee)和泛美人权委员会(Inter-American Commission on Human Rights，IACHR)组成的咨询机构；作为常设机构的秘书处(General Secretariat)，受大会、外长协调会议和两个理事会领导和监督，正、副秘书长均由大会选举产生，任期 5 年，只能连任一次。④ 四是各种泛美合作组织、委员会和学会等一系列专门机构，比如，美洲国家组织还有美洲开发银行(Inter-American Development Bank，IDB)、泛美卫生组织(Pan American Health

---

① 随后多次对《美洲国家组织宪章》进行了修订：1985 年 12 月 5 日在哥伦比亚的卡塔赫纳召开的第 14 次泛美特别会议上通过了《美洲国家组织宪章修订议定书》(*Protocol of Amendment to the Charter of the Organization of American States A*-50)，卡塔赫纳议定书于 1985 年 12 月 5 日生效；1992 年 12 月 5 日在美国华盛顿召开的第 16 次泛美特别会议上通过了《美洲国家组织宪章修订议定书》(*Protocol of Amendment to the Charter of the Organization of American States A*-56)，华盛顿议定书于 1997 年 9 月 25 日生效；1993 年 6 月 10 日在尼加拉瓜首都马拿瓜召开的第 19 次泛美特别会议上通过了《美洲国家组织宪章修订议定书》(*Protocol of Amendment to the Charter of the Organization of American States A*-58)，马拿瓜定书于 1996 年 6 月 10 日生效。

② 第 49 届美洲国家组织大会于 2019 年 6 月 26 日至 28 日在哥伦比亚麦德林(Medelilin)召开，The 49th General Assembly of the Organization of American States，http：//www.oas.org/en/42ga/(accessed 30 November，2021).

③ Richard Gordon QC，Michael Smyth CBE QC and Tom Cornell，Sanction Law，Hart Publishing，2019，p. 16.

④ Carlos Closa，Lorenzo Casini，Comparative Regional Intergration：Governance and Legal Models，Cambridge University Press，2016，pp. 320-322.

Organization, PAHO)、美洲国家间儿童协会(The Inter-American Children's Institute, IIN)、泛美妇女委员会(Inter-American Commission of Women, CIM)、泛美历史与地理组织(Pan American Institute of Geography and History, PAIGH)、泛美印第安人组织(Inter-American Indian Institute)、泛美农业合作组织(Inter-American Institute for Cooperation on Agriculture, IICA)、泛美控制毒品委员会(Inter-American Drug Abuse Control Commission, CICAD)、泛美通讯委员会(Inter-American Telecommunication Commission, CITEL)、泛美人权法院(Inter-American Court of Human Rights)、泛美防务委员会(Inter-American Committee on Ports, CIP)、泛美统计局(Pan American Burea for Statistics, PABS)、泛美行政管理学院(Administrative Tribunal of the Organization of American States)、泛美核能学会(Pan American Institute of the Nuclear Power, PAINP)、泛美反恐委员会(Inter-American Committee against Terrorism, CICTE)、泛美自然灾害减防委员会(Inter-American Committee on Natural Disaster Reduction, IACNDR)、泛美紧急基金(Pan American Development Foundation, PADF)等一系列专门机构。①

美洲国家组织在1948年5月1日正式成立时的创始成员国有21个国家，具体包括：阿根廷、巴拉圭、巴拿马、巴西、秘鲁、玻利维亚、多米尼加、厄瓜多尔、哥伦比亚、哥斯达黎加、古巴、海地、洪都拉斯、美国、墨西哥、尼加拉瓜、萨尔瓦多、危地马拉、委内瑞拉、乌拉圭和智利。目前已发展到拥有35个成员国②和

① Henry G. Schermers &Niels M. Blokker, International Institutional Law, 4th ed., Martinus Nijhoff Publishers, 2003, §393-394.

② 古巴原系美洲国家组织创始成员国，由于美国推行孤立古巴的政策，1962年美洲国家组织宣布中止古巴的会籍以后，古巴未再参加该组织活动。直到2009年美洲国家组织以民主改革为条件同意古巴可以重新申请入会，但古巴拒绝重返由美国主导的美洲国家组织，只愿意参加美洲国家首脑会议。因而有的资料未将古巴列为美洲国家组织成员国，往往公布其统计的美洲国家组织数据为34个成员国。不过，美洲国家组织公布的成员国表中仍将古巴列入其中，只是特别做了说明。2009年7月4日美洲国家组织宣布中止洪都拉斯的会籍，直到2011年6月洪都拉斯军事政变平息后民选政府上台，才又予以恢复。2017年4月27日，委内瑞拉总统尼古拉斯·马杜罗指责美洲国家组织干涉内政，并宣布启动退出美洲国家组织的程序。马杜罗在2019年4月27日对外宣布已完成退出美洲国家组织的所有手续并彻底退出，永不重返。但美洲国家组织依然任命马杜罗政府的反对派指定人古斯塔沃·塔雷(H. E. Gustavo Tarre Briceno)为委内瑞拉在美洲国家组织的常任代表。根据美洲国家组织官方的公布资料，截至2021年年底，美洲国家组织成员国有：阿根廷、安提瓜和巴布达、巴巴多斯、巴哈马、巴拉圭、巴拿马、巴西、秘鲁、玻利维亚、多米尼加、多米尼克、厄瓜多尔、哥伦比亚、哥斯达黎加、格林纳达、古巴、海地、洪都拉斯、加拿大、美国、墨西哥、尼加拉瓜、萨尔瓦多、圣卢西亚、圣文森特和格林纳丁斯、圣基茨和尼维斯、苏里南、特立尼达和多巴哥、危地马拉、委内瑞拉、乌拉圭、牙买加、智利、圭亚那、伯利兹。参见：http://www.oas.org/en/(accessed 30 December, 2021).

72 个常任观察员的大型国际组织。2004 年 5 月 26 日，美洲国家组织常设理事会举行会议，讨论由阿根廷、玻利维亚、巴西、智利、哥伦比亚、墨西哥、秘鲁、乌拉圭和委内瑞拉 9 国提出的支持中国成为该组织常任观察员的决议案。会议最后以协商一致的方式决定正式接纳中国为美洲国家组织常任观察员。① 2004 年 6 月 6 日至 8 日，第三十四届美洲国家组织大会在厄瓜多尔首都基多举行。“在反腐斗争中争取社会和民主发展”是这一届大会的主题。中国首次以观察员身份参加第三十四届美洲国家组织大会，随后经常参与该组织的活动并给予其多方支持，拓展了全面合作关系。

二、美洲国家组织在解决法律冲突问题方面的贡献

美洲国家组织在实施其宗旨的过程中，非常重视解决各国的法律冲突与合作问题。② 在泛美法律委员会(Inter-American Juridical Committee)的国际法律事务部(Department of International Law)的努力下，不仅协调了诸多国际公法上的问题，而且在解决国际私法的法律冲突方面的成效十分显著。不过，在美洲国际私法的统一化运动中，最初谋求的是统一化和法典化，其中尤以 1889 年的国际民法公约和

① 截至 2021 年年底，美洲国家组织常驻观察员共有 72 个：阿尔巴尼亚(Albania)、阿尔及利亚(Algeria)、安哥拉(Angola)、亚美尼亚(Armenia)、奥地利(Austria)、阿塞拜疆(Azerbaijan)、孟加拉国(Bangladesh)、比利时(Belgium)、贝宁(Benin)、波斯尼亚和黑塞哥维那(Bosnia and Herzegovina)、保加利亚(Bulgaria)、中国(China)、克罗地亚(Croatia)、塞浦路斯(Cyprus)、捷克(Czech Republic)、丹麦(Denmark)、埃及(Egypt)、赤道几内亚(Equatorial Guinea)、爱沙尼亚(Estonia)、欧盟(European Union)、芬兰(Finland)、法国(France)、德国(Germany)、格鲁吉亚(Georgia)、加纳(Ghana)、希腊(Greece)、梵蒂冈(Holy See)、匈牙利(Hungary)、冰岛(Iceland)、印度(India)、爱尔兰(Ireland)、以色列(Israel)、意大利(Italy)、日本(Japan)、哈萨克斯坦(Kazakhstan)、韩国(Korea)、拉脱维亚(Latvia)、黎巴嫩(Lebanon)、列支敦士登(Liechtenstein)、立陶宛(Lithuania)、卢森堡(Luxembourg)、马耳他(Malta)、摩尔多瓦(Moldora)、莫纳哥(Monaco)、摩洛哥(Morocco)、黑山(Montenegro)、尼日利亚(Nigeria)、荷兰(Netherlands)、挪威(Norway)、巴基斯坦(Pakistan)、菲律宾(Philippines)、波兰(Poland)、葡萄牙(Portugal)、卡塔尔(Qatar)、北马其顿共和国(Republic of North Macedoniao)、罗马尼亚(Romania)、俄罗斯(Russian Federation)、沙特阿拉伯(Saudi Arabia)、塞尔维亚共和国(Republic of Serbia)、斯洛伐克(Slovak Republic)、斯洛文尼亚(Slovenia)、西班牙(Spain)、斯里兰卡(Sri Lanka)、瑞典(Sweden)、瑞士(Switzerland)、泰国(Thailand)、突尼斯(Tunisia)、土耳其(Turkey)、乌克兰(Ukraine)、瓦努阿图(Vanuatu)、英国(The United Kingdom of Great Britain and Northern Ireland)、也门(Yemen)。此外，美洲国家组织还视具体情况，邀请一些国家作为特别观察员，出席全体会议。参见：http：//www.oas.org/en/ser/dia/perm_observers/entry.asp (accessed 30 December，2021).

② Charlotte Ku，International Law，International Relations，and Global Governance，Routledge Taylor & Francis Group，2012，p. 80.

1928年的布斯塔曼特法典最为引人注目。然而，美洲国家间组织构建统一化的国际私法法典的尝试并未得到成员国的全面支持，被迫放弃最初的努力，转而寻求政府间合作和商议机制。于是，20世纪70年代初开始探寻国际私法特别事项特别会议解决的方式，从而催生了美洲国家组织国际私法特别会议。自1975年第一届美洲国家组织国际私法特别会议至今，已先后通过了20个国际私法公约、3个议定书、1个示范法和2个统一文件，另外在1989年第四届特别会议上还建议成员国考虑签署、批准或加入4个国际公约。这一切均对美洲地区乃至全球性法律冲突问题的解决与法律趋同化或统一化产生了极大的影响。①

美洲国家组织于1975年在巴拿马城举行了第一届国际私法特别会议，会上通过了6个涉及票据、仲裁和取证等方面的国际私法公约。1979年在乌拉圭的蒙得维的亚召开了第二届国际私法特别会议，厄瓜多尔、阿根廷、乌拉圭、哥伦比亚、海地、墨西哥、巴西、巴拿马、秘鲁、尼加拉瓜、萨尔瓦多、委内瑞拉、巴拉圭、危地马拉、多米尼加、洪都拉斯和智利等20个国家参会。美洲国家组织第二届国际私法特别会议共通过了7个国际私法公约和1个议定书，即《美洲国家间关于支票的冲突法公约》《美洲国家间关于商业公司的冲突法公约》《美洲国家间关于外国判决与仲裁裁决的域外有效性的公约》《美洲国家间关于保全措施的公约》《美洲国家间关于外国法的查明与信息的公约》《美洲国家间关于国际私法上自然人住所的公约》《美洲国家间关于国际私法一般规则的公约》《关于调查委托书的议定书》。这次会议还讨论了其他几个公约草案，如《关于特种提单海上运输公约》《关于国际私法上身份与能力的公约》《关于国外取证公约的附加议定书》等。但终究由于在利益和法律制度上的严重分歧与对立，而未能达成协议，留待以后作进一步的研究。1984年在玻利维亚拉巴斯召开了第三届国际私法特别会议，通过了3个公约和1个附加议定书，即《美洲国家间关于未成年人收养的法律冲突公约》《美洲国家间关于国际私法上法人人身资格和能力的公约》《美洲国家间关于在国际范围内实现外国判决域外效力的管辖权公约》和《美洲国家间关于国外取证的附加议定书》。1989年在乌拉圭首都蒙得维的亚召开了第四届美洲国私法特别会议。这次会通过了三个公约，即《美洲国家间关于国际返还儿童公约》《美洲国家间关于抚养之债公约》《美洲国家间关于国际货物公路运输合同公约》。这次会议还通过了一个关于对国际合同法律适用进行进一步研究的文件。会议还建议美洲国家组织后成员国考虑签署、批准或加入以下几个国际公约：1988年渥太华的《国际债权转让和国际融资租赁公约》、1980年维也纳的《联合国国际货物销售合同公约》、1974年纽约的《联合国国际货物销售时效期公约》及其1980年维也纳议定书、1986年海牙的《国际货物销售

① Philippe Sands, Pierre Klein, Bowett's Law of International Institutions, Sweet & Maxwell, 6th ed., 2009, pp. 216-218.

合同法律适用公约》。由此来看，美洲国际私法会议对美洲国家国际私法与国际社会接轨采取明确的支持态度。1994 年，美洲国际组织在墨西哥城召开了第五届国际私法特别会议，通过了《美洲国家间关于国际合同法律适用公约》《美洲国家间关于国际诱拐未成年人公约》。① 2002 年美洲国际组织在美国华盛顿召开了第六届国际私法特别会议，通过了《美洲国家间关于担保交易的美洲国家间示范法》《美洲国家间关于统一国际货物公路运输提单的统一规则》《美洲国家间关于非合同民事责任(Extracontractual Civil Liability)的国际管辖权及准据法》等一系列法律文件。美洲国际组织自 2003 年起就开始筹备第七届国际私法特别会议，主要议题涉及电子商务、国际贸易中的有形与无形货物的可转让性、跨境投资与破产、国际移民、自然人跨国流动、登记制度的发展、成年人权益保护和国际商事仲裁等。2009 年 10 月 7 日至 9 日，美洲国际组织第七届国际私法特别会议在美国华盛顿召开，广泛讨论了《消费者救济机制与法律选择示范法公约》《电子登记公约》，以及国际商事争端有效解决的法律规制、小额诉讼示范法、跨境消费网络仲裁和国际管辖权等问题，最后通过了《美洲国家间担保交易示范法下的示范登记条例》。② 尽管十多年来美洲国际组织国际私法特别会议未召开会议，但泛美法律委员会及其美洲的一批国际私法专家一直在忙于酝酿以联合国、海牙国际私法会议及罗马统一私法协会有关合同法律适用规则为基础统一国际商事合同准据法，2019 年 2 月 18 日至 22 日，第 94 次泛美法律委员会的常设会议通过了《美洲国家间国际商事合同法律适用指南》。

第二节 美洲解决区域性收养法律冲突的尝试

一、美洲地区解决区域性跨国收养问题的初步尝试

本来孟西尼解决法律冲突特别是统一国际私法的倡议，最早获得南美洲的响应。秘鲁政府曾于 1878 年在其首都利马召开由阿根廷、玻利维亚、智利、哥斯达黎加、厄瓜多尔、委内瑞拉等国参加的利马会议，通过了一个由 8 章 60 条构成的国际私法条约，其内容不仅涉及国际私法，而且涉及国际刑法。该条约受《法国民法典》的影响，以本国法作为属人法。只是它并未生效，因为只有秘鲁一国批准。其后，在乌拉圭学者那米勒斯(Gonzolo Ramines)倡议下，1888 年 8 月 25 日至 1889

① 李双元主编：《中国与国际私法统一化进程》，武汉大学出版社 1998 年修订版，第 292 页。

② 参见：http：//www. oas. org/dil/CIDIPVII _ documents _ diplomatic _ conference _ secured _ transac-tions. htm(accessed 31 January，2020).

年2月18日，在乌拉圭首都蒙得维的亚召开了第一次南美国际私法会议并通过了涉及民商事领域的一系列公约，其中就包括《蒙得维的亚国际民法公约》。签署了1889年《蒙得维的亚国际民法公约》国家有阿根廷、玻利维亚、巴西、智利、哥伦比亚、厄瓜多尔、巴拉圭、秘鲁和乌拉圭，而批准实施该公约的国家只有阿根廷、玻利维亚、哥伦比亚、巴拉圭、秘鲁和乌拉圭。第二次蒙得维的亚会议是为了纪念1888年的第一次蒙得维的亚公约诞生50周年而召开的，仍由乌拉圭与阿根廷两国共同发出邀请，于1939年7月18日至8月4日和1940年3月6日至19日分两个阶段举行。这次会议着重对1889年《蒙得维的亚国际公约》进行了更新，最后通过了修订的国际民法、陆商法、海商法、刑法、诉讼法等条约草案。①

1940年3月19日，阿根廷、巴拉圭和乌拉圭等缔约国率先在乌拉圭首都蒙得维的亚签署了《国际民法公约》,② 其中涉及一些有关收养的条款，但几乎没有以保护儿童利益为基本取向的规定。同1928年《布斯塔曼特法典》相比，蒙得维的亚关于国际民法的公约有不少先进之处。最关键的一点在于蒙得维的亚公约对“属人法”作了明确的界定，该公约所指的“属人法”为当事人的住所地法。在收养的条件方面，《蒙得维的亚民法公约》以重叠适用法律的制度取代了《布斯塔曼特法典》分别适用法律的方式。③ 然而，《蒙得维的亚民法公约》在适用法律时所采取的这一方式，实际上使得跨国收养变得越来越困难。因为大部分国家的收养法日趋严格，而要重叠适用法律，在不同的国家很难一致成立跨国收养关系。不仅在跨国收养的条件方面，《蒙得维的亚民法公约》坚持重叠适用法律的原则，而且该公约还将这一原则扩大适用于收养的效力。与收养条件不同，在收养效力上采取重叠适用法律的方法，常常在实践中导致相反的结果，很难达到为收养提供法律保护的目的。④进一步说，采用重叠适用法律的方式，使得收养效力适用法律的范围变得越来越模糊，几乎无法确定真正应适用何种法律来解决问题。

美洲地区着手解决法律冲突特别是对国际私法进行统一工作，其后又得到泛美会议(Pan-American Conference)的大力推动，令人遗憾的是该努力因第一次世界大战而中断过一段时间。直到1928年在哈瓦那召开的有21国参加的第六次泛美会

① 李双元著：《国际私法(冲突法篇)》，武汉大学出版社1987年版，第67页。

② Maarten Bos, The Present State of International Law and Other Essays, Springer, 1973, pp. 352-360.

③ Eernest G. Lorenzen, Pan-American Code of Private International Law, Tulane Law Review, Vol. Ⅳ, No. 4, 1930.

④ 蒋新苗：《国际收养法统一化运动探源》，载《怀化师专学报》1999年第6期。

议，才通过了以古巴法学家布斯达曼特的名字命名的法典(*Bustamante Code/Codigo Bustamante*)。① 该法典总共437条，就其内容与包摄的条文而言，在国际私法方面到现在仍堪居首位。布斯达曼特法典涉及的范围也相当广泛，也包括了国际民法、国际商法、国际刑法、国际诉讼法四大编，并另有绪论编。② 为了求得各国在属人法的适用上的妥协，该法典第7条规定："各缔约国应以住所地法、本国法或其国内立法已经规定或日后将要规定的法律作为属人法予以适用。"但因法典试图解决的问题过于广泛，因而许多国家对它多有保留声明，实际上影响并不太大。

二、第六次泛美会议在解决跨国收养法律冲突方面的直接努力

尽管早在1924年的第四次泛美会议上就提出了应在各国国内收养立法中注重保护儿童权益问题，但是，这一思想和精神并未在第六次泛美会议上通过的由古巴法学家布斯塔曼特起草的《布斯塔曼特法典》中得到体现和反映。不过，该法典在

---

① 梅仲协著：《国际私法新论》，台湾三民书局1982年版，第56页。

② 《布斯达曼特法典》全称为《泛美会议关于国际私法的公约》(*Pan-American Conference on Private International Law*)，由1928年1月16日至1928年2月20日在古巴哈瓦那召开的第六届美洲国家之间的国际大会通过的。该公约于1928年2月20日开放签署当天就有20个国家签署，1928年11月26日生效。目前批准实施该公约的国家共17个，具体包括：巴哈马(Bahamas)于2017年1月23日加入、2017年2月23日生效；玻利维亚(Bolivia)于1928年2月20日签署、1932年1月20日批准、1932年4月9日生效；巴西(Brazil)于1928年2月20日签署、1929年6月25日批准、1929年9月3日生效；智利(Chile)于1928年2月20日签署、1933年7月14日批准、1933年10月6日生效；哥斯达黎加(Costa Rica)于1928年2月20日签署、1930年2月4日批准、1930年3月27日生效；古巴(Cuba)于1928年2月20日签署、1928年3月28日批准、1928年5月20日生效；多米尼加共和国(Dominican Republic)于1928年2月20日签署、1929年2月4日批准、1929年4月12日生效；厄瓜多尔(Ecuador)于1928年2月20日签署、1933年4月15日批准、1933年6月30日生效；萨尔瓦多(El Salvador)于1928年2月20日签署、1931年9月25日批准、1931年12月16日生效；危地马拉(Guatemala)于1928年2月20日签署、1929年9月9日批准、1929年12月9日生效；海地(Haiti)于1928年2月20日签署、1930年1月7日批准、1930年3月6日生效；洪都拉斯(Honduras)于1928年2月20日签署、1930年4月4日批准、1930年6月20日生效；尼加拉瓜(Nicaragua)于1928年2月20日签署、1929年12月17日批准、1930年3月28日生效；巴拿马(Panama)于1928年2月20日签署、1928年9月26日批准、1928年11月26日生效；秘鲁(Peru)于1928年2月20日签署、1929年1月8日批准、1929年9月19日生效；美国(United States of America)于1928年2月20日签署、1932年1月20日批准、1932年4月9日生效；委内瑞拉(Venezuela)于1928年2月20日签署、1931年12月23日批准、1932年4月12日生效。而阿根廷、哥伦比亚、墨西哥、巴拉圭、乌拉圭5个国家于1928年2月20日签署了该公约，但至今未批准实施公约。只有巴哈马是2017年1月23日才加入该公约。参见：http：//www. oas. org/en/sla/dil/inter_american_treaties_A-31_Bustamente_Code_signatories. asp(accessed 28 December，2021).

解决区域性跨国收养法律冲突方面的建树也是不容忽视的。这一地区性国际公约采用了许多传统的国际私法方法和规则，不仅在婚姻、继承方面如此，而且在跨国收养方面也一样。从一定程度上看，《布斯塔曼特法典》是一部比较完整的国际私法法典。它对跨国收养的规定也是相当具体、明确的。在跨国收养的管辖权方面，《布斯塔曼特法典》规定了法院可采用长臂管辖的原则(第318条及相关条款)或者以收养人的住所地为依据行使管辖权(第330条)。① 至于跨国收养的法律适用问题，《布斯塔曼特法典》对涉外收养的条件和效力采用了不同的原则。收养条件依收养人或被收养人的属人法，该法典第73条明文规定："收养人和被收养人的能力，以及收养的条件和限制，均依各当事人的属人法。"但是，它并没有明确界定"属人法"，即到底是指当事人的国籍国法还是住所地法，《布斯塔曼特法典》没有作出具体规定，留下了一个悬而未决的问题。在收养的效力方面，《布斯塔曼特法典》规定，被收养儿童的姓名以及与原出生家庭所保留的权利义务依被收养人的属人法；收养在遗产继承方面的效力适用死者的属人法。这在法典的第74条中有具体规定，即"收养的效力，就收养人的遗产而言，依收养人的属人法调整，但关于姓氏及被收养人对其原来家庭所保留的权利义务，以及收养人对其遗产的关系，依被收养人的属人法调整"。不过，在这一法律适用制度中，有关被收养儿童与养家的关系以及被收养儿童在养家的地位或身份，法典未作规定，留下了空缺。②

可见，不论是在《布斯塔曼特法典》通过的20世纪20年代末，还是在《蒙得维的亚公约》签署的20世纪40年代初，在当时的历史条件下，拉丁美洲还未出现完全收养。当时拉丁美洲各种法律法规有关收养的规定，实质上是关于简单收养或不完全收养的法律规制。可以说，上述两个国际公约的规定都是针对简单收养的，而且尚未就跨国收养的国际合作问题作出明确具体的规定，缺乏这方面的条款。它们最多只能看作解决跨国收养法律冲突的探索与尝试。

---

① Artículo 318 de Codigo de Bustamante："Será en primer término juez competente para conocer de los pleitos a que dé origen el ejercicio de las acciones civiles y mercantiles de toda clase, aquel a quien los litigantes se sometan expresa o táciyamente, siempre que uno de ellos por lo menos sea nacional del Estado contratante a que el juez pertenezca o tenga en él su domiicilio y salvo el derecho local contrario. La sumisión no sera possible par alas acciones reales o mixtas sobre inmuebles, si la prohíbe la ley de su situación. "Artículo 330 de Codigo de Bustamante："Para los actos de jurisdicción voluntaria y salvo también el caso de sumisión y el derecho local, sera competente el juez del lugar en que tenga o haya tenido su domicillio, o en su defecto, la residencia, la persona que los motive."

② Eernest G. Lorenzen, Pan-American Code of Private International Law, Tulane Law Review, Vol. Ⅳ, No. 4, 1930.

第三节 美洲解决区域性跨国收养法律冲突的现代范式

一、美洲地区收养公约产生的意义

1948 年在哥伦比亚首都波哥大举行的第九次泛美会议上通过了《美洲国家组织宪章》，正式催生了美洲国家组织，将谋求解决成员间的政治、经济、法律问题与加速美洲国家合作和一体化进程作为主要目标，从而为解决区域性法律冲突与进行法律合作开辟了新的路径。①

拉美地区进行区域性私法统一化运动与西蒙·玻利瓦尔(Simon Bolivar)领导拉美人民争取民族独立精神的鼓舞是分不开的，1826 年的巴拿马大会实际上成为从西班牙和葡萄牙等殖民统治下独立的拉美国家联合起来进行法律(包括私法)统一化运动的开端。自此以后，拉美国家统一私法运动一直未停止过，在解决跨国收养法律冲突方面，除《布斯塔曼特法典》的有关规定外，未取得太多的成果。直到 1948 年波哥大(Bogota)第九次泛美会议成立了美洲国家组织，才使美洲地区的国际私法统一化运动特别是跨国收养法统一化运动进入了一个崭新的时期。美洲国家组织召开的七届美洲国际私法特别会议，在跨国收养法的区域性统一化方面取得了不少杰出的成果，例如，1984 年的《美洲国家间关于未成年人收养的法律冲突公约》、1989 年的《美洲国家间关于国际返还儿童公约》、1994 年的《美洲国家间关于国际拐卖未成年人公约》等。随着拉美一体化进程的发展，美洲国家组织所开展的跨国收养法统一化运动也随之发展壮大，不仅表现在越来越多的拉美国家加入这一运动，而且跨国收养法的统一范围也越来越广泛。② 该组织在统一跨国收养法工作方面所取得的最有影响的成就当属《美洲国家间关于未成年人收养的法律冲突公约》，这是美洲国家组织从事跨国收养法统一化运动的标志性成果。③

在这一过程中，美洲国家组织的美洲国家间儿童协会(Inter-American Children's Institute)起了非常重要的作用，《美洲国家间关于未成年人收养的法律冲突公约》的准备和起草工作就是由其完成的。1984 年 5 月 24 日由第三届美洲国际私法特别会议最后审议通过的这一公约，对美洲国家之间的收养法的协调与统一有着十分重要

① Jan Klabbers, An Introduction to International Institutional Law, Cambridge University Press, 2nd ed. 2009, p. 65.

② 蒋新苗:《国际收养法统一化进程中的主体性动力探析》，载《湖南师范大学社会科学学报》1998 年第 1 期。

③ Karen Smith Rotabi, Nicole F. Bromfield, From International Adoption to Global Surrogacy: A Human Rights History and New Fertility Frontiers, Routledge Taylor& Francis Group, 2017, p. 60.

的作用。《美洲国家间关于未成年人收养的法律冲突公约》是区域性跨国收养法的统一化运动最为显著的成就，对世界规模的跨国收养法的统一化运动产生了深刻的影响，不但为其扫清了区域性障碍和些许法律冲突，而且为全球范围的跨国收养法的统一化提供了可资借鉴的范式。鉴于美洲国家组织在跨国收养法统一化进程中的重要地位以及《美洲国家间关于未成年人收养的法律冲突公约》的影响深度和广度，海牙国际私法会议或多或少地受其辐射，在制定跨国收养公约的过程中，海牙国际私法会议秘书长曾在1988年广泛征求了美洲国家组织负责法律事务的秘书长的意见，双方进行了广泛的磋商，最后达成共识："海牙国际私法会议的工作将丰富和扩充美洲国家间的收养法律冲突公约，而不是相反。"①实际上，海牙国际私法会议常设局一直与美洲国家间儿童协会保持密切联系。② 美洲国家组织1989年7月9日至15日在乌拉圭首都蒙得维的亚召开的第四届国际私法特别会议(CIDIP—Ⅳ)最为重要的一项成果就是通过了《美洲国家间关于国际遣返儿童的公约》。此外，这次会议还建议美洲国家间儿童协会加强与海牙国际私法会议的合作，参与其制定跨国收养公约的工作。不仅如此，美洲国家组织还鼓励其成员国参与海牙国际私法会议讨论、制定统一跨国收养法方面的专门公约的工作。美洲国家间儿童协会还以观察员身份积极参加了1993年的海牙跨国收养公约的讨论和制定工作。为了协调和统一拉丁美洲国家对1993年的海牙跨国收养公约的意见与态度，美洲国家间儿童协会与海牙国际私法会议于1991年在厄瓜多尔首都基多共同主持召开了一次非常重要的协调会议，并向海牙国际私法会议提交了不少有价值的报告，对起草海牙《跨国收养方面保护儿童及合作公约》提出了许多建设性的意见。③ 总之，美洲国家组织，特别是美洲国家间儿童协会，不仅自己在从事解决跨国收养法律冲突及统一跨国收养法的工作，而且也不遗余力地支持联合国及海牙国际私法会议统一跨国收养法的工作。可以说，美洲国家组织第三届国际私法特别会议通过的《美洲国家间关于未成年人收养的法律冲突公约》不仅在美洲地区解决跨国收养法律冲突发挥了重要作用，而且对全球性解决跨国收养法律冲突及统一跨国收养法运动产生了巨大的影响。

---

① G. Parra-Aranguren, The Fourth Inter-American Specialized Conference on Private International Law (CIDI-Ⅳ, Montevideo, 9-15 July 1989), in 36 Netherlands International Law Review, 1989, pp. 269-284.

② Permanent Bureau, 20 Years of the Hague Convention Assessing: The Impact of Convention on Laws and Practices Relating to Intercountry Adoption and the Protection of Children, The Netherlands, 2015, p. 2.

③ Kerry O' Halloran, The Politics of Adoption: International Perspective on Law, Policy & Practice, Third Editon, Springer, 2015, p. 148.

二、《美洲国家间关于未成年人收养的法律冲突公约》的主要内容与特点

《美洲国家间关于未成年人收养的法律冲突公约》是由在玻利维亚首都拉巴斯(La Paz)召开的第三届美洲国际私法特别会议(CIDIP-Ⅲ)通过的，1984年5月24日开放签字，1988年5月26日生效。1984年5月24日签署该公约的国家有：玻利维亚、巴西、智利、哥伦比亚、多米尼加、厄瓜多尔、海地、乌拉圭、委内瑞拉。这些第一批签署的国家只有5个批准了该公约，即哥伦比亚于1988年3月15日批准，1988年4月26日交存批准书；巴西于1997年7月3日批准，1997年7月8日交存批准书；智利于2001年10月26日批准，2002年1月17日交存批准书；乌拉圭于2009年5月5日批准，2009年6月16日交存批准书。只有多米尼加直到2011年9月30日才批准，2012年1月27日交存批准书。此外，墨西哥于1986年12月2日签署公约，1987年2月11日批准，1987年6月12日交存批准书；巴拿马于1998年5月28日签署公约，1999年2月25日批准，1999年3月18日交存批准书。另外，伯利兹于1997年6月11日加入，1997年7月16日交存批准书。洪都拉斯于2008年7月7日加入，2008年9月5日交存批准书。《美洲国家间关于未成年人收养的法律冲突公约》已在伯利兹、巴西、智利、哥伦比亚、多米尼加、洪都拉斯、墨西哥、巴拿马和乌拉圭九国生效实施。但墨西哥在批准公约时作了特别声明，智利和洪都拉斯则分别对公约第2条作了保留。① 如今还有玻利维亚、厄瓜多尔、海地、委内瑞拉等第一批签署公约的国家没有批准实施公约，另外还有1996年8月7日签署公约的巴拉圭也尚未批准《美洲国家间关于未成年人收养的法律冲突公约》。②

同1993年海牙国际私法会议的《跨国收养方面保护儿童及合作公约》一样，《美洲国家间关于未成年人收养的法律冲突公约》的起草者也将跨国收养中如何保护儿童利益问题置于首要地位。但是，与1965年海牙国际私法会议《收养管辖权、法律适用和判决承认公约》不同的是，《美洲国家间关于未成年人收养的法律冲突公约》不仅将保护儿童利益的原则贯穿于其国际私法规范中，而且更具体地贯穿于一些详细的实体性规范中。③《美洲国家间关于未成年人收养的法律冲突公约》的主要内容与特征可以概括如下：

---

① 参见：http：//www.oas.org/(accessed 30 January，2020).

② 参见：http：//www.oas.org/juridico/english/sigs/b-48.html(accessed 30 January，2020).

③ G. Parra-Aranguren，"Codification in America with Particular Reference to the Third Inter-American Specialized Conference on Private International Law (CIDIP-Ⅲ) (La Paz，1984)"，in International Law at the Time of Its Codification Essays in Honour of Roberto Ago Milan，1987，pp. 227-247.

1. 大力推行儿童最大利益原则

美洲国家组织在1984年5月24日通过的《美洲国家间关于未成年人收养的法律冲突公约》坚持收养的合法性原则和以儿童利益为最高宗旨的原则(第9条)；保证秘密收养的原则，但是，尚未确证的有关儿童及其亲生父母的情况可以互相协助查证和交流(第7条)；不同国家的主管机关在一定程度上共同拥有收养资料的制度，这是该公约第8条所规定的一项重要原则。《美洲国家间关于未成年人收养的法律冲突公约》第3条中特别对收养同意权行使的准据法选择强调适用未成年人惯常居所地法。该条明确规定："收养当事人的能力、收养的同意、收养的形式和程序以及其他要件，均适用未成年人惯常居所地法。"①

在拉丁美洲，秘密收养仍是各国法律规定为完全收养最基本的一项原则。《美洲国家间关于未成年人收养的法律冲突公约》第7条明确规定："在需要对收养进行保密的地方，应保证收养的秘密不被泄露。如果需要查阅被收养的未成年人及其亲生父母的健康状况的医院证明，也只能告知符合法定条件的适当人员，并不得公开被收养人及其亲生父母的姓名以及其他能证明其身份的资料。"②在具体实践中，拉丁美洲各国一直坚持将法律拟制的血亲关系与自然的血亲关系同等对待，不泄露收养的秘密，并将所有关于收养的记录封存甚至销毁。③ 只有少数几个国家的法律允许法院根据一些特殊情况同意当事人查阅收养记录。哥伦比亚新收养法规定，有关收养的各种记录材料应保存30年。如果养父母或被收养人有充分的理由，可以公开他们的身份。1989年哥伦比亚《未成年人保护法》第114条和第115条都有具体规定，任何被收养人都有权获悉其原来的身份和被收养的事实，而公开的时间和条件一般由养父母决定，被收养人也可请求法院公开收养的秘密和决定通知有关情况或查阅收养记录的方式。哥伦比亚于2012年修订收养法时延续了对未成年人保护的原则，在公开收养情况方面迈出了一大步，堪称南美的先驱。此外，尽管巴西也将被收养儿童的知情权和查询原出生记录的权利视为受宪法保护的权利，但在2009年修订收养法时仍以保护儿童最大利益为导向坚持并贯彻秘密收养原则。可以说，在拉丁美洲还有许多国家依然没有改变秘密收养的态度和立场。

---

① Inter-American convention on conflict of laws concerning the adoption of minors, Article 3: The law of the habitual residence of the minor shall govern capacity, consent, and other requirements for adoption, as well as those procedures and formalities that are necessary for creating the relationship.

② D. Opertti Badán, Comentarios a la Convención Interamericana sober Conflictos de Leyes en Materia de Adopción de menores, Montevideo, 1986, pp. 47-48.

③ G. Heinrich, "Adoption in Lateinamerika", in 85 Zeitschrift für Vergleichende Rechtswissenschaft, 1986, pp. 127-129.

2. 尽可能扩大公约的适用范围

《美洲国家间关于未成年人收养的法律冲突公约》原则上适用于完全收养(Full Adoption)，这是公约第1条所明文规定的。但第2条又进一步规定，缔约国可以扩大适用于简单收养(Simple Adoption)。这是公约在适用类别上所具有的个性化特征。该公约第1条和第2条对完全收养作了非常明确的规定："本公约适用于对未成年人的完全收养、收养准正以及其他赋予被收养人合法地位的制度，并且收养人的住所在一个缔约国，而被收养人的惯常居所在另一个缔约国。"①"签署、批准或加入该公约的各缔约国可以声明该公约适用于任何其他形式的跨国收养。"②在这一公约的影响下，哥伦比亚1989年11月通过的收养法完全废除了简单收养；巴西1990年6月16日通过的收养法也以完全收养取代了简单收养。③ 但是，也有一些国家存在大家族成员收养的社会传统，为了保持与这一风俗习惯和传统相一致，它们仍然保留了简单收养。例如，玻利维亚1992年通过的法律就规定了两种收养形式，即完全收养和简单收养，只是它禁止依靠简单收养的方式收养居住在国外的被收养人。④

在公约适用的地域范围上，该公约规定适用于收养人的住所在一缔约国而被收养人的惯常居所在另一缔约国的跨国收养(第1条)。不过，缔约国也可将公约扩大适用于那些带有潜在的国际因素的国内收养，即收养人与被收养人在某一缔约国境内都有惯常居所，而在收养获得批准后，收养人会将住所安排到另一缔约国。对于这类国内收养，缔约国可以作为潜在的跨国收养处理，适用于公约的规定。可见，《美洲国家间关于未成年人收养的法律冲突公约》比1965年的《海牙收养公约》的适用范围要广泛，而且还具有专属性(Exclusive Character)。所有这一切都表明，《美洲国家间关于未成年人收养的法律冲突公约》具有较广泛的适用性。

---

① Inter-American convention on conflict of laws concerning the adoption of minors, Article 1: This Convention shall apply to the adoption of minors in the form of full adoption, adoptive legitimation and other similar institutions that confer on the adoptee a legally established filiation, when the domicile of the adopter (or of the adopters) is in one State Party and the habitual residence of the adoptee is in another State Party.

② Inter-American convention on conflict of laws concerning the adoption of minors, Article 2: When signing, ratifying or acceding to this Convention, any State Party may declare that it applies to any other form of international adoption of minors.

③ Eliezer D. Jaffe, Intercountry Adoptions, Dordrecht etc. 1995, pp. 121-139.

④ Permanent Bureau, The Implementation and Operation of 1993 Hague Intercountry Adoption Convention: Guide to Good Practice(Guide No. 1), Jordan Publishing Limited, 2008, p. 109.

3. 跨国收养管辖权的确立规则

在大部分拉丁美洲国家的法律中，跨国收养管辖权以被收养儿童的住所或国籍为确立标准和依据，依然占据主导地位。这从《美洲国家间关于未成年人收养的法律冲突公约》中可以明显地看到，该公约第 15 条中规定得相当明确："依该公约的规定，被收养人的惯常居所地所在的缔约国的主管机关有权批准收养。"①不论各国法律对跨国收养的管辖权的根据或理由作何种规定，也不论国际公约或条约规定的依据和理由有多少种，但是，有一点是最重要的，即跨国收养管辖权的确立应以保护儿童最大利益为立足点和出发点。越来越多的立法者或司法工作者倾向于以保护儿童最大利益作为选择行使跨国收养管辖权的依据或理由的根本准则。② 然而，在跨国收养中，儿童的送养国与收养国对于什么是儿童的最大利益的看法和态度并不一致，甚至相互对立。因此，送养国和收养国的跨国收养管辖权的依据或理由受以保护儿童最大利益为准则的影响各不相同。无论是在程度上、范围上，还是在性质上、特征上，都有明显的差别。不过，从其实质上看，送养国和收养国都趋向于由自己的内国法院行使管辖权，直接控制跨国收养，以便法院获得有关收养更具体、更丰富的资料和信息，更好地监督和管理跨国收养。③ 由于一些国家的法律，特别是一些收养国的法律，不仅对承认和执行外国收养令作了相当严格的限制，④ 而且移民政策的限制条款也众多，使得二次收养(Second Adoption)成为部分收养国中的普遍现象。如此一来，跨国收养的管辖权变得更加复杂化。

因此，《美洲国家间关于未成年人收养的法律冲突公约》采取了与 1965 年《海牙收养公约》解决管辖权问题的方法不同的规定，被收养人的惯常居所地国家的主管当局有权批准收养(第 15 条)。不仅如此，它还对收养人与被收养人关系问题的管辖权设定了特殊的管辖规范(第 17 条)，在被收养人有自己的住所以前，收养人住所地法院对收养关系有管辖权；当被收养人有自己的住所以后，被收养人的住所

---

① Inter-American convention on conflict of laws concerning the adoption of minors, Article 15: The authorities of the State of the habitual residence of the adoptee shall be competent to grant the adoptions referred to in this Convention.

② Matthias Ruffert, Christian Walter, Institionalised International Law, Nomos Verlagsgesellschaft, 2015, p. 248.

③ 蒋新苗：《国际收养准据法的选择方式》，载《法学研究》1999 年第 1 期。

④ Cecilia Medina, The American Convention on Human Rights, 2nd edition, Intersentia Ltd., 2016, p. 140.

地法院或收养人的住所地法院可以根据请求人的选择行使管辖权。①

4. 跨国收养的准据法选择导向

《美洲国家间关于未成年人收养的法律冲突公约》在跨国收养关系的法律适用上采取分别适用主义。公约第 3 条与第 4 条的规定即为分别适用主义理论的翻版。该公约第 3 条不仅主张收养的资格和能力、同意权的行使以及收养的其他要件都由被收养的未成年人的惯常居所地法支配，而且强调收养关系成立所必需的程序或形式也应适用被收养的未成年人的惯常居所地法。② 紧接着公约第 4 条进一步明文规定："收养人的住所地法支配以下事项：(1)收养人的资格和能力；(2)收养人的年龄条件和收养人的婚姻状况所必需的要件；(3)收养人配偶的同意，如果必需；(4)收养人应具备的其他要件。然而，如果收养人住所地法的法定收养条件低于被收养人惯常居所地法的，则依被收养人惯常居所地法的规定。"③实际上，这是对拉丁美洲各国实践中确定跨国收养条件的准据法的原则和做法的充分体现和反映。不过，该公约最后所采取的分别适用主义的立法立场，实际是与专家委员会的态度相反的。因为专家委员会主张，对儿童的保护依靠儿童原住国的离境许可制度来实现，因而建议跨国收养适用被收养人本国法。与美洲国家间以前的公约相比，该公约为维护儿童利益提供了更全面的保护措施，通过不断强化收养效力方面的具体规定来达到保护儿童权益的目的。因此，该公约第 9 条明确规定，对于被收养人与收养人之间的关系包括相互之间的抚养义务关系，以及被收养人与收养人家庭成员之

---

① Inter-American convention on conflict of laws concerning the adoption of minors, Article 17: The judges of the State of the domicile of the adopter (or adopters) shall be competent to rule on matters concerning the relations between the adoptee and the adopter (or adopters) and the family thereof until the adoptee has a domicile of his own. As soon as the adoptee has his own domicile, the judge of the domicile of the adoptee or that of the adopter (or adopters) shall, at the option of the petitioner, have jurisdiction.

② 蒋新苗：《我国涉外收养关系成立实质要件法律适用规范的重构》，载《时代法学》2019 年第 6 期。

③ Inter-American convention on conflict of laws concerning the adoption of minors, Article 4: The law of the domicile of the adopter (or adopters) shall govern: a. The capacity to be an adopter; b. The age and marital status requirement to be met by an adopter; c. The consent of an adopter's spouse, if required, and d. The other requirements for being an adopter. If, however, the requirements of the law of the adopter (or adopters) are manifestly less strict than those of the law of the adoptees habitual residence, the law of the adoptee shall govern.

间的关系，都统一将被收养人视为收养人的亲生子女一样对待。①

在跨国收养中，如果儿童在被收养以前的国籍国与惯常居所国不一致，究竟应如何适用法律呢？这种情况在收养具有难民身份的儿童或作为移民者的儿童时经常遇到。对于被收养儿童原来所属国籍国与惯常居所国不一致的法律适用问题，一些学者主张应适用惯常居所地法解决收养的有关问题，即以儿童的惯常居所地法为准据法。② 这种态度和意见在《美洲国家间关于未成年人收养的法律冲突公约》第 3 条中体现得较为完整。该公约第 3 条明文规定："收养的资格和能力、同意权的行使以及收养的其他要件均依被收养的未成年人的惯常居所地法，而收养关系成立所必需的程序或形式也适用被收养的未成年人的惯常居所地法。"

此外，《美洲国家间关于未成年人收养的法律冲突公约》第 20 条规定："缔约国可以在任何时候声明本公约适用于收养人与被收养的未成年人惯常居住在同一国的收养，但是，必须是依该国有关当局的意见，已有迹象表明收养人在收养获得批准后准备在另一缔约国境内建立住所。"③这种规定使得在收养进行时可以对收养关系的所有因素适用同一法律，有利于保护儿童的权益。依该公约第 20 条的规定，首先成立的是国内收养，最后才变成跨国收养，这有利于儿童原住国对收养进行控制，真正掌握儿童与新的收养家庭的适应情况，可以保证收养的合理性、合法性。但由于这一规定未将国内收养与跨国收养严格区分开来，尽管有的国家的代表主张在跨国收养公约中作类似于美洲国家间收养公约的规定，最后仍未为海牙国际私法会议所采纳。

5. 跨国收养的法律效力与承认

《美洲国家间关于未成年人收养的法律冲突公约》对跨国收养效力作了特别规定，其第 9 条规定："在完全收养、收养准正及其他类似情况下，被收养人与收养

---

① Inter-American convention on conflict of laws concerning the adoption of minors, Article 9: In case of full adoption, adoptive legitimation, and similar institutions: a. The relations between the adopter (or adopters) and the adoptee, including support relations, and the relations between the adoptee and the family of the adopter (or adopters), shall be governed by the same law as would govern the relations between the adopter (or adopters) and his legitimate family; b. Ties between the adoptee and his family of origin shall be considered dissolved. However, impediments to marriage shall continue.

② Hague Conference, Proceedings of the Seventeenth Session, Vol. Ⅱ, 1994, pp. 175-244.

③ Inter-American convention on conflict of laws concerning the adoption of minors, Article 20: A State Party may at any time declare that this Convention applies to adoptions of minors habitually resident in it by persons also habitually resident in it when, in the opinion of the authority concerned, the circumstances of a given case indicate that the adopter (or adopters) plans to establish his domicile in another State Party after the adoption has been granted.

人及其家庭成员之间的权利义务关系，包括抚养关系，均依支配收养人与其家庭之间权利义务关系的法律决定；被收养人与其原出生家庭之间的权利义务关系应解除，只有禁婚的限制依然保留。”①该公约第10条又规定：“对于不属于完全收养等类型的收养，收养人与被收养人之间的权利义务关系适用收养人住所地法；被收养人与其原出生家庭之间的权利义务关系适用被收养人收养时的惯常居所地法。”②该公约第11条进一步对收养人与被收养人之间的继承权适用的法律作了规定，即适用各自继承的法律决定之。③ 这种做法独具一格，与《跨国收养方面保护儿童及合作公约》的机制存在明显差别。海牙《跨国收养方面保护儿童及合作公约》强调儿童原住国与收养国的合作机制，要求依公约成立的收养应得到各缔约国的承认，其效力依收养国或跨国收养承认国的法律决定。④ 不仅如此，《美洲国家间关于未成年人收养的法律冲突公约》在对收养效力方面进行规制时还设置了许多实体性规范予以确保：被收养人应与其原出生家庭断绝联系(第9条)、被收养人对收养人及其家庭成员的遗产享有同亲生子女一样的继承权(第11条)、收养是不可撤销的(第12条)。另外，《美洲国家间关于未成年人收养的法律冲突公约》还对简单收养作了特别规定(第10条)，而且规定简单收养可以转换为完全收养(第13条)。⑤

对跨国收养的承认问题，《美洲国家间关于未成年人收养的法律冲突公约》有

① 蒋新苗：《中国涉外收养立法的检讨与前瞻》，载《法制与社会发展》1999年第4期。

② Inter-American convention on conflict of laws concerning the adoption of minors, Article 10: In the case of adoptions other than full adoption, adoptive legitimation, and similar institutions, relations between the adopter (or adopters) and the adoptee shall be governed by the law of the domicile of the adopter (or adopters). The relations between the adoptee and his family of origin shall be governed by the law of his habitual residence at the time of adoption.

③ Inter-American convention on conflict of laws concerning the adoption of minors, Article 11: The rights of succession of the adoptee or the adopter (or adopters) shall be governed by the rules applicable to the respective successions. In case of full adoption, adoptive legitimation, and similar institutions, the adoptee, and the adopter (or adopters) and the family thereof, shall have the same rights of succession as those of legitimate family members.

④ 蒋新苗：《中国涉外收养法律适用问题》，载《环球法律评论》2005年第6期。

⑤ Inter-American convention on conflict of laws concerning the adoption of minors, Article 13: Where it is permitted, conversion of simple adoption into full adoption, adoptive legitimation, or similar institutions shall be governed, at the choice of the petitioner, by the law of the habitual residence of the adoptee at the time of the adoption, or by that of the State in which the adopter (or adopters) has his domicile at the time the conversion is requested. If the adoptee is more than 14 years of age, his consent shall be required.

明确规定。该公约第 5 条规定，凡依公约成立的收养，自动为各缔约国所承认。这是公约尤为特别之处，对跨国收养采用了自动承认的制度。①

6. 对待跨国收养无效与撤销的基本立场

《美洲国家间关于未成年人收养的法律冲突公约》在全世界最为引人注目的一项规定在于：不允许撤销收养关系。因为，对于完全收养，大多数国家的法律倾向于“不可撤销”。《美洲国家间关于未成年人收养的法律冲突公约》第 12 条明确规定了收养的不可撤销性。② 这代表着大部分美洲国家的观点和意见。③ 而要终止养父母对养子女的亲权，只能依与亲生父母终止对亲生子女的亲权同样的程序，而且要求依据的理由和条件也一样。实际上，收养的撤销问题很棘手，常常面临许多困难和障碍。④ 收养是否属于可撤销的范围，主要依据两方面的理由：“一是为保护被收养儿童利益而允许撤销收养；二是为养父母的利益而允许撤销收养，或由亲生父母或第三方(如收养机构依职权处理)建议撤销收养关系。”⑤

不过该公约尽管拒绝撤销收养关系，但它仍规定了收养无效的制度，只是宣告收养无效的唯一途径是司法机关的判决，而适用的法律应是批准收养时所依据的法律。⑥

总而言之，《美洲国家间关于未成年人收养的法律冲突公约》标志着跨国收养在保护未成年人利益方面所取得的巨大进步，是区域性统一跨国收养法运动的最显著的成果，特别是为运用统一实体规范保护儿童利益树立了典范。但是，该公约仍

① Inter-American convention on conflict of laws concerning the adoption of minors, Article 5: Adoptions that are in conformity with this Convention shall produce their effects unconditionally in the States Parties, and the exception of the unknown institution may not be invoked.

② Inter-American convention on conflict of laws concerning the adoption of minors, Article 12: Adoptions referred to in Article I are irrevocable. Revocation of adoptions referred to in Article 2 shall be governed by the law of the habitual residence of the adoptee at the time of adoption.

③ Carey E. Cooper, etc., Family Structure Transitions and Maternal Parenting Stress, in Journal of Marriage and Family, Volume 71, Number 3, August 2009.

④ J. Rubellin, Devichi, “Réflexions Pour D'indispensables Réformes en MatièRe D'adoption”, in Recueil Dalloz, Sirey, 1991, pp. 212-213.

⑤ H. D. Krause, “Creation of Relations of Kinship”, in International Encyclopedia of Comparative Law, Vol. Ⅳ, Chap. 6. The Hague, etc., 1976, p. 91.

⑥ Inter-American convention on conflict of laws concerning the adoption of minors, Article 14: Annulment of the adoption shall be governed by the law under which it was granted. An annulment shall be decreed only by judicial authorities, and the interests of the minor shall be protected in accordance with Article 19 of this Convention.

然同1965年的《海牙收养公约》一样，存在许多不够完善之处，还有不少缺失。① 《美洲国家间关于未成年人收养的法律冲突公约》中有关各缔约国的主管机关的国际合作方面的规定就不够成熟，未建立起先进的、发达的跨国收养合作或协调机制。② 除此以外，该公约也未对收养中介机构的活动规定任何监督、管理办法或处罚措施。

尽管《美洲国家间关于未成年人收养的法律冲突公约》与1965年的《海牙收养公约》一样都存在不足之处，但是它作为区域性的统一跨国收养法的公约，仍有非常重要的价值和功用。即使它与其他公约之间或其内部难免在某些方面存在冲突，而且其适用范围也只是地区性的，③ 但其中的一些条款对海牙跨国收养公约的制定发挥了重要的示范效应，同时对国际统一收养法也具有不可多得的借鉴和启发意义。可以说，正是由于各国收养法律制度的不一致，造成了跨国收养的诸多不便和障碍，现实要求消除这方面的法律差别和冲突，统一跨国收养法律规则，形成一种在国际范围内统一适用的、实体规范和程序规范趋同的国际收养法律机制。④ 在解决跨国收养法律冲突过程中，以区域性跨国收养法的统一为先导，其中美洲地区的统一跨国收养法运动最先启动，而且成效显著，为全球性跨国收养法律冲突的解决与跨国收养法的统一化进程奠定了良好的基础。

---

① Kerry O' Halloran, The Politics of Adoption: International Perspective on Law, Policy & Practice, Third Editon, Springer, 2015, pp. 149-150.

② Permanent Bureau, Accreditation and Adoption Accredited Bodies: Guide to Good Practice (Guide No. 2), Jordan Publishing Limited, 2012, p. 22.

③ Philippe Sands, Pierre Klein, Bowett's Law of International Institutions, Sweet & Maxwell, 6th ed., 2009, p. 218.

④ Elizabeth Bartholet, International Adoption: A Way Forward, New York Law School Law Review, Vol. 55, 2010.

第四章　全球性解决跨国收养法律冲突的途径与方略

第一节　海牙《跨国收养方面保护儿童及合作公约》的历史与现状

一、联合国对跨国收养公约创制的定位

跨国收养法律冲突的解决特别是跨国收养法的统一化工作，首先发端于区域性的尝试，然后才慢慢地从区域性活动演进成为普遍的世界性运动。为了彻底消除跨国收养中的法律冲突现象，除了美洲国家组织与欧洲理事会等区域性组织进行了富有成效的努力外，一些全球性政府间组织(IGOS)和非政府间组织(INGOS)在这方面也做了许多有价值的工作，对跨国收养法的统一化产生了巨大的影响。① 特别是政府间国际组织在解决跨国收养法律冲突问题上的成就尤为引人瞩目。由于这些组织在国际公法上的这种作为政府间(而非民间的或超政府)组织的地位，它们从事解决跨国收养法律冲突问题的工作往往更容易取得实效。如果它们经过努力而成功地使收养方面的某些法律规范获得统一，则其成员国便可以发挥国家的职能，使以公约形式表现出来的统一法律在实践中顺利地得到贯彻落实。近年来，政府间国际组织在国际社会的活动中的地位不断提升，其着力领域不仅仅限于公法方面，有时也涉及民商事等私法领域的统一化工作。事实上，它们在解决跨国收养法律冲突方面发挥越来越重要的作用，特别是对世界规模的跨国收养法的统一化影响日益扩大。其中联合国(United Nations)在这方面的促进和推动作用非常突出，成为海牙国际私法会议制定、通过和实施《跨国收养方面保护儿童及合作公约》的原动力。②

---

① Scott Christian, Intercountry Adoption, The University for Peace Law Review, Vol. 1, 2010, p. 61.

② 蒋新苗：《联合国对解决跨国收养法律冲突的贡献》，载《理论月刊》2008年第8期。

1. 联合国《儿童寄养与收养宣言》的诞生与作用

自第二次世界大战以后兴起的大规模跨国收养，随着朝鲜战争与美越战争的爆发而进一步升温。20 世纪 60 年代，除了大量韩国与越南儿童因收养而迁移到美国外，世界其他地区也出现了儿童因收养而移居他国的问题。① 当时欧洲范围内的这种趋势也表现得比较突出。因战争及自然灾害而造成的无数无家可归的儿童，掀起了世界范围的收养热潮。与此同时，跨国收养中的法律冲突及滥用收养权诱拐、贩卖儿童等现象也相继而生。② 因此，解决好跨国收养法律冲突问题与构建统一跨国收养法已成为不容忽视的问题。实际上，关于解决跨国收养法律冲突并制定世界性收养公约的设想，最早可以追溯到 1972 年，当时已有关注儿童问题的国际组织着手这方面的工作，展开了大量调查研究并组织专题论证。当 20 世纪 80 年代海牙国际私法会议就其制定跨国收养公约的动议广泛征求意见时，大部分相关国际组织都作出了积极的反应，以不同的方式进行合作并给予支持，为世界规模的跨国收养法的统一化出谋献策。这些组织的积极努力和所取得的一系列成就极大地推动了世界规模的跨国收养法的统一化运动。而联合国也因势利导，在解决跨国收养法律冲突方面也发挥了主导作用。

联合国不仅没有对跨国收养采取视而不见的态度，相反却主动作为并积极应对，曾想方设法解决跨国收养法律冲突问题，希望构筑统一的跨国收养法。联合国大会 1972 年 12 月 18 日通过的 3028(XXⅦ)号决议即“联合国国际收养法公约会议的决议”，就涉及跨国收养问题。③ 该决议明确要求联合国秘书长向各会员国政府收集有关各国保护收养和寄养儿童的法律、程序和政策等方面的资料，征求各国对跨国收养法会议的意见和态度。联合国秘书长专门就这些问题向各会员国作了调

---

① Joan Heifetz Hollinger, Adoption Law and Practice, Matthew Bender & Company Inc., 2006, Chapter 10, p. 7.

② Shawn C. Stevens, International Adoption: A Legal Research Guide, William S. Hein & Co., Inc., 2004, p. Ⅻ.

③ 《联合国国际收养法公约会议的决议》明确提出：“考虑到由于各国立法的缺乏，又由于各种法律的显著差异，可能影响未成年人或待收养人利益的司法上和法律上的问题越来越多。”“感到遗憾的是，由于工作日程繁重，大会未能在本届会议上研讨国际收养法公约会议的问题。”“请社会发展委员会第二十三届会议审议这个问题并在社会发展司核定的工作方案范围以内提出建议，以便编写向大会第二十九届会议提出的报告，其中将包括：(a)关于保护收养和寄养儿童的政策、方案和比较法律；(b)对发起一个国际会议以便订立国际收养法公约问题的意见。”参见：A/RES/27/3028(XXⅦ), http://daccess-dds-ny.un.org/doc/RESOLUTION/GEN/NR0/269/11/IMG/NR026911.pdf? OpenElement(accessed 31 January, 2020).

查，并将反馈的情况汇编成册，于 1975 年出版了一本报告集。① 紧接着，联合国经济及社会理事会(ECOSOC)又于 1975 年 5 月 6 日通过了 1975(LⅧ)号决议，提议 1978 年在日内瓦召开起草儿童收养公约的专家小组会议，几经磋商后则暂时放弃了在收养法方面制定具有普遍约束力的公约的设想。② 于是，经济及社会理事会根据其 1979 年 5 月 9 日通过的 1979/28 号决议，向大会提交了《关于儿童保护和儿童福利特别是国内和国际寄养与收养办法的社会和法律原则宣言》(以下简称《儿童寄养与收养宣言》)的草案。1982 年 9 月的联合国大会决定将关于讨论“儿童寄养与收养宣言”的问题纳入大会议程。在经过深入研究和广泛、全面的讨论以后，第 41 届联合国大会第 95 次全体会议在 1986 年 12 月 3 日的 41/85 号决议中正式通过了这一宣言，③ 不仅对国内以寄养或收养方式安置儿童作了具体规定，而且对跨国寄养或收养儿童也规定得较明确、详细。虽然这一宣言不是一个具有普遍约束力的法律文件，但正如前面所论及的，它对解决跨国收养法律冲突问题与统一跨国收养法的影响和作用是有目共睹的。

2. 联合国《儿童权利公约》对跨国收养规范创制的导引

由于联合国 1986 年的《关于儿童保护和儿童福利特别是国内和国际寄养与收养办法的社会和法律原则宣言》尚未完全达到联合国最初设想的目标，因而，试图在收养法方面制定具有普遍约束力的公约的工作一直未停止。在经过几年的努力和准备之后，联合国大会又在 1989 年 11 月 20 日通过了《儿童权利公约》，进一步对跨国收养问题作了具有普遍的法律效力的规定。联合国《儿童权利公约》第 20 条、第 21 条以及第 35 条，专门对无家可归的儿童的保护问题、国内与跨国收养问题以及买卖、贩运和诱拐儿童问题作了具体规定，提供了具有普遍效力的国际法律规范。④

对于买卖、贩运和诱拐儿童问题，特别是对那些带有商业目的而以跨国收养为借口从事买卖、贩运和诱拐儿童的问题，联合国经社理事会人权委员会又接着进行了深入的研究，尤其是从“当代奴隶制度”(Contemporary Forms of Slavery)的角度展

---

① E/CN. 5. 504 of 15 November 1974.

② Report of an Expert Group Meeting on Adoption and Foster Placement of Children, Geneva, 11-15 December 1979, ST/ESA/99.

③ Report of the UN Secretary general, A/37/146 of 19 October 1982.

④ 早在联合国 1986 年《关于儿童保护和儿童福利特别是国内和国际寄养与收养办法的社会和法律原则宣言》第 19 条就规定：“在必要情形下，应确立政策和法律，以禁止诱拐和非法安置儿童的任何其他行为。”

开了广泛的调查研究活动，并对如何防止滥用跨国收养权提出了不少建设性意见。① 除了人权委员会以外，联合国还有一些组织也时常关注跨国收养问题，并从特定角度和领域研究寻找解决跨国收养法律冲突问题的办法。例如，联合国儿童基金委员会(UNICEF)以及联合国难民事务高级专员公署(UNHCR)都在跨国收养方面做了不少有益的工作，推动了统一跨国收养法的进程。联合国难民事务高级专员公署还以观察员身份派代表参加了1993年海牙国际私法会议的跨国收养公约的讨论与制定工作，为海牙国际私法会议制定跨国收养公约和完善相关制度贡献不小。联合国不仅自己在解决跨国收养法律冲突问题与规范跨国收养方面取得了不少成就，而且它的这些成果对统一跨国收养法也产生了深远的影响。

联合国1986年《儿童寄养与收养宣言》就专门对国内和国际寄养与收养儿童问题作了具体规定，而联合国1989年的《儿童权利公约》又从保护人权的角度作了更广泛的规定。虽然联合国《儿童寄养与收养宣言》不是以条约或公约的形式推出的，而是以建议的形式通过的，但是，该宣言对于发展跨国收养、解决跨国收养法律冲突问题和统一跨国收养法具有相当重要的作用和意义。国际领养组织、国际社会服务组织以及国际天主教儿童服务局专门为此召集了两次专家会议，就遵守和贯彻实施该宣言进行了广泛的讨论。第一次专家会议于1987年7月10日至11日在维也纳召开，第二次专家会议于1989年11月14日至15日在日内瓦召开，每次会议都以"遵守与贯彻执行联合国关于儿童保护和儿童福利的社会和法律原则宣言"为题出版了专集。② 这对扩大联合国儿童寄养与收养宣言的影响和促进"普遍尊重和遵守宣言"作了有价值的努力。有学者曾指出：或许会在儿童原住国与收养国的共同努力下，有可能使它从一个没有约束力的建议转变为一个具有规范性的文件。③

联合国涉及跨国收养方面且具有普遍约束力的法律文件，可能要算从保护人权的广泛意义上对跨国收养问题作了规定的《儿童权利公约》(*Convention on the Rights of Child*)。该公约于1989年11月20日由联合国第四十四届大会第44/25号决议一致通过，当天即对各国开放签字，1990年9月2日正式生效。截至2021年年底，

① Julia Alanen, When Human Rights Conflict: Mediating International Parental Kidnapping Disputes Involving the Domestic Violence Defense, in The University of Miami Inter-American Law Review, Vol. 40, No. 1, 2008.

② Hague Conference, Proceedings of the Seventeenth Session, Tome Ⅱ, 1994, pp. 91-93.

③ Samantha Besson and John Tasioulas, The Philosophy of International Law, Oxford University Press, 2010, p. 170.

全世界批准或加入该公约的国家共 196 个，美国只签署了且未批准实施该公约。① 从目前联合国公约的签署情况和批准实施国家数量来看，这一公约当属联合国系统缔约方最多的国际公约之一。② 联合国《儿童权利公约》及其三个议定书构成儿童权利保障的最主要的国际规则。③ 实际上，联合国在制定《儿童权利公约》过程中就有关跨国收养问题展开的讨论以及最后文本关于跨国收养的规定，是具有普遍效力的跨国收养法律规范，实际上为国际统一收养法作了铺垫，或者说启动了跨国收养法在全世界范围内的统一机制。这些作用和影响，可从 1993 年的海牙《跨国收养方面保护儿童及合作公约》中清楚地看到。海牙国际私法会议于 1993 年通过的《跨国收养方面保护儿童及合作公约》就是以联合国《儿童权利公约》的精神和原则为指导而完成的有关统一跨国收养法工作的典型成果。④

联合国有关跨国收养的规定是具有普遍效力的国际性法律规范，尽管它仅仅是存在于相关的国际性法律文件中，而且联合国因其本身的性质与功能而最终放弃了

① 1989 年 11 月 20 日，联合国大会通过了第一部保障儿童权利的《儿童权利公约》，当时美国也积极参与。美国于 1995 年 2 月 16 日签署联合国《儿童权利公约》，但至今未批准实施该公约，成为联合国中没有批准该公约的唯一国家。2010 年 1 月 24 日，美国《时代》杂志刊登了心理学家劳伦斯·科恩(Lawrence J. Cohen)和密歇根医疗体系大学研究员安东尼·迪拜尼戴特(Anthony T. DeBenedet)的文章，剖析并批判了美国反对儿童权利的原因：其一，担心联合国公约干涉美国的法律和家庭事务。尽管该公约明确授权父母和监护人承担保护孩子的责任，但美国人最担忧的仍是公约会削弱父母的权利。美国的"父母权利"组织曾警告说，《儿童权利公约》禁止父母打孩子的屁股，也不允许对他们进行性教育。我们在此无意深入探讨为何一些人如此热衷于坚持他们打孩子的"权利"，但公约并未要求我们在孩子的权利与父母的权利之间进行选择，它保护双方的权利。其二，公约允许孩子应有权选择自己宗教、有思想和言论的自由，有人担心有损父母与子女间的亲密关系。"父母权利"组织也因此提出了明确反对意见。其三，认为批准实施联合国《儿童权利公约》有损美国国家主权。事实上，自 1957 年美国最高法院裁定"里德-科沃特"案件以来，任何国际条约都不能超越宪法。《儿童权利公约》只是要求成员国定期向儿童权利委员会提供报告，说明本国儿童的生活状况以及为实现他们的权利而采取的措施。可以说，该公约是一个行动指南，不会使我们的宪法或孩子身处险境。美国的一个非营利组织"批准公约运动"提议将 11 月 20 日作为国际儿童日，并将这一天当成美国批准联合国《儿童权利公约》的截止日期。也许获得参议院三分之二以上同意票是批准该公约的最大困难，但如果美国想要在世界上成为道义上的领导者，就需要完成由我们开创的这一事业。参见：http：//treaties. un. org/pages/ViewDetails. aspx？ src(accessed 30 December，2021).

② 参见：https：//treaties. un. org/doc/source/events/2019/Treaties/list _ global _ english. pdf，accessed 31 January，2020.

③ 刘亚丁：《〈儿童权利公约〉在中国的实施：以行政法为视角的分析》，载《哈尔滨学院学报》2011 年第 6 期。

④ S. Dtrick，The United Nations Convention on the Rights of the Child，A Guide to the "Travaux Préparatoires"，Dordrecht，1992.

制定专门关于跨国收养统一规则的公约，但是联合国在《儿童权利公约》和《儿童寄养与收养宣言》中对跨国收养的有关规定，实际上是试图在世界范围内形成统一适用的且内容上一致的跨国收养法律制度的初步尝试，它对解决跨国收养法律冲突问题与跨国收养法的统一化产生了深远而广泛的影响，加速了跨国收养法的统一化进程。海牙国际私法会议也正是基于此而加速了制定和通过跨国收养公约的进程。

海牙国际私法会议在讨论和制定跨国收养公约的过程中，就深受联合国及其有关组织的影响。为了尽量使海牙国际私法会议的工作与联合国的精神和原则保持一致，海牙国际私法会议秘书长在 1988 年 4 月会见了联合国秘书长的法律顾问，证实了联合国大会在通过 1986 年的《儿童寄养与收养宣言》以后，并不打算在跨国收养方面再讨论、制定专门的公约，联合国希望海牙国际私法会议在这方面多做些有益的工作乃至制定一部跨国统一收养法。总之，联合国不仅自己在解决跨国收养法律冲突问题与统一跨国收养法方面制定了一些具体规范，而且鼓励和支持海牙国际私法会议的统一跨国收养法的工作。

二、海牙《跨国收养方面保护儿童及合作公约》诞生的意义与价值

早在 20 世纪初，海牙国际私法会议就在制定保护儿童权益的相关公约过程中注意到了跨国收养问题。海牙国际私法会议 1956 年的《儿童抚养义务法律适用公约》、1958 年的《儿童抚养义务判决的承认与执行公约》与 1961 年的《关于保护未成年人主管机关和法律适用的公约》等公约尽管主要是解决有关儿童或未成年人的国际保护问题的，但对儿童的跨国收养问题还是产生了一定影响，特别是对 1965 年的《收养管辖权、法律适用和判决承认公约》的出台有着巨大的推动作用。

海牙国际私法会议 1965 年的《收养管辖权、法律适用和判决承认公约》是第一部专门关于儿童收养的国际公约。该公约尽可能将保护儿童利益作为主要目的。为了达到这一目的，海牙国际私法会议常设局在 1963 年 11 月就起草了一个公约草案，对收养人惯常居所地国家的法院或主管机关与儿童惯常居所地国家的法院或主管机关之间的合作问题作了许多具体的、详细的程序性规定，并尽力与提高被收养儿童在养家的地位的实体性规范保持一致。海牙国际私法会议常设局起草的这一公约草案，在很大程度上反映了国际社会服务组织(International Social Service)所提交的一份建议的意见。该建议报告实际上汇集了联合国 1960 年 5 月在瑞士沃州的莱森(Leysin)召开的关于跨国收养问题的欧洲高级专家研讨会的意见和成果。国际社会服务组织提交的建议报告明确主张必须坚持收养的国际合作原则。① 海牙国际私

① Graziella Caiani-Praturlon, Inter-Country Adoption in European Legislation, in Euthymia D. Hibbs, Adoption International Perspective, International Universities Press, 1991, p. 212.

法会议第十届会议第一次专家会议基于上述原则起草了最初的一个公约草案，然而，在第二次专家会议上却采取不同的方式和态度制定了公约的最后文本。面对各成员国关于收养的国内法及国际私法所存在的巨大差异所造成的法律上的障碍，海牙国际私法会议第二次专家会议在讨论、确定公约的最后文本时删除了原公约草案中的许多程序性规范和实体性规范。因为他们实际上主张："只要确立了主管机关管辖权行使的基本原则以及主管机关适用法律的基本原则，并保证收养的国际承认，那么，有关儿童利益的保护问题肯定会同时得到解决。"①如此，1964 年 10 月召开的第十届海牙国际私法会议便通过了第二次专家会议确定的最后文本《收养管辖权、法律适用和判决承认公约》。英国于 1965 年 11 月 15 日最先在公约上签字，随后奥地利和瑞士于 1967 年先后签署了公约。第一个正式批准这一公约的是奥地利政府，于 1968 年 10 月 9 日批准。而瑞士直到 1973 年 6 月 7 日才正式批准该公约，英国则更晚，一直到 1978 年 8 月 24 日才批准该公约。② 因此，《收养管辖权、法律适用和判决承认公约》直到 1978 年 10 月 23 日才正式生效。英国是最后一个批准该公约的缔约国，此后再也没有任何国家批准、签署或加入该公约，这一公约的缔约国实际上也只有奥地利、瑞士和英国三个国家，一直未有任何改变。

1965 年的《收养管辖权、法律适用和判决承认公约》大力主张在选择适用法律时采取管辖权处理方式来确定，对收养条件适用法院地法，而对儿童及其亲属关于收养的同意问题则主张适用儿童的本国法。从一定程度上说，1965 年的《收养管辖权、法律适用和判决承认公约》属于当代跨国收养立法的弄潮儿。不过，该公约只以收养人为出发点确立管辖权的做法，并没有体现以保护儿童利益为根本出发点的目的，尚未达到跨国收养立法的现代化要求。加之它并未对收养效力的准据法作出具体、明确的规定，而对跨国收养合作中各国主管机关的相互合作原则与机制也未做详细规定，这可以说是该公约存在的最大的缺陷与不足。另外，公约适用范围的有限性和公约的非排他性(Non-exclusive Character)严重削弱了公约的效力，以及允许各缔约国对公约作大量的保留使得公约的统一性也受到了损害。正是由于 1965 年的《收养管辖权、法律适用和判决承认公约》存在这种种缺陷和不足，其价值和作用难免令人生疑，甚至可以说是一个不成功的公约。③ 从更广泛的意义上说，1965 年的《收养管辖权、法律适用和判决承认公约》在许多方面半途而废。所有这些使得各国对公约的兴趣不高，降低了其吸引力。实际上，除奥地利、瑞士和英国三国以外，再没有国家参加 1965 年的《收养管辖权、法律适用和判决承认公约》。

① Conférence de la Haye, Actes et Documents de La Dixièm Session, 1964, tome Ⅱ, p. 410.

② Jeremy Rosenblatt, International Adoption, Sweet & Maxwell Ltd., 1995, p. 6.

③ 刘铁铮著：《国际私法论丛》，台湾三民书局 1994 年版，第 187~193 页。

这样一来，最终导致了该公约不得不退出历史舞台。2003 年 4 月 13 日瑞士率先通知废止该公约，于 2003 年 10 月 23 日正式退出该公约。随后，2003 年 4 月 15 日英国也通知废止该公约，2003 年 10 月 23 日退约正式生效；2004 年 4 月 20 日奥地利通知废止该公约，2008 年 10 月 23 日退约正式生效。根据《收养管辖权、法律适用和判决承认公约》第 23 条的规定，① 该公约的效力于 2008 年 10 月 23 日终止。②

尽管 1965 年的《收养管辖权、法律适用和判决承认公约》并未在跨国收养的实践中发挥预期效应，仅有奥地利、瑞士和英国三个国家批准了该公约，从 1965 年签署到 1978 年生效，经历了漫长的 13 余年之久，值得庆幸的是它当时还是生效实施了，如果抛开这一艰难历程不论，从海牙国际私法会议当时的 23 个成员国经过激烈讨论通过《收养管辖权、法律适用和判决承认公约》这一点来看，它是跨国收养法统一化运动从发端到形成与发展的标志，实质上标志着解决跨国收养法律冲突问题与跨国收养法的统一化运动已从初级阶段进入了正式形成时期。自此以后，在全球范围内统一跨国收养法引起了广泛的重视。1993 年的海牙《跨国收养公约》就是在这一基础上形成的成果。

由于暴力、内乱、战争、自然灾害、经济危机或社会问题而造成大量儿童被抛弃或成为孤儿，跨国收养的规模和范围不断扩大，各国有关收养的法律冲突日渐突出。③ 加之海牙国际私法会议自 1965 年以后的一系列涉及儿童权利的相关公约，诸如 1973 年的《扶养义务判决的承认与执行公约》、1973 年的《扶养义务法律适用公约》与 1980 年的《国际诱拐儿童民事方面的公约》，尽管都未直接或间接涵括跨国收养问题，但在这些公约的起草与制定过程中不断诱发人们对跨国收养现象与法律冲突问题的关注。④ 于是，解决跨国收养法律冲突问题，促进跨国收养的健康顺利发展的重任，则由专门致力于解决各国民商事法律冲突问题的海牙国际私法会议主动担当起来。早在 1987 年 12 月，海牙国际私法会议常设局就曾照会各成员国，

---

① 《收养管辖权、法律适用和判决承认公约》第 23 条规定："本公约依第 19 条第 1 款规定开始生效之日起，存续有效五年，对以后批准或加入本公约的国家亦同。如未经废止，本公约每五年自动更新有效一次。任何废止至迟应在五年期限届满六个月前通知荷兰外交部。废止得限于本公约所适用的某些领土。废止的权力仅及于通知废止的国家。本公约对其他缔约国仍应存续有效。"

② 参见：http：//www. hcch. net/index. en. php(accessed 31 January，2020).

③ Joan Heifetz Hollinger，Adoption Law and Practice，Matthew Bender & Company Inc.，2006，Chapter 10，p. 10.

④ Timothy Arcaro，Creating a Legal Society in the Wester Hemisphere to Support the Hague Convention on Civl Aspect of International Child Abduction，in The University of Miami Inter-American Law Review，Vol. 40，No. 1，2008.

“要求为准备制定跨国收养方面消除法律冲突和加强国际合作的新公约而努力”。①海牙国际私法会议常设局分析了1965年的《收养管辖权、法律适用和判决承认公约》存在的问题与缺失，建议在条件成熟的时候制定一个新的公约，满足跨国收养发展的客观需要，弥补1965年的《收养管辖权、法律适用和判决承认公约》存在的不足，解决这一公约未能解决的问题，特别是一些新出现的现实问题。

海牙国际私法会议常设局1987年12月的照会又进一步激发了海牙国际私法会议1988年1月的特别委员会的兴趣，专家们一致认为，当今跨国收养中所产生的种种问题，无论在数量上、范围上，还是在内容上、形式上，都与20世纪60年代初的情况存在相当大的差别，特别是同第十届海牙国际私法会议起草、制定和通过1965年的海牙收养公约的情况更是大相径庭。现代跨国收养变得越来越复杂，不仅涉及范围广、程序多，而且法律冲突日渐突出，甚至出现了滥用收养权以及借跨国收养拐卖儿童的现象。因此，意大利政府的代表在1988年1月的特委会上明确提议，海牙国际私法会议应担当起制定新的跨国收养公约的重任。而此前不久，意大利政府为了完全控制在其境内出现的跨国收养，刚刚通过立法对跨国收养作了严格的限制。此外，意大利政府代表还表示赞成加强多边合作的观点，认为“在跨国收养中光靠某一国的单方行动是不够的，需要各缔约国进行多边合作”。意大利政府对跨国收养态度的转变，进一步坚定了海牙国际私法会议着手制定新的跨国收养公约的信心。②

1988年10月3日至20日，第十六届海牙国际私法会议在海牙召开，包括中国在内的31个海牙会议既有成员国出席了大会。③ 这次会议除讨论通过了《死者遗产继承法律适用公约》以外，还就海牙会议以后所应从事的国际私法统一工作的议题进行了研究，形成了一个工作安排的决定并由大会通过列入本届会议的最后文件。而对于制定跨国收养公约的问题，第十六届海牙国际私法会议只稍加讨论就一致决定：“1992年召开的第十七届海牙国际私法会议将把制定一个收养外国儿童的公约作为议题。”④第十六届海牙国际私法会议还要求大会秘书长“在本届会议后着手进行起草、制定跨国收养公约的准备工作，并为此目的召集一个专门委员会负责具体工作”。除此以外，第十六届海牙国际私法会议还在工作安排的决定中特别强调，“应该让那些有许多儿童送养的非海牙会议成员国参加特别委员会的工作”，并要

① Hague Conference on Private International Law, Proceedings of the Sixteenth Session, Vol. Ⅰ, 1988, Miscellaneous, p. 165.

② Conclusions of the Special Commission of January 1988 on General Affairs and Policy of the Conference, Preliminary Document No. 14, April 1988, p. 199.

③ 李双元主编：《中国与国际私法统一化进程》，武汉大学出版社1998年修订版，第583~584页。

④ Hague Conference, Minutes No. 1. 1988, p. 219.

求"海牙国际私法会议的秘书长应尽力使这些国家同成员国一样参与跨国收养公约的制定工作"。[①] 在第十六届海牙国际私法会议的最后文件中，将跨国收养问题列入下届大会的议题的决定，是与向那些对这方面问题有兴趣的非成员国开放的决定紧密相连的。海牙国际私法会议特别重视吸收那些有许多儿童被外国人收养的儿童原住国参加其工作，并给予它们相应于成员国的待遇。

根据第十六届海牙国际私法会议通过的工作安排的决定，海牙国际私法会议常设局除了负责一些有关制定跨国收养公约的前期研究和准备等日常工作以外，还积极开展了一系列广泛、深入的相关活动，做了许多配套工作。不仅如此，海牙国际私法会议常设局还主动建议各成员国拨专款为制定跨国收养公约的工作提供财政资助，尽可能使那些代表发展中国家的非成员国参加为准备跨国收养公约而召集的特别委员会召开的有关会议。为了顺利完成跨国收养公约，海牙国际私法会议常设局在海牙和平宫(The Peace Palace)召开了三次特别委员会会议，每次会议大约为期两周。第一次特别委员会会议在 1990 年 6 月 11 日至 21 日举行，第二次特别委员会会议在 1991 年 4 月 22 日至 5 月 3 日举行，第三次特别委员会会议则在 1992 年 2 月 3 日至 14 日举行。海牙国际私法会议常设局多次召开特别委员会会议，主要目的在于为了让来自各国的法律专家对有关公约的各种问题进行比较广泛的、全面的讨论、研究，相互交流意见，阐明各自的观点。海牙国际私法会议常设局为准备跨国公约而召集的特别委员会，主席为史密斯(T. B. Smith)，曾任加拿大渥太华司法部法律顾问；副主席为德国的皮龙(K. J. Pirrung)和埃塞俄比亚的曼格莎·海利(Mengesha Haile)，还负责主持公约起草委员会的工作；报告人为委内瑞拉的帕拉·阿伦格伦(G. Parra Aranguren)教授，菲律宾的社会工作者贝拉诺(L. Balanon)女士被选举为助理报告人。负责准备跨国收养公约的特别委员会的专家分别来自 35 个成员国[②]和 28 个非成员国。[③] 此外，还有联合国难民事务高级专员公署

---

① Hague Conference on Private International Law, Sixteenth Session, Final Act (The Hague, 20, October 1988), para. 1.

② 派代表参加了海牙国际私法会议制定跨国收养公约起草特别委员会的会议的成员国主要有：阿根廷、澳大利亚、奥地利、比利时、加拿大、智利、中国、前捷克和斯洛伐克、丹麦、埃及、芬兰、法国、德国、希腊、匈牙利、爱尔兰、以色列、意大利、日本、卢森堡、墨西哥、荷兰、挪威、波兰、葡萄牙、罗马尼亚、西班牙、瑞典、瑞士、土耳其、英国、美国、乌拉圭、委内瑞拉和前南斯拉夫 35 个国家。

③ 派代表参加了海牙国际私法会议制定跨国收养公约起草特别委员会的会议的非成员国主要有：阿尔巴尼亚、玻利维亚、巴西、哥伦比亚、哥斯达黎加、厄瓜多尔、萨尔瓦多、埃塞俄比亚、海地、梵蒂冈、洪都拉斯、印度、印度尼西亚、朝鲜、黎巴嫩、马达加斯加、马绍尔群岛、毛里求斯、尼泊尔、巴拿马、巴拉圭、秘鲁、菲律宾、苏联、塞内加尔、斯里兰卡、泰国和越南 28 个国家。

(UNHCR)、罗马国际统一私法协会(UNIDROIT)、欧洲理事会(Council of Europe)、美洲国家间儿童协会(IIN)、国际民事身份委员会(CIEC)等政府间国际组织与国际社会服务组织(ISS)、国际保护儿童组织(DCI)、国际未成年人与家庭法院法官协会(International Association of Juvenile and Family Court Magistrates, AIMJF)、地球社国际联合会(International Federation Terre des Hommes, FITDH)、国际律师协会(IBA)、国际婚姻律师学院(IAML)、美洲国家间律师协会(IBA)、北欧收养和父母组织合作委员会(NCA)、跨国收养服务机构及非政府组织协会(IAVAAN)、国际家庭法学会(ISFL)、欧洲收养组织(Euradopt)等非政府间国际组织也派观察员参加了特别委员会的会议。①

海牙国际私法会议常设局在召开了第一次特别委员会会议以后，又在1990年11月5日至10日召开了一次特别顾问委员会(Ad Hoc Advisory Committee)会议。该特别顾问委员会由第一次特别委员会的报告人帕拉·阿伦格伦(G. Parra Aranguren)、助理报告人贝拉诺(L. Balanon)以及印度尼西亚的苏纳里亚蒂·哈特诺(C. F. G. Sunaryati Hartono)、爱尔兰的邓肯(W. R. Duncan)、比利时的韦尔温(M. J. P. Verwilghen)、荷兰的舒尔茨(Jan C. Schultsz)和乌拉圭的佩蒂(D. Opertti)等专家组成，召集人为舒尔茨(Jan C. Schultsz)教授，主要任务是协助海牙国际私法会议起草公约。特别顾问委员会完成了一个公约草案解释说明稿，即"关于跨国收养方面保护儿童和国际合作的公约具体条款的草案"，对1993年最后通过的跨国收养公约产生了重要影响。可以说，1993年通过的跨国收养公约的最后文本，基本框架就是特别顾问委员会确定的。1992年3月9日至10日，公约起草委员会还专门召集一部分专家对草案文本的语言文字进行了加工润色。此后，帕拉·阿伦格伦(Parra Aranguren)又在其提交的报告中对公约草案作了补充。在此基础上，1993年5月10日至29日在荷兰召开的第十七届海牙国际私法会议外交大会对跨国收养公约草案进行了全面审议。大会由荷兰的舒尔茨(Jan C. Schultsz)教授担任主席。舒尔茨教授对跨国收养问题的研究有极深的造诣，主持过海牙国际私法会议负责起草跨国收养公约特别委员会的顾问委员会的工作。海牙国际私法会议第二委员会共举行了21次例会，对跨国收养公约进行了广泛、深入的讨论和审议，提交了200多份工作文件。第十七届海牙国际私法会议专门召开了两次全体代表参加的大会对跨国收养公约进行审议，最后公约在1993年5月28日获得全体一致通过。② 公约通过的第二天即向各国开放签字，当即有墨西哥、哥斯达黎加、巴西和罗马尼亚等国签署了公约。

1993年的《跨国收养方面保护儿童的合作公约》作为海牙国际私法会议历经数

① 参见：http://www.hcch.net/index.en.php(accessed 31 January, 2013).

② Hague Conference, Proceedings of the Seventeenth Session Vol. Ⅱ, 1994, pp. 499-520.

年的艰辛努力所取得的巨大成就，是解决跨国收养法律冲突问题与推进跨国收养法统一化运动的杰出成果，是一部崭新的调整跨国收养关系的国际法律规范。它不仅有利于在世界范围内保护无家可归的儿童，而且有助于促进跨国收养的发展，规范和指导跨国收养。该公约实际上是国际人权法、国际行政法和国际私法在现代国际社会发展的新成果。一方面，这是统一国际私法进程中国际合作以及人权法与国际私法相互影响、相互作用的必然产物，另一方面，海牙跨国收养公约本身作为国际统一收养法又在统一国际私法历程中树立了一座新的里程碑，它对以后的国际私法统一化以及国际人权法与国际私法在更深层次和更大范围上的相互影响、相互渗透和相互作用具有重要的意义，必将产生更加深远而广泛的影响。①

正是公约的这种多重性，它一通过便受到国际社会的欢迎、赞赏和推崇。首届家庭法与保护儿童权利的世界大会于 1993 年 6 月在悉尼召开时就号召各国政府尽快考虑批准、加入公约。国际刑警组织在 1993 年 9 月召开的全体大会上通过了一个决议，督促其成员“尽可能成为海牙国际私法会议的成员国……为海牙国际私法会议将跨国收养公约中缺乏的必不可少的刑事方面的条款增加和补充到公约中去而努力”。而第五届美洲国际私法特别会议于 1994 年 3 月 18 日通过了《美洲国家间关于未成年人国际拐卖公约》和一个关于建议各成员国批准和加入海牙跨国收养公约的决议。② 该决议要求美洲国家组织的成员国尽可能批准和加入海牙跨国收养公约，以便更好地从世界范围保护儿童权益。加之联合国儿童权利委员会对海牙跨国收养公约也非常关心，在召开的好几次会议上都建议各国政府考虑批准和加入 1993 年的海牙跨国收养公约的问题。③ 因而，该公约比 1965 年的《收养管辖权、法律适用和判决承认公约》成功得多，很快便生效实施。墨西哥政府于 1994 年 9 月 14 日最先批准该公约，随后罗马尼亚政府在 1994 年 12 月 28 日、斯里兰卡政府在 1995 年 1 月 23 日以及塞浦路斯政府在 1995 年 2 月 20 日分别批准了该公约，该公约于 1995 年 5 月 1 日正式生效。④

截至 2021 年年底，已有 59 个国家签署了《跨国收养方面保护儿童及合作公约》，其中海牙国际私法会议成员国 51 个，非成员国 8 个。签署了该公约的成员国有：阿尔巴尼亚（Albania）、澳大利亚（Australia）、奥地利（Austria）、白俄罗斯（Belarus）、比利时（Belgium）、巴西（Brazil）、保加利亚（Bulgaria）、布基纳法索

① J. H. A. Van Loon，“De Wisselwerking Tussen International Privaatrecht en Rechten van de mens”，in Grensoverschrijdend Privaatrecht，Van Rijn van Alkemade Bundel，1993，pp. 135-145.

② Final Act of the Fifth Specialized InterAmerican Conference on Private International Law（CIDIP-Ⅴ），Resolution，2（1994），p. 26.

③ J. E. Doek et al.（eds.），Children on the Move，The Hague，1995，pp. 75-86.

④ Hans Van Loon，Recent Developments in International Treaty Law on the Protection of Children，International Family Law，1999，pp. 91-95.

(Burkina Faso)、加拿大(Canada)、智利(Chile)、哥斯达黎加(Costa Rica)、塞浦路斯(Cyprus)、捷克(Czech Republic)、丹麦(Denmark)、厄瓜多尔(Ecuador)、芬兰(Finland)、法国(France)、德国(Germany)、希腊(Greece)、洪都拉斯(Honduras)、匈牙利(Hungary)、印度(India)、爱尔兰(Ireland)、以色列(Israel)、意大利(Italy)、韩国(Republic of Korea)、拉脱维亚(Latvia)、卢森堡(Luxembourg)、墨西哥(Mexico)、荷兰(Netherlands)、挪威(Norway)、巴拿马(Panama)、秘鲁(Peru)、菲律宾(Philippines)、波兰(Poland)、葡萄牙(Portugal)、罗马尼亚(Romania)、俄罗斯(Russian Federation)、斯洛伐克(Slovak Republic)、斯洛文尼亚(Slovenia)、西班牙(Spain)、斯里兰卡(Sri Lanka)、瑞典(Sweden)、瑞士(Switzerland)、土耳其(Turkey)、英国(The United Kingdom of Great Britain and Northern Ireland)、美国(United States of America)、乌拉圭(Uruguay)、委内瑞拉(Venezuela)、越南(Viet Nam)与中国(The People's Republic of China),签署了该公约的非成员国有:贝宁(Benin)、玻利维亚(Bolivia)、哥伦比亚(Colombia)、萨尔瓦多(El Salvador)、海地(Haiti)、马达加斯加(Madagascar)、尼泊尔(Nepal)和泰国(Thailand)。

截至2021年年底,公约已在104个国家获得批准、生效,其中海牙国际私法会议成员国73个,非成员国31个。该公约已经生效实施的成员国有:① 阿尔巴尼亚(Albania)、安道尔共和国(Andorra)、亚美尼亚(Armenia)、澳大利亚(Australia)、奥地利(Austria)、阿塞拜疆(Azerbaijan)、白俄罗斯(Belarus)、比利时(Belgium)、巴西(Brazil)、保加利亚(Bulgaria)、布基纳法索(Burkina Faso)、加拿大(Canada)、智利(Chile)、哥斯达黎加(Costa Rica)、克罗地亚(Croatia)、塞浦路斯(Cyprus)、捷克(Czech Republic)、丹麦(Denmark)、多米尼加共和国(Dominican Republic)、厄瓜多尔(Ecuador)、爱沙尼亚(Estonia)、芬兰(Finland)、法国(France)、格鲁吉亚(Georgia)、德国(Germany)、希腊(Greece)、洪都拉斯(Honduras)、匈牙利(Hungary)、冰岛(Iceland)、印度(India)、爱尔兰(Ireland)、以色列(Israel)、意大利(Italy)、哈萨克斯坦(Kazakhstan)、拉脱维亚(Latvia)、立陶宛(Lithuania)、卢森堡(Luxembourg)、马耳他(Malta)、毛里求斯(Mauritius)、墨西哥(Mexico)、摩纳哥(Monaco)、蒙

① 在成员国中,安道尔共和国(Andorra)、亚美尼亚(Armenia)、爱沙尼亚(Estonia)、阿塞拜疆(Azerbaijan)、多米尼加共和国(Dominican Republic)、克罗地亚(Croatia)、格鲁吉亚(Georgia)、冰岛(Iceland)、哈萨克斯坦(Kazakhstan)、立陶宛(Lithuania)、马耳他(Malta)、毛里求斯(Mauritius)、摩纳哥(Monaco)、蒙古(Mongolia)、黑山(Montenegro)、纳米比亚(Namibia)、新西兰(New Zealand)、巴拉圭(Paraguay)、摩尔多瓦(Moldova)、北马其顿(North Macedonia)、塞尔维亚(Serbia)、南非(South Africa)、赞比亚(Zambia)分别以加入方式成为海牙公约的缔约国(http://www.hcch.net/index_en.php, accessed 1 May, 2021)。

古(Mongolia)、黑山(Montenegro)、纳米比亚(Namibia)、荷兰(Netherlands)、新西兰(New Zealand)、挪威(Norway)、巴拿马(Panama)、巴拉圭(Paraguay)、秘鲁(Peru)、菲律宾(Philippines)、波兰(Poland)、葡萄牙(Portugal)、摩尔多瓦(Moldova)、北马其顿(North Macedonia)、罗马尼亚(Romania)、塞尔维亚(Serbia)、斯洛伐克(Slovak Republic)、斯洛文尼亚(Slovenia)、南非(South Africa)、西班牙(Spain)、斯里兰卡(Sri Lanka)、瑞典(Sweden)、瑞士(Switzerland)、泰国(Thailand)、土耳其(Turkey)、英国(The United Kingdom of Great Britain and Northern Ireland)、美国(United States of America)、乌拉圭(Uruguay)、委内瑞拉(Venezuela)、越南(Viet Nam)、赞比亚(Zambia)与中国(The People's Republic of China),①

---

① 阿尔巴尼亚于2000年9月12日签署、2000年9月12日批准、2001年1月1日生效,安道尔于1997年3月1日加入、1997年5月1日生效,亚美尼亚于2007年3月1日加入、2007年6月1日生效,澳大利亚于1998年8月25日签署、1998年8月25日批准、1999年12月1日生效,奥地利于1998年12月18日签署、1999年5月19日批准、1999年9月1日生效,阿塞拜疆于2004年6月22日加入、2004年10月1日生效,白俄罗斯于1999年12月10日签署、2003年7月17日批准、2003年11月1日生效,比利时于1999年1月27日签署、2005年5月26日批准、2005年9月1日生效,巴西于1993年5月29日签署、1999年3月10日批准、1999年7月1日生效,保加利亚于2001年2月27日签署、2002年5月15日批准、2002年9月1日生效,布基纳法索于1994年4月19日签署、1996年1月11日批准、1996年5月1日生效,加拿大于1994年4月12日签署、1996年12月19日批准、1997年4月1日生效,智利于1999年7月13日签署、1999年7月13日批准、1999年11月1日生效,哥斯达黎加于1993年5月29日签署、1995年10月30日批准、1996年2月1日生效,克罗地亚于2013年12月5日加入、2014年4月1日生效,塞浦路斯于1994年11月17日签署、1995年2月20日批准、1995年6月1日生效,捷克于1999年12月30日签署、2000年2月11日批准、2000年6月1日生效,丹麦于1997年7月2日签署、1997年7月2日批准、1997年11月1日生效,多米尼加共和国于2006年11月22日加入、2007年3月1日生效,厄瓜多尔于1994年5月3日签署、1995年9月7日批准、1996年1月1日生效,爱沙尼亚于2002年2月22日批准、2002年6月1日生效,芬兰于1994年4月19日签署、1997年3月27日批准、1997年7月1日生效,法国于1995年4月5日签署、1998年6月30日批准、1998年10月1日生效,格鲁吉亚于1999年4月9日加入、1999年8月1日生效,德国于1997年11月7日签署、2001年11月22日批准、2002年3月1日生效,希腊于2009年9月2日签署、2009年9月2日批准、2010年1月1日生效,洪都拉斯于2019年3月6日签署、2019年3月6日批准、2019年8月1日生效,匈牙利于2004年5月25日签署、2005年4月6日批准、2005年1月1日生效,冰岛于2000年1月17日加入、2000年5月1日生效,印度于2003年1月9日签署、2003年4月6日批准、2003年10月1日生效,爱尔兰于1996年6月19日签署、2003年7月17日批准、2003年11月1日生效,以色列于1993年11月2日签署、1999年2月3日批准、1999年6月1日生效,意大利于1995年12月11日签署、2000年1月18日批准、2000年5月1日生效,哈萨克斯坦于2010年7月9日加入、2010年10月1日生效,拉脱维亚于2002年5月29日签署、2002年8月9日批准、2002年12月1日

该公约已经生效实施的非成员国有：① 伯利兹（Belize）、贝宁（Benin）、玻利维亚（Bolivia）、布隆迪（Burundi）、柬埔寨（Cambodia）、维德角（Cape Verde）、哥伦比

（接上注）生效，立陶宛于1998年4月29日加入、1998年8月1日生效，卢森堡于1995年6月6日签署、2002年7月5日批准、2002年11月1日生效，马耳他于2004年10月13日加入、2005年2月1日生效，毛里求斯于1998年9月28日加入、1999年1月1日生效，墨西哥于1993年5月29日签署、1994年9月14日批准、1995年5月1日生效，摩纳哥于1999年6月29日加入、1999年10月1日生效，蒙古于2000年4月25日批准、2000年8月1日生效，黑山于2012年3月9日加入、2012年7月1日生效，纳米比亚于2015年9月2日批准、2016年1月1日生效，荷兰于1993年12月5日签署、1998年6月26日批准、1998年10月1日生效，新西兰于1998年9月18日加入、1999年1月1日生效，挪威于1996年5月20日签署、1997年9月25日批准、1998年1月1日生效，巴拿马于1999年6月15日签署、1999年9月29日批准、2000年1月1日生效，巴拉圭于1998年5月13日加入、1998年9月1日生效，秘鲁于1994年11月26日签署、1995年9月14日批准、1996年1月1日生效，菲律宾于1995年7月17日签署、1996年7月2日批准、1996年11月1日生效，波兰于1995年6月12日签署、1995年6月12日批准、1995年10月1日生效，葡萄牙于1999年8月26日签署、2004年3月19日批准、2004年7月1日生效，摩尔多瓦于1998年4月10日加入、1998年8月1日生效，尼日尔于2021年4月24日加入、2021年9月1日生效，北马其顿于2008年12月23日加入、2009年5月1日生效，罗马尼亚于1993年5月29日签署、1994年12月28日批准、1995年5月1日生效，塞尔维亚于2013年12月18日加入、2014年4月1日生效，斯洛伐克于1999年6月1日签署、2001年6月6日批准、2001年10月1日生效，斯洛文尼亚于2002年1月24日签署、2002年1月24日批准、2002年5月1日生效，南非于2003年8月21日加入、2003年12月1日生效，西班牙于1995年3月27日签署、1995年7月11日批准、1995年10月1日生效，斯里兰卡于1994年5月24日签署、1995年1月23日批准、1995年5月1日生效，瑞典于1996年10月10日签署、1997年5月28日批准、1997年9月1日生效，瑞士于1995年1月16日签署、2002年9月24日批准、2003年1月1日生效，土耳其于2001年12月5日签署、2004年5月27日批准、2004年9月1日生效，英国于1994年1月12日签署、2003年2月27日批准、2003年6月1日生效，美国于1994年3月31日签署、2007年12月12日批准、2008年4月1日生效，乌拉圭于1993年9月1日签署、2003年12月3日批准、2004年4月1日生效，委内瑞拉于1997年10月1日签署、1998年1月10日批准、1998年5月1日生效，泰国于2004年4月25日签署、2004年4月29日批准、2004年8月1日生效，越南于2010年1月10日签署、2011年11月1日批准、2012年2月1日生效，赞比亚于2015年6月11日加入、2015年10月1日生效，中国于2000年11月30日签署、2005年4月27日批准、2006年1月1日生效，http：//www. hcch. net/index_en. php? act=conventions. status&cid=69(accessed 1 May，2021)。

① 在非成员国中，除贝宁、玻利维亚、哥伦比亚、萨尔瓦多、海地、洪都拉斯、马达加斯加和泰国外，其他都是以加入方式成为海牙国际私法会议1993年的《跨国收养方面保护儿童及合作公约》缔约国，http：//www. hcch. net/index_en. php(accessed 1 May，2020)。

亚(Colombia)、刚果(Congo)、科特迪瓦(Cóte d' lvoire)、古巴(Cuba)、萨尔瓦多(El Salvador)、斯威士兰(Eswatini)、斐济(Fiji)、加纳(Ghana)、危地马拉(Guatemala)、几内亚(Guinea)、圭亚那(Guyana)、海地(Haiti)、肯尼亚(Kenya)、吉尔吉斯斯坦(Kyrgyzstan)、莱索托(Lesotho)、列支敦士登(Liechtenstein)、马达加斯加(Madagascar)、马里(Mali)、尼日尔(Niger)、卢旺达(Rwanda)、圣基茨和尼维斯(Saint Kitts and Nevis)、塞内加尔(Senegal)、圣马力诺(San Marino)、塞舌耳(Seychelles)和多哥(Togo)。①

20 世纪签署了海牙跨国收养公约的国家都已批准实施，而本世纪签署了海牙跨国收养公约的国家还有俄罗斯、韩国和尼泊尔还未批准公约。② 此外，还有一些国家在准备加入或着手批准海牙国际私法会议的跨国收养公约。海牙国际私法会议

① 伯利兹于 2005 年 12 月 20 日加入、2006 年 6 月 1 日生效，贝宁于 2018 年 6 月 28 日签署、2018 年 6 月 28 日批准、2018 年 10 月 1 日生效，玻利维亚于 2000 年 11 月 10 日签署、2002 年 3 月 12 日批准、2002 年 7 月 1 日生效，布隆迪于 1998 年 10 月 15 日加入、1999 年 2 月 1 日生效，柬埔寨于 2007 年 4 月 6 日加入、2007 年 8 月 1 日生效，维德角于 2009 年 9 月 4 日加入、2010 年 1 月 1 日生效，哥伦比亚于 1993 年 9 月 1 日签署、1998 年 7 月 13 日批准、1998 年 11 月 1 日生效，刚果于 2019 年 12 月 11 日加入、2020 年 4 月 1 日生效，科特迪瓦于 2015 年 6 月 11 日加入、2015 年 10 月 1 日生效，古巴于 2007 年 2 月 20 日加入、2007 年 6 月 1 日生效，萨尔瓦多于 1996 年 11 月 12 日签署、1998 年 11 月 17 日批准、1999 年 3 月 1 日生效，斯威士兰于 2013 年 3 月 5 日加入、2013 年 7 月 1 日生效，斐济于 2012 年 4 月 29 日加入、2012 年 8 月 1 日生效，加纳于 2016 年 9 月 16 日加入、2017 年 1 月 1 日生效，危地马拉于 2002 年 10 月 26 日加入、2003 年 3 月 1 日生效，几内亚于 2003 年 10 月 21 日加入、2004 年 2 月 1 日生效，圭亚那于 2019 年 2 月 5 日加入、2019 年 6 月 1 日生效，海地于 2011 年 3 月 2 日签署、2013 年 12 月 16 日批准、2014 年 4 月 1 日生效，肯尼亚于 2007 年 2 月 1 日加入、2007 年 6 月 1 日生效，吉尔吉斯斯坦于 2016 年 7 月 25 日加入、2016 年 11 月 1 日生效，莱索托于 2012 年 8 月 24 日加入、2012 年 12 月 1 日生效，列支敦士登于 2009 年 1 月 26 日加入、2009 年 5 月 1 日生效，马达加斯加于 2004 年 5 月 12 日签署、2004 年 5 月 12 日批准、2004 年 9 月 1 日生效，马里于 2006 年 5 月 1 日加入、2006 年 9 月 1 日生效，尼日尔于 2021 年 5 月 24 日加入、2021 年 9 月 1 日生效，圣基茨和尼维斯于 2020 年 10 月 26 日加入、2021 年 2 月 1 日生效，卢旺达于 2012 年 3 月 28 日加入、2012 年 7 月 1 日生效，圣马力诺于 2004 年 10 月 6 日加入、2005 年 2 月 1 日生效，塞内加尔于 2011 年 8 月 24 日加入、2011 年 12 月 1 日生效，塞舌耳于 2008 年 6 月 26 日加入、2008 年 10 月 1 日生效，多哥于 2009 年 10 月 12 日加入、2010 年 2 月 1 日生效，http：//www. hcch. net/index_en. php?act=conventions. status&cid=69(accessed 1 May，2021)。

② 俄罗斯于 2000 年 9 月 7 日、尼泊尔于 2009 年 4 月 28 日和韩国于 2013 年 5 月 24 日签署海牙国际私法会议 1993 年的《跨国收养方面保护儿童及合作公约》，目前都尚未批准该公约。参见 Permanent Bureau，20 Years of the Hague Convention Assessing：The Impact of Convention on Laws and Practices Relating to Intercountry Adoption and the Protection of Children，The Netherlands，2015，p. 6.

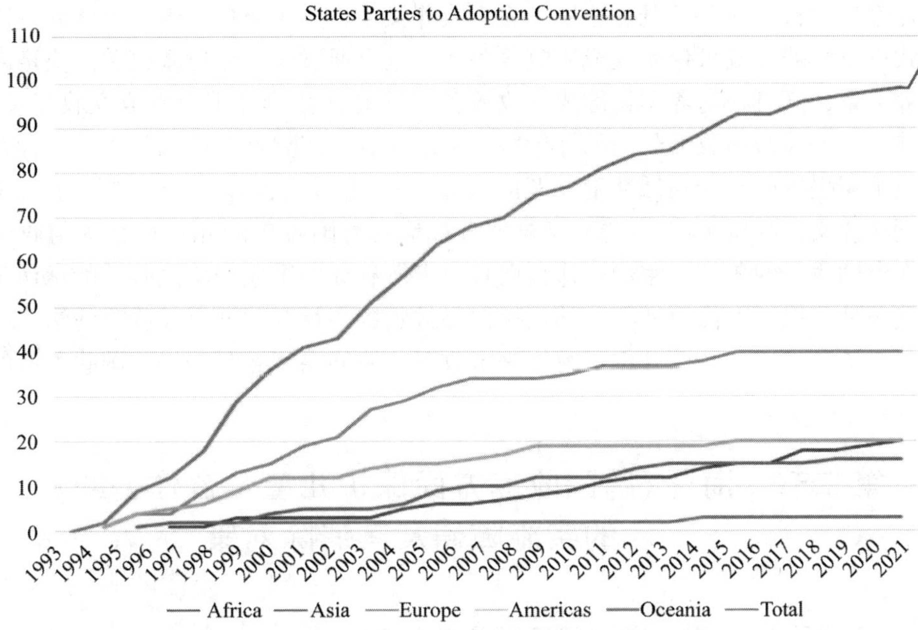

图 4-1　海牙《跨国收养方面保护儿童及合作公约》缔约情况统计图表(2021 年)

常设局从 2003 年开始实施跨国收养技术援助计划(ICATAP)，争取更多的国家成为 1993 年《跨国收养方面保护儿童及合作公约》的缔约国，全面而有效地实施海牙跨国收养公约。①

可见，1993 年的《跨国收养方面保护儿童及合作公约》颇受青睐，生效快且适用地域宽泛，不仅海牙国际私法会议成员国接受的多，而且海牙国际私法会议非成员国也不甘落后，自愿参加并批准实施了该公约。这一公约的迅速生效实施使儿童原住国与收养国之间的合作机制进一步加强，努力确保跨国收养在更加规范化、更加有序、更加合理的环境下发展。② 海牙跨国收养公约除了对跨国收养规定了最低标准、基本程序和保障措施外，并没有要求各国收养法与其统一或完全

① Permanent Bureau, 25 Years of Protecting Children in Intercountry Adoption, The Netherlands 2018, p. 8, http://www.hcch.net/index_en.php?act=text.display&tid=45 (accessed 1 January, 2020).

② Harald Paulitz, Adoption: Positionen, Impulse, Perspektiven, Verlag C. H. Beck München, 2. Auflage, 2006, p. 272.

保持一致。① 海牙国际私法会议制定该公约的初衷就是使其能在具有不同国内收养法的体系里运行，如公约既可适用于完全收养又可适用于简单收养；公约允许以不同方式进行收养，既可依协议成立收养关系，也可通过司法或行政机关的决定来成立收养关系，既可在送养国批准成立收养关系又允许在收养国批准成立收养关系。批准或加入海牙跨国收养公约的缔约国并不意味着一定要参与跨国收养，不存在任何强迫承担提供或收养最低数量儿童的义务。② "海牙跨国收养公约架起了一座沟通不同法律文化的桥梁。"③它不仅要求直接参与跨国收养的儿童原住国与收养国之间在跨国收养的各环节密切合作，而且要求所有缔约国应为跨国收养的承认与执行创造条件和提供方便，加上公约还提倡和鼓励各国相互公开有关收养的法律法规并进行交流和沟通，从而开创了解决跨国收养法律冲突问题与统一跨国收养法的新局面。④

第二节 海牙《跨国收养方面保护儿童及合作公约》的实施障碍及其消除对策

一、海牙跨国收养公约实施状况的审查进程

通过对跨国收养公约的起草、讨论和审议过程的梳理，可以清楚地看到，1993年海牙《跨国收养方面保护儿童及合作公约》是经过多次协商、反复讨论、仔细斟酌才制定的，耗费了大量的人力、物力和时间，是在许多国家和国际组织的共同努力下完成的。海牙国际私法会议在制定跨国收养公约的过程中，自始至终坚持着的一个根本的指导思想，也是参与公约制定工作的代表和专家的共同愿望，即为了全

① Permanent Bureau, The Implementation and Operation of 1993 Hague Intercountry Adoption Convention: Guide to Good Practice (Guide No. 1), Jordan Publishing Limited, 2008, pp. 99-100.

② Permanent Bureau, 20 Years of the Hague Convention Assessing: The Impact of Convention on Laws and Practices Relating to Intercountry Adoption and the Protection of Children, Jordan Publishing Limited, 2008, p. 99.

③ B. S. Markesinis, "Bridging Legal Cultures", in 27 Israel Law Review, 1993, pp. 363-383.

④ 尽管海牙国际私法会议一再强调1993年的《跨国收养方面保护儿童及合作公约》只为各缔约国的跨国收养设立最低标准，并非要统一收养法，但是，这些年的实践表明海牙跨国收养公约实际上起到了促进各国收养法趋同或统一的作用。Kerry O' Halloran, The Politics of Adoption: International Perspective on Law, Policy & Practice, Third Editon, Springer, 2015, p. 148.

面保护儿童权利，尽力帮助无家可归的儿童寻找家园。① 而1993年该公约的最后通过，是一件非常令人欣慰的事，这是世界规模解决跨国收养法律冲突问题与统一跨国收养法运动最引人注目的阶段性成果，是跨国收养法统一化进程中一座崭新的里程碑。然而，正如同任何事物都是不断地运动、变化和发展的一样，海牙跨国收养公约的出台也不是解决跨国收养法律冲突问题与跨国收养法统一化进程的终极目标，仍需不断地补充、修订和完善。海牙国际私法会议所制定的《跨国收养方面保护儿童及合作公约》在某些方面仍存在着或多或少的缺陷，而且随着跨国收养实践的深入发展，公约本身还有可能出现与实践不相符合的问题，甚至有些问题诸如具有难民身份的儿童的收养问题则是公约未涵盖的，需要在以后的发展过程中逐步完善和充实。② 因而，各国政府以及有关国际组织应以动态和发展的观点对待《跨国收养方面保护儿童及合作公约》，为扫除跨国收养法统一化运动的障碍特别是海牙跨国收养公约的实施障碍而进行持续不断的努力。③ 海牙国际私法会议近年来就一直沿着这一路径在不断丰富和完善1993年的《跨国收养方面保护儿童及合作公约》，确保其在各缔约国顺利地贯彻实施。④

根据第十七届海牙国际私法会议的最后决议，1994年10月17日至21日在海牙和平宫召开了关于实施1993年《跨国收养方面保护儿童及合作公约》的特别委员会，专门讨论了具有难民身份的儿童收养问题。包括18个海牙国际私法会议的非成员国在内的共45个国家的代表参加了会议。⑤ 另外，联合国难民事务高级专员公署(UNHCR)以及联合国儿童权利委员会(United Nations Committee on the Rights of Child)和国际民事地位委员会(International Commission on Civil Status，CIEC)两个政府间组织参加了这次特别委员会。此外，还有国际律师协会(International Bar Association，IBA)、国际社会服务组织(International Social Service，ISS)、国际家庭

---

① Caroline Bridge and Heather Swindells QC，Adoption：The Modern Law，Jordan Publishing Limited，2003，pp. 289-290.

② Permanent Bureau，20 Years of the Hague Convention Assessing：The Impact of Convention on Laws and Practices Relating to Intercountry Adoption and the Protection of Children，The Netherlands，2015，pp. 10-13.

③ Patrick Senaeve，Christoph Castelein，De Hervorming van de Interne en de Internationale Adoptie：Commentaar op de Wetten van 13 maart en 24 april 2003 en het Decreet van 15 juli 2005，Intersentia Antweerpen-Oxford，2004，p. 298.

④ Dagmar Winkelsträter，Anerkennung und Durchführung Internationaler Adoptionen in Deutschland：unter Berücksichtigung des Haager Übereinkommens über den Schutz von Kindern und die Zusammenarbeit auf dem Gebiet der Internationalen Adoption vom 29. Mai 1993，Jenaer Wissenschaftliche Verlagesellschaft，2007，p. 187.

⑤ Hague Conference on Private International Law，Proceedings of the Eighteenth Session Vol. Ⅰ，The Hague，1999，p. 47.

法学会(International Society of Family Law, ISFL)、国际家庭法联合会(International Federation "Terre des Hommes", FITDH)、国际保护儿童组织(Defence for Children International, DCI)、国际拉丁公证联盟(International Union of Latin Notaries, UINL)、国际自愿收养服务机构及非政府组织协会(International Association of Voluntary Adoption Agencies & NGO' S, IAVAAN)、欧洲收养组织(Euradopt)、北欧收养和父母组织合作委员会(Committee for Cooperation with the Nordic and Parent Organization, NCA)九个政府间组织参加了这次特别委员会。① 该特别委员会主席为加拿大的史密斯(T. B. Smith),副主席为西班牙的波拉斯·罗德里格斯(Alegría Borrás Rodríguez)。② 1994 年 10 月海牙国际私法会议特别委员会通过了《关于〈跨国收养方面保护儿童及合作公约〉适用于具有难民身份的儿童以及其他流离失所的国际流浪儿童的建议》。③

根据第十八届海牙国际私法会议的最后决议,2000 年 11 月 28 日至 12 月 1 日在海牙和平宫召开了首次研究和审查 1993 年《跨国收养方面保护儿童及合作公约》实际运作情况的特别委员会。④ 这也是《跨国收养方面保护儿童及合作公约》第 42 条的内在要求。该条明确规定:"海牙国际私法会议秘书长应定期召开特别委员会以审查本公约的实际执行情况。"因此,2000 年海牙国际私法会议特别委员会召开了共有 58 个国家的代表参加的会议。其中 50 个国家为 1993 年《跨国收养方面保护儿童及合作公约》的缔约国,而在这 50 个国家的正式代表中还包括 16 个海牙国际私法会议的非成员国的代表。另外 8 个国家既非跨国收养公约的缔约国又非海牙国际私法会议的成员国,而是作为观察员出席会议的。不仅如此,还有 3 个政府间国际组织和 10 个非政府间国际组织也派代表作为观察员参加了 2000 年年底的海牙国际私法会议特别委员会的会议。为了充分发挥这次特别委员会的作用,全面有效且更富有针对性地展开讨论,集中解决实践难题,海牙国际私法会议常设局在 2000 年 7 月向各国的有关部门发放了跨国收养公约实际执行情况的调查表。根据反馈的

① 参见:http://www.hcch.net/index_en.php.act(accessed 1 January, 2010).

② Hague Conference on Private International Law, Proceedings of the Eighteenth Session Vol. Ⅰ, The Hague, 1999, p. 277.

③ Kisch Beevers, Intercountry Adoption of Unaccompanied Refugee Children, Child and Family Law Quarterly, Vol. 9, No. 2, 1997.

④ 派代表参加 2000 年 11 月 28 日至 12 月 1 日海牙国际私法会议特别委员会的国家是:阿根廷、白俄罗斯、比利时贝宁、玻利维亚、巴西、保加利亚、加拿大、智利、哥伦比亚、捷克、厄瓜多尔、芬兰、法国、德国、希腊、印度、梵蒂冈、印度尼西亚、爱尔兰、意大利、日本、韩国、卢森堡、墨西哥、摩洛哥、尼泊尔、荷兰、挪威、秘鲁、菲律宾、葡萄牙、罗马尼亚、俄罗斯、斯洛伐克、西班牙、斯里兰卡、瑞典、瑞士、泰国、英国、美国、委内瑞拉、越南与中国。

意见，将近150位专家与代表在这次特别委员会上就跨国收养的中央机关与委任机构的定位、跨国收养的程序性要件、跨国收养的承认与效力、跨国收养后的相关工作与消除跨国收养的非法牟利等问题进行了广泛而深入的讨论，并提出了许多重要的建议。①

为了进一步检查海牙跨国收养公约近年的实施状况以及2000年特别委员会的建议的实际执行情况，海牙国际私法会议常设局又在2005年3月向各国的有关部门发放了跨国收养公约实际执行情况的调查问卷以及一系列有关各国跨国收养的调查统计表。所有的反馈的意见要求在2005年6月14日前递送海牙国际私法会议常设局，以便提交2005年9月17日至23日准时召开的第二次研究和审查1993年《跨国收养方面保护儿童及合作公约》实际运作情况的特别委员会。2005年召开的海牙国际私法会议特别委员会共有来自66个国家的250位专家参加，其中50个国家为1993年《跨国收养方面保护儿童及合作公约》的缔约国(含12个海牙国际私法会议的非成员国的代表)，另有8个尚未缔结跨国收养公约的海牙国际私法会议成员国，还有8个国家既非跨国收养公约的缔约国又非海牙国际私法会议的成员国(作为观察员出席会议)。海牙国际私法会议2005年有关公约执行现状审查的特别委员会根据反馈的调查问卷和统计表分析，专门针对公约的履约情况及委任机构问题进行了讨论，推出了“有关海牙跨国收养公约的委任机构建设问题的专题讨论报告”与“关于规范执行1993年海牙国际私法会议《跨国收养方面保护儿童及合作公约》的指南草案报告”。不仅如此，2005年特别委员会还就公约实施情况完成了“有关公约执行的结论与建议”和“2005特别委员会专题报告”。②

历经5年后，海牙国际私法会议负责跨国收养公约实施工作的特别委员会又在2010年6月17日至25日召开了专题会议，着重检查近年海牙跨国收养公约的执行情况。因此，2010年6月海牙国际私法会议有关跨国收养公约运行与执行的特别委员会召开了来自86个国家和16个国际组织的250位专家代表参加的第三次会议，其中66个国家为1993年《跨国收养方面保护儿童及合作公约》的缔约国(含19个海牙国际私法会议的非成员国的代表)，另有7个尚未缔结跨国收养公约的海牙国际私法会议成员国，还有13个国家既非跨国收养公约的缔约国又非海牙国际私法会议的成员国(作为观察员出席会议)。这次会议集中讨论了公约的履行与挑战、跨国收养中禁止诱拐、买卖儿童等非法行为、委任组织和收养后服务措施等问题，

① 有专家提出每六年或四年定期召开一次关于海牙跨国收养公约实施问题的特别委员会。参见：http：//hcch. e-vision. nl/，21 August，2005.

② Permanent Bureau，Report and Conclusions of the Second Special Commission on the Practical Operation of the Hague Convention of 29 May 1993 on Protection of Children and Co-operation in Respect of Intercountry Adoption(17-23 September 2005)，http：//hcch. e-vision. nl/，21 August，2006.

完成了“2010 年特委会重点关注问题的信息资料汇总”、“2010 年 6 月特委会采纳的建议和结论”以及“2010 年 6 月特委会有关海牙跨国收养公约执行问题的结论与建议的专题报告”等法律文件。①

又经过 5 年的发展变化，海牙国际私法会议于 2015 年 6 月 8 日至 12 日召开了第四次跨国收养公约履约工作特别委员会会议，出席大会的 255 位专家分别来自 74 个国家和 19 个政府间或非政府间国际组织。这次会议着重讨论了海牙跨国公约 20 年的发展变化情况，采取无记名方式表决通过了 2000 年、2005 年和 2010 年海牙国际私法会议三次特委会会议的决议和建议报告。② 此外，海牙国际私法会议负责跨国收养公约实施工作的特别委员会还推出了有关跨国收养安置后的跟踪问题、非法收养问题、跨国收养内国的现代技术应用问题以及跨国收养的特别程序问题、收养信息国际保护与交换问题的法律文件以及相关行为准则的参考范本。③

可见，海牙国际私法会议对待 1993 年《跨国收养方面保护儿童及合作公约》的实施和执行问题非常重视，并未满足于公约文本的静态成就，而是不断追求海牙跨国收养公约动态成功，即不断强化公约的实施和执行机制。首先，海牙国际私法会议常设局在公约生效后立即成立了负责管理和监督海牙跨国收养公约的遵守与执行工作的特别委员会，该委员会从 1994 年起尽职尽责地展开有关公约的评价和审查工作并取得了可喜的成绩。其次，海牙国际私法会议负责跨国收养公约实施工作的特别委员会一直在有效构建公约监测和评价的长效机制，自 1994 年至今已召开了四次有关公约执行情况的世界性大会，④ 全面探讨了公约实施和执行过程所遭遇到的困难与各种挑战，制定了许多强化公约实施的法律文件和格式化文书范本，采取了一系列促进公约执行和规范跨国收养的措施。另外，海牙国际私法会议也相当支持跨国收养特委会的工作，想方设法督促其他相关公约或法律文件的制定和实施尽力对海牙跨国收养公约起到积极的影响。然而，国际公约的实施和执行是要求缔约方将加入公约的意图和承诺以及所承担的法律义务转化为实际行动，并非一蹴而就的，需要各缔约方、非缔约方以及有关国际组织共同努力、坚持不懈，积极创新公

---

① Permanent Bureau, Conclusions and Recommendations and Report of the Special Commission on the Practical Operation of the 1993 Hague Intercountry Adoption Convention (17-25 June 2010), http://hcch.e-vision.nl/, 1 September, 2010.

② Permanent Bureau, 25 Years of Protecting Children in Intercountry Adoption, The Netherlands, 2018, p. 33.

③ Permanent Bureau, Conclusions and Recommendations Adopted by the Fourth Meeting of the Special Commission on the Practical Operation of the 1993 Hague Intercountry Adoption Convention (8-12 June 2015), http://hcch.e-vision.nl/, 12 November, 2015.

④ 海牙国际私法会议第五次跨国收养公约履约工作特别委员会会议安排在 2022 年 7 月召开。

约执行情况审查机制，强化公约执行效力。虽然海牙国际私法会议负责跨国收养公约实施工作的特别委员会为评价公约的遵守和执行以及全面督促公约的实施作了许多努力，诸如定期召开会议、发放调查问卷和调查表、及时收集公约执行情况的信息资料和数据、监测和审查公约在缔约方的执行情况、加强国际合作和开展技术援助等，但依然不尽如人意，海牙跨国收养公约的遵守效果并不理想、公约中的条款运作情况和各项目标的实现依然还存在差距、审查和评价公约的监测方式较为单一、具体执行问题的解决不够及时、公约审查意见反馈大多停留在会议层面且缺乏有力的后续行动，等等。① 这也就是说，海牙国际私法会议负责跨国收养公约实施工作的特别委员会经过四次常规会议以后，推出了《关于规范执行1993年海牙国际私法会议〈跨国收养方面保护儿童及合作公约〉的指南（Ⅰ号指南）》与《关于规范执行1993年海牙国际私法会议〈跨国收养方面保护儿童及合作公约〉的指南（Ⅱ号指南）：委任与委任组织的一般原则及行动准则》等示范性法律文件以及一系列格式化标准文书，对指导和帮助各缔约方全面履约和促进公约良性运行发挥了十分重要的作用，但因跨国收养涉及面广以及公约条款的非强制性，公约的遵守和实施还有许多待改进之处，如跨国收养的从属性原则的恪守、难民儿童的跨国收养、非法收养和非法牟利、跨国收养的中央机关与委任机构及其他组织的协调、后跨国收养服务和公约长效审查机制构建问题等均没有得到彻底解决，有待继续努力并多方探寻良策。②

二、跨国收养的从属性原则的遵守问题

1993年海牙国际私法会议通过的《跨国收养方面保护儿童及合作公约》在序言中对跨国收养的基本原则作了具体规定，其中就包括“跨国收养的从属性原则”。但是，在跨国收养的实践中，如何准确地理解和贯彻实施跨国收养的从属性原则，经常令儿童原住国与收养国困惑不已。③

从一定程度上说，跨国收养的从属性原则实际上是联合国《儿童权利公约》的有关规定在海牙《跨国收养方面保护儿童及合作公约》中的再现。联合国《儿童权利公约》第21条b项明确规定：“确认如果儿童不能安置于儿童原住国的寄养或收养家庭，或者不能以任何其他适当的方式在儿童原住国加以照料，跨国收养可视为照

① Kerry O' Halloran, The Politics of Adoption: International Perspective on Law, Policy & Practice, 3rd ed., Springer, 2015, pp. 170-171.

② Permanent Bureau, 25 Years of Protecting Children in Intercountry Adoption, The Netherlands, 2018, pp. 14-17.

③ Michael D. A. Freeman, Subsidized Adoption, in Philip Bean, Adoption: Essays in Social Policy, Law and Sociology, Tavistock Publications, 1984, pp. 204-226.

料儿童的一个替代办法。"这里专门强调了跨国收养的从属性特征。① 对于跨国收养的从属性问题，联合国在起草和讨论《儿童权利公约》过程中争论最大、持续时间最长，到底是以儿童利益为中心还是以国家利益为中心的争论相持不下。② 然而，坚持跨国收养的从属性应以国家利益为中心的观点主张，对跨国收养的从属性原则应着重考虑国家主权因素，依据国家利益考虑儿童的安置问题。究竟是将儿童安置在国内收养还是跨国收养问题，不是只注重儿童利益，还是主要由国家的相关政策法规决定。③ 坚持跨国收养的从属性原则应以儿童利益为中心的观点主张，跨国收养的从属性应重点考虑维护儿童生活的社会与文化环境的一致性，并使其服从儿童最大利益的需要。这种态度在《儿童权利公约》第 8 条和第 30 条中有所体现。该公约第 8 条规定："缔约国承担尊重儿童维护其身份包括法律所承认的国籍、姓名及家庭关系而不受非法干扰的权利。如有儿童被非法剥夺其身份方面的部分或全部要素，缔约国应提供适当协助和保护，以便迅速重新确立其身份。"而公约第 30 条进而规定："在那些存在有族裔、宗教或语言方面属于少数人或原为土著居民的国家不得剥夺属于这种少数人或原为土著居民的儿童与其群体的其他成员共同享有自己的文化、信奉自己的宗教并举行宗教仪式，或使用自己的语言的权利。"既然《儿童权利公约》第 21 条一开始就规定"应以儿童最大利益为首要考虑"，那么，作为该条的所有款项实际上都应在这一大前提下行事。因此，该公约第 21 条 b 项实际上可以理解为：跨国收养的从属性原则应重点考虑维持跨国收养中儿童生活的一致性的需要，对于国家主权这一因素，则可作较灵活的、弹性的处理。④

1993 年的《跨国收养方面保护儿童及合作公约》在遵守联合国《儿童权利公约》这一基本原则与精神的前提下，并没有死板地照抄照搬其条款，而是在文字上作了加工，在内容上作了改进。因此，该公约最后通过的文本的序言第二段与序言第三段规定："呼吁每一个国家应优先采取适当措施，促使儿童继续获得其原出生家庭的照顾；意识到跨国收养可以为在其原住国无法找到合适家庭的儿童

① Eugeen Verhellen, Monitoring Children's Rights, Martinus Nijhoff Publishers 1996, p. 907.

② Mr. Adam Lopatka, Report of the Working Group on a Draft Convention on the Rights of the Child, in E/CN. 4/1989/48 of 2 March 1989, Para. 369.

③ V. Black, "GATT for Kids: New Rules for Intercountry Adoption of Children", in 11 Canadian Family Quarterly, 1994, pp. 288-289.

④ Dagmar Winkelsträter, Anerkennung und Durchführung Internationaler Adoptionen in Deutschland: unter Berücksichtigung des Haager Übereinkommens über den Schutz von Kindern und die Zusammenarbeit auf dem Gebiet der Internationalen Adoption vom 29. Mai 1993, Jenaer Wissenschaftliche Verlagesellschaft, 2007, p. 191.

提供永久的家庭。"①可见，该公约并不否定其他照料儿童的替代方法的重要作用和意义，重点强调了为儿童创造有益于其身心健康的生活环境和建立稳定的永久家庭的必要性，而要达到这一目标的最佳选择便是儿童原出生家庭，其次才是儿童原住国的国内或国外收养家庭。② 这一规定为准确理解和把握海牙《跨国收养方面保护儿童及合作公约》第 4 条 b 项提供了最关键的依据，即儿童原住国主管机关在决定"为儿童最大利益而进行跨国收养"以前应当考虑"在儿童原住国安置儿童的可能性"。③

对于国内照料儿童的替代方法诸如不为儿童提供永久家庭的寄养或将儿童安置在社会育儿机构中抚养是否一定优先于跨国收养，曾在起草海牙跨国收养公约的会议上引起过广泛争议，但最后的共识还是采取了肯定的意见。这在 1993 年的《跨国收养方面保护儿童及合作公约》第三章与第四章的相关规定中就得到了体现。④ 海牙跨国收养公约允许参与跨国收养的有关组织捐助儿童原住国的儿童福利体系，以改善其照料与保护儿童的措施。这一做法的宗旨就在于促使儿童原住国优先照顾好弃婴、孤儿等无家可归的儿童。⑤ 强调国内照料儿童的替代方法诸如不为儿童提供永久家庭的寄养或将儿童安置在社会育儿机构中抚养优先于跨国收养，也是联合国《儿童权利公约》的内在要求。《儿童权利公约》第 20 条第 3 款对此有所规定，提到了以其他照料、抚养儿童的方式如寄养替代收养，或者"如果必须将儿童安置于适当的机构抚育"，则也可不必采取收养的方式。因此，儿童原住国的社会福利机构抚养儿童也作为替代跨国收养的方式，同样是跨国收养的从属性原则所必须坚持的。⑥

从上述分析可知，海牙跨国收养公约所坚持的跨国收养的从属性原则包括四层基本含义：一是儿童原住国必须为待收养儿童寻找亲生父母，使其得到原出生家庭

---

① Hague Conference on Private International, Proceedings of the Seventeenth Session Vol. Ⅱ, The Hague 1994, p. 523.

② Christina Baglietto and Cécile Jeannin, Double Principle of Subsidiarity: Keeping the Child's Individual Needs at the Centre of Decisions, International Reference Center for Rights of Children Deprived of Their Family in International Social Service, No. 204, August, 2016.

③ Permanent Bureau, The Implementation and Operation of 1993 Hague Intercountry Adoption Convention: Guide to Good Practice(Guide No. 1), Jordan Publishing Limited, 2008, p. 29.

④ Chad Turner, The History of the Subsidiarity Principle in the Hague Convention on Intercountry Adoption, Chicago-Kent Journal of International and Comparative Law, Vol. 16, Issue 1, 2016.

⑤ Parra-Aranguren Report, in Hague Conference's Proceedings of the Seventeenth Session, Vol. Ⅱ, 1994, pp. 175-244, http://www.hcch.net/index_en.php? act = conventions.text&cid = 69 (accessed 1 January, 2010).

⑥ Sarah-Vaughan Brakman, The Principle of Subsidiarity in the Hague Convention on Intercountry Adoption: A Philosophical Analysis, Ethics & International Affairs, Vol. 33, Issue 2, 2019.

的照顾；① 二是在找不到亲生父母时，必须首先考虑国内收养，特别是儿童大家族成员的收养；三是在不可能获得国内收养时，还必须考虑国内其他照料儿童的措施，包括寄养与国内机构照料儿童生活的方式；四是在上述方式都行不通的情况下才考虑启动跨国收养。②

海牙国际私法会议常设局的调查表明，巴拿马、巴拉圭、智利、哥伦比亚与菲律宾等国在遵守跨国收养的从属性原则方面做得较好。智利特别推崇国内家庭对儿童的照顾。③ 而巴拿马法律明文规定，不仅要优先考虑在原出生家庭安置儿童，而且还应考虑在有关亲属中安置儿童，同时，必须注意尽量避免混淆土著居民的种族。④ 哥伦比亚对待跨国收养的政策是，不但要求优先考虑儿童原出生家庭与亲属的收养，而且要求优先考虑家庭寄养与机构抚养的措施。⑤ 巴拉圭负责跨国收养的中央机关除了承担一般职责外，还应全面负责为儿童寻找原出生家庭的工作。⑥ 菲律宾的法律明确规定，安置儿童首先必须考虑本地区的收养，然后再考虑国内收养，最后才可选择跨国收养。最为引人注目的是菲律宾 1995 年颁布的《跨国收养法

---

① 联合国 20 世纪 50 年代就在相关法律文书中提出了明确要求。第 14 届联合国大会第 841 次全体会议 1959 年 11 月 20 日通过的《儿童权利宣言》[A/RES/1386(XIV)]原则六规定："凡属可能，儿童应在父母照料及负责之情形下成长，无论如何，应在慈爱及道德与物质安全之气氛中成长；幼龄儿童除特殊情形外不应使其与母亲分离。社会及政府当局对无家庭之儿童或无适当赡养之儿童，负有特别照料之义务。对于人口众多家庭儿童之赡养，宜由国家及其他方面拨款补助之。"联合国 1986 年《关于儿童保护和儿童福利特别是国内和国际寄养与收养办法的社会和法律原则宣言》第 3 条明文规定："儿童的第一优先是由他或她的亲生父母照料。"该宣言第 4 条规定："如果儿童缺乏亲生父母照料或这种照料并不适当，就应考虑由其父母的亲属、另一替代性寄养或收养家庭或必要时由一适当的机构照料。"该宣言第 17 条规定："如果儿童不能安置于寄养或收养家庭，或不能以任何适当的方式在原籍国加以照料，可考虑以跨国收养为向该儿童提供家庭的一个替代办法。"

② Permanent Bureau, 25 Years of Protecting Children in Intercountry Adoption, The Netherlands, 2018, p. 23.

③ J. P. O' Connor, The International Adoption Guide, A Chancellor Publication, 1994, pp. 19-20.

④ International Social Service, Principle of Subsidiarity: SS/IRC Comparitive Working Paper 1 (Spotlingt on Solutions) 2019, https://www./iss-ssi.org/index.php/en/resources/publications-iss/ (accessed 1 April, 2020).

⑤ Kerry O' Halloran, The Politics of Adoption: International Perspective on Law, Policy & Practice, Third Editon, Springer, 2015, p. 177.

⑥ Joan Heifetz Hollinger, Adoption Law and Practice, Matthew Bender & Company Inc., 2006, Chapter 10, p. 20.

令》第 7 条明确规定，每年外国人在菲律宾收养儿童不得超过 600 人。① 不过，大部分缔约国并未像巴拿马、巴拉圭、智利、哥伦比亚与菲律宾等国严格遵守跨国收养的从属性原则，一些儿童原住国对国内优先安置儿童的要求视而不见，甚至对寻找儿童原出生家庭也应付了事。② 这就包括中国在内，原中国收养中心在为儿童寻找亲生父母与优先国内安置方面就做得不尽如人意。③ 在批准实施海牙《跨国收养方面保护儿童及合作公约》以前，还难以按公约的要求来规制中国收养中心的行为。但是，我国第十届全国人大常委会第 15 次会议于 2005 年 4 月 27 日批准公约自 2006 年 1 月 1 日在中国实施后，就不得再等闲视之，必须引起有关部门与国人的重视。如果我国政府再不严格遵守跨国收养的从属性原则，不优先考虑国内安置儿童的措施，听任中国收养中心(现更名为“中国儿童福利和收养中心”)我行我素，难免陷入滥用跨国收养权贩卖儿童的泥淖，也必然会遭到国际社会的强烈抨击，必然会招致国人的唾骂。

事实上，中国的跨国收养一直在不断遭受国际社会的谴责中发展。由于有关立法和司法实践的滞后，加之跨国收养完全由我国民政部门“垄断”，缺乏有效的监督和制约，从而导致了涉外收养中的一系列发人深省的违法违规事件。在处理儿童收养时无视跨国收养的从属性原则，常常将跨国收养置于首位。有的儿童福利院主要致力于跨国送养儿童，对于国内收养申请熟视无睹，常常以缺少可收养儿童为由否决国内预期收养人的申请。有的儿童福利机构对跨国送养前的公示也是走过场式地在民政系统内部信息工具上发布一下，有的甚至在小报上公布，纯属形式上走流程，没有广泛、全面地在大众媒体上向全社会公示。人为地封锁有关可收养儿童的消息，有意造成收养信息透明度低下。还有的儿童福利院对国内收养申请者收取高额抚养费，人为设置国内收养的障碍。更有甚者，从国内花钱收罗儿童供给跨国送养。为了寻找更多可供跨国送养的儿童，早在 20 世纪 90 年代，福建、广东等地的一些儿童福利院为利益驱使，不仅大肆搜罗弃婴，甚至公开以每个儿童 1000 元人民币乃至 2000 元人民币的价格收买，然后以每个儿童收取外国收养人 3000 美元抚育费的“合法形式”送给外国人收养。这些儿童福利院几乎把跨国收养商业化，从中营利，借跨国收养倒卖儿童。

---

① Philippines Republic Act No. 8043: Inter-Country Adoption Act of 1995, http: //www. Helplinelaw. com/law/ Philippines/, 22 August, 2005.

② Report and Conclusions of the Special Commission on the Practical Operation of the Hague Convention of 29 May 1993 on Protection of Children and Co-operation in Respect of Intercountry Adoption, 28 November—1 December 2000, http: //hcch. e-vision. nl/, 21 August, 2005.

③ “中国收养中心”于 1996 年 6 月 24 日正式挂牌成立，因遭受国内外诸多诟病，2011 年 3 月 26 日又更名为“中国儿童福利和收养中心”。参见 Kerry O' Halloran, The Politics of Adoption: International Perspective on Law, Policy & Practice, Third Editon, Springer, 2015, pp. 691-692.

2009年我国媒体披露了个别地方计生部门将超生婴儿抢送到福利院并在跨国收养过程中牟利的事件。据2009年7月《时代周报》报道，贵州省镇远县计生部门将交不出罚款的超生女婴从父母手中没收，强制送进孤儿院，再通过"寻亲公告"等程序，将其变为"弃婴"，然后按照每名婴儿收3000美元的"赞助费"或"抚养费"的标准交与外国人收养，多名婴儿被送养到美国、荷兰及西班牙等国。① 自2001年以来，镇远县有将近80个婴儿被美国和欧洲家庭收养。②

2011年因湖南邵阳部分家长锲而不舍地寻亲，类似事件再次浮出水面。2008年，作为中国儿童第二大收养国的荷兰，在EO电视台播放了中国孤儿问题专题片，除了检讨荷兰从中国收养婴幼儿可能存在的疏漏，也指责了邵阳市福利院涉嫌将高平镇计生办送来的婴幼儿变为"弃婴"的行为。2009年9月20日，美国《洛杉矶时报》在关于中国弃婴及收养等相关问题的报道中，再次披露了隆回县高平镇多名农民婴幼儿被抢后送到福利院的消息。美国是全球收养中国儿童数量最多的国家，目前为中国儿童收养的第一大国。该报道在美国反响强烈，在其官方和民间引发了热议。随后，2011年我国《新世纪》周刊登载《湖南邵阳计生官员抢婴牟利》详细报道震惊海内外："自2002年起，湖南省邵阳市隆回县计生部门以违反计划生育政策为由，强行将农民家中的婴幼儿抱走并交给当地福利院纳入跨国收养。隆回县高平镇就有大约20名婴幼儿被送入邵阳福利院后统一改姓'邵'，随即通过跨国收养渠道被外国人'领养'到天涯海角。当地计生部门的解释是：这些婴幼儿多是被农民'非法收养'的弃婴。但实际情况恰恰相反，相当一部分婴幼儿是亲生的；更甚者，有的并非超生子女。"③实际上，类似现象在湖南等地早有发生，据《凤凰周刊》报道，2005年，衡阳6家福利院为买来的婴儿伪造虚假资料，向当地派出所报案谎称婴儿是捡的，得到派出所开具的弃婴证明，并顺利通过儿童来源公证，取得护照。自2003年以来，衡南县福利院"买进"婴儿169名，衡山县福利院"买进"232名，衡阳县福利院"买进"婴儿409名。在一起打击拐卖儿童的案件判决中，湖南省祁东县法院的判决证实，为了多向境外输送可供收养的婴儿，衡阳市各福利院不但给职工下达搜寻婴儿的任务，甚至以每个婴儿3200元至4300元人民币的价格主动通过人贩子等各种中间人"收购"婴儿。④

---

① 黎广：《贵州一福利院卖超生女婴到国外牟取暴利》，载《时代周报》2009年7月2日。

② 鲍小东：《贵州镇远"制造"弃婴送养国外牟利》，载《南方都市报(深度周刊)》2009年7月1日，第1版。

③ 上官敫铭、李漠：《湖南邵阳计生官员抢婴牟利》《邵氏"弃儿"：被计生部门"没收"的婴儿》，载《新世纪周刊》2011年第18期。

④ 《湖南衡阳福利院买八百婴儿送养国外牟利》，载《凤凰周刊》2005年第18期。Karen Smith Rotabi, Nicole F. Bromfield, From International Adoption to Global Surrogacy: A Human Rights History and New Fertility Frontiers, Routledge Taylor & Francis Group, 2017, p. 16.

尽管海牙跨国收养公约及欧美等国法律均规定国际领养组织属于非营利性组织，但这些组织每年办理领养儿童上千名，达到一定数量规模后，其中利润累计也有数千万美元。因此，在国外有关收养组织的需求拉动以及我国儿童福利院和收养主管部门违规操作下，滥用跨国收养权贩卖儿童的恶性行为时有所闻。我国一些地方通过计划生育政策作为"掩护"，剥夺亲生父母对孩子的监护权并将儿童通过跨国收养送到国外的行为，不仅违反海牙《跨国收养方面保护儿童及合作公约》确定的儿童最大利益原则，而且也与该公约的从属性原则格格不入，甚至还是我国法律所禁止的。因此，这类事件屡屡发生，必须引起我国立法与司法部门的反思和高度重视，从制度上予以彻底解决，从根源上加以杜绝。

三、难民儿童的跨国收养问题

海牙国际私法会议在 1993 年通过《跨国收养方面保护儿童及合作公约》以后，为了尽可能清除跨国收养难民儿童的种种障碍，与联合国难民事务高级专员公署进行了密切合作，1994 年 4 月 12 日至 14 日在海牙和平宫召开了专门的工作组会议。除 27 个国家的代表参加专家工作组会议外,① 联合国难民事务高级专员公署、欧盟、国际社会服务组织、国际天主教儿童事务局与路德世界基金会等国际组织也派代表参加了专家工作组会议。这次会议形成了《关于〈跨国收养方面保护儿童及合作公约〉适用于具有难民身份的儿童以及其他流离失所的国际流浪儿童的建议》的草案，最后提交给 1994 年 10 月的海牙国际私法会议特别委员会予以审议通过，为解决跨国收养难民儿童提供了基本的指导性原则与规范。

1. 难民儿童的现状与跨国收养的障碍

由于国内战争或自然灾害的影响，许多儿童逃离祖国的家园，到邻国寻求庇护或避难。据权威机构的统计，当今世界的难民将近 2000 万，其中具有难民身份的儿童将近 1000 万，而孤苦伶仃的儿童则不少于 25 万人。② 随着具有难民身份的儿童不断增加，一些为儿童提供避难的国家开始改变原来的做法，不是将儿童安置在避难所，而是为这些具有难民身份的儿童寻找家庭照料，甚至为他们安排教父或教母，照料、抚养这些儿童。如克罗地亚对在其境内的波斯尼亚儿童就是采取这种做

---

① 派代表参加 1994 年 4 月 12 日至 14 日专家工作组会议的国家包括：比利时、巴西、加拿大、哥伦比亚、捷克、萨尔瓦多、法国、德国、希腊、印度、梵蒂冈、毛里求斯、摩洛哥、荷兰、巴拿马、菲律宾、葡萄牙、斯洛文尼亚、西班牙、瑞典、瑞士、土耳其、泰国、美国、委内瑞拉、越南与中国。

② Hague Conference on Private International Law，Proceedings of the Eighteenth Session Vol. Ⅰ，The Hague，1999，p. 287；UNHCR，Trends in Unaccompanied and Separated Children Seeking Asylum in Industrialized Countries，http：//www. unhcr. ch/ statistics/（accessed 20 August，2019）.

法。但是，由于在儿童避难的国家，将避难儿童安置到某一个家庭，儿童的法律地位不确定，因而，这使得最初由西班牙的 Nuevo Futuro 组织发起的这一行动，变得十分复杂，而且面临种种困境和尴尬。于是，不少国家开始着手借助跨国收养来解决这一棘手的问题并取得了一定效果。① 然而，对于具有难民身份的儿童或其他国际流浪儿，联合国难民事务高级专员公署(UNHCR)在解决照顾和抚养这类儿童的问题时，主张尽最大的可能恢复儿童与其家庭的联系，使儿童回到原来的家庭。② 早在 1980 年，联合国难民事务高级专员公署执行委员会(UNHCR'S Executive Committee)在解决无依无靠的未成年人问题时就采取了这种态度和立场："在安置无依无靠、孤苦伶仃的未成年儿童时，应尽一切努力寻找儿童的亲生父母或近亲属。即使在安置以后也应想方设法查清儿童原出生家庭的详细情况。这些工作对于借助收养，特别是依靠那种要断绝儿童与原出生家庭关系的收养，来解决具有难民身份的儿童或其他国际流浪儿童的问题时显得尤为重要。"③对这种观点和态度，世界许多国家和国际组织都普遍认同。④ 联合国难民事务高级专员公署确立的这一原则，在联合国 1989 年 11 月 20 日通过的《儿童权利公约》第 22 条中也有所反映。⑤《儿童权利公约》第 22 条第 2 款明确规定："为此目的，缔约国应对联合国和与联合国合作的其他主管的政府间组织或非政府组织所作的任何努力提供其认为适当的合作，以保护和援助这类儿童，并为只身的难民儿童追寻其父母或其他家庭成员，以获得必要的消息使其家庭团聚。在寻不着父母或其他家庭成员的情况下，也应使该儿童获得与其他任何由于任何原因而永久或暂时脱离家庭环境的儿童按照本公约的规定所得到的同样保护。"⑥

因此，联合国难民事务高级专员公署既不鼓励国内收养，也不鼓励跨国收养。只要能查清儿童的家庭情况，就不必采取收养的形式。在联合国难民事务高级专员

① Patrick Thornberry etc., Minority Rights in Europe, Council of Europe Publishing, 2004, pp. 7-19.

② Walter Kälin, Guiding Principles on Internal Displacement Annotations, The American Society of International Law, 2000, pp. 37-45.

③ UNHCR, Handbook for Social Services, Chap. 8. 1, "Unaccompanied Minors", pp. 7-8.

④ E. M. Ressler et al., Unaccompanied Children, Care and Protection in Wars, Natural Disasters and Refugee Movements, New York, 1988, pp. 98-126.

⑤ 联合国《儿童权利公约》第 22 条第 1 款规定："缔约国应采取适当措施，确保申请难民身份的儿童或按照适用的国际法或国内法及程序可视为难民的儿童，不论有无父母或其他任何人的陪同，均可得到适当的保护或人道主义援助，以享有本公约和该有关国家为其缔约国的其他国际人权或人道主义文书所规定的可适用权利。"参见：http://daccess-dds-ny.un.org/doc/RESOLUTION/GEN/NR0/545/43/IMG/NR054543.pdf? OpenElement(accessed 31 Junuary, 2013).

⑥ Erika Feller, Volker Türk and Frances Nicholson, Refugee Protection in International Law, Cambridge University Press, 2003, p. 581.

公署于 1994 年出台的《保护和照料作为难民的儿童的行为准则》中指出："关于寻找儿童的父母或其他家庭成员的期限，可以采取灵活的、富有弹性的原则。对于授予收养权的最低期限，一般情况下为两年。但是，根据儿童出生国或避难国的具体情况以及其他因素有必要延长，则可以适当延长期限。① 如果有足够的证据表明，追寻儿童的父母或家庭成员已毫无可能性，而尽早安排收养有利于保护儿童利益，也可以缩短寻找儿童父母或其他家庭成员的时间。"②

20 世纪中后期，大部分国家的政府以及一些国际组织在安置儿童时，均存在不少问题和弊端。例如，很长时间都错误地认为需要安置的儿童就是孤儿，而不考虑其他儿童，在安置过程中又出现了"贩卖越南儿童的黑市交易"(Operation Babylift)。所有这些问题，联合国儿童基金会、联合国难民事务高级专员公署以及其他一些国际组织已发现并引起了高度重视，采取了相应的措施。对于解决前南斯拉夫出现的儿童问题，联合国儿童基金会和联合国难民事务高级专员公署曾发表了一个《关于疏散前南斯拉夫儿童的联合声明》；对于解决卢旺达的儿童问题，红十字国际委员会(ICRC)、联合国儿童基金会、联合国难民事务高级专员公署、红十字国际联合会以及红新月组织也发表了一个《关于疏散卢旺达无依无靠的儿童的联合声明》。这两个联合声明都特别强调在收养儿童时不得过于仓促，尤其是跨国收养时更应注意。③ 因此，在海牙国际私法会议《跨国收养方面保护儿童及合作公约》完成以后，海牙国际私法会议特别委员会与联合国难民事务高级专员公署官员进行了讨论和协商，最后以特别建议的形式对收养具有难民身份的儿童问题又作了补充规定，要求各缔约国重视具有难民身份的儿童收养问题。

实际上，早在海牙国际私法会议负责公约起草工作的会议上，就有一些国家的专家提出了应考虑儿童的法律身份或地位问题，建议对于具有难民身份的儿童或正在寻求避难的儿童在跨国收养公约中作出规定。联合国难民事务高级专员公署(UNHCR)早就向海牙国际私法会议负责公约起草工作的特别委员会建议，跨国收养公约应具体规定作为难民的儿童的收养问题，不仅要包括那些依国际法或国内法规定已具有难民身份的儿童的收养问题，而且也要包括那些正在寻求避难的儿童的收养问题。它要求在制定跨国收养公约时应重点考虑以下五点：第一，对具有难民身份的儿童来说，"儿童原住国"就是指的"避难所在国"；第二，对具有难民身份的儿童或正在寻求避难的儿童进行跨国收养所必需的调查和取得有关收养的同意的意见是相当困难的；第三，大多数情况下，保护作为难民儿童的最大利益的最佳选

① Jane Hughes and Fabrice Liebaut, Detention of Asylum Seekers in Europe: Analysis and Perspectives, Martinus Nijhoff Publishers, 1998, pp. 42-43.

② UNHCR, Refugee Children Guidelines on Protection and Care, Genera, 1994, pp. 131-132.

③ E. M. Ressler, Evacuation of Children from Conflict Areas. Geneva, 1994, pp. 112-156.

择可能是遣返；第四，对于具有难民身份的儿童，给予庇护的国家应尽可能使它们与该国其他儿童享受同样的收养待遇；第五，不可忽视避难儿童及其家庭成员的秘密处境。海牙国际私法会议特别委员会对这些问题非常重视，决定由公约起草委员会具体研究。公约起草委员会经过深入、全面的讨论和研究后认为，公约已规定了充分的保障措施，足以应对具有难民身份的儿童的收养。不过，为了强调作为难民的儿童的收养问题，公约起草委员会还是建议以括号的形式在公约第 2 条中增加"本公约依然适用于具有难民身份的儿童"的内容。然而，联合国难民事务高级专员公署觉得不合适，没有必要这样单独突出关于难民儿童的收养问题，请求删除这一附加规定。海牙国际私法会议秘书长接受了这一意见并主张不必在公约中明文规定具有难民身份儿童的收养问题，可以"共同宣言"的形式另行处理。因此，海牙国际私法会议于 1993 年最后通过的《跨国收养方面保护儿童及合作公约》没有将难民儿童的收养包括进去。①

然而，在现代国际社会中，难民问题又是不可回避的问题，而作为难民的儿童的收养问题又是跨国收养公约实施过程最敏感的现实问题，不得不加以考虑。正因为如此，海牙国际私法会议根据客观需要，就在 1994 年 10 月 17 日至 21 日召开了一次特别委员会会议，并经过同联合国难民事务高级专员公署协商以后，通过了《关于〈跨国收养方面保护儿童及合作公约〉适用于具有难民身份的儿童以及其他流离失所的国际流浪儿童的建议》。② 但是，关于如何界定难民儿童的问题并未得到有效解决，这也是一直困扰海牙国际私法会议起草该建议的工作组的关键问题。

因政治、宗教、军事或其他原因遭受迫害，不论是单个或是大批逃离家园的人，都被定义为难民。虽然难民的定义随时间和各时期有所不同，但难民的处境正得到越来越多的关注并由此达成共识。根据联合国大会 1950 年 12 月 14 日第 429(Ⅴ)号决议召开的联合国难民和无国籍人地位全权代表会议于 1951 年 7 月 28 通过的《关于难民地位的公约》③第 1 条的规定，难民的定义为："因有正当理由畏惧由于种族、宗教、国籍、属于某一社会团体或具有某种政治见解(而遭迫害)的原因留在其本国之外，并且由于此项畏惧而不能或不愿受该国保护的人，或者不具有国籍并由于上述事情留在他以前经常居住国家以外而现在不能或者由于上述畏惧不愿

① Joan Heifetz Hollinger, Adoption Law and Practice, Matthew Bender & Company Inc., 2006, Chapter 11, pp. 56-57.

② Hans Van Loon, "Hague Convention of 29 May 1993 on Protection of Children and Cooperation in Respect of Intercoutry Adoption", in "The International Journal of Children's Rights", Vol. Ⅲ, 1995, p. 465.

③ 按照《关于难民地位的公约》第 43 条的规定，该公约于 1954 年 4 月 22 日生效。

返回该国的人。”①虽然“难民”一词在《关于难民地位的公约》(以下简称《难民公约》)中的定义被诸如联合国等国际组织采用，但该词在日常用语中却经常被误用。例如，在媒体中，“难民”经常与“出于经济原因的移民”(“经济移民”)和在本国离家者混淆使用。一些区域性的公约在联合国上述公约的基础上，也对难民问题做了进一步的扩展和细化。例如，非洲统一组织(Organization of African Unity，OAU)于1969年9月10日通过的《关于非洲难民某些特定方面的公约》规定：“难民一词亦适用于由于其居住国或国籍国部分或全部地遭到外来侵略、占领、外国统治或出现严重危害公共秩序事件，而被迫离开自己的习惯居住地而在其居住国或国籍国以外寻求避难的任何人。”可见，非洲统一组织基本采纳了1951年《难民公约》关于难民的定义，而且把它扩展到包括因迫害，甚至还包括因外国侵略、国土被占领、外国统治或严重损害公共秩序的事件离开本国的人。《关于非洲难民某些特定方面的公约》比联合国《难民公约》关于难民的定义要宽泛得多，而且符合发展中国家的现实。非洲统一组织关于难民的定义也视非国家团体为迫害者。并不要求难民出示其与未来危险的直接关系，只要难民认为所受到伤害足以使其离开本国就足够了。而非洲统一组织于1990年7月通过的《关于儿童权利及福利的非洲宪章》第13条则规定了没有父母或监护人的难民儿童的特殊条款。②

另外，美洲国家组织(Organizacion de los Estados Americanos，OEA)在1984年11月的《卡塔赫那难民宣言》明确提出：“鉴于中美洲地区出现的大规模难民潮的现实情况，不得不考虑扩大难民的定义范围。只要符合本地区的实际情况且运用得当，非洲统一组织《关于非洲难民某些特定方面的公约》第1条第2款的规定与泛

---

① 根据1967年10月4日生效的《关于难民地位的议定书》修订而下的定义。《关于难民地位的议定书》第1条第3款规定：“本议定书应由各缔约国执行，不受任何地理上的限制，但已成为公约缔约国的国家按公约第一条(二)款(1)项(a)目所作的现有声明，除已按公约第一条(二)款(2)项予以扩大者外，应在本议定书下适用。”

② 《关于儿童权利及福利的非洲宪章》于1999年11月29日生效实施。该宪章第13条的内容为：“1. Every child who is mentally or physically disabled shall have the right to special measures of protection in keeping with his physical and moral needs and under conditions which ensure his dignity, promote his self-reliance and active participation in the community. 2. States Parties to the present Charter shall ensure, subject to available resources, to a disabled child and to those responsible for his care, ... assistance for which application is made and which is appropriate to the child's condition and in particular shall ensure that the disabled child has effective access to training, preparation for employment and recreation opportunities in a manner conducive to the child achieving the fullest possible social integration, individual development and his cultural and moral development. 3. The States Parties to the present Charter shall use their available resources with a view to achieving progressively the full convenience of the mentally and physically disabled person to movement and access to public highways, buildings and other places to which the disabled may legitimately want to have access to.”

美人权委员会的意见便可作为先例予以借鉴。此外，1951 年《关于难民地位的公约》与 1967 年《关于难民地位的议定书》的规定则是扩充难民定义不可忽视的基本立足点。因而，凡生命、安全或自由因受到暴力、外国侵略、内乱、大规模侵犯人权或严重损害公共秩序的事件等威胁而离开本国的人，均可视为难民。”①这就是说，《卡塔赫那难民宣言》中的难民定义并未脱离《关于非洲难民某些特定方面的公约》的框架，只是在此基础上增加了因受暴力威胁，来自内乱和大规模侵犯人权原因离开本国的人被视为难民的内容。《卡塔赫那难民宣言》与非洲统一组织公约不同的是，难民必须出示“其生命，安全或自由受到威胁”的证据，该要求与联合国《难民公约》相似。联合国《难民公约》也要求难民申请者出示其作为个人面临迫害的证据。虽然并非正式文件，《卡塔赫那难民宣言》已成为美洲地区难民政策的基础并被吸收到部分国家的立法中。②

为了解决有关确定对庇护申请负责进行审查的国家的责任问题，欧洲共同体成员国于 1990 年 6 月 15 日在都柏林签署了《柏林协定》，该协定第 2 条重申了 1951 年《关于难民地位的公约》与 1967 年《关于难民地位的议定书》所规定的义务，强调欧洲共同体成员国应在执行公约的相关规定时与联合国难民事务高级专员署进行紧密合作。③

可见，国际法确立的对难民的保护原则主要有两个，即“不驱回原则”和“国际合作原则”。④ 前者要求，除非有正当理由认为难民有足以危害其所处国家的安全等其他严重情形，任何国家不得以任何方式，将难民驱逐或送回其生命或自由受到

---

① Organizacion de los Estados Americanos, Cartagena Declaration on Refugees. 参见：http：//www.hrea.org/erc/Library/display.instruments(accessed 1 January, 2019).

② B. S. Chimni, International Refugee Law, Sage Publication, 2000, pp. 66-70.

③ Joan Fitzpatrick, Human Rights Protection Refugee, Asylum-Seekers, and Internally Displaced Persons, Transnational Publishers, Inc., 2002, p. 430.

④ “二战”以后，根据联合国人权委员会提出的建议，联合国开始研究“不受任何政府保护的人”的“法律地位”。1951 年 6 月 25 日，在瑞士日内瓦召开的联合国难民及无国籍人会议通过了《难民公约》。公约对难民定义、难民待遇的最低标准、应给予的基本权利、就业和福利、难民的司法地位、对庇护国应尽的义务、颁发身份证和旅行证、入籍以及公约缔约国在难民署履行职能时相互配合作出了明确的规定。其中最著名、最重要的条款有两条：公约第 1 条 A(2)款为难民定义，第 33 条为禁止驱逐或强制遣返(不驱回原则)。由于《难民公约》规定只适用于 1951 年以前的难民，具有很大的局限性。1967 年联合国制定了《关于难民地位的议定书》，这是一份独立的法律文件，加入该议定书的国家一致同意 1951 年《难民公约》第 2~34 条适用于所有符合难民定义的人，打破了《难民公约》受到的时间和地域限制。世界各主权国家以《难民公约》和《议定书》为基础构成了难民庇护的基本框架。目前，世界上大多数国家都已同时批准和签署两个文件，只有少数国家没有或只加入了其中的一个，美国是唯一只加入《议定书》的大国。共有 145 个国家加入了《难民公约》，146 个国家加入了《议定书》。参见：http：//treaties.un.org/pages/viewDetails(accessed 31 Junuary, 2020).

威胁的领土边界；后者要求，世界各国在难民的接纳、安置、援助、保护，难民事务开支的分摊以及消除和减少难民的产生的根源方面有责任加强团结与合作。① 但遗憾的是1951年《关于难民地位的公约》与1967年《关于难民地位的议定书》并没有明确地要求缔约国必须开启它的避难程序，并接纳所有要求到它们国家申请避难的人。这个公约所做到是为那些已经设法进入别国领土的避难者设立了一个权利和责任的框架。在审核他们的申请期间，必须为申请者提供适当的居留条件，包括：医疗保健，如果申请人是携家眷来的，就要为他的孩子提供在等待决定期间的教育。申请人还应该有生活保障，或允许他工作，或提供社会福利。总之，使避难申请人在等待决定期间能够保持人的最基本的体面的生活。然而，究竟谁应该获得难民身份，鉴于各国采取不同的标准以及对难民确立依据的不同理解，使这一问题更加复杂化。②

在对待难民的问题上，国际社会形成的一个基本共识是：一个人寻求避难的权利，即离开一个国家到另一个国家并要求避难的权利的确存在。一个人到了那个国家并不意味着获得了避难权，只是不应该阻止到那个国家寻求避难。③ 欧美一些国家在它们自己周围筑起了一道人为的屏障，减少人们前来寻求避难的可能性。④ 也就是说，发达国家为避难设置了重重障碍，强调难民定义本身已经越来越难以适用于当今社会。因此，许多人主张对有关的法律条款重新审定，明确责任并准确界定：哪些人应该获得避难资格，哪些人不应该拥有难民身份。⑤ 而欧洲近年的难民

① Erika Feller, Volker Türk and Frances Nicholson, Refugee Protection in International Law, Cambridge University Press, 2003, pp. 90-98.

② Mireille Chervaz Dramé, Internationale Adoption: Tendenzen in der Schweiz vom 01. 01. 2007 bis 30. 06. 2008, Ingeborg Schwenzer, Internationale Adoption, Stämpfli Verlag AG Bern, 2009, SS. 226-227.

③ Jane Hughes and Fabrice Liebaut, Detention of Asylum Seekers in Europe: Analysis and Perspectives, Martinus Nijhoff Publishers, 1998, p. 26.

④ Michael Wollenschläger, Asylum and Integration in Member States of the EU, BWV · Berliner Wissenschafts-Verlag GmbH, 2003, pp. 56-59.

⑤ 在世界其他地方，许多政府根本没有选择。因种种原因逃离本国的人直接越过边界就进入邻国了，伊朗和巴基斯坦境内都滞留了大批的阿富汗人。坦桑尼亚境内则有来自卢旺达和布隆迪的难民。杰西卡说：对成千上万的越过边界逃难的人敞开大门接待，是人道主义的做法。所以，这些国家需要国际社会的支持才能提供这样的协助。当然这与申请避难完全不同。这不是研究个案，而是要为成千上万的人提供食物、帐篷和最基本的生活所需。这些国家抱怨的是，难民问题常常一拖就是很多年，到后来人们称之为同情心枯竭。而一些国家得不到什么帮助，基本上靠自己来对付难民潮。这显然是个资源的问题。发达国家和发展中国家都觉得难以做到完全符合《世界人权宣言》第14条规定的寻求和享受避难的权利。但英国等国家现在受到的批评是，它们正试图阻止人们第一步前来寻求避难。人权活动人士说，必须要有有效的申请避难的权利，对避难申请要有公平的审核，在审核期间，应该为申请人提供适当的居住条件。联合国难民署估计，越过国际边界的难民有1300万名，而遗憾的是导致这些人逃离家园寻求避难的各种形式的迫害仍在继续。

潮源自北非和西亚阿拉伯国家的冲突，使得欧盟陷入第二次世界大战以后最为严重的难民危机。① 2010 年 12 月 17 日北非国家突尼斯爆发了一场规模巨大的反政府运动，导致突尼斯宰因·阿比丁·本·阿里政权被推翻。2011 年 1 月 14 日突尼斯总统本·阿里流亡沙特阿拉伯。随后北非和西亚的一些阿拉伯国家民众效仿，打着"民主"和"经济"运动的旗号推翻政府。目前，这场波及甚广的阿拉伯国家反政府浪潮已推翻了埃及、利比亚、也门、阿尔及利亚和苏丹等国家政权。在这场运动中，不少阿拉伯国家陷入了连年内战和冲突，局势恶化，民不聊生。加之极端恐怖组织伊斯兰国趁乱搅局，使得其他多个国家也陷入长期战乱。这些国家的无数百姓被迫逃离家园外出避难。2011 年共有 14. 1 万余人从海上和陆地进入欧盟国家寻求庇护或避难。加之欧洲巴尔干半岛的塞尔维亚、马其顿、阿尔巴尼亚等国选择到欧盟国家避难的非法入境者。这些从北非、中东、南欧等地涌入欧盟国家的避难者，酿成了欧洲难民危机。② 据统计，2014 年大约 28. 3 万人以非正规途径进入欧盟国家；2015 年大约 103. 2 万人以非正规途径进入欧盟国家；2016 年大约 37. 3 万人以非正规途径进入欧盟国家；2017 年大约 18. 5 万人以非正规途径进入欧盟国家；2018 年大约 14. 1 万人以非正规途径进入欧盟国家；2019 年大约 12. 3 万人以非正规途径进入欧盟国家。③ 其中欧盟国家在 2014 年共收到 62. 6 万多宗庇护申请。随着欧盟国家加强了对巴尔干通道与地中海路径非法移民的管制和遣送难民力度加大以及难民相关政策的调整，2017 年以后进入欧洲地区的难民人数逐渐减少。德国内政部长托马斯·德迈齐埃(Thomas de Maizière)2017 年 1 月 16 日宣称"难民潮的高峰期已经过去"。④ 但这场难民危机不仅给德国和欧盟其他国家造成的影响巨大，而且对全球难民保护模式与难民儿童的收养机制提出了无数挑战。

正是因为现行的难民保护体制是联合国半个多世纪以前建立的，其基本的法律依据是联合国 1951 年《关于难民地位的公约》和 1967 年《关于难民地位的议定书》。经过 50 多年的发展，当今世界与战后初期的情况相比已经发生了很大的变化。世界性的难民问题不仅没有在短时间内获得解决，而且在全球不断蔓延，出现了许多新的情况。由于 1951 年《难民公约》本身条款规定的局限以及受到大规模难民潮和非法移民偷渡的影响，难民保护体系一直处于重压之下。出于国家利益和安全的需

① 王义桅：《难民危机侵蚀欧盟价值观根基》，载新浪财经海外网：http：finance. sina. com. cn/review/sbzt/20150906/105823165817. shtml，2015 年 9 月 6 日最后访问。

② European Refugee Crisis 2015：Why so Many People Are Fleeing The East and /North African，International Business Times，3 September 2015.

③ Refugees/Migrants Emergency Response-Mediterranean，https：/data2. unhcr. org/en/situations/mediterranean(accessed 30 May，2020).

④ Jefferson Chase，Deutsche Flüchtlinge Gehen 2017 Deutlich Zurück，Deutsch Welle，16 Januar，2018，https：/www. dw. com/de/2017refugees/(accessed 1 March，2019).

要，各国在实际履行《难民公约》及采取保护难民行动方面，存在不同程度的保留和差异。① 而对于难民儿童身份的确定问题，也成了跨国收养中的难题。② 不过，海牙国际私法会早在 1994 年 10 月的特别委员会会议最后采取灵活的措施越过了这道坎，在建议中增加了"国际流离失所儿童"这一收养对象，以免固守"难民"定义而影响跨国收养的顺利开展。③

因此，海牙国际私法会议 1994 年特别委员会通过的《关于〈跨国收养方面保护儿童及合作公约〉适用于具有难民身份的儿童以及其他流离失所的国际流浪儿童的建议》明确呼吁："公约与建议应该无限制地适用所有惯常居住在缔约国境内的儿童。只要具有难民身份的儿童或国际流浪儿童满足《跨国收养方面保护儿童及合作公约》第 2 条的要件，就应将公约规定的保护措施与跨国收养程序适用于他们。"④ 这些理念和原则对解决目前欧洲难民危机环境下的跨国收养具有难民身份的儿童依然具有实践价值和指导意义。

2. 海牙《跨国收养方面保护儿童及合作公约》与联合国《关于难民地位的公约》冲突的解决对策

在跨国收养中，经常会遇到如何确定儿童原住国的问题。而 1993 年海牙《跨国收养方面保护儿童及合作公约》抛开了"国籍"这一连结因素，明确主张以"惯常居所"为连结点来确定儿童原住国。⑤ 尽管海牙《跨国收养方面保护儿童及合作公约》采取"惯常居住地"作为唯一的连结点，但它并未对这一概念下一个确切的定义，

① "9·11 事件"的发生，再次对联合国主导下的国际难民保护体系产生了重大冲击。面对国际难民事务中各国普遍采取的紧缩庇护政策措施和规避安置难民义务的现象和复杂情况，作为难民人道主义救助的主要组织协调者和各签约国履行《难民公约》的监督者，联合国难民署积极推进国家和地区间的双边和多边协商，加强与非政府组织的联系，强调和宣传《难民公约》和《议定书》两个文件在现今难民保护中的基石作用，努力维护以《难民公约》为基础的难民国际保护体制。

② Katharina Boele-Woelki and Angelika Fuchs, Same-Sex Relationships and Beyond: Gender Matters in the EU, 3rd edition, Intersentia Ltd., 2017, p. 216.

③ Ann Vibeke Eggli, Mass Refugee Influx and the Limits of Public International Law, Martinus Nijhoff Publishers, 2002, p. 70.

④ Joan Heifetz Hollinger, Adoption Law and Practice, Matthew Bender & Company Inc., 2006, Chapter 10, pp28-30; Hague Conference on Private International Law, Proceedings of the Eighteenth Session Vol. Ⅰ, The Hague, 1999, p. 285.

⑤ William Duncan, Nationality and the Protection of Children across Frontiers, and the Example of Intercountry Adotion, in Petar Šarčević, Paul Volken and Andrea Bonomi, Yearbook of Private International Law, Vol. Ⅷ, Sellier European Law Publishers, 2007, p. 83.

而是按照海牙国际私法会议的传统来使用这一概念的。① 海牙《跨国收养方面保护儿童及合作公约》承袭了 1961 年《关于保护未成年人主管机关和法律适用的公约》和 1980 年《国际诱拐儿童民事方面的公约》的做法。这两个公约在使用"惯常居住地"这一概念时都未下确切的定义，它们实际上主张采用宽松、富有弹性的方式使用"惯常居住地"这一概念，以便各国可根据具体情况灵活掌握。② 海牙《跨国收养方面保护儿童及合作公约》也就未再标新立异在公约中为"惯常居住地"下一个定义。而实际上，"惯常居住地"指的是一个人生活的中心所在地，它基本上是一个"事实概念"(Notion of Fact)。一个人与此有主要关系的地方，如上学、工作所在地，一般可看作"惯常居住地"。而度假或暂时在国外的停留地不能算作"惯常居住地"，而应以其住所或家庭生活所在地为"惯常居住地"。海牙《跨国收养方面保护儿童及合作公约》中的"惯常居住地"这一概念实际上指的就是上述含义。因此。根据 1993 年《跨国收养方面保护儿童及合作公约》第 2 条第 1 款及其他相关的规定，③ 难民儿童的原住国也就是指"儿童避难所在国"。④

然而，依据联合国 1951 年《关于难民地位的公约》和 1967 年《关于难民地位的议定书》的规定，难民儿童的原住国却并非指"儿童避难所在国"，而应是指"儿童所逃离的那个国家"或"难民儿童的本国"。不仅如此，联合国 1951 年《关于难民地位的公约》第 12 条第 1 款规定："难民的个人身份，应受其所住地国家的法律支配，如无住所，则受其居住地国家的法律支配。"这样一来，海牙《跨国收养方面保护儿童及合作公约》与联合国《关于难民地位的公约》在界定难民儿童的原住国上的冲突就不仅仅是停留在文本上了，而是实实在在地展现在跨国收养的实践中。⑤

面对被收养的难民儿童，海牙《跨国收养方面保护儿童及合作公约》会将难民儿童的原住国划定在难民儿童现在的惯常居住国，而联合国《难民公约》却将其定位在难民儿童以前的惯常居住国。如此，在跨国收养难民儿童的实践中，究竟是依海牙《跨国收养方面保护儿童及合作公约》的标准来确定儿童的原住国还是根据联

---

① Jeremy Rosenblatt, International Adoption, Sweet & Maxwell Ltd., 1995, p. 33.

② Joan Heifetz Hollinger, Adoption Law and Practice, Matthew Bender & Company Inc., 2006, Chapter 11, p. 48.

③ 1993 年《跨国收养方面保护儿童及合作公约》第 2 条第 1 款规定："公约适用于惯常居住在一个缔约国的儿童(儿童原住国)被惯常居住在另一缔约国(收养国)的夫妻或个人收养的情况。无论被收养儿童是在收养前还是收养后已经、正在或将要移住另一缔约国(收养国)，也不论收养是在儿童原住国还是在收养国进行，都适用于本公约的规定。"

④ Hague Conference on Private International Law, Proceedings of the Eighteenth Session Vol. Ⅰ, The Hague, 1999, p. 291.

⑤ Kisch Beevers, Intercountry Adoption of Unaccompanied Refugee Children, Child and Family Law Quarterly, Vol. 9, No. 2, 1997.

合国《关于难民地位的公约》和《关于难民地位的议定书》的规定来决定儿童的原住国，已成为十分棘手的问题。欧洲一些国家面对势不可挡的移民潮而逐步从严把握难民的界定标准。他们常以客居者身份对待这些逃难者，特别是对于儿童，个别国家甚至拒绝承认或赋予其难民地位。在这种两难的困境下，海牙国际私法会议1994年特别委员会比较明智且灵活地解决了这一难题，建议全面结合《跨国收养方面保护儿童及合作公约》第4条与第16条的规定，根据儿童最大利益原则来确定难民儿童的原住国。① 因此，海牙国际私法会议特别委员会1994年10月21日通过的《关于〈跨国收养方面保护儿童及合作公约〉适用于具有难民身份的儿童以及其他流离失所的国际流浪儿童的建议》重点强调：具有难民身份的儿童或正在寻求避难的儿童，或者因其国家动乱而流离失所的国际流浪儿童，都应像其他儿童一样享受跨国收养公约的保护。儿童的惯常居住地，依《跨国收养方面保护儿童及合作公约》第2条的规定可确定为提供庇护所的国家，而且也不因其暂时离开而受影响。这也就是说，避难所在国就是儿童现在的惯常居住地国，实践中应尽可能以此作为儿童原住国。②

因此，根据海牙《跨国收养方面保护儿童及合作公约》与1994年10月特别委员会的建议，无论被收养的难民儿童的国籍如何，只要其惯常居住在缔约国境内，那么，海牙跨国收养公约的收养程序与保障机制就适用于该类难民儿童。但是，如果被收养的难民儿童具有缔约国的国籍，却并没有惯常居住在缔约国境内，则不适用海牙《跨国收养方面保护儿童及合作公约》。这样，在跨国收养难民儿童的实践中，下列三种情形必须予以着重考虑：

首先，如果难民儿童逃离其祖国甲国(既可以是海牙《跨国收养方面保护儿童及合作公约》缔约国也可以是非缔约国)，惯常居住在避难国乙国(必须是海牙《跨国收养方面保护儿童及合作公约》缔约国，按照公约的解释为儿童原住国)，然后为了与养父母生活在一起而移居丙国(属于海牙《跨国收养方面保护儿童及合作公约》缔约国，即收养国)，那么，这种情况的难民儿童的收养就属于海牙《跨国收养方面保护儿童及合作公约》规范的跨国收养。

其次，如果难民儿童逃离其祖国甲国(属于海牙《跨国收养方面保护儿童及合作公约》的缔约国)，惯常居住在避难国乙国(必须是海牙《跨国收养方面保护儿童及合作公约》缔约国，按照公约的解释为儿童原住国)，然后为了与惯常居住在甲

① Farid R. Zakirov, Die Adoption Minderjähriger im Internationalen Kindschaftsrecht Usbekistans und Deutschlands: Eine vergleichende Analyse unter Berücksichtigung völkerrechtlicher Quellen, Peter Lang, 2007, SS. 33-35.

② Hague Conference on Private International Law, Proceedings of the Eighteenth Session Vol. Ⅰ, The Hague, 1999, p. 295.

国的养父母生活到一起又返回难民儿童的祖国(甲国成为了收养国)，那么，这种情况的难民儿童的收养也属于海牙《跨国收养方面保护儿童及合作公约》的范畴。①

再次，如果难民儿童逃离其祖国甲国，滞留在避难国乙国，最后被惯常居住在乙国的养父母(绝大部分与收养儿童为同一难民营的成员)收养，即使甲国与乙国都属于公约的缔约国，那么，根据该公约第 2 条的规定，这种情况的难民儿童的收养就不属于公约所指的跨国收养。

然而，最后一种情况却是难民儿童收养中最常见的，比前两种情况普遍得多。为了解决好这类典型而普遍的难民儿童收养问题，海牙国际私法会议 1994 年 10 月的特别委员会经过慎重考虑，主张采取一种例外的措施来清除跨国收养难民儿童的障碍。② 因此，《关于〈跨国收养方面保护儿童及合作公约〉适用于具有难民身份的儿童以及其他流离失所的国际流浪儿童的建议》在最后特别指出："海牙国际私法会议建议，各缔约国既要考虑公约所强调的跨国收养的养父母与被收养儿童应惯常居住在不同的缔约国等原则性规定及相关要求，同时，又不可否决其对养父母与被收养的难民儿童惯常居住在同一缔约国的特殊情形的适用。"③可见，为了有利于难民儿童的跨国收养，海牙国际私法会议在实施 1993 年的《跨国收养方面保护儿童及合作公约》时，已经扩大了公约第 2 条的适用范围。

3. 难民儿童跨国收养的程序性问题

在具体启动跨国收养难民儿童的程序时，必须考虑儿童的可收养性、是否符合儿童最大利益原则、收养同意权行使的适当性及收养当事人相关背景的调查等问题。④ 这是 1993 年海牙《跨国收养方面保护儿童及合作公约》第 4 条与第 16 条的基本要求，对于难民儿童的跨国收养也不例外。

---

① 越南外交部的代表 B. D. Dinh 于 1994 年 4 月在牙国际私法会议召开的专家工作组会议上着重强调了这一点。Report of the Working Group of April 1994 to Study the Application to Refugee Children the Hague Convention of 29 May 1993 on Protection of Children and Co-operation in Respect of Intercountry Adoption, http://hcch. e-vision. nl/(accessed 21 August, 2005).

② Dagmar Winkelsträter, Anerkennung und Durchführung Internationaler Adoptionen in Deutschland: unter Berücksichtigung des Haager Übereinkommens über den Schutz von Kindern und die Zusammenarbeit auf dem Gebiet der Internationalen Adoption vom 29. Mai 1993, Jenaer Wissenschaftliche Verlagesellschaft, 2007, pp. 188-189.

③ Hague Conference on Private International Law, Proceedings of the Eighteenth Session Vol. Ⅰ, The Hague, 1999, p. 285.

④ Farid R. Zakirov, Die Adoption Minderjähriger im internationalen Kindschaftsrecht Usbekistans und Deutschlands: Eine vergleichende Analyse unter Berücksichtigung völkerrechtlicher Quellen, Peter Lang, 2007, SS. 92-93.

海牙国际私法会议要求各缔约国在跨国收养开始以前，尽可能为作为难民的这类儿童寻找原出生家庭并使其与该家庭重聚。在这方面应充分发挥联合国难民事务高级专员公署和国际红十字会的作用，努力为具有难民身份的儿童与其他流离失所的国际儿童寻找亲生父母及亲属。① 如果儿童的亲生父母还在其被迫逃离的那个国家，为了使儿童回到原出生家庭，甚至可以考虑不得不设法遣返儿童。② 即使在查找不到这类儿童的原出生家庭与直系亲属，还应争取将他们安置给儿童的其他家族成员或共同逃难的难民家庭予以照顾。③ 只有在既无法安置在难民共同体中也不可能遣返的情况下，才有必要为了儿童最大利益而启动跨国收养程序。④ 即使是要进行跨国收养，也必须严格依本公约第 4 条 c 项的规定取得必需的同意，而且也要尽可能收集有关儿童的各种情况并进行调查核实。海牙《跨国收养方面保护儿童及合作公约》第 16 条第 1 款明文规定："如果儿童原住国的中央机关确认该儿童具有可收养性，那么，应该：a）准备一份包括儿童的身份、可收养性、家庭背景、社会生活环境、家族历史及包括儿童家庭在内的病史与儿童的特殊需要的报告；b）适当考虑儿童的种族、宗教与文化背景；c）确保已取得依本公约第 4 条所应得到的同意；及 d）特别应根据关于儿童和预期养父母的报告，确定现行的安置措施是否符合儿童最大利益。"可见，根据海牙《跨国收养方面保护儿童及合作公约》的要求，儿童惯常居住国的中央机关应积极主动地完成这类调查与审核工作，收养国的中央机关也应尽力配合做好跨国收养难民儿童的工作。⑤ 而在整个跨国收养难民儿童的过程中，海牙国际私法会于 1994 年 10 月通过的《关于〈跨国收养方面保护儿童及合作公约〉适用于具有难民身份的儿童以及其他流离失所的国际流浪儿童的建议》要求："敦促所有国家（无论其是否属于海牙跨国收养公约的缔约国）都要特别警惕，以避免任何对难民儿童和因国家动乱而被有意转移的儿童采取的不正规跨境收

① Paula England, Kathryn Edin, Unmarried Couples With Children, Russell Sage Foundation, 2007, pp. 15-17.

② 不过，为了让具有难民身份的儿童与其亲生父母团聚而将该儿童遣返回国，又是与联合国《关于难民地位的公约》及其议定书的规定相冲突的。究竟应如何把握遣返难民儿童的依据，也是海牙国际私法会议特委会长期困惑未解的难题。Hague Conference on Private International Law, Proceedings of the Eighteenth Session Vol. Ⅰ, The Hague, 1999, p. 293.

③ Kisch Beevers, Intercountry Adoption of Unaccompanied Refugee Children, Child and Family Law Quarterly, Vol. 9, No. 2, 1997.

④ Claudia Mortimore, Immigration and Adoption, Trentham Books Limited, 1994, p. 36.

⑤ Harald Paulitz, Adoption: Positionen, Impulse, Perspektiven, Verlag C. H. Beck München, 2. Auflage, 2006, SS. 216-217.

养行为发生。在启动任何跨国收养程序以前，收养国应特别注意确保：采取一切合理的措施去找寻并使儿童与其失散的亲生父母或家人团聚，并且以此种团聚为目的将儿童遣返回国的计划，由于该儿童在其所属国不能得到适当的照顾或从令人满意的保护中受益，而变得不可行或令人难以接受。从建议中可以看出，在海啸等此类灾害中，让转移的儿童同其父母或家人团聚是优先选择，应当避免和抵制不成熟和不规范地组织收养此类儿童。"①不仅如此，海牙国际私法会议还特别希望各缔约国争取联合国难民事务高级专员公署参与具体工作，全面提升其对跨国收养难民儿童的国际协调与监管功能。

四、跨国收养的中央机关与其他机构的协调问题

海牙《跨国收养方面保护儿童及合作公约》的最为成功之处可能要算其构筑的儿童收养国与原住国有关机构的国际合作机制。这也是该公约生效快且加入者众多的原因之一。但是，1993 年第十七届海牙国际私法会议最后采纳了这一方案还是颇费周折的。关于加强各缔约国主管机关的合作问题，并非海牙《跨国收养方面保护儿童及合作公约》首发。实际上，海牙国际私法会议在制定海牙《跨国收养方面保护儿童及合作公约》以前就已有相关公约涉及了一些类似的问题。例如，海牙国际私法会议 1965 年 11 月 15 日《关于民商事司法及非司法文书国外送达的公约》、1970 年 3 月 18 日《关于民商事案件域外取证的公约》、1980 年 10 月 25 日《关于对国际诉讼提供便利公约》以及《国际诱拐儿童民事方面的公约》等，都涉及了一些关于司法和行政合作的问题。海牙国际私法会议所通过的这些公约都强调各缔约国的中央主管机关之间应建立合作机制。而依照海牙公约建立起来的主管当局的合作机制，随着实践的发展越来越完善，各国中央机关之间的合作也越来越密切。② 在海牙国际私法会议就各国司法和行政合作问题进行了规定的公约中，只有 1980 年 10 月 25 日的《国际诱拐儿童民事方面的公约》涉及专门保护儿童利益的司法或行政合作机制的建立和完善问题，而且这一公约特别强调中央主管机关的重要地位和功能。该公约明确规定，为了保证使那些被"非法地迁移或留置在某一缔约国的儿

---

① Permanent Bureau, The Implementation and Operation of 1993 Hague Intercountry Adoption Convention: Guide to Good Practice (Guide No. 1), Jordan Publishing Limited, 2008, pp. 111-112; 海牙国际私法会议常设局主编：《关于规范执行 1993 年跨国收养〈海牙公约〉的指南》，伦敦约旦家庭法出版有限公司 2008 年版，第 126~127 页。

② G. A. L. Droz, "Erolution du Rêle des Autorités Administratives dans les Conventions de La Hage de droit International Privé au cours du Premier Siècle de la Conférence de La Hage", in Etudes Offertes à Pierre Bellet, Litec Paris, 1991, pp. 129 et seq.

童”顺利返还，① 为了确保依某一缔约国的法律所取得的监护权及监护权的行使能得到其他缔约国的承认和尊重，中央主管机关可以依法行使其特定的权力。② 如此，海牙国际私法会议为了进一步论证在新的跨国收养公约中规定国际合作机制的可行性，还专门召集了特别委员会对上述涉及各缔约国行政或司法合作问题的公约的实施情况进行考察。负责考察《关于民商事司法及非司法文书国外送达的公约》和《关于民商事案件域外取证的公约》的施行情况的特别委员会，进行了深入广泛的调查研究，获得了许多详细的资料和信息，并在海牙召开了数次“跟踪调查会”，成效明显；而负责考察《国际诱拐儿童民事方面的公约》的施行情况的特别委员会也同样做了许多卓有成效的工作，取得了一系列重要研究成果。③ 海牙国际私法会议所召集的这些特别委员会通过其工作和召开的专题研讨会，在实践中发挥了重要的作用：一方面，强化了公约的目的和宗旨，明确了公约的共同价值取向；另一方面，使得个人之间的联系成为可能，允许互相交流情况和信息，甚至还有助于解决合作中的现实问题乃至争端。从一定程度上说，正是由于有以往成功的范例可以沿袭，许多代表强调应将制定跨国收养的实体规范和合作机制的具体准则列为海牙国际私法会议创制跨国收养公约的主要目标。然而，由于各国对于跨国收养的管辖权规范、法律适用规范以及外国收养判决的承认与执行规范无法形成一致意见，很难使新公约成为协调各国有关收养的法律的统一实体法。于是，第十七届海牙国际私法会议非常明智地强化了跨国收养的国际合作机制。④

1993 年海牙《跨国收养方面保护儿童及合作公约》在规范跨国收养的合作机关的行为与功能时也采取了灵活的办法，分散在不同章节中加以规定。由于跨国收养过程中的参与者众多，其功能多种多样，运作方式各不相同，海牙《跨国收养方面

① 李双元主编：《中国与国际私法统一化进程》，武汉大学出版社 1993 年版，第 314 页。

② A. Dyer, “The Hague Convention on the Civil Aspects of International Child Abduction-Towards Global Cooperation Its Successes and Failures”, in The International Journal of Children's Rights, 1, 1992, pp. 273-292.

③ Reports of the Special Commissions (i) of October 1989 in 29 International Legal Materials, 1990, p. 220 and (ii) of January 1993 in 33 International Legal Materials, 1994, p. 225.

④ 1991 年 4 月 22 日至 5 月 3 日召开的第二次特别委员会会议由公约起草委员会拟订了一个比较完整的“公约草案”，它比第一次特别委员会会议的“公约草案说明稿”更完善、具体。在许多问题上有所突破和创新。其中一项重大的改革就是对“委任机构”(Accredited Bodies)作了具体、详细的规定。因为，儿童原住国大部分主张由中央机关专门负责跨国收养的工作，但收养国则认为仅由中央机关负责，这在他们国家的实践中是行不通的，不允许对跨国收养进行垄断。这样，经过多次讨论、协商，最后折中意见为，中央机关的唯一性职能可以在某种条件具备时委任或指定合格的收养组织承担。

保护儿童及合作公约》便在第二章、第三章、第四章分别作了相应规定。① 这种交叉性混合式规定又在某种程度上使跨国收养的合作机制复杂化了。如公约第二章自始至终使用“主管机关”(Competent Authority)这一概念，第五章的第23条以及第六章的第29条、第30条、第33条、第34条、第35条和第36条都是使用的“主管机关”这一术语；而公约第三章引入“中央机关”(Central Authority)和“公共机关”(Public Authority)这两个概念，却又未对它们与“主管机关”的关系加以规定和说明。此外，公约第三章规定“中央机关”可以确定或指定“委任机构”(Accredited Body)的任务和工作范围，但第四章却又规定在该章第22条规定的某些情形下可以允许其他“组织或个人”(Bodies or Persons)从事“中央机关”所承担的某些工作。不仅如此，公约第二章规定为“主管机关”的任务或功能，在公约第四章中又重复出现了，有的甚至列为“中央机关”的任务和功能，诸如第四章第17条规定的“作出将儿童托付给预期养父母的决定”以及第19条规定的“向收养国移送儿童”等。② 这种对跨国收养的负责机构等参与者的条件和功能在不同章节中分散进行规定，既有其有利的一面，也有其不利的一面。一方面它可以有针对性，着重就某一特别事宜的合作问题进行具体、详细的规定，但另一方面它又显得比较散乱，甚至出现前后不一致或自相矛盾的规定。这样，要确保海牙《跨国收养方面保护儿童及合作公约》的顺利实施，务必协调好跨国收养的相关机关的职责，有效地发挥它们的功能。③

跨国收养的实践复杂多变，加之世界各国的法律制度以及政治经济、文化传统、风俗习惯和宗教信仰的差异，有的国家的司法机关在跨国收养过程中占据主导地位，有的国家的移民服务组织在跨国收养过程中起主要作用，有的国家则由专门的行政机关负责跨国收养工作。这样，就使得在这些国家之间发生的跨国收养呈现出各种不同的形式，甚至使收养的中介组织也多种多样，有的国家允许这种形式的跨国收养中介组织，而另一些国家则只许可另外一种类型的跨国收养中介组织，有可能造成这个国家批准从事跨国收养工作的合法的中介组织在另外一个国家行不通，④ 以致最终造成这些国家在收养发生以前是否允许安置儿童或移送儿童的政策

---

① Hague Conference on Private International, Proceedings of the Seventeenth Session Vol. Ⅱ, The Hague, 1994, pp. 151-167.

② 蒋新苗著：《国际收养法律制度研究》，法律出版社1999年版，第298~303页。

③ Permanent Bureau, Accreditation and Adoption Accredited Bodies: Guide to Good Practice (Guide No. 2), Jordan Publishing Limited, 2012, p. 2.

④ 欧洲收养组织与北欧收养委员会曾代表13个欧洲国家的26个收养组织向海牙国际私法会议呼吁强化收养中介组织的作用。它们强调委任机构这类从事跨国收养工作的组织应是非营利性的，设立这类组织必须遵守法定的框架，除了要考虑常规标准外，还应考虑最基本的道德规范标准。参见：http://www.hcch-e-vision.nl/index_en.php.act(accessed 21 August, 2005).

和措施各异。

许多国家，包括所有的拉丁美洲国家认为，为了不削弱司法机关在跨国收养中的地位和作用，应按照先来后到的顺序，第二章优先于第三章和第四章，坚持“主管机关”(Competent Authority)的提法。根据第八届海牙国际私法会议提出的应在公约中使用一致的术语的原则，公约所提到的“主管机关”应指明属于何种政府组织，特别应指明是否包括法院。在那些坚持司法机关应在跨国收养过程中占主导地位的国家中，法院实际上履行着公约第二章所指的“主管机关”及第三章所说的“中央机关”的大部分职能甚至全部职能，而公约第三章和第四章中所规定的其他参与人或组织应为法院的判决作准备并服从和遵循法院的判决。在近年的跨国收养实践中不乏中央机关与法院友好合作的成功范例，但也同样遭遇到了不少困难。拉丁美洲国家的部分代表就在海牙国际私法会议 2000 年底召开的关于跨国收养公约实际运作情况的特别委员会上指出，由于一些国家以行政机关为“中央机关”，而一些国家则坚持以法院作为跨国收养的“中央机关”，它们各自强调自己的职权特色，从而造成交流跨国收养信息这类最简单的工作都遇到了障碍。加之个别联邦国家还根据海牙《跨国收养方面保护儿童及合作公约》第 6 条第 2 款的规定指定了多个中央机关，如西班牙就在其国内指定了 23 个负责跨国收养的中央机关。这不仅造成国内这些机关的矛盾与冲突，国内的跨国收养政策不一致与信息交流困难，而且进一步加大了国际交流与协作的困难。① 正是由于西班牙在跨国收养中存在的这类障碍，中国于 2001 年曾终止过一段时间与西班牙合作多年的跨国收养。② 事实上，2000 年年底召开的海牙国际私法会议关于审查跨国收养公约实施情况的特别委员会就特别重申了对海牙《跨国收养公约》第 6 条第 2 款精神的领会问题，不能忘记该款的最后一句话的要求，即“凡指定了一个以上的中央机关的国家应当确定一个负责信息交流的中央机关，同时承担向其国内适当的中央机关传递有关信息”。③ 尽管如此，但这种状况并未在跨国收养的实践中得到彻底改变，在海牙国际私法会议 2005 年和 2010 年召开的关于审查跨国收养公约实施情况的特别委员会上也曾反复提及并引发广泛争论，却依然没有找到解决办法。

另外，由于海牙《跨国收养方面保护儿童及合作公约》所规定的跨国收养机构相当复杂，不仅种类繁多，而且功能各种各样，常常在实践中引发责任与职权划分的纠纷。海牙跨国收养公约第三章实际上对各种从事跨国收养工作的机构作了比较

① Permanent Bureau, The Implementation and Operation of 1993 Hague Intercountry Adoption Convention: Guide to Good Practice(Guide No. 1), Jordan Publishing Limited, 2008, p. 47.

② 参见：http://lz.book.sohu.com/chapter-1520-4-18.html, 20 August, 2005.

③ Hague Conference on Private International, Proceedings of the Seventeenth Session Vol. Ⅱ, The Hague, 1994, p. 525.

全面的规定，除了中央机关以外，还有公共机关和委任机构都在公约第三章中有所规定。海牙《跨国收养方面保护儿童及合作公约》第 7 条对中央机关不可委托的职责作了规定，公约第 8 条和第 9 条及公约第四章又对可委任给其他机关与委任机构的职权范围作了规定。但这一界分并不全面、细致，仍存在职责不清之处。例如，预期养父母就不知究竟是向中央机关还是委任机构了解关于跨国收养的费用与等待期限等情况。反馈给海牙国际私法会议常设局的问卷调查意见显示这方面的问题最令跨国收养的当事人困惑，中央机关与委任机构甚至互相推诿，不愿向其提供相关信息。针对这一情况，加拿大代表在 2000 年年底召开的海牙国际私法会议关于审查跨国收养公约实施情况的特别委员会上强烈呼吁划清中央机关与委任机构的界限，严格遵守海牙《跨国收养方面保护儿童及合作公约》第 13 条的规定，及时通知海牙国际私法会议常设局。因此，这次特别委员会最后通过的决定，一致建议"各缔约国应严格界分清楚中央机关、公共机关和委任机构的职权，明确其相互合作的机制。海牙国际私法会议常设局将设计出各缔约国信息交换的范本并负责收集出版"。①

在跨国收养的实践中，大部分收养国创建了收养的委任机构，而儿童原住国则相对较少。国际社会服务组织的专家曾一针见血地指出：海牙《跨国收养方面保护儿童及合作公约》允许建立委任机构，并没有要求一定要建立委任机构。通常，收养国所推崇的委任机构，不一定能得到儿童原住国的认可。至于是否应设置跨国收养的委任机构，创设的标准与条件等均需要根据儿童原住国的实际情况及儿童利益来决定。海牙国际私法会议常设局的调查也证实了这一点。例如，意大利的收养委任机构就参与了跨国收养的全过程，而意大利的收养主管机关常与儿童原住国收养当局保持密切联系，并根据儿童原住国当局的审查结果来决定是否撤销有关委任机构。法国至少有 40 余个跨国收养的委任机构，承担了法国三分之一的跨国收养工作，其余则由法国的中央机关负责。而委任机构的成立与撤销决定权则在法国外交部手里。挪威的 99%的收养是由委任机构完成的。加拿大的魁北克省就有 15 个委任机构负责 24 个儿童原住国进行跨国收养的工作。西班牙则允许中央机关或委任机构任何一方负责跨国收养的工作，但中央机关拥有成立与撤销委任机构的决定权。② 英国与德国都对委任机构的成立与撤销设定了严格标准和规则。③ 而巴拿马、菲律宾、布隆迪、委内瑞拉、哥斯达黎加、白俄罗斯等国就没有跨国收养的委

① 参见：http：//www. hcch-e-vision. nl/index_en. php. act(accessed 31 January，2013).

② Permanent Bureau，Accreditation and Adoption Accredited Bodies：Guide to Good Practice (Guide No. 2)，Jordan Publishing Limited，2012，p. 111.

③ Caroline Bridge and Heather Swindells QC，Adoption：The Modern Law，Jordan Publishing Limited，2003，p. 303.

任机构。许多收养国认为中央机关难以为跨国收养的预期养父母提供实际帮助，而且只允许中央机关负责跨国收养容易形成垄断，不利于跨国收养的健康发展。① 不过，儿童原住国并不完全赞同这种看法。如此，究竟是否一定要在跨国收养中指定委任机构的问题，就成了海牙《跨国收养方面保护儿童及合作公约》实施过程中的悬案。该问题在 2005 年与 2010 年海牙国际私法会议有关实施跨国收养公约特别委员会的会议上引发激烈的争论后同样无果而终。

至于如何划分委任机构与“其他组织和个人”在跨国收养中的责任，也是海牙《跨国收养方面保护儿童及合作公约》实施过程不容忽视的问题。对此，海牙国际私法会议一直主张，一国是否允许其国内的其他组织和个人从事跨国收养工作并担负中央机关的某些工作职能，必须依海牙《跨国收养方面保护儿童及合作公约》第 22 条第 2 款作出明确声明；而该国对于是否允许其他国家已依海牙《跨国收养方面保护儿童及合作公约》第 22 条第 2 款声明和批准了的“其他组织和个人”在其境内从事跨国收养工作，只要未依海牙《跨国收养方面保护儿童及合作公约》第 22 条第 4 款作出明确声明，就表明其不反对其他国家的这些组织和个人在其境内参与跨国

① 我国第十届全国人大常委会第十五次会议于 2005 年 4 月 27 日批准了海牙《跨国收养方面保护儿童及合作公约》，同时指定民政部为负责跨国收养工作的中央机关，中国收养中心为唯一的委任机构。这难免造成跨国收养在中国的垄断局面。因为，“中国收养中心”自 1996 年 6 月 24 日正式成立便明确被划归为民政部辖属的事业单位，民政部几乎总揽了整个涉外收养，自办自送，自己审查，自己送养，集跨国收养的中央机关、送养人于一身，缺乏有力的监督机制。一方面，它使得收养人与送养人之间的法律地位不平等，送养人几乎成了政府部门，由民政部辖属的“中国收养中心”(2011 年更名为“中国儿童福利和收养中心”)一条龙负责，既负责与外国收养中心申请人联系，又负责审查儿童福利院的送养儿童是否符合条件以及审查收养人的资格，无人监督和制约。收养人是否符合条件、让收养人收养什么样的中国儿童以及被送养的儿童是否符合条件，全凭“中国收养中心”说了算。这样，有可能给一些不法分子打开了方便之门。另一方面，儿童福利院与民政部门是一种行政隶属关系，既由福利院负责送养儿童，又由民政部门主管涉外收养的登记，是否真正合乎程序和条件，仍是民政部门一家说了算，其中若出现一些违法行为，没有其他部门监督和制约，难以发现和制止。而且，由于 1998 年修订的《收养法》只强化了收养登记生效的行政程序，使得涉外收养的公证流于形式。2021 年 1 月 1 日实施的《中华人民共和国民法典》第 1105 条继续沿袭了原《收养法》第 15 条的规定。按照现行体制，民政部门一家统管涉外收养不可避免地存在隐患。因此，对“中国收养中心”的权力和地位急需加以规范，不可光依行政程序办理涉外收养，而应建立健全完善的法律机制；对涉外收养进行规范、监督、制约和管理。而且，必须加强作为跨国收养的中央机关的“中国收养中心”的素质建设，按照海牙《跨国收养方面保护儿童及合作公约》第 11 条的规定配备在道德标准方面符合要求并在跨国收养领域方面经过专业培训或富有经验的合格的工作人员，不能以一些只懂外语而不懂专业和法律的翻译人员充斥跨国收养的中央机关。如果负责跨国收养工作的中央机关的工作人员既不擅长于运用中国有关涉外收养的法律法规，又不熟悉其他国家的收养法，最终难免错误百出甚至有损国家和政府的形象，而且容易被国际上一些不法分子钻了我国涉外收养的空子。

收养。具体来说，如果收养国已依海牙《跨国收养方面保护儿童及合作公约》第22条第2款明确作出声明允许那些已获批准的组织和个人在从事跨国收养工作时，履行中央机关的某些职能，那么，只要儿童惯常居住国没有依海牙《跨国收养方面保护儿童及合作公约》第22条第4款明确声明跨国收养只能在其国内进行并且中央机关的有关职能只可由公共机关或委任机构履行或实施，收养国的“其他组织和个人”就可参与儿童惯常居住国境内的跨国收养并将儿童安置到收养国。这实际上将皮球踢给了缔约国，由儿童原住国与收养国依具体情况协商决定。①

总之，尽管海牙《跨国收养方面保护儿童及合作公约》规定主管机关及关收养机构参与跨国收养并承担相应的责任和义务是该公约的一大特色，但若对各机构的责权利划分不清也将严重阻碍跨国收养的顺利发展。② 海牙《跨国收养方面保护儿童及合作公约》对收养的申请、审查、批准、成立与承认等各环节或程序规定了具体的合作机制，而如何界分主管机关、中央机关、公共机关、委任机构与“其他组织和个人”的职责，准确地定位各自的功能与作用，不仅是对跨国收养进行有效的管理和监督，防止跨国收养权的滥用，同一切借收养从事非法勾当的行为作斗争的关键所在，而且也是为跨国收养的顺利发展提供方便并帮助和支持收养关系的当事人的前提条件。③ 因此，无论如何，海牙国际私法会议都应想方设法尽快解决主管机关、中央机关、公共机关或委任机构与“其他组织和个人”的职责定位问题。

五、禁止在跨国收养中非法营利原则的实施障碍

禁止在跨国收养中非法营利，既是海牙国际私法会议的一贯立场，也是海牙《跨国收养方面保护儿童及合作公约》所倡导的基本原则。然而，究竟如何界定和把握有关跨国收养非法营利的标准或依据，一直是困扰海牙国际私法会议的难题。④

滥用跨国收养权拐卖儿童谋取暴利，实际上是中间人以损害儿童的亲生父母和收养人⑤的利益而为自己谋取利益。从更具体的意义上分析，跨国收养中非法营利

① Permanent Bureau, Accreditation and Adoption Accredited Bodies: Guide to Good Practice (Guide No. 2), Jordan Publishing Limited, 2012, p. 124.

② Scott Christian, Intercountry Adoption, The University for Peace Law Review, Vol. 1, 2010, p. 60.

③ C. Price Choen, The Developing Jurisprudence of the Rights of the Child, St. Thomas Law Review, Vol, 6, Fall 1993, pp. 71-79.

④ Claire Fenton-Glynn, Children's Rights in Intecountry Adoption, Intersentia Ltd., 2014, pp. 95-96.

⑤ 从某种程度上说，收养人属于品行端正的人，也是各种跨国收养非法营利活动的主要目标，甚至也是受害者。

主要是以损害儿童利益为基础来谋取利益的。尽管对谋取暴利的中介行为与规范的中介服务行为很容易从理论上划清界限，但在具体实践中却很难将两者明确区分开来。① 我们必须看到，从正常的、合法的跨国收养来看，中介联系环节在跨国收养中起着越来越重要的作用。不仅在收养国作为中介环节的收养机构发挥了特别重要的作用，而且在被收养儿童的原住国也一样。然而，除了完全属于政府部门的收养机构以外，一般的收养机构都要求支付服务费才提供收养服务。② 而到底哪些属于合理费用？什么情况下才算拐卖儿童？就收养国的收养机构而言，事实上相当复杂，很难找到一个统一的认定标准。许多收养国对其收养机构的中介服务行为并未从严格意义上加以限制，这些收养机构常以各种不同的形式对被收养儿童的原住国的有关儿童福利机构给予经济上的援助，而其援助的经费大都是预期养父母捐献的。这是属于一种变相的国际拐卖儿童行为还是一种合法的跨国收养行为呢？③

究竟什么情况下的经济资助是可接受的？究竟什么情况下又构成国际拐卖儿童行为？由于在具体实践中很难将两者严格区分来，因而在联合国起草和讨论 1986 年《关于儿童保护和儿童福利特别是国内和国际寄养与收养办法的社会和法律原则宣言》过程中引起了激烈的争论，而这种争论在联合国 1989 年讨论、通过《儿童权利公约》时仍难以平息。因此，在联合国 1986 年通过的《关于儿童保护和儿童福利特别是国内和国际寄养与收养办法的社会和法律原则宣言》第 20 条明确规定："各国主管机关或组织对跨国收养所采取的保护措施和适用的标准应与国内收养大体一致。在安置儿童收养时，决不允许谋取不正当的经济收益。"④同样，联合国 1989 年通过《儿童权利公约》第 21 条(d)款也作了类似的规定："各成员国应采取一切适当措施确保跨国收养不致使所涉人士获得不正当的经济收益。"在联合国 1986 年的《儿童寄养与收养宣言》和 1989 年的《儿童权利公约》中都使用了"不正当的经济收益"(Improper Financial Gain)一词，是否意味着允许跨国收养获取正当的经济收益？对于这一问题，各国代表的态度和意见不一致，讨论时争论相当激烈，最终仍未作

① Joan Heifetz Hollinger, Adoption Law and Practice, Matthew Bender & Company Inc., 2006, Chapter 11, p. 13.

② Joan Heifetz Hollinger, Adoption Law and Practice, Matthew Bender & Company Inc., 2006, Chapter 11, p. 14.

③ Scott Christian, Intercountry Adoption, The University for Peace Law Review, Vol. 1, 2010, pp. 59-60.

④ 联合国《关于儿童保护和儿童福利特别是国内和国际寄养与收养办法的社会和法律原则宣言》官方的中文译文第 20 条为："跨国收养通常应通过主管当局或机构进行安置，其适用的保障和标准应相当于国内收养上的现行保障和标准。所涉人员绝不能从这种安置工作中得到不当的财政利益。"

出明确、统一的规定。① 然而，这一含混不清的概念，在 1993 年的海牙国际私法会议通过《跨国收养方面保护儿童及合作公约》时仍为许多代表所使用，依然未跳出原来的框架，没有将跨国收养中的正当的经济收益与不正当的经济收益严格区分开来。②

不过，严格禁止利用跨国收养非法营利，已成为海牙国际私法会议的共识。自启动制定《跨国收养方面保护儿童及合作公约》议程开始，海牙国际私法会议特委会就一直所坚守这一基本立场。实际上，海牙国际私法会议所力主的"严格禁止利用跨国收养非法营利原则"，是沿袭了联合国《儿童收养与寄养宣言》第 20 条与《儿童权利公约》第 21 条 d 款的规定。它们明确反对"通过跨国收养进行非法营利"，一致强调不得借助跨国收养获取非法利益。因此，海牙国际私法会议 1993 年通过的《跨国收养方面保护儿童及合作公约》明确将"防止拐骗、贩卖儿童或用儿童作交易"列入公约的基本目的与宗旨之一，同时在该公约第 4 条第 3 款、第 8 条和第 32 条中进一步作了规定。任何机关与个人都不应从与跨国收养有关的活动中获取不正当的财政收益或其他收益，只允许收取与收养有关的合理的开支和成本费用包括个人专业费用，参与跨国收养的机构负责人、行政管理人员及雇员均不得接受与其所提供的服务不相称的、不合理的高额报酬。海牙《跨国收养方面保护儿童及合作公约》第 8 条还规定中央机关的一大任务是授权或委托公共机关而不是私人组织或个人采取各种适当的措施防止跨国收养过程中的不正当营利和滥用收养权等现象发生。不过，这一职责也可由中央机关自己承担，公约第 33 条规定中央机关应采取正当的措施避免由于不遵守公约而产生的严重后果。可见，联合国和海牙国际私法会议都在倡导在跨国收养中坚持禁止非法营利原则。③

然而，如果在跨国收养中一律禁止有关机构与个人收取任何费用，那么，无论是收养国还是儿童原住国都无法运作。而一旦允许收费，收多少属于合理收费，超过什么限度属于获取不正当的收益？由于海牙《跨国收养方面保护儿童及合作公

① International Social Service, Responding to Illegal Adoptions: A Prefessional Handbook, https: /www. /iss-ssi. org/index. php/en/resources/publications-iss/(accessed 1 May, 2020).

② Kristina Wilken, Controlling Improper Financial Gain in International Adoptions, Duke Journal, of Gender Law & Policy, Vol. 2, 1995, p. 91.

③ 第 55 届联合国大会第 81 次全体会议 2000 年 12 月 4 日根据第三委员会的报告(A/55/598)通过的《关于儿童权利的决议》(A/RES/55/79)还特别强调："呼吁各国采取一切必要措施，确保在收养儿童中首先考虑儿童的最大利益，并采取一切必要措施防范和遏制非法收养儿童和不按正常程序收养儿童。"第 27 届联合国特别会议第 6 次全体会议于 2002 年 5 月 10 日根据特设全体委员会的报告(A/S/-27/19/Rev. 1)通过的《关于适合儿童生长的世界的决议》(A/Res/S-27/2)提出："保护儿童免于非法、剥削性或有违于最高利益的领养和寄养做法。"

约》对此没有具体规定，全世界也无法确定一个统一标准，从而使海牙《跨国收养方面保护儿童及合作公约》的缔约国在实施公约时常常不知所措，甚至部分缔约国之间在这方面产生非常严重的冲突并阻碍了跨国收养的顺利开展。有些国家的跨国收养收费高达数万美元，少的也需要数千美元。这就难免令人产生误会，将跨国收养的收费与国际贩卖儿童画等号。① 因此，一些缔约国便另辟蹊径，以捐助或捐赠的方式取而代之。② 因为海牙《跨国收养方面保护儿童及合作公约》允许参与跨国收养的有关组织捐助儿童原住国的儿童福利体系，以改善其照料与保护儿童的措施。③ 这就为儿童原住国甚至收养国的有关机构或个人提供了合理依据。④ 不过，要求预期养父母或有关收养机构在跨国收养中捐助或捐赠，以自愿为主还是强制缴纳，是否应设置底限和上限？所有这些问题都难以找到统一的、确定的答案。从《跨国收养方面保护儿童及合作公约》1995 年生效实施开始，一直到 2000 年年底召开的海牙国际私法会议关于审查公约实施情况的特别委员会，关于如何界定非法营

---

① Claire Breen, The Standard of the Best Interests of the Child: A Western Tradition in International and Comparative Law, Martinus Nijhoff Publishers, 2002, pp. 183-185.

② 海牙国际私法会议的相关文件对捐助(Contribution)与捐赠(Donation)作了大致界分。所谓捐助(Contribution)就是指跨国收养的儿童原住国为改善国家收养体系或儿童保护机制而针对收养服务收取预期养父母一定金额的费用，捐助数额应是固定的、公开的，一般由预期养父母交付给委任组织后再上交给儿童原住国的中央机关或其他政府机构统一使用，主要用于儿童抚养开支或跨国收养合作计划的实施。所谓捐赠(Donation)则大多为福利院儿童康乐而由预期养父母或委任组织自愿、临时支付的现金、礼品或物资。捐赠不得在跨国收养程序结束前进行，与收养程序有关的机构不能索取、给予或获得预期养父母的捐赠。因此，捐赠不应直接捐给儿童福利院，应由政府设立援助或合作计划予以接受。Permanent Bureau, Accreditation and Adoption Accredited Bodies: Guide to Good Practice(Guide No. 2), Jordan Publishing Limited, 2012, pp. 91-92.

③ 在 2000 年海牙国际私法会议有关跨国收养的特委会上对“捐助”存在两种对立的观点：一种意见认为，收取与特定收养无关的捐助服务费用的行为与《跨国收养方面保护儿童及合作公约》第 32 条的规定背道而驰；另一种意见认为收取捐助服务费可以看作送养国提供收养服务的合理收费，只是应就捐助范围进行明确界定。这次特委会会议最后达成共识并建议：有关跨国儿童收养安置的决定不应受捐助水平的影响；捐助(Contribution)必须用于送养国的国家儿童保护体系或收养体系建设，不能仅用于与跨国收养有关的儿童福利院；捐助不应直接交与独立的儿童福利院，而必须给中央机关或其他政府机构。Permanent Bureau, The Implementation and Operation of 1993 Hague Intercountry Adoption Convention: Guide to Good Practice(Guide No. 1), Jordan Publishing Limited, 2008, pp. 64-65.

④ Karen Smith Rotabi, Nicole F. Bromfield, From International Adoption to Global Surrogacy: A Human Rights History and New Fertility Frontiers, Routledge Taylor & Francis Group, 2017, p. 157.

利问题的争论就从未停止过。① 在跨国收养的实践中，葡萄牙、罗马尼亚、斯洛伐克和爱沙尼亚等国就明令禁止任何形式的捐赠或捐助。② 不仅如此，一些国际组织也非常关注这一问题的解决，它们提出了不少合理化建议。国际刑警组织建议建立识别国际拐卖儿童的嫌疑犯的资料库，国际家庭联合会主张成立一个监督跨国收养行为的监管委员会，国际人权委员会则建议缔结一项国际公约以便严格规范跨国收养行为和确保儿童不可被非法获取。也有专家和代表提出应全面加强对跨国收养机构的监管。委任机构必须以追求非营利目标为宗旨，配备在道德标准方面和跨国收养的专业方面受过严格训练或富有经验的合格人员，按照委任机构所确定的条件和设定的限制范围从事工作。只有完全符合条件并具备相应的能力的组织或团体，才可委托从事跨国收养工作。此外，各缔约国的涉外收养立法应设法作出具体、明确、严格的收费规定，堵塞漏洞，规范跨国收养行为，禁止借跨国收养谋取不正当的利益。③ 这也是联合国《儿童权利公约》和海牙《跨国收养方面保护儿童及合作公约》明确要求的，各缔约国应“采取一切适当措施确保跨国收养的安排不致使所涉人士获得不正当的财务收益”。④ 2000 年 5 月 25 日联合国在纽约缔结的《〈儿童权利公约〉关于买卖儿童、儿童卖淫和儿童色情制品问题的任择议定书》第 2 条对“买卖儿童”作了明确界定，即“买卖儿童系指任何人或群体为了报酬或出于其他考虑将儿童转让给另一个人的任何行为或交易”。该议定书第 3 条第 1 款规定，各缔约国应将“作为中间人以不正当方式诱惑同意，以达到用违反适用的有关收养的国际法律文件的方式收养儿童的目的”的行为定为犯罪行为予以惩罚。与此同时，该议定书第 3 条第 5 款进一步规定：“缔约国应采取一切适当的法律和行政措施，确保参与儿童收养的所有人均按照适用的国际法律文书行事。”⑤不过，个别国家依然不

---

① Report and Conclusions of the Special Commission on the Practical Operation of the Hague Convention of 29 May 1993 on Protection of Children and Co-operation in Respect of Intercountry Adoption, 28 November—1 December, 2000, http://hcch.e-vision.nl/, 21 August, 2005.

② Claire Fenton-Glynn, Children's Rights in Intecountry Adoption, Intersentia Ltd., 2014, p. 46.

③ International Social Service, Intecountry Adoption and Its Risks: A Guide for Prospective Adopters (2016 Revision), https:/www./iss-ssi.org/index.php/en/resources/publications-iss/ (accessed 1 April, 2020).

④ Paul R. Beaumont and Peter E. Mceleavy, The Hague Convention on International Child Abduction, Oxford University Press, 1999, pp. 181-183.

⑤ 联合国《〈儿童权利公约〉关于买卖儿童、儿童卖淫和儿童色情制品问题的任择议定书》(A/RES/54/263)于 2000 年 5 月 25 日由第 54 届联合国大会第 97 次全体会议通过，2002 年 1 月 18 日生效。目前签署该议定书的国家有 121 个，加入或批准实施该议定书的国家有 176 个。参见：https://treaties.un.org/Pages/ViewDetails.aspx? src(accessed 31 January, 2020).

愿放弃传统的立场，如美国北卡罗来纳州的法律就明确允许收养机构以营利为根本目的。① 由于世界各国对收养机构的规定和要求千差万别，并不存在全球统一的做法。因此，在跨国收养中要想彻底禁止收费，目前还不可能做到。关键是如何确保跨国收养中所涉的机构和个人获得的报酬或薪水保持在合理的限度内，特别是必须设法杜绝滥用跨国收养权拐卖儿童。②

总而言之，严格禁止利用跨国收养非法营利与通过跨国收养获取收益的矛盾和冲突已经非常尖锐。这一无法协调的矛盾成了海牙《跨国收养方面保护儿童及合作公约》实施过程中难以解决的悖论。海牙国际私法会议 2005 年和 2010 年分别召开的检审《跨国收养方面保护儿童及合作公约》运作情况的特别委员会依然未能在该议题上取得新的进展和重大突破，彻底扫除这一阻碍公约实施的巨大障碍。③

尽管海牙国际私法会议于 1993 年通过的《跨国收养方面保护儿童及合作公约》已在全球将近一半的国家实施，但是，其实施并非一帆风顺，仍然存在许多难以克服的困难或无法消除的障碍。除上述已提及的问题外，还有跨国收养的承认与执行、收养信息反馈与交流、收养类型转换、养子女入籍等影响公约实施的难题亟待解决，否则，有可能严重阻碍公约的有效实施，甚至减损公约的法律效力。④

① International Social Service, Investigating the Grey Zone of Principle of Intecountry Adoption, https: /www. /iss-ssi. org/index. php/en/resources/publications-iss/(accessed 1 April, 2020).

② Council on General Affairs and Policy of the Hague Conference on Private International Law, Note on Financial Aspects of Intercountry Adoption, The Netherlands, 2014, pp. 41-42.

③ International Social Service, Responding to Illegal Adoptions: A Prefessional Handbook, https: /www. /iss-ssi. org/index. php/en/resources/publications-iss/(accessed 1 May, 2020).

④ Permanent Bureau, 25 Years of Protecting Children in Intercountry Adoption, The Netherlands, 2018, p. 17, http: //www. hcch. net/index_en. php? act = text. display&tid = 45(accessed 1 January, 2020).

第五章 中国的跨国收养法律冲突解决机制完善对策

第一节 中国解决跨国收养法律冲突的理性选择

一、中国涉外收养法律规制的源与流

（一）中国收养法律制度的构建历史与现状

收养子女的行为与做法源远流长，早在原始社会父系氏族习惯中就得到了认可。恩格斯在《家庭、私有制和国家的起源》一书中明确指出："收养外人入族的事情，是根据氏族个别成员的提议而实行的，男子可以提议收养外人为兄弟姊妹，女子可以提议收养外人为自己的孩子；为了确认这种收养，必须举行入族典礼。"①这一古老的社会制度是亲属制度不可或缺的构成元素。在亲属法学中，常常从两种不同的意义上使用收养概念：一是从拟制血亲的亲子关系借以发生的法律事实的角度来使用的，指收养行为；二是从拟制血亲的亲子关系本身来使用的，即收养关系。② 由于收养以设立亲子关系为目的，它作为生育制度的重要补充，早已存在于人类社会，大致经历了"为族的收养""为家的收养""为亲的收养""为子女的收养"等不同历史阶段。不过，普通法系和部分大陆法系国家的法律直到很晚才承认收养制度，③ 而伊斯兰国家至今仍对其持否定态度。

在中国，收养子女自古即有，而且是比较常见的社会现象。根据历史文献资料记载，夏朝便有收养子女的典型事例。据不完全统计，大约每200户就有1户收养子女。只是中国古代的收养制度有其自身的独特之处，出于为宗为族的目的，延续宗嗣的立嗣制度较为发达，成为收养的一种特殊形式。立嗣，又叫过继或过房，是

① 恩格斯著：《家庭、私有制和国家的起源》，人民出版社2018年版，第91页。

② 杨大文主编：《亲属法》，法律出版社1997年版，第276页。

③ U. S. Dept. of Labor，Children's Bureau，Adoption Law in the United States(1925)，Dolle Ⅱ，p. 564.

古代民间较为普遍的收养方式。它为的是传宗接代，“上以事宗庙，下以继后世”，以确保父系、父权、父治的家统永世不绝，因而只有男子无后始得立嗣。加之，立嗣可由需立嗣者生前进行，亦可在其死后，由配偶或族中尊长代为择立。可见，作为中国封建社会宗祧继承一项重要制度的立嗣，同近现代的收养有着本质的区别。于是，1930 年中华民国政府民法亲属编废止了立嗣制度，在法律形式上实现了收养制度的近代化。1985 年台湾地区立法当局又对“民法”亲属编作了修正，废除了带有变相立嗣性质的“遗嘱收养制度”。1949 年中华人民共和国成立后，彻底废除了立嗣制度。①

不过，中华人民共和国成立后，并未忽视收养这一普遍存在的现象，在婚姻法及有关司法解释和规章中对收养关系的调整也有一些规定，尽量保障和规范现代意义的收养行为。只是我国法学理论界和实务部门对现代收养理念的接受和认可经历了较为漫长的过程。在我国的立法上，至今对收养这一法律概念未作界定，但有关司法解释与实践及学说中的收养定义大同小异。占主导地位的观点认为收养是“根据法律规定领养他人子女为自己子女，从而建立拟制亲子关系的行为。收养人称养父、养母，被收养人称养子、养女。双方之间的父母子女关系由收养的法律效力而确定”。② 也有学者将收养的定义概括为：“领养他人的子女为自己子女的民事法律行为。”③还有学者将收养的定义归纳为：“收养为拟制血亲的一种主要形式。”④另有学者将收养的定义界定成：“收养即领养他人的子女为自己的子女，使收养人和被收养人之间产生法律拟制的父母子女关系。”⑤不过，也有学者在界定收养这一法律概念时更注重收养所产生的社会关系或社会形式和制度等因素。台湾学者史尚宽先生就认为收养就是指收养关系，“收养亦称收养关系，谓收养人与被收养人以发生亲子关系为目的之要式的法律行为。”⑥台湾学者陈棋炎则认为收养是“将本无

① 在中华人民共和国成立初期的司法实践中，对作为封建宗法制度产物的立嗣是持明确否定态度的。处理的基本原则是根据实际情况分别对待：首先，对出于自愿，并事实上存在收养关系的，可视为事实收养；其次，非出于死者生前意愿，死者死后，其有继承权的亲属(除配偶外)为死者立嗣子，不能视为收养关系；最后，死者的配偶代为立嗣，并与死者配偶存在事实上收养关系，则形成与死者配偶间的收养关系。此后，司法实践中主要根据“过继”子女与“过继”父母之间是否形成抚养关系作为判断是否形成事实收养的依据。我国 1991 年颁行的《收养法》以及 1998 年修订的《收养法》，不仅彻底否定了立嗣制度，而且也不承认事实收养。2020 年颁布的《中华人民共和国民法典》承袭了原《收养法》的一贯做法。

② 《中国大百科全书·法学》，中国大百科全书出版社 1984 年版，第 537 页；李伟民主编：《法学辞源》，中国工人出版社 1994 年版，第 567 页。

③ 邹瑜、顾明主编：《法学大辞典》，中国政法大学出版社 1991 年版，第 686 页。

④ 张光博主编：《简明法学大辞典》，吉林人民出版社 1991 年版，第 734 页。

⑤ 周振想主编：《法学大辞典》，团结出版社 1994 年版，第 578 页。

⑥ 史尚宽著：《亲属法论》，台湾荣泰印书馆 1980 年版，第 522 页。

直系血统连络之他人子女，拟制其亲生子女关系者。法律上谓为法定血亲或拟制血亲”。① 戴炎辉和戴东雄两位学者则从收养制度的角度给收养下了一个定义：“收养子女者，收养他人之子女为自己之子女，而法律上视同亲生子女之谓，申言之，将本无直系血亲关系之人，拟制其有亲生子女关系之制也。”②可以说，我国学者对收养这一法律概念的界定各有侧重点和长处，基本上反映了这一概念的本质。但是，不论是从收养所产生的关系的角度，还是从法律行为和社会制度的角度来界定收养这一概念，切不可仅仅囿于某一侧面，必须从多维立体的角度来理解和把握它，将其视为收养行为、收养关系和收养制度的综合有机体，也就是说，从理念的高度来看，这是一个比较宽泛的总体概念，收养概念的内涵与外延既包括收养行为又包括收养关系，同时也包含收养制度。而按照收养是否含有涉外因素，可分为国内收养与国际收养。凡是收养不包含涉外因素，收养人与被收养人为同一国人且收养是在其共同的国家内进行的，则称为国内收养；凡是超越国籍或国境的收养关系则称为国际收养，也可称为涉外收养或跨国收养。③

对于收养行为的法律规制问题，自中华人民共和国成立就开始受到关注。中华人民共和国成立初期的立法在构建婚姻家庭关系的规范时，将有关养子女关系的法律调整直接纳入其中。1950 年的《婚姻法》就规定养父母与养子女相互间的关系适用于父母子女间的权利义务关系，该法第 13 条明文规定：“父母对于子女有抚养教育的义务；子女对于父母有赡养扶助的义务，双方均不得虐待或遗弃。养父母与养子女相互间的关系，适用前项规定。”而 1980 年的《婚姻法》又强调保护合法的收养关系，该法第 20 条规定：“国家保护合法的收养关系。养父母和养子女间的权利和义务，适用本法对父母子女关系的有关规定。养子女和生父母间的权利和义务，因收养关系的成立而消除。”最高人民法院也有不少关于收养的司法解释，例如，1951 年的《关于收养关系诸问题的几点意见》和 1979 年第一次民事审判工作会议的《关于贯彻执行民事政策法律的意见》，都对收养问题作了专门规定，而 1984 年最高人民法院审判委员会讨论通过的《关于贯彻执行民事政策法律若干问题的意见》又对收养问题作了更具体的规定，共有七项。公安部从户籍管理的角度也对收养问题制定了内部规定。而司法部为使办理收养公证有章可循，1982 年制定了《办理收养子女公证试行办法》，对维护正当的收养关系起了积极作用。因为自我国 1980 年恢复公证制度以后，许多收养当事人为了明确自己的收养关系，自愿到公证处办理收养公证，加之一些单位在工作中也要求收养关系的当事人提供收养公证

① 陈棋炎著：《民法亲属》，台湾三民书局 1984 年版，第 216 页。

② 戴炎辉、戴东雄著：《中国亲属法》，台湾三文印书馆 1988 年版，第 323 页。

③ Arnold H. Rutkin, Family Law and Practice, Matthew Bender & Company Inc., 2004, Ch. 64, pp. 17-18.

书，使得公证处办理收养公证的数量逐年增多。1980 年全国办理收养公证近 4000 件，1990 年增加到了 3 万多件，11 年共办理 18 万多件，涉外(含涉港澳台)的收养公证也在逐年递增。随着收养实践的发展，那些有关收养问题的零星规定不具有普遍的约束力，已不能满足人们收养子女的需要，特别是难以适应改革开放以后日益增多的涉外收养的发展趋势。加上社会出现了滥用收养权买卖儿童或收养假弃婴等问题，迫切需要制定一部符合中国国情与实际的收养法，使收养子女有法可依，维护合法的收养关系，促进家庭和睦与社会安定。这样，为进一步健全和完善我国的收养制度，由司法部负责起草的《中华人民共和国收养法》，自 1984 年起经过反复讨论和修改，最后在 1991 年 12 月 29 日颁布，1992 年 4 月 1 日正式生效实施。这实际上标志着中国收养制度的全面确立。而 1998 年 11 月 4 日由第九届全国人大常委会第五次会议通过《关于修改〈中华人民共和国收养法〉的决定》，进一步健全和完善了我国收养法律机制。2021 年 1 月 1 日《中华人民共和国民法典》正式施行，《中华人民共和国收养法》相应废止，有关收养制度的规定统一纳入《民法典》婚姻家庭编，作为第五编第五章的内容。

(二)中国涉外收养法律制度的萌芽与发展

在中国收养制度的发展过程中，涉外收养也从无到有并获得了不断发展的契机。实际上早在汉朝张骞出使西域时就出现了涉外收养制度的萌芽，① 到唐宋及明清时期，随着中外交流的发展，外国人来中国的数量有所增加，涉外收养也获得了一定程度的发展。而在中国出现的一次较大规模的涉外收养可能要算抗日战争结束后，日本投降时在东北三省留下的大量日本儿童为当地的中国老百姓所收养，不过，这只是一种未经任何手续或法律程序的事实收养。具体数量多少，无法准确统计。② 除此

① 参见《后汉书·西域传》，中华书局 1982 年版，第 10 册，第 2892~2956 页。

② “第二次世界大战结束后，5000 多名日本儿童被遗弃在中国，5000 多对中国父母以博大的襟怀收养了他们。这些由中国人和日本人共同组成的特殊家庭大多在东北，近三分之一在吉林省。”参见马扬著：《“中国妈妈”收养 5000 日本弃儿》，载《深圳商报》2004 年 8 月 16 日。“1945 年日本战败投降后，日本侵略者撤退和遣返期间，因与家人走散或家人死亡等原因而被遗弃在中国，后被中国人抚养长大的 13 岁以下日本孤儿，涉及数千人。这在中外战争史上是空前的。这些被中国人‘怀着博大的胸怀’抚养的遗孤，仅被日方认定的就在 2800 人左右，其中 90% 在中国的东北三省和内蒙古东部。他们大多来自日本向中国侵略性移民的‘开拓团’家庭。20 世纪 80 年代和 90 年代，日本经济高速前进，而中国人口众多，就业机会相对紧张，所以那段时期形成了遗孤归国潮。据日本厚生劳动省统计，截至 2004 年 8 月底，回国的战争遗孤总共为 2476 人，占全部遗孤的 90%. 如果加上他们的第二代、第三代直系亲属，总共约有万人在日本生活。”参见袁小兵著：《中国养父母：收养日本遗孤后在孤独失落中逝世》，载《南方都市报》2005 年 3 月 25 日。

以外，在中国的涉外收养并不普遍和多见。由于种种原因，中华人民共和国成立之初还有少量涉外收养，但随后一段时期几乎很少出现。在1978年改革开放前，涉外收养案件的数量一直不多，① 屈指可数。而且对于这些不多见的涉外收养案件，也没有明确的法律加以规范，主要靠一些政策和内部指示办理。此外，法院和有关部门在处理涉外收养法律适用问题时，一是类推适用1950年《婚姻法》第13条的规定，即“养父母对养子女有抚养教育的义务，养子女对养父母有赡养扶助的义务”就可类推适用于涉外收养的养父母与养子女的权利义务关系；二是以最高人民法院的有关收养的司法解释作为办理涉外收养案件的参考和指导意见。可以说，长期以来，中国有关涉外收养的法律，无论是实体法、程序法，还是冲突法都是不够完善、不够健全的。因此，在改革开放以前，中国有关部门在处理其境内的涉外收养时，通常是不论收养当事人全都为外国人还是一方为外国人，都根据我国政策和法律办理，而且要求华侨之间在国外成立的收养关系除要遵守所在国法律外还应遵守我国法律。

1978年改革开放以后，随着对外开放和交流的发展，中国涉外收养的数量有所增加。但是，有关涉外收养的立法依然属于空白，各种涉外收养案件的处理还是停留在无法可依的状态。在1978年至1991年正式颁布《收养法》这一段时期，中国处理涉外收养问题继续援用前面的两种办法。当时，在处理涉外收养问题上，只有《婚姻法》的相关条文可以作为明确的法律依据，1980年的《婚姻法》第20条可以类推适用于涉外收养，同时，最高人民法院的有关收养的司法解释也可作为办理涉外收养的参考，另外，1985年的《中华人民共和国继承法》第10条将养子女和亲生子女列于同等的继承顺序，规定养子女享受同亲生子女同等的继承权，这也是处理涉外收养关系中的继承权的依据。

随着1978年的改革开放，国门大开，涉外收养的数量和规模逐渐增扩。特别是1988年放宽涉外收养政策以后，以法律形式明确允许涉外收养中国儿童，中国的涉外收养日益增多。② 一方面，长期居住国外的华侨和外籍华人，为了“养儿防老”、慰娱晚年或寻找遗产继承人，要求收养在国内的亲友的子女或其他儿童、少年甚至青年，从而使得我国的涉外收养呈现增长趋势；另一方面，一些在华工作的外国人，包括外国的政府官员、企业和商界人士、教师等，因婚后无子女，希望收养中国儿童，加上一些外国留学生也加入了收养中国儿童的队伍，使得中国的涉外

---

① 有关中国涉外收养的统计数字，如果未特别说明，则仅指中国大陆的儿童被收养的情况，不包括中国香港特别行政区、澳门特别行政区和台湾地区的儿童被外国人收养的数据。

② 1988年的规定非常有限，“只有华裔、与中国有密切联系的外国人，或长期定居我国的外国人”才有资格收养中国儿童。参见雷明光主编：《中华人民共和国收养法评注》，厦门大学出版社2018年版，第170~171页。

收养数量不断增长。这种状况在 1989 年以前还算平缓。1984 年和 1985 年中国涉外收养公证的办证件数分别为 895 件与 1022 件,① 1986 年中国涉外收养公证的办证件数为 1176 件,② 1987 年中国涉外收养公证的办证件数为 922 件,③ 1988 年中国涉外收养公证的办证件数为 670 件,④ 1989 年中国国内收养公证 23853 件、涉外收养公证 1270 件。⑤ 据司法部有关统计资料表明，自 1981 年至 1989 年，外国人、外籍华人、华侨、港澳台同胞在中国办理的涉外收养(含涉港澳台收养)的公证约 10000 件。另据美国全国收养委员会的有关统计，1982 年至 1989 年，该组织经手收养的中国儿童就有 200 多人。⑥

自 1989 年以后，中国的涉外收养呈现出突飞猛进的势头，在世界“收养潮”的推动下，不仅仅是在中国居住的外籍教师、留学生和工作人员要求收养中国儿童，其他一些未在中国居住的外国人也加入了这支收养大军，从而使得中国的涉外收养数量迅速增加。1990 年中国涉外收养公证的办证件数迅速从 1989 年的 1270 件跃升至 1973 件。⑦ 之后，外国人在中国收养儿童的趋势又有所缓和，一直未能突破 2000 件大关，1991 年中国国内收养公证 26177 件、涉外收养公证 1823 件,⑧ 1992 年中国国内收养公证 25822 件、涉外收养公证的办证件数为 1862 件。⑨ 一直到 1993 年中国涉外收养才又出现上升的趋势，最终突破 2000 件关口，该年中国国内

① 中华人民共和国国家统计局编:《中国统计年鉴(1986)》，中国统计出版社 1986 年版，第 803 页。

② 中华人民共和国国家统计局编:《中国统计年鉴(1987)》，中国统计出版社 1987 年版，第 838 页。

③ 中华人民共和国国家统计局编:《中国统计年鉴(1988)》，中国统计出版社 1988 年版，第 974 页。

④ 中华人民共和国国家统计局编:《中国统计年鉴(1989)》，中国统计出版社 1989 年版，第 898 页。

⑤ 中华人民共和国国家统计局编:《中国统计年鉴(1990)》，中国统计出版社 1990 年版，第 813~814 页。

⑥ 胡杏兰著:《海牙国际私法会议通过〈跨国收养方面保护儿童及合作公约〉》，载《中国国际法年刊》(1993 年)，第 359 页。

⑦ 中华人民共和国国家统计局编:《中国统计年鉴(1991)》，中国统计出版社 1991 年版，第 787 页。

⑧ 中华人民共和国国家统计局编:《中国统计年鉴(1992)》，中国统计出版社 1992 年版，第 804~805 页。

⑨ 中华人民共和国国家统计局编:《中国统计年鉴(1993)》，中国统计出版社 1993 年版，第 814 页。

收养公证 21094 件、涉外收养公证的办证件数达到了 2308 件。① 因 1993 年中国政府开始在一定程度上限制涉外收养并着手筹备“中国收养中心”，② 涉外收养刚出现的上升趋势又受到一定的遏制，使 1994 年的中国涉外收养数量未能突破 5000 件难关，涉外收养公证的办证件数仅为 4280 件、中国国内收养公证 26779 件。③ 经过这一短暂的低谷期，中国的涉外收养数量又迅速回升并冲高至 1995 年中国国内收养公证 34117 件、涉外收养公证的办证 8621 件，④ 1996 年的发展又出现回落，中国国内公民收养登记 14804 件、外国公民在我国收养儿童办理的涉外收养登记 4092 件（国内收养公证 26745 件、涉外收养公证 7310 件），⑤ 而 1997 年中国国内公民收养登记 17193 件、外国公民在我国收养儿童办理的涉外收养登记 4355 件（国内收养公证 21375 件、涉外收养公证 5845 件），⑥ 1998 年中国国内公民收养登记 20611 件、外国公民在我国收养儿童办理的涉外收养登记 5887 件（国内收养公证

① 中华人民共和国国家统计局编：《中国统计年鉴（1994）》，中国统计出版社 1994 年版，第 659 页。

② 中国收养中心于 1996 年 6 月 24 日成立，承担《外国人在中华人民共和国收养子女实施办法》中规定的“中国收养组织”的职责，2011 年 3 月 26 日更名为“中国儿童福利和收养中心”。参见中华人民共和国民政部 http：//www. mca. gov. cn/，2017 年 1 月 20 日最后访问。

③ 中华人民共和国国家统计局编：《中国统计年鉴（1995）》，中国统计出版社 1995 年版，第 682~683 页。

④ 中华人民共和国国家统计局编：《中国统计年鉴（1996）》，中国统计出版社 1996 年版，第 730~731 页。

⑤ 中华人民共和国国家统计局公布的 1996 年涉外收养公证的办证件数为 7310 件。参见中华人民共和国国家统计局编：《中国统计年鉴（1997）》，中国统计出版社 1997 年版，第 793 页。中华人民共和国民政部在《1996 年民政事业发展统计报告》中公布全国社会收养登记机构受理中国公民、港澳台居民、华侨以及外国公民儿童收养登记 18896 件，其中外国公民收养登记 4092 件。按《收养法》全年已办理儿童收养登记 20389 人，其中外国公民收养 3894 人。参见中华人民共和国民政部：http：//www. mca. gov. cn/，2019 年 12 月 17 日最后访问。

⑥ 中华人民共和国国家统计局公布的 1997 年涉外收养公证的办证件数为 5845 件。参见中华人民共和国国家统计局编：《中国统计年鉴（1998）》，中国统计出版社 1998 年版，第 781 页。中华人民共和国民政部在《1997 年民政事业发展统计报告》中公布全国 1997 年社会收养登记机构受理内地居民、港澳台居民、华侨以及外国公民儿童收养登记 21548 件，其中外国公民收养登记 4355 件。按《收养法》办理被收养儿童 21548 人，其中外国公民收养 4427 人。参见中华人民共和国民政部：http：//www. mca. gov. cn/article/sj/tjgb/200801/200801150094209. shtml，2019 年 12 月 17 日最后访问。

20216件、涉外收养公证7614件),① 而1999年中国的涉外收养则逐渐向一万件靠近，中国国内公民收养登记31916件、外国公民在我国收养儿童办理的涉外收养登记6158件(国内收养公证16506件、涉外收养公证7740件)。② “近六年(1994年至1999年)来，共实现跨国收养2.1万多起。”③进入21世纪，每年外国人在中国收养的儿童数量迅速增长并很快突破了1万人，2000年中国公民收养登记49037件、外国公民收养登记6765件(国内收养公证15556件、涉外收养公证8803件),④ 而2001年中国公民收养登记36089件、外国公民收养登记8617件(国内收

---

① 中华人民共和国民政部在《1998年民政事业发展统计报告》中公布全国社会收养登记机构受理内地居民、港澳台居民、华侨以及外国公民儿童收养登记的案件26498件，其中外国公民收养登记案件5887件。参见中华人民共和国民政部：http：//www.mca.gov.cn/article/sj/tjgb/200801/200801150094199.shtml，2019年12月17日最后访问；而中华人民共和国国家统计局公布的1998年涉外收养公证的办证件数(Number of Notarial Documents Issued)为7614件(pieces)。参见中华人民共和国国家统计局编：《中国统计年鉴(1999)》，中国统计出版社1999年版，第747页。根据《中国民政统计年鉴(1999)》公布的数据，1998年港澳居民在内地收养子女121人、台湾地区居民在内地收养子女4人、华侨在内地收养子女24人，除去这部分被收养的人数149人，外国公民在我国收养儿童的人数计算为5887人。

② 中华人民共和国国家统计局编：《中国统计年鉴(2000)》，中国统计出版社2000年版，第749页。后因新《收养法》实施，是否进行收养公证由收养当事人自愿决定，从而导致国家统计局与民政部公布的数据相差悬殊。中华人民共和国国家统计局公布的国内收养办理收养公证的件数共计16506件，而中华人民共和国民政部在《1999年民政事业发展统计报告》中公布全国收养登记机关共办理儿童收养登记3.8万件，比上一年增加1.2万件。参见中华人民共和国民政部：http：//www.mca.gov.cn/article/sj/tjgb/200801/200801150093969.shtml，2019年12月17日最后访问。根据《中国民政统计年鉴(2000)》公布的数据，1999年港澳居民在内地收养子女200人、台湾地区居民在内地收养子女104人、华侨在内地收养子女28人，除去这部分被收养的人数149人，外国公民在我国收养儿童的人数计算为6158人。中华人民共和国民政部主编：《中国民政统计年鉴(2000)》，中国社会出版社2000年版，第257页。

③ 李建、窦玉沛：《收养法律知识问答》，中国法制出版社1999年版，第92页。

④ 中华人民共和国国家统计局编：《中国统计年鉴(2001)》，中国统计出版社2001年版，第752~753页。中华人民共和国民政部在《2000年民政事业发展统计报告》中公布全国收养登记机关共办理儿童收养登记5.6万件(《中国民政统计年鉴(2001)》公布的实际数额为55802件)，比上一年增加1.8万件。参见中华人民共和国民政部：http：//www.mca.gov.cn/article/sj/tjgb/200801/200801150093959.shtml，2019年12月17日最后访问。根据《中国民政统计年鉴(2001)》公布的数据，2000年港澳居民在内地收养子女331人、台湾地区居民在内地收养子女224人、华侨在内地收养子女80人，除去这部分被收养的人数635人，外国公民在我国收养儿童的人数计算为6765人。中华人民共和国民政部主编：《中国民政统计年鉴(2001)》，中国社会出版社2001年版，第242页。

养公证 14310 件、涉外收养公证 11545 件），① 而 2002 年中国公民收养登记 35372 件、外国公民收养登记 9964 件。国内收养公证 8924 件、涉外收养公证 881 件），② 2003 年中国公民收养登记 44884 件、外国公民收养登记 10243 件（国内收养公证 6884 件、涉外收养公证 14745 件），③ 2004 年中国公民收养登记 40084 件、外国公民收养登记 12519 件（国内收养公证 7040 件、涉外收养公证 22285 件），④ 2005 年

① 中华人民共和国国家统计局公布的 2001 年涉外收养公证的办证件数为 11545 件。参见中华人民共和国国家统计局编：《中国统计年鉴（2002）》，中国统计出版社 2002 年版，第 793 页。而中华人民共和国民政部《2001 年民政事业发展统计报告》公布的数据为："全国收养登记机关共办理儿童收养登记 4.5 万件，其中涉外收养 8 千余件"。参见中华人民共和国民政部：http：//www.mca.gov.cn/article/sj/tjgb/200801/200801150093949.shtml，2019 年 12 月 17 日最后访问。根据《中国民政统计年鉴（2002）》公布的数据，2001 年港澳居民在内地收养子女 554 人、台湾地区居民在内地收养子女 203 人、华侨在内地收养子女 128 人，除去这部分被收养的人数 885 人，外国公民在我国收养儿童的人数计算为 8617 人。中华人民共和国民政部主编：《中国民政统计年鉴（2002）》，中国社会出版社 2002 年版，第 230 页。

② 因《中华人民共和国收养法》和《外国人在中华人民共和国收养子女登记办法》将收养公证从强制性变为当事人自愿选择，2002 年经过公证的涉外收养的办证件数有所减少，仅为 881 件；而国内收养公证的办证件数就减少得更多，仅为 8924 件。参见中华人民共和国国家统计局编：《中国统计年鉴（2003）》，中国统计出版社 2003 年版，第 828 页。而中华人民共和国民政部在《2002 年民政事业发展统计报告》中公布全国 2002 年收养登记机关共办理儿童收养登记 45336 件，其中：内地居民收养登记 34439 件，港澳居民在内地收养子女 703 人、台湾地区居民在内地收养子女 165 人、华侨在内地收养子女 65 人，外国人收养登记 9964 件。参见中华人民共和国民政部：http：//www.mca.gov.cn/article/sj/tjgb/200801/200801150093829.shtml，2019 年 12 月 17 日最后访问。

③ 中华人民共和国国家统计局编：《中国统计年鉴（2004）》，中国统计出版社 2004 年版，第 880 页。中华人民共和国民政部《2003 年民事业发展统计公报》公布 2003 年全国收养登记 54159 件，其中：内地居民收养登记 44884 件，外国人收养登记 9275 件。参见中华人民共和国民政部：http：//www.mca.gov.cn/article/sj/tjgb/200801/200801150093819.shtml，2019 年 12 月 17 日最后访问。根据《中国民政统计年鉴（2004）》公布的数据，2003 年港澳居民在内地收养子女 3210 人、台湾地区居民在内地收养子女 201 人、华侨在内地收养子女 493 人。中华人民共和国民政部主编：《中国民政统计年鉴（2004）》，中国统计出版社 2004 年版，第 104 页。其中，《中国民政统计年鉴（2004）年》与《中国民政统计年鉴（2005）》有关涉外的数据并不一致，2004 年出版的年鉴关于 2003 年外国公民收养登记为 10243 人，在 2005 年和 2007 年出版的年鉴中均修改 2003 年外国公民收养登记为 9725 人。

④ 中华人民共和国国家统计局编：《中国统计年鉴（2005）》，中国统计出版社 2005 年版，第 781 页。中华人民共和国民政部《2004 年民事业发展统计公报》公布 2004 年全国收养登记 52603 件（次数据出自民政统计年鉴非公报），全年被国内外家庭收养的孤儿、弃婴 5.6 万人。参见中华人民共和国民政部：http：//www.mca.gov.cn/article/sj/tjgb/200801/200801150093939.shtml，2019 年 12 月 17 日最后访问。中华人民共和国民政部主编：《中国民政统计年鉴（2005）》，中国统计出版社 2005 年版，第 71 页。

中国公民收养登记35470件、外国公民收养登记14036件(国内收养公证6395件、涉外收养公证17554件),① 2006年中国公民收养登记38393件、外国公民收养登记9785件(国内收养公证4988件、涉外收养公证12929件),② 2007年中国公民收养登记36893件、外国公民收养登记8299件(国内收养公证4253件、涉外收养公证11047件),③ 2008年中国公民收养登记37009件、外国公民收养登记5541件(国内收养公证4379件、涉外收养公证7743件),④ 2009年中国公民收养登记

① 中华人民共和国国家统计局编:《中国统计年鉴(2006)》,中国统计出版社2006年版,第893页。中华人民共和国民政部《2005年民事业发展统计公报》公布2005年全国被国内外家庭收养的孤儿、弃婴5.6万人,其中:被外国人收养的儿童1.3万人,被外收养登记49506件,其中,内地居民收养登记38057件(该数据源自民政统计年鉴)。参见中华人民共和国民政部:http://www.mca.gov.cn/article/sj/tjgb/200801/200801150093809.shtml,2019年12月17日最后访问。根据《中国民政统计年鉴(2006)》数据记载,2005年全国收养登记49506件,其中:内地居民收养登记39424件,港澳台华侨收养登记836件(香港居民在内地收养儿童567人、澳门居民在内地收养儿童71人、台湾居民在内地收养儿童108人、华侨在内地收养儿童90人),外国人收养登记14036件。中华人民共和国民政部主编:《中国民政统计年鉴(2006)》,中国统计出版社2006年版,第126页。

② 中华人民共和国国家统计局编:《中国统计年鉴(2007)》,中国统计出版社2007年版,第887页。

③ 中华人民共和国国家统计局编:《中国统计年鉴(2008)》,中国统计出版社2008年版,第879页。中华人民共和国民政部《2007年民政事业发展统计报告》公布数据,截至2007年年底,收养儿童2.9万人。各类收养性单位共收养儿童8万余人。参见中华人民共和国民政部:http://www.mca.gov.cn/article/sj/tjgb/200805/200805150154119.shtml,2019年12月17日最后访问。根据《中国民政统计年鉴(2008)》数据显示,2007年全国收养登记45192件,其中:内地居民收养登记37790件,港澳台华侨收养登记550件(香港居民在内地收养儿童425人、澳门居民在内地收养儿童28人、台湾居民在内地收养儿童59人、华侨在内地收养儿童38人),外国人收养登记8257件。中华人民共和国民政部主编:《中国民政统计年鉴(2008)》,中国统计出版社2008年版,第85页。

④ 中华人民共和国国家统计局编:《中国统计年鉴(2009)》,中国统计出版社2009年版,第923页。中华人民共和国民政部《2008年民政事业发展统计报告》公布的数据为:"2008年全国收养登记合计42550件,其中:中国公民收养登记37009件,外国人收养登记5541件;被收养人合计44115人,其中残疾儿童2833人,女性31065人。"参见中华人民共和国民政部:http://www.mca.gov.cn/article/sj/tjgb/200906/200906150317629.shtml,2019年12月17日最后访问。根据《中国民政统计年鉴(2009)》数据显示,2008年全国收养登记42550件,其中:内地居民收养登记37009件,港澳台华侨收养登记件(香港居民在内地收养儿童236人、澳门居民在内地收养儿童27人、台湾居民在内地收养儿童70人、华侨在内地收养儿童51人),外国人收养登记5541件。中华人民共和国民政部主编:《中国民政统计年鉴(2009)》,中国统计出版社2008年版,第150页。

39801件、外国公民收养登记4459件(国内收养公证4371件、涉外收养公证12138件),① 2010年中国公民收养登记29618件、外国公民收养登记4491件(国内收养公证4450件、涉外收养公证10195件),② 2011年中国公民收养登记27579件、外国公民收养登记3845件(国内收养公证3312件、涉外收养公证8911件),③ 2012年中国公民收养登记23157件、外国公民收养登记4121件(国内收养公证7783件、

① 中华人民共和国国家统计局编:《中国统计年鉴(2010)》,中国统计出版社2010年版,第888页。中华人民共和国民政部《2009年民事业发展统计公报》公布的数据为:"2009年全国收养登记合计44260件,其中:中国公民收养登记39801件,外国人收养登记4459件;被收养人合计44359人,其中残疾儿童2578人,女性32241人。"参见中华人民共和国民政部:http://www.mca.gov.cn/article/sj/tjgb/201903/20190300015915.shtml,2019年12月17日最后访问。根据《中国民政统计年鉴(2010)》公布数据显示,2009年全国收养登记44260件,其中,内地居民收养登记39801件,港澳台华侨收养登记489件(香港居民在内地收养儿童404人、澳门居民在内地收养儿童14人、台湾居民在内地收养儿童42人、华侨在内地收养儿童29人),外国人收养登记4459件。中华人民共和国民政部主编:《中国民政统计年鉴(2010)》,中国统计出版社2010年版,第388页。

② 中华人民共和国国家统计局编:《中国统计年鉴(2011)》,中国统计出版社2011年版,第930页。中华人民共和国民政部《2010年民政事业发展统计报告》公布的数据为:"2010年全国办理家庭收养登记34529件,其中:中国公民收养登记29618件,外国人收养登记4911件。被收养人合计34473人,其中残疾儿童2692人,女性25203人。"参见中华人民共和国民政部:http://www.mca.gov.cn/article/sj/tjgb/201107/201107151705659.shtml,2019年12月17日最后访问。根据《中国民政统计年鉴(2011)》公布数据显示,2010年全国办理家庭收养登记34529件,其中:中国公民收养登记29618件,港澳台华侨收养登记340件(香港居民在内地收养儿童238人、澳门居民在内地收养儿童9人、台湾居民在内地收养儿童38人、华侨在内地收养儿童55人),外国人收养登记4911件。中华人民共和国民政部主编:《中国民政统计年鉴(2011)》,中国统计出版社2008年版,第288页。

③ 中华人民共和国国家统计局编:《中国统计年鉴(2012)》,中国统计出版社2012年版,第930页。中华人民共和国民政部《2011年民政事业发展统计报告》公布的数据为:"截至2011年年底,全国共有孤儿50.9万人,其中各类社会福利机构收养儿童10.8万人,社会散居孤儿40.1万人。2011年全国办理家庭收养登记31424件,其中,中国公民收养登记27579件,外国人收养登记3845件。参见中华人民共和国民政部:http://www.mca.gov.cn/article/sj/tjgb/201210/201210153625989.shtml,2019年12月17日最后访问。根据《中国民政统计年鉴(2012)》公布数据显示,2011年全国办理家庭收养登记31424件,其中:中国公民收养登记27579件,港澳台华侨收养登记330件(香港居民在内地收养儿童221人、澳门居民在内地收养儿童11人、台湾居民在内地收养儿童46人、华侨在内地收养儿童52人)。中华人民共和国民政部主编:《中国民政统计年鉴(20012)》,中国统计出版社2012年版,第426页。

涉外收养公证7266件）,① 2013年中国公民收养登记21230件、外国公民收养登记3230件（国内收养公证3093件、涉外收养公证5789件）,② 2014年中国公民收养登记19885件、外国公民收养登记2887件（国内收养公证2652件、涉外收养公证3494件③）,④ 2015年中国公民收养登记19406件、外国公民收养登记2942件（国内收养公证2697件、涉外收养公证3523件⑤）,⑥ 2016年中国公民收养（被中国公

① 中华人民共和国国家统计局编：《中国统计年鉴（2013）》，中国统计出版社2013年版，第846页。中华人民共和国民政部《2012年民政事业发展统计报告》公布的数据为："截至2012年年底，全国共有孤儿57.0万人，其中，集中供养孤儿9.5万人，社会散居孤儿47.5万人；各类社会福利机构收养儿童10.4万人。2012年全国办理家庭收养登记27278件，其中：中国公民收养登记23157件，外国人收养登记4121件。"参见中华人民共和国民政部：http://www.mca.gov.cn/article/sj/tjgb/201306/201306154747469.shtml，2019年12月17日最后访问。根据《中国民政统计年鉴（2013）》公布数据显示，2012年全国办理家庭收养登记27278件，其中，中国公民收养登记23157件，港澳台华侨收养登记219件（香港居民在内地收养儿童149人、澳门居民在内地收养儿童17人、台湾居民在内地收养儿童26人、华侨在内地收养儿童27人），外国人收养登记4121件。中华人民共和国民政部主编：《中国民政统计年鉴（2013）》，中国统计出版社2012年版，第888页。

② 中华人民共和国国家统计局编：《中国统计年鉴（2014）》，中国统计出版社2014年版，第781页。中华人民共和国民政部《2013年社会服务发展统计公报》公布2013年全国办理家庭收养登记24460件，其中：内地居民收养登记21033件，港澳台华侨收养登记197件（香港居民在内地收养儿童139人、澳门居民在内地收养儿童6人、台湾居民在内地收养儿童28人、华侨在内地收养儿童24人），外国人收养登记2942件。参见中华人民共和国民政部：http://www.mca.gov.cn/，2019年12月17日最后访问。

③ 中华人民共和国国家统计局编：《中国统计年鉴（2015）》，中国统计出版社2015年版，第822~823页。

④ 中华人民共和国国家统计局编：《中国统计年鉴（2015）》，中国统计出版社2015年版，第755页。中华人民共和国民政部《2014年社会服务发展统计公报》公布2014年全国办理收养登记22772件，其中，内地居民收养登记19694件，港澳台华侨收养登记191件（香港居民在内地收养儿童120人、澳门居民在内地收养儿童12人、台湾居民在内地收养儿童39人、华侨在内地收养儿童20人），外国人收养登记2887件。参见中华人民共和国民政部：http://www.mca.gov.cn/article/sj/tjgb/201506/201506158324399.shtml，2019年12月17日最后访问。

⑤ 中华人民共和国国家统计局编：《中国统计年鉴（2016）》，中国统计出版社2016年版，第802~803页。

⑥ 中华人民共和国国家统计局编：《中国统计年鉴（2016）》，中国统计出版社2016年版，第730页。中华人民共和国民政部《2015年社会服务发展统计公报》公布2015年全国办理收养登记22348件，其中，内地居民收养登记19406件，港澳台华侨收养登记179件（香港居民在内地收养儿童105人、澳门居民在内地收养儿童3人、台湾居民在内地收养儿童42人、华侨在内地收养儿童29人），外国人收养登记2492件。参见中华人民共和国民政部：http://www.mca.gov.cn/article/sj/tjgb/201607/20160715001136.shtml，2019年12月17日最后访问。

民收养）登记 15965 人、外国公民收养（被外国人收养）登记 2771 人（国内收养公证 2018 件、涉外收养公证 2955 件①），② 2017 年中国公民收养登记 16592 件、外国公民收养登记 2228 件，③ 2018 年中国公民收养登记 14582 件、外国公民收养登记 1685 件。④ 2019 年中国公民收养登记 12074 件、外国公民收养登记 970 件。2020 年中国公民收养登记 11040 件、外国公民收养登记 63 件。

表 5-1　　**中国 1984—2018 年跨国收养数据统计表**

年份	国内收养总数（件）	涉外收养总数（件）
1984	12945	895
1985	14871	1022
1986	19858	1176
1987	19471	922
1988	18682	670
1989	23853	1270

① 中华人民共和国国家统计局编：《中国统计年鉴（2017）》，中国统计出版社 2017 年版，第 786~787 页。

② 中华人民共和国国家统计局编：《中国统计年鉴（2017）》，中国统计出版社 2017 年版，第 725 页。中华人民共和国民政部《2016 年社会服务发展统计公报》公布 2016 年全国办理收养登记 18736 件，其中，内地居民收养登记 15965 件，港澳台华侨收养登记 131 件（香港居民在内地收养儿童 77 人、澳门居民在内地收养儿童 3 人、台湾居民在内地收养儿童 26 人、华侨在内地收养儿童 25 人），外国人收养登记 2771 件。参见 http：//www. mca. gov. cn/articla/sj/tigb/201708/20170815005382. shtml，2019 年 12 月 17 日最后访问。

③ 《中国统计年鉴（2018）》只有关于婚姻、亲属、收养公证件数的总数 580684 件，未单独细分收养公证数据予以统计公布。参见中华人民共和国国家统计局编：《中国统计年鉴（2018）》，中国统计出版社 2018 年版，第 795 页。中华人民共和国民政部《2017 年社会服务发展统计公报》公布 2017 年全国办理收养登记 18820 件，其中，内地居民收养登记 16592 件，港澳台华侨收养登记 103 件（香港居民在内地收养儿童 61 人、澳门居民在内地收养儿童 3 人、台湾居民在内地收养儿童 24 人、华侨在内地收养儿童 15 人），外国人收养登记 2228 件。参见中华人民共和国民政部：http：//www. mca. gov. cn/articla/sj/tigb/201808/20180800010446. shtml，2019 年 12 月 17 日最后访问。

④ 《中国统计年鉴（2019）》只有关于婚姻、亲属、收养公证件数的总数 591732 件，也未将收养公证件数单独予以统计公布。参见中华人民共和国国家统计局编：《中国统计年鉴（2019）》，中国统计出版社 2019 年版，第 782 页。中华人民共和国民政部《2018 年民政事业发展发展统计公报》公布 2018 年全国办理收养登记 1. 6 万件，其中，内地居民收养登记 1. 5 万件，港澳台华侨收养登记 116 件，外国人收养登记 1685 件。参见中华人民共和国民政部：http：//www. mca. gov. cn/articla/sj/tigb/201908/20190800018807. shtml，2019 年 12 月 17 日最后访问。

续表

年份	国内收养总数(件)	涉外收养总数(件)
1990	29072	1973
1991	25822	1823
1992	21094	1862
1993	26779	2308
1994	34117	4280
1995	25822	8621
1996	14804	7310
1997	17193	5845
1998	20611	7614
1999	31916	7740
2000	49037	8803
2001	36089	11545
2002	35372	19900
2003	44884	14745
2004	40084	22285
2005	35470	17554
2006	38393	12929
2007	36893	11047
2008	37009	7743
2009	39801	12138
2010[1]	29618	10195
2011	27579	8911
2012	23157	7266
2013	21230	5789
2014	19885	3494
2015	19406	3532
2016	15965	2955
2017	16592	2228
2018	14582	1685
2019	12074	970
2020	11040	63

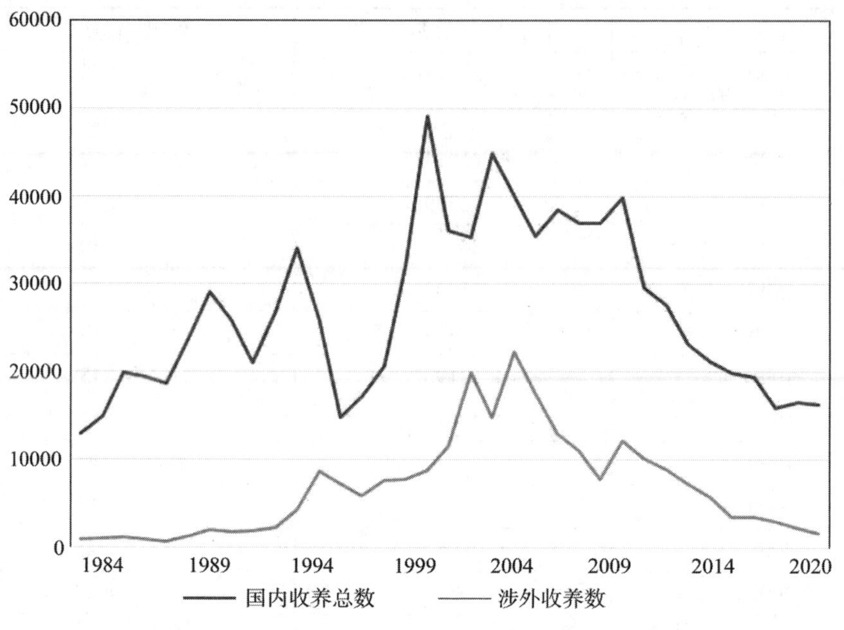

图 5-1　中国 1984—2020 年跨国收养数据统计图

可以说，自 20 世纪 90 年代起，中国的涉外收养数量不断增加，① 而来中国收

① 海牙国际私法会议公布的中国涉外送养儿童数据：2005 年 14221 人、2006 年 10646 人、2007 年 7858 人、2008 年 5531 人、2009 年 5294 人、2010 年 4911 人、2011 年 3845 人、2012 年 4121 人、2013 年 3230 人、2014 年 2887 人、2015 年 2942 人、2016 年 2771 人、2017 年 2228 人、2018 年 1685 人。参见：http：//www. hcch. net/docs/a8fe9f19-23e6-40c2-855e112bf1f5. pdf (accessed 31 January，2022). 美国学者 Wm. Robert Johnsyon 有关中国儿童每年被外国人收养的统计数据为：2000 年 5095 人、2001 年 7725 人、2002 年 9135 人、2003 年 11229 人、2004 年 13407 人、2005 年 14496 人、2006 年 10745 人、2007 年 8753 人、2008 年 5927 人、2009 年 5085 人、2010 年 5471 人、2011 年 4373 人、2012 年 4136 人、2013 年 3406 人、2014 年 2948 人、2015 年 3055 人、2016 年 2231 人，参见：Wm. Robert Johnston，Historical International Adoption Statistics，United States and World，http：//www. johnstonsarchive. net. htm(accessed 31 January，2020)；Peter Selman 统计的数据为：1999 年 6137 人、2000 年 8803 人、2001 年 11545 人、2002 年 19900 人、2003 年 11231 人、2004 年 13415 人、2005 年 14483 人、2006 年 10765 人、2007 年 8748 人、2008 年 5875 人、2009 年 5012 人、2010 年 5429 人、2011 年 4367 人、2012 年 4135 人、2013 年 3403 人。Peter Selman，Intercountry Adoption Agecies and the HCIA，in International Forum on Intercountry Adoption and Global Surrogacy，11-13 Agugust 2014.

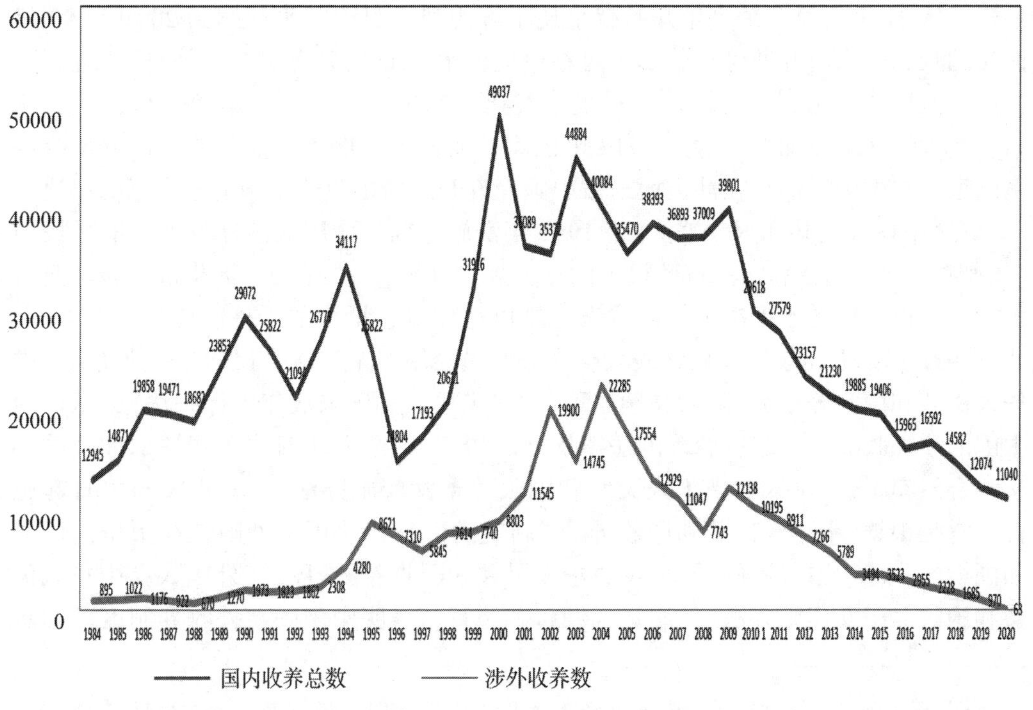

图 5-2　中国 1984—2020 年跨国收养数据统计图

养儿童的人员也呈现多样化，来中国收养儿童的外国人所属国家的范围也越来越广泛，已有位于北美洲、欧洲和大洋洲 10 余个国家的人员在中国进行过收养。新加坡公民 20 世纪 80 年代就曾在中国收养过一些儿童，但因其法律规定收养关系需经过试养期并要经过法院颁发收养令后才能生效,① 中国政府从 20 世纪 90 年代初颁行《收养法》后便以新加坡与中国法律有冲突而不允许办理新加坡人收养中国儿童的涉外收养。这样，中国与新加坡之间的涉外收养一直到 2004 年 4 月 1 日才重新恢复。② 总的来说，中国的涉外收养从无到有，从小到大，进入 20 世纪 90 年代已

① S. 8 and S. 9 of the Adoption of Children Act; Leong Wai Kum, Halsbury's Law of Singapore: Family Law, The Butterworth Group Companies of Asia, 2001, pp. 345-349.

② 参见《中华人民共和国民政部与新加坡社会发展及体育部关于中新两国收养问题的换文》(2003 年 7 月 30 日), http://fcd. ecitizen. gov. sg/cp_adoptachild. htm/ (accessed 31 Junuary, 2021).

粗具规模并在21世纪获得了更大程度和范围的发展。① 随着海牙《跨国收养公约》的全面实施以及全球多种因素的影响，中国的涉外收养也像世界大多数儿童送养国一样，从21世纪第二个十年开始就呈现下降走势，目前几乎回归到20世纪90年代初的状态。当前开通跨国收养，可在中国收养儿童的只有美国、加拿大、法国、英国、西班牙、比利时、荷兰、丹麦、瑞典、挪威、芬兰、爱尔兰、新西兰、冰岛、澳大利亚、新加坡、意大利17个国家，而德国、瑞士、葡萄牙和俄罗斯等许多国家因与中国法律存在冲突而未被中国允许开通跨国收养中国境内儿童的渠道。

在《中华人民共和国收养法》于1992年实施以前，中国的涉外收养一般是按照《婚姻法》《继承法》和司法行政机关的有关规定办理。“在涉外、涉华侨、涉港澳台收养方面也长期处于无法可依的状态，难以适应日益增多的涉外收养形势”。② 因此，1991年第七届全国人民代表大会常务委员会第二十三次会议通过并颁布了《中华人民共和国收养法》，随后又颁布了《中华人民共和国未成年人保护法》，从而为中国的涉外收养提供了较明确的法律依据。1993年11月1日中国司法部和民政部又联合发布了《外国人在中华人民共和国收养子女实施办法》，并于发布之日起施行。它是根据《中华人民共和国收养法》制定的，具体适用于外国人在中华人民共和国境内收养中国公民的子女。《中华人民共和国收养法》以及《外国人在中华人民共和国收养子女实施办法》的制定、颁布和施行，表明中国的涉外收养制度已初步

① 据美国官方数据显示，中国已经连续几年成为美国国际收养儿童数量最多的国家：1991年还仅有61名中国大陆儿童被美国人收养并获得赴美签证，而2002年，这个数字已经上升到5053名。根据美国移民局的数据统计，美国到2002年年底总共就已经收养了超过35000名中国儿童。根据美国官方的统计，现今美国共有160万名18岁以下的被收养儿童，占总共6500万名儿童的2.5%。截至2002年9月30日统计数字显示，美国人在一年内共从其他国家领养了21100个孩子。他们从中国领养的孩子最多，一共有6062人，其他的儿童按照出生地分别是4904人(俄罗斯)人、2361人(危地马拉)、1713人(韩国)、1093人(乌克兰)。除美国以外，中国收养中心还向丹麦、芬兰、西班牙、法国、瑞典、冰岛、爱尔兰、荷兰、挪威、新西兰、英国、加拿大、比利时和澳大利亚14个国家开放。据了解，美国、加拿大和法国是世界上收养外国儿童最多的三个国家。加拿大移民部门的数据显示，2001年和2002年加拿大人收养的中国儿童人数分别为618名和771名，数量远远超过排在第二位的俄罗斯儿童的数量。法国外交部数据显示，2002年法国人共收养了210名中国儿童。参见《新京报》2003年12月2日的新闻调查《中国弃婴与异国父母》以及America Member Service Center的统计调查(http：//www.america-member.org/，accessed 31 Junuary，2020)．美国学者Wm. Robert Johnston的调查研究显示：美国1999年至2016年从全球收养儿童267812名，仅从中国就收养儿童78258名。Wm. Robert Johnston，Historical International Adoption Statistics，United States and World，http：//www.johnston-sarchive.net.htm(accessed 31 January，2020)。

② 蔡诚：《关于〈中华人民共和国收养法(草案)〉的说明》，载最高人民法院民事审判庭编：《婚姻与收养法规选编》，人民法院出版社1994年版，第94页。

建立。而1998年11月4日第九届全国人民代表大会常务委员会第五次会议又通过了对1991年制定的《中华人民共和国收养法》的修订。① 随后，民政部又以最快的速度对1993年的《外国人在中华人民共和国收养子女实施办法》进行了修订，将其更名为《外国人在中华人民共和国收养子女登记办法》并于1999年5月25日以中华人民共和国民政部第15号令颁布实施。所有这些事实充分说明，我国的涉外收养的实体性规则和程序性制度正在国际社会跨国收养的普遍实践影响下获得进一步发展和完善。

然而，有关涉外收养准据法的选择，由于全球尚无统一的模式，中国也处于摸索阶段。世界各国立法对收养关系的规定存在着较大的差异，在处理含有涉外因素的收养时，究竟以何种方式适用法律较能符合公平与正义的要求，法学界与法律实务部门都尚无公认的定论。②

20世纪80年代末，中国相关部门提交全国人民代表大会常务委员会审议的收养法草案中曾专门用一章将涉外收养的法律适用问题单独作了规定，“这一章规定了涉外收养关系成立的实质要件，适用被收养人住所地法律，同时不得违背收养人住所地法律；涉外收养关系成立的形式要件，适用收养时的行为地法律，涉外收养的效力适用收养人住所地法律，并规定了被收养人的国籍等问题。”③但是，由于种种原因而未被采纳，在第七届全国人民代表大会常务委员会第二十三次会议1991年12月29日最后通过的《中华人民共和国收养法》中仅第20条对外国人在中华人民共和国收养子女作了规定。尽管中国1998年修订的《收养法》健全了国内收养法律制度，但是，在涉外收养方面所作的修改并不大，新《收养法》也只有第21条对

① 我国《收养法》《婚姻法》《继承法》《民法通则》等涉及收养规制的法律法规，已被2020年5月28日颁布的《中华人民共和国民法典》整合。自2021年1月1日实施《民法典》起，规制国内收养关系和收养行为的全国性法律规范主要集中在《中华人民共和国民法典》第五编第五章(第1093条至第1118条)以及第52条、第464条和第1044条之中。

② 当前世界各国在解决涉外收养关系的法律适用时的具体做法和制度并不统一，普通法系国家偏重于管辖权的处理方式，大陆法系国家则倾向于法律适用的处理方式，归纳起来，大致有五种制度：第一，法国、苏联等国实行涉外收养适用被收养人本国法的制度；第二，德国、意大利、丹麦等国实行涉外收养适用收养人本国法的制度；第三，瑞典、挪威、希腊等国实行涉外收养适用收养人与被收养人各该本国法的制度；日本的涉外收养成立要件的法律适用与前述国家相同，涉外收养的法律效力适用收养人本国法；第四，美国实行涉外收养适用法院地法的制度；第五，英国实行涉外收养同时适用法院地法及收养人或被收养人属人法的制度。参见刘铁铮著：《国际私法论丛》，台湾三民书局1994年版，第173~194页；赵守博著：《国际私法中亲属关系的准据法之比较研究》，台湾学生书局1977年版，第68~74页；余先予主编：《冲突法》，法律出版社1989年版，第252~253页。

③ 蔡诚著：《关于〈中华人民共和国收养法(草案)〉的说明》，载最高人民法院民事审判庭编：《婚姻与收养法规选编》，人民法院出版社1994年版，第93~98页。

涉外收养作了简单规定，并继续保留了原《收养法》第20条的框架。这样，中国涉外收养法律适用一直处于无法可依的状况。实际上，2010年前的中国涉外收养可作为明确的法律依据的就只有《收养法》中的一条规定以及《外国人在中华人民共和国收养子女登记办法》的规定，《中华人民共和国民法通则》"对涉外收养问题的准据法，无明文规定"，① 只有第148条的规定可以类推适用于涉外收养效力。一直到第十一届全国人民代表大会常务委员会第十七次会议2010年10月28日通过《中华人民共和国涉外民事关系法律适用法》(2011年4月1日实施)，中国才有专门规定涉外收养关系的法律适用问题的立法条款。但该法也只有第28条一个条款对涉外收养准据法的选择作了规定，不过至少表明中国在涉外收养领域的冲突规范已经正式出台。

另外，中国政府代表于2000年11月30日签署了海牙国际私法会议1993年的《跨国收养方面保护儿童及合作公约》，并于2005年4月27日由第十届全国人民代表大会常务委员会第十五次会议正式批准，2006年1月1日在中国生效。加上中国1991年12月29日第七届全国人民代表大会常务委员会第二十三次会议批准加入的联合国《儿童权利公约》(1992年4月2日对中国生效)也有关于跨国收养的准则。可以说，目前我国规范涉外收养的法律法规已有《中华人民共和国收养法》第21条、《中华人民共和国涉外民事关系法律适用法》第28条、《外国人在中华人民共和国收养子女登记办法》第3条以及联合国《儿童权利公约》和海牙国际私法会议《跨国收养方面保护儿童及合作公约》等，形成了由法律、部门规章和国际公约共同构成的实体法、冲突法和程序法齐全的法律体系。

(三)中国涉外收养法律制度的主要内容与特征

在具体实践中，中国的涉外收养大多为单向收养，即外国人收养中国儿童。针对外国人来华收养逐渐增加的现实，为了保护被收养的中国儿童权益，中国的理论界长期坚持："凡在中国境内发生的涉外收养关系，一律按中国规定办理。"②高等学校法学教材《国际私法》则表述得更清楚："凡在我国境内发生的涉外收养关系，应按照我国法律处理。"③不过，中国台湾地区也有一些学者主张涉外收养关系适用收养人本国法或住所地法。④ 中国还有一部分学者采取了折中的立场，这也是中国有关法律规定所体现的精神，即"涉外收养的成立条件适用被收养人住所地法，同

① 韩德培主编：《国际私法》，武汉大学出版社1983年版，第397页。

② 余先予主编：《简明国际私法》，中央广播电视大学出版社1986年版，第341页。

③ 韩德培主编：《国际私法》，武汉大学出版社1983年版，第397页。

④ 刘铁铮著：《国际私法论丛》，台湾三民书局1994年版，第175~177页。

时不得违背收养人住所地法。收养成立的程序适用收养行为地法”。① 由韩德培教授召集的一批著名的国际私法学家共同起草的《中华人民共和国国际私法示范法》则主张涉外收养关系的成立适用收养人与被收养人的属人法，该示范法第138条规定：“收养成立，适用收养时收养人和被收养人各自的住所地法或者惯常居住地法。”②

从中国现存有关涉外收养的法律规范来看，尽管已经形成了实体法、程序法和冲突法一体的有机体系，但一直在“宜粗不宜细”的原则影响下，相关条文显得十分简单、粗糙。1991年颁布的《中华人民共和国收养法》第20条以及1998年修改后的《中华人民共和国收养法》第21条均对外国人在华收养子女作了规定：“外国人依照本法可以在中华人民共和国收养子女。”2020年5月28日颁布的《中华人民共和国民法典》总体承袭了《收养法》的范例。该法典第1109条几乎原封不动地照搬了1991年《收养法》第20条与1998年修订的《收养法》第21条的规定，仅仅删除了原《收养法》中所规定的“收养关系当事人各方或者一方要求办理收养公证的，应当到国务院司法行政部门认定的具有办理涉外公证资格的公证机构办理收养公证”的内容。③ 而1993年由民政部和司法部联合发布的《外国人在中华人民共和国收养子女实施办法》第2条规定：“外国人在中华人民共和国境内收养中国公民的子女适用本办法。收养人夫妻一方为外国人的，在华收养中国公民的子女，也应当依照本办法办理。”该实施办法第3条又规定“外国人在华收养子女，应当符合收养法的规定，并不得违背收养人经常居住地国的法律。收养人只能收养一名子女。”不过，1999年5月25日由民政部修订后颁行的《外国人在中华人民共和国收养子女登记办法》第2条仍沿袭了《外国人在中华人民共和国收养子女实施办法》第2条的规定，但在第3条上却做了较大幅度的修改，即规定为：“外国人在华收养子女，应当符合中国有关收养法律的规定，并应当符合收养人所在国有关收养法律的规定；因收养人所在国法律的规定与中国法律的规定不一致而产生的问题，由两国

① 陈小君主编：《婚姻家庭法学》，中国检察出版社1995年版，第300页；陈爱萍、姬新江主编：《婚姻家庭法教程》，中国人民公安大学出版社2002年版，第275~276页。

② 中国国际私法学会：《中华人民共和国国际私法示范法》，法律出版社2000年版，第31页。

③ 《中华人民共和国民法典》第1109条规定：“外国人依法可以在中华人民共和国收养子女。外国人在中华人民共和国收养子女，应当经其所在国主管机关依照该国法律审查同意。收养人应当提供由其所在国有权机构出具的有关其年龄、婚姻、职业、财产、健康、有无受过刑事处罚等状况的证明材料，并与送养人订立书面协议，亲自向省、自治区、直辖市人民政府民政部门登记。前款规定的证明材料应当经收养人所在国外交机关或者外交机关授权的机构认证，并经中华人民共和国驻该国使领馆认证，国家另有规定的除外”。

政府有关部门协商处理。”2010年颁布的《中华人民共和国涉外民事关系法律适用法》第28条明确规定：“收养的条件和手续，适用收养人和被收养人经常居所地法律。收养的效力，适用收养时收养人经常居所地法律。收养关系的解除，适用收养时被收养人经常居所地法律或者法院地法律。”这一规定对涉外收养关系成立的法律适用采用统一的法律适用原则，未区分实质要件和形式要件分别考虑准据法选择问题。

如此，依中国现行有关收养的法律法规，外国人在中国收养子女，适用中国法，同时必须顾及收养人所在国法律。基于这一原则，下面着重从涉外收养关系成立的实质要件、形式要件与涉外收养的效力、涉外收养关系解除以及跨国收养公约的实施等方面对中国解决跨国收养法律冲突的方略进行深入分析和探讨。

二、中国涉外收养关系成立实质要件法律适用规范的完善对策

涉外收养关系成立的实质要件涉及收养关系当事人的资格条件，包括其年龄、权利能力、行为能力、身份、婚姻状况和意思表示等内容。对于涉外收养关系成立的实质要件的准据法选择，目前各国立法与学说见仁见智，暂无统一的做法。纵观当今世界有关涉外收养关系成立实质要件法律适用的立法与实践，大致存在以下六种模式：

（一）适用收养人属人法

由于收养涉及人的身份问题，一旦收养关系成立，养父母即得行使监护权，对养子女承担抚养的义务和责任，养子女则融入养家，因而，涉外收养关系成立的实质要件应适用收养人的住所地法或本国法。① 如英国传统的做法坚持以收养人的住所为管辖依据，养父母子女关系依收养人的住所地法确定，因而涉外收养关系成立的实质要件适用收养人的住所地法在英国以往的实践中运用得较广泛。而德国、波兰、意大利等国的理论与实践多依收养人本国法来决定收养关系成立的实质要件，如2010年修订的《德国民法施行法》第22条规定：“子女的收养适用收养人在收养时的所属国法律”；1995年《意大利国际私法制度改革法》第38条规定，收养的条件、成立和撤销可依次选择适用收养人本国法以及在夫妻为收养时夫妻双方共同本国法、共同居住地国法、夫妻婚姻生活主要所在地国法；同时，《意大利民法典》第20条也规定：“收养人与被收养人之间的关系，适用收养人收养时的本国法”；1978年《奥地利联邦国际私法法规》第26条第1款规定，收养及收养关系的终止，

① 赵守博著：《国际私法中亲属关系的准据法之比较研究》，台湾学生书局1977年版，第72页。

应适用养父母的各自属人法，如子女的属人法要求取得他的同意或取得他与之具有合法亲属关系的第三者的同意，该法则在此问题上当起决定作用。① 2006 年《日本法律适用通则法》第 31 条规定："收养适用收养时的养父母的本国法。如果被收养儿童的本国法规定，收养关系成立以养子女或第三人的承诺或同意、公共机关的许可或其他处分为要件时，则应具备该法所规定的要件。"但这种做法主要倾向于保护收养人，不利于维护处于弱势地位的被收养人权益。

（二）适用被收养人的属人法

这种做法的精神在于给予被收养人适当的保护。一些立法者和学者认为，收养制度的主要目的和宗旨更多地在为孤儿、弃儿或其他境遇较差的少年提供一种较好的生活环境和教育环境，法律应特别注意被收养人是否得到妥善的保障。而能够给予被收养人有效保护的，应是被收养人的属人法。② 这种做法曾为英美判例演绎为住所地法主义，美国《第一次冲突法重述》也有类似的规定，"其后为上诉法院废弃，不加采纳"。③ 1965 年的海牙《收养管辖权、法律适用和判决承认公约》主张考虑被收养人的住所地法，1993 年的海牙《跨国收养方面保护儿童及合作公约》全面贯彻被收养人属人法原则。在大陆法系国家中，法国有关涉外收养法律适用的立法与理论可以算得上坚持被收养人本国法主义的典范。法国学者大多认为，涉外收养关系能否成立，应由被收养人的本国法决定。④ 哈萨克斯坦 2000 年的家庭法第 20 条明确要求外国人在哈萨克斯坦共和国境内收养具有哈萨克斯坦国籍的儿童必须适用哈萨克斯坦法律。此外，斯洛文尼亚、捷克和比利时等国也有类似做法。在涉外收养中适用被收养人属人法的主张，虽然考虑到了尊重被收养人原居住国法律，但由于收养成立后，与养父母养子女关系更密切的是收养人的属人法，而且影响和拘束力更明显。如果以被收养人的本国法为准据法，则与收养后产生拘束力的法律相互脱节。

---

① 奥地利于 2004 年 6 月 20 日公布的《修订家庭法及继承法的联邦法》将该条修订为："收养及终止收养关系的要件，依照收养人各自的属人法及被收养子女的属人法判定，如果子女无行为能力，则仅就收养是否应征得子女本人或者与子女具有家庭亲属关系的第三人的同意而言，应以该子女的属人法为准。"参见邹国勇译注：《外国国际私法立法选择》，武汉大学出版社 2017 年版，第 156 页。

② Ernst Rabel，The Conflict of Laws：A Comparative Study，Vol. 1，2nd ed.，1958，pp. 688-689.

③ 刘铁铮著：《国际私法论丛》，台湾三民书局 1994 年版，第 177 页。

④ 赵守博著：《国际私法中亲属关系的准据法之比较研究》，台湾学生书局 1977 年版，第 72~73 页。

（三）适用法院地法

这种做法主要体现在英美普通法系的判例中。凡主张涉外收养应适用创设收养关系的法院所在地的法律的观点或学说，即法院地法（Lex fori）主义。在英国，如果英国法院享有涉外收养的管辖权，则适用英国法来决定涉外收养的实质要件。美国1971年《第二次冲突法重述》第289节规定：法院依自己的地方法决定收养问题。由于一些国家法律规定收养并不必经由法院的裁判，只要当事人协议即可，在决定此类协议收养是否成立时，美国法院通常适用协议收养完成所在地的法律。此外，其实，在采用当事人属人法作为收养准据法的大陆法系国家，在实践上也有适用法院地法的倾向，① 如1987年《瑞士联邦国际私法》第77条第1款就规定：在瑞士宣告收养的条件，由瑞士法律支配。但也有学者指出，涉外收养是关系家庭亲属身份的问题，机械地适用法院地法决定涉外收养关系成立的实质要件并非适当。②

（四）适用收养当事人意思自治原则兼行为地法

这种立法主义的前提是坚持收养的契约性，认为收养关系的成立是当事人双方的合意，并应订立书面协议。因此，依收养的契约性质，收养关系应适用有关契约成立的准据法，即当事人有共同的意思表示时，依当事人意思自治原则。无共同意思表示时，依收养行为地法。这种做法有许多缺陷，在实践中很少采用。因为，第一，契约为当事人的合意行为，而收养关系的成立，则发生养父母与养子女的身份关系，形成家庭关系，故收养的法律关系，应认为是身份的法律关系。即使认其为契约，也与普通契约的性质不同。所以，不能简单地按意思自治原则处理。第二，从收养须由当事人同意这一角度来看，似乎与一般契约的成立要件无异，但就收养的性质及其所产生的关系而言，则与普通契约不同。例如，收养弃婴，就无所谓双方合意，只需收养人一方的单独行为。第三，契约的准据法的确定，在当事人意思不明时，采取行为地法，其目的无非在于使交易安全与迅速。而收养的成立，与行为地的关系则并非如此，有时甚至与行为地法无关系，因此，套用契约的法律适用原则未必适当。③

（五）适用收养人与被收养人各自的属人法

这种做法主张养父母与养子女的身份关系因收养而产生，然而，在决定收养是

---

① Ehrenzweig & Jayme，Private International Law，Vol. 2，1973，p. 236.

② 唐表明著：《比较国际私法》，中山大学出版社1984年版，第271页。

③ 卢峻著：《国际私法之理论与实际》，中国政法大学出版社1998年版，第247页；刘铁铮著：《国际私法论丛》，台湾三民书局1994年版，第174~175页。

否有效成立之际，养父母与养子女的身份未必发生，而收养的结果影响收养人与被收养人双方的权利义务，法律为公平起见，双方当事人应居于平等地位，因此，收养的成立应兼采收养人与被收养人的属人法。这种理论在英美法系表现为依收养人与被收养人住所地法，在大陆法系表现为适用收养人与被收养人各自的本国法，具体表现为三种情况：

1. 累积适用主义

根据诺瓦(Rodolfode Nova)的研究结论，在意大利有关涉外收养关系的成立，是由收养人和被收养人的属人法来累积适用以作为准据法。① 因为法律行为必须完全符合双方当事人的属人法才能成立，若符合一方的成立要件，而不符合另一方的成立要件，则法律行为不能成立。依此类推，收养的成立必须完全具备收养人与被收养人的属人法规定的条件，只有如此，收养才能有效成立。此说又称并用主义或并行适用主义。② 其理论前提是，凡关于身份的问题应由属人法来决定，而收养不但涉及收养人利益，也影响被收养人的身份地位，因此，收养关系能否成立以及成立要件如何，收养人与被收养人的属人法均应同等地具有规范效力。③ 如2009年修订的罗马尼亚《民法典》第2607条规定：“收养的实质要件适用收养人和被收养人的本国法，同时也要符合双方各自本国法对双方所设立的强制性条件。”2005年保加利亚共和国《关于国际私法的法典》第84条规定：“收养的条件，依提出收养申请时收养人和被收养人的国籍国法。”在立法与司法实践中，瑞典、挪威、芬兰等国也具有代表性。④ 这种做法的缺点在于增加了收养成立的难度。

2. 重叠适用主义

这种主张套用了法律行为成立的法律适用模式。以法律行为的成立要件，如具备共有的相同要件者，法律行为成立；若在相同的成立要件中，有欠缺的，法律行为不成立。在收养关系上，凡收养人的属人法与被收养人的属人法，以其共同的成立要件为准，一旦完全具备，涉外收养即告成立。这种做法的优点在于可避免“跛足收养”，缺点在于实践中难以出现理想的结果。不过，总体而言，相当一部分国家有关涉外收养关系成立实质要件法律适用的立法采用了重叠适用的冲突规范。⑤ 波兰于1966年施行的《国际私法》第22条规定：“收养，依收养人本国法。但如养子女本国法规定收养须经养子女法定代理人或有关国家机关同意时，遵守此规定收

① Rodolfode Nova，Adoption in Comparative Int'l Law，104 Recueil Des Cours 75，1961.

② 刘铁铮著：《国际私法论丛》，台湾三民书局1994年版，第176页。

③ 李双元、徐国建主编：《国际民商新秩序的理论建构》，武汉大学出版社1998年版，第524~525页。

④ Martin Wolff，Private International Law，2nd ed，1950，p. 400.

⑤ 李双元著：《国际私法(冲突法篇)》(修订版)，武汉大学出版社2001年版，第672~676页。

养才有效。”《法国民法典(国际私法法规)》第2299条规定：“对收养人与被收养人所应具备的条件，由双方各自的属人法规定。当各该法所规定的条件同时涉及双方时，双方须遵守这些条件。当夫妻双方申请收养时，收养所应具备的条件由规定婚姻效力的法律确定。”①捷克斯洛伐克《国际私法及国际民事诉讼法》第26条规定“收养，依收养人的本国法。作为收养人的夫妇双方国籍不同时，必须满足夫妇双方所服从之法律所规定的要件。前一款或二款所规定的外国法不准收养或收养条件非常严格时，如收养人夫妇双方或一方长期居住在捷克斯洛伐克社会主义共和国境内，依捷克斯洛伐克法。”该法第27条进而规定：“收养及其他类似关系是否要经子女、其他人或有关机关同意，必须按照子女的本国法确定。”②奥地利1978年《联邦国际私法法规》第26条第1款规定：“收养及收养关系的终止的要件，依养父母各自的属人法，如子女的属人法要求取得他的同意或他与之具有合法亲属关系的第三者的同意，该法在此限度内起决定作用。”③匈牙利《国际私法》第43条第1款规定：“收养的要件，适用收养时收养人和被收养人的属人法。”④泰国于1938年制定的《冲突法》第35条规定：“养亲和养子女同一国籍时，收养依其本国法；不同国籍时，收养的能力及要件，依各当事人本国法，养父母与养子女之间收养效力，依养父母本国法。养子女与血亲属之间的权利和义务，依养父母本国法。”⑤日本2006年颁布的《法律适用通则法》第31条规定，收养子女依收养时养亲的本国法并同时适用养子女的本国法决定同意等方面的要件。⑥ 另外，比利时新的冲突法也主张在收养要件上适用收养人法时，也可适用被收养人法。土耳其于2007年修订的《国际私法和国际民事诉讼法》第18条第1款规定：“收养的能力和条件适用收养时当事人各自的本国法律。” 2007年北马其顿共和国《关于国际私法的法律》第50条规定：“设立收养的条件、终止收养，依收养人和被收养人的国籍国法。如果收养人和被收养人国籍不同，则设立收养的条件、终止收养，重叠适用收养人和被收养人双方的国籍国法。”不仅许多国家的法律采取了重叠适用的法律适用规范，而且一些国际条约和公约也采用了这类规定。《布斯塔曼特法典》第73条规定：“收养和被收养的能力，以及收养的条件和限制，均依各当事人的属人法。”《美洲国家

① 余先予主编：《冲突法资料选编》，法律出版社1990年版，第147页。

② 李双元等编著：《国际私法教学参考资料选编》，北京大学出版社2002年版，第221页；R. Blanplain, International Encyclopaedia of Laws: Private International Law (Czech Republic), Kluwer Law International, Hague, 2002, p. 135.

③ 余先予主编：《冲突法资料选编》，法律出版社1990年版，第155~156页。

④ 李双元等编著：《国际私法教学参考资料选编》，北京大学出版社2002年版，第228页。

⑤ 余先予主编：《冲突法资料选编》，法律出版社1990年版，第26页。

⑥ 日本1999年修订后的《法例》第20条也有同样的规定。参见桑田三郎、山内惟介编著：《国际私法立法资料》，日本中央大学出版部2000年版，第30~39页。

间关于未成年人收养的法律冲突公约》第 3 条和第 4 条也采用了重叠适用法律的规定。《跨国收养方面保护儿童及合作公约》也规定收养的实质要件既要适用被收养儿童原住国法又要适用收养国法。可以说，对涉外收养的实质要件采取重叠适用法律的规定，是当今世界收养立法的潮流。①

3. 分别适用主义

按照法律行为的成立，各以其当事人的属人法确定行为是否成立。对于涉外收养关系的成立而言，收养人必须具备收养人的属人法所规定的条件，而被收养人必须具备被收养人的属人法所规定的条件，当且仅当双方各具备自己的收养要件时，收养始能成立。② 日本 1898 年《法例》第 19 条明确规定："收养的要件，依各当事人的本国法。"泰国《冲突法》第 35 条规定更具体："养亲和养子女同一国籍时，收养依其本国法。不同国籍时，收养的能力及要件，依各当事人本国法。"另外，《布斯塔曼特法典》第 73 条规定："收养和被收养的能力，以及收养的条件和限制，均依各当事人的属人法。" 1988 年委内瑞拉《关于国际私法的法令》第 25 条规定："收养有效性的实质要件，适用收养人与被收养人各自住所地法。"1984 年《美洲国家关于未成年人收养的法律冲突公约》第 3 条规定：未成年人的习惯住所所在地法支配：收养能力、同意及其他条件，以及程序和形式。该公约第 4 条还规定：收养人住所地法支配：收养人的能力、年龄、婚姻条件、收养人配偶的同意，及其他收养人应具备的条件。但若收养人住所地法规定的条件较宽，则应适用被收养人住所地法。这种做法也存在诸多问题，特别是不同国籍或住所各异的养父母共同收养时，法律适用就更为复杂了。

（六）同时适用行为地法与收养人或被收养人的属人法

涉外收养关系的成立地有关收养的法律，原则上应被适用以决定收养的成立要件，但是，如果收养人的国籍国与收养的成立地并不在同一处，而收养的某些特殊事项，诸如有关禁止收养事项或同意、磋商，应适用收养人或被收养人的属人法。1965 年的海牙《收养管辖权、法律适用和判决承认公约》和 1968 年的英国收养法均采取了这种立法主义。实际上，涉外收养关系的创设，对于收养人与被收养人而言，都是有益的。它不仅可以给予被收养人较佳的生活和教育环境，而且使收养人也可以享受为人父母的乐趣及权利。因此，在处理涉外收养关系成立实质要件的法律适用问题时，不仅仅要考虑如何有效而成功地维持这种收养关系，而且要更多地关注收养人或被收养人的利益问题，特别是 1993 年的海牙《跨国收养方面保护儿童及合作公约》所确立的"以保护被收养儿童的最大利益"的原则。

---

① 李双元等著：《中国国际私法通论》，法律出版社 2002 年修订版，第 299~302 页。

② 卢峻著：《国际私法之理论与实际》，中国政法大学出版社 1998 年版，第 248 页。

面对如此众多的理论学说与实践，中国涉外收养立法与司法实践顺应国际社会潮流，综合吸纳世界各国有关涉外收养关系成立实质要件准据法选择模式的精髓，采取了以适用被收养人的属人法即中国法为主，并以适用收养人的属人法为辅的法律适用方式。这对于维护中国儿童的权益是相当有益的。因此，中国 1991 年的《收养法》以及 1998 年修改后的《收养法》与 2020 年颁布的《民法典》就一直是在坚持涉外收养关系成立实质要件应由行为地法和被收养人属人法决定的原则基础上强调："外国人依照本法可以在中华人民共和国收养子女。"不仅如此，相关的部门规章也贯彻了"涉外收养关系成立实质要件应由行为地法和被收养人属人法决定的原则"。1993 年由民政部和司法部联合发布的《外国人在中华人民共和国收养子女实施办法》第 2 条规定："外国人在中华人民共和国境内收养中国公民的子女适用本办法。收养人夫妻一方为外国人的，在华收养中国公民的子女，也应当依照本办法办理。"该实施办法第 3 条又规定："外国人在华收养子女，应当符合收养法的规定，并不得违背收养人经常居住地国的法律。收养人只能收养一名子女。"不过，1999 年 5 月 25 日由民政部修订后颁行的《外国人在中华人民共和国收养子女登记办法》第 2 条仍沿袭了《外国人在中华人民共和国收养子女实施办法》(以下简称《实施办法》)第 2 条的规定，但在第 3 条上却做了较大幅度的修改，即规定为："外国人在华收养子女，应当符合中国有关收养法律的规定，并应当符合收养人所在国有关收养法律的规定；因收养人所在国法律的规定与中国法律的规定不一致而产生的问题，由两国政府有关部门协商处理。"这些规定表明，外国人在华收养子女的实质要件必须按照重叠适用法律的方式，既要遵守中国法律的规定，同时又必须符合其所在国法律的规定。

可见，依照《中华人民共和国民法典》和《外国人在中华人民共和国收养子女登记办法》的规定，外国人在中国境内收养子女的条件与中国公民一样，没有更宽松的条件。不仅如此，外国人在华收养子女必须符合中国《民法典》规定的收养人的条件，同时不得违背收养人所在国的收养法律法规；被收养的中国儿童或非中国儿童必须符合中国《民法典》及有关规定所确立的被收养人的条件，送养人也必须符合中国《民法典》以及相关规定，同时，也不得违背收养人所在国的收养法律法规。只是对于外籍华人收养三代以内同辈旁系血亲的子女，可以适用华侨收养中国公民子女的规定。中国 1991 年《收养法》第 7 条与 2020 年《民法典》第 1099 条在这方面作了有差别待遇的规定，华侨在中国境内收养子女的权利不仅优于其他外国人，而且也高于中国国内公民，即"华侨收养三代以内同辈旁系血亲的子女，还可以不受收养人无子女或者只有 1 名子女的限制"。如此，依我国现行有关收养的法律法规，外国人在中国收养子女，适用中国法，同时必须兼顾收养人所在国法律。《中华人民共和国民法典》第 1109 条、《中华人民共和国收养法》第 21 条和《外国人在中华人民共和国收养子女登记办法》第 2 条和第 3 条对涉外收养法律适用作了一定的规定，主张在中国成立的涉外收养关系的实质要件适用中国法，在这里，中国法既是被收养人的属人法又是收养成立地法。与此同时，它还要求特别兼顾收养人的所在国法，“应当符合收养人所在国有关收养法律的规定”。① 而2010年10月28日第十一届全国人民代表大会常务委员会第十七次会议通过的《中华人民共和国涉外民事关系法律适用法》(2011年4月1日实施)第28条却对涉外收养关系成立的法律适用采用统一的法律适用原则，未区分实质要件和形式要件分别考虑准据法选择问题。该条第1款明文规定：“收养的条件和手续，适用收养人和被收养人经常居所地法律。”

从《中华人民共和国民法典》《中华人民共和国涉外民事关系法律适用法》《外国人在中华人民共和国收养子女登记办法》关于涉外收养关系成立的实质要件的法律适用的规定来看，尚有不少缺失和不够明确甚至不够完善之处。

第一，允许外籍华人或华侨在华收养子女可以享受“无子女或者只有1名子女这一限制”的例外，无论内外都是不妥的。这种差别待遇不仅优于其他外国人，而且也带有超国民待遇的特色。这种做法在WTO时代是十分不可取的，造成了收养权的严重失衡，既不利于非华侨的外国人收养权的平位行使，又损害了内国公民的优先收养权。因为，联合国和海牙国际私法会议均要求在进行跨国收养前“用尽当地救济措施”，即国内收养优先。中国目前在立法和司法实践中允许外籍华人或华侨在华收养子女“可以不受收养人无子女或者只有1名子女的限制”，是与国际社会的统一化进程背道而驰的。

第二，1999年民政部颁行的《外国人在中华人民共和国收养子女登记办法》简单地删除有关外国“收养人只能收养一名子女”的规定，面临理论与实践的二难选择。当时中国《收养法》及有关规定均考虑了计划生育的因素，而其他许多国家没有这方面的限制，因而，为使被收养的中国儿童更好地生活在外国人的收养家庭中，使孩子有同伴，在养家中不孤独、寂寞，便于融入养家，可以不必对外国人非得限制“只能收养一名子女”。这也是不违背外国人经常居住地法的，而且于收养人和被收养人都是有益的。1999年修订后的《外国人在中华人民共和国收养子女登记办法》考虑到这一点，将《外国人在中华人民共和国收养子女实施办法》第3条有关外国“收养人只能收养一名子女”的规定简单地删除。但是，这一修改却忽视了另一方面的问题，未对外国收养人在华收养子女的最高数额作出限制。在涉外收养实践中，允许外国收养人已有子女再在华收养一名子女或收养多名子女，完全是在中国《收养法》第6条和第8条之间走钢丝。而且外国收养人在华收养一名以上的

① 由韩德培先生主持编写的《中华人民共和国国际私法示范法》也采类似立场，参见中国国际私法学会：《中华人民共和国国际私法示范法》，法律出版社2000年版，第31页。

子女，是允许其一次完成还是分批进行，均无法可依。①

第三，中国《民法典》及有关规定所坚守的单向涉外收养模式的局限性较大。中国《民法典》及有关规定对涉外收养的法律适用问题只考虑了单向的涉外收养，未考虑到双向互动的涉外收养趋势。也就是说，中国的涉外收养立法只对外国人收养中国儿童作了规定，而对中国公民收养外国儿童问题未作任何规定。这是我国立法上的"盲点"或"空白"，亟待填补。随着国际收养的发展，双向互动的涉外收养模式的发展是不可忽视的。决不能总是强调中国人口多，中国人要收养就收养中国儿童。早在20世纪末，学者们就不断呼吁，应在立法中有超前思维，对未来有可能出现的情况作出规定，以免法到用时方恨缺，陷入无法可依、不便操作的尴尬境地。果然不出所料，已有中国人收养美国儿童的事例出现。而进入21世纪，实际上已有国人在着手收养中国睦邻友好国家的儿童，一旦付诸实施再来立法就晚了。

第四，中国现行有关涉外收养的立法与司法在一些概念问题上界定不清晰或含糊其辞。例如1991年《收养法》和2020年《民法典》对"外国人依照本法可以在中华人民共和国收养子女"作出规定时，都未对"子女"作任何界定，既可理解为仅指中国公民的子女，也可理解为包括外国人的子女。如果做后一理解，那么，外国人在中国收养外国儿童又应适用何国法律呢？这是1991年《收养法》和2020年《民法典》都没有规定的，也是1993年发布的《外国人在中华人民共和国收养子女实施办法》同样存在的问题，它也缺乏这方面的明确规定。虽然《中华人民共和国收养子女实施办法》将"子女"界定为"中国公民的子女"，但对外国人在中国境内收养外国儿童问题未作任何规定。而1999年修订后的《外国人在中华人民共和国收养子女登记办法》在这一点上比《外国人在中华人民共和国收养子女实施办法》更含糊，仅仅将第2条中的定语部分"中国公民的"删除。然而，《外国人在中华人民共和国收养子女登记办法》的这一做法并不比《外国人在中华人民共和国收养子女实施办法》显得进步多少，实践中的可操作性更差。诸如此类，均可算作中国有关涉外收养的法律适用方面存在的立法空白和司法空缺。

第五，在确定涉外收养的准据法的连结点上，中国的立法与司法实践自相矛盾。2010年颁布的《中华人民共和国涉外民事关系法律适用法》确立的准据法连结点为"收养人经常居所地"，而1999年颁行的《外国人在中华人民共和国收养子女

① 中国收养中心在实践中的具体做法是优先安排没有孩子或只有1~2个孩子的外国预期收养家庭收养子女，对于已有5个以上（含5个）与父母共同生活的未成年子女的外国收养家庭，中国收养中心一般不再安排其在华收养子女。同样，中国收养中心也断然决定外国收养人一次在中国只能收养一名子女（被收养人是双胞胎或生活在同一福利机构的兄弟姐妹除外）。至于在华已经收养了一名子女的外国收养人，如果还想再收养中国儿童，中国收养中心原则上要求应在第一次收养一年后，再提出收养申请并重新提交证明材料。这种做法于法是否有据，值得商榷。

登记办法》导入的是非法律术语“收养人所在国”这类连结点，法律法规内在的不一致性较为明显，实践中的问题更加突出。① 此外，中国有关涉外收养的法律适用的立法规定缺乏对中国人（华侨）在外国收养中国籍儿童适用何国法的明确规定，而且对中国人（华侨）在外国收养外国籍儿童适用何国法也没有明文规定。这些问题究竟如何解决，还有待于进一步探讨。中国已签署并批准实施海牙《跨国收养方面保护儿童及合作公约》，因此，理应按公约要求的惯常居住地为解决跨国收养法律冲突的连结点。如果再在中国的涉外收养立法中固守国籍这一连结点或其他含混的连结点，就难以适应跨国收养的发展趋势。1999 年修订的《外国人在中华人民共和国收养子女登记办法》又采用了“所在国”这一非法律术语，2010 年的《中华人民共和国涉外民事关系法律适用法》新增“经常居所地”连结点却又无有关其他连结点的解释说明，这就更令人费解和让人难以琢磨。因大陆法系和普通法系属人法长期存在国籍国法与住所地法之争，而惯常居所地法作为协调和平衡国籍国法与住所地法之间博弈的折中产物，逐渐为海牙国际私法会议一些公约所接受并予以推广。而我国《涉外民事关系法律适用法》第 28 条不仅完全抛弃了“住所”“国籍”等传统属人法连结点，而且也未采纳“惯常居所地”等连结点，独创了“经常居所地”这样一个连结点。但究竟什么是“经常居所地”，中国立法与司法解释均未加以任何界定。从世界大多数国家的立法实践来看，在涉外收养法律适用规范中多以国籍国法或住所地法作为属人法。这值得我国立法与司法部门重视，在涉外收养关系成立实质要件准据法的连结点选择方面加强论证，在“住所”“国籍”“惯常居所地”“经常居所”等连结点中选出符合国情且领先国际潮流的选项。在我国的涉外收养立法中，是按国际惯例或国际公约行事还是从中国作为儿童送养国的立足点出发进行有中国特色的立法呢？所有这些问题，都是中国在制定相关政策以及立法和司法实践中解决涉外收养关系成立的实质要件的法律冲突时不得不考虑的。

---

① 实际上，在跨国收养的实践中，中国不少做法是与立法相冲突的。例如，中国收养中心对外国收养人的最高年龄的限制，就是明显超越了收养法律法规的界限。我国《收养法》明确规定：收养人必须年满 30 周岁，这是对收养人年龄的最低限制。因此，外国收养人在向中国收养中心递交收养申请时，收养人应年满 30 周岁，夫妻共同收养时双方都应满 30 周岁。这是毋庸置疑的。我国《收养法》虽然对收养人的最高年龄没有作出限制，但中国收养中心认为，从“收养应当有利于被收养的未成年人的抚养、成长”的原则出发，收养人与被收养人之间应有一个合理的年龄差。从实践看，收养人的最佳收养年龄是 30~45 岁，处于这一年龄段的收养人精力充沛，又有生活经验，能较好地抚育年幼的婴儿。基于这一认识，中国收养中心对 45 岁以下的外国收养人优先安排 1 岁左右的孩子；对 50~55 岁的外国收养人一般安排 3 岁以上的孩子；对 55 岁以上的外国收养人，考虑到他们的身体状况、预期寿命、养父母与养子女合理年龄差等因素，中国收养中心一般不安排他们收养中国儿童，但收养继子女和三代以内同辈旁系血亲子女除外。参见中国认证认可协会：http：//www.china_ccaa.org/syzn/，2005 年 8 月 21 日最后访问。

为此，为了促进中国的涉外收养顺利发展，有效解决跨国收养法律冲突，在未来修法进程中，应着重注意有关涉外收养关系成立实质要件法律适用的相关条款的修订和革新：一是用法言法语统一规范“连结点”，最好与海牙国际私法会议的公约同步使用“惯常居所”这类连结点；二是修改现行立法中涉外收养法律适用的同一制，采用分割原则明确规定涉外收养关系成立实质要件法律适用规则，即明文规定：“涉外收养关系成立实质要件适用被收养人惯常居所地法，同时不违背收养人属人法”；三是科学合理实施跨国收养中的国民待遇原则；四是全面修改滞后的法律规定。

三、中国涉外收养关系成立形式要件法律适用规范的完善对策

涉外收养关系成立的形式要件是指涉外收养关系成立必备的程序、方式和条件，具体包括收养关系当事人的申请程序、成立方式、证明材料类型及相关手续。① 关于涉外收养关系成立形式要件的法律适用，世界各国通常依“场所支配行为”的原则，适用收养行为地法或收养成立地法。② 加拿大西安大略大学家庭法教授詹姆斯·G. 麦克劳德(James G. Mcleod)曾明确提出：“所有收养的程序问题皆依收养令颁发的法院地法。”③据此，中国《民法典》《涉外民事关系法律适用法》《外国人在中华人民共和国收养子女登记办法》在规定涉外收养关系成立的形式要件的法律适用时，明确要求依中国有关收养法律的规定。不仅收养人的条件要符合中国法律规定，而且要依中国有关涉外收养立法规定的特别程序办理，既要求外国收养人亲自到中国收养登记机关办理收养登记手续，又规定了自愿办理收养公证的程序。这表明我国对外国人在华收养子女采取的是较为严格的程序，强调重叠适用中国法与收养人“所在国”法。④

1991 年的《中华人民共和国收养法》第 20 条第 2 款规定：“外国人在中华人民共和国收养子女，应当提供收养人的年龄、婚姻、职业、财产、健康、有无受过刑事处罚等状况的证明材料，该证明材料须经其所在国公证机构或者公证人公证，并经中华人民共和国驻该国使领馆认证。该收养人应当与送养人订立书面协议，亲自向民政部门登记，并到指定的公证处办理收养公证。收养关系自公证证明之日起成

---

① 裴普主编：《涉外民事关系法律适用实务》，厦门大学出版社 2017 年版，第 182 页。

② 韩德培主编：《国际私法》，武汉大学出版社 1983 年版，第 396 页。

③ James G. Mcleod, The Conflict of Laws, Carswell Legal Publications, 1983, p. 312.

④ 屈广清主编：《国际私法：涉外民事关系法律适用法的立法完善》，吉林大学出版社 2014 年版，第 307 页。

立。”这里对外国人在华收养子女的程序作了非常特别的规定，既要有“书面协议”，又要经过登记和强制公证，形式多而且程序复杂。而1998年11月4日修订后的《中华人民共和国收养法》第21条虽作了一定的修改，但仍未彻底解决问题。1998年《收养法》在严格规定外国收养人条件的同时，特别强调“应当经其所在国主管机关依照该国法律审查同意”，提供的证明材料不仅要求由收养人“所在国有权机构出具”，而且应“经其所在国外交机关或外交机关授权的机构认证，并经中华人民共和国驻该国使领馆认证”，至于收养协议则要求“向省级人民政府民政部门登记”。不仅如此，1998年《收养法》第21条第3款还对涉外收养公证的程序和机构作了特别规定：外国人在中国收养子女，应当先与送养人订立书面收养协议，再到收养登记机关办理收养登记，然后办理收养公证。2020年5月28日颁布的《中华人民共和国民法典》第1109条则删除了《收养法》先前规定的“收养关系当事人各方或者一方要求办理收养公证的，应当到国务院司法行政部门认定的具有办理涉外公证资格的公证机构办理收养公证”条文。如此，涉外收养公证从原来法定的强制公证到任意选择公证，再到现今无具体的法律明文规定，令涉外收养公证的法律地位陡降。2010年颁布的《中华人民共和国涉外民事关系法律适用法》第28条第1款规定，收养的条件和手续，适用收养人经常居所地法律。可见，我国对涉外收养关系成立形式要件的法律适用没有区分实质要件和形式要件分别考虑准据法选择问题，而是采用同一制决定涉外收养关系成立形式要件的准据法。①

对于上述程序的具体操作，1999年发布的《外国人在中华人民共和国收养子女登记办法》作了较为详细的规定。该办法第4条对外国人在华收养子女必须履行的手续作了明确规定：外国人在华收养子女，应当通过所在国政府或者政府委托的收养组织向中国政府委托的收养组织转交收养申请并提交收养人的家庭情况报告和证明。上述规定的收养人的申请、家庭情况报告和证明，是指由其所在国有权机构出具，并经其所在国外交机关或者外交机关授权的机关认证，并经中华人民共和国驻该国使馆或者领馆认证的下列文件：(1)跨国收养申请书，具体内容包括收养申请人姓名与出生日期和出生地及国籍、申请收养的理由、欲收养中国儿童的明确愿望及要求、收养申请人保证不遗弃与不虐待被收养儿童的声明、收养申请人保证被收养儿童与亲生子女享有同等权利以及保证抚养和教育被收养儿童健康成长的声明。(2)出生证明，要求收养申请人必须提供其出生地户籍管理或民事登记部门出具的出生证明或出生证明复制件(夫妻共同收养的应要求双方应分别提供)，如无上述

① 蒋新苗主编：《国际私法》，北京大学出版社2018年版，第243页。

机构出具出生证明的则应提供当地公证机构或公证人公证的原始出生证明复制件。(3)婚姻状况证明，即要求已婚收养申请人应提供其结婚地有关部门出具的结婚证明，而单身收养申请人应出具单身证明，未婚的应出具未婚证明，离异的应出具末次婚姻的离婚证明，丧偶的应出具配偶的死亡证明。(4)职业、经济收入和财产状况证明，具体做法是要求收养申请人提供由雇主或受聘机构出具的包括收养申请人的职业、职务、被雇佣期限、年收入及继续被雇佣的前景等情况的职业证明(夫妻共同收养的应要求双方应分别提供)，收养申请人本人是雇主或是自由职业者的应提供由有执照的会计师出具职业及年收入证明，收养申请人本人是会计师的应提供由其他有执照的会计师出具的职业及年收入证明，收养申请人无职业的应提供无职业声明(内容包括现在的生活经济来源、是否计划参加工作等情况)，收养申请人已退休的应提供退休证明(内容包括退休时间、退休前年收入、退休后是否有收入、收入状况等)，而经济收入和财产状况证明应按中国收养中心专门制作的表格填写，职业、经济收入和财产状况中的货币单位均以收养申请人所在国本国货币结算。(5)身体健康检查证明，即要求收养申请人提供由有执照的医生出具的身体健康检查证明(夫妻共同收养的应要求双方应分别提供)，收养申请人长期服用某种药物应注明该药物的名称和用途，收养申请人曾患有某种严重疾病或做过手术应由有执照的医生专门出具检查报告(包括患者何时患病或做过手术、患何种疾病或做过何种手术、疾病治疗过程及结果或手术结果、患者是否痊愈、患者是否还需服药控制病情等情况，并作出是否适合抚养孩子的结论)，单身收养申请人有异性同居伙伴的应提供其异性同居伙伴的身体健康证明，收养申请人身体健康检查证明按中国收养中心专门制作的表格填写，收养申请人的体检报告自体检之日起(以检查日期为准)至中国收养中心接收收养申请文件登记之日止不得超过一年。(6)有无受过刑事处罚的证明，即要求收养申请人提供由其所在国警察机构出具的有无受过刑事处罚的证明并由有资格的官员亲笔签字(夫妻共同收养的应要求双方应分别提供)，收养申请人在近 5 年内曾在其他国家或地区生活或工作 1 年以上的应分别提供曾居住地国出具的有无受过刑事处罚的证明，单身收养申请人有异性同居伙伴的应提供其异性同居伙伴的有无受过刑事处罚的证明，有无受过刑事处罚的证明自出具之日起至中国收养中心接收收养申请文件登记之日止不得超过 1 年。(7)收养人所在国主管机关同意其跨国收养子女的证明，即要求收养申请人应提供其所在国政府出具的同意其来华收养子女的有效批准书，在华工作或者学习连续居住 1 年以上的收养申请人可提供其本国驻华使领馆出具的同意其来华收养子女的有效批准书。(8)家庭情况报告，包括收养申请人身份、收养的合格性和适当性、收养动机以及适合于照顾儿童的特点、社会工作者与收养申请人会见谈话的情况、家庭背景及个人简介、婚姻状况及子女情况、健康状况、家庭经济状况、居住条件、有无虐待或暴力历史或犯罪记录、抚育计划、同住或同居的非家庭成员情况、监护和抚养承诺、社会工作者应对收养申请人整体情况作出真实的评估和推荐意见。家庭情况报告还应附上完成家庭情况报告的外国收养组织执照的复印件、单身收养申请人指定的监护和抚养人出具的同意监护和抚养被收养儿童的书面声明等文件。此外，收养申请人还得提交护照复印件以及免冠照片各两张(两寸)及家庭生活照片六张。在华工作或者学习连续居住 1 年以上的外国人在华收养子女，可以不提交上述的身体健康检查证明文件，但必须提交其他文件，同时还应当提交在华所在单位出具的婚姻状况证明、职业、经济收入或者财产状况证明，有无受过刑事处罚证明以及中国县级以上医疗单位出具的身体健康证明。

《外国人在中华人民共和国收养子女登记办法》第 5 条又对涉外收养的送养方进一步作了具体规定。为了确保被收养儿童的来源合法，防止被拐骗的儿童流入跨国收养中，该登记办法特别强调送养人应当向省级(含自治区、直辖市)人民政府民政部门提交本人的居民户口簿和居民身份证(社会福利机构作送养人的，应当提交其负责人的身份证件)、被收养人的户簿证明等情况证明。中国 1991 年《收养法》第 6 条和 2020 年《民法典》第五编第五章“收养”第 1094 条都一致规定了三类送养人，即孤儿的监护人、有特殊困难无力抚养子女的生父母、社会福利机构。对于不同类型的送养人，法律规定其提交的证明材料也有一定差别。民政部颁行的《外国人在中华人民共和国收养子女登记办法》还要求根据不同送养人的情况，必须同时提交下列证明材料：(1)被收养人的生父母(包括已经离婚的)为送养人的，应当提交生父母有特殊困难无力抚养的证明和生父母双方同意送养的书面意见；其中，被收养人的生父或者生母因丧偶或者一方下落不明，由单方送养的，应当提交配偶死亡或者下落不明的证明及死亡的或者下落不明的配偶的父母不行使优先抚养权的声明。(2)被收养人的父母均不具备完全民事行为能力，由被收养人的其他监护人作送养人的，应当提交被收养人的父母不具备完全民事行为能力且对被收养人有严重危害的证明以及监护人有监护权的证明。(3)被收养人的父母均已死亡，由被收养人的监护人作送养人的，应当提交其生父母的死亡证明、监护人实际承担监护责任的证明，以及其他有抚养义务的人同意送养的书面意见。(4)由社会福利机构作送养人的，应当提交社会福利机构出具的弃婴、儿童被遗弃和发现的情况证明以及查找其父母或者其他监护人的情况证明；被收养人是孤儿的，应当提交孤儿父母的死亡或宣告死亡证明，以及有抚养孤儿义务的其他人同意送养的书面意见；送养残疾儿童的，应当提交县级以上医疗机构出具的该儿童的残疾证明。

对于跨国收养当事人的各项材料的审查，1999年的《外国人在中华人民共和国收养子女登记办法》将原属于“中国收养中心”①的权力归口到了负责收养登记的机关。根据1993年民政部和司法部联合发布的《外国人在中华人民共和国收养子女实施办法》，实行审查与登记分离制，由中国收养中心全面负责审查跨国收养当事人的各项材料。这不仅使中国收养中心陷入材料的泥坑，而且也使审查流于形式，其弊端无穷无尽。因此，1999年的《外国人在中华人民共和国收养子女登记办法》将对被收养人和送收养人的合格性审查权交给了省级人民政府民政部门。该登记办法第6条明确规定，省、自治区、直辖市人民政府民政部门应当对送养人提交的证件和证明材料进行审查，对查找不到生父母的弃婴和儿童公告查找其生父母。省、自治区、直辖市人民政府民政部门查找弃婴或者儿童生父母的公告应当在省级地方报纸上刊登。自公告刊登之日起满60日，弃婴和儿童的生父母或者其他监护人未认领的，视为查找不到生父母的弃婴和儿童。该条还规定，如果审查后认为被收养人、送养人符合收养法规定条件的，应将符合收养法规定的被收养人、送养人名单通知中国收养组织，同时要求转交证件和证明材料有：送养人的居民户口簿和居民身份证(社会福利机构作送养人的，为其负责人的身份证件)复制件；被收养人是弃婴或者孤儿的证明、户籍证明、成长情况报告和身体健康检查证明的复制件及照片。这样便强化和加大了省级人民政府民政部门的决定权，是否送养某一预期被收养人并移送中国收养中心完全依其审查而定。不过，在跨国收养过程中，省级人民政府民政部门的责任也相应地加大了。一旦跨国收养当事人认为省级人民政府民政部门在审查或登记过程损害了其合法权利，那么，省级人民政府民政部门也就有可能成为行政诉讼的被告并承担相应的法律责任。

而在跨国收养过程中，通知和联系外国收养人则属于中国儿童福利和收养中心的职责。该中心在对外国收养人的收养申请和有关证明进行审查后，及时地在省、自治区、直辖市人民政府民政部门报送的符合收养法规定条件的被收养人中，参照外国收养人的意愿，选择适当的被收养人，并将该被收养人及其送养人的有关情况通过外国政府或者外国收养组织送交外国收养人。外国收养人同意收养的，中国收养中心向其发出来华收养子女通知书，同时通知有关的省、自治区、直辖市人民政府民政部门向送养人发出被收养人已被同意收养的通知。一般情况下，中国收养中心在收到外国收养人的收养材料后，对收养材料齐全、交纳了服务费的收养申请予以登记受理，并在30日内将受理情况书面通知递交收养材料的外国政府或收养组织。中国儿童福利和收养中心从受理收养申请到发出《来华收养子女通知书》的时

① 1996年6月24日成立的中国收养中心，2011年3月26日更名为“中国儿童福利和收养中心”。在习惯上，“中国儿童福利和收养中心”通常简称为“中国收养中心”，http://www.cccwaen.mca.gov.cn/，2020年1月26日最后访问。

间长短受多种因素制约。例如：受外国收养人申请数量与可涉外送养儿童数量的制约；受收养人的收养意愿能否满足的制约；受外国收养人的补充材料和《征求收养人意见书》反馈是否及时的制约等。目前，中国儿童福利和收养中心从受理收养申请到发出《来华收养子女通知书》一般需要12个月左右的时间。

外国人在华收养子女不仅须由该外国人所在国政府或者政府委托的收养组织①向中国政府委托的收养组织转交收养申请并提交收养人的家庭情况报告和证明，而且，中国收养组织接到外国政府或者政府委托的收养组织提交的申请、家庭情况报告和有关证明后，依据收养法对收养人的合格性进行严格审查。审查符合收养法规定的，可以协助收养人寻找收养对象，并将符合收养法规定的被收养人和送养人的情况报告送交申请收养的外国人的政府或其政府委托的收养组织。根据《中华人民共和国民法典》第1109条和《外国人在中华人民共和国收养子女登记办法》第8条及第9条的规定，外国的预期收养人必须亲自来华收养，不仅应当与送养人签订书面的收养协议，而且要亲自到省级收养登记机关办理收养登记，并到具有办理涉外公证资格的公证机构办理跨国收养公证。外国收养人确定收养对象后，应当与送养人订立一式三份的书面协议，书面协议订立后，收养关系当事人应当亲自而且共同到被收养人常住户籍所在地的省、自治区、直辖市人民政府民政部门办理收养登记。夫妻共同收养的，一方因故不能来华办理收养手续时，应当以书面委托另一方。委托书应经所在国公证和认证。《外国人在中华人民共和国收养子女登记办法》第10条则对办理收养登记的具体要求作了规定，办理收养登记时，收养人和送养人应当提交双方签订的书面协议，同时还得分别提供有关材料。外国收养人在登记时应当按规定填写来华收养子女登记申请书，并向登记机关提供如下材料：(1)中国收养组织签发的收养人来华收养子女的通知书；(2)收养人的身份证件和照片。送养人在办理收养登记时应当提供的材料包括：(1)省、自治区、直辖市人民政府民政部门发出的被收养人已被同意收养的通知；(2)送养人的居民户口簿和居民身份证(社会福利机构作送养人的，为其负责人的身份证件)、被收养人的照片。

收养登记机关收到外国人来华收养子女登记申请书和收养人、被收养人及其送养人的有关材料后，应当自次日起7日内进行审查，对于符合《外国人在中华人民共和国收养子女登记办法》第10条规定的，应当为当事人办理收养登记，发给收养登记证书。《外国人在中华人民共和国收养子女登记办法》第11条还画蛇添足地

① 截至2009年，与中国建立收养合作关系的国家有17个，分别是美国、加拿大、法国、英国、西班牙、比利时、荷兰、丹麦、瑞典、挪威、芬兰、爱尔兰、新西兰、冰岛、澳大利亚、新加坡、意大利。在这些国家中，与中国收养中心合作的政府部门和收养组织共135个，http：//www.cccwaen.mca.gov.cn/，2009年12月26日最后访问。

重复了《收养法》第 15 条的规定“收养关系自登记之日起成立”，并强调收养登记机关应当将跨国收养登记结果通知中国收养中心。

对于跨国收养公证，1999 年的《外国人在中华人民共和国收养子女登记办法》一改过去强制公证的要求，改为自愿公证。该登记办法第 12 条规定，涉外收养的当事人在办理完收养登记后，各方或者一方要求办理公证的，应当亲自到收养登记机关所在地的具有办理涉外公证资格的公证机构办理跨国收养公证。收养人与送养人在办理收养公证时应当提供收养登记证明以及在办理收养登记时所提供的材料。原《实施办法》将涉外收养公证视为法定的强制公证，并对收养公证的程序和时间作了明确规定，该《实施办法》第 13 条规定，公证处在收到收养公证申请之日起 3 日内审查完毕，对符合收养法规定的，予以公证并通知中国收养组织；对不符合收养法规定的，不予出证。而《外国人在中华人民共和国收养子女登记办法》过分强调了收养监管的行政性，取消法定的强制性公证，使跨国收养应有的一道法律关口变得可有可无。因而，涉外收养的当事人自愿要求办理公证时，就得依照《中华人民共和国公证暂行条例》办理跨国收养公证。

除此以外，涉外收养还有一道程序，即被收养人的出境。被收养儿童在被带出境前，必须按照《中华人民共和国公民出境入境管理法》《中华人民共和国公民出境入境管理法实施细则》办理相关手续。而根据《外国人在中华人民共和国收养子女登记办法》第 13 条的规定，被收养人出境前，收养人应凭收养登记证书到收养登记地的公安机关为被收养人办理出境手续。这里要求在收养登记地的公安机关而非被收养人户籍所在地的公安机关办理出境手续，显然与法相悖。① 按照现行的规定，涉外收养的被收养人在收养登记地的公安机关办理出境手续时，应提交的证件或证明主要有：(1)出境申请表；(2)户口簿或者其他户籍证明；(3)所在单位对申请人出境的意见，一般是由被收养人所在社会福利机构出具；(4)出境事由相应的证明，具体包括外国收养人所在国主管机关同意其跨国收养子女的证明、中国民政部门颁发的跨国收养证书。办理涉外收养出境手续的公安机关对符合条件的被收

① 民政部门有关人士的解释相当滑稽，之所以要求收养人应当在被收养人出境前凭收养登记证书到收养登记地的公安机关为被收养人办理出境手续，因为“在涉外收养中，被收养人一般均为无民事行为能力的儿童，其出境申请只能由外国收养人提出，如果也要求外国收养人到被收养人户口所在地的公安机关为被收养人办理出境手续，往往要离开省会城市下到县里去，实无必要”。然而，根据《中华人民共和国公民出境入境管理法》《中华人民共和国公民出境入境管理法实施细则》的规定，被收养人出境是属于随同其养父母出国定居，可界定在中国公民因私事出境之列，必须向申请人户口所在地的市、县公安机关提出出境申请并办理出境手续。显而易见，《外国人在中华人民共和国收养子女登记办法》有关被收养人办理出境手续地的规定，是与中国公民出入境管理法及其实施细则不一致的。

养人，应立足于方便收养关系当事人，尽快为被收养儿童办理出境手续，签发有效的中华人民共和国护照。获准出境的被收养人，在办妥前往国家的签证后，应当在出境前注销其户口。①

从中国《民法典》《涉外民事关系法律适用法》《外国人在中华人民共和国收养子女登记办法》有关涉外收养关系成立的形式要件的法律规定来看，均坚持"场所支配行为"的原则，要求涉外收养的程序一律适用中国的法律，对维护国家主权和保护被收养的中国儿童的利益是有利的；而且中国有关涉外收养程序的立法，在许多方面体现了联合国《儿童权利公约》的精神和原则，如要求由政府或政府委托的收养组织转交收养申请以及收养当事人的家庭情况报告和证明，与海牙《跨国收养方面保护儿童及合作公约》的规定也是一致的，符合国际社会跨国收养法统一化的发展走势。然而，中国有关涉外收养关系成立的程序方面的立法还有许多不尽如人意的地方，许多规定不够全面、完善，有不少疏漏之处，在具体实践中产生了不少问题。

第一，中国现行立法和司法实践无限扩大涉外收养关系成立的行政要式，既不符合现代法治的要求，也与国际社会的通行做法存在差距。我国涉外收养立法对收养的形式要件规定得相当复杂，不仅要求收养人与送养人订立书面协议，而且要亲自到省级民政部门登记和到特定的公证处办理收养公证。涉外收养关系成立的形式如此复杂、繁琐，不便于外国收养申请人掌握，令人望而生畏，而且也不利于有关部门操作，甚至造成政出多门、互相扯皮推诿。近年来，民政部与司法部一直在收养的形式要件上争执不下，民政部主张收养登记这一行政行为至关重要，是不可缺少的程序，具有最高的效力；司法部则坚持收养行为作为法律行为，应以法律手段来调整，公证应是收养这一要式民事行为不可或缺的，必须始终坚持原《收养法》规定的"收养关系自公证证明之日起成立"，公证是整个收养过程中的核心环节，没有经过公证便不可能成立有效的收养关系。如此，公说公有理，婆说婆有理，多年来一直纠缠不清，互相扯皮。自 1993 年着手筹备"中国收养中心"起，两家就在不断地明争暗斗。尽管最后确定还是由民政部全权负责"中国收养中心"的工作，但是，并未从根本上解决问题，仅仅是采取行政命令"快刀斩乱麻"，没有真正从实际出发理顺关系。而 1999 年修订《收养法》时更是将强化收养的行政性推到了无以复加的顶峰，修改后的《收养法》第 15 条(现为《民法典》第 1105 条)以及随后由民政部颁行的《中国公民收养子女登记办法》第 7 条和《外国人在中华人民共和国收养子女登记办法》第 11 条多次重复"收养关系自登记之日起成立"这一规定。尽管两部门的争执到此暂时画上了句号，但是，这种做法未必是现代法治社会的美丽句

① 李建、窦玉沛：《收养法律知识问答》，中国法制出版社 1999 年版，第 111~112 页。

点。因为，涉外收养是涉及两国公民人身关系、财产关系变更的重要民事法律行为，涉及对未成年人权益的保护问题，涉及国家主权问题。就涉外收养的主体和法律关系的权利义务而言，是相当复杂的，采取纯粹的行政手段干预公民的法律行为，不仅达不到规范收养行为的目的，而且与现代法治道路也是背道而驰的。① 无论从理论上还是实践上说，对涉外收养这种重要的民事法律行为，应以法律手段来管理和规范，这样才能保护合法的涉外收养关系，防止违法的收养行为。因此，我国应尽快改变现行收养法律法规这种无限夸大收养成立的行政性程序的局面，不可让部门意识主宰涉外收养方面的立法。

第二，中国收养组织的法律地位和运作机制，不仅存在国际法方面的缺失，而且从国内法上看也不乏弊端，尤其是“中国儿童福利和收养中心”隶属于民政部这一做法严重违背了相互制约的法治原则。从国际法的理念分析，各国负责跨国收养的中央机关必须是独立的非营利性机构。按照海牙《跨国收养方面保护儿童及合作公约》的规定，从事跨国收养的缔约国应当至少设有一个中央主管机关，一方面充当其他从事跨国收养的国家的对口单位，提供各自国家有关收养法律的资料以及其他一般资料，促进相互了解和合作；另一方面加强本国对跨国收养的监管并努力消除各种不同类型的收养障碍。不仅如此，该公约还规定，各国除设立中央主管机关外，必须设立其他机构如公共机构或委任机构来实施跨国收养的具体安置工作。②而作为中国从事跨国收养的中央主管机关民政部与委任机构“中国儿童福利和收养中心”，其职能和运作机制均未达到公约的基本要求。中国收养中心除独立性不足外，还将公约所要求设立的其他机构的职权集于一身。中国收养中心名下的“爱之桥服务社”并未真正发挥公共机构、委任机构或其他组织的作用。在具体运作过程中，中国的各省民政厅直接参与实施跨国收养的具体安置工作，即由国家行政机关担负着公约规定的其他机构的任务，以行政参与为主。“中国儿童福利和收养中心”隶属于民政部有悖相互制约的法治原则，因为，依照《中华人民共和国民法典》的规定，弃婴的监护人只能是民政部门。而民政部门在涉外收养中既是送养人又是登记人，加之“中国收养中心”自 1996 年 6 月 24 日正式成立便明确划归为民政部辖属的事业单位，民政部几乎总揽了整个涉外收养，自办自送，自己审查，自己送养，集跨国收养的中央机关、送养人于一身，缺乏有力的监督机制。一方面，它使得收养人与送养人之间的法律地位不平等，送养人几乎成了政府部门，由民政部辖

① 现代世界各国在涉外收养关系成立的方式上大致有两种做法，一是通过法院的程序成立，英国、美国和法国的做法最为典型，二是依靠行政措施成立，以苏联等东欧国家为代表。参见李建、窦玉沛主编：《收养法律知识问答》，中国法制出版社 1999 年版，第 107 页。

② 彭南元著：《国际收养之最新发展趋势》，载《当代公法新论》，台湾元照出版公司 2002 年版，第 920 页。

属的“中国儿童福利和收养中心”一条龙负责，既负责与外国收养中心申请人联系，又负责审查收养人的资格。尽管1999年的《外国人在中华人民共和国收养子女登记办法》将对送养人和被收养人的合格性审查下放给被收养人常住户口所在地的省级民政部门，但是，儿童福利院的送养儿童是否符合条件仍是民政部门一家说了算，缺乏其他部门的监督和制约，几乎是一言堂。收养人是否符合条件、让收养人收养什么样的中国儿童以及被送养的儿童是否符合条件，全由民政部门决定，而“中国收养中心”则更是权倾一方。这样，个别外国人为了达到收养的目的或者为了收养合意的儿童，不择手段，大肆行贿，甚至在寄送的文件内夹塞金钱、金银首饰等贵重礼品，给一些不法分子打开了方便之门。另一方面，儿童福利院与民政部门是一种行政关系，既由福利院负责送养儿童，又由民政部门主管涉外收养的登记，是否真正合乎程序和条件，仍是由民政部门最终决定，其中若出现违法行为，没有其他部门监督和制约，就相当难以发现和制止。而且，由于民政部门一家统管涉外收养，使得涉外收养的公证流于形式。加之，1998年11月4日修订的《收养法》将原《收养法》第20条第2款中的“收养关系自公证证明之日起成立”这一规定删除，弱化了涉外收养公证的效力。1998年修订的《收养法》第21条第3款(现为《民法典》第1105条第4款)规定：“收养关系当事人各方或一方要求办理收养公证的”，应当办理涉外收养公证。如果收养关系当事人无此方面的要求，便可不办理涉外收养公证，从而使涉外收养公证处于可有可无的境地。一旦“中国儿童福利和收养中心”自认为审查合格便通知外国人来华收养子女，外国收养人与作为送养人的民政部门的儿童福利院等社会福利机构签订的收养协议并经过民政部门的收养登记机关办理收养登记后，如果公证处在办理涉外收养公证时发现不符合法律规定而拒绝出证，外国收养人便以其是由代表中国政府的“中国收养中心”通知来华收养子女的，政府已同意他们收养，为什么公证处还要“作梗”。这些外国收养人常有恃无恐地大闹公证处，甚至通过外交部门施加压力，最后公证处只得睁只眼闭只眼给予公证。1996年年底在福建收养子女的3个外国家庭因不符合条件而被公证部门和公安部门在办理护照时卡住了，后在不少部门的干涉和压力下不得不放行。这就给一些违法或无效的涉外收养开了很大的口子，使一些不法分子有机可乘，不仅有可能导致“跛足收养”，而且有可能不利于保护中国儿童的利益和维护国家主权。因此，对“中国儿童福利和收养中心”的职权和地位急需加以规范，不可只依行政程序办理涉外收养，而应建立健全完善的法律机制，对涉外收养进行规范、监督、制约和管理。而且，必须从高素养、严要求的角度加强作为跨国收养的中央机关的“中国儿童福利和收养中心”的建设，按照海牙《跨国收养方面保护儿童及合作公约》第11条的规定配备在道德标准方面符合要求并在跨国收养领域方面有理论素养和经过专业培训或富有经验的合格的工作人员，不能以一些只懂外语而不懂专业和法律的翻译人员充斥跨国收养的中央机关。① 如果负责跨国收养工作的中央机关的工作人员既不擅长于运用中国有关涉外收养的法律法规，又不熟悉其他国家的收养法，最终难免错误百出甚至有损国家和政府的形象。② 此外，还得在涉外收养立法中对涉外收养的程序规定统一的、行之有效的形式要件，不可再让协议、登记和公证等行政行为与法律行为的多种形式混杂在一起，造成有关部门就何种形式要件的效力优先而互相扯皮打架，导致涉外收养的当事人不知所措，不便掌握和操作。

第三，中国采取涉外收养如有法律冲突则一律不办理的政策，似乎欠妥当，有待进一步研究。上述做法不仅限制了中国涉外收养的范围，而且不利于中国与国际社会接轨和在国际社会中发挥作用。由于各国法律不同，中国收养法与某些国家的收养法存在明显法律冲突是不可避免的。中国修改前的《收养法》规定，外国人收养中国儿童，经登记和公证程序后收养关系即宣告成立；修订后的《收养法》规定，外国人收养中国儿童，经有关部门登记后收养关系即告成立。而一些国家法律规定，在国外收养外国儿童，回国后还须经过试养期或经本国收养主管机关批准或者法院颁发收养令，涉外收养方能生效。如果试养期失败或主管机关不批准，收养人须将被收养的儿童遣送回国。例如，新加坡收养法规定的涉外收养程序为：涉外收养必须经法院判决并颁发收养令。如果收养人或被收养人不居住在新加坡，则法院不颁发收养令。新加坡人收养外国儿童，须先向新加坡移民局提出申请，并提交一定金额的保证金和确保被收养人抵达新加坡时持有有效护照和签证的书面保证，此外，还得向移民局提交一份保证书，即如果法院不批准收养申请，收养人要负责被收养儿童的生活费以及将儿童遣返回国的书面保证，被收养儿童的有关文件也是必须向新加坡移民局提交的。经移民局初步审查，确认被收养儿童符合收养条件，由

① Thomas Steiger, Das neue Recht der Internationalen Adoption und Adoptionsvermittlung, Bundesanzeiger Verlagsges, 2002, pp. 54-59.

② 中国收养中心在许多方面采取配额制，实在是计划经济的遗风作怪，既让国人费解又令外国人难以接受。例如 2002 年度中国收养中心在接收收养申请文件工作中，就采取了核定指标的办法。《与中国收养中心合作的外国收养组织应具备的基本条件》第五部分“具有国际收养经验和一定的收养规模”也规定与中国收养中心合作的外国收养组织应具备：国际收养经验、年均收养中国儿童 10 名以上(含 10 名)的能力、拥有除收养项目以外的其他儿童和家庭服务项目。而在《关于 2003 年度接收收养申请文件的通知》中再次体现了配额制的思想，明确提出：各国政府主管部门和收养组织对单身收养人的条件要严格审核，递交的单身收养人申请文件，不得超过本组织 2003 年度递交文件总数的 8%。中国收养中心要求单身收养人年龄不得超过 50 周岁；要接受过高等教育或职业技术教育；有稳定的职业；有较好的经济收入；有抚养教育被收养儿童的能力。为了维护被收养儿童的利益，充分考虑有利于儿童健康成长的因素，中国收养中心不为同性恋者安排儿童，同性恋者也不应该隐瞒事实，以单身身份提出收养申请。各国政府主管部门和收养组织应认真进行家庭调查，核准事实，严格把关，不向中国收养中心递交同性恋者的收养申请(参见 http：//www. china_ccaa. org/syzn/，2005 年 8 月 23 日访问)。

移民局签发准许证，允许将被收养儿童带进新加坡。然后，再由移民局将被收养儿童的旅游护照更换为允许其在新加坡逗留为期6个月的亲属准许证。收养人在接到亲属准许证的2个月内，必须向新加坡高级法院提出收养申请。法院审批收养申请时，收养人必须提供经公证的被收养儿童生父母签示的同意放弃对孩子抚养权利的声明书。法院认为符合收养条件，即颁发收养令。此外，还可以下一道过渡性命令即中间令(Interim Order)规定一个不超过两年的试养期，认为适合收养后再发收养令。不批准收养的，申请人负责将儿童送回原住国。① 按照新加坡法律，新加坡人在中国收养了中国儿童，回新加坡后还可能被新加坡法院否决，已被收养的中国儿童可能还会被送回国。这是中国所不允许的。因而，中国与新加坡之间的涉外收养曾采取抚养协议的方式试行过一段时期，但很快就停止了。鉴于新加坡华人居多，无论从民族和历史文化传统还是政治经济发展与社会福利制度看，新加坡是最适宜送养中国儿童的国家。经过多年的磨合，直到2004年中国有关部门才重新允许新加坡人来华收养子女。② 究竟应如何解决中国与某些国家在收养方面存在的这类明显冲突问题，还有待于中国政府及立法与司法部门全面考量，有待于在涉外收养实践中摸索、寻找最佳解决途径和方法。当前开通跨国收养可在中国收养儿童的只有美国、加拿大、法国、英国、西班牙、比利时、荷兰、丹麦、瑞典、挪威、芬兰、爱尔兰、新西兰、冰岛、澳大利亚、新加坡、意大利17个国家，还有德国、瑞士、俄罗斯等许多国家因与中国法律存在冲突而未被中国允许开通跨国收养中国境内儿童的渠道。我国政府采取的这种限制外国人收养以及存在冲突一律不办理的政策和做法是否符合跨国收养发展的需要，尚有待于从理论和实践上进一步加强研究和探讨。

第四，中国有关涉外收养的立法对涉外收养的收费仅作了粗线条的规定，未进行具体、详细的规制，而且也未出台制裁收养乱收费的措施，难免出现滥用涉外收养权谋取单位或个人私利的现象。在中国1998年修改《收养法》及相关规章以前，中国涉外收养的收费依据主要是《外国人在中华人民共和国收养子女实施办法》中一条简单的规定。该《实施办法》第17条规定，外国收养人在华收养子女，应当向登记机关、公证机关分别交纳登记费、公证费，中国收养组织可以收取服务费，收费标准和管理办法按照国家物价管理部门和财政部的规定执行。该条第3款还规定，收养人可以与送养人协商支付被收养人的抚育费。收养人向社会福利部门支付的抚育费，只能用于改善福利院设施，不得挪作他用。虽然中华人民共和国物价局

① Leong Wai Kum, Halsbury's Law of Singapore: Family Law, The Butterworth Group Companies of Asia, 2001, pp. 345-349.

② 参见：http://fcd.ecitizen.gov.sg/cp_adoptachild.htm/(23 August, 2005).

和财政部在1992年颁发了《关于收养登记收费的通知》，规定外国人包括外籍华人在办理涉外收养登记时每件缴纳收养申请手续费50元人民币、收养证工本费20元人民币、收养登记调查费750元人民币，总共不过820元人民币，当年折合美元约100美元。但是，少数民政部门的登记机关在办理涉外收养时并未照章行事，反而将涉外收养作为摇钱树，乱收费。据调查，南方个别省区的一些民政部门的登记机关在办理涉外收养时常收取150美元的登记费，极少数的登记机关甚至收取200美元的登记费，还有的地方甚至收费更高，收取300美元以上的登记费，有个别地方光收取收养证工本费就高达100美元。而其他一些部门在办理涉外收养时收费也不低，公证处在办理涉外收养时常采取差别待遇，对来自美国的收养人因其手续复杂一般收取500美元的公证费，对其他国家的收养人一般收取200美元公证费；公安部门在办理涉外收养的被收养人的出境手续时一般收取150~200美元；外交部门在办理涉外收养的签证时一般对美国收养人收取200美元，对英国等国家的收养人收取1000元人民币。除此以外，中国儿童福利和收养中心还对每件涉外收养收取300美元服务费，作为送养人的儿童福利院则依据《外国人在中华人民共和国收养子女实施办法》第17条第3款的规定对每个送养的儿童向收养人收取3000美元左右的抚育费，尽管法律明文规定抚育费"只能用于改善福利院设施，不得挪作他用"，但仍有少数地方的民政厅或民政局对儿童福利院向外国收养人每送养1个小孩提存约1000元人民币。有个别地方的儿童福利院甚至民政部门将这笔费用购买高档小汽车。福建就出现了一起挪用涉外收养捐款的典型案例。2003年1月，福建省南平市延平区福利院的院长林某雨因涉嫌犯贪污罪、挪用公款罪、受贿罪，被刑事拘留。他利用职务之便，截留49名涉外收养弃婴的捐赠款，合计1.27万美元，与该院副院长林某英进行私分。① 由于涉外收养有利可图，几乎成了人人想吃的"唐僧肉"。本来，按照《儿童权利公约》第21条的规定以及海牙《跨国收养方面保护儿童及合作公约》第4条的规定，国内收养应优先于国际收养。我国除了上海等地的儿童福利院比较好地遵循了"先国内收养，后国外收养"的原则外，大部分地区的儿童福利院看到涉外收养有利可图，宁愿将儿童送给外国人收养，而不愿让国内公民收养。当国内有人去儿童福利院收养子女时，个别儿童福利院常谎称没有小孩了，而将儿童留给外国人收养，并且出具已经国内优先收养的假证明，使"国内收养优先于国际收养"流于形式，无法真正落实。有个别儿童福利院为利益驱使，甚至干起了跨国倒卖儿童的勾当。过去，对弃婴工作，许多部门相互推诿不愿

① 季敏华：《中国弃婴与异国父母》，载《新京报》2003年12月2日。

管，尽管后来硬压给民政部门的儿童福利院，但是，不少民政部门的儿童福利院在20世纪80年代常以经费困难不愿收留、抚养弃婴。然而，进入20世纪90年代，随着涉外收养的发展，个别地方的儿童福利院为利益驱使，不仅大肆搜罗弃婴，甚至公开以每个儿童1000元人民币乃至2000元人民币的价格收买，然后以每个儿童收取外国收养人3000美元抚育费的"合法形式"送给外国人收养，将涉外收养商业化，从中牟利，借涉外收养"倒卖儿童"。例如，贵州省镇远县计生部门将交不出罚款的超生女婴从父母手中没收，强制送进孤儿院，再通过"寻亲公告"等程序，将其变为"弃婴"，然后按照每名婴儿收3000美元的"赞助费"或"抚养费"的标准交与外国人收养，自2001年至2009年将有近80名婴儿被送养到美国、荷兰及西班牙等国。① 自2002年至2005年，湖南衡阳市一些福利院通过给职工下达搜买婴儿的指标，甚至花费3200元至4300元人民币从人贩子等各种中间人手中"收购"婴儿，并为收买的810余名儿童伪造弃婴证明等虚假资料交由外国人收养。② 2011年曝光的"邵氏孤儿案"，就是湖南邵阳市福利院将隆回县高平镇计生部门以违反计划生育政策为由强行从农民家抱走的20多名婴幼儿"洗白"为"弃婴"，再通过跨国收养交由外国人领养。③ 对于这类屡禁不止的不法行为，急需我国有关部门加强管理和打击，坚决予以杜绝。

事实上，中国涉外收养一直在不断遭受国际社会的诟病中蹒跚前行。由于有关立法和司法实践的滞后，加之跨国收养完全由中国民政部门"垄断"，缺乏有效的监督和制约，从而导致了涉外收养中的一系列发人深省的违法违规事件。因此，中国早在1999年修改《收养法》及相关规章时就曾注意到这类问题，在立法与司法实践上作了相应调整。《外国人在中华人民共和国收养子女登记办法》第14条明确规定："外国人在华收养子女，应当向登记机关交纳登记费。登记费的收费标准按照国家有关规定执行。中国收养组织是非营利性公益事业单位，为外国收养人提供收养服务，可以收取服务费。服务费的收费标准按照国家有关规定执行。"1999年5月27日国家计划委员会(现为国家发展和改革委员会)《关于民政部爱之桥服务社涉外收养服务收费标准的批复》规定，民政系统对涉外收养的强制性收费为两项，一是涉外收养登记费，每件按人民币820元的标准由省级民政部门的登记机关收

① 黎广：《贵州一福利院卖超生女婴到国外牟取暴利》，载《时代周报》2009年7月2日。

② Karen Smith Rotabi，Nicole F. Bromfield，From International Adoption to Global Surrogacy：A Human Rights History and New Fertility Frontiers，Routledge Taylor& Francis Group，2017，p. 16.

③ 上官敫铭、李漠：《湖南邵阳计生官员抢婴牟利》《邵氏"弃儿"：被计生部门"没收"的婴儿》，载《新世纪》2011年第18期。

取；二是涉外收养服务费，每件按人民币3000元的标准由中国收养中心收取（现已改为每件按980美元的标准由涉外收养人交给中国儿童福利和收养中心）。① 此外，如果被收养儿童属于查找不到生父母的弃婴和儿童的，外国收养人还要支付省级民政部门进行公告的费用。②《中华人民共和国民法典》第1105条第2款明文规定："收养查找不到生父母的未成年人的，办理登记的民政部门应当在登记前予以公告。"而《外国人在中华人民共和国收养子女登记办法》第6条则进一步规定："省、自治区、直辖市人民政府民政部门应当对送养人提交的证件和证明材料进行审查，对查找不到生父母的弃婴和儿童公告查找其生父母；……省、自治区、直辖市人民政府民政部门查找弃婴或者儿童生父母的公告应当在省级地方报纸上刊登。自公告刊登之日起满60日，弃婴和儿童的生父母或者其他监护人未认领的，视为查找不到生父母的弃婴和儿童。"可见，一旦外国收养人收养查找不到生父母的未成年人，由办理登记的民政部门在登记前予以公告，外国收养人应按省级地方报纸的同类广告的标准支付公告费用。除此以外，《外国人在中华人民共和国收养子女登记办法》第14条第3款将原《实施办法》第17条要求外国收养人支付抚育费的规定予以取消，变更为外国收养人自愿向社会福利机构捐赠，即"为抚养在社会福利机构生活的弃婴和儿童，国家鼓励外国收养人、外国收养组织向社会福利机构捐赠。受赠的社会福利机构必须将捐赠财物全部用于改善所抚养的弃婴和儿童的养育条件，不得挪作它用，并应当将捐赠财物的使用情况告知捐赠人。受赠的社会福利机构还应当接受有关部门的监督，并应当将捐赠的使用情况向社会公布"。事实上，过去要求外国收养人与送收养人协商支付被收养人的抚育费的做法，于情于理于法均存在欠妥之处。在实践中，新的规定更为可取，一方面避免了外国收养人与送收养人之间的讨价还价现象，同时也杜绝了个别社会福利机构根据被收养儿童的情况要挟外国收养人支付高额抚育费的弊端；另一方面，捐赠不属于外国收养必须缴纳的费

① 目前中国儿童福利与收养中心只在英文网站上（中文网站未公布这方面的信息）公布的涉外收养服务费为每件980美元，由收养申请人交付给中国儿童福利与收养中心。参见中华人民共和国民政部 http：//www.cccwaen.mca.gov.cn/，2020年1月30日访问。

② 中国对涉外收养的法定收费总计不超过5000元人民币。有报道称在中国收养一个中国小孩费用约为1.5万美元甚至3万美元，这主要是外国收养组织收了其他费用。收养一个中国小孩的费用约为15000美元。虽然也有一些机构会收到3万美元，但是价格普遍能让人接受。虽然医学手术是解决不孕难题的一种途径，但是往往价格昂贵而且还不一定能够成功，所以很多人选择了收养孩子。由于美国等国家的收养法律很复杂，费用高昂（一般在2万~5万美元不等），等待时间很长（3~4年），之后又出了不少亲生父母要回小孩的事情，所以很多人选择了收养外国儿童。此外，美国家庭因为收养孩子还可以减免一定的税收。

用，体现了自愿性、主动性和人道主义精神，既无底限又无上限，更容易让外国收养人和外国收养组织接受。① 而且，对于捐赠的外国收养人或外国收养组织，受赠的社会福利机构还须向其出具合法有效的收据并可向其颁发荣誉证书。

外国收养人在中国收养子女除必须向民政系统缴纳上述费用外，如果收养当事人要求办理涉外收养公证的，应当按照有关规定缴纳公证费。在被收养儿童带出境前，还必须办理出境手续。这样，外国收养人还得为被收养儿童缴纳办理护照的费用，一般是按人民币 100 元的标准向收养登记地的公安机关缴纳。

总之，中国应设法对涉外收养的收费项目和标准作出具体、明确、严格的规定，堵塞漏洞，规范涉外收养行为，禁止借涉外收养谋取不正当的利益。这也是联合国《儿童权利公约》和海牙《跨国收养方面保护儿童及合作公约》明确要求的，各缔约国应"采取一切适当措施确保跨国收养的安排不致使所涉人士获得不正当的财务收益"。尽管海牙《跨国收养方面保护儿童及合作公约》及欧美等国法律均规定国际领养组织属于非营利性组织，但这些组织每年办理领养儿童上千名，规模达到一定数量后，其中利润累计也有数千万美元。在国外的一些跨国收养中介组织与中国个别儿童福利院串通下，目前外国人收养一名中国儿童至少得支付 3 万美元以上。② 于是，中国个别儿童福利院唯利是图，打着涉外送养的旗号"倒卖儿童、坐地分赃"，严重损害了儿童利益。③ 这种做法不但违反海牙《跨国收养方面保护儿童及合作公约》的基本原则，而且更为我国法律所明令禁止。为此，必须引起国家层面的高度重视，光靠主管部门一家可能难以解决问题，必须采取立法与司法部门

---

① 目前关键是把握好捐赠财物的使用并及时向社会和有关人士通告，否则，就会产生难以预料的负面影响。某位记者的调查应值得相关部门的注意和警醒。"3000 美元捐款的使用问题也可能是国际收养中的薄弱环节，一些业内人士认为有必要进一步立法使捐款费用的使用更加透明，否则可能是潜在的问题。一位外国收养机构的项目负责人说：'目前，我们极少收到中国福利院有关于这些费用使用结果的报告或反馈。我们只是被笼统地告知这是用在福利院改善儿童环境上了。这些钱到底怎么花的，如果没有每一笔的花费记录，至少一年应该给一个报告。'《外国人在中华人民共和国收养子女登记办法》规定，福利机构必须将捐赠财物全部用于所抚养的弃婴和儿童的养育条件，不得挪作它用，并应当将捐赠财物的使用情况告知捐赠人。但是几乎所有被采访到的外国收养夫妇都不清楚自己的捐款用在了哪里，没有收到类似的反馈。"参见《新京报》2003 年 12 月 2 日的新闻调查《中国弃婴与异国父母》。

② 当前外国人在华收养一名中国儿童的正常收费是收养中心的收养服务费 980 美元、捐助费 6000 美元左右(现有的儿童福利院的捐助费已从 3000 美元上涨为 35000 元人民币)，加上外国收养组织的中介费 1 万美元左右、差旅费 1 万美元左右，以及护照办理费、公告费等其他相关费用。参见《福利院收取高额涉外收养费?》，载《北京青年报》2017 年 10 月 13 日。

③ 雷明光主编：《中华人民共和国收养法评注》，厦门大学出版社 2018 年版，第 178 页。

及其他部门联动模式，铲除恶根，正本清源。

第五，中国《民法典》和《外国人在中华人民共和国收养子女登记办法》对涉外收养的追踪调查程序未作任何规定，不利于保护被收养的中国儿童和防止中国儿童在国际上被贩卖或作为其他用途。在中国涉外收养实践中，2011 年 8 月 1 日前的一般规定是要求外国收养组织或中央机关对被收养的中国儿童在国外的生活情况提交两次报告。外国收养组织应在被收养中国儿童回到收养人所在国后的第 6 个月和第 12 个月中，分别委派社会工作者到收养家庭进行访问，并在访问后的 3 个月内向中国收养中心递交安置后报告。如果被收养中国儿童回到收养人所在国后的一年之内，没有加入收养国国籍，外国收养组织还要每 6 个月委派社会工作者家访一次，并撰写一份安置后报告，直至被收养儿童加入收养国国籍。① 此后便再无人过问。这种不健全、不完善而且缺乏长期性、固定性的追踪调查程序，不仅与海牙《跨国收养方面保护儿童及合作公约》的要求相距甚远，而且难以防止儿童的国际拐卖或其他借跨国收养的名义从事非法勾当，容易被国际上一些不法分子钻中国涉外收养的空子。美国早在 20 世纪 90 年代初的黑人收养市场上的正常收养一名儿童的花费就已达到 50000 美元。② 1998 年 1 月 13 日的《光明日报》刊载的《滴血的交易》一文揭露了触目惊心的跨国贩卖儿童的丑恶行径。③ 国际刑警组织的调查资料显示，近年来国际间借跨国收养贩卖儿童的规模越来越大，“品种”也更为多样，根据性别、肤色、头发和眼睛的颜色以及出生家庭、地区等，每个孩子的价值在 2.4 万~6.8 万美元不等。仅 1996 年，罗马尼亚就有 8500 名儿童被贩入西方国家和一些产油富国。除罗马尼亚外，还有阿尔巴尼亚、波兰、保加利亚、乌克兰、匈牙利等国都发现了跨国贩卖儿童的非法活动。而在其他一些第三世界国家，借跨国收养贩卖儿童的活动则更猖獗。为此，各国都在采取措施加以防范和打击，其中英国、法国等一些欧洲国家则进一步对收养条件进行了严格规定。另据《人民日报》报道，国际犯罪集团贩卖儿童活动十分猖獗。20 世纪 90 年代初，一起贩卖儿童案在德国被揭露。1991 年 10 月 8 日夜，在柏林斯渊道区的外国难民收容所，一个名叫马特的 1 岁男孩被拐走，马特的父母立刻向警方报了案。10 月 10 日，警察在持荷兰护照的可疑人鲁道维库斯的旅行汽车里找到马特，汽车里还有一名被拐的 2 岁女孩。接着，警方又连续破获数起贩卖婴幼儿的案件。10 月 14 日，警方宣布，这些都是一个大型国际犯罪集团所为，该集团总部在巴黎。这些罪犯从外国人那里拐

① 参见中国收养中心 2003 年 2 月 1 日发布的《中国收养中心对外国收养组织在华开展跨国收养的暂行规定和要求》第五部分“安置后报告”中的“递交安置后报告的要求”(参见中国认证认可协会：http：//www.china_ccaa.org/syzn/)。

② William P. Statsky, Family Law, 5th ed., West Thomson Learing, 2002, p. 453.

③ 参见《光明日报》1998 年 1 月 13 日。

骗或购买孩子，然后把他们倒卖掉。一名幼儿的“收购价”最高约1.6万马克，出售价则高达5万~7万马克。德国贩卖儿童的地下交易至今仍很“兴旺”。德国约有2万对夫妇想收养孩子，而可供收养的儿童只有7千名，供不应求，不能满足收养人的需求，一些人只好收养外国儿童。这本可通过合法途径进行，德国红十字会、慈善机构等均可代为物色，但等待时间长，审批手续繁杂，于是一些盼子心切的夫妇就走“捷径”，从人贩子那里买孩子。① 据估计，西欧个别国家收养的外国儿童中，有2/3是通过非法途径从国外买来的。又据报道，近年来国际上盗卖人体器官活动骇人听闻。美国某些外科医生受富豪病人之托，到巴西等国去物色健康儿童，在付给其贫穷的父母一笔钱后，便摘取儿童的身体器官。在墨西哥，每年约有2万名儿童被卖到美国，其中不少人成为人体器官黑市的牺牲品。在法国，有器官买卖非法组织，一经谈妥，“医生”就安排病人到非洲或墨西哥“度假”，回来时病人已更换了内脏器官。在非洲，有成百上千的儿童器官被移植出售。② 不仅有国际不法分子借国际收养的名义从事移植和出售儿童器官的非法勾当，而且有些国际黑社会组织参与国际收养，通过跨国收养物色和培养色情服务人员、间谍和恐怖活动的牺牲工具，还有些黑心老板或资本家通过跨国收养寻找可供剥削劳力的童工，也有利用跨国收养儿童进行人体基因非法研究的。③ 鉴于此，为了保护涉外收养中的被收养的中国儿童，不仅必须在涉外收养立法中严格规定外国人收养的程序，而且必须建立和健全中国涉外收养的跟踪调查机制。尽管2013年中国儿童福利和收养中心出台新政策，对2011年8月1日以后完成的收养中国儿童的涉外收养家庭要求5年内递交6次收养安置后报告：涉外收养完成后的第一年递交三次报告(当年第一个月递交第一次收养安置后报告、第六个月递交第二次报告、第十二个月递交第三次报告)、第二年递交第四次收养安置后报告、第三年递交第五次收养安置后报告、第五年递交第六次收养安置后报告。这只是在数量上作了加法，但有关涉外收养质量和事后监管机制及处罚制度的构建问题并未彻底解决，似乎换汤不换药，隐患无穷，难以真正起到维护被外国人收养的中国儿童权益的作用。④

此外，中国涉外收养立法对外国人依外国法收养外国籍儿童后移居中国的承认

---

① Lisa Cartwright, Photographs of "Waiting Children": The Trasnational Adoption Market, in Michèle Sharon-Glassford, Trasnational Adoption, Duke University Press, 2003, pp. 83-105.

② 河山、肖水著：《收养法概要》，天津人民出版社1992年版，第52~53页。

③ UNICEF, Executive Board, 1986 Session, "Exploitation of Working Children and Street Children", E/ICEF/198 6/CR, p. 3.

④ 埃塞俄比亚和哈萨克斯坦等国立法要求收养国向儿童原住国主管机关报告被收养儿童的成长情况一直到儿童成年。Permanent Bureau, The Implementation and Operation of 1993 Hague Intercountry Adoption Convention: Guide to Good Practice(Guide No. 1), Jordan Publishing Limited, 2008, p. 127.

条件和程序问题没有任何规定，而且对中国人(华侨)收养外国儿童的程序未作任何规定，所有这些都是我国涉外收养立法在形式要件的法律适用方面的空白，急待填补。

四、中国涉外收养效力法律适用规范的完善对策

在各国收养法中，收养目的不同，收养的效力也不同。收养效力实际上是收养目的的直接反映，主要涉及养子女与养父母的权利义务关系以及养子女与亲生父母的权利义务关系。基于不同的收养目的，各国法律对收养效力的规定千差万别。诸如完全收养的目的在于使被收养儿童完全融入养家，因而一些坚持完全收养的国家的法律都规定被收养儿童取得收养人婚生子女的身份。过去，许多国家坚持养子女与婚生子女的差别待遇，将两者的权利义务区分开来。后来，随着社会的进步和发展以及收养目的的演变，这些国家逐渐改变原来的态度，努力消除养子女与婚生子女之间的差别，在法律中明文规定养子女的权利义务的范围。欧洲人权法院在1979年6月13日对Marckx诉Belgium一案的判决也确立了类似的原则。① 而不完全收养或简单收养的目的主要在于为儿童提供某种形式的社会帮助②，因而被收养人不必完全融入养家，也不要求与原出生家庭断绝关系。因此，各国法律对这类收养的效力规定也千差万别。事实上，各国关于收养效力的立法趋势存在多种倾向。有些国家将血缘关系看得相当重，在立法时认为血缘关系不可完全割断。它们不仅规定被收养儿童与原出生家庭可保持关系，而且规定被收养儿童与收养人之间的亲子关系及与其家庭成员之间的亲属关系同样存在。换句话说，这些国家认为收养是寄养的一种高级形式。但也有些国家不这么认为，它们主张收养应是一种拟制亲子关系，使收养者与被收养者之间尽可能形成一种类似于自然亲子关系的拟制血亲关系。这便要求被收养者完全融入收养者的家庭中。也就是说，被收养儿童与原出生家庭的关系应完全断绝。不过，也有少数国家的法律回避了这一问题。它们采取折中态度，在法律中规定了两种收养形式：一种是完全割断被收养者与原出生家庭关系的完全收养，另一种是被收养者不脱离与原出生家庭关系的简单收养。③ 这实际上是承袭了古罗马法的传统。虽然古罗马法的传统收养制度中断了漫长的时期，但是，后来在法国收养法中又得到了重视并被《拿破仑法典》典型化。④

---

① Eur. Crt. HR, Series A, No30.

② P. Shifman, "Kinship by Adoption: Where Adoption Differs from Natural Affinity", in 23 Israel Law Review, 1989, pp. 34-76.

③ Permanent Bureau, Accreditation and Adoption Accredited Bodies: Guide to Good Practice (Guide No. 2), Jordan Publishing Limited, 2012, p. 109.

④ Jean-François Mignot, Simple Adoption in France: Revial of an Old Institution (1804-2007), Revue Française de Sociologie, No. 3, Vol. 56, 2015.

现代收养立法的趋势正日渐远离传统的收养制度的理论。被收养人应完全融入收养家庭的观点逐渐占据了主导地位。不过，仍有一些国家的立法尚未完全转变过来。即使其法律规定被收养儿童与收养者的婚生子女具有完全一样的法律地位，但它还可能允许该儿童享有对亲生父母的继承权。这在普通法系和大陆法系的某些国家的司法实践中都不乏实例。典型的大陆法系国家专门为儿童规定了继承的特留权，即为被收养儿童保留两方面的强制性继承权，一方面是享有对亲生父母的继承权，另一方面是对养父母的继承权。同样，法律也为原出生家庭享有对被收养儿童的继承权开了方便之门。之所以如此规定，其认识基础是，收养者并不因收养而享有对被收养者的继承权。

关于涉外收养的效力的法律适用问题，在各国的理论学说与实践中的主要分歧是依收养人法还是依被收养人法抑或依法院地法决定。① 大部分学者主张"收养成立后，收养人与被收养人间既然形成了父母子女关系，故收养效力应适用收养人属人法"。② 台湾地区学者陈隆修说得更具体："收养之效力应依收养人之属人法决定之；若由夫妻双方共同收养，则依规范该婚姻之属人法之法律决定之；但夫妻一方死亡后，应依生存之他方之属人法决定之。"③还有学者认为："关于收养的效力……大多适用收养人本国法。"④加拿大冲突法教授马文·贝尔(Marvin Baer)等学者就明确指出："以法国、德国、比利时、日本等为典型的依冲突法方式确立跨国收养准据法的国家，实行由决定收养条件的法律支配收养效力的制度，而且大多数情况下适用收养人的属人法。"⑤在实践中，相当一部分国家的法律规定涉外收养的效力适用收养人属人法，例如，《法国民法典(国际私法法规)》第2300条规定："收养的效力由收养人的属人法规定。夫妻双方所同意的收养，其效力由规定婚姻效力的法律规定。"⑥日本1898年《法例》第19条第2款规定，收养的效力依收养人的本国法，⑦ 而日本《法律适用通则法》第31条没有明确规定收养效力的法律适用，但一般认为该条第1款的规定既适用于成立问题也适用于效力问题。土耳其《国际私法和国际民事诉讼法》第18条第2款规定："收养的效力适用收养人的本国法

① 唐表明著：《比较国际私法》，中山大学出版社1987年版，第273~275页。

② 韩德培主编：《国际私法》，武汉大学出版社1983年版，第396页。

③ 陈隆修著：《比较国际私法》，台湾五南图书出版公司1989年版，第290页。

④ 余先予主编：《简明国际私法学》，中央广播电视大学出版社1986年版，第341页。

⑤ Marvin Baer，Joost Blom etc.，Private International Law in Common Law Canada：Cases，Text，and Materrials，Emond Montgomery Publications Limited，1997，p. 855.

⑥ 余先予主编：《冲突法资料选编》，法律出版社1990年版，第147页。

⑦ 有关分析可参见山田镣一著：《国际私法之研究》，日本有斐阁株式会社1969年版，第268~276页。

律。夫妻共同收养的，适用调整夫妻婚姻效力的法律。”①1978年奥地利联邦《国际私法法规》第26条第2款规定：“收养的效力，依收养人的属人法；如为配偶双方所收养，依支配他们婚姻的人身法律效力的法律；但在配偶一方死亡后，依另一方的属人法。”意大利《民法典》第20条规定：“收养人和被收养人之间的关系，适用收养人收养时的本国法。”罗马尼亚2011年6月修订的《民法典》第31条规定：“收养的效力及收养人与被收养人之间的法律关系受收养人本国法支配。夫妻双方共同收养子女的效力适用于婚姻有效性的法律支配。收养关系的解除也受同一法律支配。”②不仅如此，一些国际条约或公约也主张涉外收养的效力适用收养人的属人法，如海牙《跨国收养方面保护儿童及合作公约》第26条第2款和第27条就规定，为了强化儿童原住国与收养国的合作机制，要求依公约成立的收养应得到各缔约国的承认，其效力依收养国或承认国的法律决定。③

不过，也有部分学者坚持涉外收养效力应适用被收养人属人法的。像法国的魏斯就持此主张，“收养制度的设立是为了保护被收养者的利益，故收养效力应该适用被收养人的本国法。”④在具体实践中，也有部分国家的法律作了如此规定。例如，阿根廷《收养法》第32条规定：“如果收养是在海外成立的话，收养人和被收养人之间的法律地位、权利和义务应受被收养人所在国的当时的法律支配。”泰国《冲突法》第35条第2款规定：“养子女与血亲属之间的权利和义务，依养子女本国法。”印度对待跨国收养效力的准据法选择的做法就非常特别，它明确要求“凡跨国收养效力或有关争议的解决皆依1908年《印度民事程序法典》”。⑤

还有主张对涉外收养效力应重叠适用收养人与被收养人法的。卢峻先生就区分收养本身之效力与及于当事人间效力而分别确立准据法，他指出对前者有采“养亲与养子双方各该本国法主义”的做法，对后者则可推行“养亲兼养子之属人法说”。⑥ 例如，前南斯拉夫1982年《国际冲突法》第45条就规定：“对收养的效力，依收养人和被收养人在实行收养时的本国法。如果收养人和被收养人国籍不同，应依他们共同住所所在国法律。”只有在特殊情况下才允许例外，该条第3款与第4款

---

① 刘慧珊、卢松主编：《外国国际私法法规选编》，人民法院出版社1988年版，第105页。

② Jürgen Basedow, Giesela Rühl, Franco Ferrari and Pedro de Miguel Asensio, Encyclopaedia of Private International Law, Edward Elgar Publishing, 2017, p. 3656.

③ J. H. C. Morris, The Conflict of Laws, 5th ed., Sweet & Maxwell Ltd., 2000, pp. 313-315.

④ 韩德培主编：《国际私法》，武汉大学出版社1983年版，第396页。

⑤ 《印度民事程序法典》第13条第1款和第44条对此有明文规定。R. Blanplain, International Encyclopaedia of Laws: Private International Law (India), Kluwer Law International, Hague, 2003, pp. 167-169.

⑥ 卢峻著：《国际私法之理论与实践》，中国政法大学出版社1998年版，第249~250页。

则规定："收养人和被收养人国籍不同，而住所也不在同一国家，如果他们中一人为南斯拉夫社会主义联邦共和国的公民，则依南斯拉夫社会主义联邦共和国法律。如果收养人和被收养人都不是南斯拉夫社会主义联邦共和国公民，则依被收养人之本国法律。"①而强调涉外收养效力应重叠适用收养人与被收养人属人法的做法，因"忽视了确定未成年人住所的困难"而在英国受到了强烈的批评。② 不过，英国国际私法学家戚希尔(Geoffrey Cheshire)和诺斯(Peter North)却提出了相反的看法，他们在分析加拿大法院判决的 Paquettes 诉 Galipean 一案时，提出"不仅要考虑收养人和被收养儿童住所地法，而且也不可忽视被收养儿童亲生父母的住所地法"。③

个别学者提出，对于涉外收养效力的准据法选择，有时不得不考虑与被收养儿童福利相关的最密切联系原则。④ 不仅如此，赞成涉外收养效力适用法院地法的理论学说和实践也不罕见。如戴西与莫里斯在论及涉外收养的继承权问题时特别强调了法院地法即英国法的作用。⑤ 还有学者以 1987 年瑞士《联邦国际私法》为例，认为在涉外收养效力的准据法选择上存在"适用收养发生地法"的做法。⑥

此外，在涉外收养效力的法律适用上，也有采取折中主义立场的，⑦ 一些国际条约或公约要求区分不同问题分别适用收养人或被收养人的属人法。⑧ 例如，《布斯塔曼特法典》第 74 条规定："收养的效力，就收养人的遗产而言，依收养人的属人法调整，但关于姓氏及被收养人对其原来家庭所保留的权利义务，以及收养人对其遗产的关系，依被收养人的属人法调整。"2008 年修订的《关于儿童收养的欧洲公约》第 10 条只明确赋予被收养儿童与收养人的其他子女同样的权利和义务，未明文规定依何法决定，但它实际上指的是不论是依收养人的属人法还是依被收养人的属人法，都应保证他们享有法定的亲子关系与权利义务。公约还允许各缔约国通过

---

① 该法至今仍在新塞黑共和国(Serbia and Montenegro)适用。R. Blanplain, International Encyclopaedia of Laws: Private International Law (India), Kluwer Law International, Hague, 2001, pp. 185-186.

② [英]J. H. C. 莫里斯主编：《戴西和莫里斯论冲突法》，李双元等译，中国大百科全书出版社 1998 年版，第 727 页。

③ Sir Peter North and J. J. Fawcett, Cheshire and North's Private International Law, Butterworths London Ltd., 1999, p. 905.

④ J.-G. Castel, Canadian Conflict of Laws, 4th ed., Butterworths Canada Ltd., 1997, pp. 446-448.

⑤ Lawrence Collins and Others, Dicey and Morris on the Conflict of Laws, 13th ed., Sweet & Maxwell Ltd., 2000, pp. 896-901.

⑥ 黄进著：《中国国际私法》，三联书店(香港)有限公司 1997 年版，第 237 页。

⑦ 苏远成著：《国际私法》，台湾五南图书出版公司 1988 年版，第 342~347 页。

⑧ 黄进主编：《国际私法》，法律出版社 1999 年，第 489 页。

立法实行比完全收养效力更弱的收养形式。① 1984 年《美洲国家间关于未成年人收养的法律冲突公约》第 9 条规定："在完全收养、收养准正及其他类似情况下，被收养人与收养人及其家庭成员之间的权利义务关系，包括抚养关系，均依支配收养人与其家庭之间权利义务关系的法律决定；被收养人与其原出生家庭之间的权利义务关系应解除，只有禁婚的限制依然保留。"该公约第 10 条又规定："对于不属于完全收养等类型的收养，收养人与被收养人之间的权利义务关系适用收养人住所地法；被收养人与其原出生家庭之间的权利义务关系适用被收养人收养时的惯常居所地法。"该公约第 11 条进一步对收养人与被收养人之间的继承权适用的法律作了规定，即适用各自继承的法律决定之。此外，该公约还对收养的无效与撤销所适用的法律分别作了规定。而海牙《跨国收养方面保护儿童及合作公约》在强调儿童原住国与收养国的合作机制时，实际上也未摆脱折中主义困境。②

中国关于涉外收养效力的法律适用的立法，最早的可能要算《中华人民共和国民法通则》第 148 条的规定，即"抚养适用与被抚养人有最密切联系的国家的法律"。该规定可以适用于涉外收养的效力，即因收养而产生的抚养关系可采用最密切联系原则适用法律。而对于被外国人收养的中国儿童的国籍问题，《中华人民共和国国籍法》第 10 条和第 14 条作了规定，被收养的中国公民可以根据收养人及已成年的被收养人的愿望，保留或申请退出中国国籍，但如果收养人为定居在我国的无国籍或国籍不明的人，依据《国籍法》第 6 条规定的精神，被收养人一般具有中国国籍。《中华人民共和国收养法(草案)》曾用专章对涉外收养作出规定时，不仅规定了被收养人的国籍问题，而且明确规定涉外收养的效力适用收养人住所地法律。③ 但 1991 年最后通过的《收养法》将该章删除，仅用一条笼统地对涉外收养作了规定，即《中华人民共和国收养法》第 20 条规定："外国人依照本法可以在中华人民共和国收养子女。外国人在中华人民共和国收养子女，应当提供收养人的年龄、婚姻、职业、财产、健康、有无受过刑事处罚等状况的证明材料，该证明材料须经其所在国公证机构或者公证人公证，并经中华人民共和国驻该国使领馆认证。该收养人应当与送养人订立书面协议，亲自向民政部门登记，并到指定的公证处办理公证。收养关系自公证证明之日起成立。"这里未对涉外收养效力的法律适用作任何明确规定。1998 年 11 月 4 日修订的《收养法》第 21 条(现为《民法典》第 1109 条)仍然没有解决这一问题。而 1993 年的《外国人在中华人民共和国收养子女登记

① Kerry O' Halloran, The Politics of Adoption: International Perspective on Law, Policy & Practice, Third Editon, Springer, 2015, p. 172.

② 蒋新苗：《涉外收养效力的法律适用问题探析》，载《环球法律评论》2005 年第 6 期。

③ 蔡诚著：《关于〈中华人民共和国收养法(草案)〉的说明》，载《婚姻与收养法规选编》，人民法院出版社 1994 年版，第 98 页。

实施办法》也未对涉外收养效力的法律适用作任何明确具体的规定，更无有关督促检查的规定，只有第 3 条规定："外国人在华收养子女，应当符合收养法的规定，并不得违背收养人居住地国的法律。"从这一规定来看，外国人在华收养子女的收养效力似乎应依中国的法律调整，同时不违背收养人居住地国的法律，而不是像收养法草案最初的规定"涉外收养的效力适用收养人住所地法律"。而 1999 年 5 月 25 日由民政部修订后颁行的《外国人在中华人民共和国收养子女登记办法》第 3 条虽然对《实施办法》中有关涉外收养法律适用问题的规定作了不同程度的修改，但主要还是针对收养关系成立的规定，并未对涉外收养效力的法律适用作更为具体详细的规定。尽管增加了"因收养人所在国法律的规定与中国法律的规定不一致而产生的问题，由两国政府有关部门协商处理"这一内容，但它要求"外国人在华收养子女，应当符合中国有关收养法律的规定，并应当符合收养人所在国有关收养法律的规定"，将原规定中的"收养人居住地国"改为"收养人所在国"。从一定意义上说，这一修改不仅毫无进步，甚至还是一种倒退。因为"所在国"这一非法律术语含混不清，扩张了收养人的"流动性"，使人难以把握。它既非国际社会通用的连结点，[①] 也非国际私法常见的连结点，如大陆法系的"国籍"或普通法系的"住所""居所""惯常居所"。[②] 进一步探究可知，对于涉外收养效力法律适用问题，中国《民法典》和《外国人在中华人民共和国收养子女登记办法》没有明文规定，以往大多按照《民法通则》第 148 条和最高人民法院《关于贯彻执行〈中华人民共和国民法通则〉的若干问题的意见（试行）》类推适用与抚养人有最密切关系的法律。[③] 也就是说，在中国长期的司法实践中一直主张对涉外收养效力的法律适用采取最密切联系原则。[④] 在具体司法实践中，对于中国的涉外收养的效力，法院一般坚持依中国法处理的原则。如上海法院审理的关于中国籍养子继承其巴基斯坦籍养父遗产一案，中国法院拒绝该案巴方有关人借口巴法律规定死者有其他亲属时，养子不得继承的理

---

① 海牙国际私法会议于 1993 年通过的《跨国收养方面保护儿童及合作公约》以"惯常居住地"为连结点，在公约第 2 条、第 14 条及其他条款中均有明确规定；而联合国 1989 年通过的《儿童权利公约》第 21 条第 c 项则强调"儿童原住国"这一连结点。

② 黄进、姜茹娇主编：《〈中华人民共和国涉外民事关系法律适用法〉释义与分析》，法律出版社 2011 年版，第 152 页。

③ 涉外收养效力的法律适用可依《中华人民共和国民法通则》第 148 条的规定，即"抚养适用与被抚养人有最密切联系的国家的法律"。中华人民共和国最高人民法院《关于贯彻执行〈中华人民共和国民法通则〉的若干问题的意见（试行）》进一步指出："父母子女相互之间的抚养……应当适用与抚养人有最密切联系国家的法律。抚养人和被抚养人的国籍、住所以及供养被抚养人的财产所在地，均可视为与抚养人有最密切的关系。"

④ 蒋新苗著：《收养法比较研究》，北京大学出版社 2005 年版，第 178~179 页。

由，而根据中国法律，判决中国籍养子有继承其养父遗产的权利。① 这种做法在现代国际社会的发展过程中是否切实可行以及对于涉外收养效力的其他方面的问题，还有待于进行更广泛、更深层次的研究和探讨，找出切实可行的解决办法和途径。

因此，2010 年颁布的《中华人民共和国涉外民事关系法律适用法》第 28 条在确立涉外收养效力准据法时则采用了倾向于"收养人"的立法模式。该法第 28 条第 2 款规定："收养的效力，适用收养时收养人经常居所地法律。"②这种做法值得斟酌。③ 因为，被收养人在收养中处于弱势地位，涉外收养效力的法律适用忽视该要素，既不利于保护被收养儿童的权益，也有违儿童最大利益原则。④ 此外，中国涉外收养立法也未对中国人(包括华侨)在中国或在中国境外收养外国儿童的收养效力作出任何规定，处于无法可依的状态。此外，对于外国人依外国法收养了外国籍儿童，后来移居中国，中国是否承认这种收养的法律效力呢？中国人(包括华侨)在外国收养中国籍或外国籍儿童的收养效力应适用何国法律以及中国是否承认这种收养的法律效力呢？对此，我国不少专家学者主张："在中国境外的中国人(包括华侨)收养的外国儿童，我国原则上承认其法律效力，但作为被收养人的外国儿童如要求加入中国国籍，应另行举办入籍手续。"⑤还有学者指出："因收养，无论依中国法或外国法建立的父母子女关系，亦可适用与养父母、养子女有密切联系的'国家的法律'。但发生与我国公民有关的涉外收养关系，应注意如下各点：凡在境内发生的涉外收养关系，依中国法，被外国人收养的中国儿童，仍应保留中国国籍，如须变更国籍，应依中国《国籍法》办理；在外国的中国公民(包括华侨)收养外国儿童，一般应予承认，但作为被收养人的外国儿童要求加入中国国籍的，亦应依法办理入籍手续。"⑥可见，上述问题以及涉外收养类型的转化效力，同样在中国涉外收养立法中仍是一片空白，急需进行深入的理论研究和实践探索，寻求最佳解

① 王常营主编：《中国国际私法理论与实践》，人民法院出版社 1993 年版，第 375 页。

② 这几乎就是中国国际私法示范法相关条款的直接翻版。韩德培教授主持起草的《中华人民共和国国际私法示范法》第 138 条规定："收养效力，适用收养时收养人的住所地法或者惯常居住地法。"参见中国国际私法学会：《中华人民共和国国际私法示范法》，法律出版社 2000 年版，第 31 页。

③ 黄进、姜茹娇主编：《〈中华人民共和国涉外民事关系法律适用法〉释义与分析》，法律出版社 2011 年版，第 157 页。

④ 诸如，依被收养儿童原住国法律，收养效力较高，子女对父母的近亲属享有继承权；而依收养人所在国法律的规定，收养效力较低，子女对父母的近亲属不享有继承权。这样，若适用收养人属人法确定的收养效力，那么，养子女对养父母的近亲属不享有继承权，势必损害被收养儿童的权益。

⑤ 韩德培主编：《国际私法》，武汉大学出版社 1983 年版，第 397 页。

⑥ 张仲伯主编：《国际私法》，中国政法大学出版社 1995 年版，第 346~347 页。

决途径和方案。

五、中国涉外收养关系解除法律适用规范的完善对策

由于各国收养立法目的与精神的差异，反映在涉外收养关系解除的法律规定上也千差万别，有的国家允许解除涉外收养关系，有的国家则严格禁止解除涉外收养关系。不过，大部分国家的法律允许涉外收养关系的解除依其国内法所设定的“收养无效”或“收养可撤销”机制处理，只是在具体的处理方式上各不相同。对于涉外收养关系解除的法律适用问题，当今世界各国的立法实践与学说也存在较大分歧。有的主张适用收养人属人法，主要根据养父母与养子女生活情况决定可否解除收养关系。例如，1978年《奥地利联邦国际私法法规》第26条第1款规定：“收养及收养关系的终止，应适用养父母的各自属人法。”日本1898年《法例》第19条第2款规定：“收养的效力及收养的终止，依养亲的本国法。”①原德意志民主共和国《法律适用条例》第23条第1款规定：“关于收养子女、其效力和解除收养，应当依照收养时或解除收养时该收养者的本国的法律确定。如果夫妇双方共同收养子女而夫妇双方属于不同国籍时，应当适用德意志民主共和国的法律。”②1998年修改的《朝鲜民主主义人民共和国涉外民事关系法》第40条规定：“收养和收养关系的解除，适用养父母的本国法律。但养父母具有不同国籍的，适用他们共同居住地国家的法律。”2001年韩国《冲突法》第43条规定：“收养及其解除，适用收养时养父母的本国法。”也有主张适用被收养人属人法，以便维护被收养儿童的权益。《秘鲁民法典》第2087条规定：“被收养人与其亲生父母家庭最终断绝亲子关系适用被收养人住所地法。”这对于解除养父母与养子女的关系也同样适用。还有主张适用收养人和被收养人的共同属人法的，如1999年斯洛文尼亚共和国《国际私法与国际民事诉讼法》第46条规定：“收养与终止收养的前提条件，依收养人与被收养人的共同国籍国法。”2007年北马其顿共和国《关于国际私法的法律》第50条规定：“设立收养的条件、终止收养，依收养人和被收养人的国籍国法。”更有主张适用与涉外收养成立一致的准据法的，如2005年保加利亚共和国《国际私法典》第84条规定：“收养的解除，依第1款、第2款和第4款规定的适用于收养条件的法律。除第6款规定的解除收养外，收养终止的原因，依照第5款确定的适用于收养效力的法律。终止收养的，应考虑未成年的被收养人的利益。”1995年意大利《国际私法制度改革法》第38条规定：“收养的条件、成立和撤销，受收养人或者收养人夫妻双方共同本国法支配；如果收养人夫妻双方没有共同国籍，则由双方共同居住地国法支配，

① 有关分析可参见山田镣一著：《国际私法之研究》，日本有斐阁株式会社1969年版，第268~276页。

② 余先予主编：《冲突法资料选编》，法律出版社1990年版，第85页。

或者由收养成立时双方婚姻生活主要所在地国法支配。”另有主张适用与涉外收养效力相同的准据法，如1979年《匈牙利国际私法》第44条规定：“收养效力和收养终止适用收养人收养时或终止收养时的属人法。如果养父母收养时和终止收养时的属人法不同，应适用收养夫妻最后的共同属人法；如没有共同属人法，则适用收养时或收养终止时的共同住所地法；如果也没有共同住所的，适用法院地法或其他机构地法。”2011年罗马尼亚《民法典》第2608条规定：“收养关系解除所适用的法律应同支配收养效力以及收养人与被收养人之间的法律关系的准据法保持一致。”该法典第2610条还规定：“收养的无效若与实质要件有关则适用支配收养实质要件的准据法，若是由于形式要件的欠缺则适用支配收养形式的准据法。”①

中国《民法典》《收养法》《外国人在中华人民共和国收养子女登记办法》对涉外收养关系解除的法律适用没有具体规定，在《中华人民共和国涉外民事关系法律适用法》颁布以前一直是立法空白，司法实践无法可依。2010年颁布的《中华人民共和国涉外民事关系法律适用法》第28条对于涉外收养关系解除的准据法选择作了具体、明确的规定。该法第28条第3款规定：“收养关系的解除，适用收养时被收养人经常居所地法律或者法院地法律”。尽管我国立法在规定涉外收养关系解除问题时着重考虑了被收养人权益保护的因素，但是，却画蛇添足地加了一个定语“收养时”，人为地增加了法律适用的复杂性。似乎收养关系成立十年或数十年后，养父母和养子女已移民无数次，甚至远离了收养成立时的国家，若要解除涉外收养关系，要么还得回到收养关系成立时的“经常居所地”或“法院地”，要么要求受理解除涉外收养关系所在国的主管机关或法院适用被收养人当年曾居住的那个国家的“经常居所地法律或者法院地法律”。不仅如此，中国立法关于涉外收养关系的解除适用“收养时被收养人经常居所地法律或者法院地法律”的这一规定，也没有明确准据法选择的具体标准，从而有可能导致准据法之间的冲突。在具体实践中，若涉外收养关系的解除选择的准据法并非唯一的，所适用的法律中其一是允许解除收养关系，另一法律则禁止解除收养关系，那么，势必令法官选法陷入困境或任意选法。另外，长期以来，中国实务部门在处理与其他国家的跨国收养合作时，对于收养国法律允许解除跨国收养关系或进行二次收养的，一律不得到中国来跨国收养中国儿童。正因为如此，中国目前只对17个国家开通了跨国收养渠道。然而中国

---

① 1992年罗马尼亚《关于调整国际私法法律关系的第105号法》第33条规定：“收养的无效适用第30条和第32条确定的法律。”（罗马尼亚《关于调整国际私法法律关系的第105号法》第30条规定：“收养的实质要件适用收养人和被收养人的本国法，同时也需符合双方各自本国法对双方所设立的条件。父母双方共同收养子女应具有的实质要件适用第20条规定的适用于婚姻效力的法律。”该法第32条规定：“收养的形式适用收养成立地国家的法律。”）该法第31条规定：“收养的效力以及收养双方的法律关系受收养人本国法支配。收养的解除也受同一法律支配。”

2010年颁布的《涉外民事关系法律适用法》第28条却明文设置了涉外收养关系的解除条款，恰恰与涉外收养主管部门处理同其他国家的跨国收养合作的一贯做法或指导思想背道而驰。这就有可能造成涉外收养关系解除的立法规定与实际操作的政策相冲突，难免陷入两难境地。

总而言之，中国的涉外收养制度仍处于发展阶段，尚不够成熟和完善，甚至还存在不少缺失，需要在涉外收养的具体实践中不断修正和发展，需要有更多关心儿童利益的专家学者进行更全面、更深入的研究并提供科学的理论依据和指导，需要司法部门和立法部门高度重视这方面的问题，加强和完善中国涉外收养的立法和司法实践，保证和促进中国的涉外收养沿着健康、有序、合法的轨道发展，适应当今国际社会不断发展和日益规范的跨国收养大趋势的客观要求。

六、海牙跨国收养公约在中国的实施机制的强化对策

中国作为当今世界跨国收养的一个主要的儿童送养国，① 一直非常重视跨国收养法律冲突问题，曾派代表参加了第十七届海牙国际私法会议讨论与审议《跨国收养方面保护儿童及合作公约》的全部工作。经过反复斟酌，中国政府代表于2000年11月30日签署了海牙国际私法会议1993年《跨国收养方面保护儿童及合作公约》。又经过五年的观察和论证，第十届全国人民代表大会常务委员会第15次会议于2005年4月27日正式批准了该公约，2006年1月1日该公约对中国生效。这不仅是中国致力于解决跨国收养法律冲突的进一步突破，而且也是中国在公约基础上与世界其他各国在跨国收养方面的合作力度和范围进一步扩大，更加有效地规范跨国收养行为，全方位融入跨国收养法统一化进程的契机。

海牙国际私法会议所制定的《跨国收养方面保护儿童及合作公约》尽管在某些方面还存在着不同程度的缺失，但它作为调整跨国收养关系的重要国际法律规范，所具有的广泛代表性、普遍性、先进性、科学性和灵活性是许多公约无法比拟的。② 充分利用好这一公约的机制，不仅有利于在世界范围内保护无家可归的儿童，而且有助于规范和指导跨国收养并促进跨国收养朝着健康的方向发展。

首先，中国应利用实施海牙跨国收养公约这一平台提高其在跨国收养领域的国际影响力。

海牙跨国收养公约是跨国收养法统一化运动开展多年以来取得的一项重要成

---

① 胡杏兰：《海牙国际私法会议通过〈跨国收养方面保护儿童及合作公约〉》，载《国际法年刊(1993)》，中国对外翻译出版公司1994年版，第350~360页。

② Joan Heifetz Hollinger，Adoption Law and Practice，Matthew Bender & Company Inc.，2004，Chapter 11，pp. 52-56.

就，其重点不是集中在制定一部统一实体法来协调各国有关收养法律冲突，或使各国收养法完全趋于一致，是旨在促进儿童原住国与收养国在收养活动中建立合作机制，使跨国收养更加规范化，以防止拐骗、买卖儿童现象的发生，达到最佳保护儿童利益的目的。① 从这一公约立法精神和宗旨来看，它与中国的原则立场基本上是相吻合的，中国有关部门应利用我国融入跨国收养法统一化运动中的良好契机，提高中国在跨国收养法统一化运动中的影响力，在这一国际讲坛上阐明中国的立场和观点，宣传中国的涉外收养法律制度。

其次，中国应充分利用跨国收养公约所设定的合作机制来解决跨国或跨区域收养法律冲突。

从当前世界各国的发展情况来看，跨国收养经历了从飞速发展进入平稳过渡的时期，且成为一种普遍现象。② 由于跨国收养涉及不同国家的儿童收养问题，各国对此都有自己的法律规定，难免出现法律冲突，那么，要保证跨国收养符合儿童的最大利益，必须要进行国与国之间的合作，尽可能消除法律冲突。③ 海牙《跨国收养方面保护儿童及合作公约》也正是在这方面作出了巨大的努力，它在充分尊重儿童原住国与收养国双方利益的基础上，针对跨国收养的实质条件、形式条件、工作机关以及对收养的承认和效力等多方面的问题，着重强调了儿童原住国与收养国的合作，并规定了具体的保证措施。④ 这就更便于海牙跨国收养公约为各缔约国所接受。可以说，《跨国收养方面保护儿童及合作公约》在许多方面比以往通过的海牙公约更加科学、合理，而且富有灵活性和弹性，更容易生效和付诸实施。⑤ 事实上，该公约自 1995 年 5 月 1 日生效实施以来，已在消除跨国收养方面的法律冲突的实践中取得了非常明显的效果，已显示了它作为解决跨国收养法律冲突问题的国

---

① Permanent Bureau, 20 Years of the Hague Convention Assessing: The Impact of Convention on Laws and Practices Relating to Intercountry Adoption and the Protection of Children, The Netherlands, 2015, p. 8.

② Kerry O' Halloran, The Politics of Adoption: International Perspective on Law, Policy & Practice, Third Editon, Springer, 2015, pp. 804-805; Karen Smith Rotabi, Nicole F. Bromfield, From International Adoption to Global Surrogacy: A Human Rights History and New Fertility Frontiers, Routledge Taylor& Francis Group, 2017, p. 28.

③ Claire Fenton-Glynn, Children's Rights in Intecountry Adoption, Intersentia Ltd., 2014, p. 21.

④ Permanent Bureau, Accreditation and Adoption Accredited Bodies: Guide to Good Practice (Guide No. 2), Jordan Publishing Limited, 2012, p. 22.

⑤ Joan Heifetz Hollinger, Adoption Law and Practice, Matthew Bender & Company Inc., 2004, Chapter 11, p. 55.

际工具和手段的重要价值。① 因此，无论从《跨国收养方面保护儿童及合作公约》本身的价值还是从其实践效果所体现的价值来看，中国应充分利用跨国收养公约所设定的合作机制，以便更好地避免和消除中国在跨国收养方面与其他国家存在的法律冲突。可能的话，还可以借鉴海牙跨国收养公约的合作机制来解决中国一国两制三法系四法域中的区际收养法律冲突。

最后，中国可利用跨国收养公约保护儿童的措施与原则强化防止滥用跨国收养权贩卖儿童的力度。

海牙跨国收养公约在遵循《儿童权利公约》的基本原则和精神的基础上对跨国收养中的儿童保护问题作了非常具体、广泛的规定，对从国际范围保护儿童权益提供了更具体的保障机制。② 该公约明确对国际拐卖儿童行为宣战，要求各缔约国建立保障机制防止借跨国收养拐卖儿童，强调从跨国收养的全过程从严把关，即从申请、审查、移送、交接、再收养儿童等环节规定了防止跨国收养活动出现拐卖儿童事件发生的有效措施，为禁止借跨国收养拐卖儿童提供了较好的防范机制。③ 中国自批准该公约以后，可以利用其机制更有效地防止中国儿童在国际上被拐卖。中国涉外收养立法对被收养儿童出境后的跟踪调查和保障机制未作任何规定，存在法律疏漏，不利于保护在跨国收养中的被收养的我国儿童的利益，缺乏防止借跨国收养拐卖儿童的有效措施。而海牙《跨国收养方面保护儿童及合作公约》正好可以弥补我国这方面立法的不足。因为公约从有利于促进和保证跨国收养的国际合作并使跨国收养的进行更加规范化、合理化的角度规定了比较健全的保护被收养儿童的保障措施和制度，这正好可以为我国利用，以弥补中国在这方面尚未建立涉外收养追踪调查和保护被收养儿童制度的缺失，扩大中国同国际拐卖儿童行为作斗争的手段。

另外，中国可在实施海牙跨国收养公约的过程中进一步健全和完善中国的涉外收养法律制度。

中国涉外收养立法已有一些与海牙跨国收养公约相吻合的规定，但它仍然还有不少差距与一些不够完善之处。要想进一步健全和完善中国的涉外收养制度，理应注意并把握当代跨国收养法的统一化取向，④ 一方面在国内立法中，力求从中国具体国情出发，大胆吸收跨国收养法统一化进程中的新成果，在这一国际大舞台上吸

① Judith L. Gibbons, Karen Smith Rotabi, Intercountry Adoption: Policies, Practices and Outcomes, Routledge Taylor& Francis Group, 2016, p. 17.

② Claire Fenton-Glynn, Children's Rights in Intecountry Adoption, Intersentia Ltd., 2014, p. 103.

③ Permanent Bureau, The Implementation and Operation of 1993 Hague Intercountry Adoption Convention: Guide to Good Practice(Guide No. 1), Jordan Publishing Limited, 2008, p. 56.

④ Peter Selman, Intercountry Adoption: Developments, Trends and Perspective, British Agencies for Adoption & Fosterin, 2000, p. 22.

收国际上的先进经验和成功的做法，借鉴别国的收养立法与司法实践完善中国的涉外收养法律制度；另一方面，还应积极参加跨国收养法统一化运动，对普遍性的国际公约采取积极主动的态度，尽可能批准、接受或加入，以使中国涉外收养法律制度与国际社会的普遍实践和国际规范更趋协调或同步发展。1993 年海牙国际私法会议通过的《跨国收养方面保护儿童及合作公约》就是一部具有相当的先进性、科学性、内容合理性和机制的新颖性、普遍性的统一跨国收养法公约,① 利用该公约的规则将有助于弥补中国立法的不足，进一步健全和完善中国的涉外收养法律制度，减少中国在跨国收养中的法律障碍。

为了解决好中国的涉外收养法律冲突，使中国的跨国或跨区域收养更加符合被收养儿童的最大利益，使中国的跨国收养沿着健康、有序、规范化的轨道发展，加强中国同其他国家在公约基础上的国际合作，中国必须不断强化海牙跨国收养公约的实施力度，严格按照海牙国际私法会议收养特委会 2005 年 9 月 23 日通过的《关于规范执行 1993 年海牙国际私法会议〈跨国收养方面保护儿童及合作公约〉的指南（Ⅰ号指南）》、2010 年 6 月 25 日通过的《关于规范执行 1993 年海牙国际私法会议〈跨国收养方面保护儿童及合作公约〉的指南（Ⅱ号指南）：委任与委任组织的一般原则及行动准则》履约,② 全面遵循公约规则和发挥公约机制的有效功能。

第二节　中国涉外收养法律适用条款的重构

一、重构中国涉外收养法律适用条款的理念与进路

中国现有各类弃婴、孤儿共 34.3 万人，其中社会散居孤儿 27.5 万人。全国 470 多家专门的儿童福利机构和 700 多个综合福利机构的社会儿童部集中供养了 6.8 万名孤儿。③ 加上少数贫困家庭无力抚养的未成年子女，全国有近百万名儿童等待社会安置。如果全部集中在儿童福利机构养育，一方面会增加国家财力、物力和人力的负担，另一方面也难以为这些儿童成长提供良好的家庭生活环境，不利于他们成年后进入社会的发展。

目前，国际社会一直在倡导为“无家可归的儿童”寻找理想的家庭生活。在我国，弃婴、孤儿、家庭无力抚养的子女，特别是孤残儿童，是社会弱势群体中最弱

---

① Permanent Bureau, The Implementation and Operation of 1993 Hague Intercountry Adoption Convention: Guide to Good Practice (Guide No. 1), Jordan Publishing Limited, 2008, p. 39.

② 参见：http://www.hrc.org/issues/parenting/adoptions/8464.htm (accessed 31 January, 2020).

③ 参见中华人民共和国民政部：http://images3.mca.gov/www2017/file/201908/1565920301578.pdf，2020 年 1 月 30 日最后访问。

小、最困难、最脆弱的群体。解决这类社会弱势群体的安置问题，是中国特色社会主义"和谐社会"建设不容忽视的。因为，安置好孤残儿童，不但有利于解决目前的社会问题，甚至有可能在这方面消除长远的社会矛盾。实践证明，通过收养，为弃婴、孤儿、家庭无力抚养的子女，特别是孤残儿童，提供理想的家庭生活环境，是安置和养育这类社会弱势群体的最佳选择。据统计，2014 年至 2018 年的五年间，全国共办理收养登记 97819 件。其中，中国公民收养 85581 件，占全部收养登记的 87.5%；外国人收养 12238 件，占全部收养登记的 12.5%。①

对于规范国内收养问题，中国已有较完备的法律制度。而对于涉外收养的法律规制，中国立法与司法实践尚存在明显的缺失。1991 年制定并经 1998 年修订的《中华人民共和国收养法》只有第 21 条一条专门规定涉外收养问题，而且是单向的，且只规定了外国人收养中国人的问题，对中国人收养外国子女未作任何规定。2020 年 5 月 28 日颁布的《中华人民共和国民法典》也"依葫芦画瓢"，缺乏有关涉外收养立法的创新之举。2010 年《涉外民事关系法律适用法》也只有第 28 条对收养问题做了规定，对涉外收养成立、涉外收养效力和解除以及法律适用等也只做了粗线条的规定，至于跟踪调查、同性配偶收养子女、外国收养的承认与执行等问题，均是立法空白点。不仅中国《收养法》对于涉外收养规定不够全面，而且民政部所颁布实施的一些有关涉外收养的部门规章也同样是粗线条的，许多问题没有明确规定，造成了实践中无法可依的局面。在具体实践中，中国的涉外收养发展迅速。20 世纪 80 年代初中国每年只有一二百名儿童被外国人收养，而 21 世纪初每年将近上万名儿童被外国人收养，目前每年也有将近五千名儿童被外国人收养。涉外收养不仅对中国而且对整个世界都有巨大的影响，涉及面广。如今已有 17 个国家同中国建立了长期稳定的跨国收养合作关系，还有相当多的国家正等待加入合作行列。可见，为了促进中国全面小康社会建设，优化普惠性、基础性、兜底性民生工程，健全覆盖全民的社会保障体系，真正实现中华民族的伟大复兴，急需从理论和实践层面对中国涉外收养法律制度进行革故鼎新。

具体而言，重构中国涉外收养法律适用规范的基本理念和总体思路，应从以下四个方面加以把握：

第一，全方位确立和贯彻"儿童最大利益"原则。

在儿童的涉外收养安置过程中，必须始终把维护被收养儿童的权益放在首位。由于儿童缺乏自我保护能力，而孤残儿童更是如此，因此，在跨国送养儿童时，一定要把维护被收养儿童的利益放在首位，即坚持"儿童最大利益"原则。② 这在中

① 参见中国河南网：http://www.chnhenan.com/domestic/5044.html，2020 年 1 月 23 日最后访问。

② 齐延平主编：《社会弱势群体的权利保护》，山东人民出版社 2006 年版，第 298 页。

国实施的《儿童权利公约》和《跨国收养方面保护儿童及合作公约》中都有明文规定。联合国《儿童权利公约》明确规定"在所有的寄养和跨国收养过程中，应首先考虑儿童的最大利益"。1993 年的海牙《跨国收养方面保护儿童及合作公约》自始至终贯穿着"保护儿童最大利益"的原则，该公约第 1 条在阐明公约宗旨时着重强调"保证跨国收养的实施符合儿童最大利益"。此外，该公约第 4 条、第 16 条、第 21 条、第 24 条以及第 30 条又反复强化了该原则和立场。所有这一切，充分反映了现代国际收养立法以保护儿童最大利益为目的和宗旨的基本导向。① 因此，无论是在立法与司法中规范国内收养还是跨国收养，都必须充分考虑儿童的利益，把"一切为了儿童"作为收养工作的根本宗旨。在完善中国涉外收养法律机制过程中必须深入全面地贯彻落实该原则。

第二，进一步健全和完善涉外收养法律规范体系。

中国有关涉外收养的实体性规范主要是 1998 年修订的《中华人民共和国收养法》，其中第 21 条专门规定了外国人在华收养子女问题。自《中华人民共和国民法典》于 2021 年 1 月 1 日实施起，规制我国收养关系与收养行为的实体性法律规范主要集中为《中华人民共和国民法典》第五编第五章(第 1093 条至第 1118 条)以及第 52 条、第 464 条和第 1044 条的相关规定。有关涉外收养的程序性规范则集中体现在 1999 年 5 月 25 日发布的《外国人在中华人民共和国收养子女登记办法》16 个条文上；而有关涉外收养的法律适用规范则只有 2010 年《中华人民共和国涉外民事关系法律适用法》第 28 条的规定。此外，还有中国实施的联合国《儿童权利公约》和海牙国际私法会议《跨国收养方面保护儿童及合作公约》，也是规范我国涉外收养的国际性法律规则。中国现行有关涉外收养的法律法规表明：当今不仅已在形式上形成了有关涉外收养的实体法、程序法和冲突法，而且在法律体系上也是国际法与国内法双管齐下，形成了由全国性法律、部门规章和国际公约共同构成的涉外收养法律制度。不过，中国有关涉外收养的法律体系还不够健全，长期受"宜粗不宜细"的立法指导思想影响，不仅相关条文显得十分简单、粗糙，而且缺乏有机统一性，散落在不同的法律法规中。而《民法典》②继续沿袭旧制，既未跳出涉外收养

① 蒋新苗著：《收养法比较研究》，北京大学出版社 2005 年版，第 65~66 页。

② 我国《民法典》第 1109 条规定："外国人依法可以在中华人民共和国收养子女。外国人在中华人民共和国收养子女，应当经其所在国主管机关依照该国法律审查同意。收养人应当提供由其所在国有权机构出具的有关其年龄、婚姻、职业、财产、健康、有无受过刑事处罚等状况的证明材料，并与送养人订立书面协议，亲自向省、自治区、直辖市人民政府民政部门登记。前款规定的证明材料应当经收养人所在国外交机关或者外交机关授权的机构认证，并经中华人民共和国驻该国使领馆认证，但是国家另有规定的除外。"

立法原有模式的窠臼，也未将《外国人在中华人民共和国收养子女登记办法》的法律位阶提升，更未将《中华人民共和国涉外民事关系法律适用法》有关涉外收养准据法选择条款吸纳融为一体。可见，更新中国现行涉外收养法律制度，决不可忽视其法律法规体系的完整性、协调性、有机性和统一性。

第三，扎实筑牢跨国收养事后跟踪调查保护机制。

中国《民法典》《涉外民事关系法律适用法》《中国公民收养子女登记办法》《外国人在中华人民共和国收养子女登记办法》对国内收养与跨国收养的跟踪调查程序未作任何规定，不利于保护被收养的中国儿童，不利于防止中国儿童在国际上被贩卖或变相作为其他用途。在中国涉外收养既往实践中，一般要求外国收养组织或中央机关对被收养的中国儿童在国外的生活情况提交两次报告。目前虽改为五年提交六次收养安置后报告，但仍然未建立起有效的事后监督机制。中国这种不健全、不完善且缺乏长期性、固定性的跟踪调查程序，不但与海牙《跨国收养方面保护儿童及合作公约》的要求相距甚远，而且难以防止儿童的国际拐卖或其他借跨国收养的名义从事非法勾当，容易被国际上一些不法分子钻空子。因此，为了全面保护跨国收养中的被收养的中国儿童的正当权益，不仅必须在涉外收养立法中严格规定外国人收养的程序，而且必须建立和健全中国涉外收养的跟踪调查机制。

第四，通过革新立法消除涉外收养安置过程的垄断性或独占性。

无论是国内公民还是外国公民收养中国儿童福利机构集中供养的儿童，民政部门同时扮演着儿童监护者、送养者、收养登记者、监督者与主管者等多重角色，形成了“垄断收养”的状况。而中国现行立法和司法实践又无限扩大儿童收养关系成立的行政要式，既不符合现代法治的要求，也与国际社会的通行做法存在差距。民政部主张收养的登记这一行政行为至关重要，是不可缺少的程序，具有最高的效力。1998 年修订《收养法》时更是将强化收养的行政性推到了无以复加的顶峰，修改后的《收养法》第 15 条以及随后由民政部颁行的《中国公民收养子女登记办法》第 7 条和《外国人在中华人民共和国收养子女登记办法》第 11 条多次重复“收养关系自登记之日起成立”。无论从理论上还是实践上来看，对国内收养与跨国收养儿童这种重要的民事法律行为，应以法律手段来管理和规范，这样才能保护合法的收养关系，防止违法的收养行为。因此，我国应尽快改变现行收养法律法规这种无限夸大收养成立的行政性程序的局面。① 尤其值得注意的是，中国负责跨国收养主管机关

① 现代世界各国在收养关系成立的方式上大致有两种做法，一是通过法院的程序成立，英国、美国和法国的做法最为典型；二是依靠行政措施成立，以苏联等东欧国家为代表。参见李建、窦玉沛主编：《收养法律知识问答》，中国法制出版社 1999 年版，第 107 页。

和委任机构的法律地位与运作机制，不仅存在国际法方面的缺失，而且从国内法上看也不乏弊端。① 特别是"中国儿童福利与收养中心"隶属于民政部这一做法，严重违背了相互制衡的法治原则。"中国收养中心"自 1996 年 6 月 24 日正式成立便明确划归为民政部辖属的事业单位，2011 年 3 月 26 日在原有机构基础上更名为"中国儿童福利收养中心"，依然属于民政部直属单位。可见，民政部几乎总揽了整个涉外收养，自办自送，自己审查，自己送养，集跨国收养的中央机关、送养人于一身，缺乏有效的监督机制。事实上，由于儿童福利院与民政部门之间是一种行政管理关系，既由福利院负责送养儿童，又由民政部门主管国内与跨国收养的登记，儿童福利院送养的儿童是否符合跨国收养的条件以及具体送养程序和手续的办理，仍是民政系统一家说了算，缺乏其他部门的监督和制约，几乎是一言堂。正是因为如此，收养的公证也几乎流于形式。加之，1998 年 11 月 4 日修订的《收养法》将原《收养法》第 20 条第 2 款中的"收养关系自公证证明之日起成立"这一规定删除，弱化了收养公证的效力。1998 年修订的《收养法》第 21 条第 3 款(现为《民法典》第 1105 条第 4 款)规定："收养关系当事人各方或者一方要求办理收养公证的，应当办理收养公证。"如果收养关系当事人无此方面的要求，便可不办理涉外收养公证，从而使儿童的涉外收养公证处于可有可无的境地。正是这种垄断性和独占性导致中国贵州镇远、湖南衡阳和邵阳等个别地方的儿童福利机构利欲熏心，借涉外收养"倒卖儿童"等不法现象屡禁不止。② 因此，为了规范和促进中国涉外收养的健康发展，在重构涉外收养法律规范的过程中，一是彻底打破民政部门对收养特别是涉外收养的"垄断"局面；二是精准确立"中国儿童福利与收养中心"的法律定位，按照中国批准的海牙《跨国收养方面保护儿童及合作公约》的规定加以规范，③ 突出其独立性、非营利性和公正性。

另外，如何改变中国涉外收养立法中仅仅规定了外国人在华收养子女的单向性问题、如何确立中国人收养外国子女的规则、如何设立外国收养的承认条件、如何完善涉外收养的效力和法律适用及简单收养与完全收养的转化认可等问题，均是我国涉外收养法律机制完善过程中需要重点考虑的和加强顶层设计的。

总之，在全球跨国收养发展的大格局影响下，在中国涉外收养规模和数量日趋

① 彭南元著：《国际收养之最新发展趋势》，载《当代公法新论》，台湾元照出版公司 2002 年版，第 920 页。

② Karen Smith Rotabi，Nicole F. Bromfield，From International Adoption to Global Surrogacy：A Human Rights History and New Fertility Frontiers，Routledge Taylor & Francis Group，2017，p. 16.

③ Thomas Steiger，Das neue Recht der Internationalen Adoption und Adoptionsvermittlung，Bundesanzeiger Verlagsges，2012，pp. 54-59.

平稳的形势下，在中国民法典付诸实施的新时代，不仅必须全方位反思和检审我国现行涉外收养法律制度，而且必须高度重视和关注涉外收养法律适用规范的重构问题。这就要求着力破除制约完善涉外收养立法的机制体制障碍，全面分析、科学论证，在立足国情和借鉴国际先进范例中加强顶层设计，放眼长远和未来，精准发力，革除积弊，勇于创新，稳步推进中国涉外收养立法与司法实践的完善。

二、中国涉外收养法律适用条款优化的理想方案与参考原则

（一）中国涉外收养法律适用条款的立法建议条文

1. 收养的实质要件（包括收养人、被收养人、送养人等实质条件）

收养的条件和成立，重叠适用收养时收养人和被收养人的属人法。没有共同住所或共同国籍的，重叠适用收养人和被收养人的惯常居所地法；没有共同惯常居所的，依最密切联系原则确立准据法，且须符合收养当事人各自属人法所设立的条件。

夫妻共同收养的，收养的条件和成立适用支配双方婚姻一般效力的法律。

被收养人的惯常居所地法规定被收养人或者第三人的承诺或同意为收养成立条件的，遵守该规定。

【立法建议条文说明】

（1）涉外收养的成立必须符合一定的实质要件和形式要件，即涉外收养必须符合法定的条件和手续。前者包括涉外收养关系当事人的主体条件、收养的意思表示等内容；后者指的是涉外收养的法律程序。

（2）针对涉外收养条件和涉外收养手续的法律适用，各国主要有如下几种做法：第一，适用收养人的属人法，侧重于保护收养人的权利。第二，适用被收养人的属人法，侧重保护被收养人利益。第三，重叠适用收养人和被收养人的属人法，目的是有利于收养在域外得到承认，避免出现“跛足收养”。第四，适用法院地法。

（3）为了防止“跛足收养”的发生，保证跨国收养关系被各当事国承认，目前世界多数国家都要求跨国收养成立的实质要件应同时适用收养人与被收养人属人法。根据李双元教授的研究，目前在涉外收养立法方面有所规定的26个国家和地区中，对收养的成立采用当事人各自本国法的有10个，采用收养行

为地法的有5个。① 可见，对跨国收养成立的实质要件采取重叠适用法律的规定是当今世界收养立法的主要走势。

(4)重叠适用收养人和被收养人属人法，是指“双方需符合各自属人法对双方所设立的条件”。收养法中的禁止性规定一般具有双向性，对收养人和被收养人均有约束力。这类规定虽然在一定程度上不利于收养关系的成立，但因收养涉及身份问题，毕竟不同于一般的商品交易，事关个人终生福利，应当谨慎行事，不能仅仅停留在“促成法律行为”等简单性目标上。

(5) 跨国收养同意权的行使适用被收养人属人法。很多国家都明确要求如果被收养人属人法有关于跨国收养同意权行使方面的规定，应予以适用。这主要是为了保护被收养人的利益，防止“跛足收养”关系。

(6)夫妻共同收养适用调整婚姻效力的法律。跨国收养实践中夫妻共同收养是通常情况，随着现代社会的发展，人员流动性增加，跨国婚姻的数量不断增加，国籍不同或住所地不同甚至居住地不同的夫妻已屡见不鲜。因此，很多国家对夫妻共同收养的法律适用作出了特别规定，普遍规定为适用调整婚姻效力的法律。中国收养法提倡夫妻共同收养，跨国收养实践也以夫妻共同收养为通常情况，因此，夫妻共同收养的法律适用规则应作以特别规定。在中国《涉外民事关系法律适用法》的现行规定下，可特别规定为：夫妻共同收养应适用夫妻共同惯常居所地法律；没有共同惯常居所的，适用共同国籍国法律；没有共同国籍、在一方收养人经常居所地或者国籍国缔结婚姻的，适用婚姻缔结地法律。

---

① 目前各国立法有关涉外收养所适用的法律规定的具体情况如下：1. 适用法院地法：瑞士法第77条规定；2. 适用收养人属人法：日本法第31条(养父母的本国法)、波兰法第22条(收养人本国法)、德国法第22条(收养时所属国家的法律)、葡萄牙法第60条(收养人属人法)；3. 被收养人的属人法：斯洛文尼亚法第46条(被收养人国籍国法)、捷克法第61条(被收养人本国法)；4. 分别适用收养人和被收养人的本国法：秘鲁法第2087条、匈牙利法第43条、罗马尼亚法第30条、意大利法第38条(双方共同本国法)、希腊法第23条1款(各该本国法)、塞内加尔法第844条、中国《外国人在中华人民共和国收养子女登记办法》第3条(被收养人经常居住地国法)；5. 依收养的实质要件、形式要件、效力、无效等分别确定准据法：罗马尼亚法第30~33条、法国民法典国际私法法规第三草案(1967年)第2299条和第2300条、前南斯拉夫法第44~45条、奥地利法第26条、土耳其法第18条、多哥法第711条、中国《国际私法示范法》第138条、中国台湾地区法第18条。参见李双元著：《涉外民事关系法律适用法制定研究》，湖南人民出版社2013年版，第236页。

2. 收养的形式要件(包括收养程序、收养方式、收养手续)

收养的程序适用收养成立地国家的法律。被收养人为中国公民的，应当满足中国的相关规定。

【立法建议条文说明】

关于跨国收养关系的形式要件的法律适用，世界各国通常依“场所支配行为”的原则，适用收养行为地法或收养成立地法。《中华人民共和国涉外民事关系法律适用法》第28条规定：收养的手续，适用收养人和被收养人经常居所地法律。这一规定不符合国际通行做法，也与我国现有法律相冲突。因为根据《中国公民收养子女登记办法》规定，外国人在华收养子女应亲自来华，并在我国办理收养登记和自愿办理收养公证，收养关系自登记之日起成立。在这一系列程序中，实际上是无法适用收养人经常居所地的法律。中国经过长期的经验累积并向其他跨国收养发达国家学习，总体规定是较为详细和严格的，既有助于确保收养家庭的质量，又充分显示中国为了保护被收养的中国儿童最大利益的立场和态度。

3. 收养的效力

收养的效力，适用收养人和被收养人共同的属人法。没有共同惯常居所或共同国籍的，适用被收养人的惯常居所地法或最密切联系地法。

【立法建议条文说明】

(1) 在收养效力上存在只允许完全收养的立法例与认可完全收养和不完全收养并存的立法例，当今世界尚无公认机制或统一模式。

(2)针对涉外收养效力的法律适用规则，目前主要存在如下几种做法：第一，适用收养人属人法，如海牙《跨国收养方面保护儿童及合作公约》第26条第2款和第27条规定，为了强化儿童原住国与收养国的合作机制，收养效力依照收养国或承认国的法律确定。第二，适用被收养人的属人法，如阿根廷《民商法典》第2636条规定：收养的条件和效力依被收养人在被收养时的住所地法律支配。第三，重叠适用收养人和被收养人的法律。

(3)一般情况下，跨国收养关系成立后，收养人和被收养人往往会在收养人所属国长期生活，与收养人属人法联系密切。为了确保跨国收养关系的稳定性，并使收养关系与当事人所属国法律保持一致，目前大多数国家规定跨国收养效力适用收养人属人法。对于跨国收养关系成立后被收养人在收养人所属国的入境或入籍问题，各国普遍主张适用收养人属人法。也有少数国家出于更好地维护被收养儿童权益方面的考虑，主张适用被收养人属人法。

4. 收养关系的解除(包括收养的无效、撤销和终止)

收养关系的解除，由法院地法或根据本法适用于收养条件的法律支配。终止收养的，应考虑未成年被收养人的利益。

【立法建议条文说明】

(1)收养的无效、撤销或者终止，统称为收养关系的解除。收养关系可以根据协议解除，也可以由一方当事人向法院请求而依法解除。就后者而言，有的国家禁止解除收养关系，如《美洲国家间关于未成年人收养的法律冲突公约》就有相关规定。有的国家采取许可主义，如奥地利 1978 年《国际私法法规》第 26 条、比利时 2004 年《国际私法典》第 71 条、保加利亚 2005 年《国际私法典》第 84 条、斯洛文尼亚 1999 年《国际私法与国际民事诉讼法》第 46 条、罗马尼亚 2011 年《民法典》第 2608 条和第 2610 条以及朝鲜 1995 年《涉外民事关系法》第 40 条等均有明文规定。

(2)就收养关系解除的法律适用，存在适用收养人属人法、适用被收养人属人法、重叠适用双方属人法、适用与收养条件相同的准据法、适用与收养效力相同的法律等不同做法。总的来说，由于收养关系解除对于被收养人影响巨大，在立法价值上应当从严把握。

(3)《中华人民共和国涉外民事关系法律适用法》第 28 条规定：收养关系的解除，适用收养时被收养人经常居所地法律或者法院地法律。这一规定中，被收养人经常居所地法律和法院地法律的适用关系不明确。实践中，两种法律是按顺序适用还是由法官自由选择适用？由于收养关系的解除属于跨国收养安置后的法律问题之一，对各方当事人尤其是被收养人未来生活的影响很大，必须谨慎适用法律，力求法律适用结果的实体正义。跨国收养关系的解除可增加法律适用条款的弹性，引入被收养人利益考量因素，为法官选择法律的自由裁量权提供依据。

(二)中国涉外收养法律适用条款的立法建议条文应确立的总体原则说明

第一，涉外收养法律适用规范重构的基本原则不外乎未成年人利益保护原则、主权独立原则、自愿平等原则、公序良俗原则、儿童最大利益原则、最密切联系原则、条约优先原则和国际合作原则等。1993 年《跨国收养方面保护儿童及合作公约》规定了儿童最大利益原则和从属性原则等原则。儿童最大利益原则来源于联合国的《儿童权利公约》，指的是一切都应该从儿童的最大利益出发。而从属性原则的意思是指只有在国内收养难以实现的情况下，才可能考虑跨国收养。就第一原则而言，跨国收养中应当注意未成年人的保护，适用对被收养儿童有利的法律，即依照"有利原则"适用有利于被收养儿童的法律。例如，比利时法律规定，如果法官认为外国法的适用明显地损害被收养人的重要利益，且收养人或收养人配偶双方明显地与比利时有更密切的联系，则适用比利时法律。

第二，涉外收养法律适用同一制原则或分割制原则的取舍，有待仔细斟酌。各国对跨国收养的法律适用规定存在两种情况：一是将跨国收养关系作为一个整体，在冲突规范中对跨国收养的实质要件、形式要件、法律效力等方面指定同一准据法，这种方法被称为"同一制"方法。目前美国、秘鲁、波兰和意大利等国大多采用同一制。二是将跨国收养关系进行分割，通过不同的冲突规范分别指定不同的准据法，即分割法。目前中国、比利时、日本、德国、葡萄牙等国立法就对跨国收养的有效条件、法律效力、同意权行使和收养关系的解除等各项内容分别规定了不同的法律适用规范。尽管分割法增加了法律适用的复杂性，但很多法律关系中的不同环节之间相对独立，针对不同环节的各自特点，选择符合不同环节利益取向的法律是实现实质正义和增加法律选择灵活性价值的一种有效方法。《涉外民事关系法律适用法》第 28 条采用了"分割法"，增加了传统跨国收养冲突规范的灵活性。因此，针对跨国收养法律关系各方面的不同特征，分别选择符合各利益取向的法律是顺应现代冲突法发展趋势的。

第三，当事人意思自治原则在涉外收养领域适用的困境。如果适用有限意思自治原则，允许当事人在法律限定的准据法中自主选择最终适用的法律，可以增强法律适用的确定性和可预见性，在一定程度上减少跨国收养法律冲突的产生。但从各国的立法实践来看，在解决跨国收养法律冲突法中并不宜适用意思自治原则，原因主要在于：其一，尽管收养曾一度被视为契约行为，具有明显的私法性质，但是，随着现代收养法的发展，大部分国家都开始倾向收养领域的公权力的介入，变更其纯私法性，从"法不入家门"逐渐迈入司法行政干预收养行为的时代。当事人意思自治原则主要适用于契约领域，跨国收养越来越突出的公法性质使得意思自治原则丧失了适用的基础。其二，现代"为儿童之收养"的理念要求法律适用的价值取向应有利于被收养儿童的利益，但跨国收养中的意思自治方法主要是送养人和收养人在收养契约中对适用法律进行约定，被收养儿童通常处于被动地位。因此，在跨国收养法律冲突中适用意思自治原则不符合儿童最大利益原则的要求。中国《最高人民法院关于适用〈中华人民共和国涉外民事关系法律适用法〉若干问题的解释(一)》第 6 条规定明确了跨国收养法律适用不得适用意思自治原则，这符合现代跨国收养冲突法的发展趋势。

第四，涉外收养属人法原则合理适用与科学界定应予以高度重视。《涉外民事关系法律适用法》第 28 条将“经常居所地”作为属人法的唯一连结点并不完全合理。国际上，属人法的连结点通常包括国籍、住所、居所和惯常居所。大陆法系和普通法系国家的属人法一直存在国籍国法和住所地法之争，惯常居所地法是属人法的新发展，是协调和平衡国籍国法和住所地法冲突的结果。《涉外民事关系法律适用法》第 28 条的规定，完全抛弃了“住所”“国籍”这两个重要的属人法连结点，而采用了“经常居所地”这一连结点。但对于“经常居所地”的内涵与外延，中国立法与司法解释均无明确的、具体的界定。纵观世界各国立法与司法实践，大多数国家在跨国收养法律适用规范中多以国籍国法作为属人法。中国法在一定程度上也带有较明显的大陆法系特征，在立法时不仅要注意强化特色，同时也要注意不得完全脱离主流。因此，从一定程度上看，在涉外收养法律适用条文设计上，不可忽视“国籍”这一传统连结点的功能和价值。

三、当今国际社会涉外收养法律适用条款的立法参考典范

（一）中国有关涉外收养法律适用的立法例及学者立法建议稿参考文本

1.《中华人民共和国涉外民事关系法律适用法》（2010 年 10 月 28 日通过，2011 年 4 月 1 日生效）

第 28 条

收养的条件和手续，适用收养人和被收养人经常居所地法律。

收养的效力，适用收养时收养人经常居所地法律。

收养关系的解除，适用收养时被收养人经常居所地法律或者法院地法律。

[说明]（1）第 28 条在结构上基本采纳了中国国际私法学会《国际私法示范法》的做法，通过 3 个条款规定收养的条件和手续、收养的效力、收养的解除三方面的法律适用；（2）涉外收养的实质要件采取重叠适用法律的规则，顺应国际社会涉外收养法律关系适用的立法潮流；（3）收养效力适用收养时收养人经常居住地法律，从时间上固定了效力的准据法，同时考虑到实践中被收养人跟随收养人共同生活，应保护收养人的积极性，鼓励跨国收养；（4）收养关系解除的法律适用上，注重保护被收养人的利益，同时兼顾法院地法。

2. 澳门民法典（1999 年 8 月 3 日颁布，1999 年 10 月 1 日生效）

第 56 条　收养之亲子关系

1. 收养之亲子关系之成立，适用收养人之属人法，但不影响第二款及第三款规定之适用。

2. 夫妻共同作出收养或待被收养人为收养人配偶之子女时，夫妻之共同常居

地法为准据法；如无共同常居地，则与收养人家庭生活有较密切联系地法为准据法。

3. 在事实婚状况下生活之两人共同作出收养，或待被收养人为与收养人有事实婚关系之人之子女时，适用经作出必要配合之上款规定。

4. 收养人与被收养人之关系，以及被收养人与原亲属之关系，均受收养人之属人法规范；此外，上条之规定亦适用于第二款及第三款所指之情况。

第 57 条　认领或收养之特别要件

如待被认领人或待被收养人之属人法规定，在认领或收养时必须征得待被认领人或待被收养人之同意，作为认领或收养要件，则须遵守之。

3. 中国台湾地区“涉外民事法律适用法”(2010 年 5 月 26 日)

第 54 条　收养之准据法

收养之成立及终止，依各该收养者被收养者之本国法。

收养及其终止之效力，依收养者之本国法。

4.“台湾地区与大陆地区人民关系条例”(1992 年 7 月 31 日颁布，1993 年、1994 年、1996 年、1997 年修改)

第 56 条　收养之准据法

收养之成立及终止，依各该收养者、被收养者设籍地区之规定。

收养之效力，依收养者设籍地区之规定。

第 65 条　收养不予认可之事由

台湾地区人民收养大陆地区人民为养子女，除依民法第 1079 条第 5 项规定外，有下列情形之一者，法院亦不予认可：

(1)已有子女或养子女；

(2)同时收养二人以上为养子女者；

(3)未经行政院设立或指定之机构或委托之民间团体验证收养之事实者。

5. 中华人民共和国国际私法示范法(2000 年)(本示范法由中国国际私法学会草拟，是学术性的，仅供立法、司法机关或其他从事涉外事务的政府部门以及法学院校、法学科研单位参考使用)

第 42 条　收养管辖权

对因收养的成立和效力提起的诉讼，如收养关系成立地位于中华人民共和国境内，中华人民共和国法院享有管辖权。

对因解除收养关系提起的诉讼，如收养人或者被收养人的住所地或者惯常居所地位于中华人民共和国境内，或者被收养人具有中华人民共和国国籍，中华人民共和国法院享有管辖权。

第 183 条　收养准据法

收养成立，适用收养时收养人和被收养人各自的住所地法或者惯常居所地法。

收养效力，适用收养时收养人的住所地法或者惯常居所地法。

收养终止，适用收养时被收养人的住所地法或者惯常居所地法，或者适用受理解除收养案件的法院地法。

6. 李双元先生《涉外民事法律关系的法律适用(2002 年建议稿)》

第 50 条　收养的条件、成立和撤销由收养人和被收养人的各自本国法支配。

【说明】本条规定适用收养人和被收养人各自的属人法。立法理由为：收养不仅影响收养人的权利与义务，而且也影响被收养人的权利与义务，另外，还考虑了收养在国外的承认问题。采此做法的国家有秘鲁、匈牙利、罗马尼亚、意大利、希腊、塞内加尔、中国等。之所以主张只适用被收养人的本国法，是因为儿童在其本国被收养的条件可能过于严格，而被诱拐至他国被收养。

7. 李双元先生《关于我国“涉外民事关系法律适用法(草案)”》(2008 年建议稿)

第 25 条：【收养】

收养，适用收养行为地法。

【说明】收养，适用收养行为地法的立法例包括日本法律适用通则法(2007 年)第 34 条、朝鲜涉外民事关系法(1995 年)第 40 条(收养和收养关系的解除方式符合其行为发生地国家的法律规定的，也发生效力)、罗马尼亚关于调整国际私法法律关系的第 105 号法(1992 年)第 32 条(收养的形式适用收养成立地国家的法律)、瑞士联邦国际私法(1987 年)第 77 条(在瑞士的收养，其条件适用瑞士法律即行为地法)。

(二)域外有关涉外收养法律适用的立法范例①

1. 意大利《民法典》(1942 年 3 月 16 日)

第 20 条

父母子女关系适用父亲的本国法，但如只查明母亲，或仅母认知其子，则适用

① 相关条文的译文主要参考李双元等主编：《国际私法教学参考资料选编》，北京大学出版社 2002 年版；余先予主编：《冲突法资料选编》，法律出版社 1990 年版；邹国勇译注：《外国国际私法立法选择》，武汉大学出版社 2017 年版，等等。

其母之本国法。

养父母与养子女之间的关系，适用养父母为收养时的本国法。

第 38 条　收养

1. 收养的条件、成立和撤销、受收养人或者收养人夫妻双方共同本国法支配；如果收养人夫妻双方没有共同国籍，则由双方共同居住地国法支配，或者由收养成立时双方婚姻生活主要所在地国法支配。尽管如此，如果收养申请向意大利法院提出并且这种给予未成年人以婚生子地位的收养是适当的，则应适用意大利法。

2. 如果成年被收养人的本国法要求收养需经被收养人同意，则被收养人本国法应予适用。

第 39 条　被收养人与收养家庭的关系

被收养人与收养人或收养人夫妻双方以及收养人亲属之间的人身和财产关系受收养人本国法或者收养人夫妻双方共同本国法支配；如果收养人夫妻双方无共同国籍，则由双方共同居住地法或者夫妻双方婚姻生活主要所在地法支配。

第 40 条　收养管辖

1. 意大利法院对于收养事项应有管辖权，当：

(1)收养人夫妻双方或其中一方，或者被收养人具有意大利国籍，或者是在意大利居住的外国人。

(2)被收养人系被遗弃在意大利的未成年人。

2. 除第三条所列的情形之外，只要收养是根据意大利法成立的，对于被收养人与收养人、收养人夫妻双方以及他们亲属之间的人身和财产关系，意大利法院有管辖权。

第 41 条　有关收养的外国裁决的承认

1. 有关收养的外国裁决应根据第 64 条、第 65 条和第 66 条予以承认。

2. 有关未成年人收养的特别法律规定应当适用。

2. 希腊《民法典》(1946 年 2 月 23 日生效)

第 23 条

收养的实质要件适用收养人和被收养人的各该本国法。

收养人同被收养人的关系适用收养存续中双方的最后共同本国法，如无共同国籍，适用收养成立时收养人本国法。

3. 葡萄牙《民法典》(1966 年 11 月 26 日通过，1967 年 6 月 1 日生效)

第 60 条　养子女的亲子关系

1. 养子女的亲子关系的成立适用收养人的属人法。如果收养人为配偶双方或被收养人是收养人的配偶的子女的，适用收养人夫妻共同本国法。没有共同本国法的，适用共同惯常居所地法，没有惯常居所地的，适用丈夫的属人法。

2. 收养人与被收养人之间的关系，被收养人与其生父母之间的关系，适用收养人的属人法。然而，在前款第二种情况下，适用本法第 57 条的规定。

3. 如果依调整收养人与生父母关系的法律，收养关系不成立的，或上述法律不确认收养关系的，收养关系不成立。

4. 加拿大魁北克《民法典》(1991 年 12 月 8 日通过，1994 年 1 月 1 日生效)

第 3092 条

对收养子女的同意与批准的有关规则应依子女住所地法确定。

收养的效力依照收养人住所地法确定。

第 3147 条

有关亲子关系问题，只要子女或父母一方在魁北克有住所，魁北克当局有管辖权。

有关收养问题，如果儿童或申请人在魁北克有住所，则魁北克当局有管辖权。

5. 立陶宛《民法典》(2000 年 7 月 18 日通过，2001 年 7 月 1 日生效)

第 133 条　收养子女的准据法

1. 收养子女，适用子女的固定住所地国法。

2. 若依照被收养的子女的固定住所地法、收养父母的固定住所地法或者收养父母的国籍国法规定，可预见到收养该子女将不被承认，若该规定不损害该子女利益，则可依照这些法制规定进行收养。若不能预见该国是否承认收养，则禁止收养。

3. 被收养子女、收养父母及其亲属之间的关系，适用收养父母的固定住所地国法。

4. 与收养有关的诉讼案件，子女及收养父母的固定住所地位于立陶宛共和国境内的，由立陶宛共和国法院管辖。

6. 秘鲁《民法典》(1984 年 7 月 24 日颁布)

第 2087 条　收养适用下列规则：

1. 在收养人和被收养人的住所地法均允许时，才能收养；

2. 收养人的住所地法适用于：

(1)收养人的能力；

(2)收养人的年龄和民事地位；

(3)收养人配偶的最终同意；

(4)收养人被准许收养必须具备的所有其他条件。

3. 被收养人的住所地法适用于：

(1)被收养人的能力；

(2)被收养人的年龄和民事地位；

(3)被收养人的父母或法定代理人的同意；

(4)被收养人与原父母家庭最终断绝亲子关系；

(5)被收养人离开本国的核准。

7. 法国《民法典国际私法法规》(第三草案)（1967 年）

第 2299 条

收养所要求的收养人和被收养人的条件，依他们各自的属人法。如果有些条件和双方都有关系，他们必须符合这两个国家法律的共同规定。

如收养由夫妻共同提出，则他们作为收养人的必备条件，依支配婚姻效力的法律。

第 2300 条

收养的效力依收养人的本国法。

经夫妻双方同意的收养，其效力依支配婚姻效力的法律。

8.《布斯塔曼特国际私法典》(1928 年 2 月 13 日第六届美洲国家会议通过)

第 73 条

收养和被收养的能力，以及收养的条件和限制，均依各当事人的属人法。

第 74 条

收养的效力，就收养人的遗产而言，依收养人的属人法调整，但关于姓氏及被收养人对其原来家庭所保留的权利义务，以及收养人对其遗产的关系，依被收养人的属人法调整。

第 75 条

任何利害关系人可以根据其属人法否认收养。

第 76 条

调整收养关系中的扶养权利以及制定收养行为应具备要式行为的规定，属于国际公共秩序法。

第 77 条

前四条的规定不适用于其立法不承认收养的国家。

9. 日本

(1)《法例》(1898 年 6 月 21 日颁布，1942 年、1947 年、1964 年、1986 年、1989 年修订。)

第 20 条　收养

1. 收养依收养当时的养父母的本国法。如果养子女的本国法规定，收养关系成立以养子女或第三人的承诺或同意、公共机关的许可或其他处分为要件时，则应具备其要件。

2. 养子女与生父母方的血亲的亲属关系的终止及收养终止，依前款前段所定法律。

(2) 日本《法律适用通则法》(2006 年 6 月 15 日通过，2007 年 1 月 1 日生效)

第 31 条　收养

收养适用收养时的养父母的本国法。如果被收养儿童的本国法规定，收养关系成立以养子女或第三人的承诺或同意、公共机关的许可或其他处分为要件时，则应具备该法所规定的要件。

被收养儿童与亲生父母及其血亲的亲属关系的终止以及收养关系的终止，适用前款前段所定法律。

10. 泰国《冲突法》(1938 年 3 月 10 日通过)

第 35 条

养亲和养子女同一国籍时，收养依其本国法；不同国籍时，收养的能力及要件，依各当事人本国法。养父母与养子女之间收养效力，依养父母本国法。

养子女与血亲属之间的权利和义务，依养子女本国法。

11. 土耳其《国际私法和国际民事诉讼法》(2007 年 11 月 27 日通过，2007 年 12 月 12 日生效)

第 18 条　收养

收养的能力和条件适用收养时当事人各自的本国法律。

收养以及夫妻另一方对收养的同意，一并适用该夫妻双方各自的本国法律。

收养的效力适用收养人的本国法律。夫妻共同收养的，适用调整夫妻婚姻效力的法律。

12. 中非共和国《国际私法》(1965 年 6 月 3 日颁布)

第 844 条

……

对收养人和被收养人所要求的收养条件，依双方各自的本国法。当两个国家的法律涉及收养人与被收养人时，双方必须符合两国法律所规定的条件。

当配偶双方要求收养时，对收养人所要求的条件，由决定婚姻效力的法律规定。

13. 突尼斯《国际私法典》(1998 年 11 月 27 日颁布)

第 53 条

收养的要件由收养人和被收养人各自的属人法支配。

收养的效果由收养人本国法支配。

具有不同国籍的配偶为共同收养的，收养的效果由共同住所地法支配。

由其他抚养人实施的监护的准据法依据本条上述规则确定。

14. 捷克斯洛伐克《国际私法及国际民事诉讼法》(1963 年 12 月 4 日通过，1964 年 4 月 1 日生效)

第 26 条

1. 收养，依收养人的本国法。

2. 作为收养人的夫妇双方国籍不同时，必须满足夫妇双方所服从之法律所规定的要件。

3. 前一款或二款所规定的外国法不准收养或收养条件非常严格时，如收养人夫妇双方或一方长期居住在捷克斯洛伐克社会主义共和国境内，依捷国法。

第 27 条

收养及其他类似关系是否要经子女、其他人或有关机关同意，必须按照子女的本国法确定。

第 41 条

1. 有关收养事项，养父母是捷国公民，审判权属于捷国法院；养父母中一方是捷国公民，在捷克斯洛伐克社会主义共和国有住所时，捷国法院也有管辖权。

2. 养父母双方或一方不是捷克斯洛伐克公民时，捷国法院在下列情况下，行使审判权：

(1) 养父母双方或一方旅居在捷克斯洛伐克社会主义共和国境内，并且捷国法院的判决能被养父母双方或至少其中一方的本国法承认的；

(2) 养父母双方或一方长期居住在捷克斯洛伐克社会主义共和国的。

15. 斯洛伐克《国际私法与国际民事诉讼法》(1993 年 12 月 4 日通过，2014 年 5 月 21 日修订)

第 26 条

1. 收养，依收养人的本国法。

2. 作为收养人的夫妇双方国籍不同时，必须满足夫妇双方所服从之法律所规定的要件。

3. 依照第1款或第2款所规定的外国法不准收养或收养条件非常严格时，如收养人夫妇双方或一方长期居住在斯洛伐克共和国境内，依斯洛伐克法。

第26a条

在收养者进行收养之前，儿童的安置应由该儿童的惯常居所地法支配。

第27条 收养及其他类似关系的设立，是否应征得子女、其他人或有关机关同意，必须按照子女的本国法确定。

第41条

1. 有关收养事项，养父母是斯洛伐克公民的，斯洛伐克法院享有管辖权；养父母中一方是斯洛伐克公民，在斯洛伐克共和国境内有住所时，斯洛伐克法院也有管辖权。

2. 养父母双方或一方都不是斯洛伐克公民时，斯洛伐克法院在下列情况下，行使审判权：

(1) 养父母双方或一方旅居在斯洛伐克共和国境内，并且斯洛伐克法院的判决能被养父母双方或至少其中一方的本国法承认的；

(2) 养父母双方或一方长期居住在斯洛伐克共和国境内的。

16. 捷克《国际私法》(2012年1月25日通过，2014年1月1日生效)

第60条 管辖权

1. 有关收养子女的事项，如果收养人为捷克共和国国民，捷克法院享有管辖权；已婚夫妻共同收养的，只要夫妻一方是斯洛伐克国民即可。

2. 养父母双方或一方都不是斯洛伐克公民时，斯洛伐克法院在下列情况下，行使审判权：

(1) 养父母双方或一方旅居在捷克共和国境内，并且斯洛伐克法院的判决能被养父母双方或至少其中一方的本国法承认的；

(2) 养父母双方或一方在捷克共和国境内有惯常居所。

3. 如果收养所涉及的未成年人为捷克共和国国民，并且其惯常居所在捷克共和国境内，捷克法院对该收养享有专属管辖权。

第61条 准据法

1. 收养，依被收养人和收养人的本国法。

2. 作为收养人的夫妻双方国籍不同时，必须满足夫妻双方的本国法以及被收养人本国法所规定的要件。

3. 依照第1款或第2款所规定的外国法不准收养或收养条件非常严格时，如收养人夫妻双方或一方在斯洛伐克共和国境内有惯常居所的，依捷克法。

第 62 条　准据法

1. 收养的效力，适用收养时所有当事人本国法。无共同本国法时，适用收养所有当事人的共同的惯常居所地法；无共同惯常居所地法时，适用被收养子女的本国法。

2. 被收养人与收养人的关系，在收养人方面就父母的权利义务、教育和抚养等事项而言，类推适用依照该法第 57 条所确定的法律。

第 63 条　对外国判决的承认

1. 如果在进行收养时，养父母的任何一方或养子女为捷克共和国国民，只要有关收养的判决不违背公共秩序，不违反捷克法院的专属管辖权，并且捷克法律的实体法规定允许收养，则在捷克共和国予以承认。对于承认的程序，适用该法第 16 条第 2 款的规定。

2. 如果所有诉讼当事人在判决时为外国人，只要有关收养的外国判决不违背公共秩序且该判决在所有诉讼当事人的国籍国得到承认，则捷克共和国无需经过其他程序就一概予以承认。

3. 对于在外国通过判决之外的方式实现的收养，类推适用第 1 款和第 2 款的规定。

17. 波兰《国际私法》(2011 年 2 月 4 日通过，2015 年 4 月 5 日修订)

第 57 条

1. 收养，依收养人本国法。

2. 夫妻双方共同收养的，适用其共同的本国法。无共同本国法时，适用夫妻双方共同的住所地法；夫妻双方的住所不在同一个国家时，则适用他们共同的惯常居所地法。夫妻双方的惯常居所不在同一个国家境内时，则适用以其他方式与夫妻双方均有最密切联系的国家的法律。

第 58 条

如果未遵从被收养人本国法有关收养应征得被收养人、其他法定代理人的同意或者主管国家机关的许可可以因住所迁移至另一国而限制收养的规定，则不得进行收养。

18. 南斯拉夫《区际冲突法》(1979 年 6 月 2 日生效)

第 29 条

南斯拉夫社会主义联邦共和国公民被收养的要件由被收养人住所所在的共和国或自治省的法律决定；但如果依照该法不能收养时，上述收养的要件由收养人住所所在的共和国或自治省的法律或者由他是其公民的共和国的法律决定。

第 30 条

如果收养人或被收养人是外国人或无国籍人，而按照国际私法规则应适用南斯拉夫社会主义联邦共和国法律时，支配收养的法律为被收养的人住所所在的共和国或自治省的法律；但被收养人在南斯拉夫社会主义联邦共和国领域内无住所，而收养人是南斯拉夫社会主义联邦共和国公民时，准据法为收养人住所所在的共和国或自治省的法律；或者，如收养人和被收养人在南斯拉夫社会主义联邦共和国领域内均无住所时，准据法为收养人或被收养人是其公民的共和国的法律。

如果收养人和被收养人均为外国人或无国籍人，收养是在南斯拉夫社会主义联邦共和国领域内发生的，而按照国际私法规则应适用南斯拉夫社会主义联邦共和国法律时，准据法为被收养人住所所在的共和国或自治省的法律；但如被收养人在南斯拉夫社会主义联邦共和国领域内无住所时，准据法为收养人住所所在的共和国或自治省的法律；或者，如收养人在南斯拉夫社会主义联邦共和国领域内也无住所时，准据法为收养发生地所在的共和国或自治省的法律。

第 31 条

支配收养人与被收养人间权利义务的法律与支配父母子女间的权利义务的法律相同(第 22 条至第 25 条)。

第 32 条

支配收养的终止的法律与适用于该收养的法律相同。

19. 南斯拉夫《国际冲突法》(1982 年 7 月 23 日颁布)

第 44 条

对实行收养和终止收养的条件，依收养人和被收养人共同本国法。

如果收养人和被收养人国籍不同，对实行收养和终止收养的要件，重叠适用他们所属的两国法律。

如果夫妻共同收养，对实行收养和终止收养的条件，除被收养人之本国法外，还应依夫妻各自的本国法律。

对收养的方式，依收养实行地法律。

第 45 条

对收养的效力，依收养人和被收养人在实行收养时的本国法。

如果收养人和被收养人国籍不同，应依他们共同住所所在国法律。

收养人和被收养人国籍不同，而住所也不在同一国家，如果他们中一人为南斯拉夫社会主义联邦共和国的公民，则依南斯拉夫社会主义联邦共和国法律。

如果收养人和被收养人都不是南斯拉夫社会主义联邦共和国公民，则依被收养人之本国法律。

第 74 条

南斯拉夫社会主义联邦共和国机关，对决定有南斯拉夫社会主义联邦共和国国籍并在南斯拉夫社会主义联邦共和国有住所的人的被收养及终止收养问题有专属管辖权。

如果收养人是南斯拉夫社会主义联邦共和国公民，并在南斯拉夫社会主义联邦共和国有住所，则南斯拉夫社会主义联邦共和国机关对决定收养和终止收养有管辖权。

在夫妻双方共同收养时，如果夫妻中一方是南斯拉夫社会主义联邦共和国公民，并且在南斯拉夫社会主义联邦共和国有住所，南斯拉夫社会主义联邦共和国的机关有管辖权。

20. 匈牙利《国际私法》(1979 年 7 月 1 日生效，2017 年 4 月 4 日修订)

第 43 条

1. 收养的要件，适用收养时收养人和被收养人和属人法。

2. 匈牙利公民收养非匈牙利公民，必须取得匈牙利监护机关的同意。

3. 非匈牙利公民收养匈牙利公民，必须取得匈牙利监护机关的同意。

4. 只有在收养符合匈牙利法律规定的条件下，监护机关才可同意或者批准收养。

第 44 条

1. 收养的法律上效果和收养的终止适用收养人或者终止收养时的属人法。

2. 如果养父母收养或者终止收养时的属人法不相同，收养和终止收养的法律上效果：

(1)适用夫妻最后的共同属人法；

(2)如果没有共同属人法，则适用夫妻收养或者终止收养时的共同住所地法；

(3)如果没有共同住所，适用法院地或者其他机构地法。

第 71 条 下列判决应予承认：

……

3. 外国法院或者其他机关许可、批准或者终止收养匈牙利公民的判决，但以收养人是外国公民和匈牙利监护机关曾批准收养为条件。

21. 保加利亚《国际私法典》(2005 年 5 月 4 日通过，2005 年 5 月 21 日生效)

第 10 条 收养事件的管辖权

1. 对涉及收养的许可、解除或终止的事项，除了第 4 条规定的情形外，如果收养人、被收养人或者被收养人的父母一方为保加利亚国民或者惯常居所在保加利亚共和国境内，则保加利亚法院或其他机关亦可管辖。

2. 如果收养人或者被收养人为保加利亚国民或者惯常居所在保加利亚共和国境内，以及在第4条规定的情形下，保加利亚法院对涉及收养人和被收养人之间的财产关系的事项具有管辖权。

第84条

1. 收养的条件，依提出收养申请时收养人和被收养人的本国法。

2. 如果收养人和被收养人的国籍不同，适用其中一方的本国法。

3. 如果被收养人为保加利亚国民，收养应取得司法部的许可。颁发同意由外国人收养保加利亚国民许可证的条件和程序，依司法部的有关规定。

4. 如果被收养人为保加利亚国民，惯常居所在另一个国家的(具有保加利亚或外国国籍)收养人也必须满足该另一国法律规定的收养条件。

5. 收养的效力，依收养人和被收养人的共同本国法。如果其国籍不同，适用其共同的惯常居所地法。

6. 收养的解除，依第1款、第2款和第4款规定的适用于收养条件的法律。

7. 除第6款规定的解除收养外，收养终止的原因，依第5款规定的适用于收养的效力的法律。

8. 终止收养时，应考虑未成年的被收养人的利益。

22. 比利时《国际私法典》(2004年7月16日通过，2004年10月1日生效)

第66条　收养的国际管辖权

与本法总则的规定相反，只有当收养人、收养人之一或被收养人在诉讼提起时是比利时人或者在比利时有惯常居所，比利时法院才对发布收养令享有管辖权。

根据前款规定的条件，或者，如果收养关系是在比利时建立的，比利时法院就宣告一项未导致现存亲子关系终止的收养转化为一项完全的收养，享有管辖权。

如果第一款规定的条件得到满足或者如果收养令是在比利时作出的，则比利时法院对收养的撤销享有管辖权。

如果收养关系是在比利时建立的或者确认收养关系的判决被比利时承认或被宣布可在比利时执行，则比利时法院根据第一款规定的条件对该收养的变更享有管辖权。

第67条　收养条件的准据法

在不影响民法典第357条适用的前提下，通过收养建立的亲子关系适用收养人在收养关系建立时的本国法或收养人夫妇双方在收养关系建立时具有相同国籍的国家的法律。

如果收养人夫妇没有任何国家的国籍，则通过收养建立的亲子关系适用收养人夫妇在建立收养关系时均有惯常居所的国家的法律，如果未在同一国家均有惯常居，则适用比利时法。

但是，如果法官认为适用外国法明显更大地损害被收养人的利益并且被收养人或收养人与比利时明显存在紧密联系，则适用比利时法。

第 68 条　关于被收养人同意的准据法

在不影响民法典第 358 条适用的情况下，被收养人和其父母或法定代理人的同意以及表示同意的方式适用即将进行收养登记时被收养人有惯常居所的国家的法律，或者在没有此类登记时，适用收养时被收养人有惯常居所的国家的法律。

但是，如果根据前款确定的准据法未将此类同意作为要件加以规定或忽视收养制度，则被收养人的同意适用比利时法。

第 69 条　收养方式的准据法

如果收养是在比利时进行的，则收养的方式适用比利时法。

如果收养契约根据收养契约做出地法在国外作出，并且该法规定收养的司法程序，则该司法程序可以根据比利时法律规定的程序在比利时启动。

第 70 条　收养关系的性质

根据第 67 条确定的准据法决定收养关系的性质和被收养人是否终止与其原家庭的亲属关系。

第 71 条　收养关系转化、撤销和变更的准据法

1. 在不影响民法典第 359 条第 2 款适用的情况下，收养的转化适用根据本法第 67 条至第 69 条确定的法律。

2. 收养的撤销适用根据本法第 67 条至第 69 条确定的法律。在评估连结因素时应考虑连结因素在收养建立时的关联程度。

3. 收养的变更适用比利时法。

第 72 条　对在国外建立的收养关系的承认

与本法的其他规定相反，如果民法典第 365 条第 1 款至 366 条第 3 款的规定没有被遵守以及民法典第 367 条第 1 款所规定的一项裁决没有依照民法典第 367 条第 2 款的规定进行登记，则有关收养关系的成立、转化、撤销或变更的外国判决或行政决定在比利时不被承认。

第 73 条　管辖权

1. 除适用本法总则规定的管辖原则之外，在下列情形下，比利时法院对因扶养纠纷提起的诉讼拥有管辖权：

1. 诉讼提起时扶养权利人在比利时有惯常居所；

2. 诉讼提起时扶养权利人和义务人均为比利时人；

3. 如果比利时法院对与人的身份地位有关的诉讼请求拥有管辖权，而该请求涉及某扶养纠纷，法院对该扶养纠纷拥有管辖权。

23. 罗马尼亚《民法典》(1864 年通过，2011 年 6 月 10 日修订)

第 2607 条【收养实质要件的准据法】

1. 收养的实质要件适用收养人和被收养儿童的本国法，同时也需符合双方各自本国法对双方所设立的强制性条件。

2. 夫妻双方共同收养子女的实质要件适用于婚姻有效性的法律支配。夫妻中一方收养另一方子女也适用同一法律。

第 2608 条【收养效力的准据法】

收养的效力及收养人与被收养人之间的法律关系受收养人本国法支配。夫妻双方共同收养子女的效力适用于婚姻有效性的法律支配。收养关系的解除也受同一法律支配。

第 2609 条【收养形式的准据法】

收养的形式适用收养成立地国家的法律。

第 2610 条【收养无效的准据法】

收养的无效若与实质要件有关则适用支配收养实质要件的准据法，若是由于形式要件的欠缺则适用支配收养形式的准据法。

第 2611 条【父母责任与儿童保护的准据法】

该准据法依罗马尼亚 2007 年 12 月 28 日公布的第 895 号法律，即 2007 年第 361 号令批准实施《海牙国际私法会议 1996 年 10 月 19 日〈关于父母责任和保护儿童措施的管辖权、法律适用、承认执行与合作的公约〉》。

24. 德国《民法施行法》(1896 年 8 月 18 日制定，1900 年 1 月 1 日生效，2017 年 6 月 11 日修订)

第 22 条　收养子女

1. 子女的收养，适用收养人在收养时的本国法。如果夫妻一方或双方共同收养时，则依该法第 14 条第 1 款规定的支配婚姻效力的法律决定。如果通过同性伴侣一方进行的收养，则适用该法第 17b 条第 1 款第 1 句所规定的支配同性伴侣关系一般效力的法律。

2. 就被收养子女与收养人以及与该子女有家庭关系的其他人之间所形成的亲属关系而言，收养的效力适用第 1 款所确定的法律。

3. 无论依照本条第 1 款和第 2 款应适用的法律有何规定，对于被收养人、收养人的配偶、同性伴侣或者其他亲属死亡后的权利继承，被收养人均享有与依照德国实体法规定所收养子女同等的权利。前提是被继承人已以遗嘱的形式对此作出指示，并且该继承由德国法律支配。如果收养系以一项外国判决为基础，则第 1 句规定也应适用。如果被收养人在收养时已年满 18 岁，则不适用第 1 句和第 2 句的规定。

第 23 条　同意

子女以及该子女有家庭关系的人对于出生证明、取名或者收养的同意，其必要性以及作出，还应额外适用该子女所属国法律。如果出于子女利益需要，可以适用德国法律以取代之。

25. 联邦德国《关于改革国际私法的立法》(1986 年 7 月 25 日颁布)

第 22 条　收养

子女收养依收养人在收养时所属国家的法律。通过夫妻一方或双方的收养依第 14 条第 1 款关于婚姻一般效力的法律。

第 23 条　认可

请求认可子女与某人的亲属关系，以及对子女所起的姓名、子女的嫡出或收养关系予以认可，依子女所属国家的法律。如果适用德国法对子女更为有利，可适用德国法。

26. 德意志民主共和国《关于国际民事、家庭和劳动法律关系以及国际经济合同适用法律的条例》(1975 年 12 月 5 日)

第 23 条　收养子女

1. 关于收养子女、其效力和解除收养，应当依照收养时或解除收养时该收养者的本国的法律确定。如果夫妇双方共同收养子女而夫妇双方属于不同国籍时，应当适用德意志民主共和国的法律。

2. 其他国家的公民所收养的子女是德意志民主共和国国民时，必须取得德意志民主共和国主管的国家机关的认可，其收养方发生效力。此外，此项收养必须依照德意志民主共和国家庭法典的规定，取得必要的同意声明，方属有效。

27. 奥地利《国际私法》(1978 年 6 月 15 日通过，1979 年 1 月 1 日生效，2015 年 1 月 1 日修订)

第 26 条　收养

1. 收养及收养关系的终止的要件，依养父母各自的属人法及被收养子女的属人法。如子女的属人法要求取得他的同意或他与之具有合法亲属关系的第三者的同意，该法在此限度内起决定作用。

2. 收养的效力，依收养人的属人法；如为配偶双方所收养，依支配他们婚姻的人身法律效力的法律；但在配偶一方死亡后，依另一方的属人法。

28. 瑞士联邦《国际私法》(1987 年 12 月 18 日通过，2017 年 5 月 24 日修订)

第 75 条

收养的管辖权属于养父母住所地的瑞士法院和主管机关。

有权对亲子关系的司法认定及其异议进行管辖的法院，对收养异议的诉讼也享有管辖权。

第 76 条

收养人夫妻双方在瑞士都没有住所，但其中一方具有瑞士国籍的，如果他们在国外的住所地无法收养子女，或者收养子女要求依照外国程序的，则具有瑞士国籍的一方收养人的国籍所在地的瑞士法院或主管机关可以行使管辖权。

第 77 条

在瑞士的收养，其条件适用瑞士法律。

如果收养人夫妻双方的本国或住所地国家不承认这种收养，且其结果将严重损害子女利益的，瑞士法院可以考虑适用外国的法律。尽管如此，仍不能保证承认收养的，则予以驳回。在瑞士提起收养无效的诉讼，适用瑞士法律。在国外成立的收养关系，只有当依瑞士法律为无效时才能认定其为无效。

第 78 条

发生在国外的收养，如果为收养人夫妻双方的住所地国家或国籍所属国家批准的，瑞士予以承认。

外国的收养或类似制度，如果其本质上具有不同于瑞士法律所规定的亲子关系的效力，则在瑞士只承认其在收养成立地国家所具有的效力。

29. 列支敦士登《国际私法》(1996 年 9 月 19 日通过，1997 年 1 月 1 日生效)

第 27 条　收养子女

1. 收养子女以及收养关系终结的条件适用收养人的国籍法。如果依照子女国籍法尚需征得子女或者与该子女存在家庭法律关系的第三人的同意，则该法律也应适用。

2. 收养子女的效力适用收养人惯常居所地国法律；夫妻双方收养子女适用支配婚姻对个人法律效力的法律，如果夫妻一方死亡则适用另一方惯常居所地国法律。

30. 格鲁吉亚《国际私法》(1998 年 4 月 29 日通过，1998 年 10 月 1 日生效)

第 14 条

在收养事项上，如果收养人双方、进行收养的配偶一方或者被收养的子女为格鲁吉亚国民或者惯常居所在格鲁吉亚境内，则格鲁吉亚法院具有管辖权。

第 52 条

收养，适用收养人在收养时的国籍国法。由夫妻双方或一方进行的收养，适用依该法支配婚姻效力的法律。

第 53 条

子女以及将与该子女产生或据以建立家庭关系的人对于出生证明、命名、准正、收养的同意的必要性及其作出，附加适用该子女的国籍国法。从有利于子女的健康出发，必要时可代之以适用格鲁吉亚法律。

31. 美国《第二次冲突法重述》(1969 年 5 月 23 日通过，1971 年 1 月 1 日颁布)

第 78 条　准予收养的管辖权

如果(1) 一州是被收养儿童或收养父(母)亲的住所地州，而且

(2) 收养父(母)亲以及被收养儿童或依法监护该儿童的人均受该州的司法管辖。该州即有权行使司法管辖权以准予收养。

第 289 条　支配收养的法律

法院适用其本地法决定是否准许收养。

第 290 条　外州收养的附属权利和义务

依据第 78 条规则而享有司法管辖权的州所宣布的收养法令，通常在另一州享有与该州法院所宣布的收养法令相同的效力。

32. 阿根廷《民商法典》(2014 年 10 月 1 日通过，2015 年 8 月 1 日生效)

第 2635 条【管辖权】

阿根廷法院对住所在阿根廷的儿童的收养批准或因收养而实施监护决定享有专属管辖权。收养的无效或撤销，由收养成立地或被收养人住所地法院管辖。

第 2636 条【准据法】

收养要件和效力，适用收养批准成立时被收养人住所地法。收养的无效或撤销，适用支配收养成立的法律或者被收养人住所地法。

第 2637 条【收养的承认】

外国收养只有经收养批准时被收养人住所地法院准许后，才可在阿根廷得到承认。收养人住所地国批准的收养，只有在符合被收养人住所地国承认收养的条件时才可以得到承认。在承认外国收养时，应特别考虑公共秩序、儿童最大利益原则以及与阿根廷的最密切联系。

第2638条【收养关系转化】

外国收养依被收养人住所地法的规定可以转化为完全收养：

1. 满足阿根廷法定的完全收养的要件。

2. 收养人和被收养人的同意，若后者为未年人则必须有监护人介入。无论如何，法官都得考虑方便保持与原出生家庭的法律联系。

33. 委内瑞拉《国际私法》(1998年8月6日通过，1999年2月6日生效)

第25条

收养有效性的实质要件，适用收养人与被收养人各自住所地法。

34. 巴拿马《国际私法典》(2014年5月8日颁布，2014年11月6日生效)

第10条　国际收养

收养关系的成立适用收养成立地法律，收养的条件、收养人的能力和同意权行使方式及其他要件均依各当事人的属人法。

收养的效力及收养关系的终止依被收养人的属人法调整。

35. 多米尼加共和国《国际私法》(2014年10月15日颁布，2014年12月19日生效)

第50条　收养

收养关系的成立适用多米尼加共和国的法律。

收养的条件及同意权行使等其他要件适用收养时被收养人或收养人的住所地法。

36. 北马其顿共和国《关于国际私法的法律》(2007年7月4日通过，2008年7月19日生效)

第50条　设立和终止收养的条件

1. 设立收养的条件、终止收养，依收养人和被收养人的国籍国法。

2. 如果收养人和被收养人国籍不同，则设立收养的条件、终止收养，重叠适用收养人和被收养人双方的国籍国法。

3. 如果夫妻双方共同收养，则设立收养的条件、终止收养，除了依被收养人的国籍国法之外，还应依夫妻一方或双方的国籍国法。

4. 收养的形式，依收养设立地法。

第 51 条　收养的效力

1. 收养的效力，依收养人和被收养人在设立收养时的国籍国法。

2. 如果收养人和被收养人的国籍不同，则依其住所地国法。

3. 如果收养人和被收养人国籍既不同，住所又不在同一国境内，则依被收养人的国籍国法。

第 87 条　收养的国际管辖权

1. 对于收养以及终止收养住所在马其顿共和国境内的马其顿共和国国民的决定，由马其顿共和国机关专属管辖。

2 如果收养人为马其顿共和国国民且住所在马其顿共和国境内，则马其顿共和国机关对决定收养及终止收养享有管辖权。

3 夫妻双方共同收养的，如果夫妻一方为马其顿共和国国民，则马其顿共和国机关足以据此行使管辖权。

37. 黑山《国际私法》(2013 年 12 月 23 日通过，2014 年 7 月 9 日生效)

第 89 条　收养

收养子女的成立条件、效力及终止，适用收养人的国籍国法律。

夫妻双方共同收养子女的，则应适用本法第 80 条所规定的法律。

子女的同意，除了适用本条第 1 款规定的法律外，亦应适用子女的国籍国法律。

收养的形式，适用收养成立地法。

第 130 条　收养的管辖权

对于与收养有关问题的裁决，如果养父母任何一方或养子女有下列情形之一，则黑山法院或其他机关享有管辖权：

1. 是黑山公民；

2. 在黑山境内有惯常居所。

38. 乌克兰《国际私法》(2005 年 6 月 23 日通过，2019 年 10 月 3 日修订)

第 69 条　收养

1. 收养的成立和撤销适用被收养儿童和养父母的本国法。如果夫妻双方共同收养且缺乏共同的属人法，则依支配其婚姻效力的法律决定。

2. 养父母的收养资格和能力适用收养时当事人各自的属人法。

3. 收养的法律效力或收养关系的终止适用养父母的属人法。

4. 依本法规定收养的儿童的登记与监督适用被收养儿童的属人法。

39. 斯洛文尼亚《国际私法与国际民事诉讼法》(1999 年 7 月 8 日通过，1999 年 7 月 28 日生效)

第 46 条

1. 收养与终止收养的前提条件，依收养人与被收养人的共同国籍国法。

2. 收养人与被收养人国籍不同的，收养与终止收养的前提条件，并行适用收养人与被收养人各自的国籍国法。

3. 配偶双方共同收养的，收养和终止收养的前提条件，除依照被收养人国籍国法外，亦可适用配偶各自的国籍国法。

4. 收养的形式，由收养设立地法支配。

第 47 条

1. 收养的效力，依设立收养时收养人与被收养人的共同国籍国法。

2. 收养人与被收养人国籍不同时，依其共同住所地国法。

3. 收养人与被收养人国籍既不同，住所又不在同一国的，依照被收养人的国籍国法。

第 83 条

1. 对于决定收养或解除收养住所在斯洛文尼亚共和国的斯洛文尼亚公民，由斯洛文尼亚共和国机关专属管辖。

2. 收养或解除收养的决定，如果收养人为斯洛文尼亚公民且其住所在斯洛文尼亚共和国，斯洛文尼亚共和国机关有管辖权。

3. 配偶双方共同收养的，只要配偶一方为斯洛文尼亚公民且其住所在斯洛文尼亚共和国，则斯洛文尼亚共和国机关足以据此行使管辖权。

40. 摩纳哥《国际私法典》(2017 年 6 月 28 日通过，2017 年 7 月 8 日生效)

第 46 条　如果养父母或被收养人属于摩纳哥国民或在摩纳哥拥有住所，那么摩纳哥法院对该类收养享有管辖权。

第 47 条　收养同意的条件或被收养人法定监护人行使同意权的条件均依被收养人本国法。

第 48 条

1. 收养的条件和收养效力适用养父母的本国法或支配夫妻双方婚姻的准据法。若作为收养人的夫妻共同收养的任何一方的本国法禁止收养，那么，摩纳哥法院不得允许收养。特别是外国收养人的本国法禁止收养，则更不可能获得摩纳哥法院的收养令。

2. 收养人与被收养人国籍不同的，收养与终止收养的前提条件，并行适用收养人与被收养人各自的国籍国法。

第 49 条　收养的程序要件由法院地法支配。

第 50 条　对于外国成立的简单收养撤销的申请，摩纳哥法院依收养成立地法进行裁定。

第 51 条　如国外成立的收养不违反摩纳哥的公共政策，则在摩纳哥自动获得承认。

41. 阿尔巴尼亚《国际私法》(2011 年 7 月 2 日通过，2011 年 7 月 28 日生效)

第 30 条　收养

1. 收养与终止收养关系的条件适用收养时收养人的国籍国法。

2. 如果收养人的国籍不同，那么，收养依收养人的共同惯常居所地法支配。

3. 收养决不允许违反《家庭法典》有关国内收养的禁止性规定。

第 31 条　收养效力

1. 收养的效力适用收养时收养人的国籍国法。

2. 如果收养人的国籍不同，那么，收养的效力依收养人的共同惯常居所地法支配。

第 77 条　收养管辖权

如果收养人任何一方属于阿尔巴尼亚国民或者被收养儿童属于阿尔巴尼亚国民或在阿尔巴尼亚拥有惯常居所，那么，阿尔巴尼亚法院对该类收养行使管辖权。

42. 荷兰《有关亲子关系法律冲突的解决的法律》(2002 年 3 月 14 日)

第 4 条

1. 通过一个男子对非婚生子女的认领，他和该孩子之间的父子关系的确立，由该男子的国籍国法决定，该国法律决定该男子认领非婚生子女的能力及认领的条件。如果根据该法认领不是或不再是可能的，则该关系的确立由孩子的惯常居所地国法决定。如果根据该国法律，认领也不是或不再是可能的，则由孩子的国籍国法决定，如果根据该国法律，认领仍不是或不再是可能的，则适用该男子的惯常居所地国法。

2. 无论根据第 1 款应适用什么法律，一个拥有荷兰国籍的已婚男子是否有能力认领由其妻子以外的女子所生的孩子，应由荷兰法决定。

3. 认领的文件及以后对认领的评语都应提及根据第 1 款或第 2 款所适用的法律。

4. 无论根据第 1 款适用什么法律，母亲或孩子对该认领的同意由该母亲或孩子各自的国籍国法决定。如果母亲或孩子拥有荷兰国籍，则由荷兰法决定。如果应适用的法律没有有关认领的规定，则适用母亲或孩子各自的惯常居所地国法。适用于认领的法律同样决定母亲或孩子不同意的情况下是否可以通过司法机关的裁决来确立亲子关系。

5. 根据前述各款的规定所应适用的法律应为认领作出时和同意作出时的法律。

第 5 条

一项认领的撤销及对该撤销的限制性规定，在该男子认领孩子的能力和认领成立的条件方面适用根据第 4 条第 1 款和第 2 款的规定所适用的法律；在有关母亲或孩子同意的事项方面，适用根据第 4 条第 4 款的规定所适用的法律。

第 6 条

1. 要求确认父子关系的诉讼及对该诉讼的限制性规定由该男子和其母亲所共同拥有的国籍国的法律决定，如果两人没有共同国籍，则由两人的共同惯常居所地国法决定，如果两人没有共同惯常居所地，则由孩子的惯常居所地国法决定。

2. 根据第 1 款的规定所适用的法律应为该诉讼请求提出时的法律，如果在该诉讼请求提出时该男子或母亲已经死亡，而在死亡时两人没有共同国籍的情况下，所应适用的法律应为死亡时两人的共同惯常居所地法，如果死亡时两人也没有共同惯常居所地，则应适用诉讼请求提出时孩子的惯常居所地法。

3. 如果该男子和母亲拥有一个以上的共同国籍，则在前述 2 款规定的适用中，两人被视为没有共同国籍。

43. 朝鲜民主主义人民共和国《涉外民事关系法》(1995 年 9 月 6 日通过，1998 年 6 月 14 日修正)

第 40 条

收养和收养关系的解除，适用养父母的本国法律。但养父母具有不同国籍的，适用他们共同居住地国家的法律。

拟作为养子女的人的本国法律以本人或者第三者的同意，或者国家机关的批准为收养条件的，应当具备有关条件。

收养和收养关系的解除方式符合其行为发生地国家的法律规定的，也发生效力。

第 47 条

在外国居住的我国公民的收养、收养关系的解除、父母与子女关系、监护、遗嘱，适用居住地国家的法律。

第 54 条

收养、收养关系的解除、父母与子女关系、监护、赡养关系有关的纠纷，只有当事人在我国境内的，才由朝鲜民主主义人民共和国有关机关管辖。

44. 韩国《冲突法》(2001 年 4 月 7 日颁布，2001 年 7 月 1 日生效)

第 43 条　收养及收养关系的解除

收养和收养关系的解除适用收养时养父母的本国法律。

45. 苏俄《婚姻和家庭法典》(1969 年 7 月 30 日通过)

第 164 条　收养居住在苏联境外具有苏联国籍的儿童。

外国人在苏俄收养子女的规则根据苏联各加盟共和国婚姻和家庭立法纲要，收养居住在苏联境外具有苏联国籍的儿童，应在苏联大使馆或领事馆办理。如果收养人不具有苏联国籍，则收养必须得到苏俄教育部的批准。

在儿童居住的国家的国家机关里办理的收养具有苏联国籍的儿童，如果事先得到苏俄教育部的批准，也承认有效。

外国人在苏俄境内收养苏联国籍的儿童，按照本法典第十二章规定的一般规则办理，但每次收养都必须得到自治共和国的部长会议或边疆区、州、莫斯科市和列宁格勒市人民代表苏维埃执行委员会的批准。

46. 俄罗斯联邦《家庭法典》(1995 年 12 月 8 日通过，1998 年 6 月 27 日、2020 年 2 月 6 日修订)

第 165 条　收养儿童

1. 外国人或无国籍人在俄罗斯联邦境内将俄罗斯联邦儿童收养为养子女，其中包括解除收养，由收养人于递交收养或解除收养申请之时的所属国的法律(而当收养人为无国籍人时，依收养人经常居住地所在国的法律)规定。

外国人或无国籍人在俄罗斯联邦境内将俄罗斯联邦儿童收养为养子女时，也应遵守本法典第 124 条至第 126 条、第 127 条(第 1 款第 8 段除外)、第 128 条和第 129 条、第 130 条(第 5 段除外)、第 131 条至第 133 条的要求，并应注意俄罗斯联邦在收养儿童方面关于国家间合作的国际条约规则。(本段经 1998 年 6 月 27 日第 94 期联邦法律修订)与俄罗斯联邦公民结婚的外国人或无国籍人在俄罗斯联邦境内将俄罗斯联邦儿童收养为养子女，如果俄罗斯联邦参加的国际条约未另行规定，依本法典为俄罗斯联邦公民规定的程序进行。(本段为 1998 年 6 月 27 日第 94 期联邦法律新增内容)俄罗斯联邦公民在俄罗斯联邦境内将外国儿童收养为养子女时，须征得儿童法定代理人和儿童所属国的主管机关的同意。如果为该国法律所要求，还要征得儿童本人的同意。(本段为 1998 年 6 月 27 日第 94 期联邦法律新增内容)

2. 如果收养侵犯了俄罗斯联邦法律和国际条约为儿童规定的权利，无论收养人为哪国人，收养都不应进行。已进行的收养，应依诉讼程序予以解除。

3. 如果俄罗斯联邦参加的国际条约未另行规定，保护被外国公民或无国籍人在俄罗斯联邦境外收养的俄罗斯联邦儿童的权益，应在国际法规范允许的范围内，由在儿童未成年之前对其进行登记的俄罗斯联邦领事馆实现。

俄罗斯联邦领事馆对被外国人或无国籍人收养的俄罗斯联邦儿童的登记程序，由俄罗斯联邦政府确定。(第 3 款为 1998 年 6 月 27 日第 94 期联邦法律新增内容)

4. 收养居住在俄罗斯联邦境外的俄罗斯联邦儿童，如果该收养由收养人所属国的主管机关办理，并且得到儿童或其父母(或父母一方)在前往俄罗斯联邦境外之前居住的俄罗斯联邦成员国的权力执行机关事先许可，承认该收养在俄罗斯联邦境内有效。(本款经 1998 年 6 月 27 日第 94 期联邦法律修订)

47. 多哥《家庭法典》(1980 年 1 月 31 日通过，2012 年 6 月 29 日修订)

第 711 条

收养的条件分别适用收养人和被收养人的本国法。双方都涉及对方国家法律的，应同时满足对方法律的要求。

如果由夫妻共同提出收养请求，收养人的条件依调整婚姻效力的法律。

收养的效力依收养人本国法。如果收养为夫妻双方共同同意的，其效力适用调整收养人婚姻效力的法律。

48. 蒙古《家庭法》(1999 年 6 月 11 日通过，1999 年 8 月 1 日生效)

第 58 条　外国公民收养具有蒙古国国籍的儿童

1. 外国人须通过其本国的主管部门向蒙古国的主管部门提出收养具有蒙古国国籍儿童的申请。

2. 本法第 58 条第 1 款的规定，不适用于在蒙古国居住了六个月以上的外国人收养具有蒙古国国籍的儿童的情形。

3. 欲收养儿童的外国人，除了取得本法第 55 条第 1 款和第 3 款规定的同意之外，还须提供如下材料：

(1)收养儿童的申请(由夫妻双方共同提交)及其公证件、官方译本；

(2)医生出具的关于收养人是否患有结核病、艾滋病或精神病的证明；

(3)(对于已结婚者)申请人结婚证书的复印件；

(4)主管部门出具的关于申请人固定住所的证明(包括警察局出具的证明)；

(5)相关国家的主管部门出具的关于申请人生活水平和经济状况的证明；

(6)申请人所在地主管人口问题的最高机关的批复。

4. 外国人收养具有蒙古国国籍的儿童后，应在依本法第 11 条关于外国人法律地位所设立的机关进行登记。

5. 对于通过外交或领事途径提出的、要求收养居住于外国的具有蒙古国国籍的儿童的申请，不适用本法第 58 条第 1 款的规定。

6. 主管人口问题的最高机关负责对申请收养蒙古国儿童的外国人进行登记，并在儿童收养、保护被收养儿童权益等方面与其他国家或该国主管部门及国际组织合作。

7. 外国人收养儿童的具体规定，由主管司法以及卫生与社会的内阁成员确定。

8. 被收养儿童的父母有义务登记儿童的原籍和父母身份。

9. 被收养儿童有权依照蒙古国有关国籍的法律选择自己的国籍。

10. 本条规定同样适用于无国籍人。

49. 哈萨克斯坦《婚姻与家庭法典》(2011 年 12 月 26 日通过，2019 年 12 月 26 日修订)

第 97-1 条　涉外收养

1. 外国人在哈萨克斯坦共和国境内收养具有哈萨克斯坦国籍的儿童，在遵守本法典第 76 条至第 78 条、第 82 条至第 84 条和第 96 条规定的前提下，依哈萨克斯坦法律。

2. 哈萨克斯坦公民在哈萨克斯坦共和国境内收养外国儿童，须取得该儿童的法定监护人及其国籍国主管国家机关的同意。如果依照相应国家的立法须取得被收养儿童的同意时，同样须取得法定监护人及其国籍国主管机关的同意。

3. 接受人所属的外国主管机关收养侨居哈萨克斯坦共和国境外的具有哈萨克斯坦国籍的儿童，只要事先取得儿童或其父母双方或一方直至离开哈萨克斯坦共和国前所生活的当地主管机关的同意，则在哈萨克斯坦共和国承认有效。

4. 如果收养损害了哈萨克斯坦共和国法律或者哈萨克斯坦共和国缔结或参加的国际条约所规定的儿童权利，可通过法院诉讼程序判决解除收养。

5. 将哈萨克斯坦共和国儿童移交给外国人收养的程序，由哈萨克斯坦共和国政府决定。

6. 被外国人解除收养的儿童，由哈萨克斯坦共和国驻外使领馆照管。

第六章　中国解决跨国收养法律冲突对策的因应范例

第一节　中国与德国之间跨国收养法律冲突的解决对策[①]

一、中国与德国收养法律制度的历史沿革与现状

在中国，1991年12月29日第七届全国人民代表大会常务委员会第23次会议通过的《中华人民共和国收养法》是中华人民共和国成立以来的第一部单行的收养法，1998年11月4日第九届全国人民代表大会常务委员会第五次会议根据实践的需要作了修正。此外，民政部在1992年4月1日公布了《中国公民办理收养登记的若干规定》，1996年作了修订，1999年又根据新修改的《收养法》的规定进一步作了修改并更名为《中国公民收养子女登记办法》。1999年5月12日中华人民共和国国务院批准了《中国公民收养子女登记办法》，由民政部1999年5月25日发布实施。另外，中华人民共和国司法部和民政部于1993年11月10日联合发布了《外国人在中华人民共和国收养子女实施办法》，1999年也根据新修改的《收养法》的规定作了大幅度的修改并更名为《外国人在中华人民共和国收养子女登记办法》。1999年5月12日中华人民共和国国务院批准了《外国人在中华人民共和国收养子女登记办法》，并由民政部1999年5月25日发布实施。考虑到华侨以及居住在香港、澳门、台湾地区的中国公民在中国内地收养子女的特殊性，民政部根据《中国公民收养子女登记办法》的规定，专门制定了《华侨以及居住在香港、澳门、台湾地区的中国公民办理收养登记的管辖以及所需要出具的证件和证明材料的规定》，也在1999年5月25日由民政部发布实施。随后中华人民共和国民政部依据上述三大登记办法专门制定《收养登记工作规范》并在2008年9月1日颁布实施。不仅如此，

① 此处涉及的中国收养法仅限于中国大陆实施的全国性收养法律法规，同样，这里只比较德意志联邦共和国的收养法制，暂不涉及德国各州的不同做法。

还有1991年9月4日制定的《中华人民共和国未成年人保护法》、① 1985年10月1日实施的《中华人民共和国继承法》、2001年新修订并于当年4月28日颁布实施的《中华人民共和国婚姻法》、② 2011年4月18日实施的《中华人民共和国涉外民事关系法律适用法》、1987年1月1日实施的《中华人民共和国民法通则》和2017年10月1日实施的《中华人民共和国民法总则》③等等，均涉及被收养子女保护问题。④ 目前，《中华人民共和国收养法》《中华人民共和国民法通则》《中华人民共和国民法总则》《中华人民共和国继承法》《中华人民共和国婚姻法》等涉及收养规制的法律法规，已被吸纳入2020年5月28日第十三届全国人大三次会议通过的《中华人民共和国民法典》。自《中华人民共和国民法典》2021年1月1日实施起，调整中国收养关系的全国性法律规范就主要集中为《中华人民共和国民法典》第五编第五章(第1093条至第1118条)以及第52条、第464条和第1044条的相关规定。因此，我国《民法典》有关收养的条款以及2010年颁布的《中华人民共和国涉外民事关系法律适用法》有关涉外收养法律适用的规定，都是调整中国收养关系的全国性法律规范。

1896年制定并在1900年1月1日生效的《德国民法典》，代表着垄断资本主义时期法学的发展，反映了“资本主义市民社会发展的需求”。⑤ 它的立法成功，不能不说与实证主义和比较法学的大力发展和广泛运用有着密切关系。⑥《德国民法

---

① 《中华人民共和国未成年人保护法》于1991年9月4日第七届全国人民代表大会常务委员会第21次会议通过，1992年1月1日实施；2006年12月29日第十届全国人民代表大会常务委员会第25次会议修订，2007年6月1日实施；2012年10月26日第十一届全国人民代表大会常务委员会第29次会议修订，2013年1月1日实施；2020年10月17日第十三届全国人民代表大会常务委员会第22次会议第二次修订，2021年6月1日起施行。

② 2001年的《婚姻法》第26条规定：“国家保护合法的收养关系。养父母和养子女间的权利和义务，适用本法对父母子女关系的有关规定。养子女和生父母间的权利和义务，因收养关系的成立而消除。”1950年的《婚姻法》第13条和1980年的《婚姻法》第26条对此都曾有类似规定。

③ 2001年的《婚姻法》第26条规定：“国家保护合法的收养关系。养父母和养子女间的权利和义务，适用本法对父母子女关系的有关规定。养子女和生父母间的权利和义务，因收养关系的成立而消除。”1950年的《婚姻法》第13条和1980年的《婚姻法》第26条对此都曾有类似规定。

④ 为进一步规范收养关系并禁止私自收养行为，2008年9月5日由民政部、公安部、司法部、卫生部、人口计生委联合发布了《关于解决国内公民私自收养子女有关问题的通知》。

⑤ 刘士国著：《中国民法典制定问题研究》，山东人民出版社2003年版，第3页。

⑥ 尽管有学者批评说，1900年德意志帝国的建立，要求民法统一，所以《德国民法典》的使命是统一各邦的民法规定，它是总结性的，不是前瞻性的。正如德国学者劳特布普特所说：《德国民法典》是一个旧世纪的终结，而不是新世纪的开始。参见中国民商法律网：http://www.civillaw.com.cn/weizhang/，2009年12月30日最后访问。

典》采用潘德克顿编纂体系完成，融罗马法与日耳曼法于一体，是中世纪对罗马法的继受的最好反映，成为19世纪末罗马法体系化、科学化的集大成者。① “这部法典的主要法源来自于罗马法，但它不是明确表述私法的一般原则，而是以规则本身表述为前提的方式，处处都接受罗马法的养料。”②该法典第11条以及第1741条至第1772条专门对养子女问题作了规定。《德国民法典》有关收养的规定，在继受罗马法时，整合了1756年《巴伐利亚马克西米利安民法典》、1794年《普鲁士法典》、1863年《萨克森民法典》与莱茵河地区实施的1804年《拿破仑民法典》中有关收养的法律规范。③ 推本溯源，德国收养法深受罗马法的影响，它直接继受了罗马法的收养概念。由于罗马法将收养分为“自权人收养”(adrogatio)和“他权人收养”(adoptio or datioinadoptionem)，前者需由僧侣调查和审核并得经贵族议会通过，后者“仅经由生父和收养人偕同被收养人在书记官前订立收养契约，由书记官证明就可以了”。④ 因此，在1976年以前的《德国民法典》第1741条、第1742条和第1751条中尚能见到收养契约的字眼，以后就未再出现含有收养契约的法律条款，而将收养视为法院的裁定行为。⑤ “现行收养之法院裁定行为系将旧法上当事人之契约行为、法院之同意与认可合而为一。”⑥但是，在1990年两德统一以前，原民主德国和原联邦德国的法律在收养的性质上还是有分歧的，原民主德国法律完全抛弃了收养的契约性并将其定位于行政行为，⑦ 1965年的《德意志民主共和国家庭法典》第66条明文规定：“收养为被收养子女提供了新的家园，并使其得以在一个家庭内成长。它在收养人与被收养人之间建立了一种父母和子女的关系，这就创造了一种和其他的父母和子女之间的关系一样的法律关系。”该法第68条第1款进而规定“子女收

① Mathias Reimann, Joachim Zekoll, Introduction to German Law, Verlag C. H. Beck München, 2005, p. 2.

② [德]霍尔斯特·海因里希·雅科布斯著：《19世纪德国民法科学与立法》，王娜译，法律出版社2003年版，第16页。不过，卡尔·拉伦茨则认为：“德国接受的是后期罗马法，并且是东罗马帝皇帝优士丁尼(Justinian, 527-565)的《民法大全》(*Corpus Iuris*)的形式。”参见[德]卡尔·拉伦茨著：《德国民法通论》，王晓晔等译，法律出版社2005年版，第21页。

③ International Social Service, Internal and Intercountry Adoption Laws, Kluwer Law International 2002, GER-Ⅱ, p. 1.

④ 周枏等编写：《罗马法》，群众出版社1983年版，第131页。

⑤ Harald Paulitz, Adoption: Positionen, Impulse, Perspektiven, Verlag C. H. Beck München, 2. Auflage, 2006, SS. 210-214.

⑥ 戴炎辉、戴东雄著：《中国亲属法》，台北三文印书馆1988年版，第331页。

⑦ Mathias Reimann, Joachim Zekoll, Introduction to German Law, Verlag C. H. Beck München, 2005, p. 263.

养事宜由少年儿童救助部门负责办理";① 而原联邦德国法律虽然规定收养须经法院批准,但仍保留着收养的契约性。不过,如今的德国法律已经完全抛弃了这种收养观。② 这一做法正是抛弃收养的纯契约性并导入国家公权力监督的法律趋同化取向在德国收养法中的具体表现。③《德国民法典》有关收养的规定历经多次修订和增补,其中 1938 年、1948 年、1957 年、1961 年、1969 年、1973 年、1976 年、1979 年、1990 年、1992 年、1993 年、1997 年、2001 年、2002 年、2004 年、2006 年、2008 年④、2010 年、2013 年、2015 年、2017 年、2018 年和 2019 年的修改幅度较大。进入 21 世纪后,德国收养法的修立频繁,似乎有领导世界收养立法新潮流的动向。⑤

德国现行规制收养关系的法律法规主要为:《德国民法典》第 1741 条至第 1772 条(其中第 1741 条至第 1766 条规制未成年人收养,第 1767 条至第 1772 条规制成年人收养)、1976 年 7 月 2 日的《关于收养程序及其实施的法律》(1993 年 12 月 16 日修订)、1998 年 7 月 1 日生效实施的《监护法》、2001 年 12 月 22 日的《收养安置(中介组织)法》(*Adotionsvermittlungsgesetz*)、2001 年《同性伙伴关系法》(2004 年修订并赋予同性伙伴可收养继子女的有限收养权)、1898 年 5 月 17 日的《非讼事件法》(1992 年 12 月 21 日和 2008 年 9 月 19 日修订)、1990 年 6 月 26 日的《儿童与青少年服务法》(2006 年 12 月 14 日修订)、1913 年 7 月 22 日的《德国国籍与公民资格法》(1993 年 6 月 30 日修订)、1896 年 8 月 18 日的《德国民法施行法》(1986 年 7 月 25 日、1994 年 9 月 21 日、2001 年 11 月 5 日及 2017 年 6 月 11 日修订)、1990

① 在 1990 年东西德统一以后,原《德意志民主共和国家庭法典》的收养观及其规定已不再规制新成立的收养关系,以前依据德意志民主共和国法律并按行政程序成立的收养关系,统一后的德国予以承认。International Social Service, Internal and Intercountry Adoption Laws, Kluwer Law International 2002, GER-Ⅱ, p. 3.

② Harald Paulitz, Adoption: Positionen, Impulse, Perspektiven, Verlag C. H. Beck München, 2. Auflage, 2006, S. 229.

③ 为了尊重历史和理清德国现行收养法律制度的脉络,既要考察原东德即德意志民主共和国的收养法制,同时又着重分析了原西德即德意志联邦共和国的收养制度的历史沿革,旨在全面揭示德国现行收养法律机制。依 1990 年两德统一条约,德国如今规范收养关系的法律主要是《德意志联邦共和国民法典》(以下简称《德国民法典》),但其中吸收了原德意志民主共和国的家庭法的一些规则。Mathias Reimann, Joachim Zekoll, Introduction to German Law, Verlag C. H. Beck München, 2005, p. 252.

④ Gesetzes zur Reform des Verfahrens in Familiensachen und in den Angelegenheiten der Freiwilligen Gerichtsbarkeit (FGG-Reformgesetz-FGG-RF) vom 17. Dezember 2008 (01. 09. 2009 in Kraft).

⑤ Kerry O' Halloran, The Politics of Adoption: International Perspective on Law, Policy & Practice, Third Editon, Springer, 2015, pp. 576-577.

年的外国人出入境法及相关条例，等等。① 此外，2013 年德国联邦最高法院判决允许同性伙伴收养子女；2017 年 6 月 30 日的《同性婚姻缔结法》认可同性配偶完全的收养权。2019 年 5 月 2 日德国联邦最高法院的一项判决提出《德国民法典》第 1754 条(收养效力)与第 1755 条(亲属关系的消灭)的规定与德国基本法第 6 条第 2 款相抵触，应在 2020 年 3 月 31 日前修改民法典相关条款。②

德国有关收养的法律法规与中国实施的全国性的收养方面的法律法规都对保护合法的收养关系、维护收养关系当事人的权利和保护儿童利益等事宜作了规定，体现了保护未成年人权利的原则和精神。尽管两国的法律都具有明显的大陆法系特征，在收养目的、宗旨、实体性与程序性规则方面不乏共同之处，但在一些具体的规定上，德国涉及收养方面的法律与中国实施的全国性的收养法律制度还存在相当程度的差距或对立，集中表现在收养成立的实质要件、收养成立的形式要件、收养的法律效力以及收养关系的解除等方面。正是因为两国收养法律制度所存在的巨大差异，中德之间至今尚未开通跨国收养。当前与中国开通跨国收养并在中国收养儿童的只有美国、加拿大、法国、英国、西班牙、比利时、荷兰、丹麦、瑞典、挪威、芬兰、爱尔兰、新西兰、冰岛、澳大利亚、新加坡、意大利 17 个国家，③ 而德国这么一个欧洲大国却被排除在外。这与中德两国广泛而深入发展的政治经济文化外交关系是非常不相称的。因此，解决好德国与中国之间的跨国收养法律冲突问题，不仅具有重要的理论价值，而且是一个迫在眉睫的现实问题，具有极强的现实意义和实践价值。

二、中国与德国收养法律法规的现实冲突

1. 收养成立的实质要件方面的法律冲突

根据《中华人民共和国民法典》《中国公民收养子女登记办法》《外国人在中华人民共和国收养子女登记办法》《华侨以及居住在香港、澳门、台湾地区的中国公民办理收养登记的管辖以及所需要出具的证件和证明材料的规定》《收养登记工作规范》等法律法规，在中国大陆收养子女必须符合下列实质要件：(1)被收养人一般

① Bassenge und Brudermüller, et al., Palandt Büegerliches Gesetzbuch, 72 Auflage, Verlag C. H. Beck München, 2013, S. 2045.

② 该案涉及非婚同居者希望收养另一方同居者的两个子女，但被法院否决了。Jenny Gesley, Germany: De Fact Complete Exclusive of Stepchild Adoption for Unmarried Couples Held Unconstitutional, May 19, 2019.

③ 西班牙因未在跨国收养中遵循收养后反馈信息的要求，即向中国收养中心反馈两次有关被收养子女的情况。中国收养中心于 2001 年暂停了一段时间西班牙与中国之间的跨国收养。参见：http://lz.book.sohu.com/chapter-1520-4-18.html/(accessed 21 August, 2005).

是未成年人,① 只有收养三代以内同辈旁系血亲的子女或继父母收养继子女，才可以允许例外。② (2)收养人应同时具备年满30周岁，无子女或只有一名子女，有抚养、教育和保护被收养人的能力，未患有在医学上认为不应当收养子女的疾病和无不利于被收养人健康成长的违法犯罪记录五个条件。③ 不过，继父母收养子女不在此限，而且也不要求被收养人的生父母处于有特殊困难无力抚养子女的状况。④ 此外，收养三代以内同辈旁系血亲的子女，既可以不受被收养人是“生父母有特殊困难无力抚养的子女”的限制，也可以不受送养人为“有特殊困难无力抚养子女的生父母”这一要求的限制，还可以不受“无配偶者收养异性子女的，收养人与被收养人的年龄应当相差40周岁以上”的限制。而华侨收养三代以内同辈旁系血亲的子女除允许上述例外以外，还可以不受收养人无子女或只有一名子女的条件限制。⑤ 另外，收养孤儿、残疾儿童或者社会福利机构抚养的查找不到生父母的未成年人，也可以不受收养人无子女或只有一名子女的条件限制。⑥ (3)无子女的收养人可以收养两名子女，有子女的收养人只能收养一名子女,⑦ 不过收养孤儿、残疾未成年人或者儿童社会福利机构抚养的查找不到生父母的未成年人不受“无子女或者只有一名子女”的限制。⑧ (4)无配偶者收养异性子女的，收养人与被收养人的年龄应当相差40周岁以上,⑨ 但收养三代以内同辈旁系血亲的子女可以例外。(5)生父母送养子女须双方共同送养，但生父母一方不明或者查找不到的可以单方送养。若配偶一方死亡，另一方送养未成年子女的，死亡一方的父母有优先抚养的权利。对于未成年人的父母均不具备完全民事行为能力的，该未成年人的监护人不得将其送养，但父母对该未成年人有严重危害可能的除外。⑩ (6)有配偶者收养子女，须夫妻共同收养。⑪ (7)收养人收养与送养人送养须双方自愿。收养年满8周岁以上未成年人的应征得被收养人本人的同意，监护人送养未成年孤儿须征得有抚养义务的人同意。⑫ 而继父或继母收养继子女，需要分别征得该子女的亲生父母同意。

---

① 《中华人民共和国民法典》第1093条。
② 《中华人民共和国民法典》第1099条第1款。
③ 《中华人民共和国民法典》第1098条。
④ 《中华人民共和国民法典》第1103条。
⑤ 《中华人民共和国民法典》第1099条和第1102条。
⑥ 《中华人民共和国民法典》第1100条第2款。
⑦ 《中华人民共和国民法典》第1100条第1款。
⑧ 《中华人民共和国民法典》第1100条第2款和第1103条。
⑨ 《中华人民共和国民法典》第1102条。
⑩ 《中华人民共和国民法典》第1095~1097条。
⑪ 《中华人民共和国民法典》第1101条。
⑫ 《中华人民共和国民法典》第1104条。

依 2019 年修改后的《德国民法典》的规定，收养人一般应年满 25 岁，只有在收养配偶的子女时方可允许收养人的年龄降低为 21 岁，或配偶双方共同收养子女时，配偶一方年满 25 岁，而另一方则可将年龄降低到 21 岁。①《德国民法典》依然将收养未成年人与收养成年人分别作了规定，被收养的未成年人必须是出生 8 周后且未年满 18 岁的人士，② 而被收养的成年人则为已年满 18 岁的人士。③ 无论是收养未成年人还是收养成年人，如收养者已婚，则必须配偶双方共同进行收养。只有收养配偶另一方的子女时才允许收养者单独收养，但应取得配偶的同意。④ 根据 2001 年 8 月 1 日生效的《德国生活伴侣法(Lebenspartnerschaftsgesetzes)》(2004 年 12 月 20 日修订)，⑤ 德国也已允许同性恋者共同登记结为生活伴侣，且"该登记与婚姻登记具有同等法律效力。⑥ 尽管当时并未赋予同性登记伴侣与已婚异性夫妻同等的收养权，⑦ 但在联邦宪法法院的敦促下，2004 年修订后的《德国生活伴侣法》第 9 条第 7 款规定了登记伴侣的基本收养权。⑧ 不过，《德国民法典》第 1742 条仍然坚持两人共同收养子女只能是已婚的异性夫妻，并未扩大适用于同性配偶共同收养子女。依德国现行法规定，同性登记伴侣可以收养对方的亲生子女，但不可共同收养他人子女。同性登记伴侣只能以单独个人身份收养他人子女，一旦同性登记伴侣中的一方收养了他人子女，同性登记伴侣中另一方不得再对该子女进行收养。⑨ 而 2017 年颁行的《同性婚姻缔结法》不仅将同性婚姻合法化，而且规定不再登记新的生活伴侣关系(以前登记的转化为同性婚姻)，并赋予同性婚姻配偶完全的收养权。

---

① 《德国民法典》第 1741 条和第 1743 条。

② Heinz Georg Bamberger and Herbert Roth, Kommentar zum Bürgerlichen Gesetzbuch, Band 3, Verlag C. H. Beck München, 2003, p. 1028; Rainer Frank, J. von Staudingers Kommentar zum Bürgerlichen Gesetzbuch mit Einführungsgesetz und Nebengesetzen, Buch 4. Familienrecht, Arthur L. Sellier & Co., 2001, pp. 123-124.

③ 《德国民法典》第 2 条和第 1767 条。

④ 《德国民法典》第 1741 条、第 1742 条和第 1767 条。

⑤ Bassenge und Brudermüller, et al., Palandt Büegerliches Gesetzbuch, 72 Auflage, Verlag C. H. Beck München, 2013, S. 2047.

⑥ Carolyn Hamilton and Alison Perry, Family Law in Europe, 2nd ed., LexisNexis Butterworths, 2002, p. 297.

⑦ Heinz Georg Bamberger and Herbert Roth, Kommentar zum Bürgerlichen Gesetzbuch, Band 3, Verlag C. H. Beck München, 2003, pp. 1057-1060.

⑧ Harald Paulitz, Adoption: Positionen, Impulse, Perspektiven, Verlag C. H. Beck München, 2. Auflage, 2006, pp. 167-169; Machteld Vonk, Children and Their Parents, Intersentia, 2007, p. 5.

⑨ H. C. Othmar Jauerning, Bürgerliches Gesetzbuch mit Allgemeinem Gleichbehandlungsgesetz, Verlag C. H. Beck München, 2009, pp. 1716-1717.

因此，《德国民法典》根据 2008 年新修订《关于家庭事务方面自由选择法院的改革法案》、2017 年《同性婚姻缔结法》及其他法律不断调整收养的相关规则。①

德国修订后的民法典特别强调基于儿童最大利益进行收养。如果在收养关系成立以后出生的子女，或者被收养的儿童早已存在于收养事实中，都不会导致禁止收养人再收养自己的非婚生子女。② 原德意志联邦共和国法明确规定，有自己的婚生子女或非婚生子女的人不可再收养其他儿童，但是，收养者即使已有其他小孩，但他仍可以收养自己的非婚生子女。③ 不过，法院可以依据其他条件，即是否有利于被收养儿童的利益，决定是否宣告收养。④ 修订后的《德国民法典》未再保留原来的禁止性条款。同样，德国旧民法典第 1741 条第 2 款明确规定收养人可以单独收养自己的非婚生子女，但现行民法典已经将该内容删除，成为无明文规定的状况。⑤

德国法明确规定，在颁发收养令以前，必须征得一系列相关人员的同意。一是须征得被收养人本人的同意，即收养年满 14 周岁以上未成年人的不仅应征得被收养人本人的同意，而且应经被收养人的法定代理人的准许。若被收养人未年满 14 岁或虽年满 14 周岁却属于无行为能力者，收养时须法定代理人的同意。⑥ 在非依据德国法收养子女时，不论何种情形，只要收养人与被收养的子女分别属于不同的国籍，则收养同意的表意还必须经过监护法院批准。⑦ 二是须征得被收养人的亲生父母的同意，《德国民法典》明文规定“收养子女，应征得该子女的父母的同意”。⑧ 在收养子女时，必须征得被收养人亲生父母的同意，即使该被收养人并不在其亲生父母照管下也一样。被收养儿童的亲生母亲或已婚的父母只能在子女出生 8 周以后才能作出同意送养的决定。⑨ 德国法还对非婚生子女出养的同意权行使也做了同样

---

① Susanne Beck, Homosxueller Elternteil im Obsorgeverfahren, Zeitschrift für EHE-UND Familienrecht, 06, November, 2009; Katharina Boele-Woelki and Angelika Fuchs, Legal Recognition of Same-sex Couples in Europe, Intersentia, 2nd ed., 2017, p. 190.

② Rainer Frank, J. von Staudingers Kommentar zum Bürgerlichen Gesetzbuch mit Einführungsgesetz und Nebengesetzen, Buch 4. Familienrecht, Arthur L. Sellier & Co., 2001, pp. 80-82.

③ 《德国民法典》第 1741 条。

④ 《德国民法典》第 1745 条。

⑤ Peter Gottwald, Dieter Schwab and Eva Bütter, Family and Succession Law in Germany, Kluwer Law International, 2001, p. 76.

⑥ 《德国民法典》第 1746 条第 1 款。

⑦ Heinz Georg Bamberger and Herbert Roth, Kommentar zum Bürgerlichen Gesetzbuch, Band 3, Verlag C. H. Beck München, 2003, p. 1025.

⑧ 《德国民法典》第 1747 条第 1 款。

⑨ 《德国民法典》第 1747 条第 2 款。

的要求，未婚的生父与生母的同意均属于不可缺少的，但允许未婚的生父在子女出生以前给出同意送养的意思表示。① 在德国，法院在批准收养非婚生子女以前会听取其生父的意见，但是不会向其生父透露收养者的身份。② 三是被收养人的配偶的同意或被收养人的子女的同意，德国法规定在收养子女的过程中，如果被收养人已婚，还必须征得被收养人配偶的同意；如果被收养人已有子女，也必须征得被收养人子女的同意。③ 四是收养人配偶的同意在德国法中分两种情形加以规定：④ 一是，已婚的异性夫妻一方在特定情况下单独收养子女，必须征得另一方的同意；⑤ 二是，登记伴侣一方收养子女，必须征得同性配偶另一方的同意。⑥

此外，《德国民法典》对免除收养同意权或代为行使收养同意权问题也作了明确规定，在特定情况下可由一方父母代为行使收养同意权或者由监护法院代为行使。⑦ 德国法规定，如果父母一方存在严重且持续不断地违反其应承担对子女的义务或者其行为已明显表现出对子女漠不关心的态度，若不收养该子女将严重危害子女的利益，监护法院可应该子女的请求而代为行使收养同意权。⑧ 不仅如此，如果父母一方因严重的心理疾病或精神障碍而无法行使亲权，⑨ 或者生父母一方下落不明，在法院委托青少年事务局或收养代理机构调查并确证后，均可以由监护法院代为行使收养同意权。⑩ 此外，如果在依据《德国民法典》第 1626a 条第 2 款由未婚生母单独照顾子女时，若不收养该子女将严重损害子女利益，则可由监护法院代替该子女的生父行使收养同意权。⑪

---

① 《德国民法典》第 1747 条第 3 款。

② 《德国民法典》第 1747 条第 1 款和第 3 款；Rainer Frank, J. von Staudingers Kommentar zum Bürgerlichen Gesetzbuch mit Einführungsgesetz und Nebengesetzen, Buch 4. Familienrecht, Arthur L. Sellier & Co., 2001, pp. 120-123.

③ 《德国民法典》第 1749 条。

④ Carolyn Hamilton and Alison Perry, Family Law in Europe, LexisNexis Butterworths, 2002, pp. 320-321.

⑤ 《德国民法典》第 1749 条第 1 款。

⑥ 《生活伴侣登记法》第 9 条第 6 款。

⑦ 《德国民法典》第 1748 条。

⑧ 《德国民法典》第 1748 条第 1 款。

⑨ 在此沿袭了传统的术语，未对德国收养法所涉及的"亲权"严格区分为"双亲的照顾权"。因为，《德国民法典》起初使用的亲权概念是"Elterliche Gewalt"(双亲的权利即亲权)，1979 年改为"Elterliche Sorge"（双亲的照顾权）。参见卡尔·拉伦茨著：《德国民法通论》，王晓晔等译，法律出版社 2005 年版，第 22 页。

⑩ International Social Service, Internal and Intercountry Adoption Laws, Kluwer Law International, 2002, GER-Ⅱ, p. 12.

⑪ 《德国民法典》第 1748 条第 4 款。

所有关于收养的同意声明必须经公证，且只能提交监护法院才产生法律效力。① 无论何种情况，收养同意的有效期为3年。在作出收养同意3年后，预期的被收养人未被收养的，该项同意收养的意思表示即失效。②

从上述分析可知，德国现行有关收养的法律与中国大陆实施的全国性的收养法律法规在收养成立的实质要件上的明显差别大致可归纳为六个方面。

第一，在收养人与被收养人的年龄要件方面存在差别。中国大陆一般要求收养人年满30周岁，而德国只要求年满25周岁。中国大陆收养法只允许继父或继母收养继子女时可以突破收养人年满30周岁的限制；而德国法在这方面显得更灵活，夫妻共同收养的，只要配偶其中一方年满25岁，另一方的年龄则允许降低到21岁。③ 关于被收养人年龄要件的设定，中国收养法规定的被收养人必须是未成年人(1991年《中华人民共和国收养法》明文规定被收养人应为未满14周岁的儿童，2020年的《中华人民共和国民法典》第1093条则对被收养人未作任何年龄限制，只要是没有年满18周岁的未成年人均可被收养)，而德国法既允许收养未超过18岁的儿童，也允许收养成年人，而且明文规定收养成年人参照收养未成年人的规则办理。中国有关收养的法律法规缺乏有关收养成年人方面的明文规定。

第二，在收养人与被收养人之间的年龄差距方面存在差别。中国收养法一般要求无配偶者收养异性子女的，收养人与被收养人的年龄差在40岁以上，不过，亲属间的收养和继子女收养也可相对灵活。而德国法在这方面没有明确规定。

第三，对已经有子女的收养人能否再收养子女的要求不同。中国收养法明文规定收养人应无子女或者只有一名子女，只有在特殊情况下才允许突破限制。虽然原德意志联邦共和国法曾也明确规定，有自己的婚生子女或非婚生子女的人不可再收养其他儿童，且德国旧法还规定，收养者即使已有其他小孩，仍可以收养自己的非婚生子女。④ 不过，法院可以依据其他条件，即是否有利于被收养儿童的利益，决定是否宣告收养。⑤ 不过，德国现行有关收养的法律已经未再见此类禁止性规定。

第四，在收养类型方面存在差别。虽然中国与德国在收养类型上都允许共同收养和独身收养并存，但是，在具体内容上仍有差别。对于异性独身收养问题，中国《民法典》允许独身男性收养女性子女或独身女性收养男性子女，而德国法在这方

---

① 《德国民法典》第1750条第1款。

② Wolfram Viefhues, Jruis PraxisKommentar BGB, Band Buch 4. Familienrecht, juris GmbH Saarbrücken, 2007, p. 1910.

③ Kerry O' Halloran, The Politics of Adoption: International Perspective on Law, Policy & Practice, Third Editon, Springer, 2015, p. 585.

④ 《德国民法典》第1741条。

⑤ 《德国民法典》第1745条。

面既无禁止性规定又无明确允许性规定，尤其未对独身女性收养男性子女进行任何规定。① 中国与德国收养法律法规都只允许异性夫妻双方共同收养，禁止已婚配偶单方收养，但德国《同性婚姻缔结法》及修改后的民法典已经允许同性配偶收养子女，而这在中国法中虽无明文规定却为公序良俗所禁止。

第五，在收养同意权的行使主体方面存在差别。虽然中国收养法律法规和德国现行有关收养的法律都规定收养子女必须征得收养当事人的同意，但具体要求并不完全一致。一是对被收养人的同意权的要求不同，中国收养法律规定必须征得年满8周岁的被收养人的意见，而德国修订后的民法典则明确规定须征得年满14周岁的被收养人的同意。二是对送养方同意权行使的要求不同，中国收养法要求必须由生父母双方共同送养子女，而德国修订后的民法典规定收养必须征得被收养人亲生父母的同意，特别强调保护非婚生子女生父的同意权。但《德国民法典》第1747条第2款明确规定被收养的未成年人的父母必须在该未成年人出生已满8个星期后才能作出同意送养的意思表示，否则送养无效。三是对收养同意权的行使方式要求不同，中国对同意送养的意思表示只要求向收养登记部门表示即可，而《德国民法典》明确规定同意收养的意思表示必须以公证形式完成，而且必须送达监护法院才能生效。

第六，在免除收养同意权的条件方面也存在差别。中国收养法律规定在生父母一方不明或者查找不到的情况下，一方送养子女才可免除另一方的同意，或者未成年人的父母均不具备完全民事行为能力且对该未成年人有严重危害时也可免其同意权；《德国民法典》第1748条对免除收养同意的条件进行了详细规定，而且只有监护法院才能决定能否免除收养同意权的行使。这与中国由收养登记部门单独把关存在明显差别。

2. 收养成立的形式要件的法律冲突

依据《中华人民共和国民法典》和《中国公民收养子女登记办法》以及2008年颁行的《收养登记工作规范》，在中国大陆收养子女应当向县级以上人民政府民政部门登记并自登记之日起成立。② 收养关系当事人应当亲自到收养登记机关办理成立收养关系的登记手续。夫妻共同收养子女的，应当共同到收养登记机关办理登记手续；一方因故不能亲自前往的，应当书面委托另一方办理登记手续，委托书应当经

---

① Dagmar Winkelsträter, Anerkennung und Durchführung Internationaler Adoptionen in Deutschland: unter Berücksichtigung des Haager Übereinkommens über den Schutz von Kindern und die Zusammenarbeit auf dem Gebiet der Internationalen Adoption vom 29. Mai 1993, Jenaer Wissenschaftliche Verlagesellschaft, 2007, p. 27.

② 《中华人民共和国民法典》第1105条。

过村民委员会或者居民委员会证明或者经过公证。① 而为了保护被收养儿童的利益，《中国公民收养子女登记办法》对于不同的被收养人规定了不同的登记机关：收养社会福利机构抚养的查找不到生父母的弃婴、儿童和孤儿的，在社会福利机构所在地的收养登记机关办理登记；收养非社会福利机构抚养的查找不到生父母的弃婴和儿童的，在弃婴和儿童发现地的收养登记机关办理登记；收养生父母有特殊困难无力抚养的子女或者由监护人监护的孤儿的，在被收养人生父母或者监护人常住户口所在地(组织作监护人的，在该组织所在地)的收养登记机关办理登记；收养三代以内同辈旁系血亲的子女，以及继父或者继母收养继子女的，在被收养人生父或者生母常住户口所在地的收养登记机关办理登记。②而收养查找不到生父母的弃婴和儿童还应在登记以前予以公告。③ 不仅如此，中国大陆收养方面的法律法规还对收养人与送养人在进行收养登记时应提交的材料作了明确规定。收养人应当向收养登记机关提交收养申请书和下列证件、证明材料：(1)收养人的居民户口簿和居民身份证；(2)由收养人所在单位或者村民委员会、居民委员会出具有关收养人婚姻状况、有无子女和抚养教育被收养人的能力等情况的证明；(3)县级以上医疗机构出具的未患有在医学上认为不应当收养子女的疾病的身体健康检查证明。收养查找不到生父母的弃婴、儿童的，并应当提交收养人经常居住地计划生育部门出具的收养人生育情况证明；其中收养非社会福利机构抚养的查找不到生父母的弃婴、儿童的，收养人还应当提交下列证明材料：收养人经常居住地计划生育部门出具的收养人无子女的证明以及公安机关出具的捡拾弃婴、儿童报案的证明。不过，该登记办法要求收养继子女的可只提交居民户口簿、居民身份证和收养人与被收养人生父或者生母结婚的证明。④送养人则应当向收养登记机关提交送养人的居民户口簿和居民身份证(组织作监护人的，提交其负责人的身份证件)以及其他有抚养义务的人同意送养的书面意见。对于不同的送养人，《中国公民收养子女登记办法》还做了不同的要求。社会福利机构为送养人的，并应当提交弃婴、儿童进入社会福利机构的原始记录，公安机关出具的捡拾弃婴、儿童报案的证明，或者孤儿的生父母死亡或者宣告死亡的证明；监护人为送养人的，并应当提交实际承担监护责任的证明，孤儿的父母死亡或者宣告死亡的证明，或者被收养人生父母无完全民事行为能力并对被收养人有严重危害的证明；生父母为送养人的，并应当提交与当地计划生育部门签订的不违反计划生育规定的协议；有特殊困难无力抚养子女的，还应当提

① 《中国公民收养子女登记办法》第4条。

② 《中国公民收养子女登记办法》第3条。

③ 为进一步规范收养关系并禁止私自收养行为，2008年9月5日由民政部、公安部、司法部、卫生部、人口计生委联合发布了《关于解决国内公民私自收养子女有关问题的通知》。

④ 《中国公民收养子女登记办法》第5条。

交其所在单位或者村民委员会、居民委员会出具的送养人有特殊困难的证明，其中，因丧偶或者一方下落不明由单方送养的，还应当提交配偶死亡或者下落不明的证明；子女由三代以内同辈旁系血亲收养的，还应当提交公安机关出具的或者经过公证的与收养人有亲属关系的证明。被收养人是残疾儿童的，还应当提交县级以上医疗机构出具的该儿童的残疾证明。① 收养关系当事人愿意订立收养协议的可订立收养协议，不论当事人各方还是一方要求办理收养公证的均应办理收养公证。② 收养人、送养人要求保守收养秘密的，其他人应当尊重其意愿，不得泄露。③ 所有这些都是对在中国大陆收养子女的中国公民的具体要求，对香港、澳门、台湾地区居民同样适用。考虑到居住在香港、澳门特别行政区的中国公民④和台湾地区居民在大陆内地收养子女登记管辖与中国大陆内地居民收养子女的登记管辖并不完全一致，加之与中国大陆内地居民办理收养子女登记所需要提交的证明材料的来源和形式均存在相当大的差别。因此，中国全国性收养方面的法律法规还对香港、澳门、台湾地区居民在中国大陆内地办理收养子女登记所需要提交的证明与证件做了特别规定。居住在香港、澳门、台湾地区的中国公民"在内地收养子女的，申请办理收养登记的管辖以及所需要出具的证件和证明材料，按照国务院民政部门的有关规定执行"。⑤ 基于此，中国民政部又专门制定了《华侨以及居住在香港、澳门、台湾地区的中国公民办理收养登记的管辖以及所需要出具的证件和证明材料的规定》。根据这一规定，香港、澳门地区居民在大陆收养子女须分别提供香港(澳门)居民身份证、香港(澳门)居民来往内地通行证或者香港(澳门)同胞回乡证⑥及经国家主管机关委托的香港(澳门)地区公证人⑦出具的收养人年龄、婚姻、家庭成员、职业、财产、健康、有无受过刑事处罚等状况的证明材料。⑧如果收养人的出生地、婚姻缔结地是在中国大陆内地或者外国，有关收养人的年龄、婚姻状况的证明材料

---

① 《中国公民收养子女登记办法》第 6 条。

② 《中华人民共和国民法典》第 1105 条。

③ 《中华人民共和国民法典》第 1110 条。

④ 香港居民中的中国公民是指在香港享有居留权的永久性居民中的中国公民、有资格依照香港特别行政区的法律取得香港居民身份证但没有居留权的非永久性居民中的中国公民。

⑤ 《中国公民收养子女登记办法》第 14 条。

⑥ 自 1999 年 1 月 1 日起中国公安机关停止签发香港同胞回乡证，但此前签发的香港同胞回乡证在有效期内可以继续使用。因此，香港居民在大陆内地收养子女仍可提供有效的香港同胞回乡证。

⑦ 依据《华侨以及居住在香港、澳门、台湾地区的中国公民办理收养登记的管辖以及所需要出具的证件和证明材料的规定》，澳门地区不是由公证人出具证明而是由有权机构出具证明。

⑧ 《华侨以及居住在香港、澳门、台湾地区的中国公民办理收养登记的管辖以及所需要出具的证件和证明材料的规定》第 5 条。

也可由中国大陆内地或者外国有关机关出具。而在登记时还要求居住在香港(澳门)地区的中国公民在内地收养子女的应当到被收养人常住户口所在地的直辖市、设区的市、自治州人民政府民政部门或者地区(盟)行政公署民政部门申请办理收养登记。① 台湾地区居民申请办理收养关系登记时应提交在台湾地区居住的有效证明、中华人民共和国主管机关签发或签注的在有效期内的旅游证件以及经台湾地区公证机构公证的收养人相关情况的证明材料。

另外，中国收养方面的法律法规还对跨国收养的形式要件作了明确规定。《中华人民共和国民法典》和《外国人在中华人民共和国收养子女登记办法》对外国人在中国收养子女作了特别规定，外国人在华收养子女应当经其所在国主管机关依照该国法律审查同意并提供由其所在国有权机构出具的有关收养人的年龄、婚姻、职业、财产、健康、有无受过刑事处罚等状况的证明材料以及跨国收养申请书等文件,② 该文件材料应当经其所在国外交机关或者外交机关授权的机构认证，并经中国驻该国使领馆认证。跨国收养的预期收养人应当与送养人订立书面协议，亲自向省级人民政府民政部门登记。收养关系当事人各方或一方要求办理收养公证的，应当到国务院司法行政部门认定的具有办理涉外公证资格的公证机构办理收养公证。③

根据德国法的规定，收养关系的成立必须依法律程序进行，只有经监护法院宣告才能成立收养关系。④ 在监护法院宣告收养以前，还应有适当的试养期。⑤《德国民法典》第 1744 条明文规定："一般情况下，只有在收养人对被收养人经过一段适当的养育期以后，方得宣告收养。"不过，德国法并未规定试养期的具体时间，一般由青少年事务局决定。⑥ 在试养期间开始实行以前，收养同意必须已经合法地取得了。收养同意的意思表示必须采取公证形式，而且不得附条件或附期限。收养同意的公证书必须送达监护法院后，才会启动收养程序。⑦ 德国法律不仅明确规

---

① 《华侨以及居住在香港、澳门、台湾地区的中国公民办理收养登记的管辖以及所需要出具的证件和证明材料的规定》第 2 条。

② 这类文件具体包括：跨国收养申请书、出生证明、婚姻状况证明、职业和经济收入及财产状况证明、身体健康检查证明、有无受过刑事处罚的证明、收养人所在国主管机关同意其跨国收养子女的证明、家庭情况报告等。

③ 《中华人民共和国民法典》第 1105 条第 4 款。

④ 《德国民法典》第 1752 条第 1 款。

⑤ Wolfram Viefhues, Jruis PraxisKommentar BGB, Band Buch 4. Familienrecht, juris GmbH Saarbrücken, 2007, p. 1888.

⑥ Peter Gottwald, Dieter Schwab and Eva Bütter, Family and Succession Law in Germany, Kluwer Law International, 2001, p. 77.

⑦ 《德国民法典》第 1750 条第 1 款。

定，同意收养的意思表示必须向有管辖权的监护法院表示，即同意在送达法院时生效，而且强调已经作出的同意收养的意思表示不得撤回。① 但是，德国规定收养同意的有效期只有3年。在作出收养同意3年后，预期的被收养人未被收养的，该项同意收养的意思表示即失效。② 依照德国法，试养期间，青少年事务局理所当然地成为被收养人监护人，监护法院应当毫不迟疑地向青少年事务局颁发监护开始的证明。一旦启动试养程序，除收养继子女外，被收养人亲生父母对该子女的照顾权即刻终止，而且不得继续行使与子女交往的权利。③ 此时，收养人照管被收养人的日常生活并承担抚养义务。④ 青少年事务局与收养中介组织负责进行细致的家庭调查研究工作。⑤ 在试养期顺利结束后，由收养人亲自提出经公证的收养申请，监护法院再根据青少年事务局的报告，基于儿童最大利益原则，对具备收养要件的收养关系予以宣告。⑥ 监护法院颁发收养令时会着重审查的法律文件包括：公证过的收养人的收养申请、公证后的儿童同意收养的意见、公证后的婚生子女的亲生父母同意收养的意见、公证后的非婚生子女的生母同意收养的意见、被收养的非婚生子女的生父已获悉或得到宣告机会的证据材料、收养家庭的研究报告、原出生家庭的报告、被收养儿童出生与健康状况的报告、收养人的出生与婚姻状况证明、前次婚姻的离婚证书、公民资格证明、健康状况证明、经济状况证明、刑事处罚记录，等等。⑦ 在监护法院颁发了收养令以后，收养关系才正式成立。另外，《德国民法典》第1753条严厉禁止对已经死亡的儿童颁发收养令。但是，如果在试养期内收养人死亡，并不必然导致禁发收养令。当收养人已经将收养申请提交给了监护法院或收养申请已完成了公证程序，抑或收养申请公证书作成以后委托公证人呈交监护法院，德国法允许为儿童利益着想而成立收养关系。“收养在收养人死亡后宣告的效力与收养人死亡前成立的收养关系具有同等效力。”⑧这是德国收养法制中最为特别

---

① Heinz Georg Bamberger and Herbert Roth，Kommentar zum Bürgerlichen Gesetzbuch，Band 3，Verlag C. H. Beck München，2003，p. 1043.

② Rainer Frank，J. von Staudingers Kommentar zum Bürgerlichen Gesetzbuch mit Einführungsgesetz und Nebengesetzen，Buch 4. Familienrecht，Arthur L. Sellier & Co.，2001，p. 176.

③ 《德国民法典》第1751条第1款。

④ 《德国民法典》第1688条第1款和第1751条第4款。

⑤ International Social Service，Internal and Intercountry Adoption Laws，Kluwer Law International 2002，GER-Ⅱ，pp. 21-31.

⑥ 《德国民法典》第1752条。

⑦ Harald Paulitz，Adoption：Positionen，Impulse，Perspektiven，Verlag C. H. Beck München，2000，pp. 29-36.

⑧ Peter Gottwald，Dieter Schwab and Eva Bütter，Family and Succession Law in Germany，Kluwer Law International，2001，p. 77.

的地方。只有德国法允许特定条件下的“死亡后的收养”，即“收养人已向监护法院提出申请，或公证申请时或申请后，已委托公证人提出申请时，得准许于收养人死亡后宣告之”。①

可见，德国现行有关收养的法律与中国收养法在收养成立的程序要件上也存在明显差别，一是成立收养关系的方式不同，中国现行收养法律法规只允许行政登记方式为唯一成立收养关系的程序，而德国法则注重法律程序，由监护法院批准成立收养关系；二是收养关系成立程序的监管力度不同，德国实行的是监护法院与青少年事务局双重监管机制，而中国在成立收养关系时特别强化了民政登记部门的权力，对儿童福利院送养儿童的监管及收养人的家庭调查程序缺失，尽管2020年5月28日颁布的《中华人民共和国民法典》第1105条第5款增加了“县级以上人民政府民政部门应当依法进行收养评估”的规定，但依然在监管方面还存在诸多缺失；三是对试养期的要求不同，中国现行收养法没有规定试养期，而德国收养法明确规定成立收养关系以前必须经过收养试养期。此外，对收养同意的生效方式要求不同，中国对同意送养的意思表示只要求向收养登记部门表示即可，而《德国民法典》明确规定同意收养的意思表示必须以公证形式完成，而且必须送达监护法院才能生效。②

3. 收养效力的法律冲突

根据《中华人民共和国民法典》的规定，中国收养子女的法律效力包括：(1)自收养关系成立之日起，养父母与养子女间的权利义务关系，适用法律关于父母子女关系的规定，养子女与养父母的近亲属间的权利义务关系，适用法律关于子女与父母的近亲属关系的规定。③ 养子女与生父母及其他近亲属间的权利义务关系，因收养关系的成立而消除。但是，养子女与其亲生父母的血缘关系依然存在，禁婚的规定仍然适用。(2)养子女可以随养父或养母的姓，经当事人协商一致，也可保留原姓。收养关系成立后，需要为被收养人办理户口登记或者迁移手续的，由收养人持

---

① H. C. Othmar Jauerning, Bürgerliches Gesetzbuch mit Allgemeinem Gleichbehandlungsgesetz, Verlag C. H. Beck München, 2009, p. 1720.

② Wolfram Viefhues, Jruis PraxisKommentar BGB, Band Buch 4. Familienrecht, juris GmbH Saarbrücken, 2007, pp. 1907-1908.

③ 《中华人民共和国民法典》第1127条明文规定：“遗产按照下列顺序继承：第一顺序：配偶、子女、父母。第二顺序：兄弟姐妹、祖父母、外祖父母。继承开始后，由第一顺序继承人继承，第二顺序继承人不继承。没有第一顺序继承人继承的，由第二顺序继承人继承。本编所称子女，包括婚生子女、非婚生子女、养子女和有扶养关系的继子女。本编所称父母，包括生父母、养父母和有扶养关系的继父母。本编所称兄弟姐妹，包括同父母的兄弟姐妹、同父异母或者同母异父的兄弟姐妹、养兄弟姐妹、有扶养关系的继兄弟姐妹。”

收养登记证到户口登记机关按照国家有关规定办理。① (3)如果收养行为欠缺收养成立的法定要件，即被收养人、送养人和收养人不符合法定条件或不具备相应的民事行为能力，收养欠缺合意，不符合法定方式或违反社会公共利益，就是无效的法律行为。一旦收养行为被人民法院确认无效，便从行为开始时就没有法律效力。《中华人民共和国民法典》第1113条对收养行为欠缺法律效力的情形作出了明文规定，一是违反《民法典》第五编有关收养的规定而导致收养无效，通常是实施收养行为时欠缺法定成立收养关系的实质要件或形式要件，或者是违反收养法基本原则的收养行为。二是违反《民法典》第一编有关民事法律行为的规定而导致收养无效。无效的收养行为具体说来有三种情况：第一，收养关系当事人缺乏相应的民事行为能力的收养行为无效，主要指收养主体不合格的收养行为；第二，收养的意思表示不真实的收养行为无效，即指因重大误解或者以欺诈、胁迫的手段或乘人之危使收养当事人在违背真实意愿的情况下所作出的收养行为；第三，收养行为的性质或内容违反法律或者社会公共利益的无效。

在德国，一旦收养关系生效，不论被收养儿童是婚生子女还是非婚生子女，也不论收养人已婚还是未婚，也不论收养未成年人还是成年人，也不论共同收养还是单独收养，被收养的子女取得与收养者的婚生子女相同的法律地位。这是《德国民法典》第1754条非常明确的规定。② 不仅被收养儿童的受抚养权与婚生子女一样，而且被收养儿童的继承权也与收养人的婚生子女相同。③ 然而，德意志联邦共和国修改前的收养法律曾规定，被收养儿童对收养人的继承权，可以在收养契约中加以排除，④ 而收养人不得为养子女的继承人，除非被收养儿童年满16岁以后以遗嘱方式同意收养人成为其继承人。⑤ 德国法律将未成年人的收养效力与成年人的收养效力区别对待，明确禁止成年人的收养效力及于收养人的血亲。⑥ 不仅如此，《德国民法典》第1770条还规定："成年人收养的效力不及于收养人的其他血亲关系。收养人的配偶或同性伴侣与被收养人、被收养人的配偶或同性伴侣与收养人均非姻亲。被收养人及其直系血亲卑亲属与其亲属之间的关系而产生的权利和义务，除法律另有规定外，不因收养而受影响。收养人对被收养人及其直系血亲卑亲属的扶养

① 《中国公民收养子女登记办法》第8条。

② Peter Gottwald, etc., Family and Succession Law in Germany, Kluwer Law International, 2001, p.77.

③ R. Blanpain, International Encyclopedia of Laws, Family and Succession, Kluwer Law International, 2006, Germany, p.76.

④ Chung Hui Wang, Germany Civil Code, Stevens and Sons Limited, 1907, p.393.

⑤ 《德国民法典》第1759条和第2229条。

⑥ Heinz Georg Bamberger and Herbert Roth, Kommentar zum Bürgerlichen Gesetzbuch, Band 3, Verlag C. H. Beck München, 2003, p.1084.

义务先于被收养人的血亲。"①这就是说，在德国法律中，被收养的成年人与收养人的配偶不发生亲属关系，同样，被收养者的配偶也不与收养者发生亲属关系。② 此外，德国法律还规定收养效力及于被收养人尚未出生的子女。而对于婚姻障碍，收养效力只及于收养人与被收养人之间。③ 最为特别的是，德国法承认收养人与被收养人之间的婚姻，即使他们违反了婚姻法的规定，但只要按照规定的结婚仪式结婚，仍然承认其效力。④ 只是在结婚的同时，收养人与被收养人因收养而建立的法律关系归于消灭。⑤

养子女一般从养父母之姓，《德国民法典》第1757条规定，养子女以收养人家族姓氏为出生姓氏。⑥ 不过，这一规定允许例外，当养子女在被收养前已结婚时，以不因收养关系而变更婚姓为原则。只有养子女的配偶按《德国民法典》第1749条第2款同意以后，收养人家族的姓氏才能成为养子女夫妻的姓氏。不仅如此，经监护法院准许，养子女可在其原家族姓氏基础上增添新家族的姓氏。2001年修订后的《德国民法典》第1757条依然继续保留了这一传统，允许根据儿童最大利益原则决定"原家族姓氏增添于其新的家族姓氏"之中。⑦ 但是，2001年修订的《德国民法典》特别对同性配偶收养子女的姓氏作了规定，"按民法典第1355条第4款附加于婚姻姓氏的姓氏或依生活伴侣法第3条第2款附加于生活伴侣姓氏的姓氏，均不视为家族姓氏"。⑧

德国法还规定，被收养人及其晚辈直系血亲与亲生父母的血统关系及因此而产生的权利义务，皆因收养而消灭。但是，收养前已经赋予被收养子女的请求权却并不因收养关系的建立而必然取消。诸如被收养人在收养前已拥有的对定期金、孤儿补助金及其他相当的重复进行的给付的请求权，就都不随收养而改变。不过，惟有

① 《德国民法典》第1770条。

② 《德国民法典》第1770条。

③ Rainer Frank, J. von Staudingers Kommentar zum Bürgerlichen Gesetzbuch mit Einführungsgesetz und Nebengesetzen, Buch 4. Familienrecht, Arthur L. Sellier & Co., 2001, pp. 317-319.

④ 《德国民法典》第1766条。

⑤ H. C. Othmar Jauerning, Bürgerliches Gesetzbuch mit Allgemeinem Gleichbehandlungsgesetz, Verlag C. H. Beck München, 2009, p. 1727.

⑥ H. C. Othmar Jauerning, Bürgerliches Gesetzbuch mit Allgemeinem Gleichbehandlungsgesetz, Verlag C. H. Beck München, 2009, p. 1721.

⑦ Heinz Georg Bamberger and Herbert Roth, Kommentar zum Bürgerlichen Gesetzbuch, Band 3, Verlag C. H. Beck München, 2003, pp. 1058-1062.

⑧ Harald Paulitz, Adoption: Positionen, Impulse, Perspektiven, Verlag C. H. Beck München, 2. Auflage, 2006, p. 172.

抚养请求权除外。① 德国法的规定并不彻底，在一定程度主张对早已存在亲属关系的收养人与被收养儿童因收养而产生的权利义务关系采取多种形式。《德国民法典》第1756条就规定："如果收养人与子女为二等或三等血亲或姻亲时，则仅消灭子女和其直系血亲卑亲属与子女的父母的血亲关系和由此关系产生的权利和义务。如果夫妻的一方收养其配偶的婚生子女，而其配偶的前婚姻系因死亡而解除者，则与死去的父母的一方的亲属关系不消灭。"尤其是对成年人的收养，这一点表现得更加明显。另外，《德国民法典》一直坚守和沿袭收养保密原则，该法第1758条对收养保密性问题特别规定："如果未获得收养人与被收养人的许可，禁止公开或探问涉及收养的信息。"②收养人对收养的未成年儿童拥有完整的亲权，而被收养儿童的亲生父母包括非婚生子女的生母的亲权自然消失，而且也不再允许有探视权和通信联系权。③

由以上分析可知，德国与中国在收养效力上不乏共同之处。首先，自收养关系成立之日起，养父母与养子女间的权利义务关系，均适用法律关于父母子女关系的规定；其次，收养关系一旦成立，养子女与生父母及其他近亲属间的权利义务关系在一般情况下便消除；再次，养子女享有取得收养家庭姓氏的权利。另外，养子女与其亲生父母的血缘关系依然存在，禁婚的规定仍然适用。④ 但是，德国与中国法在规制收养效力上仍存在一些明显的差别。一方面，在收养类型上的规定存在明显区别，德国法明确将收养未成年人与收养成年人分别作了规定，实际上存在收养成年人的简单收养与收养未成年人的完全收养。德国法还明文规定了死亡后收养，其效力与收养人死亡前的收养效力相同。而中国收养法基本采用单一制，即采用完全收养形式，对收养未成年人与收养成年人未加以区分。中国收养法则禁止死亡后收养。另一方面，在保留对于原出生家庭的关系上有不同要求，德国法允许被收养人保留在收养前已拥有的对定期金、孤儿补助金及其他相当的重复进行的给付的请求权，⑤ 而中国法无这方面的明确规定。再者，对养子女的姓名权问题，德国与中国法也有不同的规定，《中华人民共和国民法典》第1112条规定"养子女可以随养父

---

① 《德国民法典》第1775条。

② 按照收养行为是否保密，可分为公开收养与秘密收养。收养当事人要求保守收养秘密，不公示收养行为以及不得暴露养子女身世的收养称为秘密收养。德国民法对此有明确规定，《德国民法典》第1758条规定："禁止公开与查询被收养及收养之经过，但出于公共利益的特别需要的，不在此限。"

③ H. C. Othmar Jauerning, Bürgerliches Gesetzbuch mit Allgemeinem Gleichbehandlungsgesetz, Verlag C. H. Beck München, 2009, pp. 1722-1723.

④ 蒋新苗著：《收养法比较研究》，北京大学出版社2005年版，第108页。

⑤ H. C. Othmar Jauerning, Bürgerliches Gesetzbuch mit Allgemeinem Gleichbehandlungsgesetz, Verlag C. H. Beck München, 2009, pp. 1720-1721.

或者养母的姓氏，经当事人协商一致，也可以保留原姓氏”。而德国法律则允许养子女将原家族的姓加在新家族的姓前后均可，而且允许养子女更改名字。不仅如此，德国法还专门对在婚姻姓氏或同性生活伴侣姓氏后附加的姓氏问题作出了规定。此外，德国法对被收养人的国籍取得问题也有明确规定，① 德国公民合法收养的外国儿童且在被收养儿童年满 18 岁以前已经递交了收养申请，则该被收养儿童可依据德国法取得德国国籍，② 德国 2012 年 6 月 21 日依据《罗马公约》修改后的法律则主张应在被收养儿童入籍前赋予其惯常居留权，以便解决跨国收养中的被收养人国籍问题。③ 而中国收养法在这方面还是空白，缺乏明文规定。

4. 收养关系解除的法律冲突

终止收养关系的原因主要有：一是收养人或被收养人死亡，因主体缺位而自然终止；二是依法解除收养关系。当代各国对收养关系的解除有不同的立法例，有的国家采取禁止主义或部分禁止主义，英国法就是如此规定的；有的国家则采取许可主义，如我国《民法典》第五编第五章专设第三节规定了“收养关系的解除”。

依据《中华人民共和国民法典》《中国公民收养子女登记办法》《收养登记工作规范》，根据当事人对解除收养关系所持的一致或相反的态度，收养关系的解除可以有两种不同的方式处理。一种方式是收养关系依当事人的协议而解除。在养子女成年以前，收养人不得单方解除收养关系，若送养人与收养人双方自愿达成解除收养协议的则依法准许，只是须征得年满 8 周岁的被收养人的同意；在养子女成年以后，可由被收养人与收养人双方协议解除收养关系，无须取得原送养人的同意。④ 当事人协议解除收养关系的，应当到民政部门办理解除收养关系的登记。收养关系当事人协议解除收养关系的，应当持居民户口簿、居民身份证、收养登记证和解除收养关系的书面协议，共同到被收养人常住户口所在地的收养登记机关办理解除收养关系登记。收养登记机关收到解除收养关系登记申请书及有关材料后，应当自次日起 30 日内进行审查；对符合收养法规定的，为当事人办理解除收养关系的登记，收回收养登记证，发给解除收养关系证明。⑤另一种方式是收养关系依当事人一方

---

① Staatsangerhörigkeitsgesetz, §6.

② Harald Paulitz, Adoption: Positionen, Impulse, Perspektiven, Verlag C. H. Beck München, 2006, pp. 320-321.

③ Tobias Helms, Sind die Staatsangerhörigkeitsprinzip Orientierten Anknüpfungsregeln der Art. 22, 23 EGBGB Noch Zeitgemäss, im Dieter Schwab und Hans-Joachim Dose, Familienrecht in Praxis und Theorie, Gieseking Verlag, 2012, S. 69.

④ 《中华人民共和国民法典》第 1114 条第 1 款。

⑤ 《中华人民共和国民法典》第 1116 条以及《中国公民收养子女登记办法》第 7 条和第 9 条。

的要求而解除。如果收养人不履行抚养义务，有虐待、遗弃等侵害未成年养子女合法权益行为的，送养人有权要求解除养父母与养子女间的收养关系，送养人与收养人不能达成协议的，可以诉请人民法院予以解除。而养父母与成年养子女关系恶化，无法共同生活的，又不能达成解除收养关系协议，任何一方都可向人民法院起诉要求解除收养关系。① 对于不利于收养关系的因素是否足以构成解除收养关系的充分理由与根据，由人民法院根据具体情况及其程度，从保护未成年人的利益和其他收养当事人的合法利益的原则出发自由裁量。以往实践的通常做法就是如此。例如，最高人民法院1984年颁布的司法解释《关于贯彻执行民事政策法律若干问题的意见》(2019年7月8日废止)第30条就曾明确规定："养父母发现所收养的子女有生理缺陷，或有其他病症，要求解除收养关系的，一般不予解除。但生父母在送养时有意隐瞒的，可予解除。"②无论以何种方式解除收养关系，其导致的法律后果都会影响到被收养人与养父母、生父母及各自的其他近亲属间的权利义务关系的变化。收养关系解除后，养子女与养父母及其他近亲属间的权利义务关系即行消除，与生父母及其他近亲属间的权利义务关系自行恢复，但成年养子女与生父母及其他近亲属间的权利义务关系是否恢复，可以协商确定。由于收养关系依法成立后，养父母对养子女履行抚养教育和监护的责任，在养子女未成年以前会投入相当的精力和财力。因此，解除收养关系时，送养人或依靠养父母抚养成年的养子女，应当给予养父母相应的经济补偿。除非养父母存在过错，否则，有违民事权利义务对等原则和公平合理原则。基于此，中国收养法对解除收养关系后的经济补偿问题也作出了规定。收养关系解除后，经养父母抚养的成年养子女，对缺乏劳动能力又缺乏生活来源的养父母，应当给付生活费。因养子女成年后虐待、遗弃养父母而解除收养关系的，养父母可以要求养子女补偿收养期间支出的抚养费。生父母要求解除收养关系的，养父母可以要求生父母适当补偿收养期间支出的抚养费，但因养父母虐待、遗弃养子女而解除收养关系的除外。③ 一般情况下，养父母在养子女未成年以前不得单方主动解除收养关系，否则便违反收养法的规定，且无权请求送养方给予经济补偿。不过，根据最高人民法院有关司法解释，在送养方违反收养协议故意泄露收养秘密，或者隐瞒被收养人的生理缺陷、疾病的或者存在其他损害收养人权益的行为的，也就是说，由于送养方的过错导致收养关系的解除，收养人才有权要求送养方补偿因收养而支出的有关费用。至于解除收养关系后，究竟如何补偿及补偿多少，法律未作出具体规定。在实践中，可以根据收养人的经济状况和被收养人的

① 《中华人民共和国民法典》第1114条第2款和第1115条。

② 孟刚主编：《最新婚姻家庭法律典型案例丛书：抚养、赡养、收养、监护》，吉林人民出版社2001年版，第88页。

③ 《中华人民共和国民法典》第1117条和第1118条。

生活费用与教育经费的开支情况得出实际支出的概数，并可参照当地一般群众的生活水平因素，由当事人双方协商解决。若协商不成的，则由人民法院视具体情况依法裁判。①

在德国，收养关系具有不可撤销性，收养令一经批准便具有终局的决定性，为新家庭设置了永久性的父母子女关系。② 只有在特别情形下才可依儿童最大利益原则撤销收养关系。③ 根据德国法的规定，只有那些欠缺收养意思表示要件或存在严重损害被收养儿童的利益的情形的，且收养开始时未超过 3 年，可以通过有管辖权的法院来撤销收养关系。④《德国民法典》第 1763 条对基于保护儿童利益而撤销收养关系作了明文规定："在子女未成年期间，如撤销收养关系出于重大原因为子女利益所需要时，监护法院得依职权撤销收养关系。如子女由一对夫妻收养时，也得撤销子女和夫妻的一方存在的收养关系。收养关系在下列仅有情形时始得撤销之：如在第 2 项的情形，夫妻的他方，或如亲生父母的一方准备承担对子女的养育和教育，以及如由夫妻的另一方或亲生父母的一方行使父母照顾权与子女的利益不相抵触时，或者如撤销收养应使重新收养子女有可能实现时。"⑤可见，德国法坚持依据客观标准或必须证明有严重过错存在的原则而撤销收养关系。⑥

德国现行有关收养的法律对撤销收养关系的理由作了具体而详细的规定。德国法将导致撤销收养关系的意思要件的欠缺细分为如下四类：第一，依法须行使收养同意权的人处于无意识或陷于精神错乱状态时作出同意收养的意思表示；第二，依法须行使收养同意权的人弄错了收养人或被收养人的身份而作出的同意收养的意思表示；第三，因欺诈或胁迫而作出的同意收养的意思表示；第四，在被收养人出生未满 8 个星期前作出的同意收养的意思表示。⑦ 不过，德国法还对其中的例外情形作了规定，如果依法须行使收养同意权的人在无行为能力、无意识、精神错乱状态以及因胁迫而导致的急迫情形消失后，或者在发现错误后，抑或在被收养人出生已

---

① 雷明光主编：《中华人民共和国收养法评注》，厦门大学出版社 2016 年版，第 256 页。

② Dieter Schwab, Familienrecht, Verlag C. H. Beck München, 2018, S. 442.

③ Peter Gottwald, etc., Family and Succession Law in Germany, Kluwer Law International, 2001, p. 78.

④ H. C. Othmar Jauerning, Bürgerliches Gesetzbuch mit Allgemeinem Gleichbehandlungsgesetz, Verlag C. H. Beck München, 2009, p. 1725.

⑤ Dieter Schwab, Münchener Kommentar zum Bürgerlichen Gesetzbuch, Band 8, Familienrecht Ⅱ, C. H. Beck'sche Verlagsbuchhandlung, 2002, p. 1363; Wolfram Viefhues, Jruis PraxisKommentar BGB, Band Buch 4. Familienrecht, juris GmbH Saarbrücken, 2007, pp. 1938-1940.

⑥ Peter Gottwald, etc., Family and Succession Law in Germany, Kluwer Law International, 2001, p. 78.

⑦ 《德国民法典》第 1760 条第 2 款。

满 8 个星期后，明确表示同意维持原来的意愿的，可不撤销收养关系。① 此外，如果在因欺诈而作出的同意收养的意思表示时，这种欺诈只是针对收养人或被收养子女的财产状况，或者欺诈是在申请权人或同意权人不知道的情形下，由既无申请权又无同意权，也无收养中介资格的人实施的，那么，同样不得以恶意欺诈为由而撤销收养关系。②《德国民法典》第 1761 条还要求法院在撤销收养关系时必须考虑不得损害被收养儿童的利益。一旦撤销收养关系有损儿童最大利益原则就必须停止，除非有更为严重的情形，否则，法院不得宣告撤销收养关系。但德国法并未将儿童最大利益原则置于绝对至上的地位，德国允许在收养人要求撤销收养关系的利益占据绝对优势时，也可依有利于收养人的因素而宣告撤销收养关系。③

法院在作出撤销收养的决定以前，应听取青少年儿童事务局的意见。德国《青少年福利法》第 48a 条第 1 款第 10 项规定需征求青少年事务局的意见。④ 德国《关于家庭事件和非讼事件的程序的法律》第 194 条也强调“被收养人为未成年人时，还需听取青少年事务局的意见”。⑤ 根据现行《德国民法典》第 1760 条、第 1762 条与第 1763 条的规定，收养人、被收养人、被收养人的亲生父母、非婚生子女的生母有权申请撤销收养关系，而监护法院也可以依职权决定撤销收养关系。⑥ 而在撤销收养的期限上，《德国民法典》明确规定为“自收养令颁发后 3 年内”，而且必须在知道或发现可撤销收养关系的理由后至少满 1 年才能提出申请。这就是说，只能在获悉可撤销收养关系的理由 1 年以后且收养关系的成立未超过 3 年，才可申请撤销收养关系。德国现行民法典还特别强调撤销收养的申请需有公证证书，即撤销收养关系的申请也必须采取公证形式完成。⑦ 另外，《德国民法典》第 1766 条规定，如果收养人与被收养人或者其晚辈直系血亲之一违反禁婚规定而结婚的，⑧ 即使属

---

① 《德国民法典》第 1760 条第 3 款。

② 《德国民法典》第 1760 条第 4 款。

③ Peter Gottwald, etc., Family and Succession Law in Germany, Kluwer Law International, 2001, p. 78; Harald Paulitz, Adoption: Positionen, Impulse, Perspektiven, Verlag C. H. Beck München, 2006, p. 229.

④ Rainer Frank, J. von Staudingers Kommentar zum Bürgerlichen Gesetzbuch mit Einführungsgesetz und Nebengesetzen, Buch 4. Familienrecht, Arthur L. Sellier & Co., 2001, pp. 277-285.

⑤ Dieter Schwab, Familienrecht, Verlag C. H. Beck München, 2018, S. 444.

⑥ International Social Service, Internal and Intercountry Adoption Laws, Kluwer Law International, 2002, GER-Ⅱ-44.

⑦ Dieter Schwab, Münchener Kommentar zum Bürgerlichen Gesetzbuch, Band 8, Familienrecht Ⅱ, C. H. Beck'sche Verlagsbuchhandlung, 2002, pp. 1361-1363.

⑧ 《德国民法典》第 1308 条规定，收养形成的拟制血亲关系的人之间虽不存在民法典第 1307 条的自然血亲关系，但也不能缔结婚姻。Dieter Schwab, Familienrecht, Verlag C. H. Beck München, 2018, SS. 438-440.

于合法婚姻，那么，该收养关系因此而自动终止。①

德国法对撤销收养关系的法律效力也予以了明确规定，收养关系的撤销不具有溯及力，只对未来产生效力。在德国，收养关系的撤销导致所有因收养而产生的权利义务关系完全终止，而被收养人与亲生父母之间的一切法律关系立即恢复。② 不过，父母照顾未成年人子女的人身与财产的权利义务则须视具体情况而定。③ 不仅如此，收养关系的撤销也不会导致必然取消被收养人已获得的德国公民资格。④

如果是夫妻双方共同收养的养子女，撤销收养关系的效力对养父母双方都适用，即使是因一方的过错而导致收养关系的撤销，其效力也适用于夫妻双方。但是德国法又对撤销配偶一方的收养关系问题作了规定，实际上允许只撤销被收养人与一方养父母的收养关系，另一方的收养关系则可以继续保留。⑤ 被收养人在撤销收养关系后一般恢复使用原姓，《德国民法典》第 1765 条对此规定得非常详细，除了撤销与夫妻一方独自的收养关系以外，被收养人将失去以收养人家族姓氏作为出生姓氏的权利，并且可由法院决定如何使用姓氏。⑥ 2001 年修订的《德国民法典》第 1765 条明确规定："在撤销子女收养关系的同时，养子女失去将收养人的家族姓氏作为出生姓氏的权利，并根据第 1757 条第 1 款的规定使用姓氏。如撤销与夫妻的一方独自的收养关系，上述规定对第 1754 条第 1 项的情形不适用之。如果出生姓氏成为原养子女的婚姻姓氏或生活伴侣姓氏的，则不受撤销收养关系的影响。经子女的申请，监护法院在撤销收养关系的同时，如该子女对使用因收养而取得的家族姓氏有合法的利益，得命令该子女保持此家族姓氏。第 1746 条第 1 项第 2 款、第 3 款的规定，准用之。因收养而取得的家族姓氏成为婚姻姓氏或生活伴侣姓氏的，则监护法院经配偶的共同申请，在撤销收养的同时应命令，夫妻双方或生活伴侣将养子女在收养以前使用过的出生姓氏作为婚姻姓氏或生活伴侣姓氏。"⑦《德国民法

① H. C. Othmar Jauerning, Bürgerliches Gesetzbuch mit Allgemeinem Gleichbehandlungsgesetz, Verlag C. H. Beck München, 2009, p. 1729.

② 《德国民法典》第 1764 条第 2 款与第 3 款。

③ Rainer Frank, J. von Staudingers Kommentar zum Bürgerlichen Gesetzbuch mit Einführungsgesetz und Nebengesetzen, Buch 4. Familienrecht, Arthur L. Sellier & Co., 2001, p. 309.

④ Thomas Steiger, Das neue Recht der Internationalen Adoption und Adoptionsvermittlung, Bundesanzeiger Verlagsges, 2002, p. 33.

⑤ 《德国民法典》第 1764 条第 5 款。

⑥ H. C. Othmar Jauerning, Bürgerliches Gesetzbuch mit Allgemeinem Gleichbehandlungsgesetz, Verlag C. H. Beck München, 2009, pp. 1726-1727.

⑦ Heinz Georg Bamberger and Herbert Roth, Kommentar zum Bürgerlichen Gesetzbuch, Band 3, Verlag C. H. Beck München, 2003, pp. 1075-1076.

典》第 1764 条第 4 款进而规定，在撤销收养关系时，对未成年儿童的亲权①并不会自动恢复到亲生父母，必须经有关机关许可，如果被收养儿童在撤销收养关系时年满 14 岁，那么，在恢复亲生父母对该儿童的亲权时应征求儿童本人的意见。② 此外，《德国民法典》第 1762 条还规定，如果撤销收养主体属于那些未经其申请或同意而被收养的子女，即唯有该类被收养人始有申请权。不过，如果申请撤销收养的被收养人为无行为能力或尚未满 14 岁的子女，那么，法定代理人得代为提出申请。在其他情形时，不得由代理人提出申请。申请的权利人为限制行为能力者则不需法定代理人的同意。德国法还规定，撤销收养关系后，允许另行安排第二次收养。③

从上述分析可知，德国与中国在收养关系的解除方面的法律规定和实践存在相当大的差异。第一，德国涉及收养的法律法规在终止收养关系上采取了非常谨慎的态度，原则上禁止撤销收养关系。而中国收养法非常明确地规定了解除收养关系的问题，只是在具体实践中，对在中国成立的跨国收养经常要求排除适用解除收养关系的规定。中国有关收养方面的法律法规对不合法的收养只设有收养无效的规定，而没有收养撤销的规定。在中国，收养行为被人民法院确认无效的，从行为开始时即无法律效力。而德国未将收养的无效与撤销区分开来予以规制，但《德国民法典》对在特定情形下撤销收养关系作了详尽的规定，即对撤销的理由、撤销权人、撤销期间及撤销效力作了非常具体的规定。不仅如此，德国法明确规定收养的撤销效力无溯及力。第二，中国对于合法的收养关系的解除作了规定，除了收养人、送养人双方协议解除收养关系的以外，在被收养人成年以前，不得解除收养关系，被收养人年满 8 周岁以上的，解除收养关系须征得被收养人本人的同意。而《德国民法典》没有关于收养关系当事人协议解除收养关系的规定，德国只允许经监护法院撤销收养令。第三，中国收养法单独规定了送养人对解除收养关系的请求权，而德国法律无关于送养人撤销收养关系请求权的规定，但规定了行使收养同意权人有关撤销收养关系申请权。④ 第四，在终止收养关系的法定理由方面，中国与德国法律也存在相当大的差别。中国收养法规定的范围要比德国的广泛得多。中国有关收养的法律规定，收养人不履行抚养义务，有虐待、遗弃等侵害未成年养子女合法权益

---

① 此处的“亲权”，从更严格的意义上看应为父母对子女的“照顾权”。

② Peter Gottwald, etc., Family and Succession Law in Germany, Kluwer Law International, 2001, p. 78.

③ 《德国民法典》第 1763 条第 3 款。

④ 《德国民法典》第 1762 条。

行为的，送养人有权请求法院判决解除收养关系；养父母与成年养子女关系恶化、无法共同生活的，任何一方均可诉请法院判决解除收养关系。而德国法律规定的请求法院判决解除收养关系的法定理由则限制得非常严格，只有在欠缺收养意思表示要件或存在严重损害被收养儿童利益的情形下，可以由具备管辖权的法院撤销收养关系。第五，关于终止收养关系的法律后果，中国收养方面的法律与《德国民法典》的规定也不尽相同。中国有关收养的法律规定，收养关系解除后，养子女与养父母及其近亲属间的权利义务关系即行消除，养子女与生父母及其近亲属间的权利义务关系即行恢复；成年养子女与其生父母及其他近亲属的权利义务关系是否恢复，可以由当事人协商确定。而《德国民法典》没有关于"协商确定"的规定，撤销收养关系后只能由法院决定养子女与生父母及其他近亲属间的权利义务的恢复问题。① 第六，在撤销收养关系的程序方面，德国法强调法律程式，采取法院与青少年事务局双重监管机制。而中国收养法则采取混合模式，收养当事人达成协议解除收养关系的，到民政部门登记即可；只有收养当事人无法达成协议解除收养关系的，才可向人民法院起诉，借助诉讼途径解除收养关系。

总之，德国关于收养子女的实质要件、形式要件和收养效力及收养关系的撤销的法律规定与中国实施的全国性收养法律法规的有关规定存在不少差异，势必导致在德国成立的收养关系与在中国成立的收养关系存在明显的法律冲突。这种收养法律冲突问题不容忽视，否则，两国之间的跨国收养就难以开通。

三、中国与德国跨国收养法律冲突的解决途径

1. 跨国收养在德国的产生与发展

跨国收养在德国产生的历史也较为久远，但获得大范围的发展还是在两次世界大战以后。尽管在纳粹统治期间，希特勒为纯化亚利安人种，曾在世界范围搜寻亚利安儿童交由莱比锡(Leipzig)收养组织安排收养，也出现了跨国收养，而且数量在2500~4500人。但是，国际社会服务组织对这类收养坚决予以否定，而且要求以撤销这类收养关系并遣返被收养人作为国际社会服务组织重新进入德国的条件。② 而德国得到国际社会普遍认可的大规模的跨国收养还是第二次世界大战结束

① Thomas Meysen, Das Recht zum Kinderschutz in Deutschland und Osterreich: ein Vergleich, in Der Osterreichische Amtsvormund, Folge, 201, 2008.

② International Social Service, Internal and Intercountry Adoption Laws, Kluwer Law International, 2002, GER-Ⅲ, p. 2.

以后。从1945年8月开始，数千名无家可归的德国儿童被占领德国的外国军人收养。与此同时，也有少量外国儿童因收养而非常容易地进入了德国。但总体上看，外国人从德国收养子女居多，当时的德国属于名副其实的"儿童送养国"。美国军队就专门为美国人收养德国儿童而在海德堡与威斯巴登设立了收养局。① 从1945年至1959年这段时期，通过美国军队的收养组织、其他私人收养机构、牧师或个人中介，外国人在德国收养了大量儿童。其中既有合法收养也存在非法收养。随着1960年瑞士莱森国际收养会议的召开，德国开始按国际社会服务组织的指南规范进行跨国收养，特别在1976年修改了有关收养的法律，同时援用海牙国际私法会议1961年《关于未成年人保护的管辖权和法律适用公约》的机制强化对德国境内的儿童的保护，以及后来对涉及收养的法律法规的完善，德国的跨国收养得到了规范并步入健康发展的轨道。② 如此，德国跨国送养的儿童数量也在逐渐减少。据不完全统计，美国在1963年至1987年期间从德国收养了6578名儿童。③ 1977年1月1日德意志联邦共和国还修改了公民资格法，1986年7月25日又对《德国民法施行法》进行了修订，而在东西德统一后对有关收养法律法规进一步完善。随着德国收养法律机制的健全和完善，在联合国、海牙国际私法会议及其他国际组织的共同努力下，加之1967年欧洲理事会《关于儿童收养的欧洲公约》的实施，非法的跨国收养现象在德国逐渐减少。④

目前，德国仍有大量外国军人、5万多名外国劳工和诸多难民及其他原因进入德国的外国人，涉外婚姻频繁发生，尤其是许多再婚者存在，从而使得含有外国因素的继子女收养日益增多。另外，不少德国人还收养了一些在德国出生的土耳其籍儿童、前南斯拉夫籍儿童。不仅如此，一些德国公民也从波兰、俄罗斯等东欧洲国家收养了子女。除此以外，德国人还在罗马尼亚、巴西、泰国、印度等国收养了儿童。⑤ 据德国权威机构的调查显示，从20世纪90年代起，德国已从跨国收养中的

---

① Harald Paulitz, Adoption: Positionen, Impulse, Perspektiven, Verlag C. H. Beck München, 2000, p. 249.

② Ingrid Bär, The Development of Adoptions in the Federal Republic of Germany, in R. A. C. Hoksbergen, Adoption in Worldwide Perspective: A Review of Programs, Policies and Legislation in 14 Countries, Sweet & Zeitlinger, 1986, pp. 169-176.

③ Gretchen Miller Wrobel and Elsbeth Neil, International Advances in Adoption Research for Practice, John Wiley-Blackwell & Sons Ltd. Publication, 2009, p. 49.

④ Kerry O' Halloran, The Politics of Adoption: International Perspective on Law, Policy & Practice, Third Editon, Springer, 2015, p. 586.

⑤ International Social Service, Internal and Intercountry Adoption Laws, Kluwer Law International, 2002, GER-Ⅲ, p. 3.

儿童送养国转变为儿童收养国。①

德国权威机构对德国20世纪90年代以来的未成年人收养调查统计表明：德国1991年的收养总数为7142件，其中跨国收养为1355件、从德国境外收养的外国儿童731人。德国1992年的收养总数为8403件，其中跨国收养为1664件、从德国境外收养的外国儿童972人。② 德国1993年的收养总数为8687件，其中跨国收养为1549件、从德国境外收养的外国儿童814人。德国1994年的收养总数为8449件，其中跨国收养为1491件、从德国境外收养的外国儿童688人。③ 德国1995年的收养总数为7969件，其中跨国收养为1643件、从德国境外收养的外国儿童714人。德国1996年的收养总数为7420件，其中跨国收养为1567件、从德国境外收养的外国儿童642人。德国1997年的收养总数为7173件，其中跨国收养为1692件、从德国境外收养的外国儿童700人。德国1998年的收养总数为7119件，其中跨国收养为1889件、从德国境外收养的外国儿童777人。德国1999年的收养总数为6399件，其中跨国收养为1765件、从德国境外收养的外国儿童794人。德国2000年的收养总数为6373件，其中跨国收养为1891件、从德国境外收养的外国儿童878人。④ 德国2001年的收养总数为5909件，其中跨国收养为1789件、从德国境外收养的外国儿童853人。德国2002年的收养总数为5668件，其中跨国收养为1919件、从德国境外收养的外国儿童960人。⑤ 德国2003年的收养总数为5336

① 《时代》杂志1990年公布的一份统计资料表明："在1989年的涉外收养中，部分儿童原住国送养的儿童数为：哥伦比亚5000名、南朝鲜3000名、罗马尼亚3000名、巴西2000名、印度1500名、秘鲁1500名、危地马拉1000名；部分收养国收养的外国儿童数为：美国8000名、法国3000名、意大利2100名、德国1000名、瑞典1000名、英国800名、丹麦700名。"Expreso Newspaper，Guayaquil，Ecuador，February 16，1992.

② 德国有关机构曾对1992年德国1664件跨国收养的被收养人主要来源的调查显示：欧洲国家780人、亚洲国家451人、美洲国家337人、非洲国家及其他地区96人。因收养进入德国的儿童共计972人，其中欧洲国家313人、亚洲国家334人、美洲国家266人、非洲国家及其他地区59人。为德国送养子女的国家主要为：罗马尼亚291人、波兰123人、前南斯拉夫117人、土耳其82人、菲律宾87人、泰国58人、印度168人、巴西142人。International Social Service，Internal and Intercountry Adoption Laws，Kluwer Law International，2002，GER-Ⅲ，pp. 6-7.

③ Die Daten für die Jahrgänge 1991，1992，1993 und 1994 Liegen in Dieser Dortmunder Arbeitsstelle Kinder-und Jugendhilfe，http：//www. akj-stat. fb12. uni-dortmund. de/tabellen/Standardtabellen/Std_tab_adop00. htm，20 August，2005.

④ 参见：https：//www. west-info. eu/west-news/parental-responsibility-child-adoption-fostering/（accessed 31 January，2020）.

⑤ 德国2002年颁发收养令5700项，Mathias Reimann，Joachim Zekoll，Introduction to German Law，Verlag C. H. Beck München，2005，p. 262.

件，其中跨国收养为 1720 件、从德国境外收养的外国儿童 754 人。① 德国 2004 年的收养总数为 5072 件，其中跨国收养为 1637 件、从德国境外收养的外国儿童 631 人。② 德国 2005 年的收养总数为 4762 件，其中跨国收养为 1453 件、从德国境外收养的外国儿童 721 人。德国 2006 年的收养总数为 4748 件，其中跨国收养为 1388 件、从德国境外收养的外国儿童 575 人。德国 2007 年的收养总数为 4509 件，其中跨国收养为 1432 件、从德国境外收养的外国儿童 709 人。德国 2008 年的收养总数为 4201 件，其中跨国收养为 1251 件、从德国境外收养的外国儿童 730 人。③ 德国 2009 年的收养总数为 3888 件，其中跨国收养为 1025 件、从德国境外收养的外国儿童 615 人。可见，21 世纪的最初 10 年德国每年的国内收养一直在 5000 件左右，④ 而跨国收养则为 1500 件左右。⑤ 德国 2010 年的收养总数为 4021 件，其中跨

---

① Quelle：Statistisches Bundesamt：Statistik der Kinder-und Jugendhilfe，versch. Jahrgänge-Adoption；Eigene Berechnungen，http：//www. moses-online. de/web/45. 21 August，2005.

② 海牙国际私法会议统计的德国跨国收养数据：1999 年德国收养总数 6399 件、国内收养 5605 件、跨国收养 794 件；2000 年德国收养总数 6373 件、国内收养 5495 件、跨国收养 878 件；2001 年德国收养总数 5909 件、国内收养 5056 件、跨国收养 853 件；2002 年德国收养总数 5668 件、国内收养 4708 件、跨国收养 960 件；2003 年德国收养总数 5336 件、国内收养 4584 件、跨国收养 752 件；2004 年德国收养总数 5702 件、国内收养 5227 件、跨国收养 475 件；2005 年德国收养总数 4040 件、国内收养总数 3309 件、跨国收养 731 件；2006 年德国收养总数 4045 件、国内收养总数 3360 件、跨国收养 685 件；2007 年德国收养总数 3882 件、国内收养总数 3077 件、跨国收养 805 件；2008 年德国收养总数 3680 件、国内收养总数 2950 件、跨国收养 730 件；2009 年德国收养总数 3478 件、国内收养总数 2863 件、跨国收养 615 件；2010 年德国收养总数 4534 件、国内收养 4021 件、跨国收养 513 件；2011 年德国收养总数 4683 件、国内收养 4060 件、跨国收养 623 件；2012 年德国收养总数 4338 件、国内收养 3886 件、跨国收养 452 件；2013 年德国收养总数 4079 件、国内收养 3793 件、跨国收养 286 件；2014 年德国收养总数 4031 件、国内收养 3805 件、跨国收养 226 件；2015 年德国收养总数 4013 件、国内收养 3812 件、跨国收养 201 件；2016 年德国收养总数 3918 件、国内收养 3719 件、跨国收养 199 件；2017 年德国收养总数 3487 件、国内收养 3391 件、跨国收养 96 件；2018 年德国收养总数 3407 件、国内收养 3316 件、跨国收养 91 件。参见：https：//www. assets. hcch. net/docs/2888e1ff-260a-4194-b33b-26dec2bc936f. pdf(accessed 31 January，2021).

③ 参见：https：//www-ec. destatis. de/csp/shop/sfg/bpm. html. cms. cBroker. cls? cmspath = struktur，vollanzeige. csp&ID = 1024272(accessed 30 December，2009).

④ 参见：https://www-ec. destatis. de/csp/shop/sfg/sfghome. csp(accessed，26 March，2010).

⑤ Dagmar Winkelsträter，Anerkennung und Durchführung Internationaler Adoptionen in Deutschland：unter Berücksichtigung des Haager Übereinkommens über den Schutz von Kindern und die Zusammenarbeit auf dem Gebiet der Internationalen Adoption vom，29. Mai 1993，Jenaer Wissenschaftliche Verlagesellschaft，2007，pp. 21-22；Harald Paulitz，Adoption：Positionen，Impulse，Perspektiven，Verlag C. H. Beck München，2. Auflage，2006，p. 271.

国收养为 980 件、从德国境外收养的外国儿童 524 人。德国 2011 年的收养总数为 4060 件，其中跨国收养为 934 件、从德国境外收养的外国儿童 623 人。① 德国 2012 年的收养总数为 3886 件，其中跨国收养为 801 件、从德国境外收养的外国儿童 452 人。② 德国 2013 年的收养总数为 3793 件，其中跨国收养为 661 件、从德国境外收养的外国儿童 288 人。③ 德国 2014 年的收养总数为 3805 件，其中跨国收养为 622 件、从德国境外收养的外国儿童 226 人。德国 2015 年的收养总数为 3812 件，其中跨国收养为 549 件、从德国境外收养的外国儿童 201 人。④ 德国 2016 年的收养总数为 3976 件，其中跨国收养为 564 件、从德国境外收养的外国儿童 199 人。⑤ 德国 2017 年的收养总数为 3888 件，其中跨国收养为 497 件、从德国境外收养的外国儿童 93 人。德国 2018 年的收养总数为 3733 件，其中跨国收养为 417 件、从德国境外收养的外国儿童 91 人；德国 2019 年的收养总数为 3744 件，其中跨国收养为 359 件、从德国境外收养的外国儿童 85 人；德国 2020 年的收养总数为 3774

① 海牙国际私法会议统计的德国 2010 年和 2011 年的收养数据与德国青少年事务局公布的收养数据差别较大，2010 收养总数 4534 件、国内收养 4021 件，2011 年收养总数 4683 件、国内收养 4060 件。参见：https：//www. assets. hcch. net/docs/2888e1ff-260a-4194-b33b-26dec2bc936f. pdf(accessed 30 January，2020).

② 参见：https：//www-west-info. eu/files/Report277. pdf(accessed 31 January，2020).

③ Perter Selman：德国的跨国收养 2003 年 674 件、2004 年 650 件、2005 年 560 件、2006 年 583 件、2007 年 778 件、2008 年 664 件、2009 年 571 件、2010 年 504 件、2011 年 525 件、2012 年 415 件、2013 年 330 件。Peter Selman，Intercountry Adoption Agecies and the HCIA，in International Forum on Intercountry Adoption and Global Surrogacy，11-13 Agugust，2014.

④ 德国青少年事务局相关研究的统计数据略有差别：德国 2005 年的收养总数为 4762 件，其中跨国收养为 547 件。德国 2006 年的收养总数为 4748 件，其中跨国收养为 575 件。德国 2007 年的收养总数为 4509 件，其中跨国收养为 709 件。德国 2008 年的收养总数为 4201 件，其中跨国收养为 612 件。德国 2009 年的收养总数为 3888 件，其中跨国收养为 521 件。德国 2010 年的收养总数为 4021 件，其中跨国收养为 464 件。德国 2011 年的收养总数为 4060 件，其中跨国收养为 411 件。德国 2012 年的收养总数为 3868 件，其中跨国收养为 352 件。德国 2013 年的收养总数为 3793 件，其中跨国收养为 268 件。德国 2014 年的收养总数为 3805 件，其中跨国收养为 299 件。德国 2015 年的收养总数为 3818 件，其中跨国收养为 264 件。Andra Fendrich，Thomas Mühmann，Kurzbericht zu Aktuellen Entwicklungen der Adoptionen in Deutschland，2016，http：//www. akjstat. tu-dortmund. de(accessed 31 January，2020).

⑤ 美国学者 Wm. Robert Johnsyon 对有关德国每年跨国收养的统计数据为：1988 年 875 件、1998 年 922 件、1999 年 977 件、2000 年？件、2001 年 798 件、2002 年 884 件、2003 年 674 件、2004 年 749 件、2005 年 721 件、2006 年 662 件、2007 年 783 件、2008 年 718 件、2009 年 606 件、2010 年 524 件、2011 年 624 件、2012 年 452 件、2013 年 289 件、2014 年 227 件、2015 年 200 件。参见 Wm. Robert Johnston，Historical International Adoption Statistics，United States and World，http：//www. johnstonsarchive. net. htm(accessed 31 January，2020).

件，其中跨国收养为373件、从德国境外收养的外国儿童81人。① 德国跨国收养数据图表详见表6-1和图6-1。

表6-1　　德国跨国收养数据统计表：1991—2020年②

年代	德国收养总数	国内收养数	跨国收养数
1991	7142	5787	1355
1992	8403	6739	1664
1993	8687	7138	1549
1994	8449	6958	1491
1995	7969	6326	1643
1996	7420	5853	1567
1997	7173	5481	1692
1998	7119	5230	1889
1999	6399	4634	1765
2000	6373	4482	1891
2001	5909	4120	1789
2002	5668	3749	1919
2003	5336	3616	1720
2004	5072	3435	1637
2005	4762	3309	1453
2006	4748	3360	1388

① 德国青少年事务局对2018年德国417件跨国收养的被收养儿童主要来源的调查显示：欧洲国家206人、亚洲国家110人、美洲国家48人、非洲国家47人、其他地区6人。其中为德国送养儿童的国家主要为：保加利亚(27人)、意大利(6人)、波兰(18人)、罗马尼亚(24人)、黑山(4人)、塞尔维亚(5人)、俄罗斯(43人)、土耳其(8人)、乌克兰(17人)、喀麦隆(3人)、哥伦比亚(6人)、巴西(4人)、美国(5人)、阿富汗(9人)、印度(5人)、菲律宾(12人)、泰国(41人)和越南(9人)等。参见 Adoptierte Kinder und Jugendliche-Statistisches Bundesamt Deutschland, https://www.destatis.de/De/Themen/ Adoptionen/Statistisches/2018/(accessed 31 January, 2021).

② Quelle: Statistisches Bundesamt Deutschland: Statistuken der Kinder und Jugendliche (Adoptionen), https://www.destatis.de/(accessed 30 May, 2021).

续表

年代	德国收养总数	国内收养数	跨国收养数
2007	4509	3077	1432
2008	4201	2950	1251
2009	3888	2863	1025
2010	4021	3041	980
2011	4060	3126	934
2012	3886	3085	801
2013	3793	3132	661
2014	3805	3183	622
2015	3812	3263	549
2016	3976	3413	563
2017	3888	3391	497
2018	3733	3316	417
2019	3744	3385	359
2020	3774	3401	373

可见，德国近年的国内收养也出现了下降走势，已从5000件左右下降了三分之一；而跨国收养则萎缩得更厉害，直接从上千件降到了500件以下。不过，长期以来，跨国收养在德国涉外收养中占据相当的规模，将近三分之二属于从德国境外收养的子女。① 而对于所有惯常居住在德国境内的外国儿童，德国以前依据其实施的海牙国际私法会议1961年10月5日通过的《关于未成年人保护的管辖权和法律适用的公约》予以保护。当儿童人身或财产受到严重危险、威胁时或者为了儿童利益的需要，可以不必考虑儿童本国国内法或原住国法的规定，适用德国法予以安排。具体由监护法院或离婚案件的家庭法院处理。②

① 参见：http：//www. destatis. de/jetspeed/portal/cms/Sites/destatis/Internet/DE/Navigation/Statis-tiken/Internationales/Internationales. psml(accessed 30 December，2009).

② International Social Service，Internal and Intercountry Adoption Laws，Kluwer Law International，2002，GER-Ⅲ，pp. 18-19.

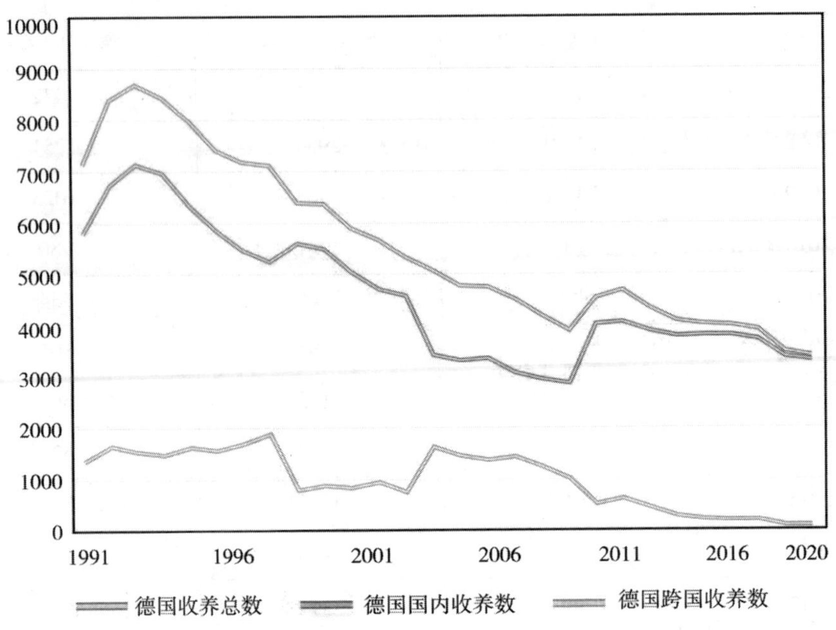

图 6-1　德国 1991—2020 年跨国收养数据统计图

如果外国儿童的亲生父母居住在德国或者属于《欧洲关于儿童收养的公约》的缔约国，① 一律按德国国内收养程序进行。② 不仅德国的实体收养法必须遵守，而且德国法规定的形式要件都不得缺少。根据德国关于安置被收养儿童法第 8 条的规定，只有收养人与被收养儿童具有适合收养的条件，才可启动收养安置工作。

另外，德国在 2001 年批准实施海牙国际私法会议《跨国收养方面保护儿童与合作公约》。③ 为配合海牙跨国收养公约的实施，德国于 2002 年 1 月 1 日正式实施了《收养公约实施法》(AdÜbAG)、《跨国收养安置法》(AdVermiG) 和《外国收养效力

① 欧洲理事会 2008 年修订了 1967 年的《关于儿童收养的欧洲公约》，2008 年 11 月 27 日向成员国和非成员国开放签署。德国 2014 年 5 月 23 日签署新修订的欧洲收养公约，2015 年 3 月 2 日批准，2015 年 7 月 1 日生效实施。参见：http：//conventions. coe. int/Treaty/Commun/ChercheSig. asp? NT=058&CM=8&DF=24/11/2009&CL=ENG (accessed 31 January，2020).

② Gerhard Stuber，Anerkennung International Adoptionen，Richard Boorberg Verlag，2003，pp. 16-17.

③ Kerry O' Halloran，The Politics of Adoption：International Perspective on Law，Policy & Practice，Third Editon，Springer，2015，p. 578.

法》(AdWIRkG)作为规范跨国收养的法律规则。①

德国《非讼事件法》第49条第2款与《关于安置被收养儿童法》第11条规定，凡是收养人或被收养人居住或者惯常居所在德国以外，或者收养人或被收养人属于无国籍人，德国监护法院对该类跨国收养还须听取收养中央主管机关的意见。

德国对外国收养的承认采取了较为特殊的措施。德国修订后的国际私法曾对外国判决的承认作出了特别规定。这一特别规定同样适用于外国收养的承认问题。德国的国际私法修正案的特别条款明确规定，外国法院的判决或行政主管机关的裁定可以在德国得到承认。不过，这一特别规定实质上包含一个必须先行解决的"识别问题"或"定性问题"(Characterization Problem)，一个外国收养要成为一个外国判决究竟应需要具备什么条件？如果外国收养作为一个外国判决存在，那么，只要收养人或被收养儿童具有外国国籍或在那里有惯常居所，这一判决便可在德国得到承认。但外国收养的效力在德国是很不确定的，特别是简单收养的效力就更难确定了。不过，德国在批准实施海牙跨国公约后修改相关法律，允许将简单收养转化为完全收养。许多专家学者著书立说，主张德国应对外国收养的承认采取特别程序，然而在实践中并未得到重视，更遑论将这种特别程序付诸实施了。② 因此，德国人在收养外国儿童时，通常还要在其国内进行第二次收养。③

2. 中国的涉外收养的历史与现状

中国目前的跨国收养与德国不同，大多是外国人收养中国儿童的单向收养，尚无中国人在国内收养外国儿童的现象。④ 在中国收养制度的发展过程中，涉外收养也从无到有并获得了不断发展的契机。实际上早在汉朝张骞出使西域时就出现了涉

---

① Dagmar Winkelsträter, Anerkennung und Durchführung Internationaler Adoptionen in Deutschland: unter Berücksichtigung des Haager Übereinkommens über den Schutz von Kindern und die Zusammenarbeit auf dem Gebiet der Internationalen Adoption vom, 29. Mai 1993, Jenaer Wissenschaftliche Verlagesellschaft, 2007, p. 24.

② E. M. Hohnerlein, Internationale Adoption und Kindeswohl, Thesis, Munich, 1988.

③ International Social Service, Internal and Intercountry Adoption Laws, Kluwer Law International, 2002, GER-Ⅲ, pp. 18-19.

④ 目前仅个别中国人在外国收养具有外国国籍的华人子女的情况，典型的案例即"2004年10月北京人王某通过美国宾夕法尼亚州孤儿法院收养美籍侄女王某笺案"。参见北京朝阳区法院有关该收养令承认问题的审理意见。北京市高级人民法院2010年8月24日民事裁定书〔2009〕高民申字第05244号。

外收养制度的萌芽,① 到唐宋及明清时期，随着中外交流的发展，外国人来中国的数量有所增加，涉外收养也获得了一定程度的发展。而在中国出现的一次较大规模的涉外收养可能要算抗日战争结束后，日本投降时在东北三省留下的大量日本儿童为当地的中国老百姓所收养,② 不过，这只是一种未经任何手续或法律程序的事实收养。具体数量多少，无法准确统计。③ 除此以外，在中国的涉外收养并不普遍和多见。由于种种原因，中华人民共和国成立之初还有少量涉外收养，但后来几乎很少出现。在 1978 年改革开放前，涉外收养案件的数量一直不多,④ 屈指可数。1978 年改革开放以后，随着对外开放和交流的发展，中国涉外收养的数量有所增加。这种状况在 1989 年以前还算平缓。据司法部有关统计资料表明，自 1981 年至 1989 年，外国人、外籍华人、华侨、港澳台同胞在中国大陆办理的涉外收养(含涉港澳台收养)的公证约 10000 件。另据美国全国收养委员会的有关统计，1982 年至 1989 年，该组织经手收养的中国儿童就有 200 多人。⑤ 自 1989 年以后，在世界“收养潮”的推动下，中国的涉外收养呈现出突飞猛进的势头。⑥ 进入 21 世纪，每年外国人在中国收养的儿童数量迅速增长并很快突破了 1 万人，曾经每年送养给外国人收养中国儿童最高达到 2 万名。⑦ 随着海牙《跨国收养方面保护儿童及合作公约》的

---

① 参见《后汉书 · 西域传》，中华书局 1982 年版，第 10 册，第 2892~2956 页。

② 《温家宝会见日本遗孤感恩访华团》，载搜狐网：http：//news. sohu. com/20091111/n268136257. shtml，2010 年 1 月 1 日最后访问。

③ 对此尚无准确数据，有资料表明有数千人，也有资料认为有数万人。最近一报道称：1945 年日本战败后，在中国留下了几十万名日本移民。当时很多中国家庭收养、抚育了很多被遗弃的日本孤儿，1978 年中日签署和平友好条约后，残留孤儿才陆续返回日本。参见《50 余名日本遗孤访华寻亲，感谢中国亲人养育之恩》，载搜狐网：http：//news. sohu. com/20091110/n268097237. shtml，2010 年 1 月 1 日最后访问。另有资料称仅一个中国农民就收养了上千名日本遗孤。参见陈丽伟：《抗战后收养数千名日本孤儿被黑龙江农民收养》，载新浪博客：http：//blog. sina. com. cn/s/blog_4b43855e0100g7f5. html，2010 年 1 月 1 日最后访问。

④ 有关中国涉外收养的统计数字，如果未特别说明，则仅指中国大陆的儿童被收养的情况，不包括中国港澳台地区的儿童被外国人收养的数据。

⑤ 胡杏兰著：《海牙国际私法会议通过〈跨国收养方面保护儿童及合作公约〉》，载《中国国际法年刊》(1993 年)第 359 页。

⑥ Gretchen Miller Wrobel and Elsbeth Neil，International Advances in Adoption Research for Practice，John Wiley-Blackwell & Sons Ltd. Publication，2009，p. 58.

⑦ 2004 年中国公民收养登记 40084 件、外国公民收养登记 12519 件(国内收养公证 7040 件、涉外收养公证 22285 件)。参见中华人民共和国国家统计局编：《中国统计年鉴(2005)》，中国统计出版社 2005 年版，第 781 页；中华人民共和国民政部主编：《中国民政统计年鉴(2005)》，中国统计出版社 2005 年版，第 71 页。

全面实施以及全球多种因素的影响，中国的涉外收养也像世界大多儿童送养国一样，涉外收养从21世纪第二个十年开始就呈现下降走势，目前几乎回归到20世纪90年代初的状态。

当前与中国建立跨国收养合作关系的国家已有美国、法国、英国、西班牙、澳大利亚、新加坡等17个，但德国、瑞士、葡萄牙、奥地利和俄罗斯等国因与中国法律存在冲突而未被中国政府允许开通跨国收养中国境内儿童的渠道。我国有关部门采取的这种限制外国人收养以及存在冲突一律不办理的政策和做法是否符合跨国收养发展的需要，尚有待于从理论和实践上进一步加强研究和探讨。

3. 中德跨国收养法律冲突解决对策的理论构筑

鉴于德国收养法和实践与中国收养法及实践存在不同层面和不同程度的冲突，而要开通中德之间的跨国收养，必须解决好这类冲突。从目前的情况来看，解决两国收养法律冲突的途径主要有如下几种做法。

第一，依据国际私法规则解决跨国收养法律冲突。

世界各国法律在解决涉外收养关系的法律冲突问题上所采用的方法大部分是将收养关系成立所适用的法律和收养效力所适用的法律区分开来，其中收养关系成立所适用的法律又包括收养成立实质要件所适用的法律和收养成立形式要件所适用的法律。对于收养成立的实质要件，主要有适用收养人或被收养人属人法，也有重叠适用收养人和被收养人属人法，抑或适用法院地法等做法；对于收养成立的形式要件，各国一般都主张适用收养成立地法；而对于收养的效力的准据法选择，当今国际社会的通行做法有主张适用收养人或被收养人属人法抑或重叠适用收养人与被收养人属人法的，还有坚持应适用法院地法或收养发生地法的，甚至有采取折中主义或倡导适用与被收养儿童福利相关的最密切联系原则的。在中国《民法典》第1109条对外国人在华收养子女作了规定："外国人依法可以在中华人民共和国收养子女。"而1993年由民政部和司法部联合发布的《外国人在中华人民共和国收养子女实施办法》第2条规定："外国人在中华人民共和国境内收养中国公民的子女适用本办法。收养人夫妻一方为外国人的，在华收养中国公民的子女，也应当依照本办法办理。"不过，1999年5月25日由民政部修订后颁行的《外国人在中华人民共和国收养子女登记办法》的第2条仍沿袭了《外国人在中华人民共和国收养子女实施办法》第2条的规定，但在第3条上却做了较大幅度的修改，即规定为："外国人在华收养子女，应当符合中国有关收养法律的规定，并应当符合收养人所在国有关收养法律的规定；因收养人所在国法律的规定与中国法律的规定不一致而产生的问题，由两国政府有关部门协商处理。”2020年5月28日第十三届全国人民代表大会第三次会议通过的《中华人民共和国民法典》第1109条几乎原封不动照搬了1991年《收养法》第20条与1998年修订的《收养法》第21条的规定，仅仅删除了原《收养法》中所规定的“收养关系当事人各方或者一方要求办理收养公证的，应当到国务院司法行政部门认定的具有办理涉外公证资格的公证机构办理收养公证”的内容。《民法典》第1109条的具体规定为：“外国人依法可以在中华人民共和国收养子女。外国人在中华人民共和国收养子女，应当经其所在国主管机关依照该国法律审查同意。收养人应当提供由其所在国有权机构出具的有关其年龄、婚姻、职业、财产、健康、有无受过刑事处罚等状况的证明材料，并与送养人订立书面协议，亲自向省、自治区、直辖市人民政府民政部门登记。前款规定的证明材料应当经收养人所在国外交机关或者外交机关授权的机构认证，并经中华人民共和国驻该国使领馆认证，国家另有规定的除外。”可见，中国《民法典》依然陷在原《收养法》有关涉外收养成立模式的束缚之中，缺乏创新和整合。一是跨国收养法律法规的散乱状态仍然存在，《民法典》《涉外民事关系法律适用法》《外国人在中华人民共和国收养子女登记办法》等都有涉及跨国收养的规定；二是跨国收养的实体法规则与冲突法规则缺乏有机结合，《民法典》既没有把《中华人民共和国涉外民事关系法律适用法》吸纳入典，也没有把《外国人在中华人民共和国收养子女登记办法》的位阶升级且让其始终停留在部门规章的状态。其次，中国的跨国收养关系法律适用从无明文法则过渡至有专门明确的法律依据的分界线当属2010年10月28日第十一届全国人民代表大会常务委员会第十七次会议通过的《中华人民共和国涉外民事关系法律适用法》。2010年前的中国跨国收养可作为明确的法律依据的就只有《收养法》中的一条规定以及《外国人在中华人民共和国收养子女登记办法》的规定，一直到2011年4月1日正式实施《中华人民共和国涉外民事关系法律适用法》，中国解决跨国收养关系法律冲突才有专门明确的法律适用规范。虽然该法也只有第28条一个立法条款对跨国收养准据法选择问题进行了规定，但有聊胜于无且充分表明我国在跨国收养领域的冲突规范已有专门的、明确的立法条款。加之中国政府2005年4月27日正式批准并于2006年1月1日实施海牙《跨国收养方面保护儿童及合作公约》。所有这些都表明，中国规制跨国收养的法律法规体系已粗具规模，既有《中华人民共和国民法典》第1093条至第1118条（其中第1109条是专门规定涉外收养的条款)、《中华人民共和国涉外民事关系法律适用法》第 28 条①和《外国人在中华人民共和国收养子女登记办法》第 3 条等国内法律规范，又有联合国《儿童权利公约》和海牙《跨国收养方面保护儿童及合作公约》等国际法律规范。换言之，中国已经构建起由法律、部门规章和国际公约共同构成的实体法、冲突法和程序法齐全的规制跨国收养关系的独特法律体系。②

依照上述法律规定和缔结的国际公约，外国人在中国境内收养子女的条件与中国公民一样，没有更宽松的条件。不仅如此，外国人在华收养子女必须符合我国收养法规定的收养人的条件，同时不得违背收养人所在国的收养法律法规；被收养的中国儿童或非中国儿童必须符合中国收养法及有关规定所确立的被收养人的条件，送养人也必须符合中国收养法以及相关规定，同时，也不得违背收养人所在国的收养法律法规。只是对于外籍华人收养三代以内同辈旁系血亲的子女，可以适用华侨收养中国公民子女的规定。我国《民法典》第 1099 条在这方面作了有差别待遇的规定，华侨在中国境内收养子女的权利不仅优于其他外国人，而且也高于中国国内公民，即“华侨收养三代以内同辈旁系血亲的子女，还可以不受收养人无子女或者只有一名子女的限制”。如此，依我国现行有关收养的法律法

① 2010 年 10 月 28 日颁行的《中华人民共和国涉外民事关系法律适用法》第 28 条对涉外收养关系成立的法律适用采用统一的法律适用原则，未区分实质要件和形式要件分别考虑准据法选择问题。该条第 1 款明文规定：“收养的条件和手续，适用收养人经常居所地法律。”对于收养效力的法律适用，该法第 28 条采取倾向于“收养人”的立法模式，其第 2 款规定：“收养的效力，适用收养时收养人经常居所地法律。”这种做法值得斟酌。因为，被收养人在收养中处于弱势地位，涉外收养效力的法律适用忽视该要素，既不利于保护被收养儿童的权益，也有违儿童最大利益原则。例如，依被收养儿童原住国法律，收养效力较高，子女对父母的近亲属享有继承权；而依收养人所在国法律的规定，收养效力较低，子女对父母的近亲属不享有继承权。这样，若适用收养人属人法确定的收养效力，那么，养子女对养父母的近亲属不享有继承权，势必损害被收养儿童的权益。另外，对于涉外收养关系的解除，我国《涉外民事关系法律适用法》第 28 条第 3 款规定：“收养关系的解除，适用收养时被收养人经常居所地法律或者法院地法律。”尽管我国立法在规定涉外收养关系解除问题时着重考虑了被收养人权益保护的因素，但是，却画蛇添足地加了一个定语“收养时”，人为地增加了法律适用的复杂性。似乎收养关系成立十年或数十年后，养父母和养子女已移民无数次，甚至远离了收养成立时的国家，若要解除涉外收养关系，要么还得回到收养关系成立时的“经常居所地”或“法院地”去，要么要求受理解除涉外收养关系所在国的主管机关或法院适用被收养人当年曾居住过的那个国家的“经常居所地法律或者法院地法律”。参见蒋新苗：《中瑞收养法的差异化与趋同化溯源》，载《时代法学》2020 年第 3 期。

② 蒋新苗：《我国涉外收养关系成立实质要件法律适用规范的重构》，载《时代法学》2019 年第 6 期。

规，外国人在中国收养子女，适用中国法，同时必须兼顾收养人所在国法律。《中华人民共和国民法典》第1109条和《外国人在中华人民共和国收养子女登记办法》第2条和第3条对涉外收养法律适用作了一定的规定，主张在中国成立的涉外收养关系的实质要件和形式要件适用中国法，在这里，中国法既是被收养人的属人法又是收养成立地法。与此同时，它还要求特别兼顾收养人的所在国法，"应当符合收养人所在国有关收养法律的规定"。① 而2011年4月1日实施的《中华人民共和国涉外民事关系法律适用法》第28条却对涉外收养关系成立的法律适用采用统一的法律适用原则，未区分实质要件和形式要件分别考虑准据法选择问题。该条第1款明文规定："收养的条件和手续，适用收养人经常居所地法律。"对于收养效力的法律适用，我国《民法典》和《外国人在中华人民共和国收养子女登记办法》没有明文规定。在中国长期的司法实践中一直主张对涉外收养效力的法律适用采取最密切联系原则。② 然而，2011年实施的《中华人民共和国涉外民事关系法律适用法》第28条在确立涉外收养效力准据法时则采用了倾向于"收养人"的立法模式。该法第28条第2款规定："收养的效力，适用收养时收养人经常居所地法律。"这种做法值得斟酌。因为，被收养人在收养中处于弱势地位，涉外收养效力的法律适用忽视该要素，既不利于保护被收养儿童的权益，也有违儿童最大利益原则。③ 另外，对于涉外收养关系的解除，2011年实施的《中华人民共和国涉外民事关系法律适用法》第28条第3款规定："收养关系的解除，适用收养时被收养人经常居所地法律或者法院地法律。"尽管我国立法在规定涉外收养关系解除问题时着重考虑了被收养人权益保护的因素，但是，却画蛇添足地加了一个定语"收养时"，人为地增加了法律适用的复杂性。似乎收养关系成立十年或数十年后，养父母和养子女已移民无数次，甚至远离了收养成立时的国家，若要解除涉外收养关系，要么还得回到收养关系成立时的"经常居所地"或"法院地"，要么要求受理解除涉外收养关系所在国的主管机关或法院适用被收养人当年曾居住过的那个国家的"经常居所地法律或者法院地法律"。

德国对跨国收养问题在1896年制定的民法施行法与1898年制定的《非讼事件法》中作了规定。德国基本采取了大陆法系在属人法上倾向于选择本国法或国籍国法主义的传统原则。德国的理论与实践多依收养人本国法来决定收养关系的

---

① 由韩德培先生主持编写的《中华人民共和国国际私法示范法》也采类似立场，参见中国国际私法学会：《中华人民共和国国际私法示范法》，法律出版社2000年版，第31页。

② 蒋新苗著：《收养法比较研究》，北京大学出版社2005年版，第178~179页。

③ 诸如，依被收养儿童原住国法律，收养效力较高，子女对父母的近亲属享有继承权；而依收养人所在国法律的规定，收养效力较低，子女对父母的近亲属不享有继承权。这样，若适用收养人属人法确定的收养效力，那么，养子女对养父母的近亲属不享有继承权，势必损害被收养儿童的权益。

成立。修改后的《德国民法施行法》①第 22 条规定，养子女的收养，如养父母在收养时为德国人，依德国法。② 德国《非讼事件法》第 43 条乙(1)规定："关于收养子女的事件，收养人、作为收养人的夫妻一方或被收养子女惯常居住在德国或是德国国民时，德国法院有裁判管辖权。该裁判管辖权不是专属的。"这实际上允许由被收养儿童的惯常居住地或国籍国法院对涉外收养行使管辖权。③ 德国《家事诉讼程序和非讼事件程序法》第 187 条在"地域管辖"中特别规定："(一)对于第 186 条第 1 项至第 3 项规定的程序，收养人双方或一方之惯常居所在其辖区的法院有专属管辖权。(二)德国法院根据第 1 款无管辖权的，依被收养人惯常居所确定管辖权……(四)依照第 186 条进行的程序中需要适用外国实体法的，准用《收养效力法》第 5 条第 1 款第 1 句和第 2 款的规定。"该法既明确了跨国收养当事人的惯常居所这一连结点在确定管辖权和法律适用方面的作用，又进一步声明德国法院需要适用外国实体法时的解决方略。

可见，德国新国际私法也是采用收养人本国法主义，而以被收养人的本国法的适用为例外。《德国民法施行法》第 22 条和第 23 条明确规定，收养依收养人本国法决定。如果为夫妻双方共同收养，则依支配该婚姻效力的法律决定，只有

① 德国 1896 年 8 月 18 日制定的《德国民法施行法》在 1994 年 9 月 21 日进行了大幅度修订，1994 年 10 月 1 日颁布实施。《德国民法施行法》最近的一次修订则是 2013 年 1 月 23 日。关于收养条款的修订幅度最大的一次应是 2001 年 11 月 5 日《关于调整国际收养方面的法律问题并进一步发展收养居间法的法律》。该法第 22 条规定："1. 子女的收养，适用收养人在收养时的本国法。如果夫妻一方或双方共同收养时，则依该法第 14 条第 1 款规定的支配婚姻效力的法律决定。如果通过同性伴侣一方进行的收养，则适用该法第 17b 条第 1 款第 1 句所规定的支配同性伴侣关系一般效力的法律。2. 就被收养子女与收养人以及与该子女有家庭关系的其他人之间所形成的亲属关系而言，收养的效力适用第 1 款所确定的法律。3. 无论依照本条第 1 款和第 2 款应适用的法律有何规定，对于被收养人、收养人的配偶、同性伴侣或者其他亲属死亡后的权利继承，被收养人均享有与依照德国实体法规定所收养子女同等的权利。前提是被继承人已以遗嘱的形式对此作出指示，并且该继承由德国法律支配。如果收养系以一项外国判决为基础，则第 1 句规定也应适用。如果被收养人在收养时已年满 18 岁，则不适用第 1 句和第 2 句的规定。该法第 23 条规定，子女以及该子女有家庭关系的人对于出生证明、取名或者收养的同意的必要性以及作出，还应额外适用该子女所属国法律。如果出于子女利益需要，可以适用德国法律以取代之。Bassenge und Brudermüller, et al., Palandt Büegerliches Gesetzbuch, 72 Auflage, Verlag C. H. Beck München, 2013, S. 2529.

② Thomas Alexander Brandt, Die Adoption durch Eingetragene Lebenspartner im Internationaler Privat-und Verfahrensrecht, Peter Lang, 2004, p. 113.

③ Dagmar Winkelsträter, Anerkennung und Durchführung Internationaler Adoptionen in Deutschland: unter Berücksichtigung des Haager Übereinkommens über den Schutz von Kindern und die Zusammenarbeit auf dem Gebiet der Internationalen Adoption vom, 29. Mai 1993, Jenaer Wissenschaftliche Verlagesellschaft, 2007, pp. 56-57.

涉及到被收养儿童的同意收养的意思表示或其亲属行使收养的同意权的法律适用时，可以作为适用收养人本国法原则的例外，适用被收养儿童的本国法。①

如果收养人的属人法禁止收养或没有规定收养时，那么，究竟应如何办？这是在涉及一些信仰伊斯兰教的人的收养问题所经常遇到的。因为，大部分伊斯兰国家的法律都禁止收养或未对收养问题加以规定。在这种情况下，德国和比利时冲突法都规定适用法院地法，而不适用其他法律。这样，常常不可避免地导致“跛足收养”(Limping Adoptions)，在一国成立的收养，而在另一个国家得不到认可。Marvin Baer 等人就明确指出，德国属于典型的依冲突法方式确立跨国收养准据法的国家，实行由决定收养条件的法律支配收养效力的制度，而且大多数情况下适用收养人的属人法。② 德国也只允许政府授权的收养机构可以从事涉外收养的安置儿童的工作，儿童进入养家必须经过收养机构这一环节。如果在德国成立跨国收养关系，那么，法院颁发收养令时必须征求青少年事务局的意见。③ 这在《德国民法典》第 1752 条中有较为明确的规定。

可见，两国的这类国际私法制度都可运用于解决涉及两国的收养关系。在两国正式开通跨国收养关系以前或以后，国际私法在解决跨国收养法律冲突的功能均不容忽视。德国的这类国际私法规则可适用于解决含有涉及中国因素的收养关系问题，同样，中国有关的国际私法规则也可适用于解决含有涉及德国因素的收养关系。不过，德国对在德国境内收养外国儿童或外国人收养德国儿童均采取了严格依德国法成立收养关系的做法。而对德国人在外国收养的子女，德国一般要求在德国进行第二次收养。④ 对外国收养的承认，德国也采取了较为严格的制度。⑤ 另外，中国对涉外收养关系也采取了严格依照儿童所在国法的做法。因此，尽管依据国际私法规则能在一定程度上解决两国的跨国收养法律冲突问题，

---

① Farid R. Zakirov, Die Adoption Minderjähriger im Internationalen Kindschaftsrecht Usbekistans und Deutschlands: Eine vergleichende Analyse unter Berücksichtigung völkerrechtlicher Quellen, Peter Lang, 2007, p. 70.

② Marvin Baer, Joost Blom etc., Private International Law in Common Law Canada: Cases, Text, and Materrials, Emond Montgomery Publications Limited, 1997, p. 855.

③ Harald Paulitz, Adoption: Positionen, Impulse, Perspektiven, Verlag C. H. Beck München, 2. Auflage, 2006, p. 284.

④ Gerhard Stuber, Anerkennung International Adoptionen, Richard Boorberg Verlag, 2003, p. 21.

⑤ Dagmar Winkelsträter, Anerkennung und Durchführung Internationaler Adoptionen in Deutschland: unter Berücksichtigung des Haager Übereinkommens über den Schutz von Kindern und die Zusammenarbeit auf dem Gebiet der Internationalen Adoption vom, 29. Mai 1993, Jenaer Wissenschaftliche Verlagesellschaft, 2007, pp. 209-210.

但是，这种方法的局限性还是相当明显的，无法彻底消除或解决跨国收养的法律冲突。不过其优点也是不容忽视的，因为这种方法的运用可避免强迫任何一方因他国影响而修改国内立法。

第二，采取个案协商的方式解决中国与德国之间的跨国收养法律冲突。为了便于早日开通两国的跨国收养关系，可通过相关途径约定先采取个案协商的办法。这是与传统国际私法方法不同的一种灵活、方便的解决法律冲突的方法，有助于更切实际地处理多元化环境下的跨国收养实务以及个案的及时解决乃至有效谋求个案的公平公正，但是，因该方法缺乏衡定性与普遍效力，也非长久之计，只可作应急之用。

第三，通过两国签订双边合作协定或司法协助条约来解决涉及中国与德国的跨国收养法律冲突。这种做法也不必强迫任何一方修改国内立法，但又可求得跨国收养的开通。然而，这种做法也不是最理想的，因为海牙国际私法会议 1993 年的《跨国收养方面保护儿童与合作公约》专门强调缔约方不得签订低于公约效力的双边或多边协定。由于德国与中国都是海牙国际私法会议《跨国收养方面保护儿童与合作公约》缔约国，德国在 1997 年 11 月 7 日签署了公约、2001 年 11 月 22 日批准、2002 年 3 月 1 日生效,① 中国在 2000 年 11 月 30 日签署、2005 年 4 月 27 日批准、2006 年 1 月 1 日生效。但海牙《跨国收养方面保护儿童与合作公约》要求“不得签订低于公约效力的双边或多边协定”的导向是不可逆转的。② 因此，即使两国共同签订双边合作协定或司法协助条约来解决涉及中国与德国的跨国收养法律冲突，也仅仅是临时性的过渡措施。

第四，通过共同参加有关收养的国际公约来解决中国与德国之间的跨国收养法律冲突。在德国，联合国《公民权利和政治权利国际公约》于 1973 年 12 月 17 日对其生效，联合国《儿童权利公约》1992 年 3 月 6 日对其生效，海牙国际私法会议《跨国收养方面保护儿童与合作公约》，2002 年 3 月 1 日对其生效，欧洲理事会 1967 年《欧洲关于儿童收养的公约》1981 年 2 月 11 日对其生效(修订后的欧洲收养公约由德国政府 2014 年 5 月 23 日签署、2015 年 3 月 2 日批准，2015 年 7 月 1 日对德国生效)。③ 在中国，第七届全国人大常委会第 23 次会议已于 1991

---

① Dagmar Winkelsträter, Anerkennung und Durchführung Internationaler Adoptionen in Deutschland: unter Berücksichtigung des Haager Übereinkommens über den Schutz von Kindern und die Zusammenarbeit auf dem Gebiet der Internationalen Adoption vom, 29. Mai 1993, Jenaer Wissenschaf-tliche Verlagesellschaft, 2007, p. 220.

② Permanent Bureau, The Implementation and Operation of 1993 Hague Intercountry Adoption Convention: Guide to Good Practice(Guide No. 1), Jordan Publishing Limited, 2008, p. 109.

③ Harald Paulitz, Adoption: Positionen, Impulse, Perspektiven, Verlag C. H. Beck München, 2. Auflage, 2006, pp. 272-273.

年 12 月 29 日审议批准了联合国《儿童权利公约》，2000 年 11 月 30 日中国又签署了海牙《跨国收养方面保护儿童及合作公约》，2005 年 4 月 27 日第十届全国人大常委会第十五次会议批准了该公约。这两个公约对中国也均已生效。事实上，适用共同参加国际公约或条约这种方法，不仅促成了各国法律的被迫修订，而且可以避开制定两国一致的冲突法或实体法的立法障碍，并有望促进跨国收养方面法律冲突的解决并同国际收养法统一化运动的协调和对接。

第五，两国在相互协商的基础上修改各自的法律以求得收养法的大体一致，彻底解决中国与德国之间的跨国收养法律冲突。

避免和消除跨国收养方面法律冲突的最彻底的办法便是制定两国趋同或一致的收养法，不仅从实体法方面求得接近，而且从程序法和冲突法方面都实现对接。但是，从两国的具体情况来分析，由于德国与中国的收养法律差异较大，尤其是法律性质不同，加之收养深受历史文化传统、风俗习惯、宗教信仰和政治经济乃至人口政策等多重因素的影响和制约，短时间内难以完全消除和避免法律冲突。例如，两国实行的人口政策根本不同，《中华人民共和国宪法》第 25 条规定："国家推行计划生育，使人口的增长同经济和社会发展计划相适应。"依据《中华人民共和国民法典》第 1098 条的规定，收养人应当无子女或者只有一名子女。但是，德国没有这类人口政策方面的特殊要求，对收养子女未作这方面的明确限制。① 人口政策方面的这种差别，势必会在收养的具体法律规定上有所反映和体现，从而很难使收养的要件达到完全统一。实际上，德国收养方面的法律与中国实施的全国性的收养法确实存在不同程度的冲突，在一些具体的规定中诸如收养成立的实质要件、收养成立的形式要件、收养的法律效力以及收养关系的解除等方面的差异就相当明显。因而，要想比较快地实现两国收养法的趋同或一致并不是十分容易的事，只能是渐进的、缓慢的，需要时间和各方面的努力。换言之，在相当长的时期内，制定完全相同的收养法几乎不可能。最多只能作为一种理想去追求并朝着该方向努力。因此，对避免和消除中国与德国之间的跨国收养方面法律冲突，有必要先借助别的有效途径加以解决。

总之，必须直面现存的问题，不可回避，更不必讳莫如深，切勿消极等待，否则，有可能贻害无穷，祸及后世。尤其是德国已通过其他途径收养了中国儿童。据德国官方公布的数据，早在 20 世纪 90 年代初就有一些德国人在中国收养过儿童，目前德国人主要在中国台湾地区收养子女。2010 年德国收养中国台湾地区儿童 6 人，2011 年德国收养中国台湾地区儿童 9 人、收养中国大陆儿童 1 人，2011 年德国收养中国台湾地区儿童 9 人、收养中国大陆儿童 1 人，2012 年

① Wolfram Viefhues, Jruis PraxisKommentar BGB, Band Buch 4. Familienrecht, juris GmbH Saarbrücken, 2007, p. 1883.

德国收养中国台湾地区儿童 4 人、收养中国大陆儿童 1 人，2013 年德国收养中国台湾地区儿童 3 人，2014 年德国收养中国台湾地区儿童 4 人，2015 年德国收养中国台湾地区儿童 5 人、收养中国大陆儿童 3 人，2016 年德国收养中国台湾地区儿童 5 人、收养中国大陆儿童 1 人，2017 年德国收养中国台湾地区儿童 3 人、收养中国大陆儿童 1 人，2019 年德国收养中国台湾地区儿童 3 人。① 因此，努力解决中国与德国之间的跨国收养法律冲突，合理构建两国的跨国收养合作关系，民间的努力是非常有限的，学者的呼吁也只能发挥思想革命的作用，唯有依靠两国政府、立法与司法部门的自上而下的推动才可凝聚强大合力并见诸于行。因为主权因素与外交策略在解决跨国收养法律冲突问题中占据主导地位，没有这两方面权力的直接参与，合法且顺利地开通跨国收养渠道以及彻底解决跨国收养法律冲突，几乎是不可能的。

第二节 中国与瑞士之间跨国收养法律冲突的解决对策②

一、中国与瑞士收养法律制度的历史沿革与现状

关于中国收养法律制度的历史沿革与现状问题已在本章第一节阐述，此处不再赘述。

在瑞士，1892 年受瑞士联邦政府委托，出生于 1849 年的著名法学家欧根·胡贝尔(Eugen Huber)投入创制瑞士民法典的起草工作。在胡贝尔教授的努力下，1894 年完成了“婚姻编”的草案、1895 年完成了“继承编”的草案、1899 年完成了“不动产担保编”的草案。经过法学家和联邦委员会任命的专家委员会的多次讨论，几经修改、补充和完善，最终形成 1904 年 5 月 28 日公布的瑞士联邦委员会民法典草案。瑞士联邦议会对《瑞士民法典》草案进行了全面审议，1907 年 12 月 10 日予以通过，1912 年 1 月 1 日生效实施。由于该法典草案最初是在《瑞士民法典》创始人胡贝尔教授一人指导下完成的，最终通过的《瑞士民法典》的结构和语言均具有不少独特之处并成为土耳其和列支敦士登等许多国家效仿的典范。③《瑞士民法典》第 264 条至第 269 条及第 316 条专门对收养子女问题作了较为具体的规定。④

---

① 参见：https：//www. assets. hcch. net/docs/2888e1ff-260a-4f94-b33b-26dec2bc（accessed 1 January，2021）.

② 此处涉及的中国收养法仅限于中国大陆实施的全国性收养法律法规，同样，这里只比较瑞士联邦的收养法制，暂不涉及其各州的不同做法。

③ 殷生根等译：《瑞士民法典》，中国政法大学出版社 1999 年版，第 1 页。

④ 于海涌、赵希璇译，唐伟玲校：《瑞士民法典》，法律出版社 2016 年版，第 93~99 页。

2016年6月17日瑞士联邦议会对民法典中的收养条款进行了修订，2018年1月1日生效实施。① 此外，瑞士联邦2001年6月22日《批准加入海牙国际私法会议〈跨国收养方面保护儿童及合作公约〉的法令》与2011年6月29日颁布的《收养条例》也是规范瑞士国内和国际收养的全国性法律规范。② 综观瑞士收养方面的立法与司法实践，瑞士联邦有关收养的法律法规与中国实施的全国性的收养方面的法律法规都对保护合法的收养关系、维护收养关系当事人的权利和保护儿童利益等事宜作了规定，体现了贯彻儿童最大利益原则与坚持保护未成年人权利的原则和精神。③ 尽管两国的法律都具有明显的大陆法系特征，在收养目的、宗旨、实体性与程序性规则方面不乏共同之处，但在一些具体的规定中，瑞士涉及收养方面的法律与中国实施的全国性的收养法律制度还存在不同程度的差别或冲突，集中表现在收养类型、收养成立的实质要件、收养成立的形式要件、收养的法律效力以及收养关系的解除等方面。正是因为两国收养法律制度所存在的巨大差异，中瑞之间至今尚未开通跨国收养。目前与中国开通了跨国收养并在中国收养儿童的只有美国、加拿大、法国、英国、西班牙、比利时、荷兰、丹麦、瑞典、挪威、芬兰、爱尔兰、新西兰、冰岛、澳大利亚、新加坡、意大利17个国家，④ 而瑞士这么一个在欧洲占据重要地位的国家却被排除在外。这与中瑞两国广泛而深入发展的政治经济外交关系是非常不相称的。瑞士是19世纪国内收养和国际收养最为活跃的欧洲国家之一，当年瑞士掀起的“收养潮”影响广泛而深远。因此，解决好瑞士与中国之间的跨国收养法律冲突问题，不仅具有重要的理论价值，而且是一个迫在眉睫的现实问题，具有极强的现实意义和实践价值。

二、中国与瑞士收养法律法规的现实冲突

1. 收养成立的实质要件方面的法律冲突

根据《瑞士民法典》的规定，收养子女的基本要件为：第一，被收养人既可以

① Jenny Gesley, Switzerland: Revision of Adoption Law Enters into Force, Adoption and Foster Care, January 4, 2018.

② Carolyn Hamilton and Alison Perry, Family Law in Europe, LexisNexis Butterworths, 2002, pp. 694-696.

③ International Social Service, Internal and Intercountry Adoption Laws, Kluwer Law International, 1999, SWISS-Ⅱ, pp. 2-6.

④ 西班牙因未在跨国收养中遵循收养后反馈信息的要求，即向中国收养中心反馈两次有关被收养子女的情况。中国收养中心曾暂停过西班牙与中国之间的跨国收养。参见：http://lz.book.sohu.com/chapter-1520-4-18.html/(accessed 21 August, 2005).

是成年人,① 也可以为未成年人,② 但未成年人必须是出生后满 6 周者。③ 第二,收养人应年满 28 岁，配偶双方共同收养子女的，还须达到结婚 3 年的要求，若配偶一方收养另一方的子女，则也需要结婚满 3 年和年满 28 岁;④ 只有在符合儿童最大利益要求时才可放宽年龄和年限要求。如果未婚者且并非同性登记伙伴者单独收养子女，收养人必须年满 28 岁；已婚者的配偶一方属于无行为能力或下落不明超过 2 年，或者依判决已分居 3 年以上，只要年满 28 岁也可申请单独收养;⑤ 如果同性登记伙伴一方属于无行为能力或下落不明超过 2 年，另一方只要年满 28 岁也可申请单独收养。⑥ 同性登记伙伴收养对方的子女或非婚同居的伴侣收养对方子女，均要求共同生活至少达到 3 年时间。⑦ 第三，收养人与被收养人之间的年龄差距应不低于 16 岁且不得超过 45 岁，只有为了儿童最大利益的需要才允许有所突破。⑧ 第四，收养人与被收养人之间还得存在一定时间的抚养关系，即收养人抚育被收养人不少于 1 年，而且这种收养关系的建立也不得影响养父母其他子女的地位。⑨ 第五，收养子女必须征得相关人员的同意：一是被收养人的亲生父母的同意不可缺少,⑩ 即使同意未指明收养人或收养人尚待确定都是同样有效的。⑪ 二是必须征得有判断能力的被收养人本人的同意，若被收养人处于受监护状态，应征得未

① 《瑞士民法典》第 266 条。

② 《瑞士民法典》第 264 条。

③ 《瑞士民法典》第 265b 条。

④ 2016 年 6 月 17 日修订前的《瑞士民法典》第 264a 条规定共同收养的收养人应年满 35 岁，配偶双方共同收养子女的，还须达到结婚 5 年的要求，若配偶一方收养另一方的子女，则只要结婚满 2 年或年满 35 岁。如果未婚者单独收养子女，收养人必须年满 35 岁；已婚者的配偶一方属于无行为能力或下落不明超过 2 年，或者依判决已分居 3 年以上，只要年满 35 岁也可申请单独收养。R. Blanpain，International Encyclopedia of Laws，Family and Succession，Kluwer Law International，2006，Switzerland，p. 104.

⑤ 《瑞士民法典》第 264a 条和第 264b 条。

⑥ 2016 年 6 月 17 日修订的《瑞士民法典》第 264b 条第 3 款。

⑦ 2016 年 6 月 17 日修订的《瑞士民法典》第 264c 条。

⑧ 2016 年 6 月 17 日修订的《瑞士民法典》第 264d 条。原《瑞士民法典》第 265 条只有关于收养人与被收养人之间的最低年龄差距的规定即相差 16 岁以上，而无上限要求。

⑨ 《瑞士民法典》第 264 条原来规定，收养人必须已经对被收养人抚育不少于 2 年。因瑞士自 2003 年实施海牙国际私法会议《跨国收养方面保护儿童及合作公约》，从而作了修改。2016 年 6 月 17 日修订的《瑞士民法典》第 264 条和第 266 条都将原来要求收养人抚养被收养人至少 5 年的期限缩短为 1 年。

⑩ 2016 年 6 月 17 日修订的《瑞士民法典》第 265a 条第 2 款规定："上述同意采取口头或书面表达形式均可，但必须向被收养儿童亲生父母或被收养儿童住所地或临时居住地的未成年人保护机构作出同意的声明，并且应记录在案。"

⑪ 《瑞士民法典》第 265a 条和第 268a 条第 2 款。

成年人监护机关的同意。① 三是双方共同收养子女的，必须征得收养人配偶或伴侣的同意。② 四是若被收养人已成年，则应征得被收养人配偶或同性登记伙伴及其直系亲属的同意。③ 不仅如此，《瑞士民法典》第 265b 条还专门强调，子女出生 6 个星期内，不得作有关同意收养的表意。④ 瑞士法特别要求收养同意在监护机关作出并登记入案，收养同意可在被接受后 6 周内撤销，同意撤销后允许再次作出，但第二次的收养同意则具有终局性。⑤《瑞士民法典》第 265c 条与第 265d 条还专门对免除收养同意问题作了规定，在被收养人亲生父母一方身份难以确定或下落不明或长期无判断能力，可以免除其同意，由另一方同意收养即可；被收养人亲生父母一方对子女漠不关心，也可免除其同意，由另一方同意收养即可；⑥ 收养发生在儿童已被安置以后，而且拟收养时尚缺被收养人亲生父母另一方的同意的，经收养组织或收养人申请，可以由被收养子女住所所在地的监护机关裁定是否需要被收养人亲生父母另一方的同意。⑦

瑞士现行有关收养的法律与中国实施的全国性的收养法律法规在收养成立的实质要件上不乏共同之处，诸如坚持维护养子女利益的原则、配偶共同收养子女、收养必须征得被收养人亲生父母的同意，等等。尽管两国的收养法在收养成立的实质要件上存在一些共性，但并无法掩盖其明显的差别。两国在收养实质要件方面的差异大致表现在如下六个方面：

第一，在收养人与被收养人的年龄要件方面存在差别。中国立法一般要求收养人年满 30 周岁，而瑞士新法则只要求年满 28 周岁。中国全国性收养法只允许继父或继母收养继子女时可以突破收养人年满 30 周岁的限制；而瑞士法在这方面比较严格，已婚配偶一方年满 28 周岁且结婚 3 年并与被收养人共同生活至少 3 年，才可以收养继子女。另外，2016 年 6 月 17 日修订的《瑞士民法典》也允许同性登记伙伴、非婚同居的伴侣在与继子女共同生活满 3 年也可收养该继子女。对于被收养人年龄条件的限制，中国 1991 年《收养法》规定的被收养人应为未满 14 周岁的儿童（2020 年《中华人民共和国民法典》第 1093 条则对被收养人未作任何明确的年龄限制，只要是没有年满 18 周岁的未成年人均可成为被收养的对象），而瑞士法对被

① 《瑞士民法典》第 265 条第 2 款。

② 《瑞士民法典》第 266 条。

③ 2016 年 6 月 17 日修订的《瑞士民法典》第 268a-quater 条第 2 款。

④ International Social Service, Internal and Intercountry Adoption Laws, Kluwer Law International, 1999, SWISS-Ⅱ, p. 13.

⑤ 《瑞士民法典》第 265b 条。

⑥ 对于“因被收养人亲生父母一方严重不关心子女而免除其同意权”的问题，2016 年 6 月 17 日修订的《瑞士民法典》第 265d 条第 3 款已将该内容删除。

⑦ 《瑞士民法典》第 265d 条第 1 款。

收养人没有具体的年龄要求，只是《瑞士民法典》明确禁止收养出生未满 6 周的婴儿。中国《民法典》第 1093 条明文规定未成年人才可被收养，依法理与相关法律规定为未超过 18 周岁的人。无论中国 1991 年的《收养法》还是新颁布的《民法典》都缺乏有关收养成年人的明文规定。但瑞士法既明确规定了收养未成年人的法律问题，又明文规定了收养成年人的规则。

第二，在收养人与被收养人之间的年龄差距方面存在差别。中国收养法一般要求无配偶者收养异性的子女的，收养人与被收养人的年龄差在 40 岁以上，不过，亲属间的收养和继子女收养也可相对灵活。而瑞士法对异性收养的年龄差距无明文规定，但对收养人与被收养人年龄差距既规定了下限(至少相差 16 岁)又规定了上限(最大不得相差 45 岁)，强调双重限制性要求。①

第三，对已经有子女的收养人能否再收养子女的要求不同。中国收养法明文规定收养人应无子女或者只有一名子女。而瑞士法未见此类禁止性规定，只是要求收养子女"不致因此影响养父母其他子女的地位"。但瑞士法要求配偶共同收养子女时，对结婚年限有规定，而中国无此类要求。

第四，在收养类型方面存在差别。虽然中国与瑞士在收养类型上都允许共同收养和独身收养并存，但是，在具体内容上仍有差别。对于异性独身收养问题，中国收养法律法规允许无配偶者收养异性子女，而瑞士法在这方面既无禁止性规定又无明确允许性规定。另外，瑞士于 2016 年修订的法律允许同性伴侣收养子女，而中国则既不认可同性婚姻也无有关允许同性配偶收养子女的规定。

第五，在收养同意权的行使主体方面存在差别。虽然中国收养法律法规和瑞士现行有关收养的法律都规定收养子女必须征得收养当事人的同意，但具体要求并不完全一致。一是对被收养人的同意权的要求不同，中国收养法律规定必须征得年满 8 周岁的被收养人的意见，而《瑞士民法典》对被收养人本人行使收养同意权的年龄无具体规定。二是对送养方同意权行使的要求不同，中国收养法要求必须由生父母双方共同送养子女，而《瑞士民法典》规定收养必须征得被收养人亲生父母的同意，非婚生子女的生父也在被证明身份后也享有送养的同意权。但《瑞士民法典》第 265b 条明确规定被收养的未成年人的父母必须在该未成年人出生已满 6 个星期后才能作出同意送养的意思表示，否则送养无效。三是对收养同意权的行使方式要求不同，中国对同意送养的意思表示只要求向收养登记部门表示即可，而《瑞士民法典》明确规定同意收养的意思表示必须向未成年人保护机关声明并进行登记才能生效。

第六，在免除收养同意权的条件方面也存在差别。中国收养法律规定在生父母

---

① 2016 年 6 月 17 日修订的《瑞士民法典》第 264d 条将原《瑞士民法典》第 265 条关于收养人与被收养人之间的最低年龄差距的规定即相差 16 岁以上的要求予以扩展，明文规定"收养人与被收养人之间年龄差距不得超过 45 岁"。

一方不明或者查找不到的情况下，一方送养子女才可免除另一方的同意，或者未成年人的父母均不具备完全民事行为能力且对该未成年人有严重危害时也可免其同意权；现行《瑞士民法典》对免除收养同意的范围与条件规定得相当有限。①

2. 收养成立的形式要件的法律冲突

根据瑞士法的规定，收养关系的成立必须依法由收养人住所地的收养主管机关管辖，只有经该类主管机关宣告才能成立收养关系。② 收养申请提交时必须已满足收养要件的要求。在宣告收养以前，不仅必须经过收养人对被收养人抚养 1 年的试养期，③ 而且应进行严格的家庭调查程序。家庭调查包括了解收养人与被收养人的人格及身体健康状况，收养人的经济状况、教育能力、收养动机、家庭环境和关系，收养人与被收养人共同生活的适应性，收养后养父母与养子女关系的发展走势，等等。④ 家庭调查完成后还得经过一道程序，即儿童住所地负责收养的主管当局直接或委派第三方征求被收养儿童的意见，聆听被收养儿童意见的时间应持续两分钟。⑤ 根据家庭调查提供的可收养性报告与专家意见，依收养当事人早先向被收养人或其生父母住所地或者居住地的未成年人保护机关作出的同意收养的意思表示，收养人住所地的收养主管机关才可宣告成立收养关系。⑥ 对于参与收养活动的中介组织和行为，瑞士在 2001 年批准实施海牙跨国收养公约时专门修订民法典第 269c 条的相关条款，强化了瑞士联邦的监督权，增加了收养前安置或寄养服务的专业化要求及各州主管当局的责任。⑦ 瑞士法明文规定，收养应不得影响收养人的其他子女的地位。同意收养的意思表示可以在监护机关接受后 6 周内申请撤销，但再次做出的收养同意则是不可撤销的。⑧ 此外，对被收养人在申请收养前未成年，而在宣告收养成立前成年的，《瑞士民法典》允许继续按收养未成年人的规定办理。而对于递交收养申请后，收养人死亡或丧失行为能力，《瑞士民法典》同样规定在

---

① R. Blanpain，International Encyclopedia of Laws，Family and Succession，Kluwer Law International，2006，Switzerland，pp. 105-106.

② 《瑞士民法典》第 268 条第 1 款。2016 年 6 月 17 日 修订的《瑞士民法典》除了对该条第 1 款保留以外，有关收养程序问题的其他 4 款均进行了相应的修改。

③ 《瑞士民法典》第 264 条。

④ 《瑞士民法典》第 268a 条。

⑤ 2016 年 6 月 17 日 修订的《瑞士民法典》第 268a(bis)条。

⑥ 2016 年 6 月 17 日 修订《瑞士民法典》时将第 268a 条第 3 款“在宣告收养时，若收养人已有直系卑血亲，该直系卑血亲对收养的意见也必须予以考虑”予以删除。

⑦ 《瑞士民法典》第 269c 条和第 316 条。

⑧ 《瑞士民法典》第 265b 条。

其他收养要件未变的情况下不影响收养的继续进行。① 照此理解，《瑞士民法典》也允许特殊情形下的死亡后收养。只是瑞士法并未像德国法那样规定"收养在收养人死亡后宣告的效力与收养人死亡前成立的收养关系具有同等效力"。②

关于中国收养成立的形式要件在本章第一节已有阐述，此处不再赘述。

可见，瑞士现行有关收养的法律与中国收养法在收养成立的程序要件上也存在明显差别，一是成立收养关系的方式不同，中国现行收养法律法规只允许行政登记方式为唯一成立收养关系的程序，而瑞士法则注重由养父母住所所在地的主管机关宣告成立收养关系；二是收养关系成立程序的监管力度不同，瑞士实行的是由收养人住所地管辖的原则及联邦监管收养中介服务行为的机制，而中国大陆在成立收养关系时特别强化了被收养人所在地民政登记部门的权力；三是对试养期的要求不同，中国现行收养法没有规定试养期，而瑞士收养法明确规定成立收养关系以前必须由养父母对养子女抚育不少于 1 年，而且要求经过严格的家庭调查并征询专家意见和聆听被收养儿童不少于 2 分钟的意见。③ 此外，对死亡后收养的规定不同，中国收养法禁止死亡后收养，而《瑞士民法典》只允许特殊情况下的死亡后收养。④

3. 收养效力的法律冲突

《瑞士民法典》第 267 条、第 267a 条和第 267b 条对收养效力作了非常明确的规定，收养关系一旦成立，不论被收养儿童是婚生子女还是非婚生子女，也不论收养人已婚还是未婚，也不论收养未成年人还是成年人，也不论共同收养还是单独收养，被收养的子女取得与收养者的婚生子女相同的法律地位。养子女的受抚养权、受教育权、继承权等均与养父母的婚生子女相同。与此同时，被收养人与其亲生父母的亲子关系随收养而消灭，不过，已婚配偶、同性登记伙伴或非婚同居伴侣的继子女收养除外。⑤ 养子女的姓名也可因收养而改变，收养人可以为养子女重新取名，只是当被收养人年满 12 岁时则应征得其本人同意。但姓氏的变更不得影响因源于该姓氏的其他姓名权。⑥ 不仅如此，《瑞士民法典》第 267b 条还进一步规定，

---

① 《瑞士民法典》第 268 条第 3 款。

② R. Blanpain, International Encyclopedia of Laws, Family and Succession, Kluwer Law International, 2006, Switzerland, p. 103.

③ International Social Service, Internal and Intercountry Adoption Laws, Kluwer Law International, 1999, SWISS-Ⅱ, pp. 38-39.

④ 《瑞士民法典》第 268 条第 3 款，Jenny Gesley, Switzerland: Revision of Adoption Law Enters into Force, Adoption and Foster Care, January 4, 2018.

⑤ 2016 年 6 月 17 日 修订的《瑞士民法典》第 267 条第 3 款。

⑥ 《瑞士民法典》第 267a 条第 4 款。

未成年的养子女可随养父母取得相应的公民权。① 另外，2016 年 6 月 17 日修订的《瑞士民法典》第 268b 条、第 268c 条、第 268d 条和第 268e 条专门规定了收养的保密性问题，着重对收养保密原则予以松绑。该法第 268b 条规定："养父母和养子女享有收养保密的权利，只有当被收养的儿童和养父母都同意时才可将收养情况披露给养子女的生父母及其亲属。"对于被收养人的知情权问题，《瑞士民法典》第 268c 条允许养父母根据被收养儿童的年龄和成熟程度披露收养事实。不仅如此，瑞士法同时又依据其缔结的联合国《儿童权利公约》第 20 条的规定允许养子女年满 18 岁以后可以获取有关其亲生父母身份等信息，只是主管当局应通告该被收养人的亲生父母。② 另外，《瑞士民法典》第 268e 条规定，在收养关系成立后，经过养父母同意并由儿童保护主管当局批准，被收养儿童的亲生父母可与其进行适当的联系和接触，但被收养儿童拒绝的或违反儿童最大利益原则的，不仅不允许亲生父母与被收养儿童接触，而且养父母也不得违背被收养儿童意愿传递相关信息给亲生父母。③

关于中国收养效力的问题，在本章第一节已有阐述，此处不再赘述。

由以上分析可知，瑞士与中国在收养效力上不乏共同之处。首先，自收养关系成立之日起，养父母与养子女间的权利义务关系，均适用法律关于父母子女关系的规定；其次，收养关系一旦成立，养子女与生父母及其他近亲属间的权利义务关系便消除；再次，养子女享有取得收养家庭姓氏的权利。但是，瑞士与中国法律在规制收养效力上仍存在一些明显的差别。一方面，在收养类型上的规定存在明显区别，瑞士法允许特殊的死亡后收养，而中国收养法则明确予以禁止；另一方面，对养子女的姓名权问题，瑞士与中国法也有不同的规定，《中华人民共和国民法典》第 1112 条规定"养子女可以随养父或者养母的姓，经当事人协商一致，也可以保留原姓氏"。而瑞士法律则规定"收养人可为养子女重新取名"，只是对被收养的成年人存在合理理由时可允许保留原姓名。④ 此外，瑞士法对被收养人的公民权取得问题有明确规定，而中国收养法在这方面还是空白，缺乏明文规定。此外，在收养保

① R. Blanpain, International Encyclopedia of Laws, Family and Succession, Kluwer Law International, 2006, Switzerland, pp. 109-110.

② R. Blanpain, International Encyclopedia of Laws, Family and Succession, Kluwer Law International, 2006, Switzerland, p. 107.

③ Jenny Gesley, Switzerland: Revision of Adoption Law Enters into Force, Adoption and Foster Care, January 4, 2018.

④ 《瑞士民法典》第 267a 条。

密的立场与态度方面，瑞士与中国法也有不同的规定。《中华人民共和国民法典》第1110条规定："收养人、送养人要求保守收养秘密的，其他人应当尊重其意愿，不得泄露。"这一规则依然是传统的秘密收养原则的再现，而且只关注收养人和送养人的意愿，忽视了被收养人的需求。这种坚持父母本位的做法，既不符合儿童最大利益原则，又背离了现代收养法价值取向。而瑞士2016年修订的民法典既反映了秘密收养的要求，又适当平衡了被收养儿童的知情权与隐私权，逐步从秘密收养迈向公开收养。

4. 收养关系解除的法律冲突

《瑞士民法典》对终止收养关系采取了非常保守的做法，并未明文规定收养关系的撤销问题。① 实际上，瑞士法主张收养旨在设置永久性的父母子女关系，应与自然血亲关系一样具有不可解除性。因此，《瑞士民法典》第269条和第269a条仅仅对收养关系的终止问题作了规定。根据瑞士法的规定，当且仅当没有法定原因而又未取得应行使收养同意权人的同意的，可以向法院提起收养无效之诉。被收养人的生父母可以诉请联邦法院对收养无效进行裁决。② 另外，瑞士法还概括性地规定，存在除未征得收养法定同意以外的其他重大缺陷时，也允许提起收养无效之诉。③ 只要是收养的利害关系人，都可向法院提起收养无效之诉，特别是原籍或住所所在地的乡镇可提起收养无效之诉。不过，如果收养后缺陷得到弥补或仅仅存在违反程序性规定的，则不得据此提起收养无效之诉。④ 而在提起收养无效之诉的期限上，《瑞士民法典》明确规定为"收养无效之诉应在发现收养无效原因6个月内提起。无论何种情形，收养后经2年时间，时效消灭"。⑤ 这就是说，只能在发现收养无效原因6个月内提起，且收养关系成立尚未超过2年。⑥

---

① 终止收养关系的原因为：一是收养人或被收养人死亡，因主体缺位而自然终止；二是依法解除收养关系。当代各国对收养关系的解除有不同的立法例，有的国家采取禁止主义或部分禁止主义(英国法如此)，有的国家则采取许可主义(我国《收养法》专设一章规定了"收养关系的解除")。

② 《瑞士民法典》第269条。

③ R. Blanpain, International Encyclopedia of Laws, Family and Succession, Kluwer Law International, 2006, Switzerland, p. 111.

④ 《瑞士民法典》第269a条。

⑤ 《瑞士民法典》第269b条。

⑥ International Social Service, Internal and Intercountry Adoption Laws, Kluwer Law International, 1999, SWISS-Ⅱ, pp. 50-53.

关于中国收养关系解除的问题在本章第一节已有阐述，此处不再赘述。

从上述分析可知，瑞士与中国在收养关系的解除方面的法律规定和实践存在相当大的差异。第一，《瑞士民法典》在终止收养关系上采取了非常谨慎的态度，原则上禁止撤销收养关系。而中国收养法非常明确地规定了解除收养关系的问题，值得注意的是中国有关收养关系解除立法与实践独具特色：一方面，1991 年《收养法》和 2020 年《民法典》都明文规定了“收养关系的解除”；另一方面，在具体实践中，中国有关部门坚持对在中国成立的跨国收养实行例外，主张排除适用解除收养关系的规定。中国有关收养方面的法律法规对不合法的收养只设有收养无效的规定，而没有收养关系撤销的规定。例如，《中华人民共和国民法典》第 1113 条明文规定，收养行为存在民法典第一编关于民事法律行为无效规定的情形或者违反民法典第五编规定的收养行为无效，收养行为被人民法院确认无效的，从行为开始时即无法律效力。而瑞士未将收养的无效与撤销区分开来予以规制。第二，中国对于合法的收养关系的解除作了独具特色的规定，一是规定可允许收养人、送养人双方协议解除收养关系，二是作了一些限制性规定，既包括规定被收养人成年以前不得解除收养关系，又包括规定被收养人年满 8 周岁时，收养人与送养人协议解除收养关系须征得被收养人本人的同意。而《瑞士民法典》没有关于收养关系当事人协议解除收养关系的规定，瑞士只允许经法院裁定收养无效。第三，中国收养法单独规定了送养人对解除收养关系的请求权，而瑞士法律无关于送养人撤销收养关系请求权的规定，但规定了行使收养同意权人有提起收养无效之诉的权利。第四，在终止收养关系的法定理由方面，中国与瑞士法律也存在相当大的差别。中国收养法规定解除收养关系的范围比瑞士法规定提起收养无效之诉的理由广泛得多。中国有关收养的法律规定，收养人不履行抚养义务，有虐待、遗弃等侵害未成年养子女合法权益行为的，送养人有权请求法院判决解除收养关系；养父母与成年养子女关系恶化、无法共同生活的，任何一方均可诉请法院判决解除收养关系。而瑞士法一律采用概括主义模式将请求法院判决收养无效的法定原因限制得较狭窄，只有在欠缺收养意思表示要件或其他重大缺陷的情形下，才可经法院宣告收养无效。第五，在终止收养关系的程序方面，瑞士法强调法律程式，采取法院裁判的机制。而中国收养立法一直坚持对收养关系终止的程序采取当事人决定与行政裁定以及法院裁判的混合模式，既允许收养关系当事人协议解除收养关系并到民政部门登记生效，也允许收养关系当事人诉讼解除收养关系，前提是：只有收养当事人无法达成协议解除收养关系的，才可向人民法院起诉。

总之，瑞士关于收养子女的实质要件、形式要件和收养效力及收养关系的终止的法律规定与中国实施的全国性收养法律法规的有关规定存在不少差异，势必导致在瑞士成立的收养关系与在中国成立的收养关系存在明显的法律冲突。这种收养法律冲突问题不容忽视，否则，两国之间的跨国收养就难以开通。

三、中国与瑞士跨国收养法律冲突的解决途径

1. 跨国收养在瑞士的产生与发展

由于受瑞士中立国的地位的影响，跨国收养在瑞士起步较早，但发展速度缓慢、规模也相对较小且分散。直到1960年国际收养会议在瑞士莱森召开以后，瑞士的跨国收养才略有起色。① 近年来除国际组织的少数工作人员在瑞士收养个别瑞士儿童外，瑞士的跨国收养主要是瑞士公民从波兰、俄罗斯、乌克兰等东欧洲国家以及印度、韩国、埃塞俄比亚等亚非第三世界国家收养了子女。② 据瑞士权威机构的调查统计显示，从20世纪90年代开始，瑞士的跨国收养在数量和规模上都有较大的突破。③

瑞士权威机构对瑞士20世纪90年代以来的收养调查统计表明：瑞士1980年的收养案件总数为1583件，其中跨国收养为523件，从欧洲其他国家收养子女230人，从亚洲国家收养子女168人，从美洲国家收养子女102人，从非洲国家收养子女21人，从澳洲国家收养子女2人。瑞士1981年的收养总数为1476件，其中跨国收养为514件，从欧洲其他国家收养子女190人，从亚洲国家收养子女150人，从美洲国家收养子女137人，从非洲国家收养子女33人，从澳洲国家收养子女4人。瑞士1982年的收养总数为1507件，其中跨国收养为631件，从欧洲其他国家收养子女194人，从亚洲国家收养子女226人，从美洲国家收养子女191人，从非洲国家收养子女19人，从澳洲国家收养子女1人。瑞士1983年的收养总数为1605件，其中跨国收养为791件，从欧洲其他国家收养子女178人，从亚洲国家收养子女362人，从美洲国家收养子女225人，从非洲国家收养子女25人，从澳洲国家收养子女1人。瑞士1984年的收养总数为1504件，其中跨国收养为756件，从欧洲其他国家收养子女148人，从亚洲国家收养子女403人，从美洲国家收养子女

① Gretchen Miller Wrobel and Elsbeth Neil, International Advances in Adoption Research for Practice, John Wiley-Blackwell & Sons Ltd. Publication, 2009, p. 42.

② David Urwyler, Entwicklung der Internationalen Adoption in der Schweiz, Ingeborg Schwenzer, Internationale Adoption, Stämpfli Verlag AG Bern, 2009, S. 180.

③ International Social Service, Internal and Intercountry Adoption Laws, Kluwer Law International 1999, SWISS-Ⅲ, pp. 2-3.

177 人，从非洲国家收养子女 27 人，从澳洲国家收养子女 1 人。瑞士 1985 年的收养总数为 1421 件，其中跨国收养为 694 件，从欧洲其他国家收养子女 165 人，从亚洲国家收养子女 349 人，从美洲国家收养子女 152 人，从非洲国家收养子女 23 人，从澳洲国家收养子女 5 人。瑞士 1986 年的收养总数为 1430 件，其中跨国收养为 745 件，从欧洲其他国家收养子女 161 人，从亚洲国家收养子女 366 人，从美洲国家收养子女 179 人，从非洲国家收养子女 37 人，从澳洲国家收养子女 2 人。瑞士 1987 年的收养总数为 1431 件，其中跨国收养为 717 件，从欧洲其他国家收养子女 144 人，从亚洲国家收养子女 320 人，从美洲国家收养子女 233 人，从非洲国家收养子女 20 人。瑞士 1988 年的收养总数为 1274 件，其中跨国收养为 698 件，从欧洲其他国家收养子女 147 人，从亚洲国家收养子女 287 人，从美洲国家收养子女 227 人，从非洲国家收养子女 36 人，从澳洲国家收养子女 1 人。瑞士 1989 年的收养总数为 1302 件，其中跨国收养为 722 件，从欧洲其他国家收养子女 145 人，从亚洲国家收养子女 268 人，从美洲国家收养子女 261 人，从非洲国家收养子女 47 人，从澳洲国家收养子女 1 人。瑞士 1990 年的收养总数为 1198 件，其中跨国收养为 673 件，从欧洲其他国家收养子女 156 人，从亚洲国家收养子女 216 人，从美洲国家收养子女 257 人，从非洲国家收养子女 43 人，收养无国籍子女等其他情况 1 件。瑞士 1991 年的收养总数为 1183 件，其中跨国收养为 701 件，从欧洲其他国家收养子女 140 人，从亚洲国家收养子女 208 人，从美洲国家收养子女 299 人，从非洲国家收养子女 49 人，从澳洲国家收养子女 5 人。瑞士 1992 年的收养总数为 1223 件，其中跨国收养为 763 件，从欧洲其他国家收养子女 214 人，从亚洲国家收养子女 212 人，从美洲国家收养子女 279 人，从非洲国家收养子女 54 人，从澳洲国家收养子女 4 人。瑞士 1993 年的收养总数为 1347 件，其中跨国收养为 923 件，从欧洲其他国家收养子女 334 人，从亚洲国家收养子女 245 人，从美洲国家收养子女 302 人，从非洲国家收养子女 39 人，从澳洲国家收养子女 3 人。瑞士 1994 年的收养总数为 1158 件，其中跨国收养为 741 件，从欧洲其他国家收养子女 198 人，从亚洲国家收养子女 172 人，从美洲国家收养子女 305 人，从非洲国家收养子女 66 人。瑞士 1995 年的收养总数为 1030 件，其中跨国收养为 665 件，从欧洲其他国家收养子女 168 人，从亚洲国家收养子女 156 人，从美洲国家收养子女 277 人，从非洲国家收养子女 60 人，从澳洲国家收养子女 4 人。瑞士 1996 年的收养总数为 1067 件，其中跨国收养为 742 件，从欧洲其他国家收养子女 213 人，从亚洲国家收养子女 220 人，从美洲国家收养子女 231 人，从非洲国家收养子女 78 人。瑞士 1997 年的收养总数为 1043 件，其中跨国收养为 733 件，从欧洲其他国家收养子女 192 人，从亚洲国家收养子女 228 人，从美洲国家收养子女 241 人，从非洲国家收养子 71

人，收养无国籍子女等其他情况 1 件。瑞士 1998 年的收养总数为 1039 件，其中跨国收养为 687 件，从欧洲其他国家收养子女 171 人，从亚洲国家收养子女 175 人，从美洲国家收养子女 242 人，从非洲国家收养子女 98 人，收养无国籍子女等其他情况 1 件。瑞士 1999 年的收养总数为 875 件，其中跨国收养为 623 件，从欧洲其他国家收养子女 179 人，从亚洲国家收养子女 164 人，从美洲国家收养子女 223 人，从非洲国家收养子 57 人。瑞士 2000 年的收养总数为 808 件，其中跨国收养为 610 件，从欧洲其他国家收养子女 190 人，从亚洲国家收养子女 148 人，从美洲国家收养子女 192 人，从非洲国家收养子女 79 人，从澳洲国家收养子女 1 人。瑞士 2001 年的收养总数为 685 件，其中跨国收养为 543 件，从欧洲其他国家收养子女 162 人，从亚洲国家收养子女 153 人，从美洲国家收养子女 158 人，从非洲国家收养子女 69 人，收养无国籍子女等其他情况 1 件。瑞士 2002 年的收养总数为 702 件，其中跨国收养为 558 件，从欧洲其他国家收养子女 182 人，从亚洲国家收养子女 132 人，从美洲国家收养子女 161 人，从非洲国家收养子女 81 人，收养无国籍子女等其他情况 2 件。瑞士 2003 年的收养总数为 815 件，其中跨国收养为 722 件，从欧洲其他国家收养子女 209 人，从亚洲国家收养子女 223 人，从美洲国家收养子女 163 人，从非洲国家收养子女 127 人。瑞士 2004 年的收养总数为 854 件，其中跨国收养为 658 件，从欧洲其他国家收养子女 185 人，从亚洲国家收养子女 217 人，从美洲国家收养子女 151 人，从非洲国家收养子女 105 人。瑞士 2005 年的收养总数为 647 件，其中跨国收养为 452 件，从欧洲其他国家收养子女 97 人，从亚洲国家收养子女 124 人，从美洲国家收养子女 105 人，从非洲国家收养子女 124 人，收养无国籍子女等其他情况 2 件。瑞士 2006 年的收养总数为 656 件，其中跨国收养为 455 件，从欧洲其他国家收养子女 109 人，从亚洲国家收养子女 131 人，从美洲国家收养子女 97 人，从非洲国家收养子女 112 人，收养无国籍子女等其他情况 6 件。瑞士 2007 年的收养总数为 582 件，其中跨国收养为 394 件，从欧洲其他国家收养子女 76 人，从亚洲国家收养子女 124 人，从美洲国家收养子女 81 人，从非洲国家收养子女 109 人，收养无国籍子女等其他情况 4 件。瑞士 2008 年的收养总数为 575 件，其中跨国收养为 383 件，从欧洲其他国家收养子女 70 人，从亚洲国家收养子女 100 人，从美洲国家收养子女 74 人，从非洲国家收养子女 136 人，从澳洲国家收养子女 1 人，收养无国籍子女等其他情况 2 件。① 瑞士 2009 年的收养总数为 512 件，其中跨国收养为 332 件，从欧洲其他国家收养子女 68 人，从亚洲国家收养子女 103 人，从美洲国家收养子女 50 人，从非洲国家收

① Quelle：Statistique Suisse incluant l'adoption nationale，http：//www.adopte.ch/francais/objectifs.htm(accessed 30 December，2009).

养子女109人，收养无国籍子女等其他情况2件。① 瑞士2010年的收养总数为580件，其中跨国收养为391件，从欧洲其他国家收养子女80人，从亚洲国家收养子女96人，从美洲国家收养子女58人，从非洲国家收养子女153人，收养无国籍子女等其他情况4件。瑞士2011年的收养总数为509件，其中跨国收养为334件，从欧洲其他国家收养子女60人，从亚洲国家收养子女75人，从美洲国家收养子女64人，从非洲国家收养子女135人。瑞士2012年的收养总数为513件，其中跨国收养为328件，从欧洲其他国家收养子女63人，从亚洲国家收养子女82人，从美洲国家收养子女61人，从非洲国家收养子女120人，收养无国籍子女等其他情况2件。瑞士2013年的收养总数为425件，其中跨国收养为256件，从欧洲其他国家收养子女51人，从亚洲国家收养子女57人，从美洲国家收养子女35人，从非洲国家收养子女107人，收养无国籍子女等其他情况6件。瑞士2014年的收养总数为383件，其中跨国收养为243件，从欧洲其他国家收养子女56人，从亚洲国家收养子女65人，从美洲国家收养子女40人，从非洲国家收养子女76人，从澳洲国家收养子女2人，收养无国籍子女等其他情况4件。瑞士2015年的收养总数为329件，其中跨国收养为197件，从欧洲其他国家收养子女39人，从亚洲国家收养子女63人，从美洲国家收养子女37人，从非洲国家收养子女53人，收养无国籍子女等其他情况5件。瑞士2016年的收养总数为363件，其中跨国收养为200件，从欧洲其他国家收养子女62人，从亚洲国家收养子女50人，从美洲国家收养子女26人，从非洲国家收养子女58人，收养无国籍子女等其他情况4件。瑞士2017年的收养总数为305件，其中跨国收养为145件，从欧洲其他国家收养子女37人，从亚洲国家收养子女51人，从美洲国家收养子女27人，从非洲国家收养子女23人，收养无国籍子女等其他情况7件。瑞士2018年的收养总数为429件，其中跨国收养为178件，从欧洲其他国家收养子女53人，从亚洲国家收养子女56人，从美洲国家收养子女30人，从非洲国家收养子女32人，从澳洲国家收养子女2人，收养无国籍子女等其他情况5件。瑞士2019年的收养总数为462件，其中跨国收养为168件，从欧洲其他国家收养子女62人，从亚洲国家收养子女57人，从美洲国家收养子女19人，从非洲国家收养子女23人，从澳洲国家收养子女7人。瑞士2020年的收养总数为432件，其中跨国收养为155件，从欧洲其他国家收养子女53人，

① Perter Selman：瑞士跨国收养数据为2003年664件、2004年567件、2005年389件、2006年410件、2007年394件、2008年367件、2009年347件、2010年388件、2011年367件、2012年314件、2013年280件。Peter Selman, Intercountry Adoption Agecies and the HCIA, in International Forum on Intercountry Adoption and Global Surrogacy, 11-13 Agugust, 2014。

从亚洲国家收养子女 39 人，从美洲国家收养子女 30 人，从非洲国家收养子女 28 人，从澳洲国家收养子女 5 人。① 瑞士 1980—2020 年的国内收养与跨国收养数见表 6-2，总体数据统计图见图 6-2。

---

① 瑞士联邦统计局人口与移民部门将瑞士跨国收养中的继子女收养和成年人收养排除以后，单纯统计瑞士收养的国外出生的儿童的数据为：2006 年国际收养 335 人，其中收养的欧洲其他国家(除瑞士以外)出生的儿童 64 人、收养的非洲国家出生的儿童 94 人、收养的美洲国家出生的儿童 62 人、收养的亚洲国家出生的儿童 111 人、收养无国籍儿童 4 人；2007 年国际收养 289 人，其中收养的欧洲其他国家(除瑞士以外)出生的儿童 33 人、收养的非洲国家出生的儿童 95 人、收养的美洲国家出生的儿童 59 人、收养的亚洲国家出生的儿童 100 人、收养无国籍儿童 2 人；2008 年国际收养 264 人，其中收养的欧洲其他国家(除瑞士以外)出生的儿童 30 人、收养的非洲国家出生的儿童 121 人、收养的美洲国家出生的儿童 38 人、收养的亚洲国家出生的儿童 74 人、收养澳洲国家出生的儿童或无国籍儿童 1 人；2009 年国际收养 230 人，其中收养的欧洲其他国家(除瑞士以外)出生的儿童 27 人、收养的非洲国家出生的儿童 84 人、收养的美洲国家出生的儿童 31 人、收养的亚洲国家出生的儿童 87 人、收养无国籍儿童 1 人；2010 年国际收养 275 人，其中收养的欧洲其他国家(除瑞士以外)出生的儿童 22 人、收养的非洲国家出生的儿童 127 人、收养的美洲国家出生的儿童 45 人、收养的亚洲国家出生的儿童 81 人；2011 年国际收养 252 人，其中收养的欧洲其他国家(除瑞士以外)出生的儿童 15 人、收养的非洲国家出生的儿童 131 人、收养的美洲国家出生的儿童 43 人、收养的亚洲国家出生的儿童 63 人；2012 年国际收养 223 人，其中收养的欧洲其他国家(除瑞士以外)出生的儿童 26 人、收养的非洲国家出生的儿童 102 人、收养的美洲国家出生的儿童 31 人、收养的亚洲国家出生的儿童 64 人；2013 年国际收养 180 人，其中收养的欧洲其他国家(除瑞士以外)出生的儿童 21 人、收养的非洲国家出生的儿童 100 人、收养的美洲国家出生的儿童 17 人、收养的亚洲国家出生的儿童 40 人、收养无国籍儿童 2 人；2014 年国际收养 150 人，其中收养的欧洲其他国家(除瑞士以外)出生的儿童 16 人、收养的非洲国家出生的儿童 61 人、收养的美洲国家出生的儿童 25 人、收养的亚洲国家出生的儿童 46 人、收养澳洲国籍出生的儿童或无国籍儿童 2 人；2015 年国际收养 125 人，其中收养的欧洲其他国家(除瑞士以外)出生的儿童 14 人、收养的非洲国家出生的儿童 48 人、收养的美洲国家出生的儿童 20 人、收养的亚洲国家出生的儿童 42 人、收养无国籍儿童 1 人；2016 年国际收养 101 人，其中收养的欧洲其他国家(除瑞士以外)出生的儿童 21 人、收养的非洲国家出生的儿童 37 人、收养的美洲国家出生的儿童 12 人、收养的亚洲国家出生的儿童 27 人、收养无国籍儿童 4 人；2017 年国际收养 69 人，其中收养的欧洲其他国家(除瑞士以外)出生的儿童 13 人、收养的非洲国家出生的儿童 13 人、收养的美洲国家出生的儿童 9 人、收养的亚洲国家出生的儿童 31 人、收养无国籍儿童 3 人；2018 年国际收养 79 人，其中收养的欧洲其他国家(除瑞士以外)出生的儿童 10 人、收养的非洲国家出生的儿童 24 人、收养的美洲国家出生的儿童 11 人、收养的亚洲国家出生的儿童 30 人、收养澳洲国家出生的儿童或无国籍儿童 4 人。Die Statistik der Internationalen Adoptionen Suisse, https://www.bfs.admin.ch/bfs/fr/home/statistiques/population/naissancex-deces/adoptions.html (accessed 30, May, 2021).

表 6-2　　**瑞士跨国收养数据统计表：1980—2020 年**

年代	瑞士收养总数	瑞士国内收养数	跨国收养总数	欧洲收养数(除瑞士外)	非洲收养数	美洲收养数	亚洲收养数	其他
1980	1583	1060	523	230	21	102	168	2
1981	1476	962	514	190	33	137	150	4
1982	1507	876	631	194	19	191	226	1
1983	1605	814	791	178	25	225	362	1
1984	1504	748	756	148	27	177	403	1
1985	1421	727	694	165	23	152	349	5
1986	1430	685	745	161	37	179	366	2
1987	1431	714	717	144	20	233	320	0
1988	1274	576	698	147	36	227	287	1
1989	1302	580	722	145	47	261	268	1
1990	1198	525	673	156	43	257	216	1
1991	1183	482	701	140	49	299	208	5
1992	1223	460	763	214	54	279	212	4
1993	1347	424	923	334	39	302	245	3
1994	1158	417	741	198	66	305	172	0
1995	1030	365	665	168	60	277	156	4
1996	1067	325	742	213	78	231	220	0
1997	1043	310	733	192	71	241	228	1
1998	1039	352	687	171	98	242	175	1
1999	875	252	623	179	57	223	164	0
2000	808	198	610	190	79	192	148	1
2001	685	142	543	162	69	158	153	1
2002	702	144	558	182	81	161	132	2
2003	815	93	722	209	127	163	223	0
2004	854	196	658	185	105	151	217	0
2005	647	195	452	97	124	105	124	2

续表

年代	瑞士收养总数	瑞士国内收养数	跨国收养总数	欧洲收养数(除瑞士外)	非洲收养数	美洲收养数	亚洲收养数	其他
2006	656	201	455	109	112	97	131	6
2007	582	188	394	76	109	81	124	4
2008	575	192	383	70	136	74	100	3
2009	512	189	332	68	100	50	103	2
2010	580	189	391	80	153	58	96	4
2011	509	175	334	60	135	64	75	0
2012	513	185	328	63	120	61	82	2
2013	425	169	256	51	107	35	57	6
2014	383	140	243	56	76	40	65	6
2015	329	132	197	39	53	37	63	5
2016	363	163	200	62	58	26	50	4
2017	305	160	145	37	23	27	51	7
2018	429	251	178	53	32	30	56	7
2019	462	294	168	62	23	19	57	7
2020	432	277	155	53	28	30	39	5

自 1996 年以来，与瑞士建立跨国收养关系的已超过 60 个国家。① 瑞士国民主要从巴西、哥伦比亚、海地、印度、泰国、突尼斯、越南、摩洛哥、马达加斯加、保加利亚、罗马尼亚、俄罗斯等国收养子女，每年从这些国家收养的子女都将近 10 人。从 1988 年开始至 2016 年，瑞士的跨国收养子女的人数一直超过其国内收养子女的人数。这种情况在 2017 年又出现了反转，继续回归到国内收养人数大于跨国收养人数的状态。由于瑞士收养法的严格性，加之其特别强调试养期，还有一些国家的法律与瑞士收养法存在冲突而未开通跨国收养。② 中国就是其中之一。当

① David Urwyler, Entwicklung der Internationalen Adoption in der Schweiz, Ingeborg Schwenzer, Internationale Adoption, Stämpfli Verlag AG Bern, 2009, p. 175.

② Mireille Chervaz Dramé, Internationale Adoption: Tendenzen in der Schweiz vom 01. 01. 2007 bis 30. 06. 2008, Ingeborg Schwenzer, Internationale Adoption, Stämpfli Verlag AG Bern, 2009, pp. 217-218.

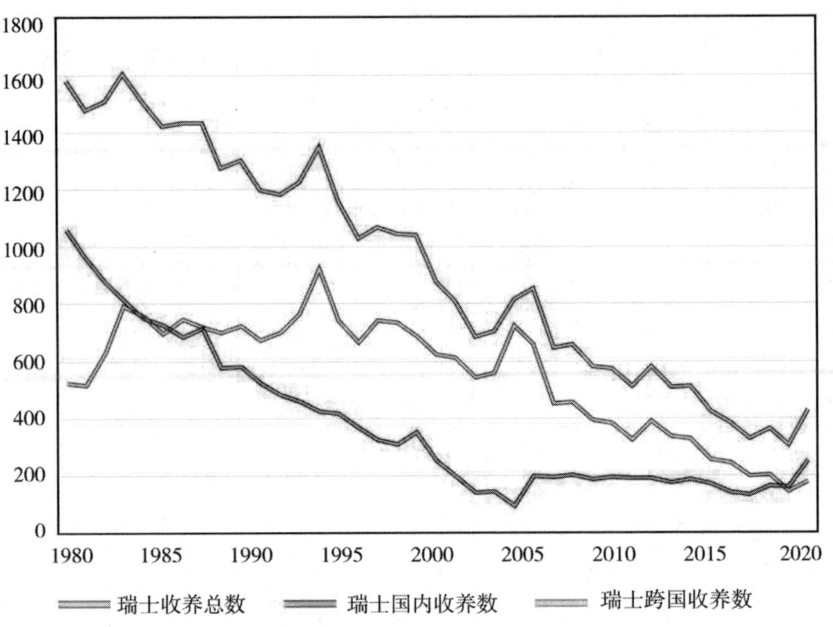

图 6-2　瑞士 1980—2020 年跨国收养数据统计图

前可在中国收养儿童的只有美国、加拿大、法国、英国、西班牙、比利时、荷兰、丹麦、瑞典、挪威、芬兰、爱尔兰、新西兰、冰岛、澳大利亚、新加坡、意大利 17 个国家。还有瑞士、德国和葡萄牙等国因与中国法律存在冲突而未被中国政府允许开通跨国收养渠道，均无法到中国境内通过跨国收养方式收养中国儿童。对于这种现状以及我国政府所采取的限制外国人收养的政策和做法，有待于进行深入的理论研究和探讨：一是我国已经加入海牙跨国收养公约，目前的政策与实践运作是否符合公约的精神和实践需要；二是我国政府通过双边协定模式开通跨国收养通道的机制的利弊权衡；三是在当前国际社会跨国收养潮起潮落的多变格局下，对于与我国有关收养法律法规存在冲突的国家的跨国收养一律不予以开通的做法，值得进一步斟酌。

2. 中瑞跨国收养法律冲突解决对策的理论构筑

鉴于瑞士收养法和实践与中国收养法及实践存在不同程度的冲突，而要开通中瑞之间的跨国收养，必须解决好这类冲突。从目前的情况来看，解决两国收养法律冲突的途径主要有如下几种方式。

第一，依据国际私法规则解决跨国收养法律冲突。世界各国法律在解决涉外收养关系的法律冲突问题上所采用的方法大部分是将收养关系成立所适用的法律和收养效力所适用的法律区分开来，其中收养关系成立所适用的法律又包括收养成立实质要件所适用的法律和收养成立形式要件所适用的法律。对于收养成立的实质要件，主要有适用收养人或被收养人属人法，也有重叠适用收养人和被收养人属人法，抑或适用法院地法等做法；对于收养成立的形式要件，各国一般都主张适用收养成立地法；而对于收养的效力的准据法选择，当今国际社会的通行做法有主张适用收养人或被收养人属人法抑或重叠适用收养人与被收养人属人法的，还有坚持应适用法院地法或收养发生地法的，甚至有采取折中主义或倡导适用与被收养儿童福利相关的最密切联系原则的。

在中国，《民法典》第 1109 条对外国人在华收养子女作了规定："外国人依法可以在中华人民共和国收养子女。"而 1993 年由民政部和司法部联合发布的《外国人在中华人民共和国收养子女实施办法》第 2 条规定："外国人在中华人民共和国境内收养中国公民的子女适用本办法。收养人夫妻一方为外国人的，在华收养中国公民的子女，也应当依照本办法办理。"不过，1999 年 5 月 25 日由民政部修订后颁行的《外国人在中华人民共和国收养子女登记办法》第 2 条仍沿袭了《外国人在中华人民共和国收养子女实施办法》第 2 条的规定，但在第 3 条上却做了较大幅度的修改，即规定为："外国人在华收养子女，应当符合中国有关收养法律的规定，并应当符合收养人所在国有关收养法律的规定；因收养人所在国法律的规定与中国法律的规定不一致而产生的问题，由两国政府有关部门协商处理。"可见，依照这些规定，外国人在中国境内收养子女的条件与中国公民一样，没有更宽松的条件。不仅如此，外国人在华收养子女必须符合我国收养法规定的收养人的条件，同时不得违背收养人所在国的收养法律法规；被收养的中国儿童或非中国儿童必须符合中国收养法及有关规定所确立的被收养人的条件，送养人也必须符合中国收养法以及相关规定，同时，也不得违背收养人所在国的收养法律法规。只是对于外籍华人收养三代以内同辈旁系血亲的子女，可以适用华侨收养中国公民子女的规定。我国《民法典》第 1199 条在这方面作了有差别待遇的规定，华侨在中国境内收养子女的权利不仅优于其他外国人，而且也高于中国国内公民，即"华侨收养三代以内同辈旁系血亲的子女，还可以不受收养人无子女或者只有一名子女的限制"。如此，依我国现行有关收养的法律法规，外国人在中国收养子女，适用中国法，同时必须兼顾收养人所在国法律。《中华人民共和国民法典》第 1109 条以及《外国人在中华人民共和国收养子女登记办法》第 2 条和第 3 条对涉外收养法律适用作了一定的规定，主张在中国成立的涉外收养关系的实质要件和形式要件适用中国法，在这里，中国法既是被收养人的属人法又是收养成立地法。与此同时，它还要求兼顾收养人的所在国法，“应当符合收养人所在国有关收养法律的规定”。① 而 2011 年 4 月 1 日实施的《中华人民共和国涉外民事关系法律适用法》第 28 条却对涉外收养关系成立的法律适用采用统一的法律适用原则，未区分实质要件和形式要件分别考虑准据法选择问题。该条第 1 款明文规定：“收养的条件和手续，适用收养人经常居所地法律。”对于收养效力的法律适用，我国《收养法》和《外国人在中华人民共和国收养子女登记办法》没有明文规定，在中国长期的司法实践中一直主张对涉外收养效力的法律适用采取最密切联系原则。② 然而，2011 年实施的《中华人民共和国涉外民事关系法律适用法》第 28 条在确立涉外收养效力准据法时则采用了倾向于“收养人”的立法模式。该法第 28 条第 2 款规定：“收养的效力，适用收养时收养人经常居所地法律。”这种做法值得斟酌。因为，被收养人在收养中处于弱势地位，涉外收养效力的法律适用忽视该要素，既不利于保护被收养儿童的权益，也有违儿童最大利益原则。③ 另外，对于涉外收养关系的解除，2011 年实施的《中华人民共和国涉外民事关系法律适用法》第 28 条第 3 款规定：“收养关系的解除，适用收养时被收养人经常居所地法律或者法院地法律。”尽管我国立法在规定涉外收养关系解除问题时着重考虑了被收养人权益保护的因素，但是，却画蛇添足地加了一个定语“收养时”，人为地增加了法律适用的复杂性。似乎收养关系成立十年或数十年后，养父母和养子女已移民无数次，甚至远离了收养成立时的国家，若要解除涉外收养关系，要么还得回到收养关系成立时的“经常居所地”或“法院地”，要么要求受理解除涉外收养关系所在国的主管机关或法院适用被收养人当年曾居住过的那个国家的“经常居所地法律或者法院地法律”。

瑞士对跨国收养问题主要在 1907 年通过的《瑞士民法典》与 1987 年 12 月 18 日通过的《瑞士联邦国际私法》中作了规定。在收养管辖权方面，瑞士法特别强调瑞士籍收养人或住所地在瑞士的养父母所属法院和主管机关的管辖职权。《瑞士联邦国际私法》第 75 条明确规定：“收养的管辖权属于养父母住所地的瑞士法院和主管机关。有权对亲子关系的司法认定及其异议进行管辖的法院，对收养异议的诉讼也享有管辖权。”该法第 76 条则进一步规定：“收养人夫妻双方在瑞士都没有住所，

① 由韩德培先生主持编写的《中华人民共和国国际私法示范法》也采类似立场，参见中国国际私法学会：《中华人民共和国国际私法示范法》，法律出版社 2000 年版，第 31 页。

② 蒋新苗著：《收养法比较研究》，北京大学出版社 2005 年版，第 178～179 页。

③ 诸如，依被收养儿童原住国法律，收养效力较高，子女对父母的近亲属享有继承权；而依收养人所在国法律的规定，收养效力较低，子女对父母的近亲属不享有继承权。这样，若适用收养人属人法确定的收养效力，那么，养子女对养父母的近亲属不享有继承权，势必损害被收养儿童的权益。

但其中一方具有瑞士国籍的，如果他们在国外的住所地无法收养子女，或者收养子女要求依照外国程序的，则具有瑞士国籍的一方收养人的国籍所在地的瑞士法院或主管机关可以行使管辖权。”可见，对于跨国收养的管辖权，瑞士倾向于强化本国法院或主管机关的管辖权。而对跨国收养的准据法选择，瑞士的理论与实践坚持将在瑞士境内成立的收养关系和在瑞士国境以外成立的收养关系两种情形区别对待，分别适用法律。① 凡是在瑞士境内收养子女，一般适用瑞士法。《瑞士联邦国际私法》第 77 条第 1 款明文规定：“在瑞士的收养，其条件适用瑞士法律。”该法第 77 条第 2 款则规定：“如果收养人夫妻双方的本国或住所地国家不承认这种收养，且其结果将严重损害子女利益的，瑞士法院可以考虑适用外国的法律。尽管如此，仍不能保证承认收养的，则予以驳回。”最特别的是，《瑞士联邦国际私法》第 77 条第 3 款还对跨国收养的无效问题作了规定：“在瑞士提起收养无效的诉讼，适用瑞士法律。在国外成立的收养关系，只有当依瑞士法律为无效时才能认定其为无效。”对于在瑞士国境以外成立的收养关系，瑞士法也作了规定。《瑞士联邦国际私法》第 78 条具体规定：“发生在国外的收养，如果为收养人夫妻双方的住所地国家或国籍所属国家批准的，瑞士予以承认。”②另外，瑞士只允许经过政府授权的收养机构从事跨国收养中的子女安置工作，养子女进入养家一般须接受主管机关的法定监督。《瑞士民法典》第 269c 条规定：“各州行使收养介绍的监督权。从事职业的或与职业有关的介绍者须获得许可。但监护机关进行收养介绍的，不在此限。”③

可见，中瑞两国的这类国际私法制度都可运用于解决涉及两国的跨国收养关系。在两国正式开通跨国收养关系以前或以后，国际私法在解决跨国收养法律冲突的功能均不容忽视。瑞士的这类国际私法规则可适用于解决涉及含有中国因素的收养关系问题，同样，中国有关的国际私法规则也可适用于解决涉及含有瑞士因素的收养关系。尽管依据国际私法规则能在一定程度上解决两国的跨国收养法律冲突问题，但终究还是有限的。不过其优点在于这种方法不会迫使任何一方因他国影响而修改国内立法。

第二，采取个案协商的方式解决中国与瑞士之间的跨国收养法律冲突。为了便于早日开通两国的跨国收养关系，可通过相关途径约定先采取个案协商的办法。因该方法缺乏恒定性与普遍效力，也非长久之计，只可作应急之用。

---

① International Social Service, Internal and Intercountry Adoption Laws, Kluwer Law International, 1999, SWISS-Ⅰ, p. 7.

② 李双元等编：《国际私法教学参考资料选编》(上册)，北京大学出版社 2002 年版，第 418 页。

③ 殷生根等译：《瑞士民法典》，中国政法大学出版社 1999 年版，第 76 页。

第三，通过两国签订双边合作协定或司法协助条约来解决涉及中国与瑞士的跨国收养法律冲突。这种做法也不必强迫任何一方修改国内立法，但又可求得跨国收养的开通。然而，这种做法也不是最理想的，因为海牙国际私法会议1993年的《跨国收养方面保护儿童及合作公约》专门强调缔约方不得签订低于公约效力的双边或多边协定。① 瑞士与中国都是海牙国际私法会议《跨国收养方面保护儿童及合作公约》缔约国。瑞士早在1995年1月16日就签署了该公约，2002年9月24日批准，2003年1月1日实施该公约。② 海牙《跨国收养方面保护儿童及合作公约》要求“不得签订低于公约效力的双边或多边协定”的导向是不可逆转的。③ 因此，即使两国共同签订双边合作协定或司法协助条约来解决涉及中国与瑞士的跨国收养法律冲突，也必须不得低于公约所要求的保护措施。

第四，通过共同参加有关收养的国际公约来解决中国与瑞士之间的跨国收养法律冲突。瑞士于1992年6月18日批准实施联合国《公民权利和政治权利国际公约》，1997年2月24日实施联合国《儿童权利公约》、1972年12月29日批准实施欧洲理事会1967年《关于儿童收养的欧洲公约》(1973年4月1日在瑞士生效)、④ 1983年9月27日批准实施《欧洲儿童监护公约》、1984年1月1日实施了海牙《国际诱拐儿童民事方面的公约》、2003年1月1日实施了海牙国际私法会议《跨国收养方面保护儿童及合作公约》。在中国，第七届全国人大常委会第二十三次会议已于1991年12月29日审议批准了联合国《儿童权利公约》，2000年11月30日中国签署了海牙《跨国收养方面保护儿童及合作公约》、2005年4月27日第十届全国人大常委会第十五次会议批准了该公约、2006年1月1日实施该公约。事实上，适用共同参加国际公约或条约这种方法，不仅促成了各国法律的被迫修订，而且可以避开制定两国一致的冲突法或实体法的立法障碍，并有望促进跨国收养方面法律冲突的解决并同跨国收养法统一化运动的协调和对接。

第五，两国在相互协商的基础上修改各自的法律以求得收养法的大体一致，彻

① Permanent Bureau, The Implementation and Operation of 1993 Hague Intercountry Adoption Convention: Guide to Good Practice(Guide No. 1), Jordan Publishing Limited, 2008, p. 109.

② Heidi Bucher-Steinegger, Verbindliche Fachliche Standards und Kantonsautonomie, in Ingeborg Schwenzer, Internationale Adoption, Stämpfli Verlag AG Bern, 2009, p. 205.

③ 海牙国际私法会议《跨国收养方面保护儿童及合作公约》第39条第2款规定：“任何缔约国可与一个或更多的其他缔约国缔结协定，以共同促进本公约的实施。此类协定只能减损本公约第14条至第16条和第18条至第21条的规定。缔结此类协定的国家应将协定副本递送本公约保存机关。”

④ 瑞士目前尚未签署2008年11月27日修改的《关于儿童收养的欧洲公约》。参见：http://www.coe.int/en/web/conventions/full-list/conventions/treaty/(accessed 31 January, 2020).

底解决中国与瑞士之间的跨国收养法律冲突。避免和消除跨国收养方面法律冲突的最彻底的办法便是制定两国趋同或一致的收养法，不仅从实体法方面求得接近，而且从程序法和冲突法方面都实现对接。但是，从两国的具体情况来分析，由于瑞士与中国的收养法律差异较大，尤其是法律性质不同，加之收养深受历史文化传统、风俗习惯、宗教信仰和政治经济乃至人口政策等多重因素的影响和制约，① 短时间内难以完全消除和避免法律冲突。实际上，瑞士收养方面的法律与中国实施的全国性的收养法确实存在不同程度的冲突，在一些具体的规定中诸如收养成立的实质要件、收养成立的形式要件、收养的法律效力以及收养关系的解除等方面的差异就相当明显。因而，要想比较快地实现两国收养法的趋同或一致并不是十分容易的事，只能是渐进的、缓慢的，需要时间和各方面的努力。换言之，在相当长的时期内，制定完全相同的收养法几乎不可能。最多只能作为一种理想去追求并朝着该方向努力。因此，对避免和消除中国与瑞士之间的跨国收养方面法律冲突，有必要先借助别的有效途径加以解决。

总之，必须直面现存的问题，不可回避，更不必讳莫如深，切勿消极等待，否则，有可能贻害无穷、祸及后世。尤其是瑞士已通过其他途径收养了中国儿童。据瑞士官方公布的数据，早在 20 世纪 90 年代初就有一些瑞士人在中国收养过儿童，目前瑞士人主要在香港特别行政区、澳门特别行政区与中国台湾地区收养子女。2001 年瑞士收养中国儿童 3 人，2003 年瑞士收养中国儿童 2 人，2008 年瑞士收养中国儿童 3 人，2010 年瑞士收养中国儿童 4 人，2011 年瑞士收养中国儿童 6 人，2012 年瑞士收养中国儿童 5 人，2013 年瑞士收养中国儿童 5 人，2014 年收养中国儿童 9 人，2017 年瑞士收养中国台湾地区儿童 1 人。② 因此，应直面现实问题，积极应对，想方设法探寻解决好中国与瑞士之间的跨国收养法律冲突的路径与方法，利用“一带一路”建设的契机理顺两国的跨国收养合作关系。实际上，对这一问题的解决，自下而上的民间推动力量不足且局限性明显，法学专家学者发声与号召仅仅具有理论呼唤与思想革命的功能，惟有依靠两国政府、立法与司法部门的自上而下的推行才有可能真正凝聚强大合力并见诸于行，彻底消除种种阻抗。由于国家的主权因素与外交策略对解决跨国收养法律冲突有着至关重要的影响，甚至是占据主导地位的力量，没有这些关键力量或职权机关的直接参与，彻底消除或解决跨国收

① Elsbeth Müller, Workshop: Interkulturelle Aspekte, in Ingeborg Schwenzer, Internationale Adoption, Stämpfli Verlag AG Bern, 2009, p. 123.

② 参见：https: //www. assets. hcch. net/docs/2888e1ff-260a-4f94-b33b-26dec2bc (accessed 1 May, 2020).

养关系的法律冲突以及合法且顺利开通两国的跨国收养渠道，根本是不可能的。不仅如此，由于收养问题属于复杂的亚文化范畴，深受政治、经济、文化、社会制度、民族传统、风俗习惯、伦理道德、宗教信仰等多重因素的影响。在解决跨国收养的法律冲突时，不可忽视其背景因素的影响。无论如何，要想顺利地解决中国与瑞士之间的跨国收养法律冲突，务必遵循国家主权原则、平等互利原则、促进和保障正常的民事交往原则、维护弱方当事人权益原则等基本原则。在这些原则指导下，有步骤地采取行之有效的办法来解决中瑞之间以及中国与其他国家之间的跨国收养法律冲突。

结　　语

"跨国收养萧萧下，无穷问题滚滚来"。20世纪中期至21世纪初盛极一时的全球跨国收养自2005年由盛转衰。2004年以前，全球跨国收养的数量呈逐年上升走势，儿童送养国和收养国的跨国收养大多沿着上行通道发展。2005年以后，全球跨国收养的总数步入了下行通道，绝大部分国家的跨国收养的案例数量出现下降走势，只有个别收养国或儿童原住国的跨国收养数量略有波动。具体而言，自2010年开始，跨国收养总量呈现断崖式下滑。大部分收养国因寻找不到收养的"货源"而导致跨国收养规模紧缩和数量骤降。21世纪后十年的跨国收养的数量与规模比21世纪初几乎是腰斩了：美国减少了44%、加拿大减少了37%、法国减少了55%、意大利减少了29%、西班牙减少了60%、丹麦减少了65%。一些儿童送养国也因收紧收养政策和规范跨国收养而限制外国人收养并逐渐压缩跨国送养的规模，有的儿童原住国甚至关闭了跨国收养的大门，如危地马拉就从2007年开始关闭了一段时间的跨国收养大门，哥伦比亚和玻利维亚也自2010年起几乎关闭了跨国收养的大门。21世纪后十年的儿童原住国跨国送养儿童的数量与规模也比21世纪初减少了一大半：中国减少了66%、俄罗斯减少了76%、危地马拉减少了95%、埃塞俄比亚减少了15%、韩国减少了91%、越南减少了68%，泰国、菲律宾、波兰和立陶宛等国几乎一直保持原有水平，个别国家如拉脱维亚、刚果、乌干达、加纳和南非等国送养儿童的数量略有增加。虽然目前全世界跨国收养总数几乎比鼎盛时期缩减一半，但因跨国收养而产生的相关法律问题却有增无减。首先，无数学者和实务工作者近年都自觉或不自觉地探寻跨国收养盛极而衰的真正原因，不时追问盛况再现的可能性。其次，海牙国际私法会议等国际组织竭尽全力规范跨国收养行为，努力消除非法收养、私自收养和不道德的收养等非常态的跨国收养现象，督促各缔约方严惩贩卖儿童、诱拐儿童、胁迫或操纵亲生父母送养儿童、篡改收养文件和贿赂收养官员等违法犯罪行为。最后，当今国际社会跨国收养还有层出不穷的问题亟待解决，诸如跨国收养后的监督和服务问题、跨国收养的保密与收养信息查询和交换的博弈问题、跨国收养伦理道德标准的遵守问题、跨国收养的国际合作机制的强化问题、跨国收养谋取不正当利益问题、跨国收养的刑事与行政责任问题、跨国代孕引发的跨国收养问题、同性配偶跨国收养问题、跨国收养的承认机制问题以及严格履约导致跨国收养下滑的问题等，都需要进行全面深入的研究。上述的不少问题均是本书研究的缺失，有的问题蜻蜓点水式地提及了一下，有的问题甚至根本毫无涉猎。可见，跨国收养现象复杂多变、跨国收养法律问题层出不穷，我们不但要解决好跨国收养法律冲突问题，更要解决跨国收养的其他法律问题。这就需要有更多的学者和实务工作者积极关注和参与，深入研究跨国收养的种种法律问题，提出有针对性的解决对策和方案。由于跨国收养在给广大被收养儿童带来福音的同时也不可避免地滋生了滥用跨国收养权的非法行为，要想防范非法的跨国收养和全面规范跨国收养行为，全方位维护跨国收养中的被收养儿童的权益，确保跨国收养沿着健康、有序、规范化的轨道运行和发展，不仅需要儿童送养国和收养国共同努力，而且需要政府间国际组织和非政府间国际组织共同努力；不仅需要送养人和收养人共同努力，而且需要立法者和司法者共同努力；不仅需要父母和子女共同努力，而且需要法律工作者与社会工作者共同努力。总之，跨国收养法律冲突问题及其他问题的解决与确保跨国收养机制良性运行，需要整个国际社会在共商、共建和共享的框架下进行不懈地努力。

附录：有关跨国收养的国际公约

1.《关于儿童收养的欧洲公约》（修订）

（欧洲理事会第 118 次部长会议 2008 年 5 月 7 日审议通过）

序　言

欧洲理事会各成员国作为本公约签署国：

考虑到欧洲理事会的宗旨在于为捍卫和实现各成员国作为共同财富的理念与原则这一目的而不断促进其成员国之间更大的团结；

考虑到欧洲理事会各成员国的国内法都有关于收养的制度，但各国收养子女的实体规则与程序规则并不一致；

顾及联合国 1989 年 11 月 20 日通过的《儿童权利公约》，特别是该公约第 21 条；

顾及海牙国际私法会议 1993 年 5 月 29 日通过的《跨国收养方面保护儿童及合作公约》；

注意到欧洲理事会议会通过的第 1443 号建议（《国际收养：关于儿童权利》）和《欧洲理事会关于确定父母责任基本原则的白皮书》；

意识到欧洲理事会议会 1967 年《关于儿童收养的欧洲公约》（ETS No. 58）的一些规定已经过时且与欧洲人权法院的判例相冲突；

意识到欧洲理事会议会 1996 年 1 月 25 日通过的《实施儿童权利的欧洲公约》和欧洲人权法院的判例对儿童融入家庭程序的影响；

鉴于近年收养领域的发展变化已使修正有关儿童收养的原则和理念成为共识，修订公约不仅会减少因各缔约国国内收养法的差别所造成的障碍，而且有助于保护被收养的儿童利益；

确信修改《关于儿童收养的欧洲公约》是国际社会的需要并能充分发挥其作为 1993 年海牙收养公约补充的功能；

意识到儿童最大利益原则的至上性；

兹议定如下：

第一部分　公约的适用范围和原则

第 1 条　公约的适用范围

1. 本公约适用于各类未超过 18 岁的儿童的收养。被收养的儿童必须是未婚或尚未成为登记伙伴关系的未成年人。

2. 本公约仅适用于所有旨在建立永久父母子女关系的收养法律制度。

第 2 条　公约的适用原则

各缔约国应通过立法或采取其他措施使其国内法符合本公约的各项规则。每个缔约国应向欧洲理事会秘书长通报为实现该目标所采取的各种措施。

第二部分　一般规定

第 3 条　收养的有效性

收养只有经法院或行政机关(以下简称“主管当局”)批准才可有效成立。

第 4 条　收养的批准

1. 只有符合儿童最大利益原则的收养才可获得主管当局批准。

2. 主管当局在处理任何收养案件时都必须时刻强调：收养旨在为儿童提供稳定与和睦的家庭。

第 5 条　收养的同意

1. 根据本条第 2 款和第 5 款的规定，收养只有在至少征得下列未免除的同意才能被批准：

(1)被收养儿童生母和生父的同意；如果缺少被收养儿童亲生父母的同意，那么，收养该儿童必须征得被指定行使收养同意权人的同意。

(2)依法具有充分理解力的被收养儿童的同意。被收养儿童具备充分理解力的具体年龄依各缔约国法律规定且未超过 14 岁。

(3)收养人配偶或登记伴侣的同意。

2. 行使收养同意权的人应经过必要的咨询并已被适当地告知其同意收养的后果，特别是终止被收养儿童与原出生家庭关系的收养。同意必须自由表达并采用法定的书面形式或经书面证明。

3. 除依据法定的特殊理由以外，主管当局既不可免除本条第 1 款所列人士的同意，也不可否决本条第 1 款所列人士拒绝同意的权利。但缺乏自由表达意志的儿童的同意则可免除。

4. 如果儿童的亲生父母未履行父母的责任或缺乏收养的同意权，那么，在收养该儿童时依法可不必征得他们的同意。

5. 在儿童出生 6 周内生母不得作出同意收养的意思表示。即使各缔约国的国内法有更短的时间或更长的时间限制，各国在处理跨国收养问题时也应遵守公约的规定。如果某缔约国的国内法没有禁止作出同意收养的最低期限，那么，收养主管当局也应确定一段使儿童生母从生育子女的痛苦中恢复过来的时间，以保证生母对其子女出养的同意是完全自愿的，而不是仓促作出的意思表示。

6. 根据本公约的目的，父亲和母亲是指那些依法成为儿童父母的人。

第 6 条　儿童的咨询

如果依第 5 条第 1 款和第 3 款的规定不必征得被收养儿童的同意，那么，必须根据儿童的成熟程度尽可能咨询其愿望和意见。一旦这类咨询违反儿童最大利益原则便可免除。

第 7 条　收养条件

1. 依法可收养子女的人为：

(1) 不同性别的两人：

第一，双方已经结婚；

第二，如果所属缔约国存在登记伴侣制度则必须是已经成为登记伴侣关系者。

(2) 单独的个人。

2. 各缔约国可自由决定本公约是否适用于已婚同性配偶或已成为登记伴侣关系的同性配偶共同收养子女。各缔约国还可自由决定本公约是否适用于只以稳定关系同居的异性配偶或同性配偶共同收养子女。

第 8 条　再收养的可能性

养子女只有在下列特殊情况下才允许被再收养：

(1) 由原收养人的配偶或登记伴侣收养；

(2) 原收养人死亡；

(3) 原收养行为无效；

(4) 原收养关系终止；

(5) 虽然原收养关系不能依法终止，但再收养具有重大理由。

第 9 条　收养人的最低年龄

1. 收养人必须达到法定的最低年龄条件，即年满 18 岁且不超过 30 岁。依儿童最大利益原则，收养人与被收养人应保持适当的年龄差距，至少相差 16 岁以上。

2. 只要符合儿童最大利益原则，收养人的最低年龄条件及收养人与被收养人的年龄差距，都可以放宽：

(1) 收养人属于被收养儿童生母或生父的配偶或者登记伴侣；

(2) 具有特别重大理由。

第 10 条　初步调查

1. 只有在完成了对收养人、被收养儿童及其家庭的适当调查以后，主管当局才能批准收养。所有调查的信息资料和数据都必须归档保存。

2. 对收养情况的适当调查，应尽可能包括下列事项：

(1)收养人的身份、健康状况和社会环境，特别是其家庭状况、家庭收入及抚育子女的能力；

(2)收养人申请收养子女的原因；

(3)当配偶或登记伴侣只有一方申请收养子女时，另一方不参与收养的原因；

(4)被收养儿童与收养人的相处的时间及相互适应性；

(5)儿童的身份、健康状况和社会环境，特别是受法律限制的家庭背景和民事地位；

(6)被收养儿童和收养人的种族、宗教及文化背景。

3. 所有调查应由主管当局指定或法律授权的个人和组织完成。从事调查者应是该领域受过专业培训和富有实践经验的社会工作者。

4. 只要有利于收养，本规定所有条款并不限制主管当局依职权和义务获取调查范围以外的信息与证据。

5. 有关收养的资格条件、收养的可行性、收养的环境、收养人的动机、儿童安置的适当性等方面的调查必须在该儿童被安置进入预期收养人照顾之前完成。

第 11 条　收养的效力

1. 被收养儿童应完全成为收养人家庭成员，与收养人的其他子女享受同样的法定权利和义务。收养人对被收养儿童承担父母责任。收养终止被收养儿童与亲生父母及其家庭的法律关系。

2. 如果被收养儿童属于收养人配偶另一方或无论登记与否的伴侣另一方的子女，则原来的父母子女权利义务关系继续保持不变。法律另有规定的除外。

3. 对于终止被收养儿童与亲生父母及其原出生家庭的法律关系，各缔约国也可在被收养儿童的姓名权、禁婚范围包括登记伴侣关系方面采取例外。

4. 各缔约国也可通过立法实行比前两款规定的收养效力更弱的收养形式。

第 12 条　被收养儿童的国籍

1. 只要收养人一方为缔约国的国民，那么，各缔约国就应为被收养儿童取得该国的国籍提供一切方便。

2. 因收养而导致被收养儿童丧失原有国籍的前提条件是该儿童拥有或已取得另一国家的国籍。

第 13 条　收养的限制

1. 同一收养人收养的儿童数量不应受法律限制。

2. 已有子女或有可能自己生育子女的预期养父母的收养权应不受法律限制。

第 14 条　收养的撤销与无效

1. 只有主管当局有权决定撤销收养或宣告收养无效。撤销收养或宣告收养无效必须将儿童最大利益原则置于首位。

2. 在被收养儿童成年以前，只有具备法定的重大理由时才可撤销收养。

3. 宣告收养无效的申请必须在法定期间内提出。

第 15 条　从其他缔约国获取信息的请求

依据本公约第 4 条和第 10 条进行收养调查时，若涉及居住在另一缔约国境内的人士，可请求被调查人士所在国提供相关情况。被调查人士所在缔约国应尽一切努力提供必要的信息资料。各缔约国应在国内指定一个机关负责相关工作。

第 16 条　确定亲权的过程

当被收养儿童的推定生父或生母提起确定亲权的程序未终结时，收养程序应中止，以等待确定亲权的最后结果。在确定被收养儿童亲权的过程中，主管当局应及时采取相关措施。

第 17 条　禁止非正当收益

任何人不得从与收养儿童有关的活动中获取不正当的经济或其他利益。

第 18 条　更有利于收养的条件

各缔约国可以选择采用对被收养儿童更为有利的收养规则。

第 19 条　试养期

各缔约国可自行决定在被收养儿童安置给收养人照顾以后至主管当局批准收养以前是否应留出足够的时间让主管当局评估收养的可行性。在决定是否需要试养期时必须始终将儿童最大利益原则作为首要考虑。

第 20 条　咨询服务与收养后的服务

公共机关应确保咨询服务与收养后服务功能的正常运作，尽可能为预期收养人、送养人和被收养儿童提供有价值的建议和帮助。

第 21 条　培训

各缔约国应确保处理收养事务的社会工作者接受过收养方面的法律知识和社会知识的适当培训。

第 22 条　信息的获取与公开

1. 各缔约国立法应规定收养必须在不公开收养人身份和被收养儿童原出生家庭信息的情况下完成。

2. 各缔约国立法应规定收养过程要求或允许严格保密。

3. 被收养儿童应能获得由主管当局保存的有关其身份及原出生家庭情况的信息资料。同样，被收养儿童的亲生父母也有权决定不公开自己的身份。当被收养儿童的亲生父母不愿公开其身份时，根据具体情况和双方权利的取向由主管当局依法决定是否公开以及在何种程度公开相关信息。对于未成年的被收养儿童应在这方面给予适当引导。

4. 收养人和被收养儿童可获得从公共记录中摘录出被收养儿童出生时间与地点的有关文件，只是不得显示收养事实与被收养儿童亲生父母的身份。

5. 鉴于被收养儿童了解其身份和原出生家庭的情况属于其基本权利，一旦收养关系成立，与收养相关的信息资料必须保存50年。

6. 为防止与收养无利害关系人随意查阅有关被收养人的记录，可保存一份仿制的公共记录。该记录的具体内容可按照为避免信息泄露而暴露被收养人及亲生父母身份的方式仿制。

第三部分　最后条款

第23条　公约的效力

1. 对于本公约的缔约国而言，新公约取代1967年4月24日开放签署的《关于儿童收养的欧洲公约》。

2. 在本公约的缔约国与原1967年收养公约的缔约国且尚未批准本公约的国家之间应共同适用1967年《关于儿童收养的欧洲公约》第14条。

第24条　公约的签署、批准与生效

1. 本公约应向欧洲理事会各成员国和其他参与该组织活动的非成员国开放签署。

2. 本公约须经批准、接受或核准，批准书、接受书或核准书应交存于欧洲理事会秘书长。

3. 本公约自第三份批准书、接受书或核准书交存之日起三个月后的第一月的第一天生效。所有依本条第2款交存的批准、接受或核准文书应明确表明同意受本公约的约束。

4. 对于本条第1款提到的签署国随后同意受本公约约束的，本公约应于其批准、接受或核准文书交存之日起三个月后的第一月的第一天生效。

第25条　加入

1. 本公约生效后，欧洲理事会部长委员会在通过与缔约国协商后可邀请任何非成员国加入公约。但还应经欧洲理事会部长委员会的全体代表依《欧洲理事会宪章》第20条第4款规定投票表决，必须超过多数同意。

2. 加入本公约的国家应向欧洲理事会秘书长交存加入书，自加入书交存之日起三个月后的第一月的第一天生效。

第26条　适用领土范围

1. 任何缔约国可在签署或交存其批准书、接受书、核准书或加入书时，具体说明本公约适用的某个领土单位或数个领土单位。

2. 任何缔约国在交存其批准书、接受书、核准书或加入书时或在此之后，通过向欧洲理事会秘书长提出声明，可将本公约扩展适用于其声明中所述领土单位以及由该国负责国际关系的或有权代表其作出承诺的任何其他领土单位。本公约应当自欧洲理事会秘书长收到声明之日起三个月后的第一月的第一天开始在通知中所列举的领土或者若干领土上生效。

3. 对于根据前款作出的任何声明，可采用向欧洲理事会秘书长提交通知的方式撤回该声明中所指的适用于公约的任何领土单位。撤回，自欧洲理事会秘书长收到撤回声明之日起三个月后的第一月的第一天生效。

第 27 条　保留

1. 除本公约第 5 条第 1 款第 2 项、第 7 条第 1 款第 1 项第 2 目和第 1 款第 2 项以及第 22 条第 3 款外，不得对本公约的规定作出任何保留。

2. 根据本条第 1 款所作出的任何保留，应当在签署公约或交存批准书、接受书、核准书或加入书时明确提出。

3. 根据本条第 1 款所作出了任何保留的缔约国，可通过向欧洲理事会秘书长提交声明的方式全部或部分撤回其保留。撤回，自欧洲理事会秘书长收到声明之日起生效。

第 28 条　主管当局的通知

各缔约国应将本公约第 15 条所提到的机关的名称与地址通知欧洲理事会秘书长。

第 29 条　退约

1. 任何缔约国可随时通过向欧洲理事会秘书长提交通知书的方式宣布退出本公约。

2. 退出公约应于欧洲理事会秘书长收到其通知之日起三个月后的第一月的第一天生效。

第 30 条　通知

欧洲理事会秘书长应向欧洲理事会的成员国、参与了本公约相关活动的非成员国、所有缔约国以及已被邀请加入了本公约的国家通知下列事项：

1. 任何签署；
2. 任何批准书、接受书或加入文书的交存；
3. 本公约依其第 24 条生效的任何日期；
4. 依本公约第 2 条规定收到的任何通知；
5. 依本公约第 7 条第 2 款、第 26 条第 2 款和第 3 款收到的任何声明；
6. 依本公约第 27 条作出的任何保留与撤回保留；
7. 依本公约第 28 条规定收到的任何通知；
8. 依本公约第 29 条规定收到的任何通知及退约生效的日期；
9. 任何与本公约相关的其他活动、通知与信息。

经正式授权的各国代表，谨签字于本公约，以昭信守。

2008 年 11 月 27 日订于斯特拉斯堡，英文和法文两种文本具有同等的效力，正本一份存放在欧洲理事会档案馆。欧洲理事会秘书长应将核证无误的副本分送欧洲理事会各成员国、参与本公约活动的非成员国及被邀请加入本公约的国家。

2.《美洲国家间关于未成年人收养的法律冲突公约》

（美洲国家组织第三届美洲国际私法特别会议{CIDIP-Ⅲ}1984年5月24日通过）

美洲国家组织各成员国政府，希望缔结一项关于未成年人收养的法律冲突公约，兹议定如下：

第1条　本公约适用于未成年人的完全收养、收养准正以及其他类似为被收养人依法构建亲子关系的制度，并且收养人的住所在一个缔约国，而被收养人的惯常居所在另一个缔约国。

第2条　签署、批准或加入本公约的各缔约国可以声明本公约适用于未成年人国际收养的其他形式。

第3条　被收养的未成年人的惯常居所地法支配收养能力、同意权的行使以及收养的其他实质要件。收养关系成立所必需的程序或形式要件也适用被收养的未成年人的惯常居所地法。

第4条　收养人的住所地法支配以下事项：

（1）收养人的资格和能力；

（2）收养人的年龄条件和收养人的婚姻状况所必需的要件；

（3）收养人配偶的同意，如果必需；

（4）收养人应具备的其他要件。

但是，如果收养人住所地法的法定收养条件低于被收养人惯常居所地法的，则依被收养人惯常居所地法的规定。

第5条　凡符合本公约的收养，应在各缔约国自动产生效力。但缔约国缺乏该制度的除外。

第6条　收养登记和公布的要件应适用有此要求的缔约国法律。收养登记应具体标明收养的类型和特点。

第7条　如需要对收养进行保密，则应确保收养的秘密不得泄露。但是，在可能的情况下，无论何时都只能将被收养的未成年人及其亲生父母的医疗背景资料信息情况告知符合法定条件的适当人士，并不得公开被收养人及其亲生父母的姓名以及其他能证明其身份的信息。

第8条　基于保护未成年人的目的，凡依本公约进行的收养，各缔约国的主管当局可要求收养人通过公共或私人机构提供其身体、道德、精神状况和经济能力的证明。该机构应经有关国家或国际组织特别授权。

上述具备从事收养工作资质的机构，应负责将符合收养条件且经过一年时间的收养报有关当局审批。有关当局应将审批的结果及时通知相关机构。

第9条　在完全收养、收养准正及其他类似制度情况下，

(1)被收养人与收养人之间的权利义务关系包括抚养关系，以及被收养人与收养人其他家庭成员之间的权利义务关系，均依支配收养人与其亲生子女之间权利义务关系的法律决定。

(2)被收养人与其原出生家庭之间的权利义务关系应解除，只有禁婚的限制依然保留。

第 10 条　对于不属于完全收养、收养准正以及其他类似制度的收养类型，收养人与被收养人之间的权利义务关系适用收养人住所地法。

被收养人与其原出生家庭之间的权利义务关系适用被收养人收养时的惯常居所地法。

第 11 条　被收养人与收养人之间的相互继承权，适用各自继承的法律。

无论完全收养还是收养准正以及其他类似的收养类型，被收养人与收养人及其他家庭成员之间的继承关系，享有同收养人的亲生子女同样的继承权。

第 12 条　本公约第 1 条所规定的收养是不可撤销的。本公约第 2 条所规定的收养是可撤销的且应依收养时被收养人惯常居所地法决定。

第 13 条　在允许转换收养类型的情况下，简单收养转换为完全收养、收养准正及其他类似的收养形式，可由当事人选择适用收养时被收养人惯常居所地法或请求转换收养类型时收养人住所地法。

若被收养人年满 14 周岁，应征得其本人同意。

第 14 条　宣告收养无效应适用批准收养时所依据的法律。宣告收养无效的唯一途径是司法机关的判决，但必须遵守本公约第 19 条有关未成年人利益的保护。

第 15 条　凡依本公约进行的收养应经被收养人惯常居所地国主管机关批准。

第 16 条　收养的撤销与宣告无效，应由收养时被收养人惯常居所地国法院管辖。

如果允许转换收养类型，那么，被收养人在收养时的惯常居所地国主管机关、收养人住所地国主管机关、被收养人住所地国主管机关均可根据请求人的选择来行使对简单收养转换为完全收养、收养准正及其他类似的收养形式等事宜的管辖权。

第 17 条　在被收养人拥有自己的住所以前，收养人住所地国法院对被收养人与收养人及其家庭成员关系的事项享有管辖权。

当被收养人拥有自己的住所以后，被收养人的住所地国法院或收养人的住所地国法院可以根据请求人的选择行使管辖权。

第 18 条　各缔约国主管机关可依本公约拒绝适用那些明显违反公共政策或公共秩序的准据法。

第 19 条　为了确保收养的有效性与维护被收养人最大利益，对本公约与准据法有关条款的解释应力求一致。

第 20 条　缔约国可以在任何时候声明本公约适用于收养人与被收养的未成年人惯常居住在同一国的收养。但是，必须经该国有关当局的认定，已有迹象表明收养人在收养获得批准后准备在另一缔约国境内建立住所。

第 21 条　本公约应向美洲国家组织各成员国开放签署。

第 22 条　本公约应经批准。批准书应交存于美洲国家组织秘书长。

第 23 条　任何其他国家也可以加入本公约。加入书应交存于美洲国家组织秘书长。

第 24 条　任何缔约国在签署、批准或加入公约时都可提出保留，但必须对每一项保留加以具体说明。

第 25 条　当收养是依据被收养人与收养人住所或惯常居所位于同一缔约国的国内法成立的，那么，该收养在其他缔约国无条件生效。收养人新住所所在缔约国法律予以适用且不得有任何歧视。

第 26 条　本公约于第二份批准书交存之日的次日起第三十天生效。

在第二份批准书交存之后，对于批准或加入本公约的国家，本公约于该国家交存批准书或加入书后第三十天生效。

第 27 条　如果一个缔约国有两个或多个在本公约事项方面实行不同法律制度的领土单位，该国在签署、批准或加入时可声明：本公约适用于其领域内的所有领土单位还是仅适用于某一个或几个领土单位。

该声明可以更改。只要以后的新声明具体指定本公约所适用的领土单位，就可修改在先的声明。新的声明应该交存于美洲国家组织秘书长并在秘书长收到后三十天生效。

第 28 条　本公约无限期地有效，但任何一个缔约国都可退出公约。退约书应交存于美洲国家组织秘书长。在退约书交存之日起一年后，本公约应对退约国终止生效，但对其他各缔约国仍然有效。

第 29 条　本公约正本的西班牙文、法文、英文和葡萄牙文具有同等效力。正本的原件应交存于美洲国家组织秘书长，其核证无误的副本应依《联合国宪章》第 102 条送交联合国秘书处登记和公布。关于本约的批准书、加入书和退出书的交存情况与有关保留及具体说明，均应由美洲国家组织秘书长通知美洲国家组织的成员国及已加入本公约的国家。同样，依本公约第 2 条、第 20 条和第 27 条提出的声明，也应由美洲国家组织秘书长分送美洲国家组织的成员国及已加入本公约的国家。

经正式授权的各国政府代表，谨签字于本公约，以昭信守。

订立于玻利维亚首都拉巴斯，1984 年 5 月 24 日。

3.《跨国收养方面保护儿童及合作公约》

（1993 年 5 月 29 日订于海牙）

本公约签署国：

认识到为了使儿童人格获得完整与协调的发展，应让其在充满幸福、慈爱与理解的家庭环境中成长；

呼吁所有缔约国应采取适当措施，优先促使儿童继续得到其原出生家庭的照顾；

意识到跨国收养旨在为那些在原住国无法找到合适家庭的儿童提供永久的家庭；

确信有必要采取措施以保证跨国收养是为了儿童的最大利益及尊重其基本权利而进行，并防止诱拐、买卖和交易儿童；

希望为此目的而形成共同规则，并考虑到在国际文件，尤其是联合国《儿童权利公约》（1989 年 11 月 20 日）以及《关于儿童保护和福利特别是国内和国际寄养与收养办法的社会和法律原则宣言》（1986 年 12 月 3 日的联合国大会决议第 41/85 号）中体现的原则，兹议定如下：

第一章　公约的范围

第 1 条

本公约的宗旨为：

第一，构建保障措施，确保跨国收养符合儿童最大利益并尊重国际法所公认的儿童基本权利；

第二，在缔约国之间构建合作机制，确保上述保障措施得以执行，防止诱拐、买卖和交易儿童；

第三，确保依本公约所进行的收养在缔约国得到承认。

第 2 条

1. 本公约适用于儿童从其惯常居住的某一缔约国（原住国）被收养到收养人惯常居住的另一缔约国（收养国）的情形。无论是个人单独收养还是夫妻共同收养，无论是在儿童原住国成立收养关系还是在收养国成立收养关系，都必须确保被收养儿童已经、正在或将要从儿童原住国被移送到收养人惯常居住的收养国。

2. 本公约仅适用于构建永久性父母子女关系的收养。

第 3 条

如果本公约第 17 条第 3 款所提及的协商在儿童年满 18 岁以前仍无结果，则本公约停止适用。

第二章　跨国收养的要件

第 4 条

本公约范围内的收养当且仅当原住国主管机关确认符合下列条件以后方可进行：

1. 确认了儿童的可收养性；

2. 在适当考虑了原住国安置儿童的各种可能性后，确认跨国收养符合儿童最大利益；

3. 确信：

第一，已与所有必须行使收养同意权的个人、机构和权力机关进行了必要的咨询，并适当地告知其同意收养的后果，尤其是收养是否终止儿童与原出生家庭的法律关系；

第二，上述个人、机构和权力机关同意收养的意思表示是自由的，并采用了法定的书面形式或经书面证明；

第三，同意既不是在被引诱或不适当地给付金钱或其他任何形式的报酬或补偿的情况下作出的，又是未被撤回的；

第四，亲生母亲所必需的同意是在儿童出生后作出的。

4. 根据儿童年龄和成熟程度，确保：

第一，在必须征得儿童本人同意的情况下，已对儿童进行咨询并将收养的后果及其同意收养的后果都适当地告知了该儿童；

第二，儿童的愿望和意见已得到考虑；

第三，儿童自由表达了同意收养的意思表示，并采用了法定的书面形式或经书面证明；

第四，同意不是通过引诱或不适当地给付金钱或其他任何形式的报酬或补偿而获得的。

第 5 条

本公约范围内的收养当且仅当收养国主管机关确认符合下列条件以后方可进行：

第一，确定了预期养父母具备收养资格并适合于收养子女；

第二，确信预期养父母已经接受了必要的咨询；

第三，确认儿童已经或将被允许进入该国并可永久居住。

第三章　中央机关与委任组织

第 6 条

1. 每一缔约国应指定一个中央机关，以便行使本公约所赋予该机关的职责。

2. 存在多法域或拥有自治领土单位的联邦国家，可以指定一个以上的中央机关，并具体明确其职权所及的属地或属人范围。凡指定了多个中央机关的缔约国应当确定一个居于中心地位的中央机关负责信息交换与合作交流，同时承担向其国内适当的中央机关转达有关信息的职责。

第 7 条

1. 中央机关应相互合作，并增强各自国家主管机关之间的合作，以保护儿童和实现本公约的其他目的。

2. 中央机关应直接采取一切适当措施，以便：

第一，提供各自国家有关收养的法律法规信息及其他概况性信息资料，如统计资料和标准格式等；

第二，互相之间随时通报本公约的运作情况并尽可能消除公约实施过程中的各种障碍。

第 8 条

中央机关应直接或通过公共机关采取一切适当的措施，防止获取与收养有关的不正当的经济收入或其他利益，并阻止所有违背本公约宗旨的活动。

第 9 条

中央机关应直接或通过公共机关或者法定委任的其他组织，采取一切适当的措施，尤其是：

第一，收集、保存和交换关于完成收养所必需的有关儿童和预期养父母情况的资料；

第二，推动、跟踪和加速收养进程，以便实现收养；

第三，推进各自国家收养咨询与收养后服务的发展；

第四，互相提供有关跨国收养经验的综合性评估报告；

第五，在本国法律允许的范围内，答复其他中央机关或公共机关要求提供某项特定收养资料的正当请求。

第 10 条

只有那些已被证明有能力适当完成所委派的工作任务的组织，才能被委任并允许其拥有履行委任职能的资格。

第 11 条

所有受委任组织应：

第一，只能按照委任国主管机关所确定的条件及限制范围从事以非营利为目的的工作；

第二，由符合道德标准且在跨国收养领域受过培训或具有经验并能胜任其工作的人员担任领导和职员；

第三，接受该国主管机关对其组成、业务及财务情况的监督。

第 12 条

任何一个缔约国的委任组织若要在另一缔约国活动，必须经两国主管机关双方共同批准。

第 13 条

所有缔约国应将其所指定的中央机关及其职权范围与委任组织的名称和地址通报海牙国际私法会议常设局。

第四章　跨国收养的程序要件

第 14 条

惯常居住在一缔约国的人希望收养惯常居住在另一缔约国的儿童，应向收养人惯常居住国的中央机关提出申请。

第 15 条

1. 如果收养国中央机关认为申请人的资格条件与适于收养子女的可行性符合要求，则应准备一份报告。该报告的具体内容包括：养父母的身份、收养的资格和适合性、背景、家族病史、社会环境、收养理由、负担跨国收养的能力以及其适合照顾的儿童的类型。

2. 收养国的中央机关应将上述报告递交儿童原住国的中央机关。

第 16 条

1. 如果原住国中央机关认为儿童具有可收养性，则应：

第一，准备一份有关该儿童身份、背景、社会环境、家庭历史包括儿童及其家庭成员在内的病史与儿童的任何特殊需要的信息以及收养的可行性的报告；

第二，充分考虑儿童的成长及其种族、宗教和文化背景；

第三，确保已取得本公约第 4 条所规定的同意；

第四，尤其要以有关儿童和预期养父母情况的报告为依据，确定所计划的安置是否符合儿童最大利益。

2. 原住国中央机关应将关于儿童情况的报告及证明已经取得必需的同意和说明作出该项安置决定的理由等材料递交收养国中央机关。若儿童亲生父母的身份在原住国不能公开，那么收养国应注意对亲生父母身份的保密。

第 17 条

原住国作出将儿童托付给预期养父母的决定，当且仅当：

第一，原住国中央机关已经确定预期养父母同意该安置措施；

第二，收养国中央机关已认可该决定，如果认可是收养国法律或原住国中央机关所要求的；

第三，两国的中央机关都同意可启动收养程序；

第四，已依本公约第 5 条的规定确认预期养父母资格条件符合要求并适于收养子女，而且该儿童已经或将被批准进入收养国并可永久居住。

第18条

原住国与收养国中央机关都应采取一切必要措施使儿童获准离开原住国和进入可永久居住的收养国。

第19条

1. 只有满足了本公约第17条要求，才能将儿童移送至收养国。

2. 两国的中央机关应当确保在安全和适当的环境下移送儿童，如有可能，须有养父母或预期养父母陪同。

3. 假如儿童的移送没有成功，那么，应将本公约第15条和第16条中所提及的报告返还给递交报告的机关。

第20条

中央机关应经常相互通报有关收养程序及完成收养的各种措施。如果存在试养期的要求，则应互相交换关于儿童安置进程的情况和信息。

第21条

1. 对于儿童被移送到收养国后才成立收养关系的情况，收养国中央机关如果认为继续将儿童安置给该预期养父母不符合儿童最大利益，那么，应采取必要措施保护该儿童，特别是：

第一，使儿童脱离该预期养父母，并安排临时性照顾；

第二，与原住国中央机关协商，按照收养的目的及时对儿童进行重新安置。若不适宜该重新安置，则可安排替代性的长期照顾。只有在有关新的预期养父母的情况已适当通报原住国中央机关后才能进行收养；

第三，在符合儿童利益的情况下，作为最后措施，安排儿童返回原住国。

2. 尤其应根据儿童的年龄和成熟程度，同其协商依本条款所采取的措施，必要时应征得其同意。

第22条

1. 在缔约国法律允许的范围内，本公约第三章所提到的公共机关或委任组织可行使本章规定的中央机关的职能。

2. 任何缔约国可向本公约保存机关声明，本公约第15条至第21条所规定的中央机关的职能，在该国法律允许的范围内并在其主管机关的监督下，也可由具备下列条件的组织或个人履行：

第一，符合该国对诚实、专业性、经验和责任心的要求；

第二，符合道德标准且在跨国收养领域受过培训或经验丰富并能胜任其工作。

3. 根据本条第2款规定作出声明的缔约国应将这些组织与个人的名称和地址通知海牙国际私法会议常设局。

4. 任何缔约国可向本公约保存机关声明，只有在中央机关的职能已依本条第1

款的规定得以履行的情况下，才能对惯常居住在其领土上的儿童进行收养。

5. 无论依本条第 2 款作出任何声明，本公约第 15 条和第 16 条所规定的报告在任何情况下都应由中央机关或符合本条第 1 款规定的其他机关或组织负责准备。

第五章　收养的承认与效力

第 23 条

1. 收养成立国主管机关必须签发依公约收养的合格证明，其他缔约国依法自动承认此类跨国收养。该证明应载明根据本公约第 17 条第 3 款规定达成协议的中央机关及达成协议的时间。

2. 每一缔约国在签署、批准、接受、认可或加入本公约时，应将本国有权出具该证明的机关名称和职能通知公约保存机关。每一缔约国还应将这些机关的任何变更通知公约保存机关。

第 24 条

当且仅当基于儿童最大利益认定收养明显违背缔约国的公共政策，那么，该缔约国才可拒绝承认该收养。

第 25 条

任何缔约国可向公约保存机关声明，对依本公约第 39 条第 2 款缔结的协议所成立的收养效力不予承认。

第 26 条

1. 承认收养的具体内容包括：

第一，儿童与养父母之间法定的父母子女关系；

第二，养父母对儿童的父母责任；

第三，儿童与原父亲或母亲之间先前存在的法律关系的终止，前提是成立收养的缔约国对收养效力有此要求。

2. 对于终止先前存在的法定父母子女关系的收养，在收养国及承认该收养的任何其他缔约国，该儿童应享有与各国赋予上述同样效力的被收养儿童同等的权利。

3. 前款规定不应减损承认收养的缔约国将任何现行有效的、对儿童更为有利的规定予以适用。

第 27 条

1. 当在原住国成立的收养并不终止先前存在的法定的父母子女关系时，收养国在依本公约承认该收养时可将其转换成具有终止先前存在的法定父母子女关系的效力，如果：

第一，收养国法律允许；

第二，对于此类目的之收养，依本公约第 4 条第 3 款和第 4 款所规定的同意已经作出或通常会作出。

2. 本公约第 23 条适用于转换该类收养的决定。

第六章　一般规定

第 28 条

本公约不影响儿童原住国法律规定应在其国内收养惯常居住在该国的儿童，或禁止在收养成立以前将儿童安置或移送到收养国。

第 29 条

预期养父母与儿童的亲生父母或照顾儿童的任何其他人不得进行任何接触。除非出现本公约第 4 条第 1 款至第 3 款和第 5 条第 1 款规定的情形，或者收养是在家庭内部进行，或者这种接触符合原住国主管机关规定的条件。

第 30 条

1. 缔约国的主管机关应确保其所掌握的有关被收养儿童的出生情况，特别是有关儿童亲生父母身份与病史等资料得到保存。

2. 缔约国的主管机关应确保在本国法律允许的情况下，被收养儿童及其代理人可在适当的指导下获取这些资料信息。

第 31 条

在不减损本公约第 30 条的规定的情况下，依本公约所收集、保存或转交的个人数据资料，尤其是本公约第 15 条和第 16 条所要求的数据资料，必须只能为收集、保存或转交的目的而使用之。

第 32 条

1. 任何人不得通过跨国收养活动获取不正当的经济收入或其他利益。

2. 只许收取或支付直接属于收养的成本和开销，包括支付收养所涉及的专业人员的合理的服务费。

3. 参与跨国收养的各组织的主任、管理人员和员工不得接受相对其提供服务而言过高的报酬。

第 33 条

如果主管机关发现本公约的任何条款未被遵守或存在不被遵守的严重危险，那么就应立即通知该国的中央机关。该中央机关将负责确保采取适当的措施。

第 34 条

如果文件目的国主管机关有明确要求必须提供经证明与原件相符的译文，则应提供相关的翻译文本。除非另有规定，文件的翻译费用应由预期养父母承担。

第 35 条

缔约国的主管机关在跨国收养过程中的行动应做到迅速、高效。

第 36 条

对于在国内不同的领土单位适用两种或两种以上收养法律制度的国家：

第一，凡涉及该国的惯常居所应界定为在该国某一领土单位内的惯常居所；

第二，凡涉及该国的法律应界定为在该国有关领土单位上已生效的法律；

第三，凡涉及该国主管机关或公共机关应界定为在该国有关领土单位上有权行动的机关；

第四，凡涉及该国委任组织应界定为在该国有关领土单位上得到委任的组织。

第 37 条

在对不同类别的人员适用两种或两种以上的收养法律制度的国家中，凡涉及该国法律法规时应界定为该国法律中针对某类具体人员的特定法律制度。

第 38 条

当具有统一法律制度的国家不适用本公约时，拥有不同领土单位且各领土单位分别实施各自收养法律规则的国家也不必适用本公约。

第 39 条

1. 本公约不影响缔约国所参加的任何含有本公约调整事项规定的其他国际文件，除非该文件的成员国对此作了相反的声明。

2. 任何缔约国可与一个或更多的其他缔约国缔结协定，以共同促进本公约的实施。此类协定只能减损本公约第 14 条至第 16 条和第 18 条至第 21 条的规定。缔结此类协定的国家应将协定副本递送本公约保存机关。

第 40 条

本公约不允许保留。

第 41 条

当本公约在收养国和原住国生效以后，凡收到依公约第 14 条提出申请的任何案件都应适用本公约的规定。

第 42 条

海牙国际私法会议秘书长应定期召开特别委员会会议，以审查本公约的实际执行情况。

第七章　最后条款

第 43 条

1. 本公约应向海牙国际私法会议第 17 届会议的成员国和其他参加会议的国家开放签署。

2. 本公约须经批准、接受或认可，批准书、接受书和认可书应交存于本公约的保存机关——荷兰王国外交部。

第 44 条

1. 在本公约依其第 46 条第 1 款生效以后，任何国家可加入之。

2. 加入书应交存于本公约保存机关。

3. 此项加入仅对加入国和收到本公约第 48 条第 2 款所规定的通知后 6 个月内未对其加入提出反对的那些缔约国生效。其他国家可在批准、接受或认可本公约时对上述加入提出反对。任何此类反对应通知公约保存机关。

第 45 条

1. 如果一个缔约国有两个或多个在本公约事项方面实行不同法律制度的领土单位，该国在签署、批准、接受、认可或加入时可声明：本公约适用于其领域内的所有领土单位还是仅适用于某一个或几个领土单位。缔约国可在任何时候通过提交另一项声明修改上述声明。

2. 任何此类声明应通知公约保存机关，并应明确指定本公约所适用的领土单位。

3. 若缔约国未依本条款规定提出任何声明，那么，本公约将适用于该国的所有领土单位。

第 46 条

1. 本公约自第 43 条规定的第三份批准书、接受书或认可书交存之日起三个月后的第一月的第一天生效。

2. 此后，本公约的生效日期为：

第一，对嗣后批准、接受、认可或加入的每一国家，自其交存批准书、接受书、认可书或加入书之日起三个月后的第一月的第一天生效；

第二，对依本公约第 45 条扩展适用公约的领土单位，自通知公约保存机关之日起三个月后的第一月的第一天生效。

第 47 条

1. 任何缔约国可通过向公约保存机关提交书面通知书的方式宣布退出本公约。

2. 退出公约应于本公约保存机关收到其通知之日起十二个月后的第一月的第一天生效。当退约通知指明更长的生效期间时，退出在本公约保存机关收到通知之日起所指定的期间届满后生效。

第 48 条

本公约保存机关应向海牙国际私法会议成员国与参加第 17 届海牙国际私法会议的其他国家以及依第 44 条加入本公约的国家通知下列事项：

第一，本公约第 43 条提及的签署、批准、接受和认可；

第二，本公约第 44 条提及的加入及对加入所提出的异议；

第三，本公约依其第 46 条规定生效的日期；

第四，本公约第 22 条、第 23 条、第 25 条和第 45 条提及的声明和指定；

第五，本公约第 39 条提及的协定；

第六，本公约第 47 条提及的退约。

经正式授权的各国代表，谨签字于本公约，以昭信守。

1993 年 5 月 29 日订于海牙，英文和法文两种文本具有同等的效力，正本一份存放于荷兰王国政府档案馆。本公约核证无误的副本应通过外交途径分送海牙国际私法会议第 17 届会议的成员国及参加该次会议的其他国家。

参 考 文 献

一、中文部分

1. 韩德培、李双元主编:《国际私法教学参考资料》(上、下册), 武汉大学出版社 1991 年版。
2. 李双元等编:《国际私法教学参考资料选编》(上、中、下册), 北京大学出版社 2002 年版。
3. 卢峻主编:《国际私法公约集》, 上海社会科学院出版社 1986 年版。
4. 外交部条约法律司编:《海牙国际私法会议公约集》, 法律出版社 2012 年版。
5. 李浩培著:《国籍问题的比较研究》, 商务印书馆 1979 年版。
6. 李浩培著:《条约法概论》, 法律出版社 2003 年版。
7. 王铁崖著:《国际法引论》, 北京大学出版社 1998 年版。
8. 余先予主编:《冲突法资料选编》, 法律出版社 1990 年版。
9. 韩德培、韩健著:《美国国际私法(冲突法)导论》, 法律出版社 1994 年版。
10. 李双元著:《国际私法(冲突法篇)》, 武汉大学出版社 1987 年版。
11. 李双元等编著:《涉外婚姻继承法》, 中国政法大学出版社 1989 年版。
12. 李双元主编:《中国与国际私法统一化进程》, 武汉大学出版社 2016 年修订版。
13. 李双元等著:《中国国际私法通论》, 法律出版社 2007 年第 3 版。
14. 李双元、徐国建主编:《国际民商新秩序的理论建构》, 武汉大学出版社 2016 年修订版。
15. 李双元主编:《比较民法学》, 武汉大学出版社 2016 年修订版。
16. 李双元著:《涉外民事关系法律适用法制定研究》, 湖南人民出版社 2016 年版。
17. 李双元主编:《国际私法》, 北京大学出版社 2018 年第 5 版。
18. 李双元、蒋新苗主编:《现代国籍法》, 武汉大学出版社 2016 年修订版。
19. 李双元、蒋新苗编著:《国际私法学案例教程》, 知识产权出版社 2004 年版。
20. 黄进著:《区际冲突法研究》, 学林出版社 1991 年版。
21. 黄进主编:《中国的区际法律问题研究》, 法律出版社 2001 年版。
22. 黄进、杜焕芳著:《中国国际私法实践研究》, 法律出版社 2014 年版。
23. 卢峻著:《国际私法之理论与实际》, 中国政法大学出版社 1998 年版。

24. 董立坤著：《国际私法论》，法律出版社 2001 年版。
25. 章尚锦主编：《国际私法》，中国人民大学出版社 2001 年版。
26. 唐表明著：《比较国际私法》，中山大学出版社 1987 年版。
27. 沈娟著：《国际私法的振扬之路》，社会科学文献出版社 2019 年版。
28. 赵相林主编：《中国国际私法立法问题研究》，中国政法大学出版社 2002 年版。
29. 丁伟著：《中国国际私法和谐发展研究》，上海社会科学院出版社 2009 年版。
30. 丁伟主编：《国际私法学》，上海人民出版社 2013 年第 3 版。
31. 屈广清主编：《国际私法》，中国民主法制出版社 2014 年版。
32. 蒋新苗主编：《国际私法学》，北京大学出版社 2018 年版。
33. 陈卫佐著：《瑞士国际私法法典研究》，法律出版社 1998 年版。
34. 董丽萍著：《澳大利亚国际私法研究》，法律出版社 1999 年版。
35. 袁泉著：《荷兰国际私法研究》，法律出版社 2000 年版。
36. 柯泽东著：《国际私法》，中国政法大学出版社 2003 年版。
37. 于飞著：《中国国际私法理论与立法》，中国法制出版社 2004 年版。
38. 徐冬根著：《国际私法趋势论》，北京大学出版社 2005 年版。
39. 徐冬根著：《国际私法》，北京大学出版社 2009 年版。
40. 朱伟东著：《南非共和国国际私法》，法律出版社 2006 年版。
41. 杜涛著：《德国国际私法：理论、方法和立法变迁》，法律出版社 2006 年版。
42. 孙南申、杜涛主编：《当代国际私法研究：21 世纪的中国与国际私法》，上海人民出版社 2006 年版。
43. 邹国勇著：《德国国际私法的欧盟化》，法律出版社 2007 年版。
44. 金彭年、蒋奋著：《涉外民事纠纷的法律适用与中国司法实践》，浙江大学出版社 2017 年版。
45. 邹龙妹著：《俄罗斯国际私法研究》，知识产权出版社 2008 年版。
46. 陈小云著：《英国国际私法本体研究》，知识产权出版社 2008 年版。
47. 吴用著：《儿童监护国际私法问题研究》，对外经济贸易大学出版社 2009 年版。
48. 曲波著：《国际私法本体下弱者利益的保护问题》，法律出版社 2009 年版。
49. 徐青森主编：《国际私法专题研究》，中国人民大学出版社 2010 年版。
50. 袁发强著：《人权保护与现代家庭关系中的国际私法》，北京大学出版社 2010 年版。
51. 齐湘泉著：《〈涉外民事关系法律适用法〉原理与精要》，法律出版社 2011 年版。
52. 李建忠著：《古代国际私法溯源》，法律出版社 2011 年版。
53. 杜新丽主编：《国际私法》，中国人民大学出版社 2015 年第 2 版。
54. 杜新丽、宣增益主编：《国际私法》，中国政法大学出版社 2017 年第 5 版。
55. 汪金兰著：《儿童权利保护的国际私法公约及其实施机制研究》，法律出版社

2014年版。
56. 王葆莳著：《德国联邦法院典型判例研究：国际私法篇》，法律出版社2015年版。
57. 刘想树主编：《国际私法》，法律出版社2015年第2版。
58. 宋晓著：《中国国际私法的制度生成》，北京大学出版社2018年版。
59. 黄志慧著：《人权保护对欧盟国际私法的影响》，法律出版社2019年版。
60. 孟宪伟、王玉洁著：《涉外婚姻家庭与法》，广东人民出版社1995年版。
61. 吴国平著：《婚姻家庭法原理与实务》，中国政法大学出版社2004年版。
62. 王卫国著：《民法卷五：婚姻家庭继承法》，中国政法大学出版社2004年版。
63. 王洪著：《婚姻家庭法》，法律出版社2003年版。
64. 靳宝兰著：《比较民法》，中国人民公安大学出版社1995年版。
65. 王丽萍著：《亲子法研究》，法律出版社2004年版。
66. 杨大文主编：《亲属法》(第四版)，法律出版社2004年版。
67. 张贤钰主编：《外国婚姻家庭法资料选编》，复旦大学出版社1991年版。
68. 张贤钰主编：《婚姻家庭法教程》，法律出版社1995年版。
69. 李志敏主编：《比较家庭法》，北京大学出版社1988年版。
70. 周枏著：《罗马法原论》，商务印书馆1996年版。
71. 江平编著：《西方国家民商法概要》，法律出版社1984年版。
72. 李景禧主编：《台湾亲属法和继承法》，厦门大学出版社1991年版。
73. 史尚宽著：《亲属法论》，台湾荣泰印书馆1980年版。
74. 戴炎辉、戴东雄著：《中国亲属法》，台湾三文印书馆1988年版。
75. 戴炎辉、戴东雄著：《亲属法》，台湾元照出版公司2002年版。
76. 陈棋炎著：《民法亲属》，台湾三民书局1984年版。
77. 胡长清著：《中国民法亲属论》，台湾商务印书馆1986年版。
78. 戴东雄著：《亲属法实例解说》，台湾元照出版公司2000年版。
79. 戴东雄著：《亲属法论文集》，台湾东大图书公司1988年版。
80. 黄宗乐著：《亲子法之研究》，台湾三民书局1980年版。
81. 林菊枚著：《亲属法专题研究》，台湾五南图书出版公司1985年版。
82. 施惠玲编著：《现代亲属身份法论文集》，台湾元照出版公司2001年版。
83. 施惠玲主编：《家庭法律社会学文集》，台湾元照出版公司2004年版。
84. 彭南元著：《国际收养之最新发展趋势》，载《当代公法新论》，台湾元照出版公司2002年版。
85. 彭南元著：《儿童及家事法专题研究》，台湾新学林出版公司2006年版。
86. 赵守博著：《国际私法中亲属关系的准据法之比较研究》，台湾学生书局1977年版。

87. 高凤仙著：《亲属法：理论与实务》，台湾五南图书出版公司 1987 年版。
88. 洪倖珠著：《宋朝儿童收养》，台湾花木兰文化出版公司 2017 年版。
89. 梅仲协著：《国际私法新论》，台湾三民书局 1982 年版。
90. 刘甲一著：《国际私法》，台湾三民书局 1986 年版。
91. 陈隆修：《国际私法管辖权评论》，台湾五南图书出版公司 1986 年版。
92. 苏远成著：《国际私法》，台湾五南图书出版公司 1988 年版。
93. 刘铁铮著：《国际私法论丛》，台湾三民书局 1994 年版。
94. 刘铁铮著：《国际私法论》，台湾三民书局 2018 年版。
95. 张元宵、吕思甲编著：《国际私法判决汇编》，文笙三民书局 2000 年版。
96. 赖来焜编：《基础国际私法学》，台湾三民书局 2004 年版。
97. 许兆庆著：《国际私法与比较法研究》，台湾财产法暨经济法研究会 2005 年版。
98. 柯泽东著：《国际私法新境界》，台湾元照出版有限公司 2006 年版。
99. 林恩玮著：《国际私法：选法理论之回顾与展望》，台湾翰芦图书出版有限公司 2006 年版。
100. 曾陈明汝著：《国际私法原理(上集、总论)》，台湾新学林出版有限公司 2008 年版。
101. 曾陈明汝著：《国际私法原理(续集、各论篇)》，台湾新学林出版有限公司 2012 年。
102. 陈隆修著：《国际私法：程序正义与实体正义》，台湾五南图书出版有限公司 2011 年版。
103. 陈隆修著：《新世纪两岸国际私法》，台湾五南图书出版有限公司 2011 年版。
104. 陈隆修著：《中国思想下的全球化选法规则》，台湾五南图书出版有限公司 2012 年版。
105. 马汉宝：《国际私法基础知识论集》，台湾华艺学术出版社 2013 年版。
106. 黎民编著：《国际私法说法》，台湾新宝成出版事业有限公司 2013 年版。
107. 林益山著：《国际私法与实例精解》，台湾翰芦图书出版有限公司 2014 年版。
108. 陈荣传著：《国际私法实用：涉外民事案例研析》，台湾五南图书出版有限公司 2015 年版。
109. 柯泽东著：《国际私法》，台湾元照出版有限公司 2016 年版。
110. 林恩玮著：《国际私法理论与案例研究》，台湾五南图书出版有限公司 2017 年版。
111. 廖毅编著：《国际私法》，台湾新宝成出版事业有限公司 2017 年版。
112. 赖淳良主编：《国际私法裁判选析》，台湾元照出版有限公司 2018 年版。
113. 蔡凯华著：《国际私法实例研习》，台湾三民书局 2019 年版。
114. 陆奕著：《国际私法关键选择》，台湾新学林出版有限公司 2019 年版。

115.《拿破仑法典(法国民法典)》，李浩培等译，商务印书馆 1981 年版。
116.《德意志联邦共和国民法典》，上海社会科学院法学所译，法律出版社 1984 年版。
117.《德国民法典》，郑冲、贺红梅译，法律出版社 1999 年版。
118.《瑞士民法典》，殷生根等译，中国政法大学出版社 1999 年版。
119.《瑞士民法典》，于海涌、赵希旋译，法律出版社 2016 年版。
120.《日本民法典》，曹为、王书江译，法律出版社 1986 年版。
121. 黄惠康、黄进编著：《国际公法、国际私法成案选》，武汉大学出版社 1987 年版。
122. [日]桑田三郎、山内惟介编著：《国际私法立法资料》，日本中央大学出版部 2000 年版。
123.《外国收养法规摘编》，司法部公证司 1990 年编印。
124. 民政部婚姻司编著：《收养工作手册》，中国社会出版社 1993 年版。
125. 邹国勇译注：《外国国际私法立法精选》，中国政法大学出版社 2011 年版。
126. 邹国勇译注：《外国国际私法立法选译》，武汉大学出版社 2017 年版。
127. [奥]迈克尔·米特罗尔等著：《欧洲家庭史》，赵世玲等译，华夏出版社 1987 年版。
128. [英]艾略特著：《家庭：变革还是继续?》，何世念等译，中国人民大学出版社 1992 年版。
129. [美]托马斯·伯根索尔著：《国际人权法概论》，潘维煌等译，中国社会科学出版社 1995 年版。
130. [德]卡尔·拉伦茨著：《德国民法通论》，王晓晔等译，法律出版社 2003 年版。
131. [德]迪特尔·梅迪库斯著：《德国民法总论》，邵建东译，法律出版社 2000 年版。
132. [法]雅克·盖斯旦著：《法国民法总论》，陈朋等译，法律出版社 2004 年版。
133. [日]滋贺秀三著：《中国家族法原理》，张建国等译，法律出版社 2003 年版。
134. [英]J. H. C. 莫里斯主编：《戴西和莫里斯论冲突法》，李双元等译，中国大百科全书出版社 1998 年版。
135. [日]栗生武夫著：《婚姻法之近代化》，胡长清译，中国政法大学出版社 2003 年版。
136. [法]亨利·巴蒂福尔、保罗·拉加德著：《国际私法总论》，陈洪武等译，中国对外翻译出版公司 1989 年版。
137. [法]亨利·巴蒂福尔著：《国际私法各论》，曾陈明汝译，台北正中书局 1979 年版。

138. [德]马丁·沃尔夫著:《国际私法》, 李浩培等译, 法律出版社 1988 年版。

139. [英]莫里斯著:《法律冲突法》, 李东来等译, 中国对外翻译出版公司 1989 年版。

140. [英]托马斯著:《国际私法》, 倪征皞译, 商务印书馆 1963 年版。

141. [苏]隆茨等著:《国际私法》, 吴云琪等译, 法律出版社 1986 年版。

142. [古巴]毕时达满特:《国际私法典》, 黄经方译, 上海社会科学院出版社 2017 年版。

143. [日]山田三良著:《国际私法》, 李倬译, 中国政法大学出版社 2003 年版。

144. [捷]维克托·那普主编:《国际比较法百科全书: 各国法律制度概括》, 高绍先、夏登峻等译, 法律出版社 2002 年版。

145. [美]斯丹德利著:《家庭法》, 屈广清译, 中国政法大学出版社 2004 年版。

146. [美]哈里·D. 格劳斯、大卫·D. 梅耶著:《美国家庭法精要》, 陈苇译, 中国政法大学出版社 2010 年版。

147. [美]帕金森著:《永远的父母: 家庭法中的亲子关系的持续性》, 冉启玉译, 法律出版社 2015 年版。

148. [比利时]海尔特·范·卡尔斯特著:《欧洲国际私法》, 许凯译, 法律出版社 2016 年版。

149. [法]科琳·雷诺—布拉尹思吉著:《法国家庭法精要》, 石雷译, 法律出版社 2018 年版。

150. [加纳]理查德·弗林蓬·奥蓬著:《英联邦非洲国际私法》, 朱伟东译, 社会科学文献出版社 2020 年版。

二、外文部分

1. International Social Service, Internal and Intercountry Adoption Laws, Kluwer Law International, 2003.

2. Bryan A. Garner, Black's Law Dictionary, 11th ed. , Thomson Reuters, 2019.

3. Thomas H. Reynolds and Arturo A. Flores, Foreign Law: Current Sources of Codes and Basic Legislation in Jurisdictions of the World, William S. Hein & Co. , Inc. , 2004.

4. Bean Verschraegen, International Encyclopaedia for Private International Law, Kluwer Law International BV, The Netherlands, 2013.

5. Thomas Steiger, Das neue Recht der internationalen Adoption und Adoptionsvermittlung, Bundesanzeiger Verlagsges, 2002.

6. Adamec, C. and Pierce, William L. The Encyclopedia of Adoption, Ringoes, 1991.

7. Weinstein, E. A. , International Encyclopedia of the Social Sciences, New York, 1968.

8. Joan Heifetz Hollinger, Adoption Law and Practice, Matthew Bender & Company Inc., 2004.

9. NCCUSL, Uniform Adoption Act (1994), Section 1-102, National Conference of Commissioners on Uniform State Laws, Chicago, 1995.

10. Ancel. M., L'adoption dans les Législations Modermes, Paris, 1958.

11. Beaumont, P. R., International Adoption, Montreal, 1990.

12. Beckman, G. M., "New Treaty on Intercountry Adoption. XVII Session and Centennial of the Hague Conference on Private International Law", International Legal Practitioner, September 1993.

13. Cederblad, M., Mercke M. A. and Irhammar M., The Identity and Adjustment of Internationally Adopted Teenage Children, Sweden, 1994.

14. Commonwealth Secretariat, "Hague Convention on Protection of Children and Cooperation in Respect of Intercountry Adoption 1993", Commonwealth Law Bulletin, 1993.

15. Council of Europe, The Role of Governmental and Non-Governmental Organizations in Supervising the Placement in Europe of Children from the Third World, Strasbourg, 1980.

16. Defence for Children International, Protecting Children's Rights in International Adoption, Geneva, 1989.

17. DeHart, G. et al., "The Child in Private International Law: Adoption and Abduction", Contemporary International Law Issues: Opportunities at a Time of Momentous Change, Proceedings of the Second Joint Conference of the American Society of International Law and Nederlandse Vereniging Voor International Recht, The Hague, 1993.

18. Delupis, I., International Adoptions and the Conflict of Laws, Stockholm, 1976.

19. Brian H. Bix, A Dictionary of Legal Theory, Oxford University Press, 2004.

20. Diwan, P., Private International Law, New Delhi, 1988.

21. Doek, E. J. et al., Children on the Move, The Hague, 1996.

22. Duncan, William, "Regulating Intercountry Adoption: An International Perspective", Frontiers of Family Law, London, 1993.

23. Ehrenzweig, A. A., Private International Law, The Netherlands, 1993.

24. Erauw, J. and Sarre F., "The New Regime Governing International Adoptions in Belgium", Netherlands International Law Review, Vol. 35, 1988.

25. Haudén, G., Adoption in a Conflict and Development Perspective, Stockholm, 1981.

26. Harvey, I. J., "Adoption of Viet Namese Children: An Australian Study", Australian Journal of Social Issues, Vol. 18, 1983.
27. Harwin, J., "Adoption Policy and Practice in Russia", 16 Adoption and Fostering, No. 1, 1992.
28. Hohnerlein, E. M., "Internationale Adoption und Kindeswohl", Munich, 1988.
29. Hoksbergen, R. A. C. et al., Adoption in Worldwide Perspective, Lisse, 1986.
30. Inter-American Children's Institute, Meeting of Experts on the Adoption of Minors, Montevideo, 1983.
31. International Bar Association, The Intercountry Adoption Process from the UK Adoptive Parents Perspective, London, 1991.
32. James R. Fox, Dictionary of International & Comparative Law, Oceana Publications Inc., 1992.
33. Jayme, E., International Adoption in German Law, Montreal, 1990.
34. Joanet, A., "International Baby Selling for Adoption and the United Nations Convention on the Rights of the Child", New York Law School Journal of Human Rights, Vol. 7, 1989.
35. Kane, S., "The Movement of Children for International Adoption: An Epidemiologic Perspective", The Social Science Journal, Vol. 30, 1992.
36. Kim, S. P., et al., "Adoption of Korean Children by New York Area Couples, A Preliminary Study", Child Welfare, Vol. 58, 1979.
37. Kirk, H. D., Shared Fate: A Theory of Adoption and Mental Health, New York, 1964.
38. Krause, H. D., "Creation of Relations of Kinship", International Encyclopedia of Comparative Law, Vol. Ⅳ, The Hague etc., 1976.
39. Lee, R. W., The Elements of Roman Law, London, 1956.
40. Markesinis, B. S., "Bridging Legal Cultures", in 27 Israel Law Review, 1993.
41. Mclurdy, D., "The Hague Convention on Intercountry Adoption: A Golden Opportunity", Ours—The Magazine of Adoptive Families, Vol. 27, March/April 1994.
42. Mcleod, J., The Conflict of Laws, Calgary, 1983.
43. De Nova, R., "Adoption in Comparative Private International Law", Recueil descours, Vol. 104, 1961.
44. Nygh. P. E., Conflict of Laws in Australia, Sydney etc., 1984.
45. Pahz, J. A., Adopting from Latin America: A Agency Perspective, Springfield, 1988.

46. Parra Aranguren, G., "The Fourth Inter-American Specialized Conference on Private International Law", Netherlands International Law Review, Vol. 36, 1989.
47. Paul, Ellen., Adoption Choices: A Guidebook to National and International Adoption. Detroit, 1991.
48. Pierce, W. and Freivalds, S., The Hague Convention on Intercountry Adoption, Minneapolis, 1992.
49. Pfund, P., "Hague Conference on Private International Law: Final Act of the 17th Session, Including the Convention on Protection of Children and Co-operation in Respect of Intercountry Adoption, Introductory Note", International Legal Materials. No. 4, 1993.
50. Plender, R., International Migration Law, 2nd ed., Dordrecht etc., 1988.
51. Schuz, R., "The Hague Child Abduction: Family Law and Private International Law", International and Comparative Law Quarterly, Vol. 44, 1995.
52. Scoles, E. and Hay, P., Conflict of Laws, St. Paul, 1984.
53. Silk, J. B., "Adoption among the Inuit", Ethos, Vol. 15, 1987.
54. Simmance, A. J. F., "Adoption of Children among the Kikuyu of the Kiambu District", in E. Cotran and N. N. Rubin (eds.), Readings in African Law, Vol. Ⅱ, London, 1970.
55. Sorosky, A., Baran, A. and Pannor, R., The Adoption Triangle, New York, 1979.
56. Tidafi, T., "The Kafalah-A Cultural and Religious Response", in NGO Committee on UNICEF/International Social Service, Substitute Families, 1994.
57. Valenzona, R. L. G., Development of Intercountry Adoption, Manila, 1992.
58. Verhulst, F. C. et al., Problem Behavior in International Adoptees: I, Journal of the American Academy of Child and Adolescent Psychiatry, Vol. 29, 1990.
59. G. M. Divekar, Hindu Law, 2nd ed., Hind Law House, 2002.
60. Paras Diwan, Law of Adoption, Minority, Guardianship and Custody, Universal Law Publisher, 2000.
61. Sebastian Champappily, Christian Law on Marriage, Adoption & Guardianship & Cannon Law on Marriage, Southern Law Publishers, 2003.
62. Thomas Steiger, Das neue Recht der Internationalen Adoption und Adoptionsvermittlung, Bundesanzeiger Verlagsges, 2002.
63. Simon L. Goren, The German Civil Code (Revised Edition), Fred B. Rothman & Co., 1994.
64. Chung Hui Wang, Germany Civil Code, Stevens and Sons Limited, 1907.

65. Dieter Schwab, Münchener Kommentar zum Bürgerlichen Gesetzbuch, Band 8, Familienrecht Ⅱ, C. H. Beck'sche Verlagsbuchhandlung, 2002.
66. Rainer Frank, J. von Staudingers Kommentar zum Bürgerlichen Gesetzbuch mit Einführungsgesetz und Nebengesetzen, Buch 4. Familienrecht, Arthur L. Sellier & Co., 2001.
67. Heinz Georg Bamberger and Herbert Roth, Kommentar zum Bürgerlichen Gesetzbuch, Band 3, Verlag C. H. Beck München, 2003.
68. Mareike Dittberner, Lebenspartnerschaft und Kindschaftsrecht, Peter Lang Gmb H, 2004.
69. Thomas Steiger, Das neue Recht der Internationalen Adoption und Adoptionsvermittlung, Bundesanzeiger Verlagsges, 2002.
70. Leong Wai Kum, Halsbury's Law of Singapore: Family Law, The Butterworth Group Companies of Asia, 2001.
71. Ernesto L. Pineda, The Family Code of the Philippines Annotated, Central Professional Books Inc., 2001.
72. Sanford N. Katz, Family Law in American, Oxford University Press, 2003.
73. Arnold H. Rutkin, Family Law and Practice, Matthew Bender & Company Inc., 2004.
74. Walter Wadlington and Raymond C. O' Brien, Family Law in Perspective, New York Foundation, 2001.
75. William P. Statsky, Family Law, 5th ed., West Thomson Learing, 2002.
76. Peter Gottwald, Dieter Schwab and Eva Bütter, Family and Succession Law in Germany, Kluwer Law International, 2001.
77. Stephen Cretney, A History: Family Law in Twentieth Century, Oxford University Press, 2003.
78. Carolyn Hamilton and Alison Perry, Family Law in Europe, 2nd ed., LexisNexis Butterworths, 2002.
79. Rebecca Probert, Cretney's Family Law, 5th ed., Sweet & Maxwell Ltd., 2003.
80. Jill M. Black, etc., A Practical Approach to Family Law, 7th ed., Oxford University Press, 2004.
81. Stefan A. Riesenfeld and Walter J. Pakter, Comparative Law Casebook, Transnational Publishers Inc., 2001.
82. American Law Institute, Restatement of the Law, Conflict of Laws, 2nd ed., 1971.
83. Hague Conference, Acts et Documents de la Dixsseptième Session, Tome Ⅱ, 1994.
84. Kristina Wilken, Controlling Improper Financial Gain in International Adoptions,

Duke Journal, of Gender Law & Policy, Vol. 2, 1995.
85. Eugeen Verhellen, Monitoring Children's Rights, Martinus Nijhoff Publishers, 1996.
86. J. -G. Castel, Canadian Conflict of Laws, 4th ed., Butterworths Canada Ltd., 1997.
87. Jane Hughes and Fabrice Liebaut, Detention of Asylum Seekers in Europe: Analysis and Perspectives, Martinus Nijhoff Publishers, 1998.
88. The Permanent Bureau of Hague Conference on Private International Law, Proceedings of the Eighteenth Session: Protection of Children, The Hague SDC Publishers, 1998.
89. The Permanent Bureau of Hague Conference on Private International Law, Proceedings of the Eighteenth Session: Miscellaneous Matters, The Hague SDC Publishers, 1998.
90. The Permanent Bureau of Hague Conference on Private International Law, Proceedings of the Special Commission: Protection of Adults, The Hague SDC Publishers, 1998.
91. Konrad Zweigert and Hein Kötz, Introduction to Comparative Law, 3rd ed., Oxford University Press, 1998.
92. Rudolf B. Schlesinger etc., Comparative Law: Case, Text, Materials, Foundation Press, 1998.
93. Sir Peter North and J. J. Fawcett, Cheshire and North's Private International Law, Butterworths London Ltd., 1999.
94. Hague Conference on Private International Law, Proceedings of the Eighteenth Session Vol. Ⅰ, The Hague, 1999.
95. Paul R. Beaumont and Peter E. Mceleavy, The Hague Convention on International Child Abduction, Oxford University Press, 1999.
96. Peter Selman, Intercountry Adoption: Developments, Trends and Perspective, British Agencies for Adoption & Fosterin, 2000.
97. Lawrence Collins and Others, Dicey and Morris on the Conflict of Laws, 13th ed., Sweet & Maxwell Ltd., 2000.
98. Walter Kälin, Guiding Principles on Internal Displacement Annotations, The American Society of International Law, 2000.
99. B. S. Chimni, International Refugee Law, Sage Publication, 2000.
100. Benedetto Conforti, The Law and Practice of the United Nations, Kluwer Law International, 2000.
101. Philippe Sands and Pierre Klein Bowett's Law of International Institutions, 5th ed.,

Sweet & Maxwell Limited, 2001.

102. Ann Vibeke Eggli, Mass Refugee Influx and the Limits of Public International Law, Martinus Nijhoff Publishers, 2002.

103. Joan Fitzpatrick, Human Rights Protection Refugee, Asylum-Seekers, and Internally Displaced Persons, Transnational Publishers, Inc., 2002.

104. Carolyn Hamilton and Alison Perry, Family Law in Europe, LexisNexis Butterworths, 2002.

105. Jan Klabbers, An Introduction to International Institutional Law, Cambridge University Press, 2002.

106. Claire Breen, The Standard of the Best Interests of the Child: A Western Tradition in International and Comparative Law, Martinus Nijhoff Publishers, 2002.

107. Sara Dillon, Make Legal Regimes for Intercountry Adoption Reflect Human Rights Principles: Transforming the United Nations Convention on the Rights of the Child with the Hague Convention on Intercountry Adoption, Boston University International Law Journal, Vol. 21, 2003.

108. Michèle Sharon-Glassford, Trasnational Adoption, Duke University Press, 2003.

109. Erika Feller, Volker Türk and Frances Nicholson, Refugee Protection in International Law, Cambridge University Press, 2003.

110. Henry G. Schermers & Niels M. Blokker, International Institutional Law, 4th ed., Martinus Nijhoff Publishers, 2003.

111. Caroline Bridge and Heather Swindells QC, Adoption: The Modern Law, Jordan Publishing Limited, 2003.

112. Michael Wollenschläger, Asylum and Integration in Member States of the EU, BWV · Berliner Wissenschafts-Verlag GmbH, 2003.

113. Patrick Thornberry etc., Minority Rights in Europe, Council of Europe Publishing, 2004.

114. Gerges Wiederkehr, Code Civil, Editions Dalloz, 2004.

115. C. F. Amerasinghe, Principles of the Institutional Law of International Organizations, 2nd ed., Cambridge University Press, 2005.

116. Andrew Bainham, The International Survey of Family Law 2005 Edition, Jordan Publishing Limited, 2005.

117. Bergquisk, Kathleen Ja Sook, etc., International Korean Adoption: A Fifty-Year of Policy and Practice, Haworth Press, 2007.

118. Karsten Seifert, Das interamerikanische System zum Schutz der Menschenrechte und seine Reformierung, Peter Lang GmbH, 2008.

119. Permanent Bureau, The Implementation and Operation of, 1993 Hague Intercountry Adoption Convention: Guide to Good Practice (Guide No. 1), Jordan Publishing Limited, 2008.

120. Elizabeth Bartholet, International Adoption: The Child's Story, Georgia State University Law Review, Vol. 24, 2008.

121. B. Mezmur, Intercountry Adoption as A Measure of Last Resort in Africa: Advancing the Rights of A Child rather than A Right to A Child, International Journal of Human Rights, Vol. 6, No. 10, 2009.

122. Gretchen Miller Wrobel and Elsbeth Neil, International Advances in Adoption Research for Practice, John Wiley-Blackwell & Sons Ltd. Publication, 2009.

123. Scott Christian, Intercountry Adoption, The University for Peace Law Review, Vol. 1, 2010.

124. Adriana Sinclair, International Relations Theory and International Law, Cambridge University Press, 2010.

125. Samantha Besson and John Tasioulas, The Philosophy of International Law, Oxford University Press, 2010.

126. Elizabeth Bartholet, International Adoption: A Way Forward, New York Law School Law Review, Vol. 55, 2010.

127. D. Smolin, Child Laundering and the Hague Convention on Intercountry Adoption: The Future and Past of Intercountry Adoption, University of Louisville Law Review, Vol. 48, 2010.

128. Tae Hoon, L. New Law to Restrict Adoption by Foreigners, The Korean Times 30 June, 2011.

129. Papadelli, Antonia R, Adoption According to Greek Law, Revue Hellenique de Droit International, Vol. 64, Issue 1, 2011.

130. K Zweigert, International Encyclopaedia of Comparative Law Volume Ⅲ: Private International Law, Martinus Nijhoff Publishers, 2011.

131. Armin von Bogdandy, Ingo Venzke, et al., International Judicial Lawmaking: On Public Authority and Democratic Legitimation in Global Governance, Springer, 2012.

132. Permanent Bureau, Accreditation and Adoption Accredited Bodies: Guide to Good Practice (Guide No. 2), Jordan Publishing Limited, 2012.

133. Bardo Fassbender, Anne Peters, The History of International Law, Oxford University Press, 2012.

134. P. Fronek, and D. Cuthbert, The Future of Intercountry Adoption: A Paradigm

Shift for this Century, International Journal of Social Welfare, Vol. 21, No. 2, 2012.

135. Charlotte Ku, International Law, International Relations, and Global Governance, Routledge Taylor & Francis Group, 2012.

136. H. C. Dieter Schwab, et al., Münchener Kommentar zum Büegerliches Gesetzbuch, Band 8, Familienrecht, 6 Auflage, Verlag C. H. Beck München, 2012.

137. Tobias Helms, Sind die Staatsangerhörigkeitsprinzip Orientierten Anknüpfungsregeln der Art. 22, 23 EGBGB Noch Zeitgemäss, im Dieter Schwab und Hans-Joachim Dose, Familienrecht in Praxis und Theorie, Gieseking Verlag, 2012.

138. Gibbons, J. and Rotabi, K. (eds.), Intercountry Adoption: Policies, Practices, and Outcomes. Farnham: Ashgate, 2012.

139. Andrew Bainham and Stephen Gilmore, Children: The Modern Law, Jordans Publishers, 2013.

140. Catherine Ceniza Choy, Global Families: A History of Asian International Adoption in America, New York University Press, 2013.

141. M. Crawshaw, E. Blyth and O. van den Akker, The Changing Profile of Surrogacy in the UK-Implications for National and International Policy and Practice, Journal of Social Welfare and Family Law, Vol. 34, No. 3, 2013.

142. A. L. Baden, J. L. Gibbons, S. L. Wilson and H. McGinnis, International Adoption: Counseling and the Adoption Triad., Adoption Quarterly, Vol. 16, No. 3-4, 2013.

143. L. Ferrari and R. Rosnati, Internationally Adopted Adolescents: How Do They Integrate Ethnic and National Identity?, Italian Journal of Sociology of Education, Vol. 5, No. 3, 2013.

144. Bassenge und Brudermüller, et al., Palandt Büegerliches Gesetzbuch, 72 Auflage, Verlag C. H. Beck München, 2013.

145. Claire Fenton-Glynn, Children's Rights in Intecountry Adoption, Intersentia Ltd., 2014.

146. S. B. Alvarado, J. L. Rho and S. F. Lambert, Counseling Families With Emerging Adult Transracial and International Adoptees, The Family Journal, Vol. 22, No. 4, 2014.

147. V. Groza and K. M. Bunkers, The United States as A Sending Country for Intercountry Adoption: Birth Parents: Rights Versus the, 1993 Hague Convention on Intercountry Adoption, Adoption Quarterly, Vol. 17, No. 1, 2014.

148. Bundesarbeitsgemeinschaft Landesjugendämter, Empfehlungen zur Adoptionsvermittlung (7. neu überarbeitete Fassung), Mainz, 2014.

149. Peter Selman, Intercountry Adoption Agecies and the HCIA, in International Forum on Intercountry Adoption and Global Surrogacy, 11-13 Agugust, 2014.

150. Kerry O' Halloran, The Politics of Adoption: International Perspective on Law, Policy & Practice, 3rd ed., Springer, 2015.

151. Jean-Francois Mignot, Why is Intercountry Adoption Declining Worldwide? Population & Societies, No. 519, February, 2015.

152. Matthias Ruffert, Christian Walter, Institionalised International Law, Nomos Verlagsgesellschaft, 2015.

153. R. L. Ballard, N. H. Goodno, R. F. Cochran, & J. A. Milbrandt (eds.), The Intercountry Adoption Debate: Dialogues Across Disciplines Newcastle upon Tyne, Cambridge Scholars Publishing, 2015.

154. Bundeszentralstelle für Auslandsadoption, Abschlussmeldungen nach der Auslandsadoptions-Meldeverordnung 2002-2015, Bundesamt für Justiz, Bonn, 2016.

155. S. Fendrich und T. Mühlmann, Kurzbericht zu Aktuellen Entwicklungen der Adoptionen in Deutschland—Datenauswertungen auf der Basis der Amtlichen Kinder- und Jugendhilfestatistik für die Jahre 2005 bis, 2015, Dortmund, 2016.

156. R. J. Compton, Adoption beyond Borders: How International Adoption Benefits Children, Oxford University Press, 2016.

157. B. McBride, The Globalization of Adoption: Individuals, States, and Agencies across Borders, Cambridge Press, 2016.

158. Claire Fenton-Glynn, Adoption without Consent: Update 2016, European Parliament's Policy Department for Citizens' Rights and Constitutional Affairs, 2016.

159. Julilo Romanach, Civil Code of Colombia, Lawrence Publishing Compamy, 2016.

160. Cecilia Medina, The American Convention on Human Rights, 2nd edition, Intersentia Ltd., 2016.

161. Carlos Closa, Lorenzo Casini, Comparative Regional Intergration: Governance and Legal Models, Cambridge University Press, 2016.

162. David K. Yoo, Eiichiro Azuma, The Oxford Handbook of Asian American History, Oxford University Press, 2016.

163. Judith L. Gibbons, Karen Smith Rotabi, Intercountry Adoption: Policies, Practices and Outcomes, Routledge Taylor & Francis Group, 2016.

164. J. Reinhardt, Rechtliche Grundlagen des Adoptionswesens in Deutschland im Internationalen Vergleich, München: DJI, 2017.

165. Judith Schachter, Intercountry Adoption/Global Migration: A Pacific Perspective,

The Asia Pacific Journal of Anthropology, Vol. 18, No. 4, 2017.

166. Karen Smith Rotabi, Nicole F. Bromfield, From International Adoption to Global Surrogacy: A Human Rights History and New Fertility Frontiers, Routledge Taylor & Francis Group, 2017.

167. Katharina Boele-Woelki and Angelika Fuchs, Same-Sex Relationships and Beyond: Gender Matters in the EU, 3rd ed., Intersentia Ltd., 2017.

168. Kerry O' Halloran, Adoption: Law and Human Rights: International Perspective, Routledge Taylor & Francis Group, 2018.

169. Dieter Schwab, Familienrecht, Verlag C. H. Beck München, 2018.

170. Marijke Breuning and Melissa Martinez, Difficult Commitments: Intercountry Adoption to the United States and Accession to the Hague Convention, Adoption Quarterly, Vol. 21, No. 4, 2018.

171. Jenny Gesley, Switzerland: Revision of Adoption Law Enters into Force, Adoption and Foster Care, January 4, 2018.

172. Mark Montgomery and Irene Powell, Saving International Adoption: An Argument from Economics and Personal Experience, Vanderbilt University Press, 2018.

173. Richard Gordon QC, Michael Smyth CBE QC and Tom Cornell, Sanction Law, Hart Publishing, 2019.

174. Jan Wouters, Cedric Ryngaert, Tom Ruys and Geert De Baere, International Law: A European Perspective, Hart Publishing, 2019.

175. Claude Diebolt, Auke Rijpma, etc., Cliometrics of the Family, Springer, 2019.

176. International Journal of Law, Policy and the Family, Oxford University Press, 2000-2020.

177. The Journal of Social Welfare and Family Law, Sweet & Maxwell, 1991-2020.

178. Stephen Hong, New Adoption Laws Encounter Age-old Prejudice: Korea Seeks to Stem Export of Babies to Overseas Families, http://www.ucanews.com/news/new-adoption-laws-encounter-age-old-prejudice/64065, accessed 5 November, 2012.

179. Law Reform Commission (2008). Aspects of Intercountry Adoption Law, Ireland, available at: http://www.lawreform.ie/_fileupload/Reports/rAdoption.pdf, Accessed 1 September, 2019.

180. Rotabi, K. S. and Heine, T. M., "Commentary on Russian Child Adoption Incidents: Implications for Global Policy and Practice", Journal of Global Social Work Practice, 3-2, May-June 2010. www.globalsocialwork.org/vol3no2/Rotabi.html, accessed 2 September, 2019.

181. AFP-Kampala, Uganda Fears for Children as Overseas Adoptions Boom, Yahoo

News, 2 September 2014, http: //news. yahoo. com/uganda-fears-children-overseas adop-tions-boom-160122097. html? soc_src=copy accessed 2 September, 2019.

182. International Social Service, Adopting an Older Child: Are Parents Sufficiently Capable and Skilled?, ISS Monthly Review, No. 182, June 2014. http: //iss-ssi. org/2009/assets/files/editorial-monthly-review/Editorials/2014/Edito% 202014% 20182June%20eng. pdf. , accessed 3 December, 2019.

183. International Social Service, Manifesto for Ethical Intercountry Adoption 2015, http: //iss-ssi. org/2015/assets/files/, accessed 1 October, 2019.

184. Owen Bowcott, Latvia Complaints to UK Parliament over Forced Adoption" (The Guardian, 9 March 2015) http: //www. theguardian. com/uk-news/2015/mar/09/ latvia-complains-touk-parliament-over-forced-adoptions, accessed 25 December, 2019.

185. Permanent Bureau, 25 Years of Protecting Children in Intercountry Adoption, The Netherlands 2015, http: //www. hrc. org/issues/parenting/adoptions/8464. htm, accessed 1 May, 2020.

186. N. Cantwell, The Best Interests of the Child in Intercountry Adoption, UNICEF 2013, http: //www. unicef. org/media 55422. htm, accessed 1 May, 2020.

后　记

这本书竟然断断续续写了十五年之久，初稿的残篇断简也随我漫游了世界。2005 年在洛桑瑞士比较法研究所进行访问研究时就着手这一工作。当时打算撰写这本书源起于全球跨国收养出现拐点，国际社会众说纷纭，特别是对海牙国际私法会议通过的《跨国收养方面保护儿童及合作公约》褒贬不一。恰逢 2005 年我国正式批准实施海牙《跨国收养方面保护儿童及合作公约》。因此，沿着以往研究收养法问题的思路和积累，怀揣关注儿童成长的独特情结，广泛收集和梳理第一手资料并走访欧洲的收养组织及收养家庭，想方设法寻找一种外部压力和动力来敦促自己进一步对跨国收养法律冲突中出现的一些新问题展开探究。尽管努力查阅资料和加班加点撰写，但在瑞士比较法研究所访学一年也只完成了书稿的大半。回国后不久，武汉大学出版社张琼女士筹划出版全国十大杰出青年法学家文库并邀我加入，欣然将该书申报了选题并签订出版协议。于是，2009 年年底在德国汉堡马克斯·普朗克国际私法与外国私法研究所访问研究期间，紧赶慢赶才将书稿又完成了一部分。本想回国后速速将这本书完工，可杂事缠绕，未能如愿。2012 年 1 月至 2013 年 2 月在德国科隆大学国际私法和外国法研究所访学期间再次拾起旧稿，终于才将全书初稿全部写完。出于对收养和收养法情有独钟的尊敬与精益求精的梦想追求，准备好好打磨后再将稿子交与出版社出版。谁知这一打磨又是数年。2019 年下半年依赖教育部规划基金项目“中国涉外收养法律制度的完善研究”（项目编号：14YJA820010）与全国社科规划办重大招标课题“构建中国特色跨国追逃追赃国际合作法律机制研究”（项目编号：17ZDA136）以及湖南省法学一流学科建设项目资助重返瑞士比较法研究所静心修炼，同时，结合国家社科基金青年项目“跨国收养的法律冲突及其解决对策”（项目编号：13000105）积累的研究成果，回国后进一步锤炼，最终才将这本书打磨完成。懒惰与拖沓酿成的这枚苦果令人无比愧疚，但愿书中的资料和信息于读者并非毫无裨益。

承蒙武汉大学出版社的不弃与胡荣编辑的大力帮助，有幸让这本书得以面世。在此，特对策划出版该书的张琼女士和精心编校书稿的胡荣编辑致以最诚挚的谢意。虽然本人反复推敲和努力筛选资料，但由于跨国收养法的历史跨度较大和涉及的地域范围宽泛，尤其是局限于学术功力与个人视角，拙作错漏与不当之处依然存在，竭诚欢迎各位同仁和专家学者批评指正。

蒋新苗

2021 年 11 月 29 日

记于岳麓山下